Markus Löffelmann

Die normativen Grenzen der Wahrheitserforschung im Strafverfahren

Markus Löffelmann

Die normativen Grenzen der Wahrheitserforschung im Strafverfahren

Ideen zu einer Kritik der Funktionsfähigkeit der Strafrechtspflege

W DE G
RECHT

De Gruyter Recht · Berlin

Dr. iur. *Markus Löffelmann*, 2000 bis 2003 Staatsanwalt, 2004 bis 2005 Referent für Strafverfahrensrecht im Bundesministerium der Justiz, 2006 bis 2008 wissenschaftlicher Mitarbeiter des Vizepräsidenten des Bundesverfassungsgerichts für Verfassungsbeschwerden in Strafsachen; seit März 2008 unterstützt der Verfasser im Auftrag der Bundesregierung den Aufbau des Afrikanischen Gerichtshofs für Menschen- und Völkerrechte in Arusha, Tansania.

⊗ Gedruckt auf säurefreiem Papier,
das die US-ANSI-Norm über Haltbarkeit erfüllt.

ISBN 978-3-89949-512-6

Bibliografische Information der Deutschen Nationalbibliothek

Die Deutsche Nationalbibliothek verzeichnet diese Publikation
in der Deutschen Nationalbibliografie; detaillierte bibliografische Daten
sind im Internet über http://dnb.d-nb.de abrufbar.

Printed in Germany

Druck und Bindung: Hubert & Co., Göttingen

„Es ist eine alltägliche Erfahrung, dass die Vorzüglichkeit, mit der ein Künstler seinen Stoff meistert, und dass das entschiedene und oft sichere Urteil, mit dem er Werke seiner Kunst abschätzt, nur ganz ausnahmsweise auf einer theoretischen Erkenntnis der Gesetze beruht, welche dem Verlauf der praktischen Betätigungen ihre Richtung und Anordnung vorschreiben und zugleich die wertenden Maßstäbe bestimmen, nach denen die Vollkommenheit oder Unvollkommenheit des fertigen Werkes abzuschätzen ist. In der Regel ist der ausübende Künstler nicht derjenige, welcher über die Prinzipien seiner Kunst die rechte Auskunft zu geben vermag. Er schafft nicht nach Prinzipien und wertet nicht nach Prinzipien. Schaffend folgt er der inneren Regsamkeit seiner harmonisch gebildeten Kräfte, und urteilend dem fein ausgebildeten künstlerischen Takt und Gefühl. So verhält es sich aber nicht allein bei den schönen Künsten, an die man zunächst gedacht haben mag, sondern bei den Künsten überhaupt, das Wort im weitesten Sinne genommen.“

Edmund Husserl, Prolegomena zur reinen Logik, S. 9.

„Es transzendieren also nicht nur die mehr abstrakten, erklärenden Theorien die Erfahrung, sondern auch die gewöhnlichsten Einzelsätze. Denn selbst gewöhnliche singuläre Sätze sind stets Interpretationen der ‚Tatsachen' im Lichte von Theorien.“

Karl R. Popper, Logik der Forschung, S. 377 f.

„Dass wir keine Rechtfertigung – keine hinreichenden Gründe – für unsere Vermutungen angeben können bedeutet nicht, dass wir nicht auf die Wahrheit gestoßen sein könnten; einige unserer Hypothesen können sehr wohl wahr sein.“

Karl R. Popper, Objektive Erkenntnis, S. 30.

Vorwort

Die normativen Grenzen der Wahrheitserforschung im Strafverfahren stellen die wohl komplexeste und umstrittenste Thematik des Strafverfahrensrechts dar. Es handelt sich zugleich um eine der ältesten[1] und am eingehendsten besprochenen Fragen, die nach wie vor von ungebrochener Aktualität[2] und hoher Praxisrelevanz ist. In meiner juristischen Tätigkeit bin ich dieser Problematik immer wieder und in unterschiedlicher Weise begegnet: als Staatsanwalt in rustikalerer Form als Frage nach dem nicht mehr zulässigen Bereich hoheitlicher Zwangsmaßnahmen; in der strafprozessualen Gesetzgebungstätigkeit als taktische Frage nach dem Maß der gesetzgeberischen Festlegung auf verbindliche Standards; in der Verfassungsgerichtsbarkeit als Frage nach den verfassungsrechtlich noch tolerierbaren Antworten der Rechtsprechung und Gesetzgebung; in meiner Dozententätigkeit für Studenten, die in die sozialen Dienste der Strafrechtspflege streben, als Frage nach den Voraussetzungen und Grenzen resozialisierenden und therapeutischen Eingreifens; und als rechtsphilosophisch Interessierter als Frage nach der Begründbarkeit verbotenen Wissens. Ich habe dabei die Erfahrung gewonnen, dass die Auseinandersetzung mit dieser Thematik in hohem Maße von metarechtlichen oder paradigmatischen Vorentscheidungen abhängig ist, zu denen die zahlreichen Versuche, sie dogmatisch in den Griff zu bekommen, kaum zurückreichen.

Eine wissenschaftliche Arbeit, die einem hermeneutischen Anspruch folgt und folgen sollte, muss ihre Vorurteile offen legen. Sie gibt damit zu erkennen, dass sie nicht Verbindlichkeit für sich in Anspruch nimmt, sondern sich als mögliche Erklärung neben anderen versteht. Das Kernstück der vorliegenden Arbeit – die Untersuchung der normativen Grenzen der Wahrheitserforschung im Strafverfahren – wird deshalb eingerahmt durch rechtstheoretische und rechtsphilosophische Überlegungen, die für den analytischen Blick auf Normen, Grenzen und Wahrheit von unmittelbarer Relevanz sind, ja ohne die dieser Blick kaum eine kritische Perspektive beanspruchen kann. In der deutschen Rechtsphilosophie gilt es spätestens seit den fruchtbaren 70er Jahren des vergangenen Jahrhunderts als ausgemacht, dass es sich

---

1 Vgl. bereits *Beling*, Beweisverbote, 1903.

2 Die Thematik der Beweisverbote wird Kerngegenstand der strafrechtlichen Abteilung des 67. Deutschen Juristentags 2008 in Erfurt sein. Zur Relevanz der Thematik in der Gesetzgebung vgl. jüngst Art. 1 Nr. 1, 3, 7, 8, 14, 20 und Art. 2 Nr. 6 des Entwurfs eines Gesetzes zur Novellierung der Telekommunikationsüberwachung und anderer verdeckter Ermittlungsmaßnahmen sowie zur Umsetzung der Richtlinie 2006/24/EG vom 27.6.2007 (BT-Drucks 16/5846), sowie den Entwurf eines Gesetzes zum Schutz von Journalisten und der Pressefreiheit in Straf- und Strafprozessrecht vom 9.5.2007 (BT-Drucks 16/5283).

bei der Rechtswissenschaft um eine ideografische und nicht nomothetische Wissenschaft handle, die über ihr eigene Methoden für den Zugang zur Welt der Normen und des Rechts verfüge, dass es nicht eine einzige richtige Entscheidung gebe, die zu erkennen es gelte, sondern der Richter zwischen mehreren vertretbaren Lösungen auswähle, und dass sich Rechtsanwendung nicht in der Subsumtion konkreter Sachverhalte unter allgemeine Gesetze erschöpfe.[3] Ich bin der Auffassung, dass es die rechtsphilosophische und rechtstheoretische Diskussion befruchten könnte, diese Haltung zu überdenken. Sie geht hervor aus einem Geist der Skepsis an den erkenntnisfundamentalistischen Idealen der Naturwissenschaften, den sie in reaktionärer Weise fortführt und zu einer relativistischen Haltung entwickelt und der sich verbindet mit einer Überbewertung der Leistungsfähigkeit semantischer Analysen für die Kritik des Erkennens. Dieser Geist bildet heute einen wenig fruchtbaren Boden für rechtsphilosophische Auseinandersetzungen, da er nicht mehr dem Stand der Diskussion in der Wissenschaftstheorie gerecht wird. Der juristische Determinismus ist – ebenso wie der naturwissenschaftliche[4] – eine seit geraumer Zeit überholte Position, seine strikte Ablehnung durch subjektivistische und relativistische Dogmen, wie sie die Ethik und Rechtsphilosophie heute dominieren, schießt aber auch über das Ziel hinaus.[5] Die Tatsache, dass wir in unserer Erkenntnisfähigkeit beschränkt sind, bedeutet einerseits nicht, dass wir nichts erkennen könnten, noch, dass es nicht eine Wahrheit gebe, die unser Urteil zu treffen vermag, sondern nur, dass wir uns dessen nicht sicher sein können; und andererseits lässt sich daraus nicht folgern, dass sich Erkenntnis nur in rationalen Formen vollzöge. Die – maßgeblich von *Imre Lakatos*[6], *Willard van Orman Quine*[7], *Thomas Kuhn*[8] und in extremer Form von *Paul Feyerabend*[9] am Methodenideal des frühen Fallibilismus geübte Kritik, die

3 Vgl. etwa *Hassemer*, Tatbestand, S. 5, 96 ff.; *Adomeit*, Normlogik, S. 140 ff., 154; *Kaufmann*, Problemgeschichte, S. 102 f.; *Neumann*, Logik, S. 312 ff.; *Schneider*, Entscheiden, S. 349; ferner die Beiträge in *Neumann/Rahlf/v. Savigny*, Dogmatik, 1976; *Herberger/Simon*, Wissenschaftstheorie, 1980; diese relativistische Auffassung steht in der Tradition von *Radbruch* und *Kaufmann*, vgl. *Radbruch*, Rechtsphilosophie, S. 13 ff.; *Kaufmann*, Rechtsphilosophie, S. 39 ff., 237 f. u.ö.

4 Der allerdings durch die Hirnforschung bemerkenswerter Weise wieder eine Renaissance erfährt, dazu näher unten E.IV.2. und E.VI.1.

5 Vgl. etwa *Adomeit*, Normlogik, S. 140 f.: „Man kann die Geschichte der juristischen Methodenlehre der letzten 100 Jahre geradezu als eine Geschichte des Kampfes gegen den juristischen Determinismus beschreiben. (…) *Der juristische Determinismus ist gestorben.* (…) Unsere heutige Vorstellung von Recht ist also nicht mehr die eines geschlossenen Normengefüges, aus dem es kein Entrinnen gibt, sondern die Vorstellung eines offenen Systems, innerhalb dessen durch ständig fortgeführte Diskussion die für den jeweiligen Gesellschaftszustand optimalen Lösungen gefunden werden (…)."

6 Vgl. insbes. *Lakatos*, Falsifikation, 1974; *ders.*, Methodologie, S. 128 ff., 149 ff..

7 Vgl. insbes. *Quine*, Standpunkt, S. 27 ff.

8 Vgl. insbes. das Hauptwerk von *Kuhn*, Struktur, 1962 mit dem Postskriptum von 1969 in der zweiten Auflage von 1979.

9 Vgl. insbes. *Feyerabend*, Methodenzwang, 1975.

auch *Popper* in seinen späteren Werken aufgegriffen hat[10], und die für den Bereich der Naturwissenschaften in diese Richtung zielt („Plädoyer für einen Schuss ‚Induktivismus'"[11]), ist in der deutschen Rechtstheorie und Rechtsphilosophie noch nicht angekommen. Ein prominenter deutscher Vertreter (und Überschreiter) dieser Kritik ist der Physiker und Philosoph *Franz von Kutschera*. Seinen – stets sorgfältigen und klaren – Untersuchungen, mit denen bekannt zu werden ich schon als Student und Gasthörer seiner philosophischen Seminare das Glück hatte, hat die vorliegende Arbeit viel zu verdanken. Weil der durch die genannten Namen repräsentierte und hier aufgegriffene erkenntnis- und wissenschaftstheoretische Hintergrund sich auf eine Vielzahl rechtstheoretisch und rechtsphilosophisch relevanter Fragestellungen auswirkt – etwa das Leib-Seele-Problem, den Wissenschaftscharakter der Rechtswissenschaft, die Unterscheidung normativer und deskriptiver Erklärungen, um nur einige zu nennen -, werden sich Wiederholungen nicht ganz vermeiden lassen. Die vorliegende Arbeit muss insofern ein hermeneutisches Vorgehen auch für sich selbst in Anspruch nehmen. Um dem Leser den Zugang zu erleichtern, sind dem Hauptteil Orientierungssätze vorangestellt; die Ausklammerung für die Thematik wichtiger Rechtsprechung in die Anhänge soll die Diskussion der maßgeblichen Fragestellungen entlasten.

Ein Wort noch zum Untertitel „Ideen zu einer Kritik der Funktionsfähigkeit der Strafrechtspflege": Die Beschäftigung mit den normativen Grenzen der Wahrheitserforschung im Strafverfahren erfordert nach der Überzeugung des Verfassers ein Zurückgehen auf fundamentale Fragestellungen, insbesondere erkenntnistheoretischer Art. Dies führt zwangsläufig zu Überlegungen, die das Strafverfahren als Ganzes in den Blick nehmen, einschließlich der normativen, transzendentalen und organisatorischen Bedingungen seines Wirksamwerdens und Wirkens.[12] Vergleicht man die bemerkenswerte Breite der unter Justizpraktikern im Rahmen des 46. Deutschen Juristentags 1966 zur Thematik der Beweisverbote ausgetauschten Argumente[13] mit den eher monistischen und reduktionistischen dogmatischen Lösungen des jüngeren akademischen Schrifttums, so kann man sich des Eindrucks nicht erwehren, ein Grund dafür, „dass die Entwicklung der herkömmlichen Beweisverbotsdogmatik

---

10 Vgl. etwa *Popper*, Normalwissenschaft, 1974; *ders.*, Objektive Erkenntnis, 1972; zum Wandel der Popperschen Position hin zu einem verhaltenen „erkenntnistheoretischen Optimismus" vgl. *Lakatos*, Methodologie, S. 167 ff. m.w.N.; die Auseinandersetzung zwischen *Popper* und seinen Kritikern zeichnet gut nach der Sammelband von *Lakatos/Musgrave*, Erkenntnisfortschritt, 1974; zur Weiterentwicklung der Kritik einführend *Chalmers*, Wissenschaft, S. 106 ff.

11 *Lakatos*, Methodologie, S. 170.

12 Dies hat im Zusammenhang mit den Beweisverboten bislang – auf Grundlage einer funktionalistischen Deutung des Strafverfahrens – offenbar nur *Müssig*, GA 1999, 119 versucht.

13 Vgl. insbes. die Referate von *Sarstedt* und *Klug* sowie die Diskussionsbeiträge von *Goeschen*, *Schweichel*, *Eckert*, *Koffka*, *Kunert*, *Seidel*, *Kleinknecht*, *Schmidt-Leichner* und *Janetzke*, in: Verhandlungen 46. DJT, Band II, Teil F, S. 8 ff., 30, 35 ff., 83 f., 89, 92 ff., 95 ff., 101 f., 105 ff., 114 ff., 118 f., 137 ff., 141 f., 153 ff. mit zahlreichen Fallbeispielen aus der strafrichterlichen und staatsanwaltlichen Praxis.

eine Fehlentwicklung"[14] sei, müsse in der Vernachlässigung einer mehr praxisnahen, die Komplexität und wechselseitige Verschränktheit aller maßgeblichen öffentlichen und individuellen Interessen wahrnehmenden Sicht auf das Strafverfahren gesehen werden, wie sie gerade vom Strafrichter, Staatsanwalt und Strafgesetzgeber erwartet wird. Die – auch erkenntnistheoretische und psychologische – Vielschichtigkeit der Beweisverbotsthematik wieder zum Gegenstand der Auseinandersetzung zu machen, ist ein Anliegen dieser Arbeit; dies unter Berücksichtigung der tatsächlichen Gegebenheiten und Unzulänglichkeiten der Strafgesetzgebung und Strafrechtspflege einschließlich ihrer „Nebenschauplätze" wie etwa den Opferschutz zu leisten, ein anderes. Unter dem im Duktus der obergerichtlichen Rechtsprechung beliebten und im Schrifttum teilweise als inhaltsarm gekennzeichneten[15] Argumentationstopos der „Funktionsfähigkeit der Strafrechtspflege" werden diese Gegebenheiten schlagwortartig zusammengefasst. Aufgabe einer Kritik ist es, sie so zu diskriminieren, dass im Ergebnis Bausteine für eine Wissenschaftstheorie des Strafverfahrens gewonnen werden. Dass dieses Ergebnis nicht mit dem Anspruch auftritt, der Weisheit letzter Schluss zu sein, ist angesichts der Kompexität der Fragestellung und ihrer philosophischen Fundierung, die man freilich nicht teilen muss, selbstverständlich. Der Anspruch, der eingelöst werden soll, ist, Problemlagen aufzuzeigen, Begrifflichkeiten zu klären und mögliche Lösungen anzubieten, kurzum: Ideen zu stiften, die den rechtswissenschaftlichen Diskurs befruchten, ihm andere Perspektiven eröffnen und im glücklichsten Fall – unter geeigneten Rahmenbedingungen – zu neuen Einsichten führen mögen. Bekanntlich werden ja in der Realität des politischen und wissenschaftlichen Fortschritts Theorien nicht abgelöst, weil sie falsifiziert wurden, sondern weil ein durch außerwissenschaftliche Ursachen generiertes Bedürfnis nach neuen Theorien besteht.[16]

Die Arbeit berücksichtigt Rechtsprechung, Literatur und Gesetzgebung bis 1. Oktober 2007, teilweise auch darüber hinaus. Paragrafen ohne Gesetzesangabe sind solche der Strafprozessordnung.

Karlsruhe, im Oktober 2007 Markus Löffelmann

14 *Dallmeyer*, Beweisführung, S. 237.

15 Vgl. *Hassemer*, StV 1982, 275; *ders.*, FS Maihofer 1988, S. 183, 188 ff.; *Wolter*, GS Meyer 1990, S. 493, 500; *Lorenz*, GA 1992, 254, 277 ff.; *Jahn*, NStZ 2000, 383, 385; eingehend *Kunig*, Rechtsstaatsprinzip, S. 441 ff.; eine umfassende Rehabilitierung des Topos unternimmt *Landau*, NStZ 2007, 121, der ihn als ein allen anderen Zielen und Zwecken des Strafverfahrens vorausgehendes und diese tragendes Prinzip verstanden wissen will.

16 Vgl. *Kuhn*, Struktur, S. 105 f., 161 ff., 210 ff.

Inhaltsübersicht

Inhaltsverzeichnis

Orientierungssätze

1. Grenzen sind Bedingungen und Erzeugnisse des dichotomisierenden Welterkennens. Als Grenzen sind sie selbst Seiende und können erkannt werden. Begriffe sind Grenzen. (A.I.1.2.)

2. Das, was der Fall ist, ist Seiendes. Das, was der Fall ist, kann zu Erkennendes sein. Als Erkanntes eines Erkennenden ist es Ergebnis eines Erkennens und damit Erkenntnis. Diese Begrifflichkeit ersetzt die Rede von Subjekt und Objekt. (A.I.4.)

3. Erkenntnis und Erkennen können nicht über das Erkannte hinausreichen zu dem, was der Fall ist. Erkanntes ist immer eine Theorie dessen, was der Fall ist. (A.I.2.3.)

4. Normen sind Erkanntes. Als Erkanntes können sie selbst zu Erkennendes sein. Das Erkennen normativer Sachverhalte unterscheidet sich erkenntnistheoretisch nicht grundsätzlich vom Erkennen empirischer Sachverhalte. (A.II.1.4.5.)

5. Wahrheit ist die geurteilte Wahrscheinlichkeit des Wahrseins eines Urteils. (A.III.)

6. Verfahren führen im Hinblick auf das Erkennen wahrer Sachverhalte zu einer Zunahme von Komplexität. (A.IV.2.4.)

7. Die gesetzliche Regelung der normativen Grenzen der Wahrheitserforschung im Strafverfahren ist lückenhaft und wenig harmonisch. (B.I.)

8. Die durch die Rechtsprechung gezogenen normativen Grenzen der Wahrheitserforschung im Strafverfahren weisen ein Begründungs- und Legitimationsdefizit auf; die von der Abwägungstheorie geforderte Güterabwägung ist in den Judikaten nicht erkennbar. (B.II.III.)

9. Die im Schrifttum entwickelten Erklärungen der normativen Grenzen der Wahrheitserforschung im Strafverfahren erklären nur Teilaspekte; sie sind im Hinblick auf die Rechtsprechung überwiegend integrativ und übernehmen deren Begründungsmängel. (B.IV.)

10. Ein vorrangiges Ziel des Strafverfahrens ist die Erforschung der Wahrheit des dem Verfahren zugrunde liegenden Sachverhalts. Die Erforschung der Wahrheit liegt nicht allein im öffentlichen Interesse. Wahrheitserforschung und Schutz von Rechten Verfahrensbeteiligter stehen nicht ausschließlich miteinander in Widerstreit. (C.I.)

11. Die Abwägungstheorie muss in ihrer praktischen Anwendung scheitern, da sie über keine Maßstäbe des relativen Gewichts der Abwägungsgegenstände und über keine Theorie des Abwägens verfügt. (C.II.)

12. Die Verwendung erhobener Erkenntnisse zum Zwecke der Entlastung des Beschuldigten ist ein Gebot der Asymmetrie des verfassungsrechtlichen Grundsatzes umfassender Wahrheitserforschung; das Recht Drittbetroffener auf informationelle Selbstbestimmung kann mit diesem Gebot konkurrieren. (C.III.)

13. Die Verwendung erhobener Erkenntnisse stellt keine Vertiefung des durch die Erhebung vermittelten Grundrechtseingriffs dar, sondern einen eigenständigen Eingriff. Die Verwendung der Erkenntnisse steht zu dem durch die Erhebung betroffenen Rechtsgut in einem Verhältnis erkenntnistheoretischer und normativer Distanz. (C.IV.)

14. Die Fernwirkungsproblematik betrifft die Frage, ob ein Verbot der Verwendung als Spurenansatz die Unverwertbarkeit der unter Verstoß gegen das Verbot gewonnenen Beweismittel begründe; ein solcher Begründungszusammenhang kann nicht ohne weiteres angenommen werden. (C.V.)

15. Die Figur des hypothetischen Ersatzeingriffs ist analytisch nicht haltbar, da sie auf einer falsifizierten und auch ansonsten nicht begründeten Hypothese beruht. (C.VI.)

16. Die Begründungsdefizite der in der Rechtsprechung und im Schrifttum entwickelten Theorien der Beweisverbote wurzeln in einem Legitimationsdefizit. Normative Konnexität zwischen Norm und Gebot kann nur durch den Normgeber vermittelt werden. (C.VII.)

17. Beweiserhebung ist jede in Grundrechte eingreifende hoheitliche Maßnahme der Strafverfolgungsbehörden oder Strafgerichte, die darauf abzielt, Erkenntnisse zu erlangen, die den Strafverfolgungsbehörden oder Strafgerichten noch nicht bekannt sind und nach ihrer Einschätzung für die Aufklärung der Straftat und die Durchführung des Strafverfahrens von Bedeutung sind. (D.I.1.)

18. Beweisverwendung ist jedes in Grundrechte eingreifende hoheitliche Gebrauchmachen von durch eine Beweiserhebung oder eine andere hoheitliche Maßnahme erlangten beweisrelevanten Erkenntnissen oder Gegenständen. (D.I.2.)

19. Beweisverwertung ist die Verwendung der in der Beweisaufnahme erhobenen Erkenntnisse durch das erkennende Gericht zur Feststellung des seiner Entscheidung zugrunde liegenden Sachverhalts. (D.I.3.)

20. Die öffentliche Gewalt verfügt über verschiedene Instrumente zur Stärkung der Wirkmächtigkeit von Verfahrensnormen. Die Rangfolge der Anwendung dieser Instrumente muss sich am Grundsatz der Verhältnismäßigkeit und der Bedeu-

tung der Wahrheitserforschung im Strafverfahren orientieren. Vorrangige Maßnahmen sind solche präventiver und dienstrechtlicher Art. (D.II.)

21. Die Durchsetzung der Wirkmächtigkeit von Verwertungsverboten erfordert funktionelle Vorkehrungen, die verhindern, dass das erkennende Gericht „verbotenes Wissen“ erlangt. Dies kann durch eine funktionelle Trennung von ermittelndem und erkennendem Gericht erfolgen. (D.III.)

22. Die Verwendbarkeit entlastender Erkenntnisse kann durch ein Einführungsrecht des Beschuldigten gewährleistet werden; die effektive Wahrnehmung dieses Einführungsrechts müsste durch Verfahrensregeln gesichert werden. (D.IV.)

23. Eine einheitliche gesetzliche Regelung der Beweisverbote kann ihre dogmatische Grundlage in den Rechtsprinzipien der Menschenwürde und der Verhältnismäßigkeit finden. (D.V.)

24. Die gesetzgeberische Bestimmung des konkreten Umfangs von Beweisverboten und ihrer Reichweite erfordert unter Berücksichtigung der erkenntnistheoretischen und normativen Distanz zwischen Beweiserhebung, Beweisverwendung und Beweisverwertung eine exakte Bestimmung der jeweiligen materiellen, konditionalen und formellen Eingriffskriterien. (D.VI.)

25. Die Methoden der Rechtswissenschaften und der Naturwissenschaften unterscheiden sich nicht grundsätzlich; ihre gemeinsame Erkenntnismethode besteht darin, Erklärungen zu entwerfen über das, was der Fall ist. (E.I.)

26. Die rechtswissenschaftlichen Erkenntnis- und Erklärungshandlungen der Beweisaufnahme, der Feststellung des historischen Sachverhalts, der Abgabe von Prognosen, der Feststellung von Recht, Unrecht und Nicht-Recht, der Subsumtion und der Normsetzung lassen sich grundsätzlich nach wissenschaftstheoretischen Maßstäben rekonstruieren. Für die Rechtsanwendung ist eine solche Rekonstruktion aufgrund des hohen Komplexitätsgrads rechtswissenschaftlicher Erkenntnisse aber nicht sinnvoll; Bedeutung erlangt sie als heuristische Methode einer vorbereitenden Fehleranalyse der Wahrheitserforschung im Strafverfahren. (E.II.III.IV.V.VII.)

27. Die Freiheit zur Entscheidung kann nicht durch eine Theorie ihrer selbst determiniert sein. (E.VI.1.)

28. Strafrichterliches Handeln ist vornehmlich auf die Erkenntnis von Wahrheit zielendes Urteilen. Nur soweit Handlungsalternativen gegeben sind, die nicht die Feststellung von Wahrheit betreffen, darf der Richter Entscheidungen treffen. (E.VI.2.3.)

A. Begriffsanalyse der normativen Grenzen der Wahrheitserforschung im Strafverfahren

Die Begriffsanalyse ist eine hilfreiche analytische Methode, um den Bedeutungs- und Problemgehalt eines Untersuchungsgegenstands abzustecken. Sie nähert sich diesem über eine Exploration der Begriffe, durch die er beschrieben wird. Dabei geht sie aus vom natürlichen Bedeutungsgehalt der Begriffe und trägt damit dem Rechnung, was *Popper* den „Realismus des Alltagsverstands"[1] nennt, unserer intuitiven Sprach- und Welterfahrung. Durch die weitere Offenlegung theoretischer Implikationen der untersuchten Begriffe deckt die Begriffsanalyse Vorverständnis auf, das leitend für die Analyse und Bewertung des Untersuchungsgegenstands ist. Damit berücksichtigt sie die – auch für die eigene Untersuchung maßgebliche – Theoriebeladenheit der Sprache.[2]

Die hier näher zu beleuchtenden, den Untersuchungsgegenstand der normativen Grenzen der Wahrheitserfoschung im Strafverfahren kennzeichnenden Begriffe sind „Normativität", „Grenzen", „Wahrheit" und „Verfahren". Bei allen diesen Begriffen handelt es sich um zentrale Begriffe der Rechtstheorie, Ethik und Rechtsphilosophie mit einem hohen Komplexitätsgrad. Es wird daher nicht möglich sein, die Begriffe umfassend auszuleuchten, sondern nur ihre Implikationen auszuweisen und das die vorliegende Arbeit leitende Verständnis der Begriffe offenzulegen. Ohne eine solche vorgängige Offenlegung ihrer eigenen Vor-Urteile aber macht die Untersuchung eines so umfassenden und theoriebeladenen Gegenstands wenig Sinn. Dem hermeneutischen Charakter der Arbeit entsprechend, werden einzelne Gesichtspunkte, die für die im Ausgang der Arbeit skizzierte wissenschaftstheoretische Erfassung des Untersuchungsgegenstands von Bedeutung sind, in diesem Zusammenhang nochmals vertieft werden.[3]

---

1 *Popper*, Objektive Erkenntnis, S. 32 ff.

2 Näher hierzu A.I.2.

3 Vgl. insbes. E.I.1., E.III.2., E.IV.1.

I. Grenzen

1. Grenzen als empirische und transzendentale Sachverhalte

„Was sich überhaupt sagen lässt, lässt sich klar sagen; und wovon man nicht reden kann, darüber muss man schweigen. Das Buch will also dem Denken eine Grenze ziehen, oder vielmehr – nicht dem Denken, sondern dem Ausdruck der Gedanken: Denn um dem Denken eine Grenze zu ziehen, müssten wir beide Seiten dieser Grenze denken können (wir müssten also denken können, was sich nicht denken lässt). Die Grenze wird also nur in der Sprache gezogen werden können und was jenseits der Grenze liegt, wird einfach Unsinn sein." Diese Worte stellt *Wittgenstein* seinem berühmten, für die Entwicklung der Analytischen Philosophie so befuchtenden „Tractatus" voran.

Der Begriff „Grenze" dürfte zu den am wenigsten beachteten und befragten und gleichzeitig dunkelsten und rätselhaftesten in der Geschichte des Denkens gehören. Dies mag verwundern, eignet ihm doch das Potential, zur Selbsterklärung der Wissenschaft beizutragen. Im rechts- und sozialphilosophischen Kontext ist gelegentlich von Grenzen die Rede, allerdings in einem empirischen Sinn: Es wird zum Beispiel gefragt, wo die Grenze von Toleranz und Solidarität verläuft und wann die Grenze eines Tabus überschritten ist.[4] In diesem Sinne ist von Grenzen die Rede wie von tektonischen oder politischen Grenzen, die man grundsätzlich exakt bestimmen und auf der Karte der Ethik, des Rechts oder der Gesellschaft verzeichnen könne. Von solchen Grenzen sind wir umgeben, aus dem Umgang mit ihnen besteht unser tägliches Leben: Wir stoßen an persönliche Grenzen, an physische, psychische, emotionale, soziale und überschreiten sie bisweilen; unsere Freiheit wird durch faktische, moralische, rechtliche, politische, ökonomische Grenzen eingeschränkt, und wir sind uns bewusst, dass Freiheit nur innerhalb solcher Grenzen möglich ist; wir zeigen anderen Grenzen auf, wo sie vermeintlich Grenzen überschreiten, und wir geben unseren Kindern Halt und Orientierung, indem wir sie nicht grenzenlos gewähren lassen. Der Begriff der Grenze ist ein brauchbarer und verbreiteter Topos, um rechtliche und soziale Erscheinungen zu erklären und verstehbar zu machen, ein Topos allerdings auch, dessen Inhalt und Umfang wenig geklärt ist. Dies beginnt man zu ahnen, wenn man den Schwierigkeiten ihrer Bestimmung begegnet. Grenzen, die durch das Recht gesetzt werden, bedürfen der Auslegung. Auch vermeintlich undurchlässige Grenzen, Tabus, sind nicht davor bewahrt, in Frage gestellt zu werden. Nur beispielhaft seien die Diskussionen um die Abwägungsresistenz der Menschen-

---

4 Vgl. etwa die Beiträge von *Forst*, *Kaufmann* und *Gutmann* in: *Brugger/Haverkate*, Grenzen, S. 9 ff., 23 ff., 133 ff.; *Volkmann*, Der Staat 39 (2000), 325 ff.; *Diederichsen*, Der Staat 34 (1995), 33 ff.; *Küpper*, Grenzen der Strafrechtsdogmatik, 1990; *Welzel*, Grenzen des Rechts, 1966; *Denninger*, KritV 2002, 5 ff. thematisiert die Bedeutung des Grenzfalls für die Normenbegründung; dazu näher unten A.II.1. im Zusammenhang mit dem Begriff der Normalität.

würde[5], die Absolutheit des Folterverbots[6], die Tötung Unschuldiger zur Abwehr gemeiner Gefahren[7] und die Aufrechterhaltung des Inzest-Tabus[8] bzw. allgemein die Entkriminalisierung des Sexualstrafrechts[9] genannt. Die sogenannte Sphärentheorie des Bundesverfassungsgerichts, die im Schrifttum treffend als „schlichtes Innen-Außen-Schema“[10] charakterisiert wird, stellt nichts anderes dar als den Versuch einer Definition bestimmter Lebensbereiche durch konzentrische Grenzziehungen.

Auch im Bereich der Naturwissenschaften begegnet das Phänomen der Unbestimmtheit von Grenzen. Wo verläuft die exakte tektonische Grenze zwischen der Ebene und dem Berg? Wo endet die Strahlung einer Wärmequelle? Wenn ein Haufen aus einhundert Sandkörnern besteht, bilden dann neunundneunzig, achtundneunzig, etc. einen Haufen? Wenn ein Mensch aus einer bestimmten Anzahl von Molekülen besteht, wieviele Moleküle kann man wegnehmen, ohne dass der Mensch aufhört, ein Mensch zu sein? Mit diesen Beispielen ist die Problematik der vagen Gegenstände angesprochen, die beim Versuch der exakten Bestimmung räumlicher und zeitlicher Koordinaten von Gegenständen begegnen.[11] Im makrokosmischen Bereich regiert auch ein halbes Jahrtausend nach der Aufgabe des ptolemäischen Weltbilds in den einander widerstreitenden astronomischen Erklärungsmodellen[12] die Frage nach der – zeitlichen und räumlichen – Grenze unseres Sonnensystems und des Kosmos. Im mikrokosmischen Bereich steht die von *Heisenberg* 1926 entdeckte Unschärferelation der vollständigen Entschlüsselung und Mathematisierung der Welt als Physis entgegen und führt – weit über den Gegenstandsbereich der Physik hinaus – zur Rückbesinnung auf die entscheidende Rolle des Menschen bei der Erschließung der Welt, die stets seine Umwelt ist.[13]

Richten wir unser Augenmerk nicht auf empirische Grenzen und die Schwierigkeit ihrer Bestimmung, sondern auf Grenzen als Denkfigur, so können wir fragen: Was sind Grenzen im erkenntnistheoretischen Sinne, welche Rolle spielen sie bei der

5 Vgl. etwa *Böckenförde/Spaemann*, Menschenrechte, 1987; MD/*Herdegen*, Art. 1 Abs. 1 Rn 43 ff.; *Herdegen*, JZ 2001, 773; *Hufen*, JZ 2004, 314; *Brugger*, JZ 2000, 165.

6 Vgl. hierzu EGMR NJW 2007, 2461; BVerfG NJW 2005, 656; LG Frankfurt NJW 2005, 692 = StV 2003, 325 m. Anm. *Weigend*, StV 2003, 436; *Miehe*, NJW 2003, 1219; *Jerouschek/Kölbel*, JZ 2003, 613; *Hecker*, KJ 2003, 210; *Welsch*, BayVBl 2003, 481; *Wittreck*, DÖV 2003, 873; *Hilgendorf*, JZ 2004, 331; *Saliger*, ZStW 2004, 35; *Neuhaus*, GA 2004, 521; zuletzt eingehend *Greco*, GA 2007, 628 m.w.N.

7 Vgl. zum Luftsicherheitsgesetz BVerfG NJW 2006, 751 mit Besprechung *Schenke*, NJW 2006, 736; zur vorangegangenen Diskussion *Kersten*, NVwZ 2005, 661; *Mitsch*, JR 2005, 274; *Meyer*, ZRP 2004, 203; *Sinn*, NStZ 2004, 585; *Baldus*, NVwZ 2004, 1278.

8 Vgl. LK/*Dippel*, § 173 Rn 1 ff.; *Al-Zand/Siebenhüner*, KritV 2006, 68; *Ellbogen*, ZRP 2006, 190; zur Frage der Verfassungsmäßigkeit des § 173 Abs. 2 S. 2 StGB ist derzeit eine Verfassungsbeschwerde anhängig unter Az. 2 BvR 392/07.

9 Vgl. *Hanack*, Grenzen, S. 30 ff.; MK/*Renzikowski*, vor §§ 174 ff., Rn 2, 61.

10 *Amelung*, NJW 1990, 1753, 1755; ähnlich *Schmidt*, JZ 1974, 241, 243..

11 Vgl. zum Phänomen der Vagheit *Sainsbury*, Paradoxien, S. 39 ff.

12 Vgl. etwa *Hawking*, Geschichte der Zeit, S. 62 ff.

13 *Heisenberg*, Schritte über Grenzen, S. 109 ff., 160 ff., 275 ff.

Erschließung der Welt, welche Funktion übernehmen sie für die Organisation unserer Weltentdeckung? Funktional betrachtet trennen Grenzen zwei Gegenstandsbereiche voneinander, zum Beispiel ein System von seiner Umwelt.[14] Grenzen grenzen ab, indem sie das Andere, Fremde als nicht dem durch sie begrenzten oder umgrenzten Gegenstandsbereich zugehörig bestimmen. Sie begrenzen oder umgrenzen, indem sie einen Gegenstandsbereich von dem, was er nicht ist, abgrenzen. Ontologisch taucht dieses Andere als das Nicht auf, die Negation des Umgrenzten, von dem die Existenzphilosophie sagt, es sei durch das Sein, das der Mensch ist, zur Welt gekommen.[15] Zwischen dem Sein – das wir hier, einer durchweg realistischen Position folgend, das Seiende nennen wollen[16] – und seiner Negation ist die Grenze als drittes Seiendes, das die Trennung des Umgrenzten und des Anderen aufrechterhält. Die Grenze selbst ist das tertium non datur, das logische Gesetz, das als transzendentale Bedingung die begriffliche Erschließung der Welt ermöglicht. So wie der Satz vom ausgeschlossenen Dritten im Wege der Selbstanwendung zu einem Widerspruch und zu Paradoxien führt, da dieser Satz das Dritte darstellt, das eine zweiwertige, dichotomische Strukturierung der Erfahrung erst ermöglicht, stellt auch die Grenze ein ambivalentes Phänomen dar, von dem man sagen kann, dass es zugleich ist und nicht ist.

2. Grenzen, Sprache und Theoriebildung

Betrachten wir die Geschichte menschlicher Anstrengungen, Aufschluss über den Menschen und seine Umwelt zu gewinnen – kurz, die Geschichte der Naturwissenschaften – so lässt sich feststellen, dass diese sich zwar nur am Rande explizit mit Grenzen beschäftigt, dafür aber operativ rege von ihnen Gebrauch machen. Kosmische Hüllen, Äquatoren, Sedimentschichten, atomistische Schalen, anatomische Membrane, psychische Regionen, Koordinaten, Zeitpunkte sind und markieren Grenzen. Betrachten wir die Geschichte der Kritik dieser Anstrengungen – kurz, die Geschichte der Philosophie des Erkennens – so zeigt sich, dass Grenzen schon früh ihr zentrales Thema bilden, nämlich als definitionale Schwierigkeiten. Definitionen sind – schon der etymologischen Bedeutung des Wortes nach (lat. finis = Grenze) – Grenzen. Die Begriffsanalyse ist nichts anderes als die Kritik der begrifflichen Grenzziehung. Die Frage, in welchem Verhältnis Definitionen, also Worte oder allgemeiner Sprache, zu den Dingen stehen, die sie bezeichnen, dürfte so alt sein wie die Geschichte der Philosophie. Sie findet sich in der östlichen Philosohie zum Beispiel um 350 vor Christus bei dem chinesischen Taoisten *Dschuang Zi*[17] und in der

14 Vgl. *Kneer/Nassehi*, Luhmann, S. 38; die Systemtheorie ist daher selbst ein Paradebeispiel für ein begrenzendes Denken.

15 *Sartre*, Sein und Nichts, S. 60.

16 Näher *Löffelmann*, Urteil, S. 10 ff.

17 Vgl. *Dschuang Zi*, Buch II Kap. 4: „Ein Weg bildet sich dadurch, dass er begangen wird; die Dinge erhalten ihr So-Sein dadurch, dass sie genannt werden." A.a.O. Kap. 7: „Die Begren-

okzidentalen Geschichte des Denkens etwa zur selben Zeit bei *Parmenides von Elea*, *Heraklit von Ephesos* und vor allem bei *Platon*, der mit dem Dialog Kratylos die älteste europäische Auseinandersetzung zwischen Nominalisten und Realisten überliefert.[18]

Aus der neueren Sprachphilosophie seien drei Strömungen herausgegriffen, die kennzeichnend für die Philosophie des 20. Jahrhunderts sind: die Analytische und die hermeneutische Philosophie, sowie der Kritische Rationalismus. Alle drei beschäftigen sich – auf unterschiedliche Weise – mit Sprache. Die maßgeblich aus den Arbeiten *Wittgensteins*[19], *Freges*[20], *Carnaps*[21], *Whiteheads* und *Russells*[22] hervorgegangene Analytische Philosophie machte sich die therapeutische Analyse der natürlichen Sprache zur Aufgabe, worin sie einen Weg sah, die durch die Kritik menschlichen Erfahrens, Handelns und Denkens aufgeworfenen Fragestellungen als Scheinprobleme, die in der ungenauen Verwendung der natürlichen Sprache gründeten, zu entlarven. Mittel zur Umsetzung dieses Programms ist die Mathematisierung der Sprache. In der dezidierten Wahl ihrer Mittel liegt auch die Schwäche der Analytischen Philosophie, sind ihre Ergebnisse doch von dem begrenzten Arsenal logischer Operatoren abhängig, die die formale Logik ihr zur Verfügung stellt. Wer nicht den Satz vom ausgeschlossenen Dritten als verbindliches Apriori der Welterschließung anzuerkennen vermag, für den stellt sich das mittels ihrer logischen Werkzeuge gezeichnete Weltbild der Analytischen Philosophie als bloße Hülle ohne Inhalte dar.

Einen entgegengesetzten Weg schlägt die Hermeneutik ein. Inspiriert durch die in den Arbeiten *Schleiermachers*[23] und *Diltheys*[24] aufgedeckte Struktur des durch Vorverständnis geleiteten Verstehens von Texten wird Hermeneutik bei *Heidegger*[25] und *Gadamer*[26] erweitert auf das Verstehen des Weltganzen vermittels der Sprache. Vor-Urteile integrieren den unausgesprochenen Welt- und Erfahrungshintergrund in unsere Urteile, die uns in hermeneutischen Zirkeln oder Spiralen, alternierend zwischen dem Verständnis des Teils und des Ganzen, zu neuen Erkenntnissen führen. In ihrer ontologischen Ausprägung identifiziert die hermeneutische Philosophie Welt mit Sprache, Sein mit Verstehen und Sprache mit Sein. Der Mensch, das Dasein, ist das seinsverstehende Sein[27]; Sein, das verstanden werden kann, ist Sprache[28]; Spra-

zungen sind nicht ursprünglich im SINN des Daseins begründet. Die festgelegten Bedeutungen sind nicht ursprünglich den Worten eigentümlich."

18 Näher *Kraus*, Platon, S. 18 ff.

19 Insbes. *Wittgenstein*, Tractatus (1918).

20 Insbes. *Frege*, Begriffsschrift, 1879; *ders.*, Grundgesetze, 1893/1903.

21 Insbes. *Carnap*, Aufbau der Welt, 1928; *ders.*, Syntax, 1934.

22 Insbes. *Whitehead/Russell*, Principia Mathematica, 1910-1913.

23 Insbes. *Schleiermacher*, Hermeneutik, 1838.

24 Insbes. *Dilthey*, Aufbau der geschichtlichen Welt, 1910.

25 Insbes. *Heidegger*, Sein und Zeit, S. 142 ff.; *ders.*, Sprache, 1959.

26 Insbes. *Gadamer*, Wahrheit und Methode, 1960; *ders.*, Sprache und Verstehen, 1970.

27 *Heidegger*, Sein und Zeit, S. 144.

28 *Gadamer*, Wahrheit und Methode, S. 478.

che ist „das Haus des Seins“[29]. Nicht der Mensch ist es, der spricht, sondern: „Die Sprache spricht“[30], sie entbirgt das Verborgene, zeigt, lässt erscheinen und das Unsagbare erahnen.

Im Kritischen Rationalismus gelangen der analytische und der hermeneutische Zugang zur Sprache zu einer Synthese. *Popper* und die in seiner Folge sich entwikkelnde Wissenschaftstheorie bedienen sich der formalen Sprachen, um die rationale Kritik der Wissenschaften operabel zu machen, sie verschließen sich dabei aber nicht der ontisch verankerten Einheit von Mensch und Welt, von Verstehendem und zu Verstehendem. Nach *Popper* sind die Grundeinheiten der Welterschließung die so genannten Basissätze (oder Beobachtungssätze), welche unmittelbar wahrnehmbare Gegebenheiten beschreiben.[31] Dennoch stehen Basissätze nicht am Anfang des Erkenntnisprozesses, auch sie müssen erlernt werden, *Gadamer* würde sagen, sie gehen auf Vor-Urteile zurück und sind selbst wieder Vor-Urteile komplexer Erkenntnis.[32] *Quine* hat versucht, diesen Lernprozess als kontextuelles Lernen und Lernen durch Analogiebildung nachzuzeichnen.[33] Mit Hilfe von Basissätzen und diese verknüpfende Gesetzmäßigkeitshypothesen werden Theorien über die Welt gebildet, aus denen sich Prognosen ableiten lassen, die sich in der Erfahrung beweisen müssen. Werden sie durch die Erfahrung widerlegt (falsifiziert), so werden die Theorien verworfen oder abgewandelt und müssen sich erneut bewähren. Auf diese Weise könne zwar kein absolutes Wissen über die Welt erlangt werden, ein auf Wahrscheinlichkeiten gegründeter Erkenntniszuwachs sei aber möglich.[34]

Die wechselseitige Verschränkung von Erkennendem und zu Erkennendem zeigt sich dabei nicht nur in dem Prinzip des Deduktionismus, das Erkenntnis auf Theoriebildungen zurückführt, sondern auch in den Theoremen der Deutung von Theorien im Lichte der Erfahrung, der Theoriebeladenheit der Erfahrung, der Theoriebeladenheit der Beobachtungssprache und der von *Duhem* und *Quine* entwickelten These, dass sich nie einzelne Theorien durch Beobachtung falsifizieren lassen, da ihre Falschheit auf der Falschheit zusätzlicher Annahmen, die nicht im Erklärungsmodell auftauchen, beruhen kann.[35] Dass Theorien im Lichte der Erfahrung gedeutet werden, gehört zu den selbstverständlichen Einsichten der Wissenschaftstheorie. Auf welche Weise sollten sie sonst gedeutet werden? Theorien sind Erklärungen, die auslegungsfähig und auslegungsbedürftig sind – man denke etwa an die diversen konkurrierenden Deutungen der Relativitätstheorie. Die Deutung erfolgt auf der Grundlage des Erfahrungshintergrunds des Deutenden, der die Theorie in diesen integriert. Weniger selbstverständlich ist die These von der Theoriebeladenheit der

29 *Heidegger*, Wegmarken, S. 311 ff.

30 *Heidegger*, Sprache, S. 19.

31 Vgl. *Popper*, Logik der Forschung, S. 60 ff.

32 Vgl. *Gadamer*, Wahrheit und Methode, S. 270 ff.

33 *Quine*, Wort und Gegenstand, S. 37 ff.

34 *Popper*, Vermutungen, S. 337.

35 Vgl. *Quine*, Loical Point, S. 42 ff.; *ders.*, On Popper's methodology, S. 218 ff.

Erfahrungen. Sie besagt, dass auch in Feststellungen, die „unmittelbar“ aufgrund von Beobachtungen getroffen werden, unbegründete Antizipationen eingehen.[36] Deutlich wird dies bei Beobachtungen aufgrund experimenteller Versuchsanordnungen: Wenn wir sagen, wir beobachten ein Elektron in der Nebelkammer, so setzen wir unausgesprochen die Theorie voraus, dass geladene Teilchen durch Ionisierung in der Kammer eine Tröpfchenspur erzeugen. Aber auch alltägliche Aussagen, die in einfachen Basis- oder Beobachtungssätzen ausgedrückt werden, wie zum Beispiel „das ist ein Stuhl“, setzen vorgängige Annahmen voraus, nämlich eine Vorstellung davon, was ein Stuhl ist, wie er sich von ähnlichen Gegenständen wie Tischen, Hockern oder Sesseln unterscheidet, und dass die Möglichkeit, es handele sich nur um eine Einbildung oder Luftspiegelung etc. unwahrscheinlich ist. Hieran knüpft auch die These von der Theoriebeladenheit der Sprache an.[37] Wer das Wort „Stuhl“ verwendet, muss bereits eine Vorstellung davon haben, was ein Stuhl ist, andernfalls er das Wort nicht sinnvoll verwenden kann. Technische Begriffe – z.B. „schwarzes Loch“, „Neutrino“ oder „Gravitron“ – stellen Abkürzungen für komplexe Theorien dar.

Gegen den Kritischen Rationalismus ist eingewendet worden, dass er sein deduktionistisches Konzept nicht konsequent zu Ende führe, sondern auf halbem Wege stehen bleibe.[38] Auch die an der Erfahrung zu messenden Prognosen seien Theorien, die im Lichte der Erfahrung gedeutet werden und also nur in den Grenzen der Richtigkeit dieser Deutung eine Aussage über den empirischen Gehalt der zugrunde liegenden Theorie und ihre Bestätigung oder Falsifizierung zuließen. Das Ergebnis des Überprüfungsvorgangs hänge auch davon ab, in welchem Maße es im Lichte der zu prüfenden Theorie gedeutet werde. Die Theoriebeladenheit der Erfahrung begegnet in den Naturwissenschaften als Fehl- und Umdeutung von Messergebnissen[39], in der Psychologie als Suggestionsproblematik[40], in den anthropologischen Wissenschaften als Problem der Ethnozentrizität[41] und in der forensischen Rechtswissenschaft als Polarität von richterlicher Kompetenz und Befangenheit. Versteht man Sprache selbst als komplexe Theorie, die erst erlernt werden muss, so muss der Anspruch, eine Theorie an der Erfahrung zu messen, richtigerweise unternommen werden als Versuch, die Theorie an einer – durch einen Beobachtungssatz wiedergegebenen – Theorie zu messen. Aufgrund der Theoriebeladenheit unserer Sprache ist eine scharfe Abgrenzung „empirischer“, „theoretischer“ und „metaphysischer“ Sätze voneinander nicht möglich.[42]

---

36 Vgl. prägnant *Popper*, Logik der Forschung, S. 377 f.: „Es transzendieren also nicht nur die mehr abstrakten, erklärenden Theorien die Erfahrung, sondern auch die gewöhnlichsten Einzelsätze. Denn selbst gewöhnliche singuläre Sätze sind stets Interpretationen der ‚Tatsachen' im Lichte von Theorien.“; einführend *Chalmers*, Wissenschaft, S. 27 ff.

37 Vgl. *v. Kutschera*, Sprachphilosophie, S. 280 ff. m.w.N.

38 Vgl. *v. Kutschera*, Objektivität, S. 143 ff.

39 Vgl. etwa *Kuhn*, Struktur, S. 202, 208 f.

40 Vgl. etwa *Grünbaum*, Psychoanalyse, S. 218 ff.

41 Vgl. *Fikentscher*, Modes of Thought, S. 117 ff.

42 Vgl. *Quine*, Logical Point, S. 20 ff.

Im Hinblick auf den hier gegebenen Kontext strafrechtlicher Begriffs- und Theoriebildungen ist unsere – noch näher zu begründende – These, dass die genannten erkenntnistheoretischen Theoreme grundsätzlich auch auf diesen Bereich zutreffen. Mit juristischen Begriffen wie „Mörder", „Mittäter" oder „Beweisverbot" verhält es sich danach grundsätzlich nicht anders als mit technischen oder physikalischen Begriffen. Wer sie verstehen will, muss die Kenntnis gesetzlicher Definitionen, ihrer Auslegungen und derer Grenzen mitbringen.

3. Jenseitigkeit und Entgrenzung

Der Topos der Grenze wirft nicht nur die Frage nach ihrer Bestimmung auf, sondern auch die Frage, was sich außerhalb ihrer befindet. Hilfreich für die Erhellung der Bedeutung dieser Frage sind die Überlegungen einer einflussreichen Strömung der Gegenwartsphilosophie, die ihren Untersuchungsgegenstand jenseits der Grenze sucht. Die Rede ist von der durch *Husserl* begründeten phänomenologischen Philosophie. Der Phänomenologie geht es nicht um konkretes Seiendes, sondern um die Erfassung des Wesens (Eidos) von Seiendem. Hierzu bedient sie sich der Methode der Epoché, der Einklammerung der natürlichen Einstellung. Auf diese Weise soll das Eidos durch eidetische Intuition in einem spontanen Akt unmittelbar und in voller Totalität erfasst werden können.[43] Die unzerreißbare Verschränkung noetischer und noematischer Strukturen[44] hat ihren Ursprung in der sog. Generalthesis der natürlichen Einstellung: „Alles, was als seiender Gegenstand Ziel der Erkenntnis ist, ist Seiendes auf dem Boden der selbstverständlich als seiend geltenden Welt. Das Sein der Welt im Ganzen ist die Selbstverständlichkeit, die nie angezweifelt und nicht selbst erst durch urteilende Tätigkeit erworben ist, sondern schon die Voraussetzung für alles Urteilen bildet."[45] Über die Bestimmung des Wesens von Seinsregionen zielt die Phänomenologie letzten Endes – und dadurch wird sie zur Transzendentalphilosophie – auf die Erkenntnis des Wesens von Sein (der „Welt als des Ganzen schlechthin") das im Bewusstsein angelegt ist.[46]

---

43 Vgl. insbes. *Husserl*, Ideen, §§ 1-6, 31, 32, 69, 70; eine gute und kurze Einführung in die Husserlsche Philosophie bietet *Held*; in seinem Spätwerk Cartesianische Meditationen, das aus zwei 1929 an der Sorbonne gehaltenen Vorträgen hervorgegangen ist, stellt *Husserl* die phänomenologische Philosophie in gedrängter Form dar ; zur Bedeutung *Husserls* für die Rechtswissenschaften vgl. *Waldenfels*, Phänomenologie, S. 96 ff.

44 D.h. der Strukturen des zu erfahrenden, erlebenden, erkennenden Gegenstands und der Vollzüge des Erfahrens, Erlebens, Erkennens, vgl. *Husserl*, Ideen, §§ 87 ff.

45 *Husserl*, Erfahrung und Urteil, S. 25; *ders.*, Ideen, § 30.

46 Diese, von seinen Kritikern als „idealistisch" angesehene Wende der Phänomenologie *Husserls* wurde von einem Teil seiner Schüler nicht mitvollzogen. Auch nach der hier vertretenen Auffassung ist ein Zurückgehen über das, was der Fall ist (Seiendes), hinaus zum Sein dieses Seienden prinzipiell unmöglich; möglich ist das Bilden von Theorien des Seins von Seiendem, die als transzendentalphilosophische Systeme über einen so erheblichen Komplexitätsgrad verfü-

Vom Umdenken der phänomenologischen Philosophie geprägt, widmet sich auch *Heidegger* der Erschließung des Seins und verzichtet dabei auf die irreführenden Begrifflichkeiten der Erkenntnistheorie. Ihm geht es nicht um Subjekt und Objekt und ihr Verhältnis zueinander, sondern um die Erforschung des Menschen, den er als seinsverstehendes Sein oder Dasein bezeichnet, und seines Verstehens seiner Umwelt und seiner selbst. Das Dasein und sein Verstehen werden immer schon mithineingenommen in die Befragung von Seiendem. Auf diese Weise möchte *Heidegger* etwas über den Sinn von Sein erfahren. Die die klassische Philosophie leitende Streitfrage nach der Wirklichkeit des Seins oder Seienden und dessen Beweis erachtet er als Skandal: „Der ‚Skandal der Philosophie' besteht nicht darin, dass dieser Beweis bislang noch aussteht, sondern darin, dass solche Beweise immer wieder erwartet und versucht werden."[47] Die phänomenologische Philosophie stellt einen Versuch dar, die Grenzen der herkömmlichen philosophischen Denk- und Ordnungsstrukturen und ihrer Sprache in dem Wissen um deren Begrenztheit zu überschreiten.

Zur selben Zeit, in der die Kritik der Welterschließung sich zu eng gewordener Begrifflichkeiten entledigt, wird auch in den Naturwissenschaften das Konzept der Grenze fundamental in Frage gestellt. Angesprochen sind die drei großen naturwissenschaftlichen Revolutionen der Gegenwart: die Begründung der Relativitätstheorie, die Erforschung der Quantenmechanik und die durch die Chaostheorie vermittelten Einsichten. Die allgemeine Relativitätstheorie machte der herkömmlichen Vorstellung von Raum und Zeit als umgrenzter linearer Gebilde, deren Koordinaten eindeutig bestimmbar sind, ein Ende. Die Raum-Zeit ist in sich gekrümmt und damit entgrenzt; sie macht Begriffe wie „oben" und „unten", „vorher" und „nachher", „innen" und „außen", mit denen wir gewohnt sind, die Welt zu ordnen, sinnlos. Die Quantenmechanik versichert uns der Unhaltbarkeit eines fundamentalistischen Erkenntnisideals, das ein absolutes Wissen über die Welt beansprucht. Weil wir den Ort – die Grenze – des Teilchens nicht feststellen können, ohne ihn zu verändern, können Naturgesetze – die Theorien der Bewegung von Teilchen sind – nur eine statistische Gültigkeit beanspruchen. Unserer Alltagssprache fehlt für die anschauliche Beschreibung dieser Erkenntnisse das Vokabular, sie muss sich mit „Wortgemälden"[48] behelfen. Und die angeblich verlässliche zweiwertige Logik, der wir im Alltag vertrauen, muss einer vielwertigen Quantenlogik weichen, die die Wahrheit einer Aussage nach der Wahrscheinlichkeit ihres Wahrseins bestimmt.[49] Sogar die Mathematik – die traditionell eine zentrale Rolle im Streit zwischen nominalistischen und realistischen Positionen bekleidet – erwärmt sich für den Gedanken, sie müsse ohne die von ihr postulierten Grenzen auskommen können. In seiner finiten Metamathematik eliminiert *Hilbert* den Begriff des Unendlichen, das er weder als in der Natur vorhanden noch in unserem Denken zulässig erkennt, weil das Unendliche

---

gen, dass ein Urteil über die Wahrscheinlichkeit ihrer Wahrheit nicht mehr möglich ist (vgl. *Löffelmann*, Urteil, S. 10 ff., 88 f.).

47 *Heidegger*, Sein und Zeit, S. 205.

48 *Heisenberg*, Grenzen, S. 172 f.

49 Vgl. *Stegmüller*, Probleme und Resultate, Teil D, S. 579.

einzig dadurch zu rechtfertigen sei, „dass wir tatsächlich in der Wirklichkeit so oft so ungeheure Dimensionen im Großen und im Kleinen antreffen“[50]. Mit dem Unendlichen, das ein Jenseits der Grenze ist, muss auch die Grenze fallen. Die Frage nach der Rechtfertigung des Unendlichen verführt zur Epoché und zum genauen Hinsehen und enthüllt die Rede vom Unendlichen und seinen – auch in der Rechtstheorie gebräuchlichen – Manifestationen, wie etwa den infiniten Regress, als einen Mythos.[51] Auch in der Chaostheorie und in der durch diese beeinflussten fraktalen Geometrie findet sich der Drang, Grenzen zu überschreiten. Die Chaostheorie integriert den Indeterminismus in ihr Deutungsmodell des Seienden und wendet die Wertzuschreibung des Unberechenbaren als etwas Bedrohlichem, das es auszugrenzen und zu besiegen gilt, ins Gegenteil: Chaos wird wieder – der ursprünglichen Bedeutung des griechischen Wortes entsprechend – der Abgrund, aus dem die Welt entstanden ist.[52] Chaos ist Vitalität. Die fraktale Geometrie sucht in entgrenzten Formen Abbilder, die die Wirklichkeit besser erfassen sollen, als die euklidische Geometrie es vermag.[53]

In den großen wissenschaftlichen Revolutionen des 20. Jahrhunderts und ihren Auswirkungen auf das philosophische Denken begegnet das Bedürfnis, die engen Grenzen der Alltagssprache, der traditionellen Logik und der geometrischen Weltvermessung, deren Leistungsfähigkeit als Theorien den Anforderungen der neuen Erfahrungen nicht mehr genügen, zu verlassen. Sprache, Logik, Mathematik und Geometrie werden als Grenzen der Welterfassung erkannt, weil sie die Welt nicht mehr zu erklären vermögen. Zugleich wird durch diese – in kantischer Terminologie transzendentale – Begrenzung bewusst, dass Welterfassung nur in ihrem oder einem ähnlichen Rahmen möglich ist. Aber auch Sprache ist etwas, das der Fall ist, und kann daher wiederum Gegenstand der Theoriebildung sein. Sprache in diesem weiten Sinne ist das Medium der Welterschließung und ihrer Darstellung in Theorien, die sprachlich sind. Urteile, die eine Form der Welterschließung und -darstellung sind, sind sprachlich. Ihnen eignet der Körper (mhd. -lich = Körper, Leiche) der Sprache. Aufgrund ihrer universalen Funktion, die eine Brücke schlägt zwischen dem, was der Fall ist, dem Sprechenden und Besprochenen, dem zu Verstehenden und dem Verstehenden und Verstandenen ist „Sprache eine Mitte (...), in der sich Ich und Welt zusammenschließen oder besser: in ihrer ursprünglichen Zusammengehörigkeit darstellen.“[54] Die Sprache, die den Ort dieser Mitte bestimmt, bildet zugleich auch die Grenze der Zusammengehörigkeit von Ich und Welt.

---

50 *Hilbert*, Über das Unendliche, S. 88.

51 Vgl. *Löffelmann*, Urteil, S. 85 ff.

52 Vgl. *Paslack*, Chaos, S. 13 ff.; einführend zur Chaostheorie die Beiträge in *Küppers*, Chaos und Ordnung.

53 Vgl. *Mandelbrot*, Fraktale Geometrie, 1977.

54 *Gadamer*, Wahrheit und Methode, S. 478.

4. Subjekt und Objekt

Zum Kernbestand der Erkenntnistheorie gehört die Differenzierung zwischen Subjekt und Objekt. Subjekt des Erkennens ist die Person, die erkennt, Objekt des Erkennens der Gegenstand, auf den sich das Erkennen richtet. Diese Dichotomisierung findet sich nicht nur in erkenntnistheoretischen Erörterungen, sondern ist eng verbunden mit dem gewöhnlichen Sprachgebrauch. Die Subjekt-Objekt-Dichotomisierung führt zu einer Reihe von Folgeproblemen, namentlich denen des Verhältnisses von Physis und Psyche, der Relativität des Erkennens, des Dualismus von Sein und Sollen, von a priori und a posteriori, synthetisch und analytisch, Form und Inhalt. Die im Erkenntnisprozess gegebene unauflösliche Verbundenheit von Subjekt und Objekt erweist die Künstlichkeit dieser Dichotomisierung. Begriffliche Dichotomisierungen, die besonders dem westlichen analytischen Denken eigneten[55], werden allgemein in der Anthropologie als Hemmnis der Erkenntnisgewinnung angesehen.[56] Versucht man, auf die Subjekt-Objekt-Dichotomie zu verzichten, um ihre Folgeprobleme zu vermeiden, so zeigt sich, in welch erheblichem Maße die natürliche Sprache durch diese Dichotomisierung infiziert und also theoriebeladen ist. Methodisch ist der Verzicht auf die Rede von Subjekt und Objekt dennoch hilfreich, um die Verstrickungen und die Begrenztheit des natürlichen Sprachgebrauchs erkennen zu helfen. Beschreiben lässt sich der Erkenntnisprozess auch ohne Rückgriff auf diese Begriffe. Hinreichende begriffliche Präzision kann erlangt werden durch die Unterscheidung von zu Erkennendem, Erkanntem, Erkennendem, Erkennen und Erkenntnis oder, auf die Kategorie des Urteilens gewendet, von zu Beurteilendem, Beurteiltem, Beurteilendem, Urteilen und Urteil.[57] Zu Erkennendes ist dabei das, was der Fall ist, Seiendes, das erkannt werden kann, aber noch nicht aus der Vielheit des Seienden durch die Aufmerksamkeit des Erkennenden herausgehoben ist. Erkanntes ist der Sachverhalt, auf den sich das Erkennen richtet und den es hervorbringt, der durch die Aufmerksamkeit des Erkennenden, durch die Fragestellung ausgezeichnete und umgrenzte Bereich des Seienden, der erkannt wird. Alles Erkennen, alles Urteilen setzt einen Erkennenden, einen Urteilenden voraus, der eine Person ist, die die Fähigkeit des Erkennens und Urteilens hat.[58] Auf diese Person müs-

55 Demgegenüber wird das „östliche Denken" eher mit monistischen Erkenntnisstrukturen identifiziert, vgl. *Löffelmann*, Gesetz, S. 75 ff. m.w.N.

56 Vgl. etwa *Pospisil*, Anthropologie, S. 246, 425 f.

57 Diese begriffliche Differenzierung geht zurück auf Freges Unterscheidung von „Vorstellung", „Vorgestelltem" und „Träger der Vorstellung". Ihm zufolge liege die Quelle aller idealistischen Verwirrungen in der Konfusion dieser Begriffe, vgl. etwa *Frege*, Logische Untersuchungen, S. 351 ff.; *ders.*, Funktion, S. 126; dazu eingehend *v. Kutschera*, Frege, S. 162 ff.; derselbe Gedanke findet sich bei *Husserl* in der konsequenten Umsetzung des von Brentano entworfenen Konzepts der Intentionalität des Bewusstseins, vgl. *Husserl*, Ideen, §§ 36, 84.

58 Darin ergeben sich wichtige Berührungspunkte zum ontologischen Verständnis von Wahrheit, vgl. *Heidegger*, Sein und Zeit, S. 222, 226: „Die Wahrheit (Entdecktheit) muss dem Seienden immer erst abgerungen werden. Das Seiende wird der Verborgenheit entrissen. (...) Wahrheit ‚gibt' es nur, sofern und solange Dasein ist. Seiendes ist nur dann entdeckt und nur solange erschlossen, als überhaupt Dasien ist."

sen Erklärungen bezogen werden können. Hypostasierungen und naturalistische Personifikationen („die Natur spricht") können durch die Offenlegung dieses Bezugs vermieden werden. Erkennen und Urteilen sind keine singulären Akte, sondern prozesshafte Geschehnisse; der Vorgang des Erkennens und Urteilens vollzieht sich in einem entgrenzten Netzwerk anderer, bereits erlangter und noch zu erlangender Erkenntnis bzw. gefällter und noch zu fällender Urteile. Erkenntnis und Urteil sind das – vorläufige – Ergebnis dieses – aufgrund bestimmter Verfahrensregeln, Komplexität, Vagheit oder fehlenden Erkenntnisfortschritts beendeten – Prozesses.[59]

Folgt man diesem Begriffsapparat, so anerkennt man zugleich theoretische und abstrakte Entitäten wie Zahlen, Universalien oder Propositionen als zu Erkennendes. Die schwierige Frage, ob Personen sich als Objekte erkennen können (was man bezweifeln kann, weil solches Erkennen ein – in sich widersprüchliches – objektives Erkennen eigener subjektiver Überzeugungen umfassen müsste[60]), lässt sich in dieser Form nicht mehr stellen; das hinter ihr stehende Problem erweist sich als Resultat einer irreführenden Fragestellung. Dass Personen und Überzeugungen der Fall sind und erkannt werden können, wird niemand bezweifeln. Selbsterkenntnis erfasst die eigene Person unter einem bestimmten Blickwinkel als Erkanntes, ohne sie als „Objekt" ansehen zu müssen.

Die vorgeschlagenen Begrifflichkeiten implizieren dabei ein durchweg realistisches Verständnis von Erkenntnis, das nicht mit einem Empirismus im klassischen Sinne zu verwechseln ist. Bereits *Husserl*, der die Aufhebung der Subjekt-Objekt-Dichotomie wohl als erster konsequent verfolgt hat, stützte auf die Kritik der „verkehrten Theorien" des Psychologismus und Empirismus[61] die Grundlage seiner Philosophie, deren Ausgangspunkt das originäre Gegebensein der Erfahrungsgegenstände darstellt. Sein „Prinzip aller Prinzipien" besagt, „dass jede originär gebende Anschauung eine Rechtsquelle der Erkenntnis sei, dass alles, was sich uns in der ‚Intuition' originär (sozusagen in seiner leibhaften Wirklichkeit) darbietet, einfach hinzunehmen sei, als was es sich gibt, aber auch nur in den Schranken, in denen es sich gibt." In diesem Sinne habe der Naturforscher recht, dem Prinzip zu folgen, „dass für jede auf Tatsachen der Natur bezügliche Behauptung nach den Erfahrungen zu fragen sei, die sie begründen." Einem parallelen Prinzip müsse aber auch der Wesensforscher und wer immer generelle Sätze benutze und ausspreche, folgen.[62] Für jede Form der Erkenntnis gilt somit: „Natürliche Erkenntnis hebt an mit der Erfahrung und verbleibt in der Erfahrung. In der theoretischen Einstellung, die wir die ‚natürliche' nennen, ist also der Gesamthorizont möglicher Forschungen mit *einem* Worte bezeichnet: es ist die *Welt*."[63]

59 Näher zur Konkretisierung der begrifflichen Differenzierung *Löffelmann*, Urteil, S. 17 ff.

60 Dazu näher *v. Kutschera*, Objektivität, S. 210 ff.

61 Vgl. *Husserl*, Logische Untersuchungen, §§ 17 ff.

62 *Husserl*, Ideen, § 24.

63 *Husserl*, Ideen, § 1.

Für den hier in Rede stehenden Erkenntnisbereich bedeutet das konsequent weitergedacht: auch Recht und Normen sind zu Erkennendes. Erkenntnis von Recht ist immer Erkenntnis eines Erkennenden. Es macht wenig Sinn, zwischen in der Natur vorgefundenem und gesetztem Recht zu differenzieren, ohne dieses – erkannte und benannte – Recht auf die Erkenntnis eines Erkennenden und die Bedingungen seines Erkennens zurückzuführen. Sprechen wir von Recht in einem normativen oder deskriptiven Sinne, so müssen wir uns bewusst bleiben, dass dies Zuschreibungen an das Recht sind, die ein Zuschreibender vornimmt. Aufgabe der Rechtssetzung ist es, diese Zuschreibungen ausdrücklich zu machen und damit ihre Erkennbarkeit und Nachvollziehbarkeit durch die Rechtsanwender zu gewährleisten. Aufgabe der Rechtsanwendung ist es, aus der Vielfalt des Seienden herausgehobene Sachverhalte und Rechtssätze zu erkennen und urteilend eine Theorie ihrer Zugehörigkeit herzustellen, deren Entstehungsbedingungen möglichst offenzulegen und zu erklären sind.

II. Normativität

1. Normativität, Norm und Normalität

Der Begriff „Normativität" ist die Substantivierung des Begriffs „normativ", den wir verwenden, um die Art der Grenzen, um die es uns zu tun ist, von anderen Grenzen – etwa faktischen, ökonomischen, kognitiven etc. – abzuheben. Um die Reichweite des Begriffs „normativ" zu erschließen, ist es von Vorteil, ihn gegen die verwandten Begriffe „Norm" und „Normalität" abzugrenzen.

Etymologisch kommt „Norm" vom lateinischen „norma", das ein Gerät zum Messen rechter Winkel bezeichnete und im übertragenen Sinn in der Bedeutung von „Richtschnur" und „Regel" gebraucht wurde.[64] In adjektivischer Form taucht der Wortstamm nicht nur in „normativ" auf, sondern auch in „normal". Die Bedeutung von „Norm" im Sinne von „Normalität" hat sich in unserer Alltagssprache kaum erhalten; die etymologische Verwandtschaft von „normativ" und „normal" wirft aber ein erhellendes Licht auf die Problematik einer Begriffsbestimmung dessen, was normativ ist. Unter „der" Normalität verstehen wir das, was uns täglich als selbstverständlich begegnet, was wir nicht weiter hinterfragen und auf dessen Bestand wir vertrauen. Andererseits begegnen wir unserer Vorstellung von Normalität gerade im Abweichenden, das sich uns als das aufdrängt, was nicht Normalität ist. Dieses, das Abweichende, Unnormale tritt in unser Blickfeld und verweist uns auf die Möglichkeit eines Verstehens der Normalität als Norm, das das Abweichende ausgrenzt oder auch in die Norm zu integrieren vermag. Abweichendes, ja das Abweichen selbst,

64 *Kluge*, Etymologisches Wörterbuch, Eintrag „Norm".

kann so Normalität werden. In einem mehr ethischen und ästhetischen Sinn begegnet uns Normalität auch als Natürlichkeit.

Der Begriff „Norm“ taucht in unserer Alltagssprache durchweg als technischer Begriff auf. Die Rede ist von DIN-Normen, Strafnormen, Normenkontrollverfahren, Normgrößen, Normungen und Normierungen und in der Geometrie von Normalen. Norm in diesem Sinne ist etwas nach bestimmten Regeln Gesetztes. Normen begegnen uns als Verbote und Gebote, die ein bestimmtes Verhalten von uns verlangen, und in ihrer Befolgung durch andere als Ursachen oder Gründe tatsächlicher (Rand-)Bedingungen unseres Lebens. Wir sehen in Normen Ausgedachtes, ohne sie aber mit Willkürlichem zu identifizieren, welches wir eher geneigt sind, als „Nicht-Normen“ (*Radbruch*) abzuwerten. Das von Menschen gemachte Gesetz wird als „normierte Normalität“ bezeichnet; der Horizont des Rechts sei die Normalität, nicht die Grenzsituation.[65] Andererseits vermeinen wir auch, Normen – ethische wie naturgesetzliche – in der Natur zu entdecken.

Das Verhältnis der Begriffe „Norm“ und „Normalität“ zueinander und ihre innere Verwandtschaft verweisen darauf, dass Normativität etwas mit Setzungen und Wertungen zu tun hat, ohne dass diese sogleich in den Blick geraten und als solche ausdrücklich werden.[66] Welterfassung, Erkennen, Urteilen erscheinen als Akte, die ohne Normativität nicht denkbar sind. Die Bestimmung des Verhältnisses von Normalität und Norm könnte vor diesem Hintergrund als Topos für eine methodische Darstellung zentraler Probleme der Rechtsphilosophie dienen, etwa der Bedeutung hermeneutischen Vorgehens, des Werterkennens und des Erkennens im allgemeinen, der Positivität und Realität von Normen, des Verhältnisses der Bereiche des Empirischen und Normativen zueinander, der Quelle und Legitimation von Normativität und der Bedeutung von Sprache für sie. Nähern wir uns dem Begriff der Normativität aus mehr akademischer Perspektive, so sind die Unterscheidungen kognitivistischer und nichtkognitivistischer sowie deontologischer und teleologischer (oder konsequentialistischer) Positionen für die Offenlegung der Implikationen des Begriffs von Bedeutung.

2. Kognitivistisches und nonkognitivistisches Normverständnis

Zwischen den 1930er und 1960er Jahren dominierten – maßgeblich beeinflusst durch die Arbeiten von *Bühler*[67], *Ayer*[68], *Stevenson*[69], *Hare*[70] und *Nowell-Smith*[71] – nicht-

---

65 *Isensee*, Normalfall, S. 52, 65.

66 Vgl. *Denninger*, Normalfall, S. 45: „Normalität wird *gemacht* und zugleich durch sich selbst, durch ihre dauernde, sich wiederholende Existenz *gerechtfertigt*. Am stärksten wirkt sie, solange sie als solche gar nicht erkannt und in Frage gestellt wird, solange sie einer reflexiven Rechtfertigung noch gar nicht bedarf.“

67 Vgl. insbes. *Bühler*, Sprachtheorie, 1934.

68 Vgl. insbes. *Ayer*, Sprache, 1936.

kognitivistische Ansätze die Normtheorie. Diese knüpfen an die – von *Austin*[72] und *Searle*[73] weiterentwickelte – Theorie performativer Sprechakte an, derzufolge Sprechen eine besondere Art des Handelns darstelle. Mit Sprache kann man zum Beispiel mitteilen, bitten, empfehlen, auffordern, warnen etc. Diese praktischen Funktionen sprachlicher Äußerungen werden als ihre illokutionären Rollen bezeichnet.[74] Nonkognitivisten sehen in normativen Aussagen solche performativen Sprechakte; sie behaupten, normative Aussagen handelten nicht von Pflichten oder Verboten, sondern ausschließlich von der persönlichen Einstellung des Sprechenden zu einem Sachverhalt. Durch die Äußerung „das ist gut" zum Beispiel, wolle der Sprechende nicht behaupten, dass *das* gut sei, sondern – abhängig vom situationsspezifischen Kontext – eine Empfehlung aussprechen, *das* zu tun, seine Ansicht über *das* mitteilen, die Ansicht eines anderen über *das* bestätigen usw. Demgegenüber vertreten kognitivistische Theorien die Position, bei normativen Äußerungen handele es sich um wahrheitsfähige Aussagen, also um Behauptungssätze. Die Differenzierung zwischen kognitivistischen und nonkognitivistischen Theorien in der ethischen Diskussion folgt weitgehend den Positionen von Korrespondenztheorie der Wahrheit und Redundanztheorie in der Erkenntnistheorie.[75]

Für die kognitivistische und gegen die – heute kaum mehr vertretene – nichtkognitivistische Position sprechen eine Reihe überzeugender Argumente.[76] Am gewichtigsten dürfte die Feststellung sein, dass ein nichtkognitivistisches Verständnis normativer Äußerungen nicht den Erwartungen und Anforderungen entspricht, die wir an solche Äußerungen stellen und damit mit unserer Spracherfahrung und durch diese geprägte intuitive Auffassung von der Bedeutung von Normen nicht in Einklang zu bringen ist. In diesem Sinne stellt *v. Kutschera* zutreffend fest: „Auch im Recht werden normative Sätze nicht primär zum Ausdruck eigener Einstellungen oder zu Empfehlungen verwendet, sondern als Behauptungen über objektive rechtliche Tatbestände. Urteile müssen begründet werden; es muss u. a. gezeigt werden, dass eine gesetzliche Norm auf den vorliegenden Fall anwendbar ist, und dass der Fall im Lichte dieser Norm so und so zu bewerten ist. Eine Behauptung des Inhalts, dass es dem Angeklagten nicht erlaubt war, so zu handeln, wie er gehandelt hat, lässt sich dabei nicht durch eine Äußerung ersetzen wie: ‚Ich missbillige die Tat des Angeklagten und fordere die Anwesenden auf, desgleichen zu tun.'"[77]

---

69 Vgl. insbes. *Stevenson*, Ethics, 1944.
70 Vgl. insbes. *Hare*, Sprache, 1952.
71 Vgl. insbes. *Nowell-Smith*, Ethics, 1954.
72 Vgl. insbes. *Austin*, Sprechakte, 1962.
73 Vgl. insbes. *Searle*, Speech Acts, 1969.
74 *Austin*, Sprechakte, S. 92 f., 116 ff.
75 Näher zu den Wahrheitstheorien unten A.III.1.
76 Gute Darstellung bei *v. Kutschera*, Ethik, S. 112 ff.
77 *v. Kutschera*, Ethik, S. 116 f.

Dass normative Äußerungen *auch* eine performative Funktion erfüllen können, schließen kognitivistische Theorien nicht aus und entspricht unserer Spracherfahrung. Da Ethik als Kritik der praktischen Philosophie sich aber nicht mit situationsspezifischen Empfehlungen und Imperativen als Antworten auf die Frage nach dem richtigen Tun zufrieden gibt, sondern nach einer Begründung für die Richtigkeit der Empfehlung oder des Imperativs sucht, also nach dem „objektiv" oder „generell" richtigen Tun, erweist sich die nichtkognitivistische Reduktion normativer Äußerungen auf performative Funktionen für die ethische Fragestellung als unzureichend. Sie erklärt nicht die Normativität von Normen und bleibt damit auf halbem Wege stehen.

3. Deontologisches und konsequentialistisches Normverständnis

Die Klassifikation von Normtheorien in deontologische und teleologische oder konsequentialistische Ansätze bezieht sich darauf, auf welche normativen Grundbegriffe normative Äußerungen zurückgeführt werden können. Während für deontologische Theorien deontische Begriffe – also Pflichten – den Ausgangspunkt der ethischen Diskussion bilden, sind es für teleologische Theorien Folge- und Nutzenserwägungen, die an Wertbegriffen („besser" als, „größer" als) gemessen werden. Man spricht daher einerseits von Pflichtethiken, andererseits von Wertethiken, deren bedeutendste Ausprägungen die utilitaristischen Ethiken darstellen. Nach dem Ansatz des – maßgeblich von *Bentham*[78], *Mill*[79] und *Sidgwick*[80] geprägten – Utilitarismus ist eine Verhaltensregel oder Handlung richtig bzw. erlaubt, wenn die Summe ihrer erwünschten Konsequenzen für die größtmögliche Anzahl von Individuen maximal ist. Ohne näher auf einzelne seiner Ausprägungen – wie etwa Akt- oder Regeluntilitarismus – eingehen zu müssen[81], begegnen die konsequentialistischen und im besonderen utilitaristischen Theorien in ihren Grundgedanken erheblichen Einwänden praktischer und dogmatischer Art.[82] In praktischer Hinsicht befriedigen sie nicht den intuitiv an ethische Theorien gestellten Anspruch, zu gerechten Ergebnissen zu führen. So erscheint es weder immer gerechtfertigt, den größtmöglichen Nutzen aller auf Kosten Einzelner zu erreichen, noch erscheint es für den Einzelnen geboten, sich stets moralisch optimal zu verhalten, zumal dies der Möglichkeit altruistischer und supererogatorischer Handlungen den Boden entziehen würde. Schließlich wären abwägungsresistente Rechtspositionen wie die Menschenwürde auf diese Weise nicht begründbar. In dogmatischer Hinsicht ist einzuwenden, dass sich konsequentialistisch nahezu jede Handlung und jede Regel rechtfertigen lässt, deren Anerkennung als richtig oder falsch nämlich von der Nutzensdefinition abhängig ist. Um etwa eine

78 Vgl. insbes. *Bentham*, Einführung in die Prinzipien der Moral und der Gesetzgebung, 1789.
79 Vgl. insbes. *Mill*, Das Nützlichkeitsprinzip, 1861.
80 Vgl. insbes. *Sidgwick*, Ethik, 1874.
81 Eingehende Darstellung bei *v. Kutschera*, Ethik, S. 163 ff.
82 Vgl. *v. Kutschera*, Ethik, S. 74 ff., 166 ff.

Gesellschaftsordnung kommunitaristischer Ausprägung, in der alle den größten weil gleichen Nutzen haben, zu vermeiden, muss der klassische Utilitarismus auf die These zurückgreifen, dass es für das Glück aller am förderlichsten sei, wenn jeder seine eigenen Interessen verfolgen dürfe. Utilitaristische Theorien sind mit anderen Worten in hohem Maße von ideologischen Vorentscheidungen darüber abhängig, welche Güter gegenüber anderen einen höheren Wert genießen, ohne dass diese Rangordnung selbst begründet würde oder eine Begründung erfahren könnte, weil die Vergleichbarkeit der Güter eine umfassende Wertordnung voraussetzte, über die wir aber nicht verfügen. Die „Aufrechnung" diskreter Güter gegeneinander unterliegt dem objektivistischen Trugschluss der Möglichkeit einer Mathematisierung von Werten und der verlässlichen Berechenbarkeit künftiger Folgen von Handlungen und Regeln. Weil aber mögliche Folgen situationsspezifisch unterschiedlich bewertet werden können – zum Beispiel kann Lügen unter bestimmten Umständen moralisch geboten sein –, ist es für konsequentialistische Theorien unmöglich, zu generellen normativen Aussagen zu gelangen. Damit ist allerdings nicht gesagt, dass Nutzenserwägungen nicht handlungsleitend sein könnten und häufig sind, sondern nur, dass eine konsequentialistische Position als praktische Philosophie, die nach dem „richtigen", „moralischen" oder „guten" Handeln fragt, problematisch ist. Für die Frage, ob es Pflichten oder Werte gibt und ob wir sie erkennen können, ist die Unterscheidung deontolgischer und konsequentialistischer Theorien nicht von Bedeutung.

Da sich die deontischen Begriffe des Erlaubtseins, des Verbotenseins und der Pflicht in den deontischen Begriff des Gebots übersetzen lassen[83], verstehen wir normative Aussagen im engeren Sinne als Behauptungssätze über Gebote, ohne zu verkennen, dass Normativität im weiteren Sinne nicht auf Gebote beschränkt ist, sondern sich allgemein auf Werte und Bewertungen bezieht, die den Geboten häufig vorangehen.[84] Der enge Begriff normativer Aussagen entspricht unserem intuitiven Verständnis. Gebote begegnen uns in Sitten, Konventionen, Erwartungen, Bewertungen und natürlich als geschriebene Normen in Gesetzestexten und verlangen von uns ein bestimmtes Verhalten. Strafnormen, um die es uns hier unter anderem zu tun ist, setzen sich aus zwei Gebotsnormen zusammen, nämlich dem Verbot einer bestimmten Handlungsweise und der Sanktionsnorm, die die Sanktionierung des Verstoßes gegen das Verbot gebietet.[85] Die Normen der Strafprozessordnung gebieten bestimmte Verhaltensweisen der Prozessbeteiligten, unter anderem etwa, die „Wahrheit nicht um jeden Preis"[86] zu erforschen. Soweit die Strafprozessordnung

83 Eine Handlung ist genau dann verboten, wenn es geboten ist, sie zu unterlassen. Eine Handlung ist erlaubt genau dann, wenn sie nicht verboten ist, wenn es also nicht geboten ist, sie zu unterlassen. Eine Handlungspflicht besteht genau dann, wenn die Handlung geboten ist.

84 Darauf weist die Lehre von den Bewertungsnormen hin, vgl. *Radbruch*, Rechtsphilosophie, S. 8 ff., 13 ff.

85 Eingehend zu dieser – sog. dualistischen – Normentheorie *Renzikowski*, Normentheorie, S. 115, 116 ff m.w.N.; *Schroth*, Hermeneutik, S. 275 f.;

86 Vgl. BGHSt 14, 358, 365 = NJW 1960, 1580, 1581; BGHSt 17, 337, 348 = NJW 1962, 1873, 1874; BGHSt 31, 304, 309 = NJW 1983, 1570, 1572; *Roxin*, Strafverfahrensrecht, § 1 Rn 3.

Verfahrensbeteiligten Rechte einräumt, lassen sich diese in Gebote, die Ausübung dieser Rechte zu tolerieren oder zu unterstützen übersetzen.

4. Realismus und Subjektivismus

Mit dem deontologischen und kognitivistischen Normverständnis korrespondiert eine realistische Ontologie der Normen. Danach handelt es sich bei Pflichten, Erlaubnissen und Verboten um objektiv bestehende Tatsachen. Demgegenüber betonen subjektivistische (oder idealistische) Positionen den Charakter von Normen als Ausprägungen persönlicher Präferenzen, denen kein vom Subjekt unabhängiges Sein zukomme. Auch für den normtheoretischen Realismus sprechen eine Reihe vernünftiger Gründe, ohne dass sich die Realismus-Subjektivismus-Kontroverse nach allgemein verbindlichen Gesichtspunkten entscheiden ließe.[87] Die Kernargumente lassen sich in aller Kürze folgendermaßen beschreiben: 1. Wertaussagen („diese Rose ist schön") unterscheiden sich nicht grundsätzlich von nichtnormativen Aussagen („diese Rose ist rot"); wir unterscheiden in der natürlichen Sprache und in unserem Erleben zwischen „schön sein" und „als schön empfinden" und schreiben Wertqualitäten ebenso wie natürliche Eigenschaften den Dingen selbst zu. 2. Die Relativität und Kulturgebundenheit von Werturteilen kann zwanglos damit erklärt werden, dass Werterfahrungen ebenso wie natürliche Erfahrungen Beobachtungen im Lichte vorgängiger Wertungen sind. 3. Werturteile hängen immer auch von natürlichen Urteilen ab, da unterschiedliche Annahmen über Rahmenbedingungen und Konsequenzen einer Handlung oder Norm bei gleichen Wertvorstellungen zu unterschiedlichen Werturteilen führen können. 4. Da subjektive Präferenzen keinen Grund für moralisches Handeln darstellen[88], kann nur eine realistische Konzeption mit der Kernfrage der praktischen Philosophie, warum es geboten ist, bestimmten Normen zu folgen, sinnvoll umgehen. 5. Eine realistische Konzeption erklärt zwanglos die Bestätigung und Veränderung persönlicher Präferenzen. Wenn wir etwas als wertvoll erkennen, gewinnt es für uns an Wert; persönliche Präferenzen sind offen für Erfahrung. 6. Die universelle Anerkennung bestimmter Rechte, etwa eines festen Kernbestands von Menschenrechten, unabhängig von kulturellen und politischen Besonderheiten der verpflichteten Staaten[89], spricht dafür, dass es sich bei diesen Normen um objektive, prinzipiell jedem erkennbare Tatsachen handelt.

87 So zutreffend *v. Kutschera*, Realismus, S. 227 f. der auch eine gute Darstellung der maßgeblichen Argumente bringt, an der sich die folgenden Ausführungen orientieren.

88 Prägnant *v. Kutschera*, Realismus, S. 223: „Möchte ich ein Bier trinken oder spazierengehen, so folgt daraus nicht, das ich das tun soll. Wenn nichts entgegensteht, werde ich es ohnehin tun, so dass eine solche Norm leer laufen würde. (…) Wenn nun schon meine eigenen Präferenzen mich zu nichts verpflichten, so erst recht nicht die anderer Leute."

89 Dieses Argument ist freilich mit Vorsicht zu genießen, weil die Universalitätsdebatte bei den Menschenrechten ihren Ausgangspunkt gerade von der These nimmt, das universelle Menschenrechtssystem sei spezifisch westlicher Provenienz und anderen Kulturen lediglich über-

Kennzeichnend für eine realistische Normtheorie ist neben der These, dass es von unseren subjektiven Präferenzen unabhängige Werttatsachen gibt, die Auffassung, dass wir solche Tatsachen auch erfahren und erkennen können. Damit ist die Problematik von Werterfahrungen und Werterkenntnis angesprochen. Man muss nicht – wie das von subjektivistischer Seite immer wieder unterstellt wurde, um die realistische Position als unplausibel darzustellen – das Vorhandensein eines spezifischen „Werterkennungssinnesorgans" annehmen[90], um die Möglichkeit von Werterkenntnis anzuerkennen. Dieses – wenig subtile – Gegenargument beruht auf biologistischen oder physikalistischen Annahmen, die zu einem eher robusten materialistischen Weltbild gehören.[91] In gleicher Weise könnte man sagen, wir verfügten auch nicht über Sinnesorgane zum Erkennen von Schönheit, Harmonie, Kakophonie und dergleichen. Solche Erkenntnis gehört jedoch zum Inbegriff unseres Erlebens; ihre Möglichkeit wird in der philosophischen Ästhetik – bei der es sich um eine mit der Ethik verwandte Disziplin handelt, die sich auch mit Wertbegriffen auseinandersetzt – nicht bezweifelt.[92] An Werterfahrungen – zum Beispiel der Tatsache, dass jemand unsere Arbeit wertschätzt, also als wertvoll befindet – richten wir unser Handeln aus. Werterfahrungen sind danach zum Beispiel Erfahrungen des Inhalts, dass etwas gut ist. Das als gut Erfahrene oder Beurteilte kann man als Wertsachverhalt oder Werttatsache bezeichnen.[93] Wertaussagen unterscheiden sich damit nicht prinzipiell von „natürlichen" oder physikalischen Aussagen.[94] Sie stellen Aussagen dar über das, was der Fall ist, also über die Wirklichkeit. Diese Aussagen können wie physikalische Aussagen wahr oder falsch sein. Ebenso wie diese beruhen sie auf Beobachtungen im Lichte vorgängiger Annahmen und stellen Hypothesen dar über das, was der Fall ist, die sich bewähren oder an der Erfahrung scheitern können.

Eine realistische Normentheorie beruht damit – ebenso wie eine realistische Wissenschaftstheorie – auf einer differenzierten Ontologie, die von der prinzipiellen Möglichkeit des Erkennenden ausgeht, das zu erkennen, was der Fall ist, ohne aber jemals das sichere Wissen gewinnen zu können, dass das der Fall ist.

gestülpt (vgl. *Kälin/Künzli*, Menschenrechtsschutz, S. 22 ff.). Ich bin letzten Endes aber davon überzeugt, dass sich ein Kernbestand an Menschenrechten tatsächlich unabhängig von regionalen Besonderheiten des Denkens und Werterkennens auf Grundlage des spezifisch Menschlichen des Menschseins begründen lässt. Einen Ansatz in diese Richtung verfolgt *v. Kutschera*, Ethik, S. 268 ff.

90 Vgl. *v. Kutschera*, Ethik, S. 208, 237 f. m.w.N.

91 Vgl. zu den Problemen des Materialismus näher A.III.3.

92 Näher zu Begriff und Inhalt ästhetischer Erfahrung *v. Kutschera*, Ästhetik, S. 69 ff.

93 Insofern weicht die hier vertretene Auffassung von derjenigen *v. Kutscheras* ab, der den Wertsachverhalten eine ontologische Relevanz zuweist (vgl. *v. Kutschera*, Realismus, S. 215).

94 Eine ähnliche Auffassung vertreten im Zusammenhang mit der Thematik der Beweisverbote offenbar *Rupp*, 46. DJT, S. 198 und *Dallmeyer*, Beweisführung, S. 22 ff.

5. Normativität und Empirie

Aus der Feststellung, dass sich normative Aussagen nicht prinzipiell von empirischen Aussagen unterscheiden, ergibt sich weiter, dass zwischen dem Erkennen „normativer" und „natürlicher" Tatsachen kein kategorialer Unterschied besteht.[95] Diese Annahme ist für die weitere Untersuchung der Vorgänge im Strafverfahren, bei dem es sich um eine normativ-empirische Gemengelage handelt, von einiger Relevanz. Hintergrund dieser Auffassung, auf die bereits die oben vorgenommene Konfrontation der Begriffe „Normativität" und „Normalität" hinführte, ist die – wenn man so will „empiristische"[96] – Annahme, dass alle Erkenntnis ihren Ausgang bei der Erfahrung dessen nimmt, was der Fall ist. Begriffliche Differenzierungen sind danach Bestandteil der Theoriebildung und nur auf Seiten der Theorie von Relevanz. Ob ein Unterschied zwischen dem Erkennen natürlicher und dem Erkennen normativer Tatsachen besteht, ist eine Frage, die nicht durch einen – epistemisch unmöglichen – Rückgang auf zu Erkennendes beantwortet werden kann, sondern durch eine Theorie des Erkennens. Eine solche Erklärung hat eine Reihe von Problemstellungen zu berücksichtigen, für die sie ebenfalls eine Erklärung bereitstellen muss, will sie sich nicht als widersprüchlich erweisen. Diese Problemstellungen betreffen das Verhältnis von Erkennendem, zu Erkennendem und Erkannten zueinander; ihre traditionellen Spielarten sind die Subjekt-Objekt-Dichotomie, das Leib-Seele-Problem, der psychophysische Dualismus, der hermeneutische Charakter des Erkennens und die Frage des Wahrheitskriteriums. Eine einfach gestrickte materialistische Ontologie, eine kausalistische Theorie der Wahrnehmung und ein fundamentalistisches Erkenntnisideal vermögen diese Gesichtspunkte nicht befriedigend zu erklären.[97] Die hier vertretene Konzeption ist ein Versuch, sie in ein komplexes Erklärungsmodell zu integrieren und dabei die Einsichten der modernen Wissenschaftstheorie zur Bedeutung und Funktionsweise der Theoriebildung zu berücksichtigen. Dieser wissenschaftstheoretische Bezug wird im abschließenden Kapitel (E.) nochmals aufgegriffen und vertieft werden.

Entsprechend ihrem realistischen Ausgangspunkt ist Bestandteil dieser Konzeption die These, dass wir an normative Aussagen dieselben Maßstäbe ihrer Überprüfung anlegen können, an denen wir empirische Aussagen messen.[98] In den oben

95 In der Rechtsphilosophie erscheint dieser Gesichtspunkt als Kennzeichnung einer einen strengen Methodendualismus ablehnenden Position, vgl. prägnant *Hassemer*, FS Maihofer 1988, S. 183, 193: „Die scharfe Trennung von Sein und Sollen hatte nicht nur die vorgängigen und unaufhebbaren Verbindungen von Norm und Sachverhalt, von Wert und Wirklichkeit in Sprache und Alltagserfahrung naiv oder strategisch übersehen, sondern sie hatte damit zugleich der Rechtsphilosophie die Potenz zur inhaltlichen Rechtskritik genommen."

96 Vgl. oben A.I.4.

97 Vgl. *v. Kutschera*, Materialismus, S. 31 ff.; *ders.*, Objektivität, S. 131 ff., 271 ff.; näher A.III.3. m.w.N.

98 Auch diese These weicht von der Auffassung *v. Kutscheras* ab, der Werte und Werterfahrungen der geistigen Welt zuordnet und damit – obwohl er wissenschaftstheoretische Maßstäbe in die praktische Philosophie integrieren möchte – doch zwischen „natürlichen" und „normativen"

entwickelten Begrifflichkeiten bedeutet das: normative Aussagen sind Urteile über etwas, das „normativ"[99] der Fall ist und als Aussagen selbst etwas, das der Fall ist. Das Gebot, es zu unterlassen, andere Menschen zu töten, begegnet uns als ein Seiendes in historischen Dokumenten, in der christlichen Ethik und in § 212 und § 211 des Strafgesetzbuchs. Umgekehrt ist es nicht minder wichtig, festzustellen, dass empirische Aussagen nicht nur deskriptive Elemente enthalten, sondern auch normative. Dies trifft namentlich auf relationale Aussagen zu, die nämlich eine Definition der Relation voraussetzen, welche ohne normative Begriffe nicht auskommt, aber auch auf Basissätze. Die Urteile „das ist ein Stuhl" und „das ist ein Mörder" unterscheiden sich durch die Komplexität des in Bezug genommenen Objekts. Das Verständnis beider Objekte setzt ein Vorwissen darüber voraus, was unter „Stuhl" bzw. „Mörder" zu verstehen sei. Dieses Vorwissen kann induktiv durch die Betrachtung anderer Gegenstände mit einer Sitzfläche und Beinen oder anderer Personen, die einen Menschen ermordet haben gewonnen werden oder durch Erlernen der abstrakten Bedeutung von „Stuhl" bzw. „Mörder". Freilich gestaltet sich dieses Erlernen bei dem Begriff „Mörder" – jedenfalls in seiner technischen Verwendung – ungleich schwieriger, dies rechtfertigt aber keine prinzipiell unterschiedliche Klassifikation beider Begriffe, sondern belegt einen graduellen Unterschied, der ein Resultat der Theoriebildung des seine Umwelt erschließenden Menschen ist. Wir benutzen Begriffe mit unterschiedlichem Komplexitätsgrad, ohne uns stets über den Gehalt der Begriffe bewusst zu sein. Dennoch neigen wir dazu, die Aussage „das ist ein Stuhl" als deskriptiv und die Aussage „das ist ein Mörder" als normativ anzusehen. Der Grund hierfür ist darin zu sehen, dass die „normativen" Elemente – die Festschreibungen des Strafgesetzbuchs – die Verwendung und Erfahrung der Aussage „das ist ein Mörder" dominieren. „Mörder" ist für uns kein selbstverständlicher und alltäglicher Begriff, sondern einer, dessen Bedeutungsgehalt wir uns versichern, wenn wir ihn gebrauchen.

Lässt sich eine strenge Unterscheidung zwischen normativen und deskriptiven Aussagen nicht treffen, so erweist sich die von *Hume* aufgedeckte Problematik des Schließens von einem Sein auf ein Sollen[100] als Scheinproblem. Das Humesche Gesetz wird in der Rechtsphilosophie in der Regel im Sinne einer fehlenden logischen Konnexität von Sein und Sollen verstanden. In diesem Sinne gehört es zum Standardrepertoire der rechtsphilosophischen Auseinandersetzung. Rekonstrukiert man das Gesetz nach begriffssprachlichen Maßstäben, so besagt es lediglich, dass aus einer

---

Tatsachen unterscheidet (vgl. *v. Kutschera*, Realismus, S. 215, 225, 229; *ders.*, Materialismus, S. 159). Meines Erachtens führt diese Differenzierung auf ontologischer Ebene den Gedanken der Theoriebeladenheit der Erfahrung und ihrer Ausdrucksformen nicht konsequent zu Ende und fällt letzten Endes in eine Dichotomie von Psyche und Physis zurück, auf deren Aufhebung sie eigentlich abzielt (vgl. a.a.O. S. 83, 85 ff., 161 ff.).

99 „Normativ" wird in diesem Zusammenhang in Anführungszeichen gesetzt, um deutlich zu machen, dass eine Qualifizierung dessen, was der Fall ist, als normativ durch einen Akt des Urteilens geschieht; dem, was der Fall ist, eignet die Möglichkeit, als normativ qualifiziert zu werden; diese Potenz soll mit dem Symbol „normativ" angezeigt werden.

100 *Hume*, Treatise, S. 177 f.

konsistenten Menge nichtdeontischer Sätze in der deontischen Logik nur solche rein deontischen Sätze folgen, die in der deontischen Logik wahr, also auch ohne diese Prämissen beweisbar sind.[101] *Humes* Gesetz gilt also nur für konsistente Mengen nichtdeontischer Sätze, rein deontische Sätze und in der deontischen Logik. Alle drei Prämissen treffen wir außerhalb philosophischer Schriften nicht an. Weder äußern wir uns in konsistenten Mengen nichtdeontischer Sätze, da unsere Sprache ein Bedeutungsgefüge darstellt, in dem nichtdeontische Aussagen auf deontische Aussagen bezogen sind und selbst deontische Elemente beinhalten; noch stellen Gebote rein deontische Sätze dar, sondern enthalten – zumindest in Form der gebotenen Handlung und des Gebotsadressaten – nichtdeontische Elemente; und drittens verhalten wir uns normalerweise nicht nach den Regeln der deontischen Logik, was sich darin zeigt, dass der auf ein Gebot zurückgehende Imperativ für uns durchaus nichts Seltsames hat.

Besteht zwischen normativen und empirischen Aussagen kein kategorialer sondern allenfalls ein gradueller Unterschied, so lassen sich normative Aussagen epistemologisch anhand der oben entwickelten Begrifflichkeiten beschreiben. Danach sind Normen Aussagen über etwas, das „normativ“ der Fall ist. Normen sind also Beurteiltes, sie bedeuten einen normativen Sachverhalt. Als Beurteiltes sind sie eine Theorie von „normativ“ Seiendem, zu dem der Urteilende nie ganz zurückschreiten kann. Diese epistemische Distanz zwischen „normativ“ Seiendem und Normen ist der Ursprung der Transzendenz des Normativen. Normen sind deshalb im Hinblick auf ihre Normativität transzendent und daher auslegungsbedürftig, weil sie das „normativ“ Seiende nur vermöge der Bedingungen des Erkenntnisvermögens erkennen und abbilden können. Diese Bedingungen können von Person zu Person ganz verschieden sein; schuldunfähige oder nur eingeschränkt schuldfähige Personen entbehren ganz oder partiell des Erkenntnisvermögens für „normativ“ Seiendes. Jedenfalls ist die Erkenntis von „normativ“ Seiendem nach diesen Maßstäben abhängig von Vorurteilen mit normativem Gehalt. Man muss wissen, vielleicht sogar selbst erfahren haben, was Unrecht ist, um Unrecht erkennen zu können.[102] Nirgends wird die Theoriebeladenheit normativer Erkenntnis deutlicher als im Auseinanderklaffen von allgemeinem Rechtsempfinden und juristisch geschulter Rechtserkenntnis.

Als Erklärungen von „normativ“ Seiendem sind Normen zugleich positiv. Ob Normen kodifiziert sind oder in Form von Richterrecht wirken oder als streng formalistische Sitten und Gebräuche, ändert nichts an ihrer Positivität. Ohne damit eine neue Dichotomie erzeugen zu wollen, kann man die Kennzeichnung der Norm als Seiendes, das auf Normatives verweist, welches in dem Paradigma der Seienden, zu denen sie gehört, aufgehoben ist, als ihre „Normativität“ und „Positivität“ fassen.

101 *v. Kutschera*, Das Humesche Gesetz, S. 87; *ders.*, Ethik, S. 31.

102 Lesenswert ist in diesem Zusammenhang die Biografie von *Nelson Mandela*, Der lange Weg zur Freiheit. Dort beschreibt der Freiheitskämpfer eindrucksvoll den langen und schwierigen Weg der kognitiven Befreiung von den als selbstverständlich oder sogar als Wohltat der Unterdrücker erfahrenen Repressalien.

Die Norm ist normativ, soweit sie als Erkanntes auf ein transzendentes „normatives" zu Erkennendes verweist; sie ist positiv, soweit sie selbst als etwas, das der Fall ist, Gegenstand der Erkenntnis sein kann. In der Normanwendung wirkt sich diese Kennzeichnung dergestalt aus, dass wir Normen zunächst in ihrer Positivität erfassen. Wir versuchen zum Beispiel sprachlich kodifizierte Normen – aber dasselbe gilt auch für nicht kodifizierte – „aus sich heraus", gegebenenfalls unter Zuhilfenahme grammatischer, semantischer und systematischer Auslegungsmethoden, zu verstehen. Führt uns das nicht zum Erkennen der Norm, werden diese Arten der Auslegung ergänzt durch historische und teleologische Auslegungsmethoden, die auf die Normativität der Norm, auf das „hinter ihr" stehende „normativ" Seiende abzielen und daraus auf den Gehalt der Norm schließen. Da Auslegung sprachlich ist und daher mit dem Problem der Theoriebeladenheit der Sprache kämpft, lassen sich die auf die Positivität bzw. Normativität der Norm gerichteten Auslegungsmethoden nicht streng voneinander abgrenzen.

III. Wahrheit

1. Verständnisarten des Wahrheitsbegriffs

Das Phänomen der Wahrheit hat in der modernen Philosophie, namentlich der des 20. Jahrhunderts, Konjuktur. Nur die bedeutendsten Beiträge hierzu und ihre Autoren lesen sich wie ein Brevier und Who-is-who der Gegenwartsphilosophie: *Edmund Husserl* definiert 1901 Evidenz im Sinne idealer Übereinstimmung zwischen Gemeintem und Gegebenem als Erlebnis der Wahrheit[103] und bereitet damit den erkenntnistheoretischen Boden für die Entwicklung des phänomenologischen Programms in den „Ideen".[104] *Bertrand Russell* betont 1912 die verbindende Kraft des urteilenden Bewusstseins, das mehrere andere Gegenstände zu einer komplexen Einheit, deren Ordnung die Wahrheit des Urteils anzeigt, zusammenfügt.[105] *Ludwig Wittgensteins* „Tractatus" von 1918 ist in seinem Kern eine Wahrheitstheorie Platonscher Provenienz: „Das Bild stimmt mit der Wirklichkeit überein oder nicht; es ist richtig oder unrichtig, wahr oder falsch."[106] *Martin Heidegger* greift 1926 den phänomenologischen Ansatz auf und gewinnt daraus sein Verständnis des altgriechischen Wahrheitsbegriffs als Unverborgenheit, die ein Grundelement seiner Existenzphilosophie darstellt.[107] 1933 formuliert *Alfred Tarski* seine semantische Konzeption der Wahrheit, die für die Entwicklung der Analytischen Philosophie von entscheidender

103 *Husserl*, Logische Untersuchungen, § 6.

104 *Husserl*, Phänomenologie, §§ 24, 27-32; vgl. auch *ders.*, Cartesianische Meditationen, § 24.

105 *Russell*, Wahrheit, 1912.

106 *Wittgenstein*, Tractatus, 2.21.

107 *Heidegger*, Sein und Zeit, S. 212 ff.; in „Vom Wesen der Wahrheit" (1943) verfeinert *Heidegger* dieses Wahrheitsverständnis.

Bedeutung sein wird.[108] Der Kritische Rationalismus hat seine vitale Wurzel in einem wahrheitsskeptischen Ansatz, den *Karl Popper* 1934 so formuliert: „Wir wissen nicht, sondern wir raten."[109] *John Longshaw Austin* untersucht 1950 den natürlichen Wortgebrauch von „wahr" und kommt in Ablehnung der von Vertretern der Redundanztheorie vorgebrachten Argumente zu dem Schluss, dass der Ausdruck, indem er – soweit dies nicht mit performativer Absicht geschieht – beim Sprechen über Aussagen verwendet wird, die Beziehung zwischen den Wörtern und der Welt beschreibt.[110] *Hans-Georg Gadamer* methodisiert 1960 das hermeneutische Wahrheitsverständnis, dessen kritische Frage darin bestehe, „die wahren Vorurteile, unter denen wir verstehen, von den falschen, unter denen wir missverstehen, zu scheiden."[111] In seiner Gefolgschaft entwickelt *Jürgen Habermas* die Konsenstheorie der Wahrheit.[112] Die Aufzählung ließe sich mit einer Vielzahl nicht weniger ehrwürdiger Namen verfeinern. [113]

Versuche, die Vielzahl unterschiedlicher Wahrheitstheorien typisierend in Gruppen zusammenzufassen, unterscheiden meist – ohne Anspruch auf vollständige Erfassung aller vertretenen Wahrheitstheorien – die folgenden Ansätze: den korrespondenztheoretischen oder ontischen, den kohärenztheoretischen und den konsenualtheoretischen. Die Grundgedanken dieser Ansätze lassen sich in Kürze so skizzieren: Im Sinne einer – weitgehenden – Übereinstimmung von Aussage und Gegenstand (adequatio intellectus et rei) wird Wahrheit von den Vertretern der Korrespondenztheorie verstanden.[114] Demgegenüber ist Wahrheit nach der Kohärenztheorie eine Relation zwischen Aussagen, zum Beispiel im Sinne einer Übereinstimmung von Aussagen verschiedener Individuen oder der Widerspruchsfreiheit diskreter Überzeugungen eines Individuums.[115] Spielarten hiervon sind die Konsen-

108 *Tarski*, Wahrheitsbegriff, 1933.

109 *Popper*, Logik der Forschung, S. 223.

110 *Austin*, Wahrheit, S. 37 ff.

111 *Gadamer*, Wahrheit und Methode, S. 304.

112 *Habermas*, Wahrheitstheorien, 1973.

113 Vgl. etwa die Zusammenstellung bei *Skirbekk*, Wahrheitstheorien.

114 Die Korrespondenztheorie geht in ihrer klassischen Formulierung zurück auf *Thomas von Aquin*, Wahrheit, 1256-1259. Sie wird in der modernen Philosophie (in unterschiedlichen Spielarten) z.B. vertreten von *Russell*, Wahrheit, S. 66 ff.; *Wittgenstein*, Tractatus, 2.21-2.225, 4.063; *Tarski*, Wahrheitsbegriff, S. 143; im Ansatz auch von *Austin*, Wahrheit, S. 226 ff. Gegen sie wird in ihrer trivialen Ausprägung als Abbildtheorie eingewendet, sie „bevölkere die Welt mit sprachlichen Doppelgängern", die nicht wahr, sondern allenfalls genau, akkurat oder ähnlich sein könnten (vgl. *Austin*, Wahrheit, S. 229 ff.). Die adaequatio-Formel sei außerdem zu vage und unpräzise; letztlich bleibe in all ihren Ausprägungen offen, auf welche Weise die gänzlich heterogenen Bereiche des Physischen und des Psychischen miteinander korrspondieren könnten (vgl. *Gloy*, Wahrheitstheorien, S. 93 ff.). Die Korrespondenztheorie teilt damit die Schwächen dualistischer Konzeptionen (dazu *v. Kutschera*, Objektivität, S. 201 ff.).

115 Die Kohärenztheorie wurde maßgeblich entwickelt von *Bradley*, Truth, 1914, und hat namentlich Anhänger unter Vertretern des Logischen Positivismus gefunden, vgl. *Carnap*, Universalsprache, 1931; *Neurath*, Soziologie, 1931; *ders.*, Protokollsätze, 1932/1933; *Hempel*, Wahrheit, 1934/1935. Sie ist auch in der hermeneutischen Philosophie *Gadamers* angelegt, soweit diese

sualtheorie, derzufolge Wahrheit das Resultat des Konsenses einer Gruppe von Individuen oder aller Mitglieder einer Gemeinschaft ist[116], und die Konvergenztheorie, nach der es nur darauf ankommen soll, dass mehrere Individuen zu miteinander vereinbarenden Erkenntnissen gelangen.[117] Nach der Redundanztheorie ist Wahrheit lediglich eine Eigenschaft einer Aussage, die deren Aussagekraft verstärkt, aber keinen eigenen Bedeutungsgehalt besitzt. Das Wahrheitsproblem ist danach ein Scheinproblem.[118]

Ein anderer Zugang zum Phänomen Wahrheit führt über den Gebrauch des Begriffs in der Sprache. Im gewöhnlichen Sprachgebrauch bezeichnet der Begriff „Wahrheit" eine Aussage, die auf ihren Gegenstand, bei dem es sich um einen tatsächlichen Sachverhalt handelt, zutrifft. Der Begriff beinhaltet metaphysische Bezüge im Sinne „ewiger" und „absoluter" Wahrheit, die die „gewöhnliche" Wahrheit als Resultat eines Erkenntnismangels und potentielle Unwahrheit erscheinen lässt. Im gewöhnlichen Sprachgebrauch ist der Begriff Wahrheit eher unterrepräsentiert. Der Begriff begegnet im juristischen Kontext: Vor Gericht hat man als Zeuge die Wahrheit zu sagen, sagt man die Unwahrheit kann man bestraft werden; der einer Verleumdung oder üblen Nachrede Verdächtige kann den Wahrheitsbeweis antreten. Eine ähnliche Verwendung findet der Begriff im moralischen Kontext: Wer seinem Partner zu Gericht sitzt, muss sich vielleicht vorhalten lassen, nicht die Wahrheit gesagt zu haben. Im Zusammenhang mit Erkenntnis taucht der Begriff eher selten auf. Wollen wir Zustimmung zu einer Feststellung ausdrücken, so sagen wir nicht „das ist die Wahrheit", sondern wir konzedieren „das ist wahr". *Austin* hat auf die Unausgewogenheit der Verwendung von „Wahrheit" und „wahr" im gewöhnlichen bzw. wissenschaftlichen Sprachgebrauch hingewiesen.[119] Für ihn stellt „Wahrheit" eine Hypostasierung von „wahr" dar, die dem Wahr-sein den Nimbus einer unabhängigen Gegenständlichkeit verleihe, welche in der Realität keine Entsprechung

---

eine universellen Deutungsanspruch der Welt als Sprache verfolgt. Gegen die Kohärenztheorie wird unter anderem eingewandt, es gebe keinen Grund für die Annahme, dass nur *eine* Gesamtheit kohärenter Meinungen möglich sei. Die Theorie sei außerdem zirkulär, da Kohärenz die Wahrheit der Gesetze der Logik voraussetze (vgl. *Russel*, Wahrheit, S. 65 f.; *Austin*, Wahrheit, Fn 25).

116 Die Konsensualtheorie wurde maßgeblich entwickelt von *Habermas*, Wahrheitstheorien, 1973; *ders.*, Wahrheit, 1999, sowie eine Vielzahl weiterer Publikationen. Wichtige Vorarbeiten haben geleistet *Kamlah/Lorenzen*, Propädeutik, S. 117 ff.; *Lorenz*, Wahrheitsbegriff, 1972.

117 Vgl. *Kaufmann*, Schuldprinzip, S. 76 ff.; *ders.*, Rechtsphilosophie, S. 283 ff.

118 Die Redundanztheorie geht zurück auf *Frege*, Sinn und Bedeutung, S. 150, und wurde von *Ramsey*, Tatsachen und Propositionen, 1927, erstmals ausgearbeitet und hat insbesondere im angloamerikanischen Bereich einigen Zuspruch erfahren, vgl. etwa *Ayer*, Wahrheit, 1963, und im Ansatz auch die performative Wahrheitstheorie von *Strawson*, Wahrheit, 1950. Gegen sie wird eingewendet, sie blende den Unterschied zwischen Aussage und Aussage über die Aussage aus und lasse keine Wahrheitsgrade zu; die eigenständige Berechtigung anderer Begriffe, die Relationen zwischen Wörtern beschreiben, werde auch nicht angezweifelt; im Übrigen ziele nicht jede Aussage auf Wahrheit ab, sondern könne z.B. auch performative Funktionen erfüllen (vgl. etwa *Austin*, Wahrheit, S. 234 ff.; *White*, Truth, S. 92 ff.).

119 *Austin*, Wahrheit, S. 226 ff.; vgl. auch bereits *Frege*, Funktion, S. 132.

habe. Das Adjektiv „wahr" hingegen füge dem Urteil nichts neues hinzu und sei daher redundant. Es mache keinen Unterschied, zu sagen „dies ist ein Stuhl" oder „es ist wahr, dass dies ein Stuhl ist". *Ramsey* hat hiervon ausgehend die Redundanztheorie der Wahrheit entworfen. Ersetzt man die Frage nach dem Wesen der Wahrheit durch die Frage nach der Verwendung des Prädikats „wahr", so zeigt sich, dass man mit ihm stets eine Aussage, also ein Urteil, kennzeichnet. Man sagt nicht „Stuhl ist wahr", sondern „<Stuhl> ist wahr" oder, in indirekter Rede, „dass das ein Stuhl ist, ist wahr". Damit wird ein Urteil über ein Urteil gefällt. „Wahr" und „falsch" kennzeichnen stets Urteile, Wahrheit ist immer eine Urteilswahrheit, auch wenn sie nicht immer als solche auftritt.[120] Das Auftreten von Wahrheit setzt damit ein Beurteiltes voraus, und sei dieses auch nur ein Basissatz wie „Stuhl". Eine Realität, eine Substanz, eine ontische Gegebenheit, ein Ding-an-sich – oder wie man auch immer das „hinter" dem Begriff stehende Sein nennen mag – taucht in diesem Zusammenhang nicht auf. Vom Urteil her betrachtet erscheinen das Seiende und sein Sein transzendent.

2. Selbstbezüglichkeit, Regress, Paradox

Das mit dem Begriff „Wahrheit" untrennbar verknüpfte methodische Problem wird deutlich, wenn man eine Definition von Wahrheit versucht.[121] Da „Wahrheit" selbst einen definitionalen Grundbegriff darstellt und zudem einen Funktionsterminus, der auf eine Erkenntnisrelation verweist, lässt er sich nicht durch Angabe eines Oberbegriffs (genus proximus) und spezifische Eigenschaften (differentiae specificae) definieren. Vergleichen wir „Wahrheit" mit einem anderen Funktionsbegriff, zum Beispiel „Kausalität". Kausalität kann definiert werden als Ursache-Wirkungs-Zusammenhang. Weder die Ursache, noch die Wirkung, noch der Zusammenhang zwischen beiden – das Kausalgesetz – können hinweggedacht werden, ohne dass das Phänomen Kausalität entfiele. Wahrheit könnte nach diesem Vorbild als Zusammenhang zwischen einem Urteil und dem ihm zugrundeliegenden Sachverhalt beschrieben werden, ohne dass die Art des Zusammenhangs näher spezifiziert werden müsste. Der Vergleich ist aufschlussreich, denn er zeigt, dass Wahrheit wie Kausalität Geurteiltes sind. Wir finden beide nicht einfach vor, sondern stellen als erkennende Wesen einen Zusammenhang her zwischen Erkanntem. Die Feststellung von Kausalität wie Wahrheit ist eine kognitive Leistung.

Anders als „Kausalität" ist „Wahrheit" aber zudem ein selbstbezüglicher Begriff. „Kausalität" ist nicht kausal, doch „Wahrheit" und jede ihrer Definitionen beanspruchen, wahr zu sein.[122] Urteilte man „es ist die Wahrheit, dass Wahrheit die Übereinstimmung des Urteils mit dem Sachverhalt ist", so müsste man die Übereinstimmung

120 Ähnlich *Husserl*, Logische Untersuchungen, § 6 (S. 12).

121 Eingehend *Gloy*, Wahrheitstheorien, S. 13 ff.

122 Eingehend *Gloy*, Wahrheitstheorien, S. 227 ff.

als Sachverhalt ansehen können, der mit der Erkenntnis der Wahrheit der Korrespondenztheorie übereinstimmt. Diese Argumentationsstruktur ist – jedenfalls prima vista – zirkulär und lässt sich als unendlicher Regress fortsetzen. Dabei gilt diese Selbstbezüglichkeit nicht nur für die Reflexion auf die Erkenntnis, sondern für jede Art von Erkenntnis. *Gloy* schreibt treffend: „In jedem Gegenstandswissen ist das Wissen von Wissen mitgewusst, und dieses Wissens kann sich der Mensch nicht entledigen, auch wenn er es nur sukzessiv zur Explikation zu bringen vermag. Sachlich gehören Gegenstandsbewusstsein und Bewusstsein des Bewusstseins zusammen.“[123]

In dieser Selbstbezüglichkeit liegt die eigentliche methodische Schwierigkeit des Wahrheitsbegriffs, die sich auch in logischen Paradoxien äußert. Unterschieden werden können zwei Arten von Paradoxien: semantische und mengentheoretische. Das bekannteste und vermutlich historisch am frühesten belegte Beispiel für ein semantisches Paradox ist das des Lügners: „Ein Kreter sagt: Alle Kreter lügen.“[124] Oder, in allgemeinerer Form: „Ich sage nie die Wahrheit.“ Sage ich damit nun die Wahrheit – nämlich dass ich nie die Wahrheit sage – oder nicht, und sage also die Wahrheit? In neuerer Zeit wurde die philosophische Auseinandersetzung mit Paradoxien maßgeblich durch *Russells* bekanntes mengentheoretisches Paradox der Menge aller Mengen befruchtet. Danach ist R – die Klasse aller Klassen, die nicht Element von sich selbst sind – genau dann Element von sich selbst, wenn sie nicht Element von sich selbst ist.[125]

Semantische und mengentheoretische Paradoxien lassen sich in einer Vielzahl von Ausprägungen bilden.[126] Untersucht man ihre Struktur, so kann man feststellen, dass ihnen eine bestimmte „Bauweise“ zugrundeliegt. Paradoxien bestehen aus selbstbezüglichen Aussagen, die Negativausdrücke enthalten, durch die die Aussage als ganze aufgehoben wird.[127] Danach negiert „lügen“ („nicht die Wahrheit sagen“) die Aussage, mit der das Lügen ausgesagt wird; der Selbstbezug liegt darin, dass eine Lüge auch eine Aussage darstellt und Aussagen mit dem Anspruch auftreten, wahr zu sein. In *Russells* Paradox negiert das Prädikat „nicht Element von sich selbst sein“ die Aussage „R ist ein Element von sich selbst“, bei der es sich um eine selbstbezügliche handelt, weil „R“ sowohl eine Klasse ist als auch aus Klassen besteht. Echte Paradoxien funktionieren immer auf zwei Ebenen, einer objektsprachlichen und einer metasprachlichen. Die Zusammenfassung beider Ebenen in einer Aussage macht deren Selbstbezüglichkeit aus. So stellt „alle Kreter lügen“ zunächst eine objektsprachliche Aussage über einen Sachverhalt dar, ist aber auch selbst ein Sachverhalt, über den etwas ausgesagt werden kann, zum Beispiel ob er wahr oder falsch ist.

---

123 *Gloy*, Wahrheitstheorien, S. 227 f.

124 Vgl. NT Paulus 1,12-13.

125 *Russell*, Principles of Mathematics, S. 101 ff.

126 Vgl. *Sainsbury*, Paradoxien.

127 Näher *Gloy*, Wahrheitstheorien, S. 241 ff.

Insofern unterscheidet er sich von der Aussage „Ein Kreter sagt: Alle Kreter schweigen“, bei der es sich um einen einfachen performativen Widerspruch handelt.

Paradoxien machen die enge Verknüpfung von Erkenntnis und Wahrheitsverständnis deutlich. Erkenntnis ist immer auf Wahrheit angelegt, weil sie auf einer höheren Reflexionsebene – der der selbstbezüglichen Erkenntnis, kurz Selbsterkenntnis – auf ihre Wahrheit hinterfragt werden kann. Selbsterkenntnis ist auch Erkenntnis der Wahrheit von Erkenntnissen. Wahrheit und Erkenntnis eignet daher dieselbe selbstbezügliche Struktur, die der des mengentheoretischen Paradox ähnelt. Weil Erkenntnis zunächst Erkenntnis von Objekten ist, ist die selbstbezügliche Erkenntnis diejenige, die alle Erkenntnis einschließt, die keine Selbsterkenntnis ist. Sie erkennt sich selbst, indem sie erkennt, was sich in seinem Erkennen nicht selbst erkennt. Und sie erkennt sich nicht selbst, indem sie sich ausschließlich selbst erkennt.[128] Weil Wahrheit zunächst Wahrheit von Erkenntnis ist, teilt sie deren selbstbezügliche Struktur. Wahrheit ist wahr, wenn das wahr ist (als wahr erkannt wird), was nicht wahr ist (weil es nämlich keine Erkenntnis ist); und sie ist nicht wahr, wenn das nicht wahr ist, was wahr ist (was als wahr erkannt wird). Zur besseren Verständlichkeit können hier vier logische Ebenen unterschieden werden: erstens eine Objektebene, zweitens eine Erkenntnisebene, drittens eine Reflexionsebene, auf der die Wahrheit der Erkenntnis befragt wird, und viertens eine Metaebene, auf der es um die Wahrheit der auf der dritten Ebene erlangten Erkenntnisse geht.

Die Analytische Philosophie, namentlich in den Arbeiten von *Carnap*, *Tarski* und *Wittgenstein*, hat den Versuch unternommen, das Entstehen von Paradoxien auf einen fehlerhaften Sprachgebrauch durch eine unzulässige Vermischung der verschiedenen Ebenen zurückzuführen. Der zentrale Gedanke, dass das Erkenntnisobjekt der Selbsterkenntnis ein anderes sei als das der Erkenntnis – nämlich die Erkenntnis und nicht ein Sachverhalt –, oder, auf den Wahrheitsbegriff gewendet, dass die Frage nach dem Wahrsein einer Wahrheit fundamental von der nach dem Wahrsein einer Aussage verschieden sei, hat einiges für sich. Er lehrt, dass das seinsverstehende Dasein mit kognitiven Akten neue Erkenntnisgegenstände hervorbringt, Erkenntnisse, Aussagen, Urteile, Propositionen, die selbst wiederum Gegenstand der Befragung und Erkenntnis sein können. Noch wichtiger ist vielleicht die Einsicht, dass Paradoxien stets der Sprache als Nährlösung bedürfen, in der sie sich entwickeln können. Paradoxien sind Sprachspiele, die auf die Begrenztheit des sprachlichen Ausdrucks- und Differenzierungsvermögens verweisen. Sie kommen in unserer Erfahrung nur als Artefakten vor, als Hilfskonstrukte der Sprachanalyse, anhand derer das Entstehen von Erkenntnis und ihre Relation zu Sprache eruiert werden soll. Paradoxien sind kein der Erfahrung vorgelagertes Phänomen, sondern ein sekundäres. Niemand hat je eine Klasse aller Klassen, die nicht Element von sich selbst ist, gesehen, außer in einem Lehrbuch der Logik. Und jemandem, der sagte, er lüge immer, schenkten wir in diesem Moment natürlich Glauben, weil wir davon ausgehen, dass er die Konventionen wechselseitigen Verstehens einhält und wir ihn andernfalls nicht ernst

128 Vgl. *Gloy*, Wahrheitstheorien, S. 245.

nehmen würden. Aussagen können nicht nur wahr oder falsch, sondern zum Beispiel auch unsinnig sein.

3. Die Kritik am fundamentalistischen Wahrheitsverständnis

Das vulgäre Wahrheitsideal der Gegenwart ist durch die enorme Technisierung unserer Lebenswirklichkeit und die allgemein im Bewusstsein verankerten – und gelegentlich durch unvorhergesehene Vorkommnisse erschütterten – Dogmen der Machbarkeit und Berechenbarkeit charakterisiert. Man kann das hinter diesem Wahrheitsideal stehende Weltbild ein physikalistisches und materialistisches nennen. In seiner auf *Carnap* zurückgehenden allgemeinen Form behauptet der Physikalismus eine Übersetzbarkeit aller empirischen Sätze in die physikalische Sprache oder die allgemeine Sprache über Physisches; Sätze, die nicht auf diese Weise übersetzbar sind, werden als metaphysisch und sinnlos charakterisiert.[129] Heute wird diese These von Vertretern eines eliminativen Materialismus wieder aufgegriffen, denen zufolge mit dem Fortschreiten der Neurowissenschaften die Sprache der Psychologie durch die der Neurologie ersetzt werde; psychologische Sachverhalte – Aussagen über Empfindungen, Gefühle, Gedanken usw. – würden dann nach und nach auch aus der Umgangssprache eliminiert.[130] Die Weltsicht des Physikalismus und Materialismus kann man als eine objektivistische bezeichnen. Ihr liegt die Überzeugung zugrunde, man könne die Welt mit den Erklärungsmodellen der Physik beschreiben, wie sie an sich – „objektiv" – sei, unabhängig von den Unzulänglichkeiten der menschlichen Erfahrungs- und Wahrnehmungsorganisation. Mit dem objektivistischen Anspruch korrespondiert ein absolutistischer, nur „objektive" Erkenntnis überhaupt als Erkenntnis anzuerkennen und einer „Erkenntnis", die nicht dem objektivistischen Maßstäben genügt, den Erkenntnischarakter abzusprechen. Beide Thesen kann man als fundamentalistisches Erkenntnisideal bezeichnen.

Gegen dieses Ideal können eine Reihe eingängiger Argumente geltend gemacht werden: 1. Auch Personen sind nach materialistischer Sicht Objekte; sie unterscheiden sich nicht von physischen Gegenständen. Eine vollständige objektivistische Beschreibung der Welt müsste also auch die Beschreibung von Personen umfassen. Diese Beschreibung wird aber von Personen geleistet, eine vollständige Theorie der Welt erforderte also eine Metatheorie der Beschreibung. Da Theorien immer reicher sind als die Gegenstände, die sie erklären, kann es keine Theorie geben, die ihre eigene Metatheorie enthält. Weil wir Theorien mit den Mitteln unseres menschlichen Denkens, Sprechens und Argumentierens bilden, können wir über keine vollständige Theorie menschlichen Denkens, Sprechens und Argumentierens verfügen und somit über keine vollständige Theorie der Welt.[131] 2. Da eine „objektive" Beschreibung der

---

129 Vgl. *Carnap*, Universalsprache, 1931.
130 Vgl. *v. Kutschera*, Materialismus, S. 36 f. m.w.N.
131 Vgl. *v. Kutschera*, Objektivität, S. 78 ff.

Welt diese unabhängig vom erkennenden Subjekt charakterisieren müsste, dürfte sie keine sog. Indexausdrücke wie „ich", „heute" oder „hier" enthalten. Die Beschreibung müsste völlig unabhängig von dem Beschreibenden und den Rahmenbedingungen des Beschreibens gelten. Eine solche Beschreibung wäre unvollständig, da sie keine Aussage darüber enthielte, was jetzt der Fall ist.[132] *Lewis* hat dieses Argument dahin zugespitzt, dass von zwei allwissenden Göttern keiner wissen könnte, wer von ihnen er sei, also nicht allwissend wäre: „Consider the case of two gods. They inhabit a certain possible world, and they know every proposition that is true at their world. Insofar as knowledge is a propositional attitude, they are omniscient. Still I can imagine them to suffer ignorance: neither one knows which of the two he is. They are not exactly alike. One lives on top of the tallest mountain and throws down manna; the other lives on top of the coldest mountain and throws down thunderbolts. Neither one knows whether he lives on the tallest mountain or on the coldest mountain; nor whether he trows manna or thunderbolts."[133] 3. Erklärungen bedeuten das, was sie erklären. Die ursprüngliche Art allen Bedeutens ist die Hinweisgeste. Nach *Quine* steht sie am Anfang des Spracherwerbs und ermöglicht das elementare Erlernen von Eigennamen.[134] Das Hinweisen ist ein Handeln eines Weisenden, das „dieses" Ausgewiesene zu ihm in Beziehung setzt. Erkenntnis des Beobachters ist nicht Erkenntnis des ausgewiesenen „Objekts", sondern des Ausweisens.[135] In einer objektivistischen Welt gibt es keine Bedeutungen, weil sie unabhängig von einem Bedeutenden ist. 4. Ähnlich lautet der Einwand, dass eine Ordnung der Dinge in Raum und Zeit nur möglich sei, indem wir eine Beziehung zu unserer eigenen Position herstellten. Der Bezugspunkt des raum-zeitlichen Koordinatensystems ist stets der Ordnende, der aber selbst durch keine Koordinate in diesem Koordinatensystem repräsentiert ist.[136] 5. Eine objektivistische Sicht der Welt ist reduktionistisch. Sie eliminiert aus der Wirklichkeit zentrale Gegenstände unserer Erfahrung wie Schönheit, Zuneigung, Trauer oder andere seelisch-geistige Phänomene.[137] 6. Eine objektivistische Sicht der Welt ist deterministisch. Das verträgt sich nicht mit unserem Selbstverständnis als Personen, die über einen freien Willen verfügen und – in Grenzen – die Fähigkeit haben, nach ihren Überzeugungen zu handeln.[138] 7. Eine objektivistische Sicht der Welt ist völlig wertneutral. Auch das widerspricht unserer Erfahrung, Sachverhalten Wertigkeiten zuzuordnen. Ethisches und moralisches Verhalten sind in einer objektivistischen Welt nicht möglich.[139] 8. Zusammenfassend lässt sich

132 Vgl. *Dummett*, Unreality of time, 1960.

133 *Lewis*, Attitudes, S. 133, 139. Die Thematik der Indexausdrücke wird bei *David Lewis* immer wieder eingehend behandelt, vgl. *ders.*, Actuality, S. 10, 18 ff.; *ders.*, Language Game, S. 233 ff.

134 *Quine*, Wort und Gegenstand, Kap. I.

135 In diesem Zusammenhang sei die bemerkenswerte Schwierigkeit erwähnt, die Aufmerksamkeit von Kleinkindern durch Hinweisgesten auf einen Gegenstand zu lenken. Die Kinder beobachten zunächst die Geste.

136 Vgl. *Strawson*, Individuals, Kap. 1.

137 Vgl. *v. Kutschera*, Objektivität, S. 291.

138 Näher zur Problematik der Willensfreiheit unten E.VI.1.

139 Vgl. *v. Kutschera*, Objektivität, S. 294 ff.

sagen, dass das fundamentalistische Erkenntnisideal einen externen Standpunkt des Erkennenden beansprucht, über den wir tatsächlich nicht verfügen. Auch physikalische Erkenntnis ist Erkenntnis eines Erkennenden und somit stets von seinen Deutungen abhängig. *Franz v. Kutschera* formuliert diese Einsicht folgendermaßen: „Nun ist auch eine objektivistische Weltsicht eine Sicht von Personen. Der Wissenschaftler als Subjekt dieser Weltsicht muss sich aber als externer Zuschauer des Weltgeschehens begreifen. Der Biologe Fritz Müller hat zwar auf der Bühne dieses Geschehens selbst einen kurzen Auftritt, aber in seiner Funktion als Wissenschaftler sitzt er im Zuschauerraum und betrachtet diesen Auftritt wie den eines Schauspielers. Der Objektivismus führt so zu einer methodischen Schizophrenie, einer Verdoppelung des Subjekts in einen von den Schranken seiner Subjektivität befreiten Zuschauer und einen sich innerhalb dieser Schranken bewegenden Schauspieler, der auf der Bühne seine Rolle spielt.“[140]

Es wäre aber ein Irrtum, anzunehmen, das fundamentalistische Erkenntnisideal beeinflusse ausschließlich die objektivistischen Erkenntnistheorien. In einer reaktionären Form wird es ebenso fortgetragen von den idealistischen Strömungen, soweit sich diese als Antwort auf und Ablehnung der empiristischen Positionen verstehen. Subjektivistische und relativistische Ansätze schießen über das Ziel hinaus, wenn sie aus der Unmöglichkeit „objektiver“ Erkenntnis die Subjektivität aller Erkenntnis oder gar die Unmöglichkeit jeder Erkenntnis folgern. Dass unser Erkennen von den Bedingungen unserer Wahrnehmungs- und Erfahrungsorganisation abhängig ist, bedeutet nicht, dass wir nichts erkennen könnten und auch nicht, dass unsere Erkenntnis die Wahrheit nicht „treffen“ könnte, sondern nur, dass wir keine Sicherheit darüber erlangen können, die Wahrheit erkannt zu haben. Dies ist eine wesentliche Einsicht, die die Auseinandersetzung mit den – insoweit gleichzeitig zu radikalen und zu wenig konsequenten – frühen Thesen des Kritischen Rationalismus erbracht hat.[141] Sie führte zur Annahme des – in der Wissenschaftstheorie heute vorherrschenden – probabilistischen Erkenntnisideals.[142] Danach ist Wahrheit die geurteilte Wahrscheinlichkeit des Wahrseins einer Theorie – nicht mehr und nicht weniger. Diese Wahrscheinlichkeit kann durch die Bewährung der Theorie an der Erfahrung, den Sprachkonventionen und generell dem Paradigma und durch experimentelle und intersubjektive Bestätigung erhöht werden, ohne aber jemals den Grad absoluter Gewissheit zu erreichen. Nach der hier vertretenen Auffassung gilt dies grundsätz-

140 *v. Kutschera*, Objektivität, S. 274; dort findet sich auch eine nähere Diskussion der wesentlichen dargestellten Argumente.

141 Vgl. etwa *Gloy*, Wahrheitstheorien, S. 190 f.

142 Vgl. grundlegend *Popper*, Logik der Forschung, S. 106 ff., 198 ff., der für seine eingehende Auseinandersetzung mit dem Wahrheitsbegriff und die Einführung des Konzepts der Wahrheitsnähe und der Wahrheitsgrade erst durch seine Kenntnis von *Tarskis* Unterscheidung zwischen Objekt- und Metasprache angeregt wurde (vgl. *Lakatos*, Methodologie, S. 167 ff.); *ders.*, Objektive Erkenntnis, S. 332 ff. (Auseinandersetzung mit *Tarskis* Theorie der Wahrheit); *Stegmüller*, Probleme und Resultate, Teil D, S. 600 ff.; *v. Kutschera*, Objektivität, S. 170 f. (analytische Wahrscheinlichkeitskorrelationen); *Russell*, Probleme, S. 123, 131 f.; kritisch *Kuhn*, Struktur, S. 156 ff.; *Chalmers*, Wissenschaft, S. 22 ff.; *v. Wright*, Erklären und Verstehen, S. 25 ff.

lich auch für die Erkenntnis von Normativem. Zutreffend stellt *Hassemer* fest: „Die Vorstellung, mit dem Ende des klassischen Naturrechts sei auch die Möglichkeit verschwunden, Rechtsprinzipien zu begründen, welche dem Gesetzgeber vorgegeben sind (...), ist falsch. Nicht die Idee eines überpositiven Rechts ist verschwunden, sondern nur die Erwartung von dessen überzeitlicher und überkultureller Geltung."[143]

IV. Verfahren

1. Recht und Verfahren

In jüngerer Zeit spielen prozedurale Gerechtigkeitstheorien in der Rechtsphilosophie eine bedeutende Rolle.[144] Nach dem von *Habermas* entwickelten Diskursmodell sollen normative Aussagen das Ergebnis eines Prozesses rationaler Kommunikation sein.[145] Daran anschließend postuliert *Alexy*, wahre Rechtsbehauptungen seien das Ergebnis eines idealen rationalen juristischen Diskurses.[146] Ähnlich tritt *Apel* mit seiner Diskursethik dafür ein, als ethisch richtig sei das anzusehen, worüber nach den formalen Regeln in einer idealen Kommunikationsgemeinschaft ein Konsens erzielt worden sei.[147] *Kaufmann* hat in dem Programm einer personal fundierten prozeduralen Gerechtigkeitstheorie, für die Subjekt und Objekt in der Person zusammenfallen, einen dritten Weg zwischen Naturrecht und Positivismus gesehen.[148] Das von *Rawls* vorgeschlagene Verfahren zur Generierung normativer Inhalte erfordert eine fiktive Zeitreise, einen Vertragsschluss zwischen einander gleichgestellten Individuen in einem gedachten Urzustand, in dem alle individuellen Privilegierungen und Benachteiligungen ausgeblendet sind.[149] *Dworkins* „Herkules" nutzt mit übermenschlichen Fähigkeiten alle denkbaren Möglichkeiten der Sachverhaltserforschung und Norminterpretation, betreibt also ein ideales Rechtsanwendungsverfahren, um den ihm anvertrauten Fall einer Lösung zuzuführen.[150] Die modernen spieltheoretischen Ansätze nutzen ein Verfahren der Entscheidungssimulation, um zu handlungsleitenden Imperativen zu gelangen. Auch *Luhmanns* systemtheoretischen Ansatz kann man den prozeduralen Theorien in einem weiteren Sinne zurechnen, da er Recht und Gerechtigkeit in ihrer gesellschaftlichen Funktion und ihrem Funktionieren als Teil

---

143 *Hassemer*, FS Maihofer 1988, S. 183, 192.

144 Einführend *Kaufmann*, Prozedurale Theorien der Gerechtigkeit, 1989.

145 *Habermas*, Moralbewusstsein und kommunikatives Handeln, 1983; *ders.*, Vorstudien und Ergänzungen zur Theorie des kommunikativen Handelns, 1984.

146 *Alexy*, Recht, Vernunft, Diskurs, 1995; *ders.*, Theorie der juristischen Argumentation, 1996.

147 *Apel*, Diskurs und Verantwortung, 1988.

148 *Kaufmann*, Rechtsphilosophie, S. 145 ff.

149 *Rawls*, Theorie der Gerechtigkeit, insbes. S. 140 ff.

150 *Dworkin*, Law's Empire, S. 313 ff.

eines komplexen, sich selbst steuernden Verfahrens wahrnimmt.[151] Einigkeit dürfte in der modernen Rechtsphilosophie darin bestehen, dass der Topos des Verfahrens keine universelle Begründungsstrategie für Recht und Gerechtigkeit darstellt und die Setzung materieller Normen und Werte nicht zu ersetzen vermag. Mit den Worten *Arthur Kaufmanns*: „Es wäre zu schön, wenn man wahre Inhalte einfach durch Denkprozesse aus der Form gewinnen könnte. Aber seit diese Welt besteht, hat sich dergleichen noch nie ereignet."[152] Dennoch kann man sagen, dass die Entdeckung des Verfahrens zu den wichtigen Errungenschaften der jüngeren Rechtsphilosophie zählt, die sich historisch eher an substanzontologischen Fragen und metaphysischen Begründungskonzepten versuchte.

Demgegenüber drängt sich bei einem kursorischen Überblick über den aktuellen rechtspolitischen und rechtswissenschaftlichen Diskurs der Eindruck auf, dass die verfahrensspezifischen Zwecksetzungen von Verfahrensordnungen, namentlich der Strafprozessordnung, als solche kaum richtig in den Blick genommen werden, sondern durch individualrechtliche Argumentationstopoi überlagert sind. Einige Beispiele: Die Einführung und Ausweitung des Täter-Opfer-Ausgleichs – eines Subsystems des Strafverfahrens – wird vornehmlich mit der besseren Wahrung von Opferinteressen und der erzieherischen Funktion für den Täter begründet.[153] Das Subsystem des Verfahrens bei verfahrensbeendenden Absprachen im Strafprozess soll in erster Linie eine Beeinträchtigung schutzwürdiger Interessen des Angeklagten verhindern[154]; tatsächlich liegt die erhebliche pragmatische Bedeutung von Abspracheverfahren in einer Abkürzung und Vereinfachung des Verfahrensablaufs. Die zunehmend komplexen Verfahren bei der Anordnung eingriffsintensiver Ermittlungsmaßnahmen sollen einen präventiven Schutz der Interessen Betroffener bezwecken[155]; nur unterschwellig ist für Insider des Gesetzgebungsapparats erkennbar, dass die Schaffung komplexer Normen mitunter auch auf eine Limitierung der Rechtsanwendung im Sinne von Rechtsschutz durch Verfahrensbelastung angelegt ist.[156] Häufig stehen als Auslöser für Gesetzesänderungen im Bereich des Strafverfahrensrechts eher Gesichtspunkte des Strafens – zum Beispiel der Bestrafung staatsfeindlicher Aktivitäten, Organsierter Kriminalität oder Wirtschaftskriminalität[157] – als des Verfahrens im Vordergrund.

---

151 Vgl. nur *Luhmann*, Grundrechte, 1965; *ders.*, Legitimation, 1969; *ders.*, Recht der Gesellschaft, 1995.

152 *Kaufmann*, Problemgeschichte, S. 146; vgl. auch *Hassemer*, FS Maihofer 1988, S. 183, 195 ff.

153 Vgl. BT-Drucks 12/6853, S. 21 f.; 14/1928, S. 6.

154 Vgl. BT-Drucks 16/4197, S. 1, 7.

155 Vgl. etwa BT-Drucks 15/4533, S. 11; 16/5846, S. 1 ff., 11 ff.

156 Ein prägnantes Beispiel hierfür ist die Neuregelung der akustischen Wohnraumüberwachung (BGBl I 2005, S. 1841), die bekanntlich jedenfalls von dem kleineren Koalitionspartner nicht mit letzter Konsequenz gewünscht war, aber aus koalitionspolitischen Gründen unterstützt wurde – mit einem Ergebnis, das man zurecht als überreguliert bezeichnen kann (vgl. *Meyer-Goßner*, 49. Auflage, Vorwort).

157 Vgl. etwa BT-Drucks 12/989, S. 1, 20 f.; 12/6853, S. 18; 15/4533, S. 1.

Diese – hier freilich pointiert wiedergegebenen – Zwecksetzungen erschöpfen nicht das Phänomen des Verfahrens als solches, obwohl dessen Ausgestaltung – wie kaum ein Justizpraktiker bestreiten wird – für das Ergebnis des Rechtsfindungsprozesses von nicht geringerer Bedeutung ist als sein Inhalt, die Sachverhalte und Normen. Die Dominanz individualrechtlicher oder materiellrechtlicher Argumentationstopoi lässt sich damit erklären, dass das Strafverfahren kein Verfahren um seiner selbst willen ist, sondern als „dienendes“ Element[158] der Strafverfolgung verstanden wird. Strafverfahrensrecht dient der Durchsetzung des staatlichen Strafanspruchs unter Berücksichtigung entgegenstehender schutzwürdiger Individualinteressen. Im Hinblick auf Letzteres ist es „Verbrechensbekämpfungsbegrenzungsrecht“[159] und damit auch „Verbrechensbekämpfungsrechtfertigungsrecht“. Eine Untersuchung der normativen Grenzen der Wahrheitserforschung muss aber auch das Verfahren als solches als die Wahrheitserforschung begrenzendes Element in den Blick nehmen.

Die in den Rechtswissenschaften bisher unternommenen Versuche, eine Phänomenologie des Verfahrens, also eine allgemeine Verfahrenslehre, zu entwerfen, sind spärlich. Die Auseinandersetzung mit dem Verfahrensbegriff erfolgt in aller Regel fachbereichsspezifisch und mit dem Bemühen, die jeweils geltenden Verfahrensgrundsätze darzustellen und zu klassifizieren, zum Beispiel für den Bereich des Strafverfahrensrechts in „verfassungsrechtliche“ und „klassische“[160], „allgemeine“ und „besondere“[161] oder „disponible“ und „unverfügbare“[162] Prozessgrundsätze. Vereinzelt wurden Versuche unternommen, die Spezifika des jeweiligen Rechtsgebiets vergleichend zu überschreiten. *Radbruch* hat früh auf den strukturellen Unterschied der Wahrheitsfindung im Straf- bzw. Zivilprozess hingewiesen[163]; die Erkenntnisfunktion des gerichtlichen Verfahrens wurde thematisiert[164] und das Verhältnis von materiellem zu prozessualem Recht[165]; auch auf die vielschichtigen Implikationen des Verfahrensbegriffs wurde hingewiesen.[166] Alle diese Untersuchungen bleiben aber im Hinblick auf die Eigenheiten des Phänomens Verfahren an der Oberfläche, da sie es nicht als solches erfassen, sondern reduktionistisch auf materielle Wertsetzungen zurückzuführen versuchen.

---

158 Vgl. LR/*Rieß*, Einl B, Rn 25; *Rieß*, in: FS Karl Schäfer 1980, S. 155, 168; *Neumann*, ZStW 1989, 52, 53 ff.

159 *Naucke*, zit. nach *Hassemer*, Fundamente, S. 59.

160 Vgl. LR/*Rieß*, Einleitung H Rn 4 ff., 8.

161 AnwK-StPO/*Krekeler*/*Löffelmann*, Einleitung Rn 22.

162 Vgl. *Weigend*, ZStW 113 (2001), 271; *Heinrich*, Jura 2003, 167.

163 *Radbruch*, Einführung, S. 151.

164 *Rödig*, Theorie, 1973.

165 *Volk*, Prozeßvoraussetzungen, 1978; *Hagen*, Prozesslehre, S. 32 ff., 119 f..

166 *Dünnebier*, in: FS Schäfer 1980, S. 27 ff.

2. Verfahren und Komplexität

Eine Wende in der wissenschaftlichen Auseinandersetzung mit dem Phänomen des Verfahrens tritt Anfang der 1970er Jahre mit dem Wirken *Niklas Luhmanns* ein. Seine funktionalistische Sicht auf den Prozess, die er später, angeregt durch die Arbeiten der beiden chilenischen Biologen und Neurophysiologen *Maturana* und *Varela* zur Theorie autopoietischer Systeme erweitert hat, markiert einen grundlegenden Perspektivenwandel in der Betrachtung sozialer Phänomene. Nicht mehr ihre Erfassung unter ontischen Gesichtspunkten steht nunmehr im Vordergrund, sondern ihr relationaler dynamischer Charakter. Verfahren sind für *Luhmann* soziale Subsysteme, die durch ihre eigene Komplexität die Komplexität der Welt absorbieren und auf ein verstehbares Maß reduzieren. Als autopoietische Systeme steuern sie aus sich heraus den Kontakt zu ihrer Umwelt, sie sind selbststeuernd und selbsterhaltend, in diesem Maße aber auch – bei sich ändernden Umweltbedingungen – auf die Anpassung ihrer Strukturen angewiesen. „Struktur“ stellt einen Grundbegriff der Theorie sozialer Systeme dar, der mit dem Begriff des Verfahrens in einem komplementären Verhältnis steht. Während durch die Systemstrukturen ein Bereich von Möglichkeiten ausgewählt wird, innerhalb dessen sich Interaktionen mit der Umwelt – etwa Wahrnehmungen, Beschreibungen, Entscheidungen – abspielen können, dienen Verfahren dem Abarbeiten von Komplexität. Struktur und Verfahren werden in diesem Sinne nicht ontisch definiert unter den Aspekten ihrer Konstanz oder Dynamik, sondern funktional durch ihre Selektionsleistung. *Luhmann* exemplifiziert diese Funktionsweise für den Bereich des Rechts an folgenden Verfahrensarten: dem gerichtlichen Verfahren, dem der politischen Wahl, der Gesetzgebung und dem Verwaltungsverfahren.[167] Alle diese Verfahrenstypen verfügen über Mechanismen, um die in modernen Gesellschaften vorhandene Komplexität zu verarbeiten und dadurch den Bestand der Gesellschaft und ihrer Subsysteme zu stützen. Der untersuchungsleitende und die einzelnen Verfahrensarten verbindende Begriff ist dabei der der Legitimität. Verfahren erzeugen Legitimität: Gerichtsverfahren, indem sie – idealiter – die Anerkennung der Entscheidung oder einen Lernprozess bewirken, jedenfalls aber das Normengefüge bestätigen und damit Rechtssicherheit schaffen; Verfahren der politischen Wahl, indem sie durch das Erzeugen und Offenhalten von Ungewissheit und Alternativen gesellschaftliche Konflikte verarbeiten und zu einer Umstrukturierung von Erwartungen führen; Gesetzgebungsverfahren, indem sie diskrete gesellschaftliche Kräfte – durch Mitwirkung, Identifikation, Ignoranz oder Apathie – integrieren und so zu einer Mehrung des aktuellen Konsens beitragen; und Verwaltungsverfahren, indem sie durch die Ausarbeitung konsistenter Entscheidungen unter Reduktion möglichst hoher Komplexität mittelbar ihre Legitimität rechtfertigen. Verfahren allein reichen allerdings nicht aus, um Legitimität des Entscheidens zu bewirken, sie sind hierfür eine notwendige, nicht hinreichende Bedingung. Hinzukommen muss die Positivierung des Rechts.

---

167 *Luhmann*, Legitimation, S. 57 ff.

Auffällig an dieser funktionalistischen Betrachtungsweise ist, dass *Luhmann* die Begriffe „Legitimation“ und „Legitimität“ in einem empirischen Sinne verwendet, nicht – wie im juristischen Kontext üblich – in einem normativen. Legitimität ist das Ergebnis eines Verfahrens, das soziale Erwartungen effektiv umstrukturiert, Legitimation die laufende Umstrukturierung von Erwartungen mittels Verarbeitung von Komplexität. Legitimität tritt damit – dem soziologischen Anspruch der Funktionsanalyse folgend – als gesellschaftliches und im Grunde – zum Beispiel durch demoskopische Erhebungen über die Zufriedenheit mit Gesetzgebungsverfahren – messbares Phänomen auf. Normativ bezeichnet Legitimität hingegen das „Übereinstimmen“ einer Handlung oder ihrer Konsequenzen mit vorgegebenen Normen.

Obwohl der Charme des systemtheoretischen Ansatzes für die Rechtswissenschaften gerade darin liegt, dass *Luhmann* als Insider des juristischen Betriebs über eine genaue Kenntnis der Verfahrensabläufe, insbesondere im Bereich der Gesetzgebung, verfügt und daher weithin zu schlüssigen, wirklichkeitsnahen Interpretationen dieser Abläufe gelangt, ist seine Konzeption bei Juristen doch überwiegend auf kritische und ablehnende Resonanz gestoßen.[168] Allerdings deckt diese Kritik weniger konstruktive Mängel der Funktionsanalyse auf, sondern verweigert vielmehr die Gefolgschaft bei der Auslegung des Begriffs der Legitimität, indem sie sich auf den konventionellen Standpunkt eines normativen Legitimitätsbegriffs festlegt. Mit solcher apodiktischen Haltung, der *Luhmann* in seinem Vorwort zur Neuauflage von 1975 entgegentritt, ist wenig gewonnen. Denn eine Auffassung, die Legitimität als Resultat einer Übereinstimmung des Entscheidungsinhalts mit außerhalb der Entscheidung liegenden Normen identifiziert, verstrickt sich in die oben dargestellten Probleme des Wahrheitsbegriffs: sie muss nicht nur angeben können, was Übereinstimmung bedeutet, wie sie festgestellt werden kann und warum sie als Kriterium für Legitimität geeignet ist, sondern auch die Legitimität der die Legitimitätsprüfung leitenden Normen begründen. Durch ihre Auffassung des Verfahrens als eines autopoietischen Systems, das nicht auf eine Steuerung von außen angewiesen ist, entgeht die Systemtheorie scheinbar diesen Schwierigkeiten. Der Rekurs auf den Wahrheitsbegriff vermag dennoch einen zentralen Einwand gegen sie zu erhellen, der nicht ihre soziologische Dimension und Brauchbarkeit in Frage stellt, sondern ihren universalistischen Anspruch. Mit einer von *Luhmann* zur Kennzeichnung des strukturell notwendigen Apriori jeder Beobachtung gewählten Begrifflichkeit könnte man diesen Einwand als Unfähigkeit zum Erkennen des eigenen „blinden Flecks“ formulieren.

Komplexitätsreduzierende Systeme haben nach *Luhmann* nicht nur gesellschaftliche Relevanz, sondern auch erkenntnistheoretische, ja gehen auf diese zurück. Ausgehend von der Hypothese einer Autopoiesis psychischer Systeme, derzufolge das

168 Vgl. etwa *Zippelius*, in: FS Larenz 1973, S. 293 ff.; *Ryffel*, Rechtssoziologie, S. 112 f., 289; eine differenzierte Funktionsanalyse unter Heranziehung Luhmann'scher Positionen unternimmt *Hagen*, Prozesslehre, S. 35 ff., 46 ff. u.ö.

Bewußtseinssystem in einem rekursiven Prozess Gedanken aus Gedanken produziert, wobei sich das Gehirn – systemtheoretisch gesprochen – in der Umwelt des Bewusstseins befindet und zwischen Gehirn und Bewusstsein eine „strukturelle Kopplung“ besteht[169], kann *Luhmann* den Menschen, das Subjekt, aus dem Erkenntnisvorgang eliminieren und die Beobachtung und Beschreibung der Welt als eigene geschlossene Systeme auffassen, deren nicht weiter auflösbare Letzteinheiten er als „Kommunikationen“ bezeichnet. Der Mensch ist nach systemtheoretischen Maßstäben selbst kein System, sondern besteht aus mehreren, getrennt operierenden Systemen. Kommunikation ist der eigendynamische Austausch innerhalb jedes Systems, der nicht die Grenze zu anderen Systemen – etwa zu einem anderen Bewusstseinssystem – zu überschreiten vermag. Jede Kommunikation erzeugt laufend Nachfolgekommunikationen, solange das System nicht aufhört, zu operieren.[170] Kommunikation ist nicht – wie in der herkömmlichen Kommunikationstheorie – die Übertragung einer Botschaft von einem Sender auf einen Empfänger, sondern ein Zusammenwirken von selektiver Information, selektivem Mitteilen und selektivem Verstehen. Ähnlich weicht auch der Beobachtungsbegriff der Systemtheorie vom vulgären Verständnis von Beobachtung ab. Nach *Luhmann* beobachten nicht Menschen die Welt, sondern Systeme ihre Umwelt, indem sie sie mittels einer Unterscheidungsfunktion bezeichnen. Beobachtung ist dabei eine rein systeminterne Operation, das Beobachtete somit eine Konstruktion des Systems. Das System kann nur mit Hilfe der gewählten Unterscheidung beobachten und sich in diesem Falle aktuell nicht selbst beobachten, verfügt also über einen „blinden Fleck“, den es allerdings in einer zweiten Beobachtung, mit der es die Unterscheidung der ersten Beobachtung beobachtet, beobachten kann.

Diese Unterscheidung zwischen Beobachtung erster und zweiter Ordnung erinnert an *Tarskis* Differenzierung zwischen Objekt- und Metasprache und an *Quines* semantischen Aufstieg und verweist auf dieselben Schwierigkeiten, denen auch diese Konzeptionen ausgesetzt sind, wenn sie den Anspruch erheben, ein in sich geschlossenes Instrumentarium zur Beschreibung epistemischer Sachverhalte bereitzustellen. Auf einer Metaebene philosophischer Kommunikation, die das System der Funktionsanalyse in ihren erkenntnistheoretischen und soziologischen Funktionen beobachtet, erweist sich nämlich, dass die Funktionsanalyse ihr theoretisches Konzept auf sich selbst bezogen missachtet. Denn offenbar geht *Luhmann* – was zum Beispiel seine Reaktion auf die Anfechtungen aus dem juristischen Lager erweist – davon aus, dass die philosophische Kommunikation sich mit der Funktionsanalyse – also mit einem der Umwelt des philosophischen Systems zuzurechnenden Gegenstand – auseinandersetzt und nicht nur mit Vorstellungen der Funktionsanalyse; an wen würde er sich sonst mit seinen Schriften wenden? Die philosophische Auseinandersetzung zeigt, dass *Luhmann* die Einwände der Juristen offenbar ernst nimmt und zu verstehen meint; warum sollte er sonst darauf reagieren? Die Tatsache der Veranke-

169 *Luhmann*, Soziale Welt 36 (1985), 402, 406.
170 *Luhmann*, Wissenschaft, S. 31 ff.

rung der Funktionsanalyse in der Wirklichkeit durch die über sie geführten Diskurse widerlegt also, dass nicht der Mensch kommuniziere, sondern nur die Kommunikation kommunizieren könne[171] und dass Beobachtungen immer nur systeminterne Vorgänge ohne Bezug zur Systemumwelt seien.

Der Argumentationstopos einer Analyse der Selbstanwendung ist gebräuchlich, um „blinde Flecken" erkenntnistheoretischer Systeme aufzudecken.[172] Hier zeigt die Analyse, dass die Konzeption *Luhmanns* durch die Eliminierung des Subjekts aus dem Erkenntnisprozess eine Reihe von Merkmalen aufweist, die eigentlich typisch für phänomenalistische Erkenntnistheorien sind, nämlich einen starken Zug zu Hypostasierungen, einen ausgeprägten psycho-physischen Dualismus und in letzter Konsequenz eine solipsistische Haltung. Phänomene, die nach vulgärer Weltsicht als Emanationen von Menschen aufgefasst werden, bekommen in der Systemtheorie ein Eigenleben: Gedanken erzeugen Gedanken, Kommunikation kommuniziert, Beobachtung beobachtet. Welt wird auf diese Weise verdoppelt, weil der Denkende, Kommunizierende und Beobachtende nur systemimmanent ausgeblendet, nicht aber gänzlich weggedacht werden kann und spätestens bei der Anwendung der Theorie auf sich selbst in der Person des theoriebildenden Philosophen zum Vorschein kommt. Der Begriff der strukturellen Kopplung erfüllt in der Systemtheorie die Funktion der Zirbeldrüse bei *Descartes* und bleibt dementsprechend vage. Ist letztere nichts anderes als eine biologistisch gewendete, so ist die strukturelle Kopplung nichts anderes als eine funktionalistisch gefasste Form der Korrespondenztheorie. Die zentrale Grundfrage allen Erkennens, wie der Übergang von Bewusstsein zu Welt und von Welt zu Bewusstsein vonstatten geht, bleibt je dieselbe. Entscheidet man sich für eine der beiden Seiten, für Welt oder Bewusstsein, so führt dies entweder in objektivistische Haltungen, wie sie unser wohl aktuell geltendes Paradigma prägen, oder zu einer subjektivistischen Weltsicht, für die in ihrer konsequentesten Form die „Außenwelt" ein bloßes Konstrukt des Bewusstseins ist. Die Funktionsanalyse steht im Rahmen dieser Differenzierung, soweit sie beansprucht, Erkenntnistheorie zu sein, auf der subjektivistischen Seite.

3. Verfahren und Richtung

Will man die Konsequenz dieser Alternativität vermeiden, so kann dies nur durch den Verzicht auf die begriffliche Unterscheidung der Welt in Subjekt und Objekte geschehen. Die Subjekt-Objekt-Dichotomie ist zur Strukturierung der Welt zwar hilfreich, da sie eine einfach zu handhabende, weil nur zweiwertige Einteilung alles Seienden und damit seine Mathematisierung erlaubt; sie setzt allerdings einer reali-

171 *Luhmann*, Kommunikation, S. 95; *ders.*, Wissenschaft, S. 31.

172 Vgl. z.B. *v. Kutschera*, Falsche Objektivität, S. 113: „Lorenz, der die ‚Rückseite des Spiegels' menschlicher Erkenntnis beleuchtete, hat vergessen, dass auch sein eigener Spiegel als Biologe eine Rückseite hat."

tätsgerechten Erfassung der Welt auch enge Grenzen, indem sie ein substanzontologisches Denken zementiert, für das es nur entweder Bewusstsein oder Gegenstände des Bewusstseins gibt, und das an den Paradoxien der Relation zwischen dem Bewusstsein und „seinen" Gegenständen scheitert. Die Erkenntnis, dass auch das Bewusstsein Gegenstand der Erkenntnis sein kann, ist bereits ein erster Schritt der Abkehr vom substanzontologischen psycho-physischen Dualismus. Soweit die Selbsterkenntnis des Bewusstseins allerdings als Metaebene der Erkenntnis einem hierarchischen Gefüge einverleibt wird, geschieht diese Abkehr nur halbherzig, da die Differenzierung zwischen Subjekt und Objekt lediglich durch die zwischen Objekt- und Metaebene ersetzt wird, also eine vertikale durch eine horizontale Dichotomie. Bemerkenswert ist in diesem Zusammenhang, dass *Luhmann* seine Unterscheidung zwischen Beobachtung erster Ordnung und Beobachtung zweiter Ordnung – obwohl die Begriffswahl dies nahelegt – nicht in einem hierarchischen Verhältnis sieht. Die Beobachtung zweiter Ordnung umfasst die Beobachtung erster Ordnung vielmehr, indem sie sieht, was diese sieht und wie sie es sieht, sie beobachtet also nicht nur die Beobachtung, sondern zugleich deren Gegenstand.[173] Diese Erweiterung des Sichtfelds dürfte der natürlichen wie auch der wissenschaftlichen Wahrnehmung näherkommen als die künstliche Verengung der Beobachtung auf die Beobachtung „als solche". Die verschieden mögliche Reichweite von Erkenntnis höherer Ordnung zeigt jedenfalls, dass der exakten Bestimmung des Erkenntnisgegenstands eine zentrale Bedeutung zukommt. Die Beanspruchung einer Unterscheidung in Erkenntnissubjekt und Erkenntnisobjekt ist hierfür nicht nur entbehrlich, sondern sogar irreführend, da sie die Erfassung des Erkenntnisgegenstands in seinem ganzen Umfang verstellt, indem sie ihn auf ein – begrifflich, räumlich und zeitlich klar definierbares – Objekt reduziert. Es ist bereits fraglich, ob der Erkennende tatsächlich in der Lage wäre, Erkenntnis dergestalt künstlich auf ein Objekt zu beschränken, da Erkenntnis stets über die ihr immanenten oder auferlegten Beschränkungen hinausweist auf das Nichterkennbare. Das Ding-an-sich, das Sein des Seienden sind die notwendigen Korrelate einer Einteilung der Welt in Objekte, deren Opazität und Transzendenz das Resultat der Annahme eines transzendentalen Subjekts ist, eines erkennenden Bewusstseins, das der Erkenntnis der Welt, wie sie „wirklich" ist, selbst im Weg steht. Ein solcher erkenntnistheoretischer Umgang mit der Erfahrung des Irrtums und der Begrenztheit des Erkenntnisvermögens ist unserem selbstreflexiven Denken vertraut und wirkt als reaktionäre Überzeugung von der Wertlosigkeit relativer Erkenntnis in das vulgäre objektivistische Paradigma fort. Diese Haltung ist aber weder selbstverständlich, noch durch unsere Wahrnehmungs- und Erfahrungsorganisation vorgegeben. Erkenntnisgegenstände können nicht nur zeitlich, räumlich und begrifflich klar definierte Objekte sein – vielleicht sind sie das niemals gewesen und können es auch nicht sein –, sondern unbestimmte Erkenntniskomplexe, zumal in einer zunehmend komplexer werdenden Welt. Vollzieht man diesen Schritt, weg von der Vorstellung eines Erkenntnisobjekts, das einem Erkenntnissubjekt „gegenübersteht", und hin zu einem Erkenntniskomplex, dessen

---

173 Vgl. *Kneer/Nassehi*, Luhmann, S. 100 f.

Zusammensetzung und Umfang noch ganz unbestimmt ist, weil er noch des Erkanntwerdens und seiner begrifflichen Erschließung harrt, so wird deutlich, dass die Erkenntnistheorie traditionell den Bereich ihres angeblichen Untersuchungsgegenstands ausklammert, indem sie sich dem Erkannten in seiner begrifflich schon umrissenen Form als Erkenntnisobjekt zuwendet und nicht dem zu Erkennenden oder – in der Terminologie *Wittgensteins* – dem, was der Fall ist. Die traditionelle Erkenntnistheorie operiert rückwärts gerichtet, indem sie von einer begrifflich erschlossenen Welt auf den Erkenntnisvorgang zurückschließt. Damit erzeugt sie Zirkelschlüsse, infinite Regresse und Paradoxien. Sie muss, um zu erklären, dass dies die Wahrnehmung eines Stuhls sei, die Wahrnehmung des Stuhls und die Definition dessen, was ein Stuhl ist, bereits voraussetzen. Um der Tautologie zu entgehen und einen Erklärungswert zu generieren, verdoppelt sie die Welt in die Wahrnehmung (das Abbild) des Stuhls und den Stuhl an sich. Hierzu bedient sie sich als Hilfsmittel der Kategorien Subjekt und Objekt, durch die sie eine Relation zwischen den „beiden" Stühlen herstellt. Indem sie Paradoxien in Form von Sprachspielen und mengentheoretischen Konstrukten als Erkenntnisgegenstand untersucht, erliegt sie der Täuschung, Aussagen über paradoxe Welterscheinungen zu treffen, obwohl sie tatsächlich nur Aussagen über Sprachspiele und mengentheoretische Konstrukte trifft. Und um die empirische Erfahrung des Irrtums zu verarbeiten, muss der traditionellen Erkenntnistheorie der Erkenntnisvorgang notwendig als defizitär erscheinen und muss sie ein Refugium des wahren Seins postulieren. Jede Metaphysik hat ihre Wurzeln in dieser Verkehrung der Denkrichtung.

4. Epistemische Inflation

Luhmann – und insofern können wir den Bogen zur Verfahrenstheorie wieder schließen – kommt das Verdienst zu, herausgearbeitet zu haben, dass Erkenntnis stets die Reduzierung von Komplexität voraussetzt.[174] Welt muss zunächst durch Selektionsmechanismen auf ein verstehbares und zu verarbeitendes Maß gebracht werden, bevor sie Erkenntnisgegenstand werden kann. Freilich – und insofern ist die Systemtheorie zumindest missverständlich – ist Erkenntnisgegenstand dann nicht lediglich das Gebilde, das den Output des Reduktionsverfahrens ausmacht, sondern nach wie vor die Welt, die reduzierte Welt, die in das Korsett einer Theorie ihrer selbst eingekleidete Welt. Mit anderen Worten muss das Reduktionsverfahren bei der Bestimmung des Erkenntnisgegenstands stets hinzugedacht werden, bilden dieses und die Welt den Hintergrund, vor dem sich der Erkenntnisgegenstand abhebt. Reduktion durch Verfahren ist somit im strengen Sinne nicht Reduktion und Analyse, sondern Synthese; Reduktionsverfahren verringern nur auf den ersten Blick Komplexität, tatsächlich erhöhen sie sie, da zum Erkenntnisgegenstand Welt das

174 Soweit die Systemtheorie Aufnahme in die Rechtstheorie gefunden hat, wurde diese These dort übernommen, vgl. etwa *Hagen*, Prozesslehre, S. 137.

Reduktionsverfahren als Erkenntnisgegenstand hinzukommt. Mit jedem Erkenntnisverfahren, mit jeder Beobachtung höherer Ordnung erzeugt der Erkennende Komplexität höheren Grades, in deren Bewältigung durch neue Theoriebildungen er die „blinden Flecken“ auf den Linsen seiner Sehhilfen mehrt. Mit der Fähigkeit, Komplexität zu bewältigen und ihrer Bewältigung wächst Komplexität. Die Systemtheorie erliegt dem Trugschluss, das Reduktionsverfahren und mit ihm den Reduzierenden aus dem Erkenntnisgegenstand ausblenden und auf eine andere Ebene der Erkenntnis oder in ein anderes Teilsystem verlagern zu können; so kann sie etwa zu der – jeder natürlichen Erfahrung widersprechenden – These gelangen, dass Kommunikation kommuniziere und nicht Kommunizierende kommunizieren. Die Systemtheorie übersieht dabei, dass auch dieses Ausblenden ein Reduktionsverfahren darstellt, das – ontologisch – Komplexität nicht verringert, sondern erhöht. Der Hinweis auf ihre ausschließlich epistemologische Relevanz[175] ändert daran nichts, da sie sich als Theorie mit universalistischem Anspruch auf ihr Selbsterklärungspotential befragen lassen muss und diese Befragung einen Erkenntnisgegenstand Theorie voraussetzt und nicht nur seine Erkenntnis. Es wäre aber auch ein Irrtum, aus der komplexitätserhöhenden Funktion von Theoriebildungen infinitesimale Schlussfolgerungen zu ziehen. Der Topos „unendlich“ ist in philosophischen Systemen als Argumentationstrategie gebräuchlich, um Diskurse abzukürzen. Die Denkfiguren des viziösen oder hermeneutischen Zirkels und des unendlichen Regresses folgen dieser Strategie. Tatsächlich handelt es sich dabei um einen autoritativen Abbruch des Erkenntnisverfahrens. Erkenntnisverfahren enden aufgrund mangelnder Kompetenz oder Kapazität des Erkennenden, aufgrund der Komplexität ihres Erkenntnisgegenstands oder aufgrund der Tautologie oder Vagheit ihrer Erklärungen, das heißt an ihrem fehlenden Erkenntnisfortschritt.[176] Unendliche Regresse und Zirkel sind mathematisch inspirierte Erklärungen des Erkenntnisabbruchs oder aber durch nichts belegte Mutmaßungen. Sie reduzieren als epistemologische Argumente scheinbar die Komplexität des Erkenntnisverfahrens, erhöhen sie tatsächlich aber dadurch, dass sie eine Erklärung ihrer selbst veranlassen. Erkenntnisverfahren enden somit – ungeachtet ihrer jeweiligen Eignung zur Erzielung eines Erkenntnisfortschritts und zur Aufdeckung „blinder Flecken“ – stets aufgrund von faktischen Zwängen.

V. Strafprozessuale Relevanz der Begriffsanalyse

Neben der Aufgabe, das rechtsphilosophische Selbstverständnis der vorliegenden Arbeit zu begründen und offenzulegen, erweist sich die durchgeführte Begriffsanalyse in mehrerlei Hinsicht als leitend für die weitere Untersuchung der normativen Grenzen der Wahrheitserforschung im Strafverfahren:

---

175 Vgl. *Kneer/Nassehi*, Luhmann, S. 86 ff.

176 Vgl. *Löffelmann*, Urteil, S. 88 f.

1. Handelt es sich bei der Wahrheitserforschung um ein vorrangiges Ziel des Strafverfahrens, so ist es erforderlich, über ein gut begründetes und kritisches Verständnis dessen zu verfügen, was Wahrheit ist. Das strafprozessuale Wahrheitsverständnis, das auf die Überzeugung des Urteilenden und auf Intersubjektivität abstellt, ohne dabei subjektivistisch und skeptizistisch zu sein, lässt sich mit einem probabilistischen Wahrheitsideal gut vereinbaren (C.I.1.). Die Bedeutung der Wahrheitserforschung erschöpft sich dabei nicht in einem abstrakten „öffentlichen Interesse", sondern realisiert sich in konkreten personalen Interessen von Verfahrensbeteiligten (C.II.2.).

2. Handelt es sich bei der hermeneutischen Verfasstheit des Erkennens um einen allgemeinen erkenntnistheoretischen Grundsatz, so gilt dieser auch für Erkenntnis im Strafverfahren. Eine erkenntniskritische Haltung macht Überlegungen erforderlich, welche Vor-Urteile und transzendentalen Bedingungen für strafprozessuale Erkenntnis maßgeblich sind, und wie sich ein „Ausblenden" von Erkenntnis im strafgerichtlichen Verfahren realisieren lässt (D.III.). Dabei darf die Bedeutung „intuitiver" Erkenntnis und die Differenz zwischen Erkenntnis und ihrer analytischen Vermittlung nicht aus den Augen verloren werden. Besondere Schwierigkeiten wirft die Realisierung der hermeneutischen Verfasstheit der strafprozessualen Erkenntnis im Rahmen der Beweisverbote bei der Behandlung entlastender Erkenntnisse auf (C.II. und D.IV.).

3. Handelt es sich bei der unauflösbaren Verbundenheit von Erkennendem und Erkanntem um einen allgemeinen erkenntnistheoretischen Grundsatz, so gilt dieser auch für Erkenntnis im Rahmen des Strafverfahrens, selbst bei der Erkenntnis einfachster „unmittelbar wahrnehmbarer" Sachverhalte, die sich in Form der Theoriebildung vollzieht. Dabei ist die exakte begriffliche Erfassung des Sachverhalts, den die Theorie erklärt, wesentlich. Dadurch können die Elemente der Theorie von Tat und Täterschaft sowie etwaiger, für das Urteil maßgeblicher prognostischer Sachverhalte offengelegt werden (E.II.). Hypothetische Erwägungen im Zusammenhang mit der Beweisverbotsproblematik erweisen sich auf diesem Weg als nicht haltbar (C.VI.). Der Theoriecharakter von Erklärungen wirkt sich weiterhin bei der Inanspruchnahme deterministischer Erklärungsmuster im Hinblick auf die für das Strafverfahren maßgeblichen Gesichtspunkte der Willensfreiheit (E.VI.1.) und der Freiheit des richterlichen Entscheidens aus (E.VI.2.).

4. Beziehen sich Erkennen und Urteilen allgemein auf das, was der Fall ist, so gilt dies auch für die Erkenntnis von Recht und Normen (E.III.1.). Das, was der Fall ist, stellt eine normativ-empirische Einheit dar (E.III.2.). Erkennbares Recht ist in diesem Sinne stets positiv, ohne gesetztes Recht sein zu müssen; entsprechendes gilt für die Feststellung von Nicht-Recht und Unrecht (E.III.3.). Subsumtion ist rechtswissenschaftliche Theoriebildung durch ein Identität stiftendes Urteil (E.IV.). Die Abschichtung normativer und tatsächlicher Gesichtspunkte ist ein Resultat rechtswissenschaftlicher Theoriebildung (E.VII.4.), ebenso die an diese Differenzierung anschließende Qualifizierung der Methode der Rechtswissenschaft (E.I.). Strafrich-

terliche Tätigkeit erweist sich vor diesem Hintergrund in ihrem Kern als Urteilen und nicht Entscheiden (E.VI.3.).

5. Die ontologische Verschränktheit von Normativität und Empirie erweist den Methodendualismus als Scheinproblem. Sollen ist stets ein durch das sollende Individuum erhobener und legitimierter Imperativ. Dies hat weit reichende Konsequenzen für die Legitimierung normativer Grenzen der Wahrheitserforschung (C.VII.1. und E.V.2.), die Begründung der normativen Konnexität zwischen Erhebungs- und Verwertungsverboten (C.VII.3.) und die Wahl der die Normgeltung stärkenden Maßnahmen (D.II.).

6. Eine Folge der Theoriebildung ist die Schaffung empirischer und normativer Distanz zu dem Seienden, auf das die Theoriebildung abzielt. Diese Distanz begegnet im Strafverfahren unter den Gesichtspunkten der Sachnähe der Beweismittel und dem Erfordernis vorsichtiger Beweiswürdigung. Sie begründet Zweifel an der Eingriffsvertiefungslehre (C.III.1.) und führt zur Erforderlichkeit einer exakten begrifflichen Abgrenzung zwischen Beweiserhebungs-, Beweisverwendungs- und Beweisverwertungshandlungen (C.III.2., D.I. und E.VII.2.).

7. Die normativ-empirische Distanz wirkt sich ferner maßgeblich auf die Bestimmung des Abwägungsgegenstands bei einer Güterabwägung zwischen den das Strafverfahren leitenden öffentlichen Interessen und den widerstreitenden Interessen Betroffener aus (C.I.2.). Die exakte begriffliche Erfassung der die öffentlichen Interessen vertretenden hoheitlichen Handlung und des die Betroffeneninteressen vertretenden Schutzguts ist von großer Bedeutung. Die erhebliche Komplexität der Abwägung und das Fehlen abwägungsleitender Maßstäbe begründen Zweifel an der Abwägungslösung der Rechtsprechung (C.I.3.). Auf dieser Grundlage können Umfang und Reichweite von Beweisverboten dogmatisch begründet werden (C.IV., C.V. und D.V.).

8. Führen komplexitätsreduzierende Verfahren im Hinblick auf die Erforschung der Wahrheit zu einer Zunahme von Komplexität, so gilt das auch für Theoriebildungen im strafprozessualen Verfahren. Erkenntnistheoretisch sind Theoriebildungen reduktionistisch, müssen also auf das, was der Fall ist, erkenntniskritisch bezogen werden (E.VII.). Der erkenntniskritischen Haltung sind dabei praktische Grenzen gesetzt, die für das Strafverfahren unter anderem durch die Begrenztheit personeller Ressourcen und die Befriedungsfunktion des Verfahrens gekennzeichnet sind.

9. Die Analyse wichtiger Fehlerquellen für die Wahrheitserforschung im Strafverfahren bedarf der vorgenommenen erkenntnistheoretischen Abschichtungen (E.VII.). Allgemein bedarf der Entwurf einer Wissenschaftstheorie der Wahrheitserforschung im Strafverfahren einer rechtsphilosophischen Fundierung, um sich nicht dem Vorwurf des Dogmatizismus auszusetzen.

Bevor die genannten Gesichtspunkte näher auf die normativen Grenzen der Wahrheitserforschung im Strafverfahren bezogen werden, soll deren gesetzlicher, rechtstatsächlicher und rechtstheoretischer Bestand zunächst bestimmt werden, um den Gegenstand der Untersuchung zu konkretisieren.

B. Normenanalyse der normativen Grenzen der Wahrheitserforschung im Strafverfahren

I. Einfachgesetzliche Grenzen

Das geschriebene Gesetz als solches ist eine Grenze. Es hebt aus der Vielfalt des Möglichen den Bereich des Erlaubten, Gebotenen und Verbotenen hervor. Durch seine Begrifflichkeit sondert es Wertungen und Sachverhalte von anderen ab, freilich mit der aller Begrifflichkeit eigenen Unschärfe. Die einfachgesetzlichen Grenzen der Wahrheitserforschung im Strafverfahren sind einerseits in einem weiteren Sinne alle positiven Festlegungen, die den Bereich des zur Wahrheitserforschung Erlaubten von dem des Verbotenen trennen; und in einem engeren Sinne die ausdrücklich vom Gesetzgeber vorgesehenen Verbote der Wahrheitserforschung.

1. Vorbehalt des Gesetzes

Normenlogisch können Erlaubnistatbestände wie auch Verbote auf die deontologische Grundform des Gebots zurückgeführt werden. Verboten ist, was zu unterlassen geboten ist. Erlaubt ist, was zu unterlassen nicht geboten ist. Die Wahrheitserforschung im Strafverfahren ist von Erlaubnistatbeständen abhängig. Das ist nicht selbstverständlich, sondern Ausfluss einer verfassungsrechtlichen Vorentscheidung, des Vorbehalts des Gesetzes. Normenlogisch wäre es ebenso denkbar, in der Strafprozessordnung ausschließlich zu regeln, unter welchen Umständen die Wahrheitserforschung verboten ist.[1] Löst man sich allerdings von den Voraussetzungen der deontischen Logik – und das tut Not, weil sie für die Erfassung der Vielfalt und Vielschichtigkeit normativer Sachverhalte zu schematisch ist -, so lässt sich leicht die herausragende Bedeutung des Grundsatzes vom Vorbehalt des Gesetzes erkennen: erlaubt ist eben nicht alles, was nicht verboten ist, verboten nicht alles, was nicht erlaubt ist. Erlaubnisse und Verbote stehen vielmehr eigenständig nebeneinander, ergänzen sich zuweilen und lassen häufig Regelungslücken bestehen.

---

1 In diesem Sinne weist *Gössel*, NJW 1981, 2117 darauf hin, letztlich enthalte jede gesetzliche Regel über die Sachverhaltsermittlung im Strafverfahren ein Beweisverbot, selbst dann, wenn sie solche Ermittlungen ausdrücklich erlaube. Auch *Sydow*, Beweisverbote, S. 23 hat die Bedeutung des Vorbehalts des Gesetzes im Zusammenhang mit den Beweisverboten betont.

Verfassungsrechtlich wird der Vorbehalt des Gesetzes in Art. 20 Abs. 3 GG verankert.[2] Er kann aber auch auf das Demokratieprinzip zurückgeführt werden, da nach freiheitlich-liberalem Staatsverständnis der Staat seinen Mitgliedern Freiheitsgarantien schuldet, in die er selbst nur aufgrund einer besonderen Ermächtigung eingreifen darf. Umstritten ist, wie weit der Vorbehalt des Gesetzes reicht.[3] Darf der Staat überhaupt nur tätig werden, wenn ihm dies durch ein Gesetz gestattet ist, oder beschränkt sich dieses Erfordernis auf bestimmte Bereiche hoheitlicher Gewalt? Während von einem Teil des Schrifttums[4] mit unterschiedlichen Begründungsansätzen die Erforderlichkeit eines „Totalvorbehalts" des Gesetzes vertreten wird, also für jedes hoheitliche Tätigwerden der Exekutive eine gesetzliche Ermächtigung gefordert wird, verlangt die ganz herrschende Meinung den Vorbehalt des Gesetzes uneingeschränkt nur für Eingriffsakte der Exekutive.[5] Eine weitere Einschränkung erfährt der Vorbehalt des Gesetzes durch die „Wesentlichkeits"-Rechtsprechung des Bundesverfassungsgerichts. Danach muss der Gesetzgeber alle grundsätzlichen Entscheidungen, die die Grundrechte der Bürger berühren, insbesondere solche, die zu Eingriffen in den Grundrechtsbereich ermächtigen, in ihrem „wesentlichen" Regelungsgehalt selbst treffen.[6]

Für den Bereich des Strafverfahrensrechts spitzt sich die Problematik der Reichweite des Vorbehalts des Gesetzes auf zwei Kernfragen zu: 1. Welche strafprozessualen Maßnahmen berühren Grundrechte der Bürger so wesentlich, dass sie einer besonderen gesetzlichen Grundlage bedürfen? 2. Welche Reichweite darf der Anwendungsbereich solcher gesetzlicher Grundlagen haben? Man könnte auch fragen: Bis zu welchem Grad kann und muss das Handeln der Strafverfolgungsbehörden durch Ermächtigungsnormen vorgezeichnet sein? Diese grundsätzlichen Fragen haben maßgeblich die Diskussion um die Umgestaltung des § 161 StPO in eine „Ermittlungsgeneralklausel" durch das StVÄG 1999 begleitet.[7] Dabei treten zwei Besonderheiten des Strafverfahrensrechts in den Vordergrund, die die uneingeschränkte Anwendung der Lehre vom Vorbehalt des Gesetzes auf den dortigen Bereich in Frage stellen: 1. Die Tätigkeit der Strafverfolgung ist nicht auf einzelne, klar bestimmbare und voneinander abgrenzbare Eingriffsakte reduzierbar. Indem sie

2 Vgl. BVerfGE 40, 237, 248 = NJW 1976, 34.

3 Dazu eingehend *Perschke*, Ermittlungsmethoden, S. 26 ff.

4 *Mayer*, FS Nottarp 1961, S. 187, 193; *Jesch*, Verwaltung, S. 171 ff.; *Bellstedt*, DÖV 1961, 161, 163 f.; *Giacometti*, Verwaltungsrecht, S. 46 f., 251; *Rupp*, Verwaltungsrechtslehre, S. 113; *Spanner*, 43. DJT, S. 12 ff.; MD/*Herzog*, Art. 20 Rn 72; *Achterberg*, Funktionenlehre, S. 207 f.; *Lorenz*, Rechtsschutz, S. 18; *Zuleeg*, VerwArch 1982, 384, 395.

5 *Degenhart*, Staatsrecht I, Rn 277, 280, 282, 288; vermittelnd *Maurer*, Verwaltungsrecht, § 6 Rn 10, 13 ff.

6 Vgl. BVerfGE 33, 125, 158 = NJW 1972, 1504; BVerfGE 33, 303 ff. = NJW 1972, 1561; BVerfGE 34, 165 ff. = NJW 1973, 133; BVerfGE 40, 237 ff. = NJW 1976, 34. Die „Wesentlichkeits"-Rechtsprechung wird häufig dahin gehend missinterpretiert, dass der Gesetzgeber alle Entscheidungen, die die Grundrechte der Bürger „wesentlich" berühren, selbst zu treffen habe.

7 BGBl I S. 1253; BT-Drucks 14/1484, S. 23.

Lebenssachverhalten begegnet, die – anders etwa als im Bereich des Zivilrechts – nicht normativ vorstrukturiert und teilweise sogar darauf angelegt sind, sich der normativen Erfassung zu entziehen, benötigt sie rechtliche Instrumente, die ausreichend flexibel sind, um diesen Anforderungen gerecht zu werden. Wahrheitserforschung ist die natürliche Einheit einer Vielzahl aufeinander bezogener Handlungs- und Wahrnehmungsakte. Sie erfordert die – additive oder kumulative – Häufung von Maßnahmen und kann gerade dadurch in besonderer Weise in Rechtspositionen eingreifen.[8] 2. Die Tätigkeit der Strafverfolgung unterscheidet sich in normativer Hinsicht von anderen Akten hoheitlicher Gewalt durch ihre normative Selbstbezüglichkeit. Strafverfolgung dient der Aufrechterhaltung und Verteidigung der das Gesellschaftsgefüge konstituierenden und absichernden Normengesamtheit durch Reaktion auf die Verletzung zentraler Elemente dieser Normengesamtheit. Mit anderen Worten: Strafrecht ist nicht Bestrafungsrecht; sein Ziel ist nicht die Bestrafung des Rechtsbrechers, sondern die Verteidigung der Rechtsordnung, der es selbst angehört. Weil Strafrecht nicht irgendein Recht ist, sondern ein Ur-Recht, das mit dem Entstehen der Rechtsordnung und dem Bedürfnis ihrer Aufrechterhaltung ins Leben tritt[9], kann das Bundesverfassungsgericht der „Aufrechterhaltung der Funktionstüchtigkeit der Strafrechtspflege" Verfassungsrang zuerkennen.[10] Die Lehre vom Vorbehalt des Gesetzes ist daher aus gutem Grund, soweit sie das Strafverfahrensrecht betrifft, von Unsicherheiten geprägt. Die verbreitete Auffassung, dass die Ermittlungsgeneralklausel nur solche Maßnahmen rechtfertige, die nicht mit Eingriffen in Grundrechte Betroffener einhergehen, wird sich jedenfalls mit Blick auf die zunehmende Ausprägung des Rechts auf informationelle Selbstbestimmung[11] nicht halten lassen. Strafverfahrensrecht ist in seinem Kern Informationserhebungsrecht und greift damit – sei es durch Anfragen bei Meldebehörden oder durch die einfache Observation Verdächtiger – in das Recht auf informationelle Selbstbestimmung der Betroffenen ein. Ohne das materielle Kriterium einer gewissen Schwere der zu erwartenden Grundrechtsverletzungen wird eine Bestimmung der Reichweite des Vorbehalts des Gesetzes für das Strafverfahrensrecht daher nicht möglich sein. Mit anderen Worten erfordert der Vorbehalt des Gesetzes die Setzung normativer Grenzen der Wahrheitserforschung, wenn diese mit Grundrechtsverletzungen einer gewissen Schwere

---

8 Vgl. BVerfGE 112, 304 = NJW 2005, 1338.

9 Vgl. zu den Anfängen des Strafrechts in historischer Hinsicht und seinem Vorkommen in rezenten primitiven Gesellschaften *Wesel*, Geschichte des Rechts, S. 54, 78 f., 90 f., 98 f., 112 f. u.ö.; für *Pospisil*, Anthropologie, S. 28, 125 ff. m.w.N. ist es ein wesentliches Merkmal von Recht, dass es mit Sanktionen ausgestattet ist.

10 BVerfGE 33, 367, 383 = NJW 1972, 2214, 2216; BVerfGE 51, 324, 345 = NJW 1979, 2349, 2351; BVerfGE 77, 65, 75 f. = NJW 1988, 329, 330; BVerfG NJW 1996, 771.

11 Vgl. dazu in der jüngeren Rechtsprechung des Bundesverfassungsgerichts BVerfGE 103, 21 = NJW 2001, 879 (DNA-Analyse); BVerfGE 113, 29, 46 = NJW 2005, 1917 (Beschlagnahme von Datenträgern); BVerfGE 115, 166, 188 = NJW 2006, 976 (Beschlagnahme von Mobiltelefondaten); BVerfGE 115, 166, 189 = NJW 2006, 1939 (präventive Rasterfahndung); BVerfG NJW 2007, 351 (IMSI-/IMEI-Catcher); BVerfG NJW 2007, 2464, 2465 f. (Automatisierte Abfrage von Kontostammdaten).

einhergeht. Dabei ist auch die Ausgestaltung der Grenzen unter anderem von der Schwere des zu erwartenden Eingriffs abhängig. Maßnahmen mit hoher Eingriffsintensität wie die akustische Wohnraumüberwachung (§§ 100c bis 100e) oder die Telekommunikationsüberwachung (§§ 100a, 100b) sind in ihrer Anwendungshäufigkeit durch hohe formelle und materielle Anordnungsvoraussetzungen limitiert, weniger schwer eingreifende Maßnahmen wie die Blutentnahme (§ 81a) oder die langfristige Observation (§ 163f) in geringerem Maße. Das versteht sich von selbst, gilt aber mit Blick auf die beinahe anachronistische Schlankheit zentraler Ermittlungsbefugnisse (§§ 94, 99, 102, 103) nur cum grano salis.

2. Beweisverbote

Die einfachgesetzlichen strafprozessualen Beweisverbote sind Vorschriften der Strafprozessordnung, die das Erlangen bestimmter Beweismittel oder ihre Verwendung im Strafverfahren ausdrücklich untersagen. Die im Wege der methodischen Erschließung einer Dogmatik der Beweisverbote im Schrifttum entwickelte Terminologie ist verwirrend.[12] Differenziert wird unter anderem zwischen absoluten und relativen Beweisverboten, also solchen, die unabhängig von der Bedeutung des Beweismittels für die Wahrheitserforschung bestehen und solchen, deren Geltung nur im Einzelfall festgestellt werden kann[13]; zwischen prozessrechtlichen und allgemeinen Beweisverboten[14]; zwischen Beweisverfahrensverboten, Beweisverfolgungsverboten, Beweisregelungen und Beweisregeln[15]; zwischen Beweisthemen-, Beweismittel- und Beweismethodenverboten, Beweisverboten und Beweisverfahrensregeln[16]; zwischen selbständigen und unselbständigen Verwertungsverboten[17]; oder zwischen Beweisgegenstands- und Beweisverwertungsverboten.[18] Anerkannt – aber keineswegs unumstritten[19] – ist die – auch vom Gesetzgeber verwendete – Unterscheidung

12 *Beulke*, StV 1990, 180, 181 bezeichnet sie als Differenzierungen mit „nur ordnendem Charakter ohne sachlichen Aussagewert"; *Strate*, JZ 1989, 176 stellte bereits 1988 fest, dass bei den Beweisverboten „der Begriffshimmel voller Geigen" hänge; *Peters*, 46. DJT, S. 105 räsonierte bereits 1966, dass die „verschiedenartige Benutzung gleicher Begriffe" es erforderlich mache, „sich stets darüber klar zu werden, was der einzelne Autor unter dem Begriff versteht"; daran hat sich heute nichts geändert; kritisch auch *Grünwald*, Beweisrecht, S. 142 f., der in den Beweisverboten keine besondere Kategorie von Rechtssätzen, sondern eine Ausprägungen des Beweisrechts im allgemeinen erblickt.

13 *Beling*, Beweisverbote, S. 3, 24.

14 *Petry*, Beweisverbote, S. 28.

15 *Peters*, 46. DJT, S. 95 ff.

16 *Klug*, in: Verhandlungen 46. DJT, Band II, Teil F, S. 31; *Rengier*, Zeugnisverweigerungsrechte, S. 283; *Ranft*, FS Spendel 1992, S. 719, 726; *Finger*, JA 2006, 529, 530; *Meyer-Mews*, JuS 2004, 39; KK/*Senge*, vor § 48 Rn 22 ff.

17 *Rogall*, ZStW 91 (1979), 1, 3.

18 *Jäger*, Beweisverwertung, S. 139.

19 Vgl. ablehnend *Gössel*, FS Hanack 1999, S. 277 ff.

zwischen Beweiserhebungsverboten und Beweisverwertungsverboten.[20] Beide Normenarten treten in der Strafprozessordnung nur vereinzelt in Erscheinung. Beweiserhebungsverbote hat der Gesetzgeber in § 97, § 100c Abs. 4 S. 1 und Abs. 6 S. 1, in § 100h Abs. 2 S. 1 sowie in § 136a Abs. 1 S. 1 und 3, Abs. 2 normiert. Außerdem können zu den Beweiserhebungsverboten die Zeugnisverweigerungsrechte gemäß §§ 52, 53 und 53a und das Auskunftsverweigerungsrecht gemäß § 55 gerechnet werden, sowie die Sperrung amtlicher Schriftstücke gemäß § 96, der entsprechend auf die Geheimhaltung der Identität schutzbedürftiger Zeugen Anwendung findet.[21] Ausdrückliche Beweisverwertungsverbote finden sich in § 81c Abs. 3 S. 5, § 100c Abs. 5 S. 3 und Abs. 6 S. 1 Hs. 2 i.V.m. Abs. 5 S. 3, Abs. 6 S. 2, § 100h Abs. 2 S. 1 Hs. 2, § 108 Abs. 2 sowie § 136a Abs. 3 S. 2. Die einfachgesetzlichen Regelungen werden im Schrifttum allgemein als unzureichend, lückenhaft, widersprüchlich und sogar willkürlich bewertet.[22] Überwiegend ist die Lehre von den Verwertungsverboten durch die Rechtsprechung geprägt.

3. Verwendungsverbote

Neben die Erhebungs- und Verwertungsverbote treten als weitere Normengruppe die sogenannten Verwendungsverbote. Sie unterscheiden sich von den Verwertungsverboten dadurch, dass sie nicht an die Fehlerhaftigkeit des Beweiserhebungsakts anknüpfen. Im Schrifttum wurde daher zum Teil die Auffassung vertreten, Verwertungsverbote könnten auch bei einer rechtmäßigen Beweiserhebung eintreten.[23] Erst die dogmatische Weiterentwicklung des Rechts auf informationelle Selbstbestimmung hat den Blick für die datenschutzrechtliche Verankerung der Verwendungsverbote geschärft.[24] Ihr Grundgedanke ist der datenschutzrechtliche Zweckbindungsgrundsatz, demzufolge personenbezogene Daten grundsätzlich nur zu dem Zweck verwendet werden dürfen, für den sie erhoben wurden; jede Umwidmung durch eine weitere Verwendung stellt einen Eingriff in das Recht auf informationelle Selbstbestimmung der Betroffenen dar, der einer eigenen rechtlichen Grundlage

---

20 LR/*Gössel*, Einl K Rn 14.

21 Vgl. BGHSt 30, 34 = NJW 1981, 357; BGHSt 42, 175 = NJW 1996, 2738; LR/*Schäfer*, § 96 Rn 44, 60 ff. m.w.N.

22 Vgl. etwa *Hilger*, GA 2003, 482, 484 ff.; *Wolter*, FS Riess 2002, S. 633, 634 spricht in einer Bestandsaufnahme des geltenden Rechts vom „desolaten Zustand der Zeugnisverweigerungsrechte im Strafprozessrecht".

23 *Dencker*, Verwertungsverbote, S. 10 f., 101; *Rogall*, ZStW 91 (1979), S. 1, 3; *ders.*, JZ 1996, 944, 946; *Gössel*, NStZ 1998, S. 126. Diese Zuordnung beruht auch auf einem weiten Verständnis von „Verwertung", vgl. zum Beispiel *Rogall*, JZ 1996, 944, 948: „Verwertung bedeutet danach die handlungsleitende, outputorientierte Verwendung von Informationen."

24 *Gropp*, StV 1989, 216, 217, der sich als einer der wenigen mit dem Erfordernis einer klaren Bestimmung der Begriffe „Beweiserhebung" und „Beweisverwertung" auseinandersetzt, definiert letzteren noch als „Verarbeitung der verfügbaren Information durch Strafverfolgungsbehörden, *beginnend* mit der *Kenntnisnahme* und *fortdauernd* in jeder *Weiterverwertung*."

bedarf.[25] Da das Strafverfahren in seinem Kern auf das Erheben und Verwenden von personenbezogenen Daten angelegt ist und das Strafverfahrensrecht den Strafverfolgungsbehörden hierzu weitreichende generalklauselartige Ermächtigungen einräumt (vgl. § 160 Abs. 2, § 161 Abs. 1, § 163 Abs. 1), beschränkt die Strafprozessordnung den darin zum Ausdruck kommenden Grundsatz der freien Gestaltung des Ermittlungsverfahrens[26] durch ausdrückliche Verwendungsverbote. Die Bedeutung dieser Verbote – die nicht nur für die Datenverwendung in Strafverfahren gelten, sondern auch für die Verwendung zu Zwecken der Gefahrenabwehr oder anderen Zwecken – hat in jüngerer Zeit stark zugenommen. Ausgehend von der einschlägigen, zur Telekommunikationsüberwachung ergangenen Rechtsprechung[27] hat der Gesetzgeber – beginnend mit dem Gesetz zur Bekämpfung der Organisierten Kriminalität[28] – inzwischen in einer Vielzahl einzelner und nicht durchgängig harmonischer Vorschriften Verwendungsregelungen statuiert (vgl. § 81a Abs. 3, § 98a Abs. 3 S. 2, § 98b Abs. 3 S. 3, § 98c, § 100b Abs. 5, § 100d Abs. 6, § 100f Abs. 5, § 100h Abs. 3, § 100i Abs. 3, § 163d Abs. 4 S. 4 und 5). Diese betreffen die Verwendung erhobener Daten in anderen Strafverfahren, zu Zwecken der Gefahrenabwehr und den umgekehrten Fall der Verwendung von durch Maßnahmen der Gefahrenabwehr erlangten Daten in Strafverfahren. Soweit sie die Verwendung in anderen Strafverfahren betreffen, verbieten diese Regelungen überwiegend nur die Verwendung „zu Beweiszwecken"; zum Teil entfalten sie aber auch umfassende Geltung für alle Verwendungsarten, schließen also insbesondere die Verwendung als Spurenansatz aus (vgl. § 100f Abs. 5, § 100d Abs. 6, § 163d Abs. 4 S. 4 und 5). Soweit spezielle Verwendungsregelungen nicht greifen, richtet sich die Verwendung von repressiv erlangten personenbezogenen Daten in anderen Strafverfahren und zu Zwecken der Gefahrenabwehr grundsätzlich nach § 474 Abs. 1, § 477 Abs. 2 S. 2 und § 481.[29] Der umgekehrte Fall der Verwendung präventivpolizeilich erhobener Daten in Strafverfahren ist grundsätzlich uneingeschränkt zulässig nach § 161 Abs. 1. Ausnahmen sehen hier § 100d Abs. 6 Nr. 3 und § 161 Abs. 2 für aus Wohnungen erlangte personenbezogene Daten vor.[30] Darüber hinaus findet sich eine Vielzahl bereichsspezifischer Verwendungsverbote außerhalb der Strafprozessordnung in den die Erhebung schutzwürdiger Daten regelnden Quellnormen. Beispiele sind § 14 Abs. 2 Nr. 7, Abs. 4 BDSG, § 30 Abs. 2, Abs. 4 Nr. 4 AO, § 97 Abs. 1 S. 3 InsO, § 35 Abs. 1 und 2 SGB I i.V.m. §§ 68, 73 SGB X, § 14 Abs. 4 TransfG, § 39 Abs. 3 und 4 PostG oder § 4 Abs. 2 S. 4 und 5 ABMG. Die bereichsspezifische Beschränkung der straf-

25 Vgl. zum Zweckbindungsgrundsatz *Störmer*, Grundlagen, S. 137 ff.; *Ernst*, Zweckbindung, S. 73 ff., 149 ff.; *Rogall*, JZ 1996, 944, 949;

26 AnwK-StPO/*Löffelmann*, Vorbemerkung zu §§ 94 bis 111, Rn 1; *Meyer-Goßner*, Einl Rn 60.

27 BGHSt 26, 298, 303 = NJW 1976, 1462; BGHSt 27, 355, 358 = NJW 1978, 1390; BGHSt 28, 122, 125 ff. = NJW 1979, 990; BGHR StPO § 100a Verwertungsverbot 4, 5, 10.

28 BGBl I 1998, S. 845.

29 AnwK-StPO/*Krekeler*/*Löffelmann*, Einleitung Rn 147; *Wolter*, FS Riess 2002, S. 633, 635.

30 Eine Einschränkung für bestimmte Ermittlungsmaßnahmen sah der Entwurf des § 161 Abs. 2 durch das StVÄG 1999 vor (BT-Drucks 14/1484, S. 6, 23), der im Vermittlungsausschuss aber wieder gestrichen wurde (BT-Drucks 14/3525, S. 2).

prozessualen Eingriffsbefugnisse ist gemäß § 160 Abs. 4 im Strafverfahren zu berücksichtigen.

II. Durch die fachgerichtliche Rechtsprechung gezogene Grenzen

Ist hier von durch die Rechtsprechung gezogenen normativen Grenzen der Wahrheitserforschung die Rede, so ist damit nicht die im Wege der Rechtsanwendung erfolgende Auslegung einfachgesetzlicher Rechtsvorschriften, die die materiellen Voraussetzungen von Eingriffsbefugnissen festlegen, gemeint. Dass Normen Lebenssachverhalte nicht abschließend beschreiben können und der Auslegung bedürfen, ist trivial. Gemeint ist der durch die fachgerichtliche Rechtsprechung geschaffene Bereich von Beweisverboten, die gerade nicht im einfachen Recht angelegt sind, sondern aus übergeordneten Grundsätzen und nicht immer klar erkennbaren Gründen als notwendig erachtet werden. Diese Rechtsprechung trifft nicht den Bereich der Erhebungsverbote, da die Erhebung von Daten einer – zumindest generalklauselartigen – gesetzlichen Grundlage bedarf. Die Limitierung der Datenerhebung geschieht nicht durch explizite Verbote, sondern durch die Auslegung der einfachgesetzlichen Ermächtigungsgrundlagen. Anders stellt sich die Lage dar, soweit der Umgang mit bereits erlangten Daten in Rede steht. Einfachgesetzliche Regelungen, die den Umgang mit für die Wahrheitserforschung relevanten Daten einschränken, finden sich – wie bereits dargestellt wurde – in der Strafprozessordnung und bereichsspezifischen Datenschutzvorschriften nur vereinzelt und in rudimentärer Form. In der Rechtsprechung hat sich daher eine umfangreiche und nicht immer einheitliche Kasuistik zur Frage der Verwertungs- und Verwendungsverbote entwickelt. Dabei gilt im Grundsatz, dass Fehler bei der Beweiserhebung nicht zwangsläufig ein Verwertungsverbot zur Folge haben.[31] Generell wird die Lösung der Rechtsprechung so charakterisiert, dass es im Einzelfall auf eine Abwägung zwischen der Bedeutung des in Rede stehenden Beweismittels für das Strafverfahren und der Schwere des Verstoßes gegen die Erhebungsvorschrift ankomme (sog. Abwägungslehre).[32] Bei genauerer Untersuchung lässt sich aber erkennen, dass die Rechtsprechung zwar vereinzelt den Topos der Abwägung als Aufhänger benutzt, inhaltlich

31 BVerfG NJW 2005, 656, 657; NJW 2000, 3556, 3557; StV 2000, 233, 234; BGHSt 19, 325, 331 = JZ 1965, 32, 34; BGHSt 24, 125, 128 = NJW 1971, 1097; BGHSt 25, 325, 331 = NJW 1974, 1570, 1571; BGHSt 27, 355, 357 = NJW 1978, 1390; BGHSt 31, 304, 308 = NJW 1983, 1570, 1571; BGHSt 33, 83 = NJW 1985, 984; BGHSt 34, 39, 52 = NJW 1986, 2261, 2264; BGHSt 37, 30, 32 = NJW 1990, 1801; BGHSt 38, 214, 219 = NJW 1992, 1463, 1464; BGHSt 44, 243 = NJW 1999, 959.

32 *Meyer-Goßner*, Einl Rn 55a; die Abwägungslehre wurde auch im Schrifttum aufgegriffen [vgl. *Rogall*, ZStW 91 (1979), S. 1, 31 f.; *ders.*, NStZ 1988, 385, 391; *Wolter*, NStZ 1984, 276, 277 f.], teilweise unter dem Titel „normative Fehlerfolgenlehre" (vgl. *Rogall*, in: Wolter, Zur Theorie und Systematik des Strafprozessrechts, 1995, S. 113, 148 ff.; *ders.*, FS Hanack 1999, S. 293 ff.

einer solchen Abwägung aber aus dem Weg geht.[33] Ordnet man die maßgeblichen Entscheidungen des Bundesgerichtshofs thematisch, so lassen sich einige Fallgruppen bilden, die Tendenzen der Rechtsprechung aufzeigen.

1. Beschuldigtenbelehrung

Verstöße gegen die Pflicht zur Beschuldigtenbelehrung (§ 136 Abs. 1 S. 2, § 163a Abs. 4, § 243 Abs. 4 S. 1) haben in der Regel ein Verwertungsverbot zur Folge.[34] Eine Ausnahme gilt allerdings dann, wenn der Beschuldigte sein Recht, zu schweigen, schon kannte.[35] Liegen die Voraussetzungen eines Verwertungsverbots vor, so entfaltet dieses eine Fortwirkung, das heißt auch spätere Äußerungen des Beschuldigten sind nicht verwertbar, wenn er nicht dergestalt belehrt wurde, dass seine früheren Äußerungen nicht als Beweismittel herangezogen werden dürfen.[36] Die Rechtsprechung des BGH zu den Folgen des Unterlassens der Beschuldigtenbelehrung erscheint insgesamt relativ homogen. Grundsätzlich bejaht der BGH ein Verwertungsverbot bei allen Aussagen des Beschuldigten, die vor Belehrung erfolgten, soweit die Belehrung erforderlich war, weil der Beschuldigte sein Schweigerecht nicht kannte. Lediglich BGHSt 31, 395 fällt insoweit aus dem Rahmen. Bemerkenswert ist hier, dass der BGH im Vergleich zu § 136a Abs. 3 S. 2 darauf abstellt, ein lediglich fahrlässiger Verstoß gegen Verfahrensvorschriften reiche nicht für eine entsprechende Anwendung der genannten Vorschrift und damit die Begründung eines Verwertungsverbots aus. In dem grundlegenden Urteil BGHSt 38, 314 kehrt der BGH aber mit aufwendiger Begründung und unter expliziter Würdigung der mit der vorgenannten Jurisdiktion verbundenen praktischen Probleme[37] zu seiner früheren Rechtsprechung zurück.

Im Zusammenhang mit dem Problemkreis der Beschuldigtenbelehrung entwikkelt der BGH auch die sog. Widerspruchslösung.[38] Danach ist die Verwertbarkeit der Äußerungen zwar vom erkennenden Gericht von Amts wegen zu prüfen, allerdings

33 So auch *Dallmeyer*, Beweisführung, S. 151, 214 ff.

34 BGHSt 22, 129; 25, 325 = NJW 1974, 1570; BGHSt 38, 214 = NJW 1992, 1463; BGHSt 47, 172 = NJW 2002, 975; BGH NStZ-RR 2007, 80; a.A. BGHSt 31, 395 = NJW 1983, 2205; vgl. auch BGH StV 1995, 231: kein Verwertungsverbot zugunsten des Mitangeklagten.

35 BGHSt 38, 214 = NJW 1992, 1463.

36 BGHSt 22, 129; vgl. auch BGHSt 27, 355, 357 f. = NJW 1978, 1390; BGHSt 32, 68, 71 = NJW 1984, 2772; BGHSt 35, 32, 33 f. = NJW 1988, 1223; mit bemerkenswerter Konsequenz hat das LG Frankfurt im „Gäfgen-Fall" eine (mehrfache) Fortwirkung angenommen, vgl. LG Frankfurt NJW 2005, 692.

37 Gemeint ist hier der Umstand, dass mit dieser Rechtssprechung die Frage an Gewicht gewinnt, zu welchem Zeitpunkt ein im Hinblick auf § 136 StPO indifferente Informationssammlung durch den Polizeibeamten in eine Beschuldigtenvernehmung übergeht (vgl. BGHSt 38, 214, 227 f.).

38 BGHSt 38, 214, 225 f. = NJW 1992, 1463, 1466; BGHSt 39, 349, 351 = NJW 1994, 333 f.; BGHSt 42, 15, 22 ff. = NJW 1996, 1547, 1549.

nur, wenn der Verwertung rechtzeitig, nämlich vor dem in § 257 bezeichneten Zeitpunkt widersprochen wurde. Auf diese Weise soll der Verteidigung eine Dispositionsmacht über den Beweisstoff eingeräumt werden, um ihn für Verteidigungsinteressen nutzbar zu machen.[39] Verfassungsrechtlich steht hinter der Pflicht zur Beschuldigtenvernehmung der Grundsatz der Selbstbelastungsfreiheit („nemo tenetur se ipsum accusare“ oder „nemo tenetur se ipsum prodere“) und damit die Menschenwürde des Beschuldigten.[40]

2. Zeugenbelehrung

Verstöße gegen die Zeugenbelehrungspflicht nach § 52 Abs. 3 S. 1, auch i.V.m. § 161a Abs. 1 S. 2, § 163a Abs. 5 und § 81c Abs. 3 S. 2[41], begründen ein Verwertungsverbot, wenn das Fehlen der Belehrung für das Urteil ursächlich war.[42] Zur Frage der Fortwirkung hat sich – soweit ersichtlich – die höchstrichterliche Rechtsprechung in diesem Zusammenhang noch nicht verhalten. Die dogmatische Begründung der Entstehung eines Verwertungsverbots ist unklar. Verfassungsrechtlich ist zu berücksichtigen, dass der Zeuge ungeachtet seiner prozessualen Funktion als Beweismittel nicht zum bloßen Objekt des Verfahrens gemacht werden darf und seine Persönlichkeitsrechte angemessen Berücksichtigung finden müssen.[43] Da der Zeuge grundsätzlich der Aussage- und Wahrheitspflicht untersteht[44], begründet die Rücksichtnahme auf seine Subjektstellung und seine Grundrechte allerdings keinen generellen Anspruch des Zeugen, vor Konflikten und Beeinträchtigungen bewahrt zu werden, die aus seiner Zeugnispflicht herrühren können.[45] Warum dann generell das Unterlassen der Belehrung zur Unverwertbarkeit führen soll, erschließt sich nicht ohne weiteres.

3. Verteidigungsrechte

Die Beschneidung der Verteidigungsrechte (§ 136 Abs. 1 S. 2, § 137 Abs. 1 S. 1, § 141 Abs. 3 S. 2, § 163a Abs. 4 S. 2, Art. 6 Abs. 3 MRK) des Beschuldigten hat

39 BGH StV 2006, 225, 226.

40 BVerfGE 56, 37, 42, 49 = NJW 1981, 1431 ff.; BVerfGE 80, 109, 121 = NJW 1989, 2679, 2680.

41 BGHSt 12, 235, 243; 14, 159 = NJW 1960, 1396; BGHSt 36, 217 = NStZ 1989, 485.

42 BGHSt 14, 159, 160 = NJW 1960, 1396; BGHSt 23, 221, 223 = NJW 1970, 766; BGHR StPO § 52 Abs. 3 S. 1 Verletzung 3 = NStZ 1989, 484; BGH NStZ 1990, 25; BGHSt 45, 203 = NJW 2000, 596; BGHR StPO § 252 Verwertungsverbot 11 = NStZ-RR 1996, 106.

43 Vgl. BVerfGE 38, 105, 114 = NJW 1975, 103.

44 Vgl. BVerfGE 38, 105, 113 = NJW 1975, 103.

45 Vgl. BVerfGE 38, 105, 115 ff. = NJW 1975, 103; BVerfGE 57, 250, 284 ff. = NJW 1981, 1719.

regelmäßig ein – fortwirkendes – Verwertungsverbot zur Folge.[46] Verfassungsrechtlich liegt dieser Fallgruppe die besondere Bedeutung der Verteidigungsrechte für die Wahrung der Menschenwürde des Beschuldigten zugrunde. Da der Beschuldigte nicht zum Objekt des Verfahrens gemacht werden darf, was durch die Zuerkennung von Verfahrensrechten gesichert wird, müsse die Durchsetzung dieser Rechte gewährleistet sein.[47] Aus diesem Befund wird ohne weitere Begründung die Notwendigkeit eines fortwirkenden Verwertungsverbots gefolgert. Dieses greift nach Ansicht des BGH ausnahmsweise nicht, wenn der Beschuldigte nicht schutzwürdig ist, weil er seine Rechte kennt bzw. sich nicht in einer zwangartigen Situation befindet.[48] Eine Verletzung des Rechts auf konfrontative Befragung (Art. 6 Abs. 3 Buchstabe d MRK) hat allerdings nicht automatisch ein Verwertungsverbot zur Folge.[49]

4. Hörfalle

Von einer Hörfalle wird gesprochen, wenn die Strafverfolgungsbehörden den Beschuldigten unmittelbar oder mittelbar durch dritte Personen veranlassen, sich selbst zu belasten und diese belastenden Äußerungen ohne sein Wissen den Strafverfolgungsbehörden zur Kenntnis gelangen oder gebracht werden. Die Errichtung einer Hörfalle hat als zulässige ermittlerische List grundsätzlich kein Verwertungsverbot zur Folge.[50] Anders ist dies, wenn staatlicher Zwang in unzulässiger Weise über die ermittlerische List hinausgehend entfaltet wird, zum Beispiel durch Ausnutzung einer Haftsituation.[51] Die Rechtsprechung des BGH zu diesem Problemkreis erscheint auf den ersten Blick recht heterogen. Bemerkenswert ist zunächst, dass in BGHSt 31, 304 die Errichtung einer Hörfalle unter Inanspruchnahme privater Personen als unzulässig angesehen wird. Die Begründung der Entscheidung kann allerdings nicht überzeugen. Die Diskussion der §§ 100a, 100b und der Notstandsgrundsätze im Rahmen der Hörfallenproblematik ist thematisch nicht einschlägig und die Ausführungen zu § 136a erschöpfen sich im Ergebnis in dem kryptischen Hinweis, dass die Strafprozessordnung nicht zur Wahrheitserforschung um jeden Preis zwinge. Im Hinblick auf die übrigen Entscheidungen zur Hörfallenproblematik kann man daher feststellen, dass der BGH die Errichtung einer Hörfalle durch gezielte Inan-

---

46 BGHSt 38, 372 = NJW 1993, 338; BGHSt 42, 15 = NJW 1996, 1547; BGHSt 42, 170 = NJW 1996, 2242; BGHSt 44, 46, 48 = NJW 1998, 1963; BGH NJW 2002, 975.

47 Vgl. BVerfGE 109, 279, 322 = NJW 2004, 999, 1004; BVerfGE 110, 226, 253 = NJW 2004, 1305, 1308; BVerfG NJW 2002, 1410.

48 BGHSt 38, 214 = NJW 1992, 1463; BGHSt 47, 172 = NJW 2002, 975.

49 BGHSt 46, 93, 106; BGH NJW 2005, 1132; BGH NJW 2007, 237, 239; BGH NStZ-RR 2005, 321 (Beweiswürdigungslösung).

50 BGHSt 33, 217 = NJW 1986, 390; BGHSt 39, 335 = NJW 1994, 596; BGHSt 40, 66 = NJW 1994, 1807; BGHSt 40, 211, 217 f. = NJW 1994, 2904, 2905; BGHSt 42, 139 = NJW 1996, 2940; BGH NStZ 1996, 200; a.A. BGHSt 31, 304 = NJW 1983, 1570.

51 BGHSt 34, 39 = NJW 1986, 2261; BGHSt 34, 362 = NJW 1987, 2525; BGHSt 44, 129 = NJW 1998, 3506.

spruchnahme privater Personen im Sinne einer ermittlerischen List grundsätzlich als zulässig erachtet. Die §§ 136, 136a sind in solchen Fällen nicht verletzt, da es sich nicht um eine förmliche Vernehmungssituation handelt, die dem Beschuldigten suggeriert, dass er sich äußern müsse und er damit keinem staatlichen Zwang ausgesetzt sei, sondern sich vielmehr freiwillig verhalte. Anders ist dies, wie gesagt, nur in den Fällen, in denen über die ermittlerische List hinaus gegenüber dem Beschuldigten staatlicher Zwang *unzulässigerweise* entfaltet wird. Anerkennt man also, dass es bei der Hörfallenproblematik gar nicht in erster Linie um die Zulässigkeit des „Fallenstellens“ geht, sondern vielmehr darum, eine Zwangssituation, zu deren Herbeiführung – unter Umständen sogar durch Anwendung unmittelbaren Zwangs – die Ermittlungsbehörden aufgrund spezieller Rechtsgrundlagen ermächtigt sind, nur zu den durch die Ermächtigungsgrundlage vorgesehenen Zwecken zu begründen und aufrechtzuerhalten[52], ergibt sich ein harmonischeres Bild der auf den ersten Blick stark divergierenden Rechtsprechung. Insbesondere erklärt sich auch, warum in BGHSt 34, 39 ein Verwertungsverbot angenommen wird, in BGHSt 40, 66 hingegen nicht. Denn mit der Belehrung des Beschuldigten nach § 136 war im zuletzt genannten Fall die Zwangssituation faktisch beendet. Der Beschuldigte hätte sich der Situation jederzeit entziehen können. Dieses Ergebnis harmoniert mit der Rechtssprechung des BGH zu § 136. Solange der Beschuldigte nicht belehrt worden ist, befindet er sich in einer Zwangssituation, die nach dem Willen des Gesetzgebers nur begründet und aufrechterhalten werden darf, um den Beschuldigten zu identifizieren (vgl. § 127 Abs. 1) und zu belehren, um seine auf einer freien Entscheidung beruhende aktive Mitwirkung an der Sachverhaltsaufklärung zu ermöglichen.

5. Recht am gesprochenen oder geschriebenen Wort

Die Verletzung des Rechts am gesprochenen oder geschriebenen Wort (Art. 2 Abs. 1 i.V.m. Art. 1 Abs. 1 GG), zum Beispiel durch Heranziehung von privat gefertigten Tonbandaufnahmen oder Tagebuchaufzeichnungen als Beweismittel, kann im Wege der Abwägung ein Verwertungsverbot begründen.[53] Bei den Fällen dieser Fallgruppe fällt auf, dass der BGH zunächst ausführlich die Schutzbedürftigkeit des betroffenen Rechtsguts darlegt, später aber mehr und mehr im Wege einer Abwägung diese Schutzbedürftigkeit zugunsten des Strafverfolgungsinteresses einschränkt. Bei genauerer Betrachtung verdienen allerdings zwei Aspekte einer besonderen Aufmerksamkeit: Zunächst wird auch in den beiden frühen Entscheidungen eine Schutzwürdigkeit von Äußerungen über die Taten als solche abgelehnt. Um solche Äußerungen ging es allerdings auch in BGHSt 36, 167, so dass auch unter Heranziehung dieses

52 Insofern besteht eine Anbindung an den durch das Verfassungsgericht im Zusammenhang mit Verwendungsregelungen wiederholt herausgestellten Zweckbindungsgrundsatz.

53 BGHSt 14, 358 = NJW 1960, 1580; BGHSt 19, 325 = JZ 1965, 32; BGHSt 34, 397 = NJW 1988, 1037; BGHSt 36, 167 = NJW 1989, 2760; vgl auch BVerfGE 34, 238, 245 = NJW 1973, 891, 892; BVerfGE 80, 367, 373 = NJW 1990, 563, 564.

Arguments dort eine Verwertung der Aufzeichnungen begründet werden kann. Zweitens ist zu berücksichtigen, dass es in BGHSt 34, 397 genau genommen nicht um die Einführung intimer oder persönlicher Aufzeichnungen in die Hauptverhandlung geht, sondern vielmehr um die Einführung einer Zeugenaussage über Gespräche, die diese Aufzeichnungen zum Gegenstand hatten und über Notizen über diese Gespräche. Man kann daher in diesem Fall allenfalls von einem mittelbaren Eingriff in das Persönlichkeitsrecht des Angeklagten sprechen. Insgesamt wirkt die Rechtsprechung zu dieser Fallgruppe unausgereift und wenig überzeugend.

6. Tatprovokation

Die unzulässige Tatprovokation (Art. 6 Abs. 1 S. 1 MRK) begründet regelmäßig kein Verwertungsverbot, sondern muss bei der Festsetzung der Rechtsfolgen berücksichtigt werden.[54] Die Rechtsprechung des BGH zur Tatprovokation stellt sich in ihren Ergebnissen als ausgesprochen homogen dar. Sofern die Grenze zur unzulässigen Tatprovokation überhaupt überschritten ist, muss dieser Umstand bei der Festsetzung der Rechtsfolgen kompensiert werden. Abgesehen von dem in BGHSt 45, 321 vertretenen sehr weiten Zurechnungsbegriff verdient folgende Besonderheit der Beachtung: Der BGH erkennt zwar die Möglichkeit, diskutiert aber an keiner Stelle ernsthaft die Problematik etwaiger Beweiserhebungs- oder Beweisverwertungsverbote, sondern setzt sich ausschließlich mit der Frage des Entstehens eines Verfahrenshindernisses auseinander.[55] Dies wirft die Frage nach dem normativen Zusammenhang zwischen Verfahrensfehler und daraus folgenden Konsequenzen auf, auf die noch ausführlich zurück zu kommen sein wird.

7. Willkürlichkeit

Der Verstoß gegen formelle und materielle Anordnungsvoraussetzungen besonderer Ermittlungsmaßnahmen begründet grundsätzlich nur ein Verwertungsverbot, wenn er objektiv willkürlich (Unvertretbarkeitsmaßstab) erfolgte.[56] Diese Rechtsprechung wurde maßgeblich zum Bereich der Telekommunikationsüberwachung entwickelt. Die Bandbreite möglicher Rechtsverletzungen, die ein Verwertungsverbot auslösen können, ist beträchtlich. So wurde ein Verwertungsverbot bejaht oder in Betracht gezogen, wenn eine richterliche Überwachungsanordnung nicht vorlag oder umgan-

54 BGHSt 32, 345 = NJW 1984, 2300; BGHSt 45, 321 = NJW 2000, 1123.

55 Vgl. BGHSt 32, 345, 355 = NJW 1984, 2300; BGHSt 45, 321, 325, 334 ff. = NJW 2000, 1123.

56 BGHSt 28, 122, 124 = NJW 1979, 990; BGHSt 31, 304, 309 = NJW 1983, 1570, 1572; BGHSt 32, 68, 70 = NJW 1984, 2772; BGHSt 35, 32, 33 f. = NJW 1988, 1223; BGHSt 41, 30, 31 = NJW 1995, 1974; BGHSt 44, 243, 249 = NJW 1999, 959, 961; BGHSt 47, 343, 347 f. = NJW 2002, 3036; BGHSt 47, 362, 365 = NJW 2003, 368, 369; BGHSt 48, 240, 248 = NJW 2003, 1880, 1882; BVerfG NJW 2005, 1917, 1923.

gen wurde,[57] wenn durch die Überwachung gegen Immunitätsvorschriften verstoßen wurde,[58] wenn von vornherein eine Katalogtat nicht vorlag (nicht aber, wenn der Verdacht einer solchen durch die erlangten Erkenntnisse so weit entkräftet wurde, dass nur die Anklage wegen einer weniger schweren Tat in Betracht kommt)[59] oder ein unzulässiges Ermittlungsziel verfolgt wurde[60] und wenn der qualifizierte Tatverdacht in nicht mehr vertretbarer Weise (objektiv willkürlich unter Berücksichtigung eines Beurteilungsspielraums[61] der anordnenden Stelle) angenommen oder der Subsidiaritätsgrundsatz in solcher Weise missachtet wurde.[62] In seiner Entscheidung vom 18.4.2007 bestätigte der 5. Strafsenat die Annahme eines Verwertungsverbots durch das Fachgericht bei einer naheliegenden bewussten Missachtung des Richtervorbehalts für die Anordnung einer Wohnungsdurchsuchung.[63]

8. Hypothetischer Ersatzeingriff

In seiner jüngeren Rechtsprechung hat der BGH vermehrt auf die Rechtsfigur des sog. hypothetischen Ersatzeingriffs zurückgegriffen, um die aus einer Verletzung formeller oder materieller Anordnungsvoraussetzungen folgenden Konsequenzen abzuschwächen. Danach gilt ein Verstoß gegen eine Erhebungsnorm dann als geheilt, mit der Folge, dass das Beweismittel verwertet werden darf, wenn es auch auf ordnungsgemäßem Wege hätte erlangt werden können. Angelegt ist diese Rechtsprechung bereits in dem bekannten „Medizinalassistenten-Fall".[64] Dort hat der 3. Strafsenat im Rahmen der Güterabwägung als „bedeutsam" angesehen, dass die Blutprobe „auch auf gesetzmäßigem Wege jederzeit hätte gewonnen werden können."[65] Im Fall „Weimar" wurde ein Verwertungsverbot mit dem Argument abgelehnt, dass der Durchsuchungsanordnung rechtliche Hindernisse nicht entgegengestanden hätten.[66] In einigen Entscheidungen wurde der Gedanke des hypothetischen Ersatzeingriffs ausdrücklich abgelehnt.[67] In seiner jüngeren Rechtsprechung zur Telekommunika-

57 BGHSt 31, 304, 306, 308 = NJW 1983, 1570, 1571; BGHSt 35, 32, 33 f. = NJW 1988, 1223; BGHSt 44, 243, 249 = NJW 1999, 959, 961.

58 BGHSt 36, 396 = NJW 1990, 1799; BGHSt 37, 30 = NJW 1990, 1801.

59 BGHR StPO § 100a Verwertungsverbot 4.

60 BGHSt 31, 304, 309 = NJW 1983, 1570, 1572; BGHSt 32, 68, 70 = NJW 1984, 2772; BGHSt 41, 30, 31 = NJW 1995, 1974.

61 Ablehnend zur Einräumung eines Beurteilungsspielraums LR/*Schäfer*, § 100a Rn 100 f. m.w.N.

62 BGHSt 28, 122, 124 = NJW 1979, 990; BGHSt 41, 30, 31 ff., 34 = NJW 1995, 1974; BGHSt 47, 343, 347 f. = NJW 2002, 3036; BGHSt 47, 362, 365 = NJW 2003, 368, 369; BGHSt 48, 240, 248 = NJW 2003, 1880, 1882.

63 BGH NJW 2007, 2269, 2272; näher zu dieser Entscheidung unten C.II.4.

64 Zur Genese der Rechtsprechung zum hypothetischen Ersatzeingriff *Franke*, GA 2003, 888; *Jahn/Dallmeyer*, NStZ 2005, 297.

65 BGHSt 24, 125, 130 = NJW 1971, 1097.

66 BGH NStZ 1989, 375; dazu eingehend *Beulke*, ZStW 103 (1991), 657 ff.

67 BGHSt 25, 168, 171; BGHSt 31, 304, 306 = NJW 1983, 1570.

tionsüberwachung hat der BGH den Gedanken der hypothetischen Rechtmäßigkeit auf die versehentliche Nichtbeachtung der Befristung der Maßnahme[68], auf die Ersetzung einer die Maßnahme nicht rechtfertigenden Anlasstat[69] und auf das ohne Anordnung erfolgte Mithören eines Raumhintergrundgesprächs[70] angewendet. In seiner bereits erwähnten Entscheidung vom 18.4.2007 lehnt der 5. Strafsenat die Heilung des Verfahrensfehlers anhand eines hypothetischen rechtmäßigen Ermittlungsverlaufs bei grober Missachtung des Richtervorbehalts ab, da dieser sonst unterlaufen würde und „gar ein Ansporn (entstünde), die Ermittlungen ohne Ermittlungsrichter einfacher und möglicherweise erfolgversprechender zu gestalten".[71]

Die praktische Bedeutung des hypothetischen Ersatzeingriffs ist zwar bislang, wie *Jahn* und *Dallmeyer* zutreffend feststellen[72], nicht allzu hoch einzuschätzen. Gerade die jüngere Entwicklung der Rechtsprechung im Zusammenhang mit verdeckten Ermittlungsmaßnahmen und deren zunehmende kriminalistische Bedeutung[73] und auch Verrechtlichung[74] berechtigen jedoch zur Annahme, dass dem hypothetischen Ersatzeingriff in der Rechtsprechung zunehmend Relevanz zukommen wird. Die 1991 von *Beulke* getroffene Feststellung, dass die überwiegende Ansicht im Schrifttum sich im Prinzip für eine generelle Beachtlichkeit hypothetischer Ermittlungsverläufe ausspreche[75], dürfte heute nicht mehr zutreffen.[76]

---

68 BGHSt 44, 243, 250 = NJW 1999, 959, 961.

69 BGHSt 48, 240, 249 = NJW 2003, 1880, 1883; vgl. auch BGHR StPO § 100a Verwertungsverbot 11 a.E. = StV 2001, 545.

70 BGHR StPO § 100a Verwertungsverbot 14 = NJW 2003, 2034; vgl. außerdem zur Wohnungsdurchsuchung BGHR StPO § 105 Abs. 1 Durchsuchung 4 = NStZ 2004, 449 f.

71 BGH NJW 2007, 2269, 2273.

72 *Jahn/Dallmeyer*, NStZ 2005, 297, 302 f.

73 Vgl. etwa die massive Zunahme der Telekommunikationsüberwachungen von 1998 bis 2005 (die Zahlen werden jährlich von der Bundesregierung veröffentlicht, vgl. BT-Drucks 14/2004, 14/4863, 14/7521, 14/10001, 15/2107, 15/4011, 15/6009, 16/2812).

74 Vgl. etwa die Neuregelung der akustischen Wohnraumüberwachung (BGBl I 2005, S. 1841) und der Gesetzentwurf zur Novellierung der Telekommunikationsüberwachung und anderer verdeckter Ermittlungsmaßnahmen (BT-Drucks 16/5846).

75 *Beulke*, ZStW 103 (1991), 657, 659.

76 Ablehnend *Sarstedt*, 46. DJT, S. 8, 23; *Haffke*, GA 1973, 81; *Dencker*, Verwertungsverbote, S. 82; *Beulke*, ZStW 103 (1991), S. 657, 660; *Dallmeyer*, Beweisführung, S. 200 ff.; *Fezer*, NStZ 2003, 625, 629 f.; *Braum*, JZ 2004, 128, 131 f.; *Jahn/Dallmeyer*, NStZ 2005, 297, 303 f.; im Grundsatz zustimmend *Grünwald*, JZ 1966, 489, 495; *Kleinknecht*, NJW 1966, 1537, 1538; *Peters*, 46. DJT 1966, S. 91, 93 ff.; *Jescheck*, 46. DJT 1966, S. 1, 2; *Klug*, in: Verhandlungen 46. DJT, Band II, Teil F, S. 30, 39, 46 f.; *Wolter*, NStZ 1984, 276, 277; *Schlüchter*, JR 1984, 517, 519; *Rogall*, NStZ 1988, 385, 391 ff. mit guter Darstellung des damaligen Meinungsstands (S. 387 ff.); *Amelung*, NJW 1991, 2533, 2536 f.; *ders.*, NStZ 2001, 337, 341; ihm folgend wohl auch *Hofmann*, NStZ 2003, 230, 232; *Amelung/Mittag*, NStZ 2005, 614 (Beweislastumkehr); *Kelnhofer*, Hypothetische Ermittlungsverläufe, S. 301, die die Prüfung des hypothetischen Ermittlungsverlaufs systematisch gut erfasst (vgl. S. 194); *Schröder*, Beweisverwertungsverbote, S. 175.

9. Zweckbindung

Den Bereich datenschutzrechtlich verankerter Verwendungsverbote betrifft die höchstrichterliche Rechtsprechung zum Umgang mit rechtmäßig erlangten Daten, die ebenfalls maßgeblich im Zusammenhang mit der Telekommunikationsüberwachung nach §§ 100a, 100b entwickelt wurde.[77] Dies führte schließlich zur Aufnahme des § 100b Abs. 5 durch das OrgKG vom 4.5.1998[78] und zu den demselben Gedanken folgenden Vorschriften des § 100d Abs. 5 a.F. (§ 100d Abs. 6 Nr. 1, § 100f Abs. 5 n.F.[79]), § 100h Abs. 3 und § 110e. Nach diesen Vorschriften unterliegt die Verwendung personenbezogener Daten in anderen Strafverfahren Beschränkungen. Andere Strafverfahren sind solche, die nicht in einem engen inneren Zusammenhang mit der der Anordnung zugrunde liegenden Anlasstat stehen und eine andere prozessuale Tat betreffen.[80] Bei dieser Fallgruppe fällt auf, dass häufig nicht oder nur unzureichend zwischen dem Gesichtspunkt der Verwendbarkeit und der Verwertbarkeit unterschieden wird. Dies ist wohl der erst allmählich erfolgenden dogmatischen Erschließung des Rechts auf informationelle Selbstbestimmung, das den Verwendungsverboten verfassungsrechtlich zugrunde liegt, geschuldet. Ob die Verletzung eines Verwendungsverbots zur Unverwertbarkeit führt, ist durch Auslegung des Verwendungsverbots zu ermitteln. Dies gilt für die strafprozessualen Verwendungsverbote ebenso wie für die bereichsspezifischen.[81] Soweit eine Verwendungsregelung ausdrücklich die Verwendung „zu Beweiszwecken" limitiert, dürfte ein Verwertungsverbot im Wege der Auslegung zu bejahen sein. Der Verstoß gegen eine umfassende Verwendungsbeschränkung (vgl. § 100d Abs. 6 Nr. 1, § 100f Abs. 5) dürfte hingegen in anderen Fällen als der Verwendung der Daten zu Beweiszwecken grundsätzlich kein Verwertungsverbot zur Folge haben.

77 BGHSt 26, 298, 303 = NJW 1976, 1462; BGHSt 28, 122, 125 ff. = NJW 1979, 990; BGHR StPO § 100a Verwertungsverbot 4; BGHR StPO § 100a Verwertungsverbot 5 = StV 1991, 208; BGHR StPO § 100a Verwertunsgverbot 10 = NStZ 1998, 426.

78 BGBl I S. 845.

79 Dort ist die Verwendung zu anderen als Beweiszwecken allerdings nicht uneingeschränkt zulässig.

80 BGHSt 26, 298, 303 = NJW 1976, 1462; BGHSt 28, 122, 125 ff. = NJW 1979, 990, BGHR StPO § 100a Verwertungsverbot 10 = NStZ 1998, 426: Verwertbarkeit bei von einer kriminellen Vereinigung begangenen Straftaten; BGHR StPO § 100a Verwertungsverbot 5 = StV 1991, 208: Unverwertbarkeit gegen Abnehmer des überwachten BtM-Dealers; kritisch zur Zusammenhangs-Formel LR/*Schäfer*, § 100a Rn 90.

81 Vgl. AG Gummersbach, NJW 2004, 240 (§ 4 Abs. 2 S. 4 ABMG); LG Magdeburg, StV 2006, 232 f.; BVerfGK 4, 105 = NJW 2005, 352 (§ 393 Abs. 2 AO). Vgl. BVerfGE 56, 37, 51 = NJW 1981, 1431, 1433; BVerfGK 4, 105, 110 = NJW 2005, 352, 353; BVerfG NStZ 1995, 599 f. (§ 97 Abs. 1 S. 3 InsO).

10. Fernwirkung

Der aus dem angloamerikanischen Rechtsbereich herrührende[82] Grundsatz der Fernwirkung (fruit of the poisonous tree doctrine) hat in der Rechtsprechung des BGH keine Anerkennung gefunden.[83] Weitere Erkenntnisse, die aufgrund eines unverwertbaren Beweismittels erlangt werden (z.B. die aufgrund einer unverwertbaren Zeugenaussage aufgefundene Leiche) dürfen daher ohne Einschränkung verwertet werden.

11. Rechtskreis

In einigen frühen Entscheidungen zum Auskunftsverweigerungsrecht nach § 55 hat der BGH als maßgeblich angesehen, ob durch die Verletzung einer die Beweiserhebung regelnden Norm der Rechtskreis des Beschuldigten, des Zeugen oder eines Dritten berührt wird.[84] Da § 55 nicht dem Schutz des Beschuldigten diene und daher sein Rechtskreis durch die Verletzung der Vorschrift nicht berührt sei, stehe einer Verwertbarkeit nichts entgegen. Ähnlich argumentierte der BGH bereits vorher zu § 54, ohne ausdrücklich auf den „Rechtskreis" abzustellen.[85] Im Schrifttum wurden zwar Anstrengungen unternommen, diesen Gedanken generell für die Lehre von den Beweisverboten fruchtbar zu machen[86]; über den Anwendungsbereich des § 55 und

---

82 Zur amerikanischen Rechtslage *Beulke*, ZStW 103 (1991), 657, 666 f.; anschaulich auch *Mueller*, 46. DJT, S. 35 ff. sowie dessen Diskussionsbeitrag in: Verhandlungen 46. DJT, Band II, Teil F, S. 161 ff.

83 BGH NJW 2006, 1361; NStZ 1998, 426, 427; NStZ 1996, 200, 201; vgl. auch BGHSt 27, 355, 358 = NJW 1978, 1390; BGHSt 32, 68, 71 = NJW 1984, 2772; BGHSt 34, 362 = NJW 1987, 2525; BGHR § 110a Fernwirkung 1; BGHR § 110b Abs. 2 Verwertungsverbot 1 = NStZ 1996, 48; a.A. BGHSt 29, 244, 247 ff. m.w.N. = NJW 1980, 1700 zu § 7 Abs. 3 G10; in weiten Teilen des Schrifttums wird eine solche Fernwirkung – vornehmlich bei Verletzungen des § 136a Abs. 1 – bejaht (vgl. *Beulke*, Strafprozessrecht, Rn 482 ff. m.w.N.; LR/*Gössel*, Einl K Rn 92 m.w.N.; *Roxin*, Strafverfahrensrecht, § 24 Rn 47; *Weigend*, StV 2003, 437, 440; *Knoll*, Fernwirkung, S. 150; *Amelung*, NJW 1990, 2533, 2537 f.; *Neuhaus*, NJW 1990, 1221; *Küpper*, JZ 1990, 416, 423; *Fezer*, JZ 1987, 937, 938 f.; *Wolter*, NStZ 1984, 276; *Dencker*, Verwertungsverbote, S. 76 ff.), teilweise unter Einbeziehung des Abwägungsgedankens (vgl. SK/*Rogall*, § 136a Rn 94 ff.; LR/*Hanack*, § 136a Rn 67; KK/*Boujong*, § 136a Rn 42; *Knoll*, Fernwirkung, S. 58 ff., 78 ff.); generell ablehnend: *Meyer-Goßner*, Einl. Rn 57; *Kleinknecht*, NJW 1968, 1544; *Ranft*, FS Spendel 1992, S. 719, 734 ff.

84 BGHSt 1, 39 = NJW 1951, 368; BGHSt 11, 213, 215 = NJW 1958, 679; BGHSt 17, 245, 247.

85 BGH NJW 1952, 151 m.w.N.

86 Vgl. *Bauer*, NJW 1994, 2530; *ders.*, wistra 1996, 46; *Philipps*, in: FS Bockelmann 1978, S. 831; *Hamm*, NJW 1996, 2185, 2189 f. hat den Gedanken – im Ergebnis ablehnend – im Zusammenhang mit der Geltendmachung von Verwertungsverboten durch von der Rechtswidrigkeit der Erhebung nicht betroffene Mitangeklagte aufgegriffen; überwiegend ist das Schrifttum der Rechtskreistheorie ablehnend begegnet, vgl. *Roxin*, Strafverfahrensrecht, § 24 Rn 20; *Schmidt*, JZ 1958, 596; *ders.*, NJW 1968, 1209; *Grünwald*, JZ 1966, 495; *ders.*, JZ 1968, 752; *Schünemann*,

der Frage der Verwertbarkeit gegen einen von einer Verletzung der Belehrungspflicht gemäß § 136 Abs. 1 im Übrigen nicht betroffenen Mitangeklagten[87] hinaus hat sich die Rechtskreistheorie in der Rechtsprechung aber nicht durchgesetzt.

III. Verfassungsrechtliche Grenzen

Strafverfahrensrecht wird in Rechtsprechung und Schrifttum verbreitet als „angewandtes Verfassungsrecht“ [88] verstanden. Da die Entwicklung des Strafverfahrensrechts in weiten Teilen durch öffentlichkeitswirksame Kriminalitätsereignisse veranlasst[89] und seine innere Dogmatik wenig ausgeprägt ist, kommt dem Verfassungsrecht die Funktion zu, durch übergeordnete Rechtsprinzipien die Rechtsentwicklung auf einfachgesetzlicher Ebene zu steuern und für einen einheitlichen Standard zu sorgen. Dem Verfassungsrecht kommt daher sowohl für die Gesetzgebung als auch für die Fortbildung der Rechtsprechung im Bereich des Strafrechts eine erhebliche Bedeutung zu. Die Rechtsprechung zum informationellen Selbstbestimmungsrecht[90], die unter anderem zur Einführung des 8. Buchs der StPO (§§ 474 ff.) und einer Vielzahl datenschutzrechtlicher Verwendungsregelungen geführt hat, die Rechtsprechung zum Kernbereich privater Lebensgestaltung und die Schärfung des Schutzbereichs des Fernmeldegeheimnis mit ihren Auswirkungen auf die Regelung der verdeckten Ermittlungsmaßnahmen[91] sowie die in zahlreichen Entscheidungen gefestigten Anforderungen an die Verfassungsmäßigkeit einer Wohnungsdurchsuchung[92] belegen dies in eindrucksvoller Weise. In kaum einem

MDR 1969, 101; *Rudolphi*, MDR 1970, 93; Hanack, JZ 1971, 165; Dencker, StV 1995, 232; Hauf, NStZ 1993, 457; ders., wistra 1995, 53.

87 BGHR StPO § 136 Belehrung 4 = NJW 1994, 3364, 3365 f.

88 BVerfGE 32, 373, 383 = NJW 1972, 1123, 1125; BGHSt 19, 325, 330 = JZ 1965, 32, 34 m.w.N.; *Rieß*, in: FS Schäfer 1980, S. 155, 172: „Ausführungsgesetz zum Grundgesetz“.

89 Vgl. insbes. die allenthalben sich erneuernde Diskussion über eine „Verschärfung“ des Jugendstrafrechts (vgl. etwa *Heinz*, DVJJ-Journal 2002, 277), des Sexualstrafrechts (vgl. etwa *Duttge/Hörnle/Renzikowski*, NJW 2004, 1065; *Düx*, ZRP 2006, 82) und des Wirtschaftsstrafrechts (vgl. etwa *Kemper*, NStZ 2006, 593), die Kontroverse über die Ausweitung oder Eindämmung von Zwangs- und Überwachungsmaßnahmen, z.B. der sog. „Online-Durchsuchung“ (vgl. etwa *Jahn/Kudlich*, JR 2007, 1; *Buermeyer*, HRRS 2007, 154), oder der Ruf nach einem „Sicherheitsstrafrecht“ (vgl. *Hassemer*, StV 2006, 321).

90 Zum – insbesondere auch medial beeinflussten – Kriminalitätsempfinden als Generator der Rechtsentwicklung vgl. *Windzio/Kleimann*, SozWelt 2006, 193 ff.; *Hirtenlehner*, MschrKrim 2006, 1 ff.; *Pfeiffer/Windzio/Kleimann*, MschrKrim 2004, 415 ff.; *Scharf/Mühlenfeld/Stockmann*, Kriminalistik 1999, 87 ff.; allgemein zur Bedeutung und empirischen Bezügen der Kriminalitätsfurcht *Schweer/Thies*, Kriminalistik 2000, 336 ff.; *Hefendehl*, KJ 2000, 174 ff.

91 BVerfGE 100, 313 = NJW 2000, 55; BVerfGE 106, 28, 36 = NJW 2002, 3619, 3620; BVerfGE 107, 299, 313 = NJW 2003, 1787, 1788; BVerfGE 110, 33, 52 f., 68 f. = NJW 2004, 2213, 2215, 2220; BVerfG NJW 2005, 2603, 2604; 2006, 976, 978; 2007, 351.

92 BVerfGE 96, 27 = NJW 1997, 2163; BVerfGE 96, 44 = NJW 1997, 2165; BVerfGE 103, 142 = NJW 2001, 1121; BVerfGK 1, 126, 131 = NJW 2003, 2669; BVerfGK 2, 176, 178 = NJW

strafprozessualen Gesetzgebungsverfahren der letzten Jahre hat der Gesetzgeber sich nicht ausdrücklich auf verfassungsrechtliche Anforderungen, zu deren Kodifizierung er sich verpflichtet sehe, berufen.[93] Dennoch ist auch die verfassungsrechtliche Klärung strafprozessualer Streitfragen bisher erst rudimentär erfolgt. Die Übertragbarkeit der verfassungsrechtlichen Anforderungen an eine Wohnungsdurchsuchung und der Kernbereichsrechtsprechung auf andere Ermittlungsmaßnahmen[94], das Spannungsverhältnis von Beschleunigungsgebot und effektivem Rechtsschutz[95] oder die zahlreichen Aspekte des verfassungsrechtlich gebotenen Eingreifens von Zeugnisverweigerungsrechten[96] harren der weiteren Erhellung.

Dabei stellt sich das Strafverfahrensrecht in seiner Ausprägung als angewandtes Verfassungsrecht nicht nur als „Strafverfolgungsbegrenzungsrecht" dar. Im Gegenteil streitet die Verfassung – wie das Bundesverfassungsgericht nicht müde wird, zu betonen – auch für die „unabweisbaren Bedürfnisse der Strafverfolgung".[97] Dem Strafverfolgungsauftrag kommt damit Verfassungsrang zu. Der Gesetzgeber kann sich nicht einfach aussuchen, ob er strafverfolgend tätig werden möchte oder nicht, sondern das Untermaßverbot gibt ihm einen – freilich breiten – Rahmen vor, in dem er entsprechende Anstrengungen zu entfalten hat.[98] Danach hat der Staat die Pflicht, die Grundrechte der Bürger, wenn ihre Verletzung durch Dritte droht, mit geeigneten Mitteln – und dazu zählt grundsätzlich das Strafrecht – aktiv zu schützen.[99] Dass dies nicht mit allen Mitteln und „um jeden Preis" erfolgen darf, sondern die Mittel der Strafverfolgung in einem angemessenen Verhältnis zu den damit verfolgten Zielen stehen müssen, gilt für alle staatlichen Eingriffsbefugnisse und versteht sich im Grundsatz von selbst. Strafverfahrensrecht als „angewandtes Verfassungsrecht" spielt in diesem Spannungsverhältnis von Strafverfolgungsauftrag und schutzwürdigen Individualinteressen, die durch ihn berührt werden. Wo im Einzelnen die Ver-

2004, 1442; BVerfGK 2, 254, 257; BVerfGK 2, 310, 315 f. = StV 2004, 633 f.; BVerfGK 3, 55, 61 f. = NJW 2004, 1517, 1518; BVerfGK 5, 74, 78 = NJW 2005, 1637, 1638; BVerfGK 5, 347, 353 f. = StraFo 2005, 377; BVerfG NJW 2002, 1941; 2003, 2303; 2004, 1517;

93 Vgl. nur BT-Drucks 16/5846, S. 11 (heimliche Ermittlungsmaßnahmen); 15/4533 (akustische Wohnraumüberwachung); 15/5674, S. 6 (DNA-Analyse); 15/3706, S. 1 (Anhörungsrüge); 14/1484, S. 1, 16 (Ermittlungsgeneralklausel, Verwendungsregeln).

94 Zur Übertragbarkeit der zur Wohnungsdurchsuchung entwickelten Maßstäbe auf Beschlagnahmeanordnungen ablehnend BVerfGK 1, 65; BVerfG, 2 BvR 1714/04 vom 26.10.2004, juris, und 2 BvR 2009/03 vom 12.2.2004, juris; zur Blutentnahme gemäß § 81a im Ergebnis offen BVerfG StV 2007, 281; zur Übertragbarkeit der zum Kernbereichsschutz entwickelten Maßstäbe eingehend *Löffelmann*, ZStW 118 (2006), 358, 375 ff.

95 Vgl. BVerfG NStZ 2006, 460.

96 Vgl. BVerfG NStZ 2000, 489 ff.; BVerfG NJW 2007, 1865 m.w.N.

97 Vgl. BVerfGE 33, 367, 383 = NJW 1972, 2214, 2216; BVerfGE 77, 65, 76 = NJW 1988, 329, 330; BVerfGE 80, 367, 375 = NJW 1990, 563, 564; BVerfGE 100, 313, 389 = NJW 2000, 55, 65; BVerfGE 107, 299, 316 = NJW 2003, 1787, 1789.

98 Vgl. zur Dogmatik des Untermaßverbots *Rassow*, ZG 2005, 262; *Klein*, JuS 2006, 960.

99 Vgl. . BVerfGE 90, 145, 195 = NJW 1994, 1577, 1584; BVerfG NJW 2006, 751, 757; BVerfG NJW 2006, 1939, 1942.

fassungsnormen Grenzen zwischen zulässiger und unzulässiger Strafverfolgung ziehen, bedarf der näheren Beleuchtung.

1. Kernbereich privater Lebensgestaltung

Das Bundesverfassungsgericht hat in einer Reihe von Entscheidung einen Kernbereich privater Lebensgestaltung anerkannt, der dem staatlichen Zugriff schlechthin entzogen ist.[100] Am deutlichsten hat sich das Gericht zum Gegenstand dieses Kernbereichs in seiner Entscheidung zur akustischen Wohnraumüberwachung geäußert. Dort heißt es: „Zur Entfaltung der Persönlichkeit im Kernbereich privater Lebensgestaltung gehört die Möglichkeit, innere Vorgänge wie Empfindungen und Gefühle sowie Überlegungen, Ansichten und Erlebnisse höchstpersönlicher Art zum Ausdruck zu bringen, und zwar ohne Angst, dass staatliche Stellen dies überwachen. Vom Schutz umfasst sind auch Gefühlsäußerungen, Äußerungen des unbewussten Erlebens sowie Ausdrucksformen der Sexualität. Die Möglichkeit entsprechender Entfaltung setzt voraus, dass der Einzelne über einen dafür geeigneten Freiraum verfügt. Auch die vertrauliche Kommunikation benötigt ein räumliches Substrat jedenfalls dort, wo die Rechtsordnung um der höchstpersönlichen Lebensgestaltung willen einen besonderen Schutz einräumt und die Bürger auf diesen Schutz vertrauen. Das ist regelmäßig die Privatwohnung, die für andere verschlossen werden kann. Verfügt der Einzelne über einen solchen Raum, kann er für sich sein und sich nach selbst gesetzten Maßstäben frei entfalten. Die Privatwohnung ist als ‚letztes Refugium' ein Mittel zur Wahrung der Menschenwürde. Dies verlangt zwar nicht einen absoluten Schutz der Räume der Privatwohnung, wohl aber absoluten Schutz des Verhaltens in diesen Räumen, soweit es sich als individuelle Entfaltung im Kernbereich privater Lebensgestaltung darstellt."[101] Möchte man den Kernbereich privater Lebensgestaltung ontologisch charakterisieren, so könnte man sagen, er schütze den Menschen in seinem Bedürfnis nach existenzialer Geborgenheit, vermittle ihm also all das, dessen er bedarf, um „Selbst" sein zu können, ohne eine soziale Rolle übernehmen zu müssen.[102] Zum Kernbereich privater Lebensgestaltung gehört nach Auffassung des Bundesverfassungsgerichts auch das vertrauliche Gespräch mit einem Seelsorger und – in Einzelfällen – mit einem Arzt.[103] Diese Fallgruppen dürften so zu verstehen sein, dass ein Gespräch dann Menschenwürderelevanz hat, wenn ihm keine oder allenfalls geringe soziale Dimension – das Bundesverfassungsgericht

100 Vgl. BVerfGE 6, 32, 41 (Elfes); BVerfGE 27, 1, 6 = NJW 1969, 1707 (Mikrozensus); BVerfGE 32, 373, 379 = NJW 1972, 1123 (Patientenkartei); BVerfGE 34, 238, 245 = NJW 1973, 891 (Tonbandaufnahme); BVerfGE 80, 367, 373 = NJW 1990, 563 (Tagebuch); BVerfGE 109, 279, 313 = NJW 2004, 999 (akustische Wohnraumüberwachung); BVerfGE 113, 348 = NJW 2005, 2603, 2611 f. (Telekommunikationsüberwachung).

101 BVerfGE 109, 279, 313 f. = NJW 2004, 999, 1002.

102 *Löffelmann*, ZStW 118 (2006), 358, 383; näher unten D.V.1.

103 BVerfGE 109, 279, 322 f. = NJW 2004, 999, 1004.

spricht von „Sozialbezug“[104] – zukommt. Ob dies auch für Telekommunikation über Vertrauliches gilt, wie das Bundesverfassungsgericht apodiktisch behauptet, lässt sich mit Fug in Frage stellen, da nicht von vornherein auszuschließen ist, dass der Verwendung von Telekommunikationseinrichtungen als solcher bereits ein sozialer Aspekt zukommt.[105]

Dass der Kernbereich privater Lebensgestaltung abwägungsresistent ist, ergibt sich zwanglos aus dem Absolutheitsanspruch der Menschenwürde, über den – mit wenigen Ausnahmen[106] – Konsens besteht. Danach hat der Staat alle Maßnahmen zu ergreifen, um sicherzustellen, dass ein Eingriff in den Kernbereich von vornherein unterbleibt.[107] Dieser Absolutheitsanspruch setzt sich fort in den vom Bundesverfassungsgericht geforderten Verwertungs- und Verwendungsverboten für Daten, die aus Eingriffen in den Kernbereich erlangt werden.[108] Diese Verbote beziehen sich – anders etwa als bei § 98b Abs. 3 S. 3, § 100b Abs. 5, § 100h Abs. 3 – nicht nur auf die Verwertung zu Beweiszwecken, sondern auch auf die Verwendung als Spurenansatz.[109] Soweit die Verwendung zu Zwecken der Gefahrenabwehr in Betracht kommt, hat der Gesetzgeber bei der einfachgesetzlichen Umsetzung der verfassungsgerichtlichen Vorgaben allerdings von einem absoluten Verbot abgesehen (vgl. § 100d Abs. 6 Nr. 2).

Dass die Abwägungsresistenz der Menschenwürde nicht ohne weiteres den Schluss erlaubt, bereits die Gefährdung des Kernbereichs privater Lebensgestaltung durch Ermittlungseingriffe sei unzulässig, zeigt die Entscheidung zur Verfassungswidrigkeit der Telekommunikationsüberwachung nach dem NdsSOG. Dort moniert das Bundesverfassungsgericht zwar das Fehlen von den Kernbereichsschutz gewährleistenden Regeln in dem der Prüfung unterzogenen Landesgesetz, anerkennt aber zugleich, dass an solche Regeln bei der Telekommunikationsüberwachung nicht dieselben Maßstäbe wie bei der akustischen Wohnraumüberwachung angelegt werden könnten, weil die Maßnahme sonst faktisch leer laufen würde.[110] Dies bedeutet, dass auch dem Gesichtspunkt der „Bedürfnisse der Strafverfolgung“ bei der Bestimmung der aus der Menschenwürde ableitbaren normativen Grenzen der Strafverfolgung eine gewichtige Rolle zukommt. Würde eine Ermittlungsmaßnahme durch Vorkehrungen, die dem Kernbereichsschutz dienen, unbrauchbar gemacht,

104 Vgl. BVerfGE 109, 279, 319 = NJW 2004, 999, 1004; BVerfGE 113, 348 = NJW 2005, 2603, 2611 f.

105 Näher *Löffelmann*, ZStW 118 (2006), 358, 384; auf das Fehlen einer – von BVerfGE 113, 348 = NJW 2005, 2603, 2612 geforderten – gesetzliche Regelung des Kernbereichsschutzes bei der Telekommunikationsüberwachung hat bereits Kühne, StV 1998, 685, 686 im Hinblick auf die Überwachung von Gesprächen mit einem Verteidiger hingewiesen.

106 Vgl. – als prominentestes Beispiel – die Kommentierung von MD/*Herdegen*, Art. 1 Abs. 1 Rn 43 ff.

107 Vgl. BVerfGE 109, 279, 318, 320, 323, 328 = NJW 2004, 999, 1004 f.

108 BVerfGE 109, 279, 331 = NJW 2004, 999, 1007.

109 BVerfGE 109, 279, 331 f. = NJW 2004, 999, 1007; BT-Drucks 15/4533, S. 15.

110 BVerfGE 113, 348 = NJW 2005, 2603, 2612.

kann dies eine Einschränkung des Kernbereichsschutzes rechtfertigen. Diese Überlegung hat bereits im Gesetzgebungsverfahren zur Novellierung der akustischen Wohnraumüberwachung eine bedeutende Rolle gespielt.[111]

Stellte das Bundesverfassungsgericht in seiner „Tagebuch"-Entscheidung noch auf eine Abwägung zwischen der Schwere des Eingriffs in den Kernbereich und dem Gewicht des Tatvorwurfs ab[112], so sieht es bei der akustischen Wohnraumüberwachung den Sozialbezug zu überwachender Äußerungen als entscheidend an. Gespräche, die sich unmittelbar auf konkret begangene Straftaten beziehen, sollen nicht dem Kernbereich privater Lebensgestaltung zugehören, weil ein „hinreichender Sozialbezug" solcher Gespräche bestehe.[113] Erklären lässt sich der Zusammenhang zwischen Gesprächen über Straftaten und dem Sozialbezug damit, dass das Begehen von Straftaten nicht nur das individuelle Opfer, sondern – vermittelt durch die Schutzpflicht des Staates – auch die Rechtsgemeinschaft als solche trifft, die deshalb ein berechtigtes Interesse an der Kenntnis von solchen Gesprächen hat.[114] Dies erklärt allerdings nicht die vom verfassungsändernden Gesetzgeber (vgl. Art. 13 Abs. 3 GG) als notwendig angesehene Beschränkung der akustischen Wohnraumüberwachung auf die Aufklärung besonders schwerer Straftaten.[115] Auch hier spielen Abwägungsgesichtspunkte offenbar eine Rolle. Auch ist es – trotz ansatzweiser Konkretisierungsversuche des Bundesverfassungsgerichts[116] und des BGH[117] – bisher nicht befriedigend gelungen, konkrete Grenzen für den Kernbereich zu definieren.[118]

---

111 Damit ist die Frage angesprochen, ob die Ermittlungsbehörden ausschließen können müssen, dass es zu einem Eingriff kommt; näher zu dieser Problematik unten E.VII.2.

112 BVerfGE 80, 367, 375 f. = NJW 1990, 563.

113 BVerfGE 109, 279, 319 = NJW 2004, 999, 1004; ebenso BVerfGE 113, 348 = NJW 2005, 2603, 2611 f. für die Telekommunikationsüberwachung nach dem Nds.SOG.

114 Vgl. AnwK-StPO/*Löffelmann*, § 100c Rn 9; BT-Drucks 15/5486, S. 17.

115 Vgl. BVerfGE 109, 279, 343 ff. = NJW 2004, 999, 1010 ff.

116 Als maßgebliche Kriterien zur Konkretisierung des Kernbereichs – die der Gesetzgeber übernommen hat – nennt das BVerfG „die Art der zu überwachenden Räumlichkeiten" (Privatwohnung-, Betriebs- oder Geschöftsräume) und „das Verhältnis der zu überwachenden Personen zueinander" (enge Vertraute, Familienmitglieder, Ärzte, Seelsorger, Verteidiger, Selbstgespräche); auf den Gesichtspunkt des Gesprächsinhalts (Äußerungen innerster Gefühle, sexuelle Äußerungen) hat der Gesetzgeber für die erforderliche negative Kernbereichsprognose nicht abgestellt, da darüber ohne Kenntnis des Gesprächs kein Aufschluss erlangt werden kann, der Aspekt des vorbeugenden Schutzes also leer läuft (vgl. BVerfGE 109, 279, 320 ff. = NJW 2004, 999, 1004).

117 BGHSt 50, 206 = NJW 2005, 3295, 3297.

118 Zutreffend MD/*Herdegen*, Art. 1 Abs. 1 Rn 86.

2. Psycho-physische Identität und Integrität

Die Menschenwürde konkretisiert sich auch im Recht auf Leben, das die „vitale Basis“ für ihre Ausübung darstellt.[119] Allerdings stellt – wie etwa die Beispiele des finalen Rettungsschusses oder des Abschusses eines nur mit Attentätern besetzten Flugzeugs zeigen – nicht jeder Eingriff in Leben oder körperliche Unversehrtheit zugleich eine Verletzung der Menschenwürde dar.[120] Die im Bereich des Gefahrenabwehrrechts allfällige Diskussion über die Zulässigkeit von Folter zur Abwendung schwer wiegender Gemeingefahren[121] zeigt zwar, dass der Schutz der körperlichen Identität und Integrität als Konkretisierung der Würde des Menschen – von einigen relativierenden Ausnahmen abgesehen[122] – immer noch auf breiter Front anerkannt ist. Allgemeine Maßstäbe, wann eine Verletzung des Rechts auf Leben und körperliche Unversehrtheit zugleich eine Würdeverletzung darstellt, sind aber schwierig zu bestimmen. Die Gesichtspunkte einer finalen Zufügung starken Schmerzes oder dauerhaften Leidens oder der Beeinträchtigung des geistigen Leistungsvermögens[123] sind wenig hilfreich. Strafprozessuale Maßnahmen – von der Blutentnahme über die Durchsuchung der Person bis zur Festnahme und Inhaftierung –, deren zwangsweise Durchsetzung gegen den Willen des Betroffenen die genannten Kriterien erfüllen kann, bestimmen in weiten Teilen die Befugnisse der Strafverfolgungsbehörden, ohne dass in ihrer Wahrnehmung per se eine Verletzung der Menschenwürde läge. Insbesondere der Gesichtspunkt der Finalität – die wissenschaftstheoretisch keinen eigenständigen Erklärungsmodus kennzeichnet[124] – ist unergiebig. Auch gefoltert wird nicht um der Schmerzen willen, sondern um eine bestimmte Handlung hervorzurufen. Die von der herrschenden Meinung vertretene modale Betrachtungsweise[125] erschöpft sich in einer Kasuistik, die keine allgemeinen Kriterien benennt und zwangsläufig zu schwierigen Abgrenzungsproblemen führt. Die – kontrovers diskutierten und in ihrer Typizität teilweise gegenläufig erscheinenden – Entscheidungen zum Verabreichen von Brechmitteln[126], zur Vernehmung bei Übermüdung[127] und

---

119 Vgl. BVerfGE 39, 1, 41 ff. = NJW 1975, 573; BVerfGE 115, 118 = NJW 2006, 751, 757 (LuftsicherheitsG) m.w.N.

120 Vgl. BVerfGE 115, 118 = NJW 2006, 751, 758 ff.

121 Vgl. die Nachweise zu Teil A Fn 6.

122 Vgl. die Nachweise zu Teil A Fn 5.

123 MD/*Herdegen*, Art. 1 Abs. 1 Rn 90.

124 Finale oder teleologische Erklärungen sind nicht Erklärungen durch in der Zukunft liegende Ereignisse, sondern Erklärungen durch Intentionen menschlicher Wesen, vgl. *Stegmüller*, Probleme und Resultate, Teil 4, S. 530 ff.

125 Vgl. MD/*Herdegen*, Art. 1 Abs. 1 Rn 90 m.w.N.

126 BVerfG NStZ 2000, 96; EGMR NJW 2006, 3117; *Rixen*, NStZ 2000, 381 f.

127 BGHSt 12, 220, 223; 13, 60; BGHSt 38, 291, 293 = NJW 1992, 2903; BGHR § 136a Abs. 1 Ermüdung 2.

unter Suchtmitteleinfluss[128], oder zur zwangsweisen Veränderung der Haar- und Barttracht[129] verdeutlichen dies hinreichend.

3. Selbstbelastungsfreiheit

Der einfachgesetzlich für den Beschuldigten in § 136 Abs. 1 S. 2 und für den Zeugen in § 55 Abs. 1 verankerte Grundsatz, dass niemand verpflichtet ist, sich selbst anzuklagen oder an der eigenen Verurteilung mitzuwirken, kann auf den durch die Menschenwürde vermittelten Schutz der geistig-seelischen Sphäre zurückgeführt werden.[130] Da das Menschenbild des Grundgesetzes die Menschenwürde im Personsein verankert, für das Willensbildungs- und Handlungsfreiheit als konstitutiv angesehen werden, und auch der Schuldgedanke des Strafrechts auf dieser – immer wieder umstrittenen[131] – Annahme fußt, würde – unter der Prämisse, dass Strafe für eine Straftat ein grundsätzlich ungewolltes Übel darstellt – ein Zwang zur Selbstbezichtigung, also ein Zwang, etwas gegen seinen Willen herbeizuführen, eine Verletzung der Menschenwürde darstellen.[132] Maßnahmen, die den Willen durch Aufbau hohen Leidensdrucks brechen oder die Bildung eines eigenen Willens vereiteln sollen, verletzen daher grundsätzlich die Menschenwürde.[133] Da allerdings der Mensch sich nicht selten „ohne Rücksicht auf seine Interessen" gesellschaftlichen Zwängen „fügen muss"[134] und darin allein noch keine Verletzung der Menschenwürde erblickt werden kann, ist eine Zurückführung des nemo-tenetur-Grundsatzes auf die Menschenwürde in dieser Allgemeinheit nicht unproblematisch. Einfachrechtlich äußert sich diese Problematik darin, dass ein allgemeiner Rechtssatz, der Beschuldigte müsse vor Selbstbelastungen jeglicher Art in Schutz genommen werden, von der Rechtsprechung nicht anerkannt wird[135], und der Beschuldigte lediglich nicht zur aktiven Mitwirkung am Strafverfahren, wohl aber zur Duldung bestimmter Maßnahmen verpflichtet ist.[136] Die Heimlichkeit von Ermittlungsmaßnahmen, deren Prinzip ja darauf beruht, dass der Verdächtige sich selbst verrät, verstößt nicht gegen die Men-

---

128 BGHSt 5, 290; BGH StV 1984, 61; OLG Köln StV 1989, 520; OLG Hamm StV 1999, 360.

129 BVerfGE 47, 239, 247 f. = NJW 1978, 1149.

130 Vgl. BVerfGE 56, 37, 42, 49 = NJW 1981, 1431; BVerfGE 80, 109, 121 = NJW 1989, 2679; BVerfGE 95, 220, 241, 242 = NJW 1997, 1841.

131 Näher unten E.VI.1.

132 Vgl. BVerfGE 38, 105, 113 ff. = NJW 1975, 103; BVerfGE 55, 144, 150 = NJW 1981, 1087; BVerfGE 56, 37, 42, 49 = NJW 1981, 1431 ff.; BVerfGE 80, 109, 121 = NJW 1989, 2679, 2680.

133 MD/*Herdegen*, Art. 1 Abs. 1 Rn 81 m. w. N.

134 BVerfGE 30, 1, 25 = NJW 1971, 275.

135 Vgl. BGHSt 42, 139, 156 = NJW 1996, 2940; Art. 1 Abs. 1 GG soll den Einzelnen auch nur in einem engen Rahmen vor Gefährdungen seiner eigenen Würde schützen, vgl. MD/*Herdegen*, Art. 1 Abs. 1 Rn 75 m.w.N.

136 Vgl. *Meyer-Goßner*, Einl Rn 29a m.w.N.

schenwürde.[137] Auch soweit nicht Zwecke der Strafverfolgung in Rede stehen, können selbstbelastende Aussagen zum Schutz gewichtiger Belange der Allgemeinheit oder Dritter eingefordert werden.[138] Die Durchführung eines Lügendetektortests wird in der neueren Rechtsprechung des Bundesverfassungsgerichts und des BGH nicht mehr unter dem Gesichtspunkt einer Menschenwürdeverletzung problematisiert, sondern wegen der Unverlässlichkeit der Ergebnisse abgelehnt.[139]

4. Resozialisierungsanspruch

Menschenwürde kann auch dem Straftäter, selbst dem, der sich schwerste Verfehlungen hat zuschulden kommen lassen, nicht abgesprochen werden.[140] Dies verpflichtet die Strafverfolgungsbehörden, in jedem Stadium des Strafverfahrens darauf zu achten, dass der durch das Verfahren vermittelte Eingriff in Grundrechte des Beschuldigten die Möglichkeit seiner Wiedereingliederung in die Gesellschaft nicht zunichte macht oder unangemessen beeinträchtigt. Die hierzu ergangenen Entscheidungen des Bundesverfassungsgerichts konzentrieren sich zwar auf den durch den Resozialisierungsgedanken geprägten Strafvollzug und die Strafvollstreckung (vgl. § 2 S. 1 StVollzG).[141] Ihr Grundgedanke – dass der von einem Strafverfahren Betroffene „Person"[142] in seinen sozialen Bezügen ist, die ihm, soweit dies mit dem Verfahren vereinbar ist, erhalten bleiben sollen – dürfte aber – das zeigt etwa der Bereich der Untersuchungshaft – ebenfalls für alle anderen Verfahrensstadien gelten. Auch dort können staatliche Maßnahmen den sozialen Achtungsanspruch des Betroffenen eheblich beschädigen. Zudem streitet bis zu dem durch die rechtskräftige Verurteilung ausgesprochenen sozial-ethischen Unwerturteil[143] die Unschuldsvermutung dafür, dass der Betroffene durch die Strafverfolgung keine irreparablen Schäden erleidet. Steht die Verfassungsmäßigkeit einer Strafnorm in Frage, muss der Betroffene daher in der Regel – entgegen dem Erfordernis der Rechtswegerschöpfung –

---

137 BVerfGE 109, 279, 313 = NJW 2004, 999, 1002.

138 Vgl. BVerfGE 56, 37, 49 ff. = NJW 1981, 1431 (Konkursrecht).

139 Vgl. BVerfG NJW 1982, 375; 1998, 1938 f.; BGHSt 44, 308, 317 = NJW 1999, 657.

140 BVerfGE 64, 261, 284 = NJW 1984, 33.

141 Vgl. BVerfGE 34, 369, 382 f. (Verbot der Bloßstellung des Untersuchungshäftlings vor Dritten); BVerfGE 35, 202, 235 f. = NJW 1973, 1227; BVerfGE 36, 174, 188 = NJW 1974, 179 (Recht auf Wiedereingliederung); BVerfGE 45, 187, 228 f. = NJW 1977, 1525; BVerfGE 64, 261, 272 = NJW 1984, 33; BVerfGE 72, 105, 113 = NJW 1986, 2241; BVerfGE 109, 133, 150 = NJW 2004, 739 (Chance auf Wiedererlangung der Freiheit); BVerfGE 89, 315, 322 ff. = NJW 1994, 1401; BVerfGE 96, 100, 115 f. = NJW 1997, 3013 (Recht auf Überstellung in die Heimat); BVerfGE 98, 169, 201 ff. = NJW 1998, 3337 (Recht auf Entgelt für Pflichtarbeit).

142 Vgl. BVerfGE 30, 1, 25 = NJW 1971, 275; BVerfGE 109, 279, 312 f. = NJW 2004, 999, 1002.

143 Vgl. BVerfGE 22, 49, 79 = NJW 1967, 1219; BVerfGE 45, 272, 288 = NJW 1977, 1629; BVerfGE 95, 96, 140 = NJW 1997, 929; BVerfGE 96, 245, 249 = NJW 1998, 443; BVerfGE 101, 275, 287 = NJW 2000, 418.

nicht den Ausgang eines etwaig gegen ihn zu führenden Strafverfahrens abwarten, sondern kann unmittelbar die Gesetzesverfassungsbeschwerde erheben.[144]

5. Verteidigungsrecht

Soweit die Strafprozessordnung dem Beschuldigten Beteiligungsrechte gewährt, trägt sie dem verfassungsrechtlichen Erfordernis Rechnung, dass der Beschuldigte nicht bloßes „Objekt" des Strafverfahrens sein darf, sondern in seiner „Subjektqualität" wahrgenommen werden muss. Um diese Gewährleistung abzusichern, hat der – oftmals seiner Rechte unkundige – Beschuldigte das Recht, sich in jeder Lage des Verfahrens des Beistands eines Verteidigers zu bedienen (§ 137 Abs. 1 S. 1 StPO). Der Geltungsanspruch der Menschenwürde für das Strafverfahren erstreckt sich so mittelbar auf den ungehinderten Austausch des Beschuldigten mit seinem Verteidiger.[145] Im Schrifttum wird die lückenhafte einfachgesetzliche Regelung dieses – teilweise nur über die unspezifische Norm des § 148 vermittelten[146] – Schutzanspruchs kritisiert.[147]

6. Verhältnismäßigkeitsgrundsatz

Dem Grundsatz der Verhältnismäßigkeit kommt für die Praxis des Verfassungsbeschwerdeverfahrens in Strafsachen große Bedeutung zu. Fragen der Güterabwägung dominieren die Begründetheitsprüfung, sofern nicht die Verletzung von Verfahrensgrundrechten in Rede steht. Der Verhältnismäßigkeitsgrundsatz wird vom Bundesverfassungsgericht aus dem Rechtsstaatsprinzip abgeleitet[148], er ergibt sich aber bereits aus dem Wesen des freiheitlichen Staatsverständnisses, das die Grundrechte konstituieren, deren Schutz- und Leistungsgewähr seine Grenze in den schutzwürdigen Belangen und Ansprüchen anderer und der Gemeinschaft findet.[149] Das Spannungsverhältnis zwischen der Erforschung der Wahrheit im Strafverfahren und den

---

144 Vgl. BVerfGE 20, 283, 285, 290 = NJW 1967, 291; BVerfGE 46, 246, 256; BVerfGE 81, 70, 82 = NJW 1990, 1349; BVerfGE 90, 128, 136 = NVwZ 1994, 889; BVerfGE 97, 157, 165 = NJW 1998, 1385; BVerfG NJW 2006, 2318.

145 Vgl. BVerfGE 109, 279, 322 = NJW 2004, 999, 1004; BVerfGE 110, 226, 253 = NJW 2004, 1305, 1308; BVerfG, Beschl. v. 4.7.2006 – 2 BvR 950/05 – juris; vgl. auch BGHSt 38, 372 = NJW 1993, 338; BGHSt 42, 15 = NJW 1996, 1547; BGHSt 42, 170 = NJW 1996, 2242; einschränkend BGHSt 47, 233 = NJW 2002, 1279.

146 Vgl. *Meyer-Goßner*, § 148 Rn 2 m.w.N.

147 Vgl. etwa *Kühne*, StV 1998, 685, 686.

148 Vgl. BVerfGE 61, 126, 134 = JuS 1983, 385; BVerfGE 69, 1, 35 = NJW 1985, 1519; BVerfGE 76, 256, 359 = NVwZ 1988, 329; BVerfgE 80, 109, 120 = NJW 1989, 2679.

149 Vgl. BVerfGE 19, 342, 348 f. = NJW 1966, 243; BVerfGE 61, 126, 134 = JuS 1983, 385; BVerfGE 76, 1, 50 f. = NJW 1988, 626; BVerfGE 77, 308, 334 = NJW 1988, 1899.

durch die Strafverfolgung beeinträchtigten Individualbelangen stellt sich rechtlich als Abwägung zwischen dem öffentlichen Interesse an der Strafverfolgung und den durch sie beeinträchtigten Grundrechten Einzelner dar. Die Möglichkeit des Entstehens von Beweisverboten aufgrund von Verhältnismäßigkeitserwägungen hat das Bundesverfassungsgericht – soweit ersichtlich – bisher in folgenden Fällen anerkannt (ohne aber im konkreten Fall zur Annahme eines Beweisverbots zu gelangen): bei der Erzwingung einer Zeugenaussage eines Gefängnisseelsorgers über einem Gefangenen erwiesene Gefälligkeiten[150]; bei der Durchsuchung eines Wirtschaftsprüferunternehmens zur Beschlagnahme von Unterlagen einer Auftraggeberin[151]; sowie in einer Vielzahl von Fällen bei der Beschlagnahme von Unterlagen in Presseunternehmen.[152] In den Fällen der Erzwingung von Zeugenaussagen einer Sozialarbeiterin über ihr anvertraute Tatsachen[153] und einer Tierärztin über einen Auftraggeber[154] war das Bundesverfassungsgericht noch nicht so weit gegangen, die Möglichkeit eines aus Verhältnismäßigkeitsgesichtspunkten gebotenen Zeugnisverweigerungsrechts anzunehmen, sondern hatte sich auf die Prüfung der Verfassungsmäßigkeit der gesetzlichen Regelung des Zeugnisverweigerungsrechts beschränkt.

IV. Im Schrifttum entwickelte Deutungsansätze

Im Schrifttum wurde eine Vielzahl von Versuchen unternommen, die Beweisverbote auf eine einheitliche dogmatische Grundlage zu stellen, die der Gesetzgebung und der Rechtsprechung als Orientierungshilfe dienen könnte.[155] Nach einer gängigen Unterscheidung werden die Beweisverbotslehren in die sog. Funktionslehren[156] und Schutzzwecklehren unterteilt. Den Funktionslehren liegt der Gedanke zugrunde, ungeschriebene Beweisverbote unmittelbar anhand der Funktion zu erklären, die sie im System des Strafverfahrensrechts ausüben sollen. Die Schutzzwecklehren führen ungeschriebene Beweisverbote auf den Schutzzweck gesetzlich normierter Beweisverbote zurück. Die Differenzierung ist methodisch nicht besonders hilfreich, da sich die Funktionslehren auf Schutzzwecküberlegungen zurückführen lassen.[157] Beide Erklärungsansätze deduzieren die Beweisverbote nicht aus dem normativen System des Strafprozessrechts, sondern beschreiten den umgekehrten Weg: Sie suchen

150 BVerfG NJW 2007, 1865.

151 BVerfG NStZ-RR 2004, 83, 84.

152 BVerfGE 20, 162 = NJW 1966, 1603; BVerfGE 25, 296, 305 = DRiZ 1969, 159; BVerfGE 36, 193, 211 = NJW 1974, 356; BVerfGE 38, 103, 105 = NJW 1975, 103; BVerfGE 77, 65 = NJW 1988, 329; BVerfGE 107, 299 = NJW 2003, 1787; BVerfG NStZ 1982, 253; NStZ 2001, 43.

153 BVerfGE 33, 367 = NJW 1972, 2214.

154 BVerfGE 38, 312 = NJW 1975, 588.

155 Kurzer Überblick bei *Mittag*, JR 2005, 386, 387 ff.

156 Der Begriff stammt von *Rogall*, ZStW 91 (1979), 1, 11 ff.

157 *Jäger*, Beweisverwertung, S. 128.

nach schlüssigen Erklärungen für als gegeben oder notwendig angenommene Beweisverbote.

1. Disziplinierungstheorie

Eine insbesondere im rechtspolitischen Diskurs verbreitete Ansicht begründet die Notwendigkeit von Beweisverboten mit dem Erfordernis, die Strafverfolgungsbehörden zu einer rechtsstaatlichen Verhaltensweise zu disziplinieren. Im rechtswissenschaftlichen Schrifttum wird dieser Gesichtspunkt eher als – erwünschte – Reflexwirkung von Beweisverwertungsverboten angesehen.[158] Für die Begründung von Verwertungsverboten ist dieser Ansatz – bei ausreichendem Misstrauen gegen die Tätigkeit der Strafverfolgungsbehörden – intuitiv eingängig: Wenn unzulässig erhobene Beweismittel später nicht mehr für die Begründung des Schuldspruchs zur Verfügung stehen, ist den Ermittlungsbehörden jeder Anreiz zur unzulässigen Erhebung solcher Beweismittel genommen. Die Einwände gegen diese Theorie liegen auf der Hand:

Die Disziplinierungstheorie entspricht in ihren Voraussetzungen nicht der kriminalistischen Realität. Die Rechtswidrigkeit der Beweiserhebung muss nicht das Ergebnis blinden Verfolgungseifers sein, der sich gezielt über Befugnisgrenzen hinwegsetzt. Tatsächlich wird dies – anders als in der Film- und Fernsehrealität – die Ausnahme sein. Unvorsätzliche Verstöße gegen Befugnisnormen – mögen sie noch so gravierend sein – dürften nach der Disziplinierungstheorie aber keine Verwertungsverbote auslösen. Auch die der Disziplinierungstheorie zugrunde liegenden psychologischen Annahmen sind fragwürdig. Der bloße Wegfall der Verwertbarkeit lässt nicht den Schluss zu, dass hierdurch der Anreiz auch für die vorsätzliche oder willkürliche Missachtung von Befugnisnormen entfallen würde. Die Frage des Verstoßes müsste ja zuerst festgestellt werden. Dabei kann kaum angenommen werden, dass der Sanktionscharakter der Unverwertbarkeit gegenüber der das Recht brechenden Ermittlungsperson wirksamer ist als der Sanktionscharakter der Strafnorm gegenüber dem Straftäter, zumal Mitarbeiter der Strafverfolgungsbehörden erfahrungsgemäß Art und Umfang ihrer Tätigkeiten nicht an einem potentiellen späteren richterlichen Votum der Unverwertbarkeit orientieren, sondern an den normativen Vorgaben des Gesetzes – zu denen neben den Strafverfolgungsbegrenzungsvorschriften das Legalitätsprinzip als vorrangige handlungsleitende Norm steht – und den Bedürfnissen des konkreten Falls. Der Disziplinierungsgedanke unterstellt also empirisch fragwürdige psychologische Mechanismen. Hinzu kommt, dass der Diszi-

158 Vgl. etwa *Beulke*, StV 1990, 180; *Rogall*, ZStW 91 (1979), 1, 16; *Küpper*, JZ 1990, 416, 417, anders aber wiederum 419; teilweise wird die Erforderlichkeit von Verwertungsverboten aber auch substanziell auf diesen Gesichtspunkt gestützt, vgl. prägnant *Meyer-Lohkamp*, StV 2004, 13; *Hassemer*, FS Maihofer 1988, S. 183, 203; *Dencker*, Verwertungsverbote, S. 72; *Roxin*, Strafverfahrensrecht, § 24 Rn 47; *Amelung/Mittag*, NStZ 2005, 614, 615 schreiben den Disziplinierungsansatz einer „vermutlich gar nicht so kleinen" Mindermeinung zu.

plinierunggedanke ein erhebliches persönliches Aufklärungsinteresse des zu disziplinierenden Beamten unterstellt, das sich zugunsten des Aufklärungserfolgs über gesetzliche Befugnisse hinwegsetzt. Abgesehen davon, dass eine solche Deutung des Arbeitsethos der Strafverfolgungspersonen eine bloße Mutmaßung darstellt, schenkt sie dem Gesichtspunkt nicht ausreichend Beachtung, dass Strafverfolgung im öffentlichen Interesse stattfindet. Darauf zielt das Argument des BGH, dass es nicht in der Hand eines Einzelnen liegen könne, den öffentlichen Strafanspruch zu vereiteln.[159] Mit anderen Worten beantwortet die Disziplinierungstheorie nicht die Frage, warum das Versagen einer einzelnen Person, die sich außerhalb der Grenzen verhält, die ihr durch das für sie geltende Dienstrecht gezogen werden, zu einer „Sanktionierung" der Rechtsgemeinschaft führt, in Form eines Verbots, die mit der Strafrechtspflege verfolgten Ziele effektiv durchzusetzen.[160] Daran schließt sich die ebenfalls offene Frage an, warum andere Disziplinierungsmaßnahmen nicht ausreichend sind oder vorzuziehen wären. Dienstrechtliche Konsequenzen – von der Berücksichtigung von Fehlverhalten bei der dienstlichen Beurteilung bis zur Verhängung von Disziplinarstrafen – können ein wirkungsvolles Mittel darstellen, „widerspenstige" Beamte zu disziplinieren.[161] Schließlich erklärt die Theorie nicht die Notwendigkeit und Berechtigung von Beweiserhebungsverboten, sondern setzt sie als selbstverständlich voraus.

2. Theorie der positiven General- und Spezialprävention

Eine andere, dogmatisch subtilere Ansicht begründet das Bestehen von Beweisverboten im Rückgang auf präventive Funktionen des Strafverfahrens. In nuce lautet die These: Der Staat ist gehalten, durch die strenge Beachtung der das Strafverfahren regelnden Normen und den Verzicht auf Beweismittel, die nicht unter Beachtung dieser Normen gewonnen werden können oder gewonnen wurden, das Rechtsbewußtsein in der Gesellschaft wie auch bei dem betroffenen Straftäter zu stärken und dadurch sowohl generalpräventiv zu wirken als auch spezialpräventiv die Resozialisierung des Straftäters zu begünstigen.[162] Das besondere an diesem Ansatz ist sein Konzept normativer Selbstbezüglichkeit. Die zu begründenden Normen dienen dem

159 BGHSt 32, 345, 353 = NJW 1984, 2300.

160 Vgl. *Amelung*, Informationsbeherrschungsrechte, S. 19; *ders.*, FS Hilger 2003, 327, 337; *ders.*, NStZ 2001, 337, 341; ähnlich *Dencker*, Verwertungsverbote, S. 53; *Rogall*, ZStW 91 (1979), 1, 15.

161 So auch *Jäger*, Beweisverwertung, S. 70; *Mittag*, JR 2005, 386, 388; *Ranft*, FS Spendel 1992, S. 719, 725.

162 *Roxin*, NStZ 1989, 376, 378 f.; *Osmer*, Beweisverwertungsverbot des § 136a StPO, 1966; *Dencker*, Verwertungsverbote, S. 59 ff.; *Volk*, Prozessvoraussetzungen, 1978; *Rogall*, JZ 1996, 944, 949 zur Fernwirkung; mit zurückhaltender Zustimmung *Ranft*, FS Spendel 1992, S. 719, 723 ff.; in diese Richtung geht auch die plastische Formulierung von *Roxin/Schäfer/Widmaier*, StV 2006, 655, 656, „die Justiz würde sich durch die Benutzung rechtswidrig erlangten Beweismaterials die Finger beschmutzen."

Erhalt des Normenkontextes und damit auch ihrem eigenen Erhalt. Die Begründung für die Berechtigung und Notwendigkeit der Beweisverbote deckt sich mit der Begründung für die Berechtigung und Notwendigkeit des Strafverfahrens. Das ist ein starker Ansatz; seine Schwäche liegt allerdings darin, dass die normativen Inhalte des Normenkontextes, die den Beweisverboten beigelegt werden, leicht falsifiziert werden können. Mit anderen Worten existieren die den Beweisverboten zugrunde gelegten Wirkmechanismen nicht in der Wirklichkeit. Die Argumentation mutet daher einigermaßen rabulistisch an. Die These, dass Angeklagte, die wegen mangelnden Tatnachweises aufgrund der Unverwertbarkeit von Beweismitteln freigesprochen werden müssen, besonders gut vor künftiger Kriminalität bewahrt werden können, dürfte durch die forensische Tätigkeit der Strafverfolgungsbehörden und der ihnen nachgeordneten sozialpädagogischen Einrichtungen (die auch mit Straftätern zu haben, die schon einmal freigesprochen wurden) widerlegt werden. Richtiger dürfte umgekehrt die – einem aufgeklärten Verständnis des Strafverfahrens angemessenere – These sein, dass oftmals erst durch die Strafverfolgung ein Anstoss für spezialpräventive Maßnahmen geschaffen wird. Sogenannte justizielle Prävention[163] setzt die Tätigkeit der Strafverfolgungsbehörden schon begrifflich voraus und besondere Behandlungskonzepte sind für den Betroffenen faktisch nur postjustiziell erreichbar. Auch der Gedanke der generalpräventiven Funktion von Beweisverboten wird durch empirische Erkenntnisse hinsichtlich des Kriminalitätsempfindens in Frage gestellt.[164] Die allfällig auf durch Massenmedien in Szene gesetzte Straftaten in Form von demoskopischen Befragungen folgenden Dokumentationen eines offenbar zunehmend ausgeprägten Sicherheitsbedürfnisses in der Bevölkerung und entsprechender reaktionärer legislatorischer Maßnahmen[165] legen nahe, dass der Freispruch von Sexualstraftätern wegen unverwertbarer Erkenntnisse das Vertrauen der Allgemeinheit in die Rechtsordnung kaum zu stärken vermöchte.[166]

---

163 Vgl. zum Begriff *Kühne*, DRiZ 2002, 18, 26.

164 Vgl. die Nachweise oben Fn 90.

165 Vgl. zur Tendenz der Ausweitung und Verschärfung der Strafbarkeit bei Delikten, die in erheblichem Maße in das Recht auf sexuelle Selbstbestimmung von Opfern eingreifen: Sechsundzwanzigstes Strafrechtsänderungsgesetz – Menschenhandel vom 14. Juli 1992 (BGBl I S. 1255); Siebenundzwanzigstes Strafrechtsänderungsgesetz – Kinderpornographie vom 23. Juli 1993 (BGBl I S. 1346); Dreiunddreißigstes Strafrechtsänderungsgesetz – §§ 177 bis 179 StGB vom 1. Juli 1997 (BGBl I S. 1607); Gesetz zur Bekämpfung von Sexualdelikten und anderen gefährlichen Straftaten vom 26. Januar 1998 (BGBl I S. 160); Sechstes Strafrechtsreformgesetz vom 26. Januar 1998 (BGBl I S. 164); Gesetz zur Änderung der Vorschriften über die Straftaten gegen die sexuelle Selbstbestimmung und zur Änderung anderer Vorschriften vom 27. Dezember 2003 (BGBl I S. 3007); Siebenunddreißigstes Strafrechtsänderungsgesetz vom 11. Februar 2005 (BGBl I S. 239); Gesetz zur Einführung der vorbehaltenen Sicherungsverwahrung vom 21. August 2002 (BGBl I S. 3344); Gesetz zur Einführung der nachträglichen Sicherungsverwahrung vom 23. Juli 2004 (BGBl I S. 1838).

166 Ähnlich argumentiert *Ranft*, FS Spendel 1992, S. 719, 725, 735 f.

3. Datenschutztheorie

Eine bedeutende Theorie zur Begründung von Beweisverboten stützt *Amelung* auf eine Parallele zu den aus dem Verwaltungsrecht bekannten öffentlich-rechtlichen Unterlassungs- und Folgenbeseitigungsansprüchen. Ausgehend von der These, dass Beweisgewinnung stets Informationserlangung und Beweisverwertung stets Informationsverwendung sei, soll der von diesen Maßnahmen Betroffene einen aus seinem Recht auf informationelle Selbstbestimmung hergeleiteten Abwehr- und – im Falle einer bereits eingetretenen Beeinträchtigung – Folgenbeseitigungsanspruch haben. *Amelung* spricht insoweit von „Informationsbeherrschungsrechten" des Betroffenen.[167] Ähnlich spricht *Müssig*, ausgehend von einer systemtheoretischen Deutung des Strafverfahrens als Kommunikationsprozess, von „Informationsverfügungsrechten".[168] Das strafprozessuale Beweisrecht sei eine „Informationsordnung"[169], die den verfahrensinternen Diskurs über die tatsächlichen Grundlagen eines Normbruchs strukturiere, und zwar durch aktive und passive Informationspflichten Betroffener, aber auch durch das Recht, selbst über die Verwendung von Informationen zu bestimmen.

Diese Ansätze sind deshalb bemerkenswert, weil sie die Brücke zu den datenschutzrechtlichen Verwendungsverboten schlagen. Dogmatisch besticht die Theorie von den Informationsbeherrschungs- bzw. -verfügungsrechten, weil sie eine umfassende, allgemeingültige Grundlage für die Erklärung und Begründung normativer Grenzen der Wahrheitserforschung im Strafverfahren bereitzustellen scheint. Diese Weite ist aber auch ihre Schwäche. Der Begriff der Information oder des Datums, der den des Beweises ersetzt, ist als Kriterium für die Beschreibung eines Rechtsguts wenig griffig, weil ihm kaum limitierender Gehalt zukommt.[170] In Daten sind – mit gewissen Verlusten – alle Wahrnehmungen übersetzbar, unter Zugrundelegung eines phänomenalistischen Ansatzes sogar die ganze Realität.[171] Dass ein solchermaßen reduktionistischer Erklärungsansatz erkenntnistheoretisch nicht haltbar ist, zeigt der umgekehrte Gedankengang: Auch die gegen den Betroffenen gerichtete Zwangsmaßnahme, das Strafverfahren, die Inhaftierung müssten konsequenter Weise als Daten angesehen werden, die unmittelbar nur ein „informationelles Abwehrrecht" des Betroffenen berühren könnten. Beweisgegenstände sind aber mehr als die durch ihre Untersuchung und Auswertung zu gewinnenden Informationen. Eine Blutprobe enthält eine Vielzahl genetischer Informationen, sie kann aber auch ein Beweismittel dafür sein, dass jemand, bei dem sich die Probe befindet, Blutdoping durchgeführt oder entgegen § 4 S. 1 Nr. 2 i.V.m. § 32 Abs. 5 Nr. 1 TransfusionsG eine Blutspen-

167 *Amelung*, Informationsbeherrschungsrechte, 1990.

168 *Müssig*, GA 1999, 119, 125 ff.; *ders.*, GA 2004, 87, 94 ff.

169 Der Begriff geht offenbar zurück auf *Zöllner*, Informationsordnung, S. 14 ff.

170 So auch *Rogall*, FS Grünwald 1999, S. 523, 533, 538, 543, der die Theorie von den Informationsbeherrschungsrechten einer – in ihrer Reichweite nicht berechtigten – vernichtenden Kritik unterzieht.

171 Zur Doktrin des Phänomenalismus vgl. *v. Kutschera*, Erkenntistheorie, S. 224 ff.

deeinrichtung bereibt.[172] Das Gegenargument, die Wahrnehmung der Probe „erzeuge" eine Information darüber, wo sich die Probe befindet, führt wieder zur Problematik des Phänomenalismus. Umgekehrt können „Informationen" durch eine Vielzahl völlig verschiedenartiger Beweisgegenstände vermittelt werden, zum Beispiel durch die Begutachtung eines Augenscheinsobjekts, durch eine Zeugenaussage oder besondere Kenntnisse des Gerichts. *Müssig* weist deshalb zutreffend darauf hin, das Informationsverfügungsrecht des Beschuldigten sei nicht so zu verstehen, dass dieser andere von der Information über den genauen Tathergang ausschließen könne; Gegenstand des Informationsverfügungsrechts sei „die kommunikative Stellungnahme zum Tatvorwurf".[173] Mit dieser – notwendigen – Begrenzung des Informationsbegriffs erschöpft sich der Ansatz aber in der Betonung des Rechts auf Selbstbelastungsfreiheit als maßgeblichem Gesichtspunkt. Soweit darüber hinaus generalpräventive Erwägungen herangezogen werden, um „Verwertungsverbote als prozessuale Restitutionsinstitute, die Beeinträchtigungen des informationsrechtlichen Status eines Prozessbeteiligten ausgleichen sollen", zu legitimieren[174], wird damit keine normative Verankerung der Verbote begründet. Die als maßgeblich angesehene „Repräsentation der durch das Strafrecht garantierten grundlegenden gesellschaftlichen Organisationsprinzipien auch und gerade im Strafverfahren"[175] spricht vielmehr dafür, straf- oder disziplinarrechtliche Sanktionierungsmechanismen als Reaktion auf Verfahrensfehler ausreichen zu lassen. Kern des Argumentationsstrangs ist damit der Ausgleichsgedanke, der hinsichtlich seiner normativen Berechtigung als auch seiner tatsächlichen Umsetzbarkeit fragwürdig ist. Hinzu treten allgemeine Einwände gegen generalpräventive Legitimationsmuster. Zutreffend weist *Rogall* darauf hin, es könne „keine Rede davon sein, dass die Rechtsfolge ‚Verwertungsverbot' gewissermaßen per Knopfdruck aus dem Theoriegebilde Amelungs abgeleitet werden" könne. Auch sein Konzept setze weitere normative Erwägungen voraus, zum Beispiel hinsichtlich der Begrenzung von Fehlerfolgen.[176] Diese Kritik trifft allgemein den Anspruch prozedural verfasster Theorien, auf einem rein verfahrenstechnischen Weg zu materiellen Wertungen zu gelangen.

Schließlich begegnet die system- und diskursanalytische Auffassung von Beweisverboten als „Garantie von grundlegenden Kommunikationsbedingungen im Strafverfahren, die eine Repräsentation der Verfahrensbeteiligten als Prozesssubjekte erlauben", und die Überzeugung trägt, dass „die Vernehmung idealiter als ein kommunikativer und dialogischer Prozess gestaltet"[177] sei, grundlegenden Einwänden. Die Beschuldigtenvernehmung ist – was schon der allgemeine Sprachgebrauch na-

---

172 Vgl. auch das prägnante Beispiel von *Rupp*, 46. DJT, S. 179 f.: Patientenkarteien können Beweismittel zum Nachweis eines ärztlichen Kunstfehlers sein; ihre Herausgabe kann daher nicht generell mit dem Hinweis auf den Schutz von Patienteninteressen verweigert werden.

173 *Müssig*, GA 2004, 87, 99.

174 *Müssig*, GA 1999, 119, 120 ff., 132.

175 *Müssig*, GA 1999, 119, 123.

176 *Rogall*, FS Grünwald 1999, S. 523, 543.

177 *Müssig*, GA 2004, 87, 98; ähnlich bereits *ders.*, GA 1999, 119, 126.

helegt („Ver-nehmung“) – eine Ausprägung des Anspruchs auf rechtliches Gehörtwerden.[178] Mit einem kommunikativen und dialogischen Prozess hat das wenig zu tun und darauf sind die Rahmenbedingungen des Strafverfahrens auch gar nicht eingerichtet. Ein solcher Prozess wäre – abgesehen von seiner tatsächlichen Praxisferne – noch nicht einmal wünschenswert, weil er zu einer Rollenüberlagerung zwischen Beschuldigtem und Strafverfolgungsbehörden führte, die die erkenntnistheoretischen Strukturen der Wahrheitserforschung ausblendet. Der Beschuldigte ist nicht „Partner“ des Erkennenden, sondern in Bezug auf die Wahrheitserforschung zu Erkennendes und Erkanntes. Eigene Deutungen seines Verhaltens sind als solche für die Wahrheitserforschung von Interesse, weil aus ihnen womöglich Rückschlüsse über das historische Ereignis oder die Befindlichkeiten des Beschuldigten gezogen werden können, sie sind aber für das auf Wahrheit zielende Urteil, das von den Strafverfolgungsbehörden in verschiedenen Verfahrensstadien abzugeben ist, nicht konstitutiv. Der Beschuldigte ist nicht Urteilender, sondern Beurteilter. Dass die Vernehmung keinen kommunikativen und dialogischen Prozess darstellt, bedeutet andererseits nicht – wie *Müssig* nahelegt -, den Beschuldigten nicht als kompetentes Prozesssubjekt anzusehen.

Allgemein fragwürdig ist, ob die extensive Interpretation, die das Recht auf informationelle Selbstbestimmung seit dem Volkszählungsurteil[179] erfahren hat, noch dem Geist des Urteils entspricht und in solcher Reichweite auch für das Strafverfahren Geltung beanspruchen darf.[180] Wäre das so, würde die Erlangung von Informationen über eine betroffene Person ohne deren Einverständnis stets einen Eingriff in ihr Recht auf informationelle Selbstbestimmung darstellen und somit rechtfertigungsbedürftig sein. Dies entspräche nicht dem Gedanken des – vom Gesetzgeber gewollten und einfachrechtlich ausgestalteten – Strafverfahrens, das gerade auf das Erlangen von Informationen zum Zwecke der Wahrheitserforschung angelegt ist. Eine Verletzung des Rechts auf informationelle Selbstbestimmung kann daher nicht ohne weiteres eine Konsequenz auslösen, die zu dem Ziel des Strafverfahrens in Widerspruch steht. Dem Einwand, die Lehre von den Informationsbeherrschungsrechten berücksichtige nicht hinreichend, dass die Bestimmung der Folgen von Verfahrensfehlern zunächst einmal eine Sache des einfachen Strafverfahrensrechts sei[181], kann damit zugestimmt werden.

4. Gesellschaftswerttheorie

Die Beschlagnahmeverbote des § 97 Abs. 1 und die ihnen zugrunde liegenden Zeugnisverweigerungsrechte der §§ 52, 53 und 53a erklärt *Görtz-Leible* mit der Notwen-

178 Vgl. KK/*Boujong*, § 136 Rn 1.

179 BVerfGE 65, 1 ff. = NJW 1984, 419.

180 Kritisch in diesem Sinne *Bull*, NJW 2006, 1617; *Bausback*, NJW 2006, 1922.

181 *Rogall*, FS Grünwald 1999, S. 523, 536 m.d.H. auf die entsprechende Lehre *Eberhard Schmidts*.

digkeit des Schutzes hochrangiger Gemeinschaftswerte, die einen für die gemeinschaftliche Entfaltung und Weiterentwicklung erforderlichen „Wertepluralismus“ verbürgen.[182] Bei der Schaffung der Strafprozessordnung sei dem Staat im Zuge liberalistischen Denkens bewusst gewesen, dass die unbedingte Pflicht zur Wahrheitserforschung die Gefahr der Zerstörung grundlegender gemeinschaftlicher und individueller Werte – zum Beispiel des durch § 52 geschützten familiären Zusammenhalts oder der durch § 53 Abs. 1 Nr. 3 geschützen Möglichkeit, anwaltliche oder ärztliche Hilfe in Anspruch zu nehmen – in sich berge. Der Staat habe deshalb in Form der Zeugnisverweigerungsrechte und der an sie anknüpfenden Beschlagnahmeverbote die für die persönliche und gemeinschaftliche Entwicklung notwendigen Freiräume geschaffen.

Der Verdienst dieser Untersuchung liegt zunächst darin, den Blick auf den libertinären Charakter der Zeugnisverweigerungsrechte zu lenken. Da es sich um *Rechte* handele, über deren Wahrnehmung der Rechteinhaber eigenverantwortlich entscheiden könne, verhinderten die Beschränkungen der Zeugnispflicht eine unverhältnismäßige Zurückstellung der Belange der Wahrheitserforschung. „Sie schaffen insgesamt die Voraussetzungen für eine den Verhältnissen des konkreten Einzelfalls entsprechende Gewichtung der kollidierenden Belange und tragen damit dem Erfordernis eines schonenden Ausgleichs nach beiden Seiten Rechnung."[183] Obwohl die Untersuchung sich ausdrücklich auf die Problematik der Zeugnisverweigerungsrechte und der an sie anknüpfenden Beschlagnahmeverbote beschränkt, lässt sich der in ihr entwickelte Grundgedanke allgemein auf die Problematik der normativen Grenzen der Wahrheitserforschung im Strafverfahren übertragen. Denn auch die Befugnisschranken – man denke zum Beispiel an die erhöhten Verdachtsgrade in § 100a S. 1, § 100c Abs. 1 Nr. 1, § 100f Abs. 2 oder den präventiven Rechtsschutz vermittelnden Richtervorbehalt in § 100b Abs. 1, § 100d Abs. 2, § 100f Abs. 2 S. 2 – dienen ohne Zweifel dem Schutz des freiheitlichen Lebensraums des Einzelnen wie der Gemeinschaft als solcher[184] vor staatlichen Eingriffen.

Diese Überlegung zeigt aber auch, dass die Theorie der Verbürgung eines „Wertepluralismus“ rasch an ihre Grenzen stösst. Sowenig es überraschend ist, dass die Rechtsverbürgungen einer demokratisch-liberalen Gesellschaftsordnung auf die sie kennzeichnenden Werte zurückgeführt werden können, kann dieser Zusammenhang als eine Besonderheit des Strafverfahrensrechts oder gar der Zeugnisverweigerungsrechte angesehen werden. Den für den Erhalt einer solchen Gesellschaft unbestritten notwendigen Wertepluralismus verbürgen in letzter Konsequenz auch das Recht der Ordnungswidrigkeiten oder das Baurecht, indem sie einander widerstreitende Individual- und Kollektivinteressen befrieden. Verlässt man den Kontext un-

182 *Görtz-Leible*, Beschlagnahmeverbote, S. 160.

183 *Görtz-Leible*, Beschlagnahmeverbote, S. 328 f.

184 Vgl. BVerfGE 100, 313, 359 = NJW 2000, 55, 57 zu Art. 10 GG: „Indem das Grundrecht die einzelnen Kommunikationsvorgänge grundsätzlich dem staatlichen Zugriff entzieht, will es zugleich die Bedingungen einer freien Telekommunikation überhaupt aufrechterhalten.“

serer gewohnten Gesellschaftsordnung, so erscheint die Theorie nicht mehr selbstevident. Denn die Prämisse, dass die staatlich betriebene Wahrheitserforschung das Entwicklungspotential des Einzelnen wie der Gesellschaft einzuschränken vermag, ist durchaus falsifizierbar. Dies belegen nicht nur Beispiele historischer wie rezenter Gesellschaftsformen, die dem Individuum keine vergleichbaren Freiräume zusprechen[185], sondern auch die unserer Gesellschaft immanenten Sonderrechtsverhältnisse, in denen Zeugnisverweigerungsrechte nicht oder nur eingeschränkt exisitieren.[186] Die Problematik mündet an diesem Punkt in den schwierigen evolutionstheoretischen Begriff der „Entwicklung", der mit Vorsicht zu genießen ist, da er oft unausgesprochen im Sinne einer „Höherentwicklung" oder „Weiterentwicklung" verstanden wird und in diesem Sinne eine unbegründete normative Komponente beinhaltet.[187] Die Theorie vom Erhalt des Wertepluralismus erweist sich letzten Endes als zirkulär. Sie begründet den behaupteten normativen Gehalt (Schutz fundamentaler Werte) von Beweisverboten mit eben diesem normativen Gehalt.

5. Theorie der Beschuldigtenrechte

An die vom BGH zu § 55 entworfene Rechtskreistheorie knüpfen Schutzzwecküberlegungen an, die die Funktion der Beweisverbote in einem Schutz der Beschuldigtenrechte sehen. Dieser Gedanke ist – in mehr oder minder deutlicher Ausprägung – Gegenstand fast aller Schutzzwecklehren. Neuere Untersuchungen sind daher bemüht, die Schwächen der Rechtskreistheorie und ihrer Ableger deutlich herauszuarbeiten.[188] Der Grundgedanke der Rechtskreistheorie kehrt in jüngerer Zeit auch in der Auffassung von Verwertungsverboten als Belastungsverboten wieder.[189]

Zutreffend und unbestritten ist der Ausgangspunkt der Überlegungen zum Schutz der Beschuldigtenrechte: Der Beschuldigte darf nicht „zum Objekt des Verfahrens gemacht", er darf durch das Verfahren „seiner Subjektqualität nicht entkleidet" werden.[190] Dass dies nicht geschieht, sichern eine Vielzahl von Regeln der Strafprozessordnung ab, die das Schweigerecht des Beschuldigten gewährleisten und seine Verteidigungsrechte verbürgen. Von Teilen der Literatur wird der Schutz der Beschuldigtenrechte – insbesondere durch den Grundsatz nemo tenetur se ipsum accusare und dem Grundsatz des fairen Verfahrens – als zentraler Grundgedanke

185 Ich denke einerseits an totalitaristische, andererseits an kommunitaristische Gesellschaftsformen.

186 Vgl. etwa für das Beamtenverhältnis § 54 StPO.

187 Vgl. *v. Kutschera*, Objektivität, S. 101 ff.

188 Vgl. insbes. *Jäger*, Beweisverwertung, S. 15 ff.

189 Vgl. *Roxin/Schäfer/Widmaier*, StV 2006, 655, 656, 660.

190 BVerfGE 30, 1, 25 = NJW 1971, 275; BVerfGE 109, 279, 312 f. = NJW 2004, 999, 1002 m.w.N.

der normativen Grenzen der Wahrheitserforschung im Strafverfahren herangezogen.[191] Gegen diese Ansicht sind folgende Einwände anzuführen:

Dem nemo tenetur-Grundsatz kommt zweifellos eine wichtige Bedeutung im Strafverfahren zu, es ist aber erforderlich, Reichweite und Grenzen dieses Grundsatzes genau zu bestimmen. Das Strafverfahren kennt keinen allgemeinen Grundsatz, der es geböte, den Beschuldigten vor Situationen zu bewahren, in denen er sich selbst belasten oder in denen er dem Druck einer Selbstbelastung ausgesetzt sein könnte.[192] Wie *Verrel* zutreffend dargelegt hat, kann der Grundsatz der Selbstbelastungsfreiheit nicht als allgemeiner Gesichtspunkt für die Unzulässigkeit von Ermittlungsmaßnahmen herangezogen werden, sondern muss auf den engen Kern geistig-seelischer Instrumentalisierungen beschränkt bleiben.[193]

Wenig zielführend als Anknüpfungspunkt für Beweisverbote ist auch der Grundsatz des fairen Verfahrens.[194] Dieser Grundsatz, der in Art. 6 EMRK eine gesetzliche Ausgestaltung im Sinne eines Mindeststandards erfahren hat[195] und verfassungsrechtlich aus dem Freiheitsgrundrecht bzw. der allgemeinen Handlungsfreiheit jeweils in Verbindung mit dem Rechtsstaatsprinzip abgeleitet wird[196], verlangt die größtmögliche Optimierung verfassungsmäßiger Werte durch das Verfahrensrecht.[197] Nun zählen zu diesen verfassungsmäßigen Werten auch die Erforschung der Wahrheit im Strafverfahren und die Funktionstüchtigkeit der Strafrechtspflege[198], und zwar auch im Sinne eines für den Beschuldigten streitenden Werts.[199] Faires Verfahren gebietet also auch eine Optimierung der Wahrheitserforschung, nicht generell deren Begrenzung. Schließlich kann die Funktion der Strafverfahrensnormen auch nicht allein auf den Schutz der Beschuldigtenrechte reduziert werden. Indem die Strafprozessordnung Ermittlungsmaßnahmen auch gegen dritte Personen zulässt (vgl. etwa §§ 94, 99 S. 2, § 100a S. 2, § 100c Abs. 3 S. 2, § 100f Abs. 3 S. 3, § 103), gewährleistet sie zugleich durch Befugnisbeschränkungen und Möglichkeiten des Rechtsschutzes (vgl. § 100d Abs. 10, § 101 Abs. 1) die Berücksichtigung schutzwürdiger Interessen dieser Betroffenen. Belange des Zeugenschutzes und

---

191 Vgl. *Zieger*, AnwBl BE 1991, 340; zur Rechtsfolge eines Verfahrenshindernisses als Folge einer Verletzung des Rechts auf ein faires Verfahren *Weiler*, GA 1994, 561 ff.

192 Vgl. BGHSt 42, 139, 156 = NJW 1996, 2940, 2943.

193 *Verrel*, Selbstbelastungsfreiheit, S. 284 f.

194 Diesen Ansatz entwickelt *Hauf*, NStZ 1993, 457, 458 ff.; vgl. auch *Meyer-Mews*, JuS 2004, 39; *Beulke*, ZStW 103 (1991), 657, 664; *Rogall*, ZStW 91 (1979), 1, 16; *Küpper*, JZ 1990, 416, 417.

195 Vgl. *Meyer-Goßner*, Art. 6 MRK Rn 4.

196 Vgl. BVerfGE 38, 105, 111 = NJW 1975, 103; BVerfGE 57, 250, 274 f. = NJW 1981, 1719; BVerfGE 63, 45, 61 = NJW 1983, 1043; BVerfGE 63, 380, 390 = NJW 1983, 1599; BVerfGE 64, 135, 145 = NJW 1983, 2762; BVerfGE 65, 171, 174 f. = NJW 1984, 113; BVerfGE 66, 313, 318 = NJW 1984, 2403; BVerfGE 70, 297, 308 = NJW 1986, 767.

197 *Steiner*, Fairnessprinzip, S. 140 ff.; *Roxin*, Strafverfahrensrecht, § 11 Rn 11.

198 Vgl. BVerfGE 33, 367, 383 = NJW 1972, 2214, 2216; BVerfGE 51, 324, 345 = NJW 1979, 2349, 2351; BVerfGE 77, 65, 75 f. = NJW 1988, 329, 330; BVerfG NJW 1996, 771.

199 Vgl. noch näher unten C.I.1.

Opferinteressen stellen ebenfalls zentrale Parameter dar, deren Berücksichtigung Strafverfahrensnormen dienen.[200] Die Kritik an der Beschuldigtenschutztheorie spitzt sich darin zu, dass ihr zufolge aus jedem Verstoss gegen Strafverfahrensnormen die Unverwertbarkeit der rechtswidrig gewonnenen Beweismittel folgen müsste, da deren Verwertung dem Beschuldigten stets zum Nachteil gereiche. Das ist aber nicht zutreffend. Denn es sind leicht Konstellationen denkbar, in denen sich die Unverwertbarkeit der Beweismittel für den Beschuldigten als nachteilig erweisen kann, etwa wenn es sich um entlastende Beweismittel handelt oder wenn der rechtskräftige Abschluss des Verfahrens, der zu einem für den Angeklagten vorteilhaften Strafklageverbrauch führen würde, wegen der Unverwertbarkeit der Beweismittel nicht möglich ist.

6. Theorie der Schadensvertiefung

Mit dem gegen die Rechtskreistheorie der Rechtsprechung angebrachten Bemerken, „dass das Problem der Verwertbarkeit nicht allein unter *einem* Gesichtspunkt beurteilt werden" könne[201], tritt *Grünwald* für eine ausgesprochen differenzierte Dogmatik der Beweisverbote ein.[202] Seinen Ausführungen lassen sich sieben Fallgruppen entnehmen, in denen Verwertungsverbote in Betracht kommen: 1. bei Normen, die bestimmte Beweismittel deshalb ausschließen, weil sie erfahrungsgemäß unzuverlässig sind (Art. 6 Abs. 3 Buchstabe d MRK, der die Vernehmung der Verhörspersonen von verdeckt ermittelnden Personen ausschließen soll); 2. bei Normen, die der Sicherung der Freiwilligkeit der Beschuldigtenaussage dienen und daher die Wahrheitsfindung bewusst einschränken (§§ 136, 136a); 3. bei Normen, die dem Schutz des Beschuldigten vor rechtswidrigen Eingriffen in seine Rechtsgüter dienen (§ 81a, §§ 53, 53a, soweit Geheimhaltungsinteressen des Beschuldigten betroffen sind); 4. wenn durch die Einführung des Beweismittels in die Hauptverhandlung rechtswidrig in Rechtsgüter des Angeklagten eingegriffen würde („Tagebuch-" und „Tonband-Fälle"); 5. bei Normen, die dem Schutz von Rechten Dritter dienen, wenn durch die Einführung des Beweismittels in die Hauptverhandlung in diese Rechte eingegriffen wird (§§ 52, 81c Abs. 1 S. 2, Abs. 2 S. 3, § 95 Abs. 2 S. 2, § 97 Abs. 1 Nr. 1); 6. bei Normen, die dem Schutz von Rechten Dritter dienen, bevor die Schwelle zur Hauptverhandlung überschritten wird (§§ 53, 53a); 7. bei durch die Strafverfolgungsbehörden bewusst und zielgerichtet begangenen Rechtsverletzungen. Den Verwertungsverboten soll grundsätzlich (mit Ausnahme von Fallgruppe 1 und 6) eine Fernwirkung zukommen. Ein Verwertungsverbot soll in allen Fällen dann nicht bestehen, wenn das Beweismittel auf rechtmäßigem Weg hätte erlangt werden können. Zur Begründung wird folgendes vorgetragen: In den Fallgruppen 1 und 2 erge-

---

200 Vgl. BVerfGE 57, 250, 284 = NJW 1981, 1719; BGH NStZ-RR 2007, 21; *Löffelmann*, BewHi 2006, 364.

201 *Grünwald*, JZ 1966, 489, 490.

202 Vgl. auch die eingehende Darstellung in *Grünwald*, Beweisrecht, S. 141 ff.

be sich das Verwertungsverbot „unmittelbar aus der Wertentscheidung, die mit der Vorschrift getroffen ist“.[203] Der Fallgruppe 7 liege der Gedanke einer „generalpräventiven Funktion“ zugrunde, „künftigen Rechtsverletzungen entgegenzuwirken.“[204] Alle anderen Fallgruppen beruhten auf der Überlegung, dass durch eine Verwertung des Beweisgegenstands der durch die Beweiserhebung erfolgte Eingriff in die durch die Erhebungsnorm geschützten Rechtsgüter weiter vertieft werde. Dies gelte für jede für den Angeklagten belastende Verwertung bei vorangegangenen (Fallgruppe 3) oder durch die Verwertung erfolgenden (Fallgruppe 4) Verletzungen seiner Rechtsgüter, da dem Angeklagten „durch die Staatsgewalt (...) Unrecht getan worden“ sei und „der Staat nicht auf dem Unrecht aufbauend dem Verletzten weitere Nachteile zufügen“[205] dürfe. Bei der Verletzung von Rechten Dritter komme es hingegen darauf an, ob diese Verletzung – wie bei dem unfreiwilligen Beitrag eines Zeugen zur Verurteilung eines Angehörigen – durch die Verwertung weiter vertieft werde (Fallgruppe 5) oder ob die Verletzung durch die Einführung des Beweismittels in die Hauptverhandlung bereits abgeschlossen sei (Fallgruppe 6) oder sogar von vornherein (seit Beendigung der Beweiserhebung) irreparabel gewesen sei (so zum Beispiel bei Verstößen gegen §§ 81c, 103 ff.). In den letztgenannten Fällen sei die Schutzfunktion der Erhebungsnorm „endgültig vereitelt“[206], weshalb ein Verwertungsverbot nicht in Betracht komme.

Dem von *Grünwald* entwickelten „Vertiefungsgedanken“ kommt die wichtige Funktion zu, die Theorie der Beweisverbote von einer starren Differenzierung zwischen Beweiserhebungs- und Beweisverwertungsverboten zu befreien, indem nach der eigenständigen Eingriffsrelevanz der Verwertung gefragt wird. Daran schließen spätere Ansätze wie etwa der von *Amelung* gedanklich an. Auch der – von der Rechtsprechung heute zunehmend anerkannte – Gedanke des „hypothetischen Ersatzeingriffs“ wird hier erstmals konsequent (wenn auch ohne dogmatisches Fundament) vertreten. Besondere Anerkennung verdienen auch *Grünwalds* Hinweise auf die erkenntnistheoretische Problematik, dass die Mitglieder des erkennenden Gerichts das einmal erlangte „verbotene Wissen (...) nicht aus ihrem Bewusstsein streichen können.“[207] Gegen die Schadensvertiefungslehre müssen aber auch erhebliche Einwände angebracht werden. Insbesondere kombiniert sie lediglich Elemente verschiedener Beweisverbotstheorien – nämlich den Gedanken der staatlichen Selbstbeschränkung (Fallgruppe 2), den Rechtskreisgedanken (Fallgruppen 3 und 4), Schutzzwecküberlegungen (Fallgruppen 5 und 6) und die Disziplinierungsfunktion (Fallgruppe 7) – ohne die normative Verankerung der einzelnen Beweisverbote nachzuweisen oder näher zu begründen.[208] Aufgrund der zahlreichen Fallgruppen und Ausnahmen, die *Grünwald* entwickelt, drängt sich vielmehr der Eindruck auf, dass die differenzierte

203 *Grünwald*, JZ 1966, 489, 495.
204 *Grünwald*, JZ 1966, 489, 499.
205 *Grünwald*, JZ 1966, 489, 495.
206 *Grünwald*, JZ 1966, 489, 499.
207 *Grünwald*, JZ 1966, 489, 500.
208 Ähnlich die Kritik von *Rogall*, FS Grünwald 1999, 523, 526 ff., 530.

Dogmatik „vom Ergebnis her" entwickelt und den in Literatur und Rechtsprechung anerkannten Beweisverboten „übergestülpt" wird. *Jäger* stellt daher nicht zu Unrecht fest, „dass sich Grünwald seine Regeln hier von Fall zu Fall bildet und durch geringe Akzentuierungsverschiebungen das von ihm gewünschte Ergebnis herbeiredet."[209] Die Schadensvertiefungslehre verfügt außerdem über keinen klaren Begriff von „Verwertung". Teilweise wird darunter nur die Berücksichtigung des Beweisgegenstands für die Verurteilung verstanden (Fallgruppe 1), teilweise die Einführung in die Hauptverhandlung (Fallgruppen 4, 5 und 6), teilweise aber auch nicht auf diese Verfahrensabschnitte rekurriert (Fallgruppen 2, 3 und 7). Es ist demgegenüber anerkannt, dass die Beweisverbote eine Wirkung in jedem Verfahrensstadium entfalten können.[210] Schließlich verfügt die Schadensvertiefungslehre über keinen klaren Begriff von „Rechtsgutsverletzung". So ist nicht ersichtlich, warum in den Fällen der Gruppe 4 eine Rechtsgutverletzung erst mit der Einführung des Beweisgegenstands in die Hauptverhandlung angenommen wird, in den Fällen der Gruppen 3 und 5 hingegen eine Vertiefung des Eingriffs und in den Fällen der Gruppe 6 eine solche Vertiefung nach Kenntnisnahme des Beweisgegenstands durch die Strafverfolgungsbehörden negiert wird. Die Entwicklung auf dem Gebiet der Dogmatik des informationellen Selbstbestimmungsrechts hat den Ansatz *Grünwalds* in diesem Punkt sicherlich überholt. Die Vielzahl der Fallgruppen und Ausnahmen führt außerdem zu Friktionen und bei konsequenter Anwendung zu unakzeptablen Ergebnissen.[211] Um die Weite seines Ansatzes, der dazu führt, dass jede Verletzung von Beschuldigtenrechten zu einem Verwertungsverbot führt, zu kompensieren, greift *Grünwald* auf den Gedanken des hypothetischen Ersatzeingriffs zurück. Dessen Leistungsfähigkeit wird überspannt, wenn auf diese Weise auch massive Rechtsverletzungen – etwa ein Verstoß gegen § 136a – kompensiert werden können.

7. Theorie der staatlichen Selbstbeschränkung

Von dem Glauben, Beweisverbote, insbesondere „Verwertungsverbote nur dann legitimieren zu können, wenn sie einen verallgemeinerungsfähigen ‚Zweck' oder eine ‚Funktion' erfüllen würden", distanziert sich ausdrücklich *Fezer*.[212] Er sieht die Kernproblematik der Begründung von Beweisverwertungsverboten in der Beantwortung folgender Fragen: 1. Hängt die Annahme eines Verwertungsverbots wirklich – wie

209 *Jäger*, Beweisverwertung, S. 86.

210 *Rogall*, FS Grünwald 1999, 523, 542.

211 Frage: Wie ist zu verfahren, wenn von den Strafverfolgungsbehörden unter bewusstem (Fallgruppe 7) Verstoß gegen §§ 97, 103, 105 (Fallgruppe 6) Aufzeichnungen des Psychotherapeuten der Lebensgefährtin des Beschuldigten (evtl. Fallgruppe 5) erlangt worden sind, die als Vorhalt bei der ermittlungsrichterlichen Beschuldigtenvernehmung dienen (evtl. Fallgruppe 2), aber nicht (z.B. weil der Beschuldigte aufgrund des Vorhalts ein Geständnis ablegt) in die Hauptverhandlung eingeführt werden?

212 *Fezer*, Beweisverwertungsverbote, S. 18.

nach der in der Rechtsprechung vertretenen Abwägungslehre – von einer richterlichen Abwägung zwischen Strafverfolgungsbelangen und Individualrechtsschutz ab? 2. Darf das Verwertungsverbot befugtermaßen in der Beweisgewinnungsvorschrift verankert werden?[213] *Fezer* beantwortet diese Fragen dahin gehend, dass zwischen der normativen Begründung von Beweiserhebungsvorschriften und Beweisverwertungsvorschriften strikt getrennt werden müsse. Für die Beweiserhebung habe der Gesetzgeber in Gestalt der Befugnisnormen der Strafprozessordnung eine Abwägung zwischen schutzwürdigen Individualinteressen und dem öffentlichen Interesse an der Wahrheitserforschung bereits vorgenommen. Darin komme eine „bewußte Selbstbeschränkung des Staates bei der Wahrnehmung der Strafverfolgungsaufgaben" zum Ausdruck.[214] Diese reiche über das Stadium der Beweisgewinnung hinaus, da sie den verfahrensbezogenen Zweck der Wahrheitsermittlung als solchen betreffe. Beweiserhebungsvorschriften hätten daher über das Eingriffsverbot bzw. die Handlungsanweisung an die Strafverfolgungsorgane hinaus zum Norminhalt, dass die unter Missachtung des Normbefehls gewonnenen Beweismöglichkeiten für die Wahrheitsfindung nicht zur Verfügung stünden. Als Norminhalt der Befugnisnormen bedürften Verwertungsverbote daher keiner eigenständigen Legitimation und erlaubten auch keine über die gesetzgeberische Abwägung hinausgehende Güterabwägung. Sei das Verwertungsverbot hingegen nicht selbst Norminhalt der Befugnisnorm und daher durch Auslegung ermittelbar, sei – von verfassungsrechtlich gebotenen Verwertungsverboten abgesehen – seine Begründung durch einen richterlichen Abwägungsvorgang unzulässig.

Diese Dogmatik besticht durch drei Eigenheiten, die die bisher dargestellten Theorien vernachlässigen: Sie nimmt erstens die einzelnen Befugnisnormen in den Blick und fragt, inwieweit in ihnen eine bewusste Selbstbeschränkung des Staates bei der strafprozessualen Wahrheitserforschung zum Ausdruck komme. Zweitens zieht sie keine starre Grenze zwischen den Beweiserhebungsnormen und den Verwertungsverboten, sondern sieht diese in jenen angelegt. Drittens – und das ist der wichtigste Punkt – stellt sie die Berechtigung der Begründung von Verwertungsverboten durch die Rechtsprechung in Frage und betont das Gewicht der bewussten und abschließenden Entscheidung des Gesetzgebers. In ihren Ergebnissen ist diese Dogmatik allerdings nicht konsequent, sondern ebenfalls infiziert vom status quo der in der Rechtsprechung anerkannten Beweisverbote, dem sie zu genügen versucht. So lässt sich mit Blick auf die Aussage, dass die Regelung der strafprozessualen Eingriffsbefugnisse eine bewusste Entscheidung des Gesetzgebers darstelle, fragen, warum das dann nicht in gleicher Weise für die Regelung der strafprozessualen Verwertungs- und Verwendungsverbote gelte? Die Strafprozessordnung kennt die ausdrückliche Unterscheidung von Beweisgewinnungsvorschriften, Verwertungs- und Verwendungsverboten. Der Gesetzgeber hat vereinzelt auch deutlich gemacht, dass er auf entsprechende einfachgesetzliche Regelungen bewusst verzichtet oder

213 *Fezer*, Beweisverwertungsverbote, S. 15.
214 *Fezer*, Beweisverwertungsverbote, S. 23.

sich eine insoweit bestehende gefestigte Rechtsprechung zu eigen gemacht hat.[215] Für eine Implementierung des normativen Gehalts von Verwertungs- oder Verwendungsverboten in die Befugnisnormen lässt das wenig Raum. Die Theorie der staatlichen Selbstbeschränkung begründet den normativen Bezug zwischen Befugnisnorm und Verwertungsverbot durch das Argument normativer Identität. Diese Hypothese wird durch die Rechtswirklichkeit des Strafverfahrens widerlegt. Die Frage der Zulässigkeit einer Beweisgewinnungsmaßnahme stellt sich in der Regel in einem anderen Verfahrensstadium als die der Zulässigkeit einer Beweisverwertung und richtet sich an andere Normadressaten. Dieser unterschiedliche Normenanwendungskontext begründet nicht nur die intuitive Differenzierung zwischen dem normativen Gehalt von Befugnisnormen und Verwertungsverboten, sondern ist für die – unterschiedliche – Bestimmung des normativen Gehalts von Verhaltensvorschriften von zentraler Bedeutung. Unbegründet bleibt auch, inwiefern die bewusste staatliche Selbstbeschränkung bei der Wahrheitserforschung über die staatliche Gewährleistung von Grundrechtsschutz mittels der strafprozessualen Ermächtigungsbeschränkungen hinausgeht und ein eigenständiges Ziel der Beweiserhebungsvorschriften darstellt oder darstellen kann.[216] Denn die bewusste Selbstbeschränkung bei der Wahrheitserforschung erscheint als Selbstzweck intuitiv weniger eingängig als der Schutz der Wahrheitserforschung widerstreitender Grundrechtspositionen. Die Theorie müsste demnach um einen hinter der Selbstbeschränkung stehenden Zweck ergänzt werden, was wiederum in die Dogmatik der Schutzzwecklehren mündet.

8. Revisionsrechtliche Theorien

Die revisionsrechtlichen Beweisverbotslehren stützen die Begründung der Beweisverbote auf die Frage der Revisibilität von Verfahrensverstößen bei der Beweiserhebung und -verwertung.[217] „Weil Beweisverbote die Sachverhaltsermittlung im Straf-

---

215 Vgl. etwa BT-Drucks 12/989, S. 38 (Klarstellung der Rechtsprechung zur Verwendbarkeit von Telekommunikationsdaten); BT-Drucks 14/3525, S. 2 (Streichung einer im Gesetzentwurf zunächst vorgesehenen Regelung zur eingeschränkten Verwendbarkeit präventivpolizeilich erhobener Daten); BT-Drucks 14/7679, S. 9 (Rechtfertigung eines selektiven Schutzes von Geistlichen, Strafverteidigern und Abgeordneten bei der Telekommunikationsverbindungsdatenabfrage); BT-Drucks 15/4533, S. 15 (Klarstellung der Rechtsprechung zur Begründung eines Verwertungsverbots, wenn wesentliche Anordnungsvoraussetzungen einer Telekommunikationsüberwachungsmaßnahme gefehlt haben); BT-Drucks 16/5846, S. 35 ff. (Rechtfertigung eines selektiven Schutzes bestimmter Berufsgeheimnisträger vor Ermittlungsmaßnahmen, Verzicht auf eine Regelung zur bindenden Entscheidung über die Verwertbarkeit im Ermittlungsverfahren, teilweise Übernahme der Abwägungslösung der Rechtsprechung).

216 So die Kritik von *Amelung*, GA 1996, 332 ff.

217 So *Schünemann*, MDR 1969, 101; *Rudolphi*, MDR 1970, 93, 97; *Blomeyer*, JR 1971, 142, 145; *Sydow*, Kritik, S. 70 ff.; *Haffke*, GA 1973, 65; *Schöneborn*, GA 1975, 35; *Bauer*, Schweigerecht, S. 160 ff.; *Gössel*, NJW 1981, 2217, 2219; *ders.*, JZ 1984, 361; *ders.*, FS Hanack 1999, S. 277, 287 ff.; *Grüner*, Beweisverwertungsverbote, S. 26 ff., der zwischen einem durch das Revisionsrecht

verfahren beschränken, sind sie (...) stets als Rechtsnormen zu betrachten. Ihre Verletzung stellt deshalb eine Gesetzesverletzung i.S. des § 337 StPO dar (...)."[218] Sofern ein Verstoß bei der Beweiserhebung oder -verwertung geeignet wäre, die Revision zu begründen, könne darauf nicht das Urteil gestützt werden, da dieses dann keinen Bestand habe. Die Frage der Reichweite der Beweisverbote konzentriert sich bei diesem Ansatz auf die Problematik des Beruhenszusammenhangs. Da die Rechtsprechung die bloße Möglichkeit, dass das Urteil auf dem Fehler beruht, ausreichen lässt[219] und dies zu einem sehr weiten Verständnis der Beweisverbote führen würde, versuchen die revisionsrechtlichen Ansätze den Beruhenszusammenhang durch weitere Kriterien einzuschränken. So ist laut *Gössel* im Sinne eines finalen Zusammenhangs stets zu fragen, ob das konkret verletzte Beweisverbot den Zweck verfolgt, den beweisverbotswidrig erlangten Sachverhalt von der Berücksichtigung im Urteil auszuschließen.[220]

Die revisionsrechtlichen Beweisverbotslehren haben den Vorzug, dass sie die normative Konnexität zwischen Beweiserhebung und Verwertungsverbot auf eine klare gesetzgeberische Wertentscheidung – die der Revisibilität von Verfahrensfehlern – stützen. Diese Ansätze haben dennoch in der Literatur viel Kritik erfahren.[221] Gegen sie spricht, dass Beweisverbote nicht nur für den Bestand des Urteils Relevanz haben, sondern bereits für die Zulässigkeit anderer Verfahrenshandlungen wie etwa die Verfahrenseinstellung wegen mangelnden Tatnachweises, die Verfahrenseinstellung aus Opportunitätsgründen oder den Erlass eines Haftbefehls.[222] Sogar die Frage, ob ein Anfangsverdacht nach § 152 Abs. 2 bejaht werden kann, ist von der Verwendbarkeit der Beweisgegenstände abhängig, die die „tatsächlichen Anhaltspunkte" i.S.d. Vorschrift darstellen.[223] In der Konsequenz wäre ggf. auch die Gewinnung weiterer Beweismittel wegen eines von vornherein fehlenden Anfangsverdachts[224] von den Beweisverboten infiziert. Die Konnexitätsfrage würde sich mithin

vermittelten, der tatgerichtlichen Entscheidung nachgehenden, Schutz vor einem „Urteilsschaden" und einem durch die Beweisverwertungsverbote vermittelten, der tatgerichtlichen Entscheidung vorangehenden, Schutz vor einem „Verwertungsschaden" differenziert und darin eine Funktionsgleichheit beider Normenkomplexe sieht.

218 *Gössel*, NJW 1981, 2217, 2218.

219 BGHSt 1, 346, 350; 8, 155, 158; 9, 77, 84; 9, 362, 364; 20, 160, 164 = NJW 1965, 874; BGHSt 21, 288, 290; 22, 278, 280.

220 *Gössel*, NJW 1981, 2217, 2219.

221 Vgl. *Knoll*, Fernwirkung, S. 142; *Ranft*, FS Spendel 1992, S. 719, 720; *Dencker*, Verwertungsverbote, S. 18; *Jäger*, Beweisverwertung, S. 94 ff.

222 *Rogall*, ZStW 91 (1979), 1, 7 f.; *ders.*, NStZ 1988, 385, 390; *Hamm*, NJW 1996, 2185, 2189.

223 A.A. *Dencker*, Verwertungsverbote, S. 76 mit der Überlegung, dass das Gesetz keine Regeln dafür enthalte, wie der Anfangsverdacht entstehen darf. Die Frage, ob sich ein Verwertungsverbot auf die Entstehung eines Anfangsverdachts auswirken kann, ist aber von der Frage einer fehlerhaften Entstehung des Anfangsverdachts, die zu einem Verwertungsverbot führen kann, zu unterscheiden. Im übrigen ist auch im letzteren Fall ein Beweisverbot nicht ausgeschlossen.

224 Bei von vornherein fehlendem Anfangsverdacht nimmt die Rspr. mitunter ein Verwertungsverbot an, vgl. BGHSt 31, 304, 308 f. = NJW 1983, 1570, 1571 f.; BVerfGE 42, 212, 219 =

nur auf diese Konstellationen verlagern. Darüberhinaus kann ein Beruhen i.S.d. § 337 in der Regel nicht bei Verfahrensverstößen im gerichtlichen Vorverfahren angenommen werden.[225] Auch auf fehlerhaften Verfahrenshandlungen der Staatsanwaltschaft kann das Urteil nicht beruhen.[226] Verstöße gegen Beweiserhebungsverbote ereignen sich aber in der Regel bereits im Ermittlungsverfahren, wobei es sich häufig um Handlungen der Staatsanwaltschaft handelt. Die revisionsrechtlichen Lehren müssen daher ein Fortwirken des Verstoßes in die gerichtliche Entscheidungsfindung annehmen. Legt etwa der Angeklagte nach Vorhalt eines nicht verwertbaren Beweisgegenstands ein Geständnis ab, auf das das Gericht das Urteil stützt, so fehlte es an einer Fortwirkung, mit der Folge, dass eine Revisibilität nicht in Betracht käme. Die revisionsrechtliche Begründung der Beweisverbote führt letzten Endes dazu, dass ein Verwertungsverbot stets entfallen würde, wenn die fehlerhafte Verfahrenshandlung nach einer anderen Vorschrift rechtmäßig gewesen wäre[227] oder eine Heilung des Verstoßes in Betracht kommt[228], weil dann das Beruhen ausgeschlossen ist. Diesen Gedanken greift zwar auch die Figur des „hypothetischen Ersatzeingriffs" auf, die in der höchstrichterlichen Rechtsprechung in jüngerer Zeit zunehmend Anerkennung erfährt, allerdings kann diese Figur nicht in jedem Fall die Verwertbarkeit des Beweisgegenstands begründen.

9. Beweisgegenständliche Schutzzwecktheorie

Auf den Gedanken einer strengen Trennung von persönlichem und sachlichem Schutzbereich der Beweiserhebungsvorschriften stützt *Jäger* seinen Ansatz einer beweisgegenständlichen Schutzzwecklehre. Nicht der persönliche Schutzzweck – also die Frage, wem die Erhebungsnorm zu dienen bestimmt ist – soll danach für die Begründung eines Verwertungsverbots maßgebend sein, sondern der „beweisgegenständliche" Schutzzweck der Erhebungsnorm, das heißt die Frage, ob und inwieweit durch die Norm „das Objekt der Beweisführung vor seiner verwertbaren Existenz oder in seiner unverwertbaren Existenz geschützt ist"[229]. Daneben anerkennt *Jäger* Verwertungsverbote, die unmittelbar aus der Verfassung – etwa aus der staatlichen Pflicht zum Schutz der Menschenwürde oder des allgemeinen Persönlichkeitsrechts – abgeleitet werden. Wie im Verwaltungsrecht unterscheidet *Jäger* sodann zwischen bloß rechtswidrigen Anordnungen einerseits und nichtigen Anordnungen anderer-

---

MDR 1977, 113 f. lässt diese Frage ausdrücklich offen. Nach BVerfG NJW 1991, 690, 691 ist eine Durchsuchungsanordnung ohne ausreichenden Tatverdacht nicht nachvollziehbar und objektiv willkürlich.

225 *Meyer-Goßner*, § 337 Rn 38.

226 BGHSt 6, 326, 328; NJW 1967, 1869; MDR 52, 565; 67, 14; BGHR § 349 Abs. 1 Unzulässigkeit 1.

227 Vgl. BGHSt 30, 10, 14 = NStZ 1981, 231; BGH MDR 83, 624.

228 Vgl. *Schmid*, JZ 1969, 757.

229 *Jäger*, Beweisverwertung, S. 279.

seits. Lediglich die letzteren entzögen der Verwertung die rechtliche Grundlage. Komme eine Verurteilung wegen der Unverwertbarkeit des Beweismittels nicht in Betracht, so solle durch ein grundsätzlich auf Einstellung des Verfahrens lautendes Prozessurteil die notwendige praktische Konkordanz zwischen materieller und formeller Gerechtigkeit hergestellt werden.

Bereits die Ausgangsthese der Theorie, dass „der Sinn der Erhebungsnorm darin bestehe, der Beweisführung einen bestimmten Beweisgegenstand zu entziehen“[230], ist fragwürdig. Da der Entzug des Beweisgegenstands als Selbstzweck kaum zu begründen ist und als der Aufgabe der Wahrheitserforschung widersprechend gut zu begründen wäre[231], muss gefragt werden, welche normativen Erwägungen *hinter* dem Zweck des Entzugs des Beweisgegenstands stehen. Diese Frage führt zu Erklärungsansätzen der bisher dargestellten Art. Darüber hinaus ist die Ausgangsthese auch deshalb fragwürdig, weil der Gesetzgeber durch die Schaffung von Erhebungsnormen in der Regel bewusst bestimmte Ziele verfolgt, die nicht darin bestehen, einen Beweisgegenstand dem Strafverfahren zu entziehen, sondern zum Beispiel der Stärkung des Rechtsschutzes Drittbetroffener dienen, generell eine restriktive Anwendung bestimmter Ermittlungsmaßnahmen bezwecken oder die Gefahr von Folgeeingriffen in das Recht auf informationelle Selbstbestimmung reduzieren sollen. Die Ausgangsthese negiert diese gesetzgeberische Normsetzungskompetenz vielfach.[232] Die Argumentation *Jägers* bezieht ihre Eingängigkeit in erster Linie aus der Diskriminierung derjenigen Beweisverbotslehren, die den persönlichen Schutzbereich der die Beweiserhebung regelnden Vorschriften in den Mittelpunkt rücken. Dies tun aber konsequent nur die – in ihrem Anwendungsbereich auf § 55 begrenzte – Rechtskreistheorie und die revisionsrechtlichen Ansätze. Alle anderen Lehren gehen auch auf den sachlichen und beweisgegenständlichen Schutzbereich der jeweiligen Normen zurück, den sie als äußerste Grenze des normativen Bereichs, in dem Beweisverbote zulässig sind, selbstverständlich voraussetzen, wenn auch zum Teil unausgesprochen. Schließlich beantwortet die beweisgegenständliche Beweisverbotslehre sowenig wie die bisher erörterten Theorien die zentrale Frage, warum ein Beweismittel, das unter Verstoß gegen eine die Beweiserhebung beschränkende Norm gewonnen wurde, gegebenenfalls nicht verwertet werden darf. Die normative Konnexität zwischen Erhebungsverbot und Verwertungsverbot wird mit dem Schlagwort

230 *Jäger*, Beweisverwertung, S. 139.

231 Davon ist insbesondere auch die Problematik des Ausschlusses entlastender Beweise berührt, vgl. näher unten C.III. und D.IV.

232 Dies trifft insbesondere auf die differenzierten Regelungen moderner technischer Ermittlungsmaßnahmen zu, deren konkrete rechtliche Ausgestaltung rechtspolitisch überaus umstritten ist. Als prägnantes Beispiel hierfür sei darauf hingewiesen, dass die Regelungen zur Telekommunikationsüberwachung seit ihrer Einführung im Jahre 1968 nicht weniger als 28 Mal geändert wurden. Auch die Einführung ausdrücklicher Beweisverbote stand dabei immer wieder in Streit. Mit dem Entwurf eines Gesetzes zur Novellierung der Telekommunikationsüberwachung und anderer verdeckter Ermittlungsmaßnahmen sowie zur Umsetzung der Richtlinie 2006/24/EG vom 27.6.2007 (BT-Drucks 16/5846, S. 24 ff.) wurde nun erstmals eine explizite Regelung in Angriff genommen.

„Fehleridentität" begründet. Darunter ist offenbar[233] die an die Ausgangsthese anknüpfende Überlegung zu verstehen, dass ein Verstoß gegen eine Erhebungsnorm, deren Zweck es ist, einen bestimmten Beweisgegenstand dem Verfahren zu entziehen, auch dann vorliegt, wenn ein solcher Beweisgegenstand im Verfahren Verwendung findet. Auch diese These kann man in Frage stellen, denn ein Fehler bei der Verwertung, der mit einem Erhebungsfehler „identisch" sein könnte, liegt ja gerade nicht vor, solange und soweit der Beweisgegenstand nicht verwertet wurde. Darüber hinaus ist fraglich, was unter „Identität" zu verstehen ist. Erkenntnistheoretisch bezeichnet Identität eine Urteilskategorie und nicht einen „gegebenen" Zustand.[234] Identität ist also ihrerseits im Rückgang auf die das Urteil leitenden Präjudizien begründungsfähig und -bedürftig. Dass durch zwei Handlungsweisen (Erhebung bzw. Verwertung) gegen denselben Zweck einer Norm (Entzug des Beweisgegenstands) verstoßen wird[235], macht beide Verstöße noch nicht in normativer Hinsicht identisch. Denn beide Handlungsweisen können nicht nur in unterschiedlichem Grad gegen den Normzweck verstoßen, sondern „zugleich" (sukzessiv, kumulativ, additiv etc.) auch gegen andere Zwecke und Normen.[236] Schließlich ist folgendes zu bedenken: Selbst wenn man der Ausgangsthese und der These der Fehleridentität folgen wollte, ergibt sich daraus nicht ohne weiteres eine „Verbotsidentität", das heißt die zwingende Konsequenz einer Verbotsnorm in beiden Fällen. Denn zwischen Erhebung und Verwertung besteht ein – im übrigen von *Jäger* als „Abstraktionsprinzip" in Anlehnung an zivilrechtliche Terminologie anerkannter – erkenntnistheoretischer und rechtsphänomenologischer Unterschied, der die normative Einordnung der zu begründenden Verfahrensregel als Verbot determiniert. Eine auf eine bestimmte Handlungs- oder Erkenntnissituation (Beweiserhebung) bezogene Wertentscheidung (Entzug des Beweisgegenstands), die in eine Handlungsanleitung (Erhebungsverbot) gefasst wird, beinhaltet keinerlei zwingende Konsequenzen für eine ganz andere Handlungs- oder Erkenntnissituation (Beweisverwertung). Entscheidend ist vielmehr die Vergleichbarkeit des Normkontextes, hier also der Erhebungs- und der Verwertungssituation. Deren – zunächst einmal dem natürlichen Urteil eingängige – Verschiedenheit wird von *Jäger* für den beweisgegenständlichen Schutzbereich – und nur für diesen – mit dem erkenntnistheoretisch trivialen wie unzutreffenden Hinweis negiert, dass „sich Erhebung und Verwertung den Wahrnehmungsgegenstand tei-

233 Eine exakte Explikation des Begriffs „Fehleridentität" findet sich in Jägers Ausführungen leider nicht.

234 Vgl. näher unten E.IV.3.

235 Frage: Kann gegen einen Zweck eigentlich verstoßen werden?

236 Dies lässt sich einfach am Beispiel materieller Strafnormen exemplifizieren: § 242 und § 303 StGB teilen den Schutzzweck der strafrechtlichen Absicherung der Eigentumsgarantie, sind aber normativ nicht identisch. Eine Handlung, die sowohl gegen § 242 als auch § 303 StGB verstößt, ist nicht mit einer Handlung normativ identisch, die nur gegen § 242 verstößt. Dasselbe gilt für Regelbeispiele und Qualifikationstatbestände, die der Verletzung anderer Normzwecke oder anderer Normen oder der unterschiedlichen Schwere des Verstoßes Rechnung tragen. – Die Selbstverständlichkeit dieser Differenzierung wird bemerkenswerter Weise bei strafprozessualen Verbotsnormen konsequent ignoriert.

len“[237]. Im Ergebnis lässt sich der Argumentationsstrang in nuce daher folgendermaßen zusammenfassen: Das Verwertungsverbot wird aus der – nicht näher begründeten – Identität des Erhebungsverbots mit dem Verwertungsverbot gefolgert. Das Verdikt, es sei „überhaupt (...) bisher noch nicht berücksichtigt worden, dass die Rechtskreistheorie einen Zirkelschluss beinhaltet“[238], lässt sich damit wohl auch gegen die beweisgegenständliche Beweisverbotslehre anbringen.

V. Durch die Europäische Menschenrechtskonvention gezogene Grenzen

Die EMRK und die Rechtsprechung des EGMR haben bislang für die Thematik der Beweisverbote im deutschen Schrifttum keine nennenswerte Rolle gespielt. Das ist angesichts der zunehmenden Bedeutung des europäischen Rechts für das Strafverfahren nicht nur rechtlich ein Erörterungsmangel, sondern auch aus wissenschaftlicher Sicht angesichts des durchaus erhellenden Umgangs des EGMR mit den hier in Rede stehenden Problemen bedauerlich. In Deutschland hat die EMRK den Rang einfachen Bundesrechts; die Konvention und die sie konkretisierenden Leitlinien der Entscheidungen des EGMR sind nach der Rechtsprechung des Bundesverfassungsgerichts durch die Fachgerichte zur Auslegung einfachen Rechts und verfassungsrechtlicher Garantien heranzuziehen.[239]

Normative Grenzen der Wahrheitserforschung ergeben sich aus der EMRK zunächst in Form von Erhebungsverboten, zum Beispiel des Verbots, jemanden zur Aufklärung einer Straftat der Folter oder unmenschlicher oder erniedrigender Behandlung zu unterwerfen.[240] Diese Rechtsprechung, die sich methodisch und inhaltlich nur graduell von der des Bundesverfassungsgerichts unterscheidet, soll hier nicht vertieft werden. Von Interesse ist hingegen der Umgang des EGMR mit in Strafverfahren konventionswidrig erlangten Erkenntnissen, also die Problematik der Konsequenzen von Konventionsverstößen bei der Beweiserhebung für die Wahrheitserforschung. Insoweit können in der Rechtsprechung des EGMR anknüpfend an einen gemeinsamen Grundsatz mehrere Fallgruppen unterschieden werden.

---

237 *Jäger*, Beweisverwertung, S. 140.

238 *Jäger*, Beweisverwertung, S. 140.

239 Vgl. BVerfGE 111, 307, 323 f. = NJW 2004, 3407, 3408; BVerfG NJW 2005, 1765, 1766; AnwK-StPO/*Sommer*, Vorbemerkung zu Art. 1 ff. MRK Rn 4 f., 16 ff.

240 Vgl. etwa Jalloh/Bundesrepublik Deutschland vom 11.7.2006, 54810/00, Rn 67 ff. m.w.N. = NJW 2006, 3117.

1. Grundsatz

Im Grundsatz unterscheidet der EGMR streng zwischen einer Verletzung der Konvention durch eine hoheitliche Maßnahme der Beweismittelerlangung und einer Verletzung der Konvention durch den weiteren hoheitlichen Umgang mit dem erlangten Beweismittel.[241] Letztere ist ausschließlich an dem durch Art. 6 EMRK geschützten Recht auf ein faires Verfahren zu messen. Namentlich bei der Verwertungsproblematik geht es also um die Frage, ob die Verwertung konventionswidrig erlangter Erkenntnisse eine Verletzung von Art. 6 EMRK darstellt. Die Anbindung des Verwertungsverbots an Art. 6 EMRK hat eine Beschränkung des Prüfungsmaßstabs des EGMR zur Folge. Der Gerichtshof vertritt in gefestigter Rechtsprechung die Auffassung, Art. 6 EMRK stelle keine spezifischen Regeln für die Zulässigkeit und Verwertbarkeit von Beweismitteln auf, sondern habe zu gewährleisten, dass das Verfahren in seiner Gesamtheit fair ist. Über die Frage der Verwertbarkeit zu entscheiden, sei grundsätzlich Aufgabe der nationalen Gerichte.[242] Die Frage der Fairness des Verfahrens ist dabei im Wege einer Gesamtbetrachtung zu würdigen, in deren Rahmen zu berücksichtigen ist, ob die Rechte der Verteidigung beachtet wurden, ob der Beschwerdeführer die Möglichkeit hatte, die Echtheit des Beweismittels anzuzweifeln und sich einer entsprechenden Verwertung zu widersetzen, ob Zweifel an der Verlässlichkeit oder Genauigkeit des Beweismittels bestehen, wobei eine Rolle spielt, ob andere Beweismittel vorliegen und notwendig sind, die das in Rede stehende Beweismittel stützen, ferner, welches Gewicht dem öffentlichen Interesse an der Verfolgung der konkreten Straftat und der Bestrafung des Täters zukommt, und ob durch die Verwertung Verteidigungsrechte des Angeklagten, namentlich sein Recht auf Selbstbelastungsfreiheit, ausgehöhlt würden.[243] Der Gesichtspunkt der Verwertung stellt damit nur einen singulären Aspekt der vorzunehmenden Gesamtwürdigung dar. Die Bedeutung der auf diese Weise vorzunehmenden Gesamtbetrachtung changiert jedoch nach Art und Schwere des zugrunde liegenden konventionswidrigen Handelns.

---

241 Vgl. prägnant Teixeira de Castro/Portugal vom 9.6.1998, 44/1997/828/1034, Rn 35 = NStZ 1999, 47; Kostovski/Niederlande vom 20.11.1989, 10/1988/154/208, Rn 44 = StV 1990, 481.

242 Vgl. Schenk/Schweiz vom 12.7.1988, 8/1987/131/182, Rn 45 f. = NJW 1989, 654; Teixeira de Castro/Portugal vom 9.6.1998, 44/1997/828/1034, Rn 34 = NStZ 1999, 47; Khan/Vereinigtes Königreich vom 12.5.2000, 35394/97, Rn 34 = JZ 2000, 993; Allan/Vereinigtes Königreich, 48539/99, Rn 42 = StV 2003, 257; Monika Haas/Bundesrepublik Deutschland vom 17.11.2005, 73047/01 = NJW 2006, 2753, 2755; Jalloh/Bundesrepublik Deutschland vom 11.7.2006, 54810/00, Rn 94 f. = NJW 2006, 3117.

243 Vgl. Jalloh/Bundesrepublik Deutschland vom 11.7.2006, 54810/00, Rn 96 f. m.w.N. = NJW 2006, 3117.

2. Verletzung der Privatsphäre

Die Entwicklung dieser Rechtsprechung steht in engem Zusammenhang mit mehreren Fällen, in denen der EGMR Verletzungen von Art. 8 EMRK durch Abhörmaßnahmen festgestellt, daraus aber nicht gefolgert hatte, die Verwertung des erlangten Beweismittels verstoße gegen das Recht auf ein faires Verfahren.[244] Dieses Ergebnis begründet der EGMR anhand einer Art Beruhensprüfung, die auch die Qualität des in Streit stehenden Beweismittels im Verhältnis zur gesamten Beweislage in den Blick nimmt. So legt der Gerichtshof im Fall *Schenk* dar, das Tatgericht habe eine Vielzahl von Beweisen bei seiner Überzeugungsbildung berücksichtigt und daher den Beschwerdeführer nicht einem fairen Verfahren entzogen.[245] Im Fall *Khan* stützt er das Ergebnis hingegen darauf, es handele sich bei der in Rede stehenden Tonbandaufnahme um ein „sehr starkes Beweismittel", weshalb die „Notwendigkeit unterstützender Beweise entsprechend geringer" sei.[246] Im Fall *Allan* stellt der Gerichtshof schließlich darauf ab, der englische Tatrichter habe den Beweiswert der Aufnahmen sorgfältig gewürdigt und als so beweiskräftig eingeschätzt, dass sie den Geschworenen zur eigenen Beurteilung überlassen werden konnten.[247] Mit diesen einander überlagernden und deshalb nach Maßstäben deutschen Rechts einigermaßen rabulistisch anmutenden Argumentationssträngen lässt sich im Grunde jedes Ergebnis begründen.[248] Mit seiner Beweiswürdigungslösung geht der EGMR jedenfalls einen deutlich anderen Weg als die deutschen Gerichte. Er ist mit der Annahme eines Verwertungsverbots bei einer Verletzung der Privatsphäre auch zurückhaltender als die deutsche Rechtsprechung, namentlich hinsichtlich der Konsequenzen, die er aus einem gänzlichen Fehlen einer Ermächtigungsgrundlage für einen Eingriff zieht, das als solches ein Verwertungsverbot noch nicht zu begründen vermag.

3. Verletzung des Rechts auf ein faires Verfahren

Eine weitere Fallgruppe betrifft Verstöße gegen Art. 6 EMRK und deren Konsequenzen. Auch insoweit kann methodisch zwischen dem primären Konventionsverstoß und dem Konventionsverstoß durch die Verwertung unterschieden werden, wenngleich dieser doppelrelevante Bezug auf Art. 6 EMRK in den meisten Entscheidungen verschwimmt. Hauptanwendungsfall – und regelmäßiger Konfliktpunkt

---

244 Schenk/Schweiz vom 12.7.1988, 8/1987/131/182, Rn 46 ff. = NJW 1989, 654 (dort war die Rüge des Art. 8 EMRK wegen Herstellung der Aufnahme allerdings unzulässig und wegen ihrer Verwendung gegenüber Art. 6 EMRK nachrangig); Khan/Vereinigtes Königreich vom 12.5.2000, 35394/97, Rn 29 ff. = JZ 2000, 993; P.G. und J.H./Vereinigtes Königreich, 35394/97, Rn 37 f.; Allan/Vereinigtes Königreich, 48539/99, Rn 42 = StV 2003, 257.

245 Schenk/Schweiz vom 12.7.1988, 8/1987/131/182, Rn 48 f. = NJW 1989, 654.

246 Khan/Vereinigtes Königreich vom 12.5.2000, 35394/97, Rn 36 = JZ 2000, 993.

247 Allan/Vereinigtes Königreich, 48539/99, Rn 48 = StV 2003, 257.

248 Vgl. auch *Kühne/Nash*, JZ 2000, 996, 997.

zwischen deutscher und europäischer Rechtsprechung[249] – ist das durch Art. 6 Abs. 3 Buchstabe d EMRK gewährleistete Konfrontationsrecht. Danach muss dem Angeklagten die Möglichkeit verschafft werden, einen Zeugen zu befragen und seine Glaubwürdigkeit und Zuverlässigkeit in Frage zu stellen. Ist dies nicht gewährleistet – zum Beispiel bei einer durch Hörensagen in das Verfahren eingebrachten Zeugenaussage -, stellt sich die Frage der Verwertbarkeit. Dabei ist von Relevanz, dass die Vertragsstaaten keine Verpflichtung haben, Unmögliches zu leisten (impossibilium nulla est obligatio). Der Gerichtshof schließt deshalb eine Verwertung nur aus, wenn 1. keine stichhaltigen und ausreichenden Gründe für die Einschränkung des Konfrontationsrechts vorliegen, diese 2. nicht durch besondere Verfahrensvorkehrungen hinreichend ausgeglichen wurde, und 3. dem Verteidigungsmangel nicht durch eine besonders sorgfältige und vorsichtige Beweiswürdigung Rechnung getragen wurde.[250] Nimmt der Gerichtshof also einerseits eine Verletzung des Konfrontationsrechts – im Vergleich zur nationalen deutschen Rechtsprechung – eher großzügig an, ist er andererseits doch äußerst zurückhaltend, als Konsequenz einer solchen Verletzung ein Verwertungsverbot anzuerkennen. Auch insoweit kommt wieder zum Tragen, dass die Frage des Eingreifens eines Verwertungsverbots nur einen Teilaspekt eines in seiner Gesamtheit im Hinblick auf seine Fairness zu würdigenden Verfahrens darstellt. Dieser Gesamtwürdigungsansatz wird im Schrifttum einer vehementen Kritik unterzogen und teilweise als Konsequenz einer Verletzung des fairen Verfahrens generell ein Verwertungsverbot gefordert.[251]

4. Verletzung der Selbstbelastungsfreiheit

Eine andere Linie der Rechtsprechung des EGMR betrifft das Recht des Beschuldigten auf Freiheit von Selbstbelastung. Hierunter fallen namentlich die Fälle des Einsatzes polizeilicher Lockspitzel.[252] Die auf den Schutz der Selbstbelastungsfrei-

---

249 Vgl. BVerfG NJW 2007, 204; BVerfG NStZ 2007, 534; BGH NJW 2000, 3505; 2003, 74 m.w.N.; BGH NJW 2007, 237; eingehend zur älteren Rechtsprechung *Renzikowski*, JZ 1999, 605.

250 Vgl. Monika Haas/Bundesrepublik Deutschland vom 17.11.2005, 73047/01 = NJW 2006, 2753, 2755 m.w.N.; N.F.B./Bundesrepublik Deutschland vom 18.10.2001, 37225/97 = NJW 2003, 2297, 2298; van Mechelen/Niederlande vom 23.4.1997, 55/1996/674/861-864 = StV 1997, 617; Artner/Österreich vom 28.8.1992, 39/1991/291/362 = EuGRZ 1992, 476; Lüdi/Schweiz vom 25.6.1992, 17/1991/269/340, Rn 42 ff. = NJW 1992, 3088; Asch/Österreich vom 26.4.1991, 30/1990/221/283 = EuGRZ 1992, 474; Kostovski/Niederlande vom 20.11.1989, 10/1988/154/208 = StV 1990, 481; zum sog. Drei-Stufen-Modell näher *Esser*, NStZ 2007, 106 f. m.w.N.

251 Vgl. nur *Gaede*, Fairness, S. 801 ff., 807 m.w.N.; *Kühne/Nash*, JZ 2000, 996, 997 f.; *Esser*, NStZ 2007, 106 f.

252 Vgl. insbes. Teixeira de Castro/Portugal vom 9.6.1998, 44/1997/828/1034 = NStZ 1999, 47 (Btm-Scheinkäufer); Allan/Vereinigtes Königreich, 48539/99 = StV 2003, 257 (Einschleusen des Lockspitzels in die Zelle).

heit zielenden international allgemein anerkannten Standards zählt der Gerichtshof zum Kernbereich des fairen Verfahrens. Das Recht der Selbstbelastungsfreiheit ziele in erster Linie darauf, den Willen der beschuldigten Person zu schützen, die zur Beschuldigung schweigen will, und es erfordere, dass die Behörden im Strafverfahren die Beschuldigung beweisen, ohne auf Beweise zurückzugreifen, die durch Methoden des Zwangs oder des Drucks unter Missachtung des Willens des Beschuldigten erlangt worden sind. Bei der Prüfung, ob in einem Strafverfahren der Wesensgehalt der Selbstbelastungsfreiheit verletzt wurde, untersucht der Gerichtshof die Art und das Ausmaß des Zwangs, alle vorhandenen relevanten Schutzvorkehrungen und die Verwendung aller auf diese Weise erlangten Beweismittel.[253] Eine Verletzung der Selbstbelastungsfreiheit wirkt grundsätzlich absolut in dem Sinne, dass die Verwertung dadurch erlangter selbstbelastender Äußerungen durch kein öffentliches Interesse gerechtfertigt werden kann.[254] Dieser Grundsatz wird aber dadurch relativiert, dass der Gerichtshof anhand der beiden Kriterien der staatlichen Zurechenbarkeit des beanstandeten Verhaltens und des „Entlockens" der Aussage[255] prüft, ob die Selbstbelastungsfreiheit in solchem Maße missachtet wurde, dass eine Verletzung des Art. 6 EMRK vorliegt.[256] Auch gelten die genannten Grundsätze nicht für Beweismittel, die vom Beschuldigten durch Zwang gewonnen werden können, aber unabhängig von seinem Willen existieren, wie zum Beispiel Schriftstücke, Proben von Atemluft, Blut, Urin, Haaren oder Stimmproben.[257]

Die Rechtsprechung des EGMR wirkt in dieser Fallgruppe bemerkenswert undifferenziert. So ist bereits fraglich, ob es „international allgemein anerkannte Standards" der Selbstbelastungsfreiheit überhaupt gibt und welche das sind. Schon im deutschen Recht ist der Gehalt des nemo-tenetur-Grundsatzes umstritten.[258] Die Spannweite der Fälle, die der Gerichtshof darunter subsumiert ist weit; Konstellationen wie in *Allan* einerseits und in *Teixeira* andererseits erscheinen kaum miteinander vergleichbar. Die im letzteren Fall geäußerte Auffassung, das öffentliche Interesse könne „nicht die Verwendung von Beweismaterial rechtfertigen, das aus polizeilicher Anstiftung resultiert"[259], erscheint in dieser Pauschalität der Vielgestaltigkeit verdeckten polizeilichen Tätigwerdens als unangemessen, zumal der EGMR, anders als

253 Vgl. Saunders/Vereinigtes Königreich vom 17.12.1996, Rn 68 f.; J.B./Schweiz vom 3.5.2001, 31827/96, Rn 64 m.w.N. = NJW 2002, 499; Allan/Vereinigtes Königreich, 48539/99, Rn 44, 49 ff. = StV 2003, 257; Jalloh/Bundesrepublik Deutschland vom 11.7.2006, 54810/00, Rn 100, 102 m.w.N. = NJW 2006, 3117.

254 Allerdings ist es in Ausnahmefällen – anders als nach deutscher Rechtsprechung – zulässig, aus dem Schweigen des Beschuldigten für diesen belastende Schlüsse zu ziehen, vgl. John Murray/Vereinigtes Königreich vom 6.2.1996, 41/1994/488/570, Rn 45 ff. = EuGRZ 1996, 587; Gaede, StV 2003, 260 m.w.N.

255 Zur zentralen Bedeutung dieser Kriterien näher *Gaede*, StV 2003, 260, 261.

256 Vgl. Allan/Vereinigtes Königreich, 48539/99, Rn 51 = StV 2003, 257.

257 Vgl. Jalloh/Bundesrepublik Deutschland vom 11.7.2006, 54810/00, Rn 102, 113 m.w.N. = NJW 2006, 3117.

258 Vgl. eingehend *Verrel*, Selbstbelastungsfreiheit, 2001.

259 Teixeira de Castro/Portugal vom 9.6.1998, 44/1997/828/1034, Rn 36 = NStZ 1999, 47.

die deutsche Rechtsprechung, keine näheren Maßstäbe zu einer differenzierten Bewertung der Tatprovokation entwickelt hat.[260] Nicht unproblematisch ist auch die Unterscheidung zwischen Beweismitteln die abhängig und solchen, die unabhängig vom Willen des Betroffenen existieren. Auch ein Vernehmungsprotokoll existiert unabhängig vom Willen des Vernommenen, und der substanzielle Unterschied zwischen einer Stimmprobe und dem Gesagten drängt sich in Bezug auf diesen Willen nicht wirklich auf.[261] Dass dem EGMR als Folge eines Konventionsverstoßes ein Verlust staatlicher Legitimation zum Strafen schließlich „ohne nähere dogmatische Einordnung nahezu evident“ scheint, ist keineswegs ein Qualitätsmerkmal dieser Rechtsprechung und vermag die Strafzumessungslösung des BGH auch nicht als „fragwürdig“ auszuzeichnen.[262] Die Rechtsprechung des EGMR zur Selbstbelastungsfreiheit verträgt sich im Übrigen nur schwer mit der Zurückhaltung des Gerichtshofs bei der Annahme einer Unverwertbarkeit aufgrund anderweitiger Verletzungen des fairen Verfahrens. Dass die Selbstbelastungsfreiheit zum „Kernbereich des fairen Verfahrens“ zählt, erklärt diese unterschiedliche Handhabung kaum. Aussagekräftiger ist da die in der deutschen Rechtsprechung gesehene Menschenwürderelevanz der Selbstbelastungsfreiheit, die auch ein Bindeglied zur Fallgruppe der Folter und folterähnlichen Behandlungsformen darstellt. An diesem Maßstab gemessen erscheint die Jurisdiktion des EGMR überspannt.

5. Verletzung des Folterverbots

Am wenigsten problematisch stellt sich auf den ersten Blick die Rechtslage – insoweit in Übereinstimmung mit dem einfachen Recht in Deutschland (§ 136a Abs. 3 S. 2) – bei einer Verletzung von Art. 3 EMRK dar. Nach der Auffassung des EGMR „dürfen belastende Beweismittel jeder Art, die mit Hilfe von gewalttätigen oder brutalen Handlungen oder im Wege sonstiger folterähnlicher Behandlungsformen zusammengetragen werden, niemals verwendet werden, um die Schuld eines Opfers nachzuweisen, und zwar unabhängig von der Beweiskraft dieser Mittel.“ Begründet wird dies in Anlehnung an eine Formulierung des Obersten Bundesgerichts der Vereinigten Staaten damit, „jede andere Schlussfolgerung würde die Art des sittlich ver-

---

260 *Sommer*, NStZ 1999, 48 f. erachtet in seiner Anmerkung zum Fall *Teixeira* umgekehrt die Rechtsprechung des EGMR als differenzierter. Daran ist zuzugeben, dass die entsprechende Entwicklung in der deutschen Rechtsprechung überwiegend erst später eingesetzt hat, vgl. BGHSt 45, 321 = NJW 2000, 1123; BGHSt 47, 44 = NJW 2001, 2981; vgl. aber bereits BGHSt 32, 345 = NJW 1984, 2300.

261 Die Problematik dieser Abgrenzung zeigt sich exemplarisch im Fall *Jalloh*, wo sogar die Zuordnung der erbrochenen Kapseln mit Betäubungsmitteln zu einer der Kategorien Schwierigkeiten bereitete, weil die Mehrheit es für erforderlich erachtete, weitere wertende Gesichtspunkte einzubeziehen, vgl. Jalloh/Bundesrepublik Deutschland vom 11.7.2006, 54810/00, Rn 113 ff., sowie die abweichende Meinung der Richter *Ress*, *Pellonpää*, *Baka*, *Sikuta* = NJW 2006, 3117.

262 So *Sommer*, NStZ 1999, 48, 49.

werflichen Vorgehens, das die Verfasser des Artikels 3 der Konvention verbieten wollten, unmittelbar rechtfertigen, und ‚der Gewalttätigkeit einen Anschein von Gesetzmäßigkeit verleihen'". Auch Art. 15 des Übereinkommens der Vereinten Nationen gegen Folter und andere grausame, unmenschliche und erniedrigende Behandlung oder Strafe verbiete die Verwendung von Aussagen, die nachweislich durch Folter herbeigeführt worden sind, als Beweis in einem Verfahren gegen das Opfer der Folterhandlungen.[263]

Soweit – wie in dem gegebenen Fall *Jalloh* – nicht Folter, sondern vorsätzliche Misshandlung in Rede stehe, könne „nicht ausgeschlossen werden, dass in bestimmten Einzelfällen die Verwertung von Beweismitteln (...) dem Verfahren gegen das Opfer einen unfairen Charakter verleiht, und zwar unabhängig von der Schwere des zur Last gelegten Delikts, der Bedeutung dieser Beweismittel und den Möglichkeiten des Opfers, deren Zulässigkeit und spätere Verwertung im Verfahren anzufechten." Im vorliegenden Fall, so der Gerichtshof weiter, erscheine es aber nicht nötig, diese allgemeine Frage einer automatisch eintretenden Verletzung des Anspruchs auf ein faires Verfahren zu klären, da die Maßnahme – der Einsatz von Brechmitteln – im Widerspruch zu Art. 3 EMRK und damit zu einem der wesentlichsten von der Konvention garantierten Rechte stehe und das öffentliche Interesse an der Strafverfolgung nicht von solcher Bedeutung gewesen sei, dass es gerechtfertigt gewesen wäre, die Verwertung der Beweismittel zu gestatten.[264] Um dieses Ergebnis abzustützen, prüft und bejaht der Gerichtshof in einem obiter dictum anschließend noch eine Verletzung des Rechts auf Selbstbelastungsfreiheit.[265]

Nachdem der Gerichtshof im Zusammenhang mit dem Folterverbot also zunächst mit eher apodiktischen Behauptungen auf Disziplinierungs- und Sozialschadensgesichtspunkte abstellt, deren spezifisch menschenrechtliche Relevanz man mit Fug in Frage stellen kann[266], schwenkt er für das Verbot vorsätzlicher Misshandlungen auf eine in ihrer Kürze nichtssagende Abwägungslösung ein, die nicht den Besonderheiten des Falles – Gemengelage von repressivem und präventiven Tätigwerden, Frage milderer Handlungsalternativen, nicht unerhebliche in Rede stehende Straftaten – Rechnung trägt, und mit der der Gerichtshof im Ergebnis nichts anderes macht, als seine eigene Beweiswürdigung an die Stelle derer der nationalen Gerichte zu setzen. Wichtige Folgeprobleme wie das der Verwendung von Erkenntnissen, die durch nicht dem Staat zurechenbaren Misshandlungen „zusammengetragen" werden, werden nicht in den Blick genommen.[267] Dass der Gerichtshof anschließend in einem obiter dictum ausführlich eine Verletzung der Selbstbelastungsfreiheit prüft und

263 Jalloh/Bundesrepublik Deutschland vom 11.7.2006, 54810/00, Rn 99, 105 m.w.N. = NJW 2006, 3117.

264 Jalloh/Bundesrepublik Deutschland vom 11.7.2006, 54810/00, Rn 106 ff. = NJW 2006, 3117.

265 Jalloh/Bundesrepublik Deutschland vom 11.7.2006, 54810/00, Rn 109 ff. = NJW 2006, 3117

266 Vgl. *Schuhr*, NJW 2006, 3538, 3540.

267 Dazu gab der Fall freilich keinen Anlass; die scharfe Rhetorik des Gerichtshofs suggeriert aber die bedingungslose Geltung der aufgestellten Maßstäbe auch in solchen Konstellationen.

– unter wenig überzeugender Weiterentwicklung[268] seiner Rechtsprechung zu den vom Willen des Betroffenen unabhängigen Beweismitteln – bejaht, verstärkt den Eindruck der Unsicherheit im Umgang mit dem zugrunde liegenden Fall, die auch deutlich in den dissenting votes zum Ausdruck kommt. Ob der derzeit anhängige Fall *Magnus Gäfgen/Bundesrepublik Deutschland*[269] weitere Klärung bringen wird, kann mit Spannung erwartet werden.

VI. Zusammenfassende Bewertung

In ihrer Heterogenität und Lückenhaftigkeit sind die einfachgesetzlichen Beweisverbote wenig aufeinander abgestimmt und lassen keine einheitliche dogmatische Fundierung erkennen. Dies gilt insbesondere für die Beschränkung der Verbote auf bestimmte – in ihrer Anwendungshäufigkeit und Eingriffsintensität ganz unterschiedliche – Ermittlungsinstrumente und die unterschiedliche Reichweite von Verwendungsverboten („zu Beweiszwecken"). Überregulative und praxisferne Vorschriften wie § 100d Abs. 6 Nr. 2 zeigen, dass die zugrundeliegenden gesetzgeberischen Überlegungen zuweilen mehr durch politische Zwänge als sachliche Erwägungen bestimmt sind. Zentrale Probleme wie die Fragen der Fortwirkung und Fernwirkung von Beweisverboten hat der Gesetzgeber bis dato gar nicht geregelt, andere, wie die Frage einer Verwendung zur Entlastung des Angeklagten nur rudimentär (vgl. § 100d Abs. 6 Nr. 1 und 3: „ohne Einwilligung"; § 100h Abs. 3: „zustimmt"). Nach welchen Grundsätzen der Gesetzgeber bei der Regelung der normativen Grenzen der Wahrheitserforschung im Strafverfahren vorgehen könnte, bedarf noch der näheren Untersuchung (vgl. unten D.).

Die Analyse der fachgerichtlichen Rechtsprechung zu den Beweisverboten lässt einige Orientierungslinien erkennen, wirft aber viele Fragen auf. So beantwortet die Rechtsprechung nicht die zentrale Frage nach der Berechtigung von Verwertungsverboten als Sanktionierung einer Verletzung von Verfahrensvorschriften und nach etwaigen Sanktionierungsalternativen. Dabei lehnt die fachgerichtliche Rechtsprechung in einigen Fallkonstellationen – bei der Hörfalle und der Tatprovokation – das Entstehen von Verwertungsverboten ausdrücklich ab und kompensiert etwaige Nachteile für den Beschuldigten bei der Strafzumessung, zieht in diesen Fällen aber auch das Entstehen eines Verfahrenshindernisses in Betracht. Warum diese verfahrensrechtlichen Folgen in den anderen Fallkonstellationen nicht erwogen werden, insbesondere bei der willkürlichen Missachtung von Erhebungsnormen, erschließt sich nicht. Soweit sich die fachgerichtliche Rechtsprechung des Argumentationstopos der Güterabwägung bedient, weicht sie einer solchen materiell aus.[270] An die

268 Vgl. die zutreffende Kritik von *Schuhr*, NJW 2006, 3538, 3540 f.

269 Vgl. Annahmeentscheidung vom 10.4.2007, 22978/05 = NJW 2007, 2461.

270 Im Schrifttum wurde dies bisher – soweit ersichtlich – nur von *Lorenz*, GA 1992, 254, 270 hinsichtlich der „Tagebuch-Entscheidung" des Bundesverfassungsgerichts festgestellt. Lorenz

Stelle einer Abwägung tritt in der Regel der stereotype Hinweis darauf, dass die Strafprozessordnung nicht eine „Wahrheitserforschung um jeden Preis" gebiete. Das ist selbstverständlich, stellt aber keine Güterabwägung dar. Ein Großteil der im Schrifttum geäußerten Kritik an der Abwägungslehre knüpft an dem Gesichtspunkt einer unzureichenden Durchführung der Güterabwägung an.[271] Eine mögliche Erklärung, warum die fachgerichtliche Rechtsprechung einer Güterabwägung aus dem Weg geht, wird im folgenden Abschnitt näher beleuchtet (C.I.).

Der Überblick über die durch Art. 1 Abs. 1 GG gezogenen Grenzen der Wahrheitserforschung im Strafverfahren zeigt, dass sich eine Vielzahl von in der fachgerichtlichen Rechtsprechung anerkannten normativen Grenzen der Wahrheitserforschung auf den Menschenwürdeaspekt zurückführen lassen. Da dieser sich aufgrund seiner Abwägungsresistenz kategorial von anderen grundrechtlichen Gewährleistungen abhebt, könnte daran ein Differenzierungskriterium für die einfachgesetzliche Verankerung von Beweisverboten anknüpfen. Auch darauf wird noch zurückgekommen (D.V.).

Die im Schrifttum unternommenen Versuche, die Beweisverbote auf eine einheitliche dogmatische Basis zu stellen, sind wenig ergiebig.[272] Viele Deutungsansätze im Schrifttum erklären die Notwendigkeit von Beweisverboten durch übergeordnete Rechtsprinzipien, namentlich solche verfassungsrechtlicher Art. Dass einfachgesetzliche Normen sich in einem hierarchisch strukturierten Rechtssystem, an dessen Spitze die Verfassung steht, auf Verfassungsnormen zurückführen lassen, überrascht nicht, trifft aber nicht immer die Intention des Gesetzgebers, der sich auch durch politische, pragmatische und taktische Erwägungen leiten lässt. So lässt sich aus der Verfassung ein umfassender Schutz für Abgeordnete vor verdeckten Ermittlungsmaßnahmen, wie ihn Artikel 1 Nr. 1 des Entwurfs eines Gesetzes zur Novellierung der Telekommunikationsüberwachung und anderer verdeckter Ermittlungsmaßnah-

bemängelt, dass „die obsiegende Richtergruppe zwar die Abwägungskriterien im einzelnen benennt, aber kein Wort über den Abwägungsvorgang selbst (Präferenzregeln etc.) bzw. über die Wertigkeit der gegenläufigen Interessen verliert. Dies hängt damit zusammen, dass die Abwägungen zum Teil nicht (rationalen) rechtlichen, sondern teilweise (rechts-)politischen Kategorien folgt. Die Abwägung wird übermäßig beeinflusst durch die politische, je nach Richterpersönlichkeit differierende Gewichtung des Aufklärungsinteresses des Staates."

271 Vgl. etwa *Gössel*, JZ 1984, 361, 364 zu BGHSt 31, 296 = NJW 1983, 1569 und BGHSt 31, 304 = NJW 1983, 1570; *Lorenz*, JR 1994, 430, 432 zu BGHR StPO § 251 Verwertungsverbot 8 = NJW 1994, 1970; *Wolters*, JR 1999, 524, 525, *Asbrock*, StV 1999, 187, 189 und *Fezer*, JZ 1999, 526 ff. jeweils zu BGHSt 44, 243 = NJW 1999, 959; *Fezer*, NStZ 2003, 625, 629 zu BGH NJW 2003, 2034; allgemein *Kassing*, JuS 2004, 675, 677; *Dallmeyer*, Beweisführung, S. 149 ff., 213 ff.; *Störmer*, Dogmatische Grundlagen, S. 176 ff.; *Jahn/Dallmeyer*, NStZ 2005, 297, 302 sprechen anschaulich von einer „Freihändigkeit, mit der solche Abwägungen im Bereich der Beweisverbote (...) vorgenommen zu werden pflegen"; ähnlich *Dallmeyer*, Beweisführung, S. 28.

272 Vgl. statt vieler *Hilger*, GA 2003, 482, 483; ebenso seitens des Gesetzgebers BT-Drucks 16/5846, S. 24.

men sowie zur Umsetzung der Richtlinie 2006/24/EG vom 27.6.2007 vorsieht[273], kaum begründen. Der faktische Einfluss dieser Berufsgruppen auf die gesetzgeberische Entscheidung liegt hingegen auf der Hand.

Bemerkenswert an der Judikatur des EGMR ist, dass sie die Frage der Verwertbarkeit explizit in Art. 6 EMRK verankert und ihr damit – anders als die deutsche Rechtsprechung – eine eigenständige normative Grundlage verschafft. Die Rechtsprechung des EGMR lässt auch eine größere Differenziertheit im Hinblick auf die bei der Würdigung der Fairness zu berücksichtigenden Gesichtspunkte erkennen als die Abwägungslehre. Andererseits harmonieren die Rechtsprechung zum Konfrontationsrecht und zur Selbstbelastungsfreiheit wenig. Im Hinblick auf die Rechtsprechung zum Konfrontationsrecht ist fragwürdig, ob sich ein Mangel an Fairness des Verfahrens überhaupt auf der Ebene der Beweiswürdigung kompensieren lässt.[274] Dasselbe gilt für die harmlos wirkende Rechtsprechung zur Verletzung der Privatsphäre. Die Rechtsprechung zur Selbstbelastungsfreiheit wirkt stark ergebnisorientiert, ist im Hinblick auf das Verhältnis zwischen der Konventionsverletzung und ihren Konsequenzen unklar und erscheint bezüglich der Unterscheidung zwischen vom Willen des Betroffenen abhängigen bzw. unabhängigen Beweismitteln gezwungen. Die bedeutende „Brechmittel-Entscheidung" schließlich vermag in ihrer offensichtlich politischen und nicht spezifisch menschenrechtlichen Fundierung nicht zu überzeugen und wirft mehr Fragen auf als sie beantwortet.

Die Unausgewogenheit, Lückenhaftigkeit und politische Infizierung der Beweisverbote lassen erkennen, dass das Maß ihrer tatsächlichen dogmatischen Fundierung und die Möglichkeit und Notwendigkeit derselben überschätzt wird. Die vielfältigen Vorschläge harmonischer Beweisverbotslösungen im Strafverfahrensrecht sind angesichts der Einbindung von Interessenverbänden in das Gesetzgebungsverfahren nicht ohne – verfassungsrechtlich bedenkliche – Einbußen für die Strafrechtspflege realisierbar. Schutzzweck- und Funktionslehren stellen sich als reduktionistische Erklärungen der diskreten Ergebnisse eines komplexen Verfahrens dar.

273 BT-Drucks 16/5846, S. 9.

274 Vgl. *Esser*, NStZ 2007, 106; umgekehrt lässt sich aber auch fragen, warum sich ein Mangel an Fairness gerade auf die Verwertbarkeit einzelner Beweismittel auswirken sollte.

C. Fundamentalanalyse der normativen Grenzen der Wahrheitserforschung im Strafverfahren

Die bisherigen Darstellungen haben gezeigt, dass es Gesetzgebung, Rechtsprechung und Rechtswissenschaft noch nicht gelungen ist, eine in sich schlüssige Dogmatik der Beweisverbote zu entwickeln. Dies mag nicht zuletzt daran liegen, dass die im Schrifttum entwickelten Lösungen durchweg einen integrativen Ansatz verfolgen, der versucht, die durch die Gesetzgebung und Rechtsprechung aufgestellten Normen in ein einheitliches Konzept zu pressen, statt ihre Lückenhaftigkeit und Unausgewogenheit herauszuarbeiten. Im folgenden soll versucht werden, anhand der in den vorangegangenen Untersuchungen dargestellten Schwächen der Rechtssetzung und Rechtsanwendung zentrale Gesichtspunkte aufzuzeigen, die notwendige Elemente einer Beweisverbotslehre sein müssen.

I. Die Bedeutung von Wahrheit im Strafverfahren

1. Das Strafverfahren als Erkenntnisprozess

Der Begriff der Wahrheit begegnet im Strafprozessrecht allenthalben und in stets erneuerter Aktualität: Die Gegner konsensualer verfahrensbeendender Absprachen weisen darauf hin, der Strafprozess dürfe nicht zum Ausverkauf der Wahrheit gegen die inflationäre Münze pragmatischer Notwendigkeiten gemacht werden[1]; nationale und europäische Rechtsprechung finden im Begriff der Wahrheit, die das Gericht nach Kräften zu erforschen habe, zueinander, wenn sich die Frage nach der Sperrung gefährdeter Zeugen stellt[2]; die Unschuldsvermutung streitet – gewissermaßen als Platzhalter der Transzendenz und Unabgeschlossenheit des Erkenntnisprozesses – solange für den Verdächtigen, bis vernünftige Zweifel an seiner Schuld überwun-

---

1 Vgl. etwa *Fischer*, NStZ 2007, 433; *Meyer-Goßner*, NStZ 2007, 425; *Harms*, FS Nehm 2006, S. 289, 296; *König*, StraFo 2006, 170; *Weßlau*, StV 2006, 357 ff.; eingehend zu den aktuellen Gesetzentwürfen zur verfahrensbeendenden Absprache in Strafverfahren *Gieg*, GA 2007, 469; *Altenhain/Hagemeier/Haimerl*, NStZ 2007, 71 ff.; *Jahn/Müller*, JA 2006, 681 ff.

2 Vgl. EGMR, StV 1990, 481; StV 1991, 193; NJW 1992, 3088; StV 1997, 617; StraFo 2002, 160; BGH NJW 2000, 3505; 2003, 74, 75; 2007, 237, 238 f.; BVerfG NStZ 2007, 534; NJW 2007, 204; BVerfG, 2 BvR 411/07 vom 2.5.2007, juris; zur Erforderlichkeit der Berücksichtigung der EMRK in der nationalen Rechtsanwendung BVerfGE 111, 307, 323 f. = NJW 2004, 3407; BGHSt 45, 321, 328 f. = NJW 2000, 1123; BGHZ 46, 93, 97.

den sind[3]; das Geständnis stellt ebenso wie die Aussage des Zeugen nur ein Indiz für die Wahrheit des vorgetragenen Sachverhalts dar und muss durch andere gewichtige Anhaltspunkte untermauert werden[4]; Bundesgerichtshof und Bundesverfassungsgericht werden nicht müde, im Zusammenhang mit Beweisverboten hervorzuheben, die Wahrheit dürfe „nicht um jeden Preis" erforscht werden[5], ohne aber zu vergessen, gebetsmühlenartig den hohen Wert der Wahrheitserforschung zu betonen, ohne der „der Gerechtigkeit nicht zum Durchbruch verholfen" werden könne.[6] Auch ein Grund für Beweisverbote wird im Schrifttum teilweise im Grundsatz der materiellen Wahrheitserforschung gesehen.[7] Und von prominenter Seite wird die Verwertbarkeit zu entlastenden Zwecken auch bei Verletzung nichtdisponibler Rechtsgüter begründet mit der objektiven Bindung des erkennenden Gerichts an das für niemanden disponible rechtsstaatliche Gebot, „nicht sehenden Auges ein Fehlurteil zu sprechen".[8] Über funktionale und ideologische Differenzen der Verfahrensbeteiligten hinweg liegt im Begriff der Wahrheit, die es zu erforschen gelte, ein gemeinsamer Nenner, der aufgrund seiner Neutralität nach Bedarf als Ausgangs- oder Zielpunkt jeglicher zweckorientierter Argumentation herangezogen wird. Die Bedeutung der Wahrheitserforschung für die Thematik der Beweisverbote bringt *Peters* schon 1966 in den einleitenden Worten seines Gutachtens für den 46. Deutschen Juristentag auf den Punkt: „Art und Umfang der Beweisverbote hängen von der Geltungskraft des Grundsatzes der Wahrheitserforschung ab."[9]

In seiner Gesamtheit scheint das Strafverfahren in einer idealen Gestaltung geradezu auf die Erforschung von Wahrheit angelegt zu sein. Die Thematik der Ziele und Zwecke des Strafverfahrens ist freilich umstritten.[10] Die Zielvorstellungen der Herstellung von Rechtsfrieden[11], der Genese einer verfahrensbeendenden, die Inter-

---

3 Vgl. BVerfGE 22, 254, 265 = NJW 1967, 2151, 2153; BVerfGE 35, 202, 232; BVerfGE 82, 106 = NJW 1990, 2741; BVerfGE 35, 311, 320 = NJW 1974, 26, 27; BVerfGE 74, 358, 371 = NJW 1987, 2427; BVerfGE 82, 106, 114 = NJW 1990, 2741; eingehend zum im Einzelnen umstrittenen normativen Gehalt der Unschuldsvermutung SK/*Paeffgen*, Art. 6 MRK Rn 175 ff.; *Stuckenberg*, Unschuldsvermutung, 1998; *ders.*, ZStW 1999, 422

4 Vgl. BGHSt 43, 195 = NJW 1998, 86; BGHSt 48, 161 = NJW 2003, 1615; BGH NStZ-RR 2005, 45; BGH NStZ 2004, 51; 2000, 86; 1999, 92; eingehend zum Beweiswert von Geständnissen bei Absprachen *König*, StraFo 2006, 570; *Hammerstein*, StV 2007, 48, 50 f.

5 BVerfG NStZ 1984, 82; BGHSt 14, 358, 365 = NJW 1960, 1580, 1581; BGHSt 17, 337, 348 = NJW 1962, 1873, 1874; BGHSt 31, 304, 309 = NJW 1983, 1570, 1572.

6 BVerfGE 32, 373, 381 = NJW 1972, 1123; 33, 367, 383 = NJW 1972, 2214, 2216; BVerfGE 77, 65, 76 = NJW 1988, 329, 330; BVerfGE 80, 367, 375 = NJW 1990, 563, 564; BVerfGE 100, 313, 389 = NJW 2000, 55, 65; BVerfGE 107, 299, 316 = NJW 2003, 1787, 1789.

7 Vgl. etwa *Klug*, in: Verhandlungen 46. DJT, Band II, Teil F, S. 35; *Jescheck*, 46. DJT, S. 17 bezeichnet die Gefahr unzuverlässiger Sachverhaltsfeststellung als „die geschichtlich älteste Begründung für die Einführung von Beweisverboten".

8 *Roxin/Schäfer/Widmaier*, StV 2006, 655, 659.

9 *Peters*, 46. DJT, S. 93.

10 Vgl. die Übersicht bei *Rieß*, JR 2006, 269, 270 f. m.w.N.

11 Vgl. *Volk*, Prozeßvoraussetzungen, S. 183 ff.; *Wolter*, GA 1985, 49, 53; *Rieß*, in: FS Schäfer 1980, S. 155, 170; *ders.*, JR 2006, 269, 270 f.; *Ranft*, FS Spendel 1992, S. 719, 724; LR/*Rieß*, Einl

essen der Allgemeinheit wahrenden Entscheidung in einem rechtlich geordneten Verfahren[12], der Durchsetzung des Rechtsgüterschutzes und der Wahrung von Rechten Verfahrensbeteiligter[13] oder – über das Verfahren im engeren Sinne hinaus – der Umsetzung positiver und negativer Strafzwecke[14] oder gar der Aufrechterhaltung einer funktionstüchtigen Strafrechtspflege[15] überschneiden sich vielfach und können kaum voneinander isoliert werden.[16] Es liegt aber auch auf der Hand, dass keines dieser Ziele und keiner der genannten Zwecke ohne die Orientierung an einer idealen Wahrheit, die „hinter" den das Verfahren leitenden Erkenntnissen steht, zu verwirklichen ist. Eine befriedende Funktion des Verfahrens[17] oder auch nur die Rechtsfindung[18] ist auf Grundlage „falscher" Tatsachen schwer vorzustellen, denn käme die Wahrheit „ans Licht", so dürfte es auch mit dem Frieden vorbei sein. Im Begriff der „Gerechtigkeit", an der sich die richterliche Entscheidung zu orientieren hat, liegt bereits die Verpflichtung zur Wahrheitssuche.[19] Die verfahrensbeendende Entscheidung ist so wenig Selbstzweck, wie der Rechtsschutz Verfahrensbeteiligter. Die eine ist der Ausdruck der „gefundenen" Wahrheit oder das Eingeständnis einer gescheiterten Suche; der andere ein Reflex der darauf gerichteten Anstrengungen, die, beseelt von der Faszination der Erkenntnis, mitunter deren Entstehungs- und Lebensbedingungen außer Acht lassen. Schuldausgleich, Prävention, Resozialisierung – diese Zwecke des Strafens oder des Kriminalrechts im weiteren Sinne machen nur Sinn auf dem Boden verlässlicher Erkenntnis; sie sind der Erforschung der Wahrheit nachgeordnete Phänomene, die auch außerhalb des Strafverfahrens verwirklicht werden, nie jedoch ohne dieses. Dass Wahrheit „nicht um jeden Preis" zu erforschen ist, stellt eine ebenso triviale wie missverständliche Aussage dar. Selbstverständlich ist die Strafrechtspflege ein hoheitliches Handeln, das gegenüber anderen öffentlichen oder individuellen Interessen nachrangig sein kann. Die Konsequenz ist dann ein Verzicht auf das Strafverfahren und damit ein Verzicht auf die Wahrheitserforschung, wie etwa beim Bestehen von Verfahrenshindernissen. Dass „Wahrheit nicht

---

B Rn 4 f.; *Meyer-Goßner*, Einl Rn 4; kritisch *Neumann*, ZStW 101 (1989), 52, 64 f.; *Naucke*, KritV 1993, 135, 138 f. („unabgeleitete Leerformel").

12 Vgl. *Peters*, Strafprozess, S. 14 f.; *Roxin*, Strafverfahrensrecht, § 1 Rn 1.

13 Vgl. KK/*Pfeiffer*, Einleitung Rn 1; *Hagen*, Prozesslehre, S. 107.

14 Vgl. AnwK-StPO/*Krekeler*/*Löffelmann*, Einleitung Rn 9.

15 *Landau*, NStZ 2007, 121, 124 ff.

16 Die meisten Deutungsansätze sind daher multifaktoriell mit bestimmten Schwerpunkten; vgl. deutlich bei *Roxin*, Strafverfahrensrecht, § 1 Rn 3 ff.; *Rieß*, JR 2006, 326.

17 Das räumt auch *Rieß*, JR 2006, 269, 271 ein: „Notwendig ist eine an Gerechtigkeitsvorstellungen orientierte, auf Wahrheitsfindung ausgerichtete, den Wertvorstellungen des Grundgesetzes entsprechende Realisierung des materiellen Strafrechts." Nach *Weigend*, Deliktsopfer, S. 195 ff., 215 könne das Strafverfahren zur Wiederherstellung des Rechtsfriedens durch die Ahndung der Tat überhaupt „nur in bescheidenem Umfang beitragen"; als Ziel des Strafverfahrens definiert Weigend „die Wiederherstellung des Rechtsfriedens durch Klärung des Tatverdachts".

18 Vgl. *Dalakouras*, Beweisverbote, S. 103; *Naucke*, KritV 1993, 135, 152.

19 Vgl. *Müller-Dietz*, Zeitschrift für Evangelische Ethik 15 (1971), 257, 261; *Neumann*, ZStW 101 (1989), 52.

um jeden Preis“ erforscht werden dürfe, kann demgegenüber nicht damit in eins gesetzt werden, sich im Strafverfahren mit Unwahrheiten oder Halbwahrheiten zu begnügen und darauf eine hoheitliche Entscheidung zu stützen.

An der Wahrheit scheint im Strafverfahren also kein Weg vorbei zu führen. Ihre Erforschung, die mit den Graden der Überzeugung der Verfahrensbeteiligten korreliert, stellt den Kristallisationspunkt des Ermittlungs- und Hauptverfahrens dar. Das Strafverfahren ist in erster Linie ein Erkenntnisprozess[20], Strafverfahrensrecht ein Regelwerk des Erkennens oder – moderner – der Informationsgewinnung und -verarbeitung.[21] *Hassemer* zählt in seinem bekannten Aufsatz über „Unverfügbares im Strafprozess“ den Grundsatz, „dass eine Verurteilung nur dann akzeptiert werden kann, wenn sie nach den Regeln der materiellen Wahrheitsfindung zustandegekommen ist“, zu den Rechtsgrundsätzen, „an deren Unverfügbarkeit man eigentlich nicht zweifeln“ könne.[22] *Erb* hat in Erwiderung auf Untersuchungen von *Freund*[23] und *Stein*[24] zur Legitimation von Fehlverurteilungsrisiken völlig zuteffend herausgearbeitet, dass es keine Legitimiation für Fehlverurteilungen geben könne, sondern nur deren in der Unvollkommenheit des menschlichen Erkenntnisvermögens angelegte Erklärung. „Einzig und allein die menschliche Unvollkommenheit, die der Gewinnung einer ‚letzten Sicherheit‘ trotz maximaler Anstrengung entgegensteht, erlaubt (oder besser gesagt erzwingt) die Hinnahme des danach verbleibenden Restrisikos. Diese normative Absolutheit des Interesses, von materiell unberechtigter Strafverfolgung verschont zu bleiben, dessen Verletzung im Einzelfall trotz faktischer Unvermeidbarkeit als furchtbares Versagen des Systems erscheint, geht verloren, sobald man Spekulationen darüber zulässt, wie groß die Gefahr der Verurteilung eines Unschuldigen denn im einzelnen sein darf, wenn der Richter seiner Sache selbst nicht sicher ist.“[25] Fehlverurteilungen sind Unrecht, das nicht legitimiert werden kann, sondern nach Möglichkeit durch die Erforschung des wahren Sachverhalts und wahren Rechts zu vermeiden ist.

---

20 So bereits AnwK-StPO/*Krekeler*/*Löffelmann*, Einleitung Rn 7; vgl. LR/*Rieß*, Einl G Rn 42, der die Wahrheitsermittlung als das „verfassungsrechtlich vorgegebene beherrschende Prinzip des Strafverfahrens“ bezeichnet; *Krauss*, FS Gallas 1973, S. 365: „Voraussetzung eines gerechten Strafurteils ist die ‚Erforschung der Wahrheit‘. Sie ist vordringliche Aufgabe des Gerichts (§ 244 Abs. 2 StPO) ebenso wie der Staatsanwaltschaft (§ 160 StPO) und der Polizei (§ 163 StPO)“; ähnlich *Weigend*, Deliktsopfer, S. 177 ff., 215 ff., der die negative und selektive Funktion der Wahrheitserforschung in den Vordergrund rückt, falsche Tatsachen und bloße Vermutungen als Entscheidungsgrundlage auszuschließen, und die Funktion der „Klärung des Tatverdachts“ betont, da andernfalls „die Tat als ungelöstes bedrohliches Rätsel im Raum“ stehe, „als Angriff aus dem Dunkel, der sich jederzeit wiederholen kann“; *Pelz*, Beweisverwertungsverbote, S. 122: Ziel des Strafprozesses sei es, die materielle Wahrheit in einem bestimmten, formalisierten Verfahren zu ermitteln.

21 Vgl. *Amelung*, Informationsbeherrschungsrechte, S. 11 f.

22 *Hassemer*, FS Maihofer 1988, S. 183, 203.

23 *Freund*, Normative Probleme, S. 70 ff.

24 *Stein*, Gewissheit, S. 233 ff.

25 *Erb*, FS Rieß 2002, S. 77, 88 f. (Hervorhebungen im Original).

Trotz der unbestritten zentralen Bedeutung der Wahrheitserforschung wird im juristischen Diskurs und besonders im Strafverfahrensrecht[26] selten die Frage gestellt, was Wahrheit „ist", was mit dem Begriff der Wahrheit gekennzeichnet ist oder – phänomenologisch gewendet – was das „Wesen" der Wahrheit ausmacht.[27] Die intuitive Überzeugung, die jeder hat, zu wissen, was Wahrheit ist, einschließlich der mehr oder weniger subtilen Formen der Kritik ihrer Erkenntnis, ist irreführend. Bereits die Rechtsanwendungspraxis zeigt, dass darüber, was Wahrheit ist, sehr unterschiedliche Anschauungen bestehen. Rechtsmittelrecht ist zu einem wesentlichen Teil – nämlich immer dann, wenn die Lauterkeit der Überzeugung der entscheidenden Personen in Frage gestellt wird – Erkenntnisbezweifelungsrecht. Die Pointe des modernen Strafrechts, das die entscheidende Person in den Mittelpunkt des Erkenntnisprozesses rückt – und nicht, wie das Recht der Inquisition, das Erkenntnisobjekt –, ist das Bekenntnis zum subjektiven Charakter jeder – auch der richterlichen – Erkenntnis und sind die Ausprägungen intersubjektiver Abschwächungen dieser Bürde durch Kollegialorgane, Mitwirkungspflichten anderer Verfahrensbeteiligter und nachgeordnete Kontrollmöglichkeiten durch Rechtsbehelfe. Wahrheit ist damit nicht mehr ein sich – im Gottesurteil, in der Reinheit des gegen physische Qualen immunen Geistes[28] – offenbarendes Phänomen, sondern ein zu erringendes, dessen man nur schwer habhaft werden und niemals ganz sicher sein kann.

In der Rechtswissenschaft spielt die dogmatische Auseinandersetzung mit dem Phänomen Wahrheit nur eine untergeordnete Rolle. Die meisten Bemühungen entfalten sich in der bekannten Kategorisierung verschiedener Typen von Wahrheitstheorien – der Korrespondenztheorie, der Kohärenztheorie und der Konsensustheorie, ohne deren zahlreiche Varianten näher zu beleuchten – und dringen kaum zu einer in die Tiefe gehenden Analyse des Wahrheitskriteriums vor. Entscheidend für das Verständnis normativer Grenzen der Wahrheitserforschung im Strafverfahren ist meines Erachtens, dass das Phänomen Wahrheit kein fachgebundenes ist, sondern ein allgemeines, das diziplinübergreifend gleichermaßen für alle Ausprägungen der Natur- und Geisteswissenschaften gilt. Wahrheit ist – zunächst – ein erkenntnistheoretischer Begriff und dann – in der Entgrenzung der Erkenntnis durch die Transzendentalphilosophie – auch ein ontologischer. Für die hier in Rede stehende The-

---

26 *Rieß*, JR 2006, 273 spricht davon, der Bezug der Verfahrensrechte auf die Ermittlung der Wahrheit werfe „erkenntnistheoretisch zahlreiche noch ungelöste Probleme auf."

27 Allgemeine Ausführungen zu Wahrheitstheorien finden sich – ohne Anspruch auf Vollständigkeit – bei *Kaufmann*, Rechtsphilosophie, S. 283 ff.; *Franke*, Bedeutung und Wahrheit, S. 65 ff. (mit Schwerpunkt zur Bedeutungstheorie *Davidsons*); *Poscher*, Wahrheit und Recht, S. 200 ff. (mit Schwerpunkt auf den Redundanztheorien); *Lüderssen*, Gadamers Wahrheit, S. 208 ff.; ferner in *MacCormick/Panou/Vallauri*, Modern Legal Thought, S. 136-210; speziell zum Strafverfahren *Müller-Dietz*, Zeitschrift für Evangelische Ethik 15 (1971), 257. Eine der seltenen, erkenntnistheoretisch kritischen Ausnahmen im Zusammenhang mit den normativen Grenzen der Wahrheitserforschung im Strafverfahren ist *Dallmeyer*, Beweisführung, S. 15 ff.; vgl. im Ansatz auch *Radtke*, FS Schreiber 2003, S. 375 ff., der ein Verständnis des Strafverfahrens als rationalen Diskurs ablehnt; *Gössel*, FS Hanack 1999, S. 277, 282 ff.

28 Vgl. *Lembke*, Folter, S. 197 ff. zum mittelalterlichen Wahrheitsverständnis.

matik der Beweisverbote ist dieses Verständnis von Wahrheit von entscheidender Bedeutung. Vertritt man einen spezifisch strafprozessualen Wahrheitsbegriff, wie etwa *Spendel*, der der Auffassung ist, die Wahrheitsfindung im Strafverfahren sei nicht „frei" oder „voraussetzungslos" wie die des Naturwissenschaftlers, sondern vollziehe sich in bestimmten Formen des Rechts[29], so ist damit die – zirkuläre – Begründung der Begrenzung der Wahrheitserforschung bereits gegeben. Ein solcher enger Begriff von Wahrheit bedürfte aber der Begründung; im rechtswissenschaftlichen Schrifttum ist die Unterscheidung formeller und materieller Wahrheit eher auf Ablehnung gestoßen.[30] Darauf, dass auch für den Richter ein an Wahrscheinlichkeiten orientiertes Erkenntnisideal maßgeblich ist, hat *Grünwald* – in Kritik an der Differenzierung zwischen „direkten" und „indirekten" (Indizien-) Beweisen – zutreffend hingewiesen. Durch diese Unterscheidung werde fälschlicherweise eine je unterschiedliche Struktur von Erkenntnis suggeriert. „In Wirklichkeit kann die Überzeugung vom Tatgeschehen – das ja der Vergangenheit angehört, also nicht unmittelbar erfahrbar ist – immer nur durch Schlüsse aus anderen Tatsachen, also auf dem Wege über Indizien, gewonnen werden. Bekundet ein Zeuge, dass A den B erschossen habe, so ist unmittelbar wahrnehmbare Tatsache für den Richter nur, dass der Zeuge dies aussagt. (Genau genommen nimmt der Richter nur Worte auf, denen er einen Sinn beilegt, wobei er annimmt, dass er die Worte so wie gesprochen gehört und ihren Sinn so wie gemeint verstanden habe.) Die Aussage ist ein Indiz dafür, dass der Zeuge ein entsprechendes Erinnerungsbild hat, dies wiederum ein Indiz dafür, dass er den Vorgang so wahrgenommen hat, und dies schließlich ein Indiz dafür, dass sich das Geschehen so abgespielt hat. Dabei ist keiner der Schlüsse in dieser Kette zwingend. Strukturelle Unterschiede gibt es somit zwischen dem ‚direkten' und dem ‚indirekten Beweis' nicht."[31]

Erschließt sich die volle Bedeutung des Grundsatzes der Wahrheitserforschung im Strafverfahren, so liegt auf der Hand, dass deren Beschränkung, wie der BGH und das Bundesverfassungsgericht wiederholt festgestellt haben, nur eine, der besonderen Legitimation bedürftige, Ausnahme darstellen kann.[32] Die von *Fezer* an der Genese dieser Rechtsprechung geübte Kritik, „Ausnahme" sei in der vorangegangenen Rechtsprechung des BGH[33] lediglich im Sinne einer neutralen verfahrenssystematischen Erkenntnis, nicht einer Vorrangregel verstanden worden, greift daher nicht durch.[34] Die im Strafverfahren zu erforschende Wahrheit erscheint vielmehr als

---

29 *Spendel*, NJW 1966, 1103.

30 Vgl. etwa *Pelz*, Beweisverwertungsverbote, S. 122; *Rogall*, FS Grünwald 1999, S. 523, 544; *Güntge*, StV 2005, 403, 404.

31 *Grünwald*, Beweisrecht, S. 87.

32 BVerfGE 33, 367, 383 = NJW 1972, 2214, 2216; BVerfG NStZ 2001, 43.

33 Vgl. BGHSt 14, 358, 365 = NJW 1960, 1580; BGHSt 27, 355, 357 = NJW 1978, 1390; BGHSt 28, 122, 128 = NJW 1979, 990; BGHSt 35, 32, 34 = NJW 1988, 1223.

34 *Fezer*, JZ 1999, 526, 527.

neutrale Basis, um Beweisverbote jenseits des Dualismus von Freiheits- und Sicherheitsanspruch[35] zu erklären.

2. Wahrheitserforschung und Opferbelange

Das Opfer der Straftat gehört zu den Wiederentdeckungen des modernen Strafverfahrens. Mit einem eigenen Abschnitt über die „sonstigen Befugnisse des Verletzten" eignete der Strafprozessordnung von 1871 in ihrem autoritären politischen Umfeld ein durchaus opferfreundliches aufgeklärtes Gepräge.[36] In Rechtswissenschaft und Rechtsprechung erfuhr das Opfer hingegen lange Zeit kaum Beachtung. Seit den 1970er Jahren widmen sich – ausgehend von Untersuchungen der Viktimologie – Rechtswissenschaft und Gesetzgebung wieder eingehender den Opferbelangen, die durch zahlreiche neue Gesetze maßgeblich gestärkt wurden.[37] Die Medien- und Öffentlichkeitswirksamkeit der Opferschutzdebatte hat zur Folge, dass heute kaum ein neues Gesetz im Bereich des Strafrechts und Strafverfahrensrechts auf das Etikett des Opferschutzes verzichtet.[38] Bei so viel – grundsätzlich berechtigter – Popularität der Thematik scheint eine kritische Würdigung der Ausweitung des Opferschutzes in ihren Wirkungen für die Funktionsfähigkeit des Strafverfahrens manchmal zu kurz zu kommen.[39]

Opferschutz kann in mancherlei Hinsicht in einem Spannungsverhältnis zu dem Gesichtspunkt der Wahrheitserforschung stehen. Umfassende Anwesenheitsheitsrechte des Opferzeugen in der Hauptverhandlung ermöglichen ihm, vor seiner eigenen Aussage der Beweisaufnahme beizuwohnen und mindern so den Beweiswert der Aussage. Die getrennte Vernehmung des Opferzeugen nach § 247a oder das Ersetzen seiner Aussage durch das Abspielen der Videoaufzeichnung einer früheren Vernehmung schränken das – auch durch Art. 6 Abs. 3 Buchstabe d EMRK – dem Beschuldigten eingeräumte Konfrontationsrecht ein und beeinträchtigen so die Wahrheitserforschung.[40] Die Betreuung des Opferzeugen durch Opferhilfeeinrichtungen, mit deren Mitarbeitern das Tatgeschehen besprochen und aufgearbeitet wird, kann dazu führen, dass dem Opferzeugen eine spontane Aussage aufgrund eigener Erinnerung kaum mehr möglich ist.[41] Vergünstigungen durch Maßnahmen des Zeu-

---

35 Vgl. *Wolter*, GA 1999, 158, 163 ff., der die Beweisverbotsdiskussion auf einen solchen „unversöhnlichen" Dualismus zuspitzt.

36 So *Rieß*, Jura 1987, 281, 282.

37 Vgl. näher *Löffelmann*, BewHi, 2006, 364, 366 f.

38 Vgl. zuletzt das Zweite Justizmodernisierungsgesetz vom 22.12.2006 (BGBl I S. 3416) und das Gesetz zur Stärkung der Rückgewinnungshilfe und der Vermögensabschöpfung vom 24. Oktober 2006 (BGBl I S. 2350).

39 Diese Kritik kommt maßgeblich von Verteidigerseite, vgl. etwa *Thielmann*, StV 2006, 41.

40 Vgl. die Nachweise oben Fn 2.

41 Vgl. *Thielmann*, StV 2006, 41; *v. Hasseln*, DVJJ-Journal 2002, 5; *Kinzig*, Organisierte Kriminalität, S. 156 ff., 682, 685 f.

genschutzes und der Zeugenbetreuung – zum Beispiel finanzielle Zuwendungen im Zusammenhang mit dem Verschaffen einer Tarnidentität oder aufenthaltsrechtliche Zusagen – können für den Zeugen ein Anreiz sein, seine Aussage in einer für ihn günstigen Weise zu fassen. Dass Zeugnis- und Auskunftsverweigerungsrechte (vgl. §§ 52 ff.) oder das teilweise oder umfassende Verschweigen der Identität eines Zeugen (vgl. § 68 Abs. 2 und 3, § 96, § 110b Abs. 3, Anlage D zur RiStBV) die Wahrheitserforschung im Strafverfahren erheblich beeinträchtigen können, liegt auf der Hand und wurde auch vom Bundesverfassungsgericht wiederholt festgestellt.[42] Die Thematik „Opferschutz und Wahrheitserforschung" hat aber nicht nur diese, am Schutz des Opfers ausgerichtete Seite. Die Opferschutzdebatte findet überwiegend auf dem Gebiet des Strafverfahrensrechts statt, teilweise auch auf dem des materiellen Strafrechts. Noch weitgehend ungeklärt ist die dogmatische Anbindung des materiellen Strafrechts an die Belange des Opfers.[43] Die damit verbundene Klärung von Grundsatzfragen ist geeignet, das Strafverfahren und seine rechtlichen Institutionen unter einem andern Blickwinkel zu betrachten.

Historisch kann mit Blick auf die Rolle des Opfers im Strafverfahren eine Entwicklung von der privaten Lösung strafrechtlich relevanter Konflikte über deren Verstaatlichung hin zu einer teilweisen Reprivatisierung der Konfliktlösung unter staatlicher Aufsicht verzeichnet werden.[44] Dass das Opfer eigene Interessen an der Durchführung des Strafverfahrens hat, steht nicht in Frage. Viktimologische Untersuchungen belegen in erster Linie ein Interesse des Opfers an materieller und immaterieller Kompensation des ihnen durch die Straftat zugefügten Schadens.[45] In den vorherrschenden Strafzwecktheorien taucht das Opfer hingegen nicht auf.[46] Die relativen Strafzwecke der positiven und negativen Spezial- und Generalprävention folgen ebenso einer kollektivistischen Sichtweise wie die – offenbar in der Rechtswissenschaft wieder stärkeren Rückhalt findenden[47] – absoluten Strafzwecktheorien, die erst gar nicht an individuelle Interessen anknüpfen, sondern das Interesse der Allgemeinheit am Gleichgewicht der Rechtsordnung betonen. Nimmt man die Perspektive des Opfers ein, so ergeben sich daraus weitreichende Folgen für die domatische Anbindung materiell-strafrechtlicher Fragen. So ist aus der Sichtweise des Opfers „Genugtuung" grundsätzlich in zwei Richtungen denkbar: durch Ausgleich der durch die Straftat für das Opfer entstandenen Beeinträchtigungen, also eine Aufwertung der Opferinteressen, aber auch durch eine Abwertung des Täters. Eine Funktion des Strafverfahrens, dem Opfer „Genugtuung" zu verschaffen, kann aus

42 BVerfGE 33, 367, 373 = NJW 1972, 2214; BVerfG, 2 BvR 26/07 vom 25.1.2007, juris m.w.N.

43 Dazu *Hörnle*, JZ 2006, 950.

44 Gute Darstellung der Entwicklung bei *Weigend*, Deliktsopfer, S. 24 ff., 93 ff. m.w.N.

45 Vgl. *Kilchling*, NStZ 2002, 57, 62; *ders.*, DVJJ-Journal 2002, 14; *ders.*, Viktimologie, S. 14 m.w.N.; *Baurmann/Schädler*, Opfer, S. 294 m.w.N.; BT-Drucks 15/814, S. 6.

46 *Hörnle*, JZ 2006, 950.

47 Vgl. etwa *Naucke*, Zerbrechlichkeit, S. 61 ff.; *Schilling*, Beweise, S. 36 f.; *Krauß*, FS Schaffstein 1975, S. 411, 424 f.; *Pawlik*, Person, 2004.

diesem Blickwinkel kaum verneint werden. Die in diesem Zusammenhang geläufige Wendung, das hoheitliche Strafverfahren kanalisiere das Rachebedürfnis der Opfer, erfasst die Bedeutung der Genugtuung nicht. Viktimologische Untersuchungen zeigen, dass Opfer von Straftaten sich selten „Rache" am Täter wünschen. Genugtuung bedeutet für sie neben dem Ausgleich materieller Schäden insbesondere Schuldübernahme durch den Täter, Entlastung von – so empfundener – Mitschuld und die Solidaritätsbekundung der Rechtsgemeinschaft mit dem Opfer durch die öffentliche Feststellung des ihm widerfahrenen Unrechts und die Verhängung eines sozialethischen Unwerturteils über den Täter.[48]

Diese Bedürfnisse erfordern eine sensible Handhabung der zum Schutz der Opferinteressen eingerichteten Rechtsinstitute, die sich nicht in eine – weitere – Belastung für das Opfer verkehren dürfen. Um der Gefahr einer Instrumentalisierung des Täter-Opfer-Ausgleichs für Täterinteressen und einer sekundären Viktimisierung des Opfers zu begegnen, fordert beispielsweise der BGH bei schweren Eingriffen in Persönlichkeitsrechte des Opfers durch die Straftat ein Geständnis.[49] Der Täter-Opfer-Ausgleich setze außerdem einen kommunikativen Austausch voraus, der auf einen umfassenden Ausgleich gerichtet sein müsse.[50] Die Rechtsentwicklung steht, was die konsequente Anwendung des Opferschutzes anbelangt, insoweit noch am Anfang. Teilweise wird im Schrifttum die Einführung eines Unrechts-Interlokuts gefordert, das ein – für das Opfer bedeutsame – Aussprechen eines Unwerturteils erlaube, auch wenn es wegen der fehlenden Schuld des Täters zu einer Verurteilung nicht komme.[51] Das Opferentschädigungsgesetz von 1976[52] trägt dem Genugtuungsbedürfnis der Opfer Rechnung, indem es Ansprüche auf Versorgungsleistungen nicht an die Voraussetzung einer strafgerichtlichen Verurteilung knüpft. Weitreichende Konsequenzen hat das Einnehmen der Opferperspektive auch für die Frage, zu welchem Zweck der Staat strafen darf. Nach einer im Schrifttum verbreiteten Auffassung dürfen Strafnormen ausschließlich dem Schutz konkreter Rechtsgüter vor Gefährdung oder Verletzung dienen.[53] Das Interesse des Opfers daran, von

48 Vgl. die Nachweise zu Fn 45.

49 BGHSt 48, 134 = NJW 2003, 1466.

50 BGH NStZ 2005, 97; 2006, 275; zur Rechtsprechung des BGH *Schädler*, NStZ 2005, 366.

51 *Jerouschek*, JZ 2000, 185, 191 f.; *Hörnle*, JZ 2006, 950, 958.

52 BGBl I S. 1181.

53 Die Begründung, Reichweite und verfassungsrechtliche Relevanz dieser sog. Rechtsgütertheorie ist überaus umstritten. Teilweise wird vertreten, ausschließlich der Schutz von konkreten Rechtsgütern könne ein mit Strafe sanktioniertes Handlungsgebot legitimieren (vgl. etwa *Roxin*, Strafrecht, S. 16 ff.; *Anastasopoulou*, Deliktstypen, S. 267 ff., 321 ff.; *Hassemer*, Rechtsgut, S. 57 ff.; Nomos-StGB/*Hassemer*/*Neumann*, vor § 1 Rn 108 ff.; SchSch/*Lenckner*/*Eisele*, vor § 13 Rn 9 f.); nach anderer Auffassung sollen neben dem Rechtsgut auch andere Legitimierungsprinzipien der Strafgesetzgebung, wie etwa der Schutz anerkannter sozialer Verhaltensregeln, tief verwurzelter Kulturüberzeugungen oder des Vertrauens in gesellschaftliche Institutionen unter engen Verhältnismäßigkeitsvoraussetzungen genügen (vgl. etwa *Stratenwerth*, Kollektivrechtsgüter, S. 255 ff.; *ders.*, FS Lenckner 1998, S. 377, 386 ff.; *Hefendehl*, Kollektive Rechtsgüter, 2002; *ders.*, GA 2007, S. 1, 9 ff.; *Hörnle*, Grob anstößiges Verhalten, 2005; *dies.*, Schutz von Gefühlen, S. 268 ff.); eine dritte Richtung stellt maßgeblich auf die Sozialschäd-

Dritten nicht in seiner Lebensführung belästigt zu werden, dürfte sich kaum unter die gängigen Rechtsgutdefinitionen subsumieren lassen. Belästigt zu werden, ist eine subjektive Einschätzung des Opfers, nicht ein nach objektiven Maßstäben einer Definition zugängliches Rechtsgut. Mit dem Gesetz zur Strafbarkeit des „Stalking" hat sich der Gesetzgeber aber von dem Rechtsgutsgedanken gelöst und die Strafnorm ausdrücklich an das subjektive Sicherheitsempfinden des Opfers geknüpft.[54] Ob das notwendig war und die Strafnorm im Einzelnen gelungen ist, muss hier nicht beurteilt werden. Die Strafnorm zeigt aber, dass sich das Einnehmen der Opferperspektive auch im Bereich des materiellen Strafrechts erheblich auswirkt.

Für den hier in Rede stehenden Zusammenhang erweisen sich Opferinteressen in zweierlei Hinsicht von Relevanz. Einmal sind sie – wie bereits ausgeführt – geeignet, die Wahrheitserforschung im Strafverfahren zu beeinträchtigen. Auf der anderen Seite – und dieser Gesichtspunkt findet in der Opferschutzdiskussion noch wenig Beachtung – hat das Opfer ein eigenes legitimes Interesse an der Wahrheitserforschung.[55] Belange der Rechtsstaatlichkeit und des Täterschutzes können dieses Opferinteresse beeinträchtigen. Wenn es Aufgabe des Staates ist, für den Schutz seiner Mitglieder vor Verletzungshandlungen Dritter einzustehen[56] und dieser Schutzauftrag auch durch das Strafrecht gewährleistet wird, so stellt es ein verfassungsrechtliches Gebot dar, bei der Normierung und Annahme von Beweisverboten nicht nur zwischen den schutzwürdigen Interessen des Beschuldigten und dem Interesse der Allgemeinheit an der Wahrheitserforschung abzuwägen, sondern in diese Abwägung auch das Interesse des Opfers an der Feststellung der Wahrheit und an Genugtuung

---

lichkeit eines Verhaltens ab, die seine Pönalisierung rechtfertigen könne (vgl. *Amelung*, Rechtsgüterschutz, S. 330 ff.; *Schünemann*, Rechtsgüterschutzprinzip, S. 133 ff.; ähnlich der Gedanke des Harm Principle, dazu *v. Hirsch*, Rechtsgutsbegriff, S. 13 ff.); hinzu kommen Auffassungen, die die Bedeutung des Rechtsguts für die Legitimation einer Strafnorm gänzlich in Zweifel ziehen (vgl. etwa *Bottke*, FS Lampe 2003, S. 463, 464, 487 f.; *Wohlers*, Rechtsgutsskeptiker, S. 281 ff.).
Die verfassungsrechtliche Relevanz der Rechtsgutstheorie wird im Schrifttum eher als gering eingeschätzt (vgl. *Lagodny*, Schranken der Grundrechte, S. 143 ff., 536; *Appel*, Verfassung und Strafe, S. 390; *Müller-Dietz*, GS Zipf 1999, S. 123, 132; *Hörnle*, Grob anstößiges Verhalten, S. 11 ff.; a.A. *Hassemer*, Rechtsgut, a.a.O., S. 57 ff.; *Schünemann*, Rechtsgüterschutz, S. 142 ff.). Das Bundesverfassungsgericht hat bislang bei der Überprüfung der Verfassungsmäßigkeit von Strafnormen nicht auf den Gesichtspunkt des Rechtsgüterschutzes abgestellt, sondern mit diversen Formulierungen die maßgebliche Bedeutung wichtiger Interessen der Gemeinschaft zum Ausdruck gebracht (vgl. BVerfGE 27, 18, 29; 39, 1, 46; 45, 187, 253: Schutz „elementarer Werte des Gemeinschaftslebens"; BVerfGE 88, 203, 257: Schutz der „Grundlagen eines geordneten Gemeinschaftslebens"; BVerfGE 90, 145, 184: Schutz „wichtiger Anliegen der Gemeinschaft".). Zur historischen Genese der Rechtsgutstheorie vgl. *Amelung*, Rechtsgüterschutz und Schutz der Gesellschaft, 1972, S. 15 ff.; zur Spannweite der unterschiedlichen Auffassungen die Beiträge in: *Hefendehl/von Hirsch/Wohlers*, Rechtsgutstheorie, 2003; Überblick über den aktuellen Diskussionsstand bei *Hefendehl*, GA 2007, S. 1 ff.

54 Vgl. Gesetz zur Strafbarkeit beharrlicher Nachstellungen vom 22.3.2007, BGBl I S. 354; BT-Drucks 16/575, S. 6, 8.

55 So auch *Hörnle*, JZ 2006, 950, 953 ff.

56 Vgl. BVerfGE 57, 250, 284 = NJW 1981, 1719.

einzubeziehen. Dieses Interesse ist nicht in erster Linie vom Gewicht des durch die Strafnorm geschützten Rechtsguts abhängig. Im Bereich der opferlosen Kriminalität – zum Beispiel der Transaktionskriminalität – entfällt dieser Gesichtspunkt ganz, obwohl hochrangige Schutzgüter – etwa die Sicherheit des Staatswesens – auf dem Spiel stehen. Hingegen können im Bereich der Bagatellkriminalität – zum Beispiel bei Ehrverletzungen oder Nötigungen – Persönlichkeitsrechte des Opfers in erheblicher Weise tangiert sein.[57] Häufig wird das Interesse des Opfers an Strafverfolgung weniger von dem in Rede stehenden Rechtsgut als vielmehr von den Besonderheiten des Einzelfalls abhängig sein. Die Verletzung der körperlichen Unversehrtheit oder des Rechts auf sexuelle Selbstbestimmung kann in körperlichen und seelischen Schäden und Folgeschäden unterschiedlichster Ausprägung ihren Niederschlag finden. Vom Ausmaß dieser Schäden wird häufig auch das Interesse des Opfers an der Wahrheitsfindung und an Genugtuung abhängig sein.

Fraglich ist, wie dieses Interesse im Rahmen der Rechtsanwendung und Rechtssetzung bei der Prüfung, welche Reichweite Beweisverbote entfalten (sollen), Berücksichtigung finden kann. Durch die Rechtsprechung kann das Interesse des Opfers an der Wahrheitsfindung grundsätzlich nach objektiven Maßstäben anhand des Rangs des verletzten Rechtsguts und der konkreten Auswirkungen der Verletzungshandlung auf das Opfer gewichtet und dem Interesse des Beschuldigten und der Allgemeinheit an der Rechtsstaatlichkeit des Verfahrens gegenübergestellt werden. Durch Maßnahmen des Täter-Opfer-Ausgleichs oder andere Formen der Wiedergutmachung und Entschädigung kann das Opferinteresse nach objektiven Maßstäben geschmälert sein. Für eine Bewertung des Opferinteresses nach dem subjektiven Empfinden des Opfers ist hingegen kein Raum, da die Rechtsordnung zwar Individual- nicht aber Partikularinteressen schützt. Einer Güterabwägung, die eine durch die rechtliche Gleichheit der Rechtsgutsträger vermittelte Vergleichbarkeit der Rechtsgüter voraussetzt, wäre andernfalls der Boden entzogen.

Schwieriger ist die Frage der Berücksichtigung von Opferinteressen auf der Rechtssetzungsebene. Hier kommt nur eine Typisierung anhand abstrakter Schadenskriterien in Betracht. Dem Strafrecht sind solche Typisierungen nicht fremd. Sie treten insbesondere im Gewand von Regelbeispielen und Qualifikationstatbeständen im materiellen Strafrecht auf (vgl. etwa § 176a Abs. 2 Nr. 3, Abs. 5, § 177 Abs. 2 Nr. 1, Abs. 3 Nr. 3, Abs. 4 Nr. 2, § 226 Abs. 1, § 235 Abs. 4 Nr. 1, § 236 Abs. 4 Nr. 2, § 239 Abs. 3 Nr. 2, § 263 Abs. 3 Nr. 2 und 3 StGB). Die für das Opfer eintretende Gefahr des Todes, der schweren gesundheitlichen Schädigung oder erheblichen Schädigung der körperlichen oder seelischen Entwicklung, seine erniedrigende Behandlung, seine schwere körperliche Misshandlung oder das Verursachen eines erheblichen Vermögensverlusts oder wirtschaftlicher Not stellen hinreichend bestimmte Kriterien dar, die eine gesetzliche Kategorisierung des Grades des Opferinteresses erlauben und der näheren Auslegung durch die Fachgerichtsbarkeit zugänglich sind. Hinzu müsste regelungstechnisch – dem Vorbild des § 100c Abs. 1

57 Vgl. den Kataolg der Delikte, die zur Nebenklage berechtigen (§ 395 Abs. 1).

Nr. 2 folgend – die Voraussetzung treten, dass das Opferinteresse auch im Einzelfall so schwer wiege, dass es einem Absehen von der Beweiserhebung oder Beweisverwertung entgegenstehe.

II. Das Problem der Güterabwägung

1. Methodik der Güterabwägung

Die Untersuchung der zur Beweisverbotsproblematik ergangenen Rechtsprechung hat ein Auseinanderfallen ihres dogmatischen Anspruchs und ihrer Kasuistik erbracht. Dogmatisch firmiert die Rechtsprechung unter dem Topos „Abwägungslehre". Kasuistisch lassen sich mehrere Fallgruppen bilden, die aber nur teilweise an den Gesichtspunkt der Abwägung anknüpfen. Soweit dies geschieht, erschöpft sich die Auseinandersetzung der Gerichte mit dem Gesichtspunkt der Abwägung in der Feststellung ihrer Notwendigkeit, ohne in eine materielle Güterabwägung einzutreten. Offen bleibt, wie die erforderliche Abwägung im Einzelnen auszusehen habe. Auch in der im Schrifttum geäußerten Kritik werden grundsätzliche Zweifel daran erhoben, ob die Abwägungslehre überhaupt taugliche Kriterien für die Beurteilung von Beweisverboten liefern könne.[58] Nach *Dallmeyer* gehe mit der Abwägung eine Aufweichung prozessualer Formen einher. Die Rechtswidrigkeit bestimmter Maßnahmen der Strafverfolgungsbehörden werde nicht mehr mitsamt den dazugehörigen Konsequenzen festgestellt, sondern es würden graduelle Unterschiede nach Art von „halb unfair" bzw. „weniger oder noch weniger fair" entwickelt, die sich im Wege der Abwägung in die Folgenlosigkeit führen ließen.[59] *Müssig* bringt die Kritik des Schrifttums auf den Punkt, wenn er über die Abwägungstheorie schreibt: „Methodisch konsequent müsste nach diesem Ansatz nicht nur eine vollständige Rangordnung von Verfassungsgütern als überprüfbarer Hintergrund der Abwägung aufgewiesen werden, sondern auch ein Maßstab, nach dem sich das soziale Gewicht von Verfassungswerten in konkreten Situationen bestimmen ließe. Ein solch umfassendes Wertungs- bzw. Wertrangsystem ist jedoch bisher weder vom BVerfG noch von den Vertretern der Abwägungslehre entwickelt worden; nicht ohne Grund. (…) Unabhängig von der – erkenntnistheoretischen wie sozialen – Begründbarkeit einer Wertordnung ist schon eine quantifizierende Vergleichseinheit für das Gewicht oder die Verwirklichungsintensität eines Verfassungswertes nicht vorhanden, zumindest ist sie intersubjektiv nicht zwingend ableitbar."[60]

Solche Kriterien, Maßstäbe oder Vergleichseinheiten sind aber notwendig, soll die Güterabwägung sich nicht in einer lediglich folgenorientierten funktionalistischen

---

58 Vgl. *Wolters*, JR 1999, 524, 525; *Lorenz*, JR 1994, 430, 432; *Asbrock*, StV 1999, 187, 189; *Gropp*, StV 1989, 216.

59 *Dallmeyer*, Beweisführung, S. 151.

60 *Müssig*, GA 1999, 119, 139.

Betrachtung nach Zweckmäßigkeitsgesichtspunkten erschöpfen, sondern tatsächlich Rechtsinhalte zueinander in Beziehung setzen.[61] An diesen Befund knüpfen sich zwei methodische Fragestellungen. Erstens setzt eine Abwägung die Festlegung ihres Gegenstands voraus. Es geht also um die Frage, welche Gesichtspunkte, Tatsachen, Werte oder Rechtsgüter gegeneinander abzuwägen sind. Zweitens stellt sich die Frage nach den Vorbedingungen des Gewichtens und der Gewichte. Welche Gewichte kommen den zur Abwägung stehenden Gesichtspunkten, Tatsachen, Werten und Rechtsgütern zu und warum? Nach welchem Maßstab lassen sich diese Gewichte bestimmen, vorausgesetzt, sie lassen sich überhaupt bestimmen?

Diese Fragestellungen sind lange bekannt und im Bereich des Strafprozessrechts wenig beachtet. Den plastischen Ausführungen von *Rupp* in seinem Gutachten zum 46. Deutschen Juristentag ist insoweit wenig hinzuzufügen. In seiner Bewertung der Beweisverbote aus verfassungsrechtlicher Sicht legt der Gutachter dar, „dass die prinzipielle Schwierigkeit, Staatsinteressen und Individualinteressen gegeneinander abzuwägen darin liegt, dass die Gegenstände der Abwägung verschieden strukturiert sind und man sich deshalb die Frage vorlegen muss, ob es überhaupt eine Waage gibt, die eine Abwägung eines Individualinteresses mit einem Gemeinschaftsinteresse erlaubt. Offenbar wird das weithin – wie sich in formelhaften Wendungen kundtut – als stillschweigend und unbewiesen vorausgesetzt, mit der eigentlich zwangsläufigen Folge, dass aus der Formel eine nichtssagende Leerformel wird. Jede gegenseitige Abwägung zweier Objekte setzt ein gemeinsames Maßsystem voraus, nach welchem beide Objekte gemessen und eine Aussage über ihre gegenseitige Relation getroffen werden kann. So gibt es für Schweremessungen die Gewichtseinheit, für Längenmessungen die Längeneinheit, für Flächenmessungen die Flächeneinheit oder für Messungen elektrischer oder sonstiger Energien bestimmte Energieeinheiten. Das alles sind hinlänglich bekannte Erscheinungen ebenso wie die Tatsache, dass eine Abwägung von Energie mit Flächenmaßen ebenso unmöglich ist wie diejenige einer Fläche mit Energiemaßen. Man müsste also zunächst ein gemeinsames Maßsystem finden, um eine Abwägung von Gemeinschaftsinteressen gegenüber Individualinteressen vornehmen und eine Aussage treffen zu können, ob das Individualinteresse oder das Gemeinschaftsinteresse gewichtiger, stärker, größer, höher, mächtiger, kräftiger, kurzum in irgendeiner Weise belangvoller sei."[62]

2. Bestimmung des Abwägungsgegenstands

Die Festlegung des Abwägungsgegenstands erfordert ein Zurückgehen auf die Grundbegriffe des Strafverfahrens. Bereits an dieser Stelle sind Vorentscheidungen

61 Dass sich die funktionalistische Folgenberücksichtigung in der Güterabwägung realisiere, wie *Hassemer*, FS Maihofer 1988, S. 183, 191, feststellt, dürfte auf die reale gerichtliche „Abwägungspraxis" wohl zutreffen, trifft aber nicht das methodische Ideal einer solchen Abwägung.

62 *Rupp*, 46. DJT, S. 197 f., vgl. auch S. 201.

notwendig, die die Kennzeichnung des Abwägungsgegenstands als nicht selbstverständlich erscheinen lassen. Nach hier vertretener Auffassung stellt die Erforschung der Wahrheit des der Entscheidung zugrundeliegenden Sachverhalts ein vorrangiges Ziel des Strafverfahrens dar. Als maßgeblicher Gesichtspunkt der Abwägung kann daher die Wahrheitserforschung oder das Interesse an der Wahrheitserforschung festgemacht werden. Was ist darunter zu verstehen? Die Rede vom Interesse an der Wahrheitserforschung beinhaltet eine Vielfalt von Implikationen. Wahrheitserforschung kann aus Neugierde und Forscherdrang betrieben werden, aus Gerechtigkeitserwägungen, aus taktischen und dogmatischen Überlegungen, zum Beispiel, um eine wertneutrale Basis für das Zusammenwirken konkurrierender Positionen im Strafverfahren zu ermöglichen. Entscheidend für die herausgehobene Stellung der Wahrheitserforschung ist deren erkenntnistheoretische Verbindung mit dem Entscheidungsprozess. Urteile im erkenntnistheoretischen Sinn setzen zu Beurteilendes voraus. Erst der Übergang vom Beurteilbaren oder zu Beurteilenden zum Beurteilten bringt die Frage nach der Wahrheit des Beurteilten hervor. Jedes Urteil setzt Wahrheit als Wahrheit des Sachverhalts unausgesprochen voraus, ohne sich deshalb gegen die Möglichkeit des Irrtums zu immunisieren. Wird das Urteil zum Gegenstand des Urteilens, so tritt der Gesichtspunkt der Wahrheit in der Frage nach der Urteilswahrheit schärfer hervor, da Urteile häufig – aber nicht nur – nach ihrer Wahrheit befragt werden. Aber auch hier entsteht – wie bei den Basissätzen – Wahrheit erst auf einer erkenntniskritischen Stufe. Diese Haltung ist dem Strafverfahren immanent. Im Strafverfahren geht es im Kern um die Frage der Validität von Beweismitteln, der Glaubwürdigkeit von Zeugen, der Belastbarkeit von Indizien. Da das Tatgeschehen, der historische Sachverhalt, den Beteiligten des Strafverfahrens nicht „unmittelbar“ vor Augen tritt, sondern aus anderen Tatsachen – den Beweismitteln – erst erschlossen werden muss, kennzeichnet der Gesichtspunkt der Wahrheit das Strafverfahren nicht als unausgesprochene Annahme des Erkennens, sondern als ausdrückliche, das Erkennen leitende Frage.

Dennoch ist diese Zielbestimmung der Wahrheitserforschung nicht selbstverständlich. Von einem pragmatischen Standpunkt ließe sich ein Verfahren denken, dass auf Wahrheitserforschung verzichtete und dafür den Gesichtspunkt der Schadenskompensation in den Vordergrund rückte, indem es alle Verfahrensbeteiligten verpflichtete – unabhängig von ihrem Verursachungsbeitrag – nach ihren Kräften an der Behebung des entstandenen Schadens mitzuwirken. In den Opportunitätsvorschriften des Strafprozessrechts (§§ 153 ff., 375, §§ 45, 47 JGG, § 29 Abs. 5 und § 31a BtmG) findet die Wahrheitserforschung eine durch pragmatische Gesichtspunkte beeinflusste Grenze. Ebenso ließe sich eine Verfahrensordnung denken, die die Befriedung des Rechtsstreits unter den Beteiligten – zum Beispiel durch die Veranstaltung eines sportlichen Wettstreits – als vorrangigen Maßstab wählte. Der Gesichtspunkt der Herstellung von Rechtsfrieden prägt maßgeblich das Zivilverfahren. Der Grundsatz der Darlegungs- und Beweislast der Parteien ermöglicht ein durch Verfahrensvorschriften formalisiertes Kräftemessen. Wer die besseren Beweise hat, vermag den Rechtsstreit zu seinen Gunsten zu entscheiden. Um die Erforschung der

Wahrheit geht es – pointiert gesagt – im Zivilrechtsstreit nicht. Er kommt auch ohne eine entsprechende Überzeugungsbildung des Urteilenden aus, ja er muss nach seiner Konzeption sogar ohne sie auskommen, um die Waffengleichheit der Parteien zu gewährleisten. Dass das Strafverfahren dem Primat der Wahrheitserforschung folgt und ihm eine erkenntniskritische Haltung eignet, hat seinen konzeptionellen Ursprung in der Anbindung an das staatliche Strafmonopol. Durch das Offizialprinzip ist das gemeinschaftliche Interesse an der Strafverfolgung dem Staat überantwortet, der diese Legitimation an einzelne Strafverfolgungspersonen weitergibt. Die Rechtsgemeinschaft steht nicht – wie die Partei im Zivilverfahren – auf einer Seite einer Interessenkollision, sondern auf beiden oder besser allen Seiten. Die Rechtsgemeinschaft hat ein Interesse sowohl an der Überführung und Bestrafung des Straftäters als auch an der Wahrung seiner Persönlichkeitsrechte, an seiner Wiedereingliederung und an der Wahrung der schutzwürdigen Interessen anderer am Strafverfahren Beteiligter und von ihm Betroffener. Die Rede vom „öffentlichen Interesse an der Strafrechtspflege" das den durch sie beeinträchtigten Rechtsgütern im Rahmen der Güter- und Verhältnismäßigkeitsabwägung oft gegenübergestellt wird, und das Argument der generalpräventiven Lehren, der Staat dürfe nicht aus eigenen Rechtsbrüchen profitieren, sind insofern – worauf *Ranft* zutreffend hinweist – schief, „denn die Aufklärung der materiellen Wahrheit kann nicht, gleichsam fiskalisch, einem besonderen Staatsnutzen zugerechnet werden, dessen Förderung dem Individualnutzen entgegenzustehen scheint."[63] Das Interesse der Rechtsgemeinschaft geht letzten Endes auf die Aufrechterhaltung ihres Bestands. Durch das Strafverfahren reagiert sie auf Beeinträchtigungen oder Gefährdungen ihres Bestands, auch auf durch das Strafverfahren selbst vermittelte Beeinträchtigungen oder Gefährdungen. Die Feststellung solcher Beeinträchtigungen oder Gefährdungen ist wesentlich für die Wahrnehmung ihres Interesses. Das Interesse der Rechtsgemeinschaft – das nicht ein singuläres Interesse darstellt, sondern auf einen bestandserhaltenden universalen Interessenausgleich abzielt – lässt sich nur auf der Grundlage empirischer Kenntnisse wahren. Da es nicht um die Hinnahme der Beeinträchtigung individueller Interessen zugunsten anderer Individualinteressen geht, findet das öffentliche Interesse in der Wahrheitserforschung eine interessenneutrale Zielbestimmung und im Grundsatz der Amtsaufklärung deren geeignetes Mittel.

Diese Betrachtungen zeigen bereits, dass die Frage nach dem Gegenstand der im Rahmen der Beweisverbotsproblematik nach der Lehre der Rechtsprechung vorzunehmenden Abwägung ungenau gestellt ist. Das Bild zweier Waagschalen, auf deren einer das öffentliche Interesse an der Strafverfolgung oder Wahrheitserforschung liegt und auf deren anderer die dadurch beeinträchtigten Individualinteressen, ist vereinfachend. Tatsächlich decken und überschneiden sich das öffentliche Interesse an der Strafverfolgung und die schutzwürdigen Individualinteressen auf vielfältige Weise. Nicht nur können Strafverfahren der Entlastung eines Beschuldigten dienen, indem seine Unschuld festgestellt wird oder indem ihm die Möglichkeit zur Sühne,

63 *Ranft*, FS Spendel 1992, S. 719, 735; ähnlich *Müssig*, GA 1999, 119, 141.

Wiedergutmachung und Rehabilitierung gegeben wird.[64] Das öffentliche Interesse an der Strafverfolgung richtet sich auch auf eine angemessene Begrenzung des Einsatzes und der Mittel des Strafrechts. Das öffentliche Interesse an der Strafverfolgung ist auch das Interesse des der Strafverfolgung Unterworfenen und vice versa. Die subjektiven Rechte des Betroffenen werden durch die Rechtsgemeinschaft ebenso gewährleistet wie die des aktuellen und des potentiellen Opfers.[65] Die Rechtsgemeinschaft schützt auch den Straftäter davor, Opfer von Straftaten zu werden[66], und sie möchte das Opfer davor bewahren, Täter zu werden, sei es, indem sie ihm die Strafverfolgung abnimmt[67], sei es, indem sie es bei seiner Wiedereingliederung unterstützt.[68] Die Wahrheitserforschung als empirisch notwendige Grundlage der Interessenwahrnehmung kann daher weniger auf einer Seite einer Güterabwägung gesehen werden, sondern ist besser charakterisiert als deren neutrale Basis. In diesem Sinne „das Strafverfahrensrecht als Instrument zur Abwehr von Gefahren nicht für die vom Strafverfahren betroffenen Menschen, sondern für die Strafrechtspflege zu begreifen“[69] bedeutet keinesfalls, den Gedanken von „Unverfügbarem“ aufzugeben, sondern hilft, den Bereich des Verfügbaren in seinen Schattierungen wahrzunehmen.

3. Gewichtung des Abwägungsgegenstands

Ein ähnlich komplexes Bild zeichnet sich, wenn man nicht nach dem Gegenstand der Abwägung fragt, sondern nach der Gewichtung der abzuwägenden Gegenstände. Das öffentliche Interesse an der Strafverfolgung wird gemeinhin durch die Schwere der Straftat, den Rang des verletzten Rechtsguts und die gesellschaftliche Wirkung der Straftat (Kriminalitätsempfinden, Generalprävention, rechtspolitische Bedeutung) gewichtet. Dabei handelt es sich nicht um feste Wertsetzungen, sondern um

64 Vgl. *Kaufmann*, Schuldprinzip, S. 201: „Nicht nur die staatliche Gemeinschaft, sondern auch der Verbrecher selbst hat ein Recht auf Strafe. (…) Wird dem Schuldigen nicht die Möglichkeit der Entsühnung gewährt, so behandelt man ihn wie einen Unmündigen, wie einen, der seine Taten nicht zu verantworten vermag.“

65 Auf individuelle Interessen an der Verwertung – zum Beispiel Verdächtigter oder Opfer – weist bereits *Gropp*, StV 1989, 216, 220 hin. *Otto*, FS Kleinknecht 1985, S. 319, 323, bezeichnet es als „eigenartig“, dass das Bundesverfassungsgericht in seiner „Tonband-Entscheidung“ (BVerfGE 34, 245) die zugleich betroffenen Interessen Privater „nicht einmal erwähnt und deshalb auch nicht in die Interessenabwägung einbezogen“ hat.

66 Dieser Gesichtspunkt kommt namentlich bei gegen andere Strafgefangene gerichtete Straftaten in Justizvollzugsanstalten – vgl. aktuell etwa die Tötung eines Mitgefangenen in der JVA Siegburg im November 2006 – zum Tragen.

67 Vgl. zur Entwicklung des Offizialprinzips durch Übernahme der Aufgabe der Vergeltung durch den Staat *Weigend*, Deliktsopfer, S. 93 ff.

68 Insoweit wird – wie auf Seiten des Täters – von der Notwendigkeit der Resozialisierung des Opfers gesprochen, vgl. *Baurmann/Schädler*, Opfer, S. 305.

69 *Hassemer*, FS Maihofer 1988, S. 182, 204, dessen Kritik an der Betonung der „Gefahren für die Strafrechtspflege“ sich gegen den Begriff der „Funktionstüchtigkeit der Strafrechtspflege“ richtet.

solche, die dem gesellschaftlichen Wandel unterworfen sind.[70] Insbesondere sind die Gesichtspunkte der Schwere der Straftat und des Rangs des verletzten Rechtsguts in hohem Maße von dem gesellschaftlichen Hintergrund abhängig, auf den die Wahrnehmung der Straftat trifft. Dies veranschaulicht in exemplarischer Weise der Bedeutungswandel der Sexualdelikte.[71] Nehmen diese statistisch in absoluten Zahlen eher eine Randstellung ein, stehen sie in der Kriminalitätswahrnehmung der Bevölkerung und im rechtspolitischen Diskurs doch in einer Weise im Vordergrund, die den Gedanken ihrer medialen und politischen Instrumentalisierung nahelegt. Der Argumentationstopos von „Freiheit und Sicherheit" wird in einem stehenden Zusammenhang mit den Sexualdelikten verwendet, insbesondere soweit es um die Notwendigkeit und Angemessenheit eingriffsintensiver freiheitsentziehender Maßnahmen wie die Sicherungsverwahrung geht.[72] Auf der anderen Seite unterscheidet die öffentliche Wahrnehmung nur unzureichend zwischen kriminalphänomenologisch ganz unterschiedlichen Deliktstypen der Sexualstraftaten. Da die Entwicklung des materiellen Strafrechts von dem durch einzelne Ereignisse erzeugten öffentlichen Druck beeinflusst ist, stellt der gesetzliche Strafrahmen nur bedingt ein verlässliches Kriterium für die Schwere der Straftat und den Rang des geschützten Rechtsguts dar. Das lässt sich exemplarisch bei der Schaffung neuer Straftatbestände wie zum Beispiel dem „Stalking"-Tatbestand (§ 238 StGB) beobachten, dessen vergleichsweise hoher Strafrahmen der Ermöglichung der (systemwidrigen, weil eigentlich eine Aufgabe der Gefahrenabwehr darstellenden) Verhängung von „Deeskalationshaft" unter den Voraussetzungen des § 112a geschuldet ist.[73] Ein anderer Kriminalitätsbereich,

70 Bereits *Sarstedt* wies 1966 auf den engen Zusammenhang zwischen einer „Hypertrophie des Strafrechts" und einer zunehmenden Sensibilisierung für die Thematik der Beweisverbote hin, vgl. Verhandlungen 46. DJT, Band II, Teil F, S. 9 ff.

71 Insoweit sind unter dem Titel einer „Entkriminalisierung und Entmoralisierung des Sexualstrafrechts" zu nennen die Abschaffung der Strafbarkeit des Ehebruchs, der Homosexualität unter Erwachsenen, der Unzucht mit Tieren und des Erschleichens des außerehelichen Beischlafs durch das Erste Gesetz zur Reform des Strafrechts vom 25. Juni 1969 (BGBl I S. 645), die mit dem Vierten Gesetz zur Reform des Strafrechts vom 23. November 1973 (BGBl I S. 1725) durchgesetzte Abkehr von der dogmatischen Anbindung des Sexualstrafrechts an die Sanktionierung von Unmoral, was unter anderem zu einer Änderung der Überschrift des dreizehnten Abschnitts des Strafgesetzbuchs in „Straftaten gegen die sexuelle Selbstbestimmung" (vorher: „Straftaten gegen die Sittlichkeit") führte, und die Streichung des § 175 StGB (Strafbarkeit homosexueller Handlungen mit Jugendlichen) durch das Neunundzwanzigste Strafrechtsänderungsgesetz vom 31. Mai 1994 (BGBl I S. 1168). § 173 Abs. 2 S. 2 StGB (Beischlaf zwischen Geschwistern) steht derzeit auf dem verfassungsrechtlichen Prüfstand (Az. 2 BvR 392/07).

72 Vgl. etwa BVerfGE 109, 133, 151: „Es ist der staatlichen Gemeinschaft nicht verwehrt, sich gegen gefährliche Straftäter durch Freiheitsentzug zu sichern."

73 BGBl I 2007, S. 354; *Valerius*, JuS 2007, 319.

der im Wechselspiel von Kriminalitätswahrnehmung und gesetzgeberischer Initiative erheblichen Wandlungen unterworfen ist, ist der der Wirtschaftsstraftaten.[74]

Feste Kriterien für die abstrakte Schwere einer Straftat lassen sich auch den verfahrensrechtlichen gesetzgeberischen Entscheidungen nicht entnehmen. Eine grobe Orientierung bietet immerhin die Differenzierung zwischen Straftaten von erheblicher Bedeutung, schweren Straftaten und besonders schweren Straftaten. Den Begriff der besonders schweren Straftaten verwendet Art. 13 Abs. 3 GG und § 100c. Das Bundesverfassungsgericht legt ihn so aus, dass darunter alle Straftaten mit einer Mindesthöchststrafe von über fünf Jahren – nach dem deutschen System der Strafrahmenkategorien also mindestens zehn Jahren – Freiheitsstrafe zu verstehen seien.[75] Schwere Straftaten definiert der Gesetzgeber im Anschluss daran neuerdings als Straftaten mit einer Mindesthöchststrafe von fünf Jahren und richtete etwa den Anlasstatenkatalog für Telekommunikationsüberwachungsmaßnahmen nach § 100a daran aus.[76] Den Begriff der Straftaten von erheblicher Bedeutung benutzt das Gesetz an vielen Stellen, um den Anwendungsbereich von Ermittlungsmaßnahmen zu limitieren (vgl. §§ 98a Abs. 1 S. 1, 100f Abs. 1 Nr. 2, 100g Abs. 1 S. 1, 100i Abs. 2 S. 2, 163e Abs. 1 S. 1, 163f Abs. 1 S. 1). Straftaten von erheblicher Bedeutung sollen solche sein, die mindestens dem Bereich der mittleren Kriminalität zuzurechnen sind, den Rechtsfrieden empfindlich stören und dazu geeignet sind, das Gefühl der Rechtssicherheit der Bevölkerung erheblich zu beeinträchtigen.[77] Das Bundesverfassungsgericht hat den Begriff – teilweise in Kombination mit einem Typenkatalog von Straftaten – mehrfach als ausreichend bestimmt anerkannt und verlangt eine einzelfallbezogene Prüfung und Begründung.[78] Als grober Anhaltspunkt für die Schwere einer Straftat und den Rang eines geschützten Rechtsguts ist diese Kategorisierung durchaus geeignet. Die Bestimmung der Schwere der Straftat muss freilich auch – wie bei den materiellen Anordnungsvoraussetzungen eingriffsintensiver Ermittlungsmaßnahmen[79] – den konkreten Fall in den Blick nehmen. Die konkrete Schwere der Straftat festzustellen, ist Aufgabe des Staatsanwalts, Ermittlungsrichters, Tat- oder Rechtsmittelrichters, der über die normativen Grenzen der Wahrheitserforschung zu entscheiden hat. Sie unterscheidet sich im Prinzip nicht von der Bewertung der Tatschwere im Rahmen der Strafzumessung. Zu berücksichtigen sind etwa die Folgen der Tat für das Opfer und für die Allgemeinheit, die Tatmotivation

74 Vgl. nur exemplarisch die ablehnende öffentliche und kriminalpolitische Rezeption der Strafverfahren im Zusammenhang mit den Affären „Mannesmann", „Siemens" oder „Volkswagen".

75 BVerfGE 109, 279, 343 ff. = NJW 2004, 999, 1010 ff.

76 BR-Drucks. 275/07 S. 87 f.

77 BT-Drucks 13/10791 S. 5; eingehend *Rieß*, GA 2004, 623 m.w.N.

78 BVerfGE 103, 21, 33 f. = NJW 2001, 879, 880; BVerfGE 107, 299, 321 f. = NJW 2003, 1787, 1791; BVerfGE 110, 33, 65 = NJW 2004, 2213, 2219; BVerfG NJW 2001, 2320, 2321; BVerfG StV 2003, 1

79 Vgl. BVerfGE 109, 279, 355 = NJW 2004, 999, 1013 zur akustischen Wohnraumüberwachung; BVerfGE 107, 299, 322 = NJW 2003, 1787 zur Verbindungsdatenabfrage; BVerfGE 113, 348 = NJW 2005, 2603, 2611 zur Telekommunikationsüberwachung.

und die zutage getretene kriminelle Energie. Auch die Persönlichkeit des Täters – etwa in Gestalt seiner Gefährlichkeit oder Behandlungsbedürftigkeit – stellt einen das öffentliche Interesse an der Wahrheitserforschung bestimmenden Faktor dar. Das öffentliche Interesse an der Strafverfolgung erschöpft sich aber nicht in der Bestrafung des Täters. Eine Prognose der zu erwartenden Strafe ist daher – abgesehen davon, dass sie in frühen Verfahrensstadien kaum zu erstellen sein wird – alleine nicht geeignet, das öffentliche Interesse an der Strafverfolgung zu nominalisieren. Auch die Therapie eines behandlungsbedürftigen Täters, das Erlangen von materieller und immaterieller Kompensation für das Opfer oder die Klärung einer Rechtsfrage[80] stellen wichtige Zwecke des Strafverfahrens dar, die das öffentliche Interesse an der Strafverfolgung beeinflussen. Hinzu kommt, dass es sich dabei nicht um einen statischen Faktor handelt, sondern sich das öffentliche Interesse mit dem Gang des Verfahrens und seiner medialen Erschließung dynamisch entwickelt. Der Grad des Strafverfolgungsinteresses und damit der Ausgang einer Güterabwägung kann in verschiedenen Verfahrensstadien ganz unterschiedlich sein.

Wie sieht es mit der „anderen" Seite der Waagschale, den schützenswerten Interessen des Beschuldigten und der Drittbetroffenen aus? Die zu schützenden Rechtsgüter begegnen in der verfassungsrechtlichen Dimension des Strafverfahrens. Mit der Verfassungsbeschwerde werden ungerechtfertigte oder nicht zu rechtfertigende Eingriffe in diese Rechtsgüter geltend gemacht. Um welche Rechtsgüter geht es dabei? Verletzungen von Verfahrensrechten wie dem Anspruch auf rechtliches Gehör (Art. 103 Abs. 1 GG), dem Recht auf den gesetzlichen Richter (Art. 101 Abs. 1 S. 2 GG) oder dem Recht auf ein faires Verfahren (Art. 2 Abs. 1 bzw. Abs. 2 S. 2 i.V.m. Art. 20 Abs. 3 GG), das ein Sammelbecken diverser rechtsstaatlicher Verfahrensregeln darstellt, kommen insoweit nicht in Betracht, denn sie betreffen nicht das Ob eines staatlichen Eingriffs, sondern sein Wie. Die hier zu beantwortende Frage, welche Rechtsgüter das öffentliche Interesse an der Wahrheitserforschung im Strafverfahren aufzuwiegen vermögen, zielt auf die materiellen Garantien der Grundrechte. In seltenen Fallgestaltungen – etwa bei einem Eingriff in den Kernbereich privater Lebensgestaltung – kommt die Menschenwürde (Art. 1 Abs. 1 GG) als betroffenes Rechtsgut in Betracht.[81] Das Freiheitsgrundrecht (Art. 2 Abs. 2 S. 2 GG) ist berührt bei allen Maßnahmen freiheitsentziehender Art.[82] Eine erhebliche Bedeutung nimmt das aus Art. 2 Abs. 1 i. V. m. Art. 1 Abs. 1 GG abgeleitete Recht auf informationelle Selbstbestimmung ein, da das Strafverfahren in seinem Kern auf das

80 Der Gesichtspunkt, dass die in Rede stehende Rechtsfrage durch den vorangegangenen Beschluss des BGH (NJW 2006, 522) geklärt sei, stellte für das LG Düsseldorf ein wichtiges Argument für die Einstellung des Verfahrens nach § 153a Abs. 1 Nr. 1 StPO im „Mannesmann"-Prozess dar; vgl. *Götz*, NJW 2007, 419, 420.

81 Vgl. etwa BVerfGE 34, 238, 245 = NJW 1973, 891, 892 (Tonbandaufnahme); BVerfGE 80, 367, 373 = NJW 1990, 563 (Tagebuch); BVerfGE 109, 279 = NJW 2004, 999 (akustische Wohnraumüberwachung).

82 Vgl. etwa BVerfGE 90, 145, 172 = NJW 1994, 1577.

Erlangen und Verwenden von Informationen ausgerichtet ist.[83] Das Post- und Fernmeldegeheimnis ist bei der Postbeschlagnahme (§§ 99, 100) und der Telekommunikationsüberwachung (§§ 100a, 100b, 100g, 100h)[84], die Unverletzlichkeit der Wohnung (Art. 13 Abs. 1 GG) bei vielen Durchsuchungen (§§ 102, 103)[85] und der akustischen Wohnraumüberwachung (§§ 100c bis 100e)[86] und das Eigentumsrecht (Art. 14 Abs. 1 GG) bei Beschlagnahmen (§§ 94, 98)[87] betroffen. Andere Grundrechte – etwa das der Religionsfreiheit (Art. 4 GG)[88], der Pressefreiheit (Art. 5 Abs. 1 S. 2 GG)[89], des Schutzes von Ehe und Familie (Art. 6 Abs. 1 GG)[90] und der Berufsfreiheit (Art. 12 Abs. 1 GG)[91] – begegnen bei der verfassungsrechtlichen Überprüfung von Strafsachen eher vereinzelt. Ausgenommen die Menschenwürde, fällt es schwer, eine Rangfolge der Grundrechte festzulegen. Sie gewährleisten in ihrem Zusammenspiel eine freiheitliche demokratische Rechtsordnung und entziehen sich einer genaueren Bestimmung ihres Gewichts im Gesamtsystem. Diese Erkenntnis ist trivial, aber nicht ohne Gewinn. Denn sie entlarvt die Rede von der Güterabwägung als frommen Mythos, dem bereits die methodischen Grundlagen für seine Durchführung fehlen. Wie sollen Gegenstände, deren relatives Gewicht unbestimmt ist und deren absolutes Gewicht nicht feststellbar ist, weil es dafür keinen Maßstab gibt, gegen andere Gegenstände abgewogen werden? Wie sollen überhaupt Gegenstände, die über kein relatives Gewicht zueinander verfügen, weil es keine Maßeinheit dieses Gewichts gibt, gegeneinander abgewogen werden? Was heißt es, das öffentliche Interesse an der Wahrheitserforschung in Abwägung mit der Unverletzlichkeit der Wohnung zu bringen? Sind diese beiden Gegenstände überhaupt miteinander vergleichbar, das heißt sind sie einer Gewichtung anhand desselben Maßstabs zugänglich? Welches ist dieser Maßstab? Vor dem Hintergrund dieser ungeklärten Fragen erweist sich die Forderung von *Rogall* – einem erklärten Befürworter der Abwägungslehre[92] -, künftige Überlegungen sollten sich „mehr der Frage zuwenden (...),

83 Vgl. die Nachweise zu B. Fn 11.

84 Vgl. etwa BVerfGE 106, 28, 36 = NJW 2002, 3619, 3620; BVerfGE 107, 299, 313 = NJW 2003, 1787, 1788; BVerfG NJW 2007, 351.

85 Vgl. etwa BVerfGE 103, 142, 160 = NJW 2001, 1121, 1129; BVerfG NJW 2003, 2303; BVerfGK 2, 310, 315 f. = StV 2004, 633 f.

86 Vgl. BVerfGE 109, 279 = NJW 2004, 999.

87 Vgl. etwa BVerfGK 1, 65; BVerfG, 2 BvR 1714/04 vom 26.10.2004, juris; BVerfG, 2 BvR 2009/03 vom 12.10.2004, juris.

88 Vgl. etwa BVerfGE 20, 35 = NJW 1966, 1115; BVerfGE 32, 98 = NJW 1972, 327; BVerfG, 2 BvR 26/07 vom 25.1.2007, juris.

89 Vgl. etwa BVerfGE 20, 162 = NJW 1966, 1603; BVerfGE 25, 296 = DRiZ 1969, 159; BVerfGE 36, 193 = NJW 1974, 356; BVerfG NStZ 1982, 253; BVerfGE 77, 65 = NJW 1988, 329; BVerfG NStZ 2001, 43; BVerfG NJW 2007, 1117.

90 Vgl. etwa BVerfGE 42, 95; BVerfG, 2 BvR 392/07 (Geschwisterinzest – anhängig).

91 Vgl. etwa BVerfGE 25, 101 = NJW 1969, 651; BVerfGE 38, 26, 30 = DRiZ 1974, 295; BVerfGE 39, 238, 242 = NJW 1975, 1015; BVerfGE 55, 28, 31 = NStZ 1981, 21; BVerfG NJW 2006, 2318.

92 *Rogall* bezeichnet seinen Ansatz selbst als „normative Fehlerfolgenlehre“, vgl. *Rogall*, JZ 1996, 944, 947.

ob es jenseits des Individualschutzes noch etwas gibt, was für die Funktionsbeschreibung der Verwertungsverbote und ihre Ermittlung wichtig" sei, denn spätestens dann würde „erkennbar, dass Verfahrensgerechtigkeit nicht allein an subjektiven Regeln festgemacht werden kann, sondern die Bedeutung des Rechts in der Gesellschaft und die Leistungsfähigkeit des Systems ‚Strafprozess' einzuschließen" habe[93], als weitsichtig, aber auch – nur – programmatisch und letzten Endes wohl nicht realisierbar.

Man muss keinen Anspruch einer exakten Arithmetik der Güterabwägung verfolgen, um zu sehen, wo der methodische Schwachpunkt des Abwägungsgedankens liegt. Jede Abwägung ist ein In-Beziehung-Setzen, das einen gemeinsamen Bezugspunkt, eine gemeinsame Sprache erfordert. Durch diesen Bezugspunkt wird eine Konnexität zwischen den Abwägungsgegenständen hergestellt. Wissenschaftstheoretisch gesprochen ist eine Theorie der Abwägung nur möglich auf der Grundlage einer für beide Abwägungsgegenstände geltenden Gesetzmäßigkeit. Ökonomisch gesprochen können wir Äpfel und Birnen gegeneinander abwiegen – also zum Beispiel eine Theorie des Überwiegens der Waagschale mit den Äpfeln aufstellen – weil wir die durch diverse Versuchsanordnungen mit geeichten Gewichtsstückchen bestätigte Gesetzmäßigkeit zugrunde legen, dass sich die Seite der Waage mit dem höheren Gewicht senkt, und ausschließen oder vernachlässigen können, dass das Senken auf anderen Ursachen beruht (zum Beispiel einer größere Oberfläche der Äpfel und damit der Wirkung eines höheren Luftdrucks). Der Einwand, diese Überlegungen träfen zwar auf physikalische Gegenstände zu, nicht aber auf immaterielle, verfängt nicht. Das Abwägen ist in jedem Fall ein Vorgang, dessen Ergebnis einer erkenntnistheoretischen Kritik, die die Vorbedingungen und das Zustandekommen des Ergebnisses beleuchtet, zugänglich ist. Geisteswissenschaftliche Erkenntnisse unterscheiden sich insoweit nicht von realwissenschaftlichen.

4. Das Problem juristischer Scheinrationalität

Die juristische Güterabwägung beansprucht ferner, eine Methode rationaler Erkenntniserlangung zu sein; das Erlangen von Erkenntnissen vollzieht sich aber nicht ausschließlich in rationalen Bahnen. Für die Naturwissenschaften haben maßgeblich *Lakatos*[94], *Kuhn*[95] und *Feyerabend*[96] die Sensibilität dafür geschärft, dass strenge rationale methodische Vorgaben, wie sie der Kritische Rationalismus gefordert hat, den

93 *Rogall*, FS Grünwald 1999, 523, 546 f.

94 Vgl. *Lakatos*, Falsifikation, insbes. S. 150 ff.

95 Vgl. etwa *Kuhn*, Struktur, S. 163 f., 166, 168 f., der Gründen wie der Sonnenverehrung (zur Durchsetzung des Kopernikanismus), Eigenheiten des Lebenslaufs eines Wissenschaftlers oder seiner Persönlichkeit, seiner Nationalität und seinem Ruf, sowie ästhetischen Erwägungen eine tragende Rolle zuschreibt; *ders.*, Bemerkungen, S. 251 ff.; *ders.*, Erkenntnis, S. 27 ff.

96 *Feyerabend*, Methodenzwang, S. 16 ff., 33 ff., 388 ff. u.ö.; *ders.*, Kuhns Struktur, insbes. S. 202 ff., 207 ff.

Erkenntnisfortschritt zu behindern vermögen; tatsächlich, so haben die wissenschaftshistorischen Untersuchungen der genannten Autoren erbracht, werde Erkenntnis und ihr Fortschritt in erheblichem Maße von pragmatischen, außerwissenschaftlichen und sogar „irrationalen"[97] Gesichtspunkten beeinflusst.[98] *Feyerabend* rät dem Forscher deshalb geradezu, gegen die methodischen Vorgaben seiner Disziplin bewusst zu verstoßen, um erfolgreich zu sein. In einem späteren Werk überträgt *Feyerabend*[99] seine Einsichten auf diverse Gebiete des kulturellen und politischen Lebens. Die Schlussfolgerungen aus den durchgeführten wissenschaftsgeschichtlichen Betrachtungen mögen in letzter Konsequenz – wie sie insbesondere in *Feyerabends* „anarchistischer Erkenntnistheorie" auftritt[100] – überzogen sein und dürften die grundsätzliche Berechtigung rationalen methodischen Vorgehens nicht in Frage stellen. Sie werfen aber ein Licht darauf, dass die reduktionistische Erfassung von Seiendem mittels strenger methodischer Vorgaben der Wirklichkeit des Erkennens und Erkenntnisfortschritts nicht gerecht wird und deshalb ein unkritisches Berufen auf solche Methoden die Fähigkeit verstellt, das zu Erkennende und das Erkannte als solche in den Blick zu nehmen. Das trifft im Grundsatz auch auf die juristische Methodik, namentlich die der Güterabwägung zu. Zu dem Fehlen methodischer Vorgaben kommt dort – überspitzt gesagt – das „scientistische Selbstmissverständnis" streng rationalen Vorgehens hinzu, ein Anspruch, der nur schwer eingelöst werden kann und in concreto kaum eingelöst wird.

Ein gutes Beispiel für eine an die Stelle einer Abwägungsmethodik tretende Scheinrationalität ist die – aufwendig begründete – Entscheidung des 5. Strafsenats

---

97 Der Begriff ist hier keinesfalls in einem abwertenden Sinne zu verstehen, vgl. dazu die Ausführungen *Kuhns*, der die Kritik dezidiert von sich weist, für einen Irrationalismus der Wissenschaft einzutreten und darauf hinweist, es gehe darum, „zu zeigen, dass die vorhandenen Theorien der Rationalität nicht völlig richtig sind und dass wir sie zurechtrücken oder verändern müssen" (*Kuhn*, Bemerkungen, S. 255; vgl. auch *ders.*, Struktur, S. 197).

98 Das wird zum Teil auch in der rechtstheoretischen Literatur so gesehen, vgl. *Hagen*, Prozesslehre, S.74 m.w.N.: „Die formale Begründung [der richterlichen Beurteilung, Anm. d. Verf.] dient nur der rationalen Bemäntelung einer letzten Endes irrationalen Entscheidung."

99 *Feyerabend*, Erkenntnis, 1980.

100 „Ein Schlagwort, das die Situation treffend beschreibt, wäre: Bürgerinitiativen statt Erkenntnistheorie" (*Feyerabend*, Erkenntnis, S. 37). „Wenn die Steuerzahler in Kalifornien wünschen, dass ihre Landesuniversitäten Wodu, Volksmedizin, Astrologie, Regentanzzeremonien lehren, dann müssen diese Gegenstände eben in den Lehrplan eingeführt werden. Das Urteil der Fachleute wird natürlich beachtet werden – aber die Fachleute haben nicht das letzte Wort. (…) Eine freie Gesellschaft ist eine Versammlung reifer Menschen und nicht eine Herde von Schafen, geleitet von einer kleinen Gruppe von Besserwissern" (a.a.O. S. 168, vgl. ähnlich bereits *ders.*, Methodenzwang, S. 386). „Man kann sich auf die Wissenschaftler einfach nicht verlassen. Sie haben ihre eigenen Interessen, die ihre Deutung der Evidenz und der Schlüssigkeit dieser Evidenz färben, sie wissen nur sehr wenig, geben aber vor, weitaus mehr zu wissen, sie verwenden Gerüchte, als handle es sich um wohlbestätigte Tatsachen, fromme Wünsche, als handle es sich um grundlegende ‚Prinzipien' des wissenschaftlichen Denkens, und selbst die sehr detaillierten Forschungsergebnisse beruhen auf Annahmen, die die Wissenschaftler oft nicht kennen und deren Inhalt und Reichweite sie nicht verstehen" (a.a.O. S. 188 f.).

des BGH vom 18.4.2007.[101] Dort anerkennt der BGH erstmals für einen Fall der willkürlichen Anordnung einer Durchsuchungsmaßnahme ein Verwertungsverbot für die dadurch erlangten Erkenntnisse. Zunächst stellt der Senat die Rechtswidrigkeit der Durchsuchung fest, weil die Ermittlungsbehörden zu lange mit der Durchsuchungsmaßnahme zugewartet hätten und sie auf die dadurch eingetretene Gefahr des Beweismittelverlusts die in Anspruch genommene staatsanwaltliche Eilkompetenz nicht hätten stützen dürfen. Diese Rechtswidrigkeit rechtfertige die Annahme eines Verwertungsverbots. Unter welchen Voraussetzungen bei einer Missachtung des sich aus Art. 13 Abs. 2 GG und § 105 Abs. 1 S. 1 ergebenden Richtervorbehalts ein Verwertungsverbot anzunehmen sei, habe der Gesetzgeber nicht entschieden. Diese Frage sei nach gefestigter Rechtsprechung jeweils nach den Umständen des Einzelfalls unter Abwägung der widerstreitenden Interessen zu entscheiden, wobei ein Verwertungsverbot nur ausnahmsweise aus übergeordneten wichtigen Gründen anzuerkennen sei. Außerdem könnten einzelne Rechtsgüter „durch Eingriffe fern jeder Rechtsgrundlage so massiv beeinträchtigt werden, dass dadurch das Ermittlungsverfahren als ein nach rechtsstaatlichen Grundsätzen geordnetes Verfahren nachhaltig beschädigt“ werde; dann sei „jede andere Lösung als die Annahme eines Verwertungsverbots unerträglich.“[102] Allerdings treffe dies auf den zugrundeliegenden Sachverhalt nicht zu, da dem Staatsanwalt die Anordnung „nicht schlechthin verboten“ gewesen sei und ein richterlicher Durchsuchungsbeschluss „höchstwahrscheinlich zu erlangen gewesen“ wäre. In „Sonderfällen schwerwiegender Rechtsverletzungen, die durch das besondere Gewicht der jeweiligen Verletzungshandlung bei grober Verkennung der Rechtslage geprägt sind“, seien Beweismittel darüber hinaus unverwertbar, weil der Staat „auch in solchen Fällen aus Eingriffen ohne Rechtsgrundlage keinen Nutzen ziehen“ dürfe; dies würde gegen die Grundsätze eines fairen Verfahrens verstoßen, was der Senat näher mit dem Hinweis auf die verschiedenen Konstellationen der Annahme eines Verwertungsverbots bei rechtsfehlerhafter Anordnung einer Telekommunikationsüberwachung begründet. In der Rechtsprechung des Bundesgerichtshofs werde bei willkürlicher Annahme von Gefahr im Verzug oder bei Vorliegen eines besonders schwerwiegenden Fehlers ein Verwertungsverbot für notwendig gehalten; im Schrifttum werde dies ebenfalls vertreten. Das Gebot, den Richtervorbehalt einzuhalten, sei für das durch rechtsstaatliche Grundsätze geprägte Ermittlungsverfahren so wesentlich, „dass jedenfalls grobe Verstöße nicht sanktionslos gelassen werden“ dürften. Es wäre „für die Rechtsgemeinschaft und ihre Vorstellung vom Recht unerträglich, könnte der verfassungsrechtlich abgesicherte Schutz der Wohnung samt Richtervorbehalt stets folgenlos selbst willkürlich ausgehebelt werden.“ Die Annahme, dass die Polizeibeamten den Richtervorbehalt bewusst ignoriert und die Inanspruchnahme der Eilkompetenz des Staatsanwalts provoziert hätten, liege „außerordentlich nahe“; das Zuwarten der Polizeibeamten sei „angesichts des Ganges der Ermittlungen unverständlich.“[103]

101 BGH NJW 2007, 2269 mit uneingeschränkt zust. Anm. *Roxin*, NStZ 2007, 616.
102 BGH NJW 2007, 2269, 2271.
103 BGH NJW 2007, 2269, 2272.

Auch um 20.00 Uhr sei es ferner „nicht von vornherein aussichtslos" gewesen, zumindest eine fernmündliche Genehmigung des Ermittlungsrichters zu erreichen. Diese einzuholen habe der Staatsanwalt weder erwogen, noch die Voraussetzungen der Eilkompetenz dokumentiert. Außerdem habe er gegen die Pflicht verstoßen, für die Rechtmäßigkeit des Ermittlungsverfahrens und damit für die Einhaltung des Richtervorbehalts durch die Polizei Sorge zu tragen. Abschließend erwägt und verwirft der Senat den Gedanken des hypothetischen Ersatzeingriffs.[104]

Hier soll nun nicht die Frage beantwortet werden, ob der Senat ein Verwertungsverbot zurecht angenommen hat – zumal die Entscheidung schon deshalb für die Verwertungsverbotsproblematik keine allzu große Aussagekraft entfaltet, als die Revisionsentscheidung das fachgerichtliche Urteil stützt[105] -, sondern das Augenmerk auf die Argumentationsstruktur der Entscheidung gerichtet werden. Der Senat unterscheidet zunächst drei Fallgruppen, in denen die Annahme eines Verwertungsverbots in Betracht komme: 1. aufgrund einer Güterabwägung ausnahmsweise aus übergeordneten wichtigen Gründen im Einzelfall; 2. bei einer massiven Beeinträchtigung einzelner Rechtsgüter und einer nachhaltigen Beschädigung des Ermittlungsverfahrens; 3. in Sonderfällen schwer wiegender Rechtsverletzungen bei grober Verkennung der Rechtslage, soweit der Staat aus solchen Eingriffen nicht ausnahmsweise Nutzen ziehen darf. Mit dieser Systematisierung kombiniert der Senat Elemente der Abwägungslehre, der Lehre von der präventiven Wirkung des Strafverfahrens[106], der Schadensvertiefungslehre[107] und der Lehre von den Beschuldigtenrechten[108], ohne diese dogmatischen Konzepte offenzulegen und im einzelnen zu hinterfragen, noch die Konsequenzen ihrer Kombination, insbesondere die Abgrenzung der einzelnen Fallgruppen zueinander, zu thematisieren. Namentlich Fallgruppe 3 wird durch umfangreiche und überwiegend nur teilweise einschlägige[109] Rechtsprechungs- und Schrifttumszitate begründet. Dabei werden wiederum in syn-

104 BGH NJW 2007, 2269, 2273.

105 Zur Annahme eines Verwertungsverbots *gegen* die fachgerichtliche Rechtsprechung ist der BGH – soweit ersichtlich – im Falle von Wohnungsdurchsuchungen noch nicht gelangt.

106 Vgl. B.IV.2.

107 Vgl. B.IV.6.

108 Vgl. B.IV.5.

109 Dies gilt namentlich für die zitierte Rechtsprechung zur Telekommunikationsüberwachung, deren Übertragbarkeit auf andere Ermittlungsmaßnahmen nicht selbstverständlich ist. Diese Rechtsprechung ist gegenüber der Behandlung anderer Ermittlungsmaßnahmen überaus elaborat und zugleich heterogen. Sie führte unter anderem auch zu expliziten gesetzlichen Regelungen (§ 100b Abs. 5, § 100h Abs. 2). Die mehrfach zitierte Entscheidung des 1. Strafsenats, NStZ 2004, 449 = BGHR StPO § 105 Abs. 1 Durchsuchung 4 lehnte – unter Offenlassen der Frage der Rechtswidrigkeit – ein Verwertungsverbot ab, da die Durchsuchung auf Gefahr im Verzug „jedenfalls nicht willkürlich und auch nicht mit einem besonders schweren Fehler behaftet" gewesen sei und das Beweismittel auch auf rechtmäßige Weise habe erlangt werden können. Das zitierte Schrifttum ist recht selektiv; AnwK-StPO/*Krekeler*/*Löffelmann*, Einleitung Rn 141 referieren Orientierungslinien der Rechtsprechung und weisen im Übrigen darauf hin, dass „in der Tendenz eher Zurückhaltung" bei der Annahme ungeschriebener Verwertungsverbote angezeigt sein dürfte (Rn 150).

kretistischer Weise drei Aspekte miteinander vermischt: der Gedanke schwer wiegender Rechtsverletzungen bei grober Verkennung der Rechtslage, die Grundsätze des fairen Verfahrens und das Willkürverbot. Diese Gesichtspunkte sind nicht miteinander identisch[110] (soweit ein Urteil über ihre Identität angesichts ihrer Vagheit überhaupt möglich ist); in welchem Verhältnis sie für den Senat zueinander stehen, ist nicht erkennbar. Der materielle Gehalt der einzelnen Gesichtspunkte wird ebenfalls nicht deutlich. So legt die Wortwahl des Senats („"bewusst ignoriert", „provoziert", „ausgehebelt") nahe, dass er einem subjektiven Begriff der Willkürlichkeit folgt. Dies widerspricht aber dem verfassungsrechtlichen Begriff objektiver Willkür, die mit keinem persönlichen Schuldvorwurf verbunden ist.[111] Die Subsumtion des in Rede stehenden Falls unter die vagen Kriterien der Fallgruppe 3 ermöglicht es dem Senat sodann, sich mit einer eingehenden Darstellung der Verfahrensfehler zu begnügen, ohne in eine Güterabwägung eintreten zu müssen. Im Ergebnis erschöpft sich der materielle Gehalt der Begründung des Verwertungsverbots in der Feststellung, der Richtervorbehalt sei für das Ermittlungsverfahren „so wesentlich, dass jedenfalls grobe Verstöße nicht sanktionslos gelassen werden" dürften, und es sei „für die Rechtsgemeinschaft und ihre Vorstellung vom Recht unerträglich", könnte der Richtervorbehalt willkürlich und ohne Folgen ausgehebelt werden. Woher der Senat dieses rechtstatsächliche Wissen bezieht, bleibt so geheimnisvoll wie die Antwort auf die zentrale Frage, warum denn die Sanktion gerade in Form eines Verwertungsverbots erfolgen müsse. – Ich bin der Auffassung, eine Argumentation, die so viele Lücken aufweist und zentrale Fragen offen lässt, um im Ergebnis Zuflucht bei unspezifischen Wertbegriffen („unerträglich") zu finden, kann – gerade wegen ihres Missverhältnisses von Begründungsaufwand und Begründungsgehalt – als „scheinrational" bezeichnet werden.

Mit dieser Kritik soll nun nicht gesagt sein, dass rationale und methodische Abwägungen im Bereich des Rechts gänzlich unmöglich sind. Sie setzen aber – wie *Rogall*, ein vehementer Befürworter der differenzierenden Abwägung im Sinne einer „Fehlerfolgenlehre" sagt – eine Vorstellung darüber voraus, „welche Zielsetzungen wann und unter welchen Voraussetzungen Vorrang gegenüber anderen genießen."[112] Dass Rechtsprechung und Schrifttum über solche Vorstellungen verfügten, kann ich nicht erkennen. Auch die von *Rogall* vorgeschlagene Bewertung der „Fehlerfolgen" anhand bestimmter Kriterien[113] erscheint viel zu vage. Anders liegen die Dinge auf

110 Dies zeigt schon die Begrifflichkeit: „Verkennung" beinhaltet ein fehlerhaftes Kennen und ist damit kaum mit „Willkür" (in einem subjektiven Sinne) als bewusster Missachtung des Erkannten vereinbar; schwere Rechtsverletzungen können auch „fahrlässig" erfolgen, und die Verletzung der Grundsätze eines fairen Verfahrens setzt gleichfalls keine Willkür voraus.

111 Vgl. prägnant BVerfG, 2 BvR 1015/07 vom 24.10.2007, juris (willkürliche Verkennung der Unschuldsvermutung) m.w.N.

112 *Rogall*, FS Hanack 1999, S. 293, 297.

113 Vgl. etwa *Rogall*, FS Grünwald 1999, S. 523, 546: „Berücksichtigung der Fehlerschwere, der Betroffenheit der verletzten Interessen sowie der obwaltenden Strafverfolgungsinteressen"; *Rogall* weist in allen seinen einschlägigen Publikationen darauf hin, dass sich die „Fehlerfolgenlehre" in der Entwicklung befinde und die Ausarbeitung konkreter Abwägungskriterien

der Ebene der Gesetzgebung. Die dort vorzunehmenden „Abwägungen" müssen nicht dem Anspruch einer umfassenden Würdigung der widerstreitenden Interessenlagen genügen, sondern können Ausdruck bewusster und gezielter Akzentsetzungen sein. Das liegt in der Kompetenz des Gesetzgebers, zu entscheiden und Normen zu schaffen.[114] Die verfassungsrechtliche Rede von einer „abstrakten Güterabwägung bereits auf der Ebene der Rechtssetzung" ist irreführend, denn es ist ausreichend, dass Rechtssetzung ein gewisses Maß an Rationalität erkennen lässt und mit den Grundentscheidungen der Verfassung in Einklang steht. Man kann also zugespitzt sagen: Wenn die rationale Abwägung von Rechtsgütern und Interessen aus methodischen Gründen nur in eingeschränktem Maße möglich ist, so sollte die Irrationalität dieses Wägens und In-Beziehung-Setzens dem Gesetzgeber vorbehalten bleiben, um eine Scheinrationalität bei der Gesetzesanwendung zu vermeiden. Auf der Ebene der Gesetzgebung sollte das Setzen normativer Grenzen der Wahrheitserforschung einer möglichst exakten Methodik folgen, um den Einfluss des Irrationalen gering zu halten und das Gesetz für die Rechtsanwendung erkennbar zu machen.[115] Diese Methodik sollte bestimmte Kriterien benennen, anhand derer ein gewisser, naturgemäß kompromissbehafteter, politisch legitimierter Ausgleich der Interessenlagen umgesetzt wird; von einer „Güterabwägung", die ein auf Objektivität und Exaktheit angelegtes Austarieren suggeriert, sollte dabei nicht gesprochen werden.

III. Beweisverwertung zu entlastenden Zwecken

Die Frage der Relevanz einer Erhebung, Verwertung oder Verwendung eines Beweismittels zum Zwecke der Entlastung des Beschuldigten ist im Rahmen der Beweisverbotsproblematik bislang nur von wenigen Stimmen vertieft erörtert worden.[116] Im Ergebnis ist sich die herrschende Meinung im Schrifttum darin einig, dass eine Verwertung zu Gunsten des Beschuldigten zulässig sein müsse.[117] Die hier zu erörternde Problematik ist also durch die bemerkenswerte Besonderheit gekenn-

---

notwendig sei. Soweit ich sehe, bleibt es aber, was die Konkretisierung anbelangt, bei diesem Programm.

114 Vgl. näher unten C.VII., E.V. und E.VI.

115 Vgl. näher unten D.VI.1. bis 3.

116 Vgl. *Hamm*, StraFo 1998, 361; *Nack*, StraFo 1998, 366; *Amelung*, StraFo 1999, 181; *Güntge*, StV 2005, 403; *Roxin/Schäfer/Widmaier*, StV 2006, 655.

117 Eine Ausnahme bildet insoweit die Auffassung von *Meyer-Goßner*, Einl Rn 55a; ebenso bereits *Kleinknecht*, NJW 1966, 1537, 1543; KMR/*Paulus*, § 244 Rn 547; auch *Dallmeyer*, Beweisführung, S. 231 f. spricht sich dezidiert gegen eine Auffassung der Verwertungsverbote als bloße Belastungsverbote aus: „Es mag (...) ebenso schwer sein, ‚einen Verbrecher sehenden Auges laufen zu lassen', wie einem unschuldigen Beschuldigten sehenden Auges eine Entlastungsmöglichkeit zu verwehren. Will man die Justizförmigkeit des Strengbeweisrechts nicht torpedieren, ist beides gelegentlich unumgänglich."

zeichnet, dass über das Ergebnis weitgehend Einigkeit bestehen dürfte, der Weg dahin aber unklar und von zahlreichen Hindernissen gesäumt ist.

1. Dispoitionsbefugnisse de lege lata

Für die Klärung der Frage, ob dem Beschuldigten eine Dispositionsbefugnis hinsichtlich eigentlich unverwertbarer oder anderweitig unverwendbarer Erkenntnisse zu entlastenden Zwecken zustehen und wie weit diese reichen solle, ist es zunächst hilfreich, einen Blick auf die geltende Rechtslage zu werfen. Soweit die Strafprozessordnung sich überhaupt explizit zur Problematik der Verwertungsverbote verhält, äußert sie sich nur an einer Stelle zum Gedanken der Dispositionsbefugnis des Beschuldigten: § 136a Abs. 3 S. 2 verbietet die Verwertung von Erkenntnissen, die durch einen Verstoß gegen § 136a Abs. 1 erlangt worden sind, kategorisch und auch für den Fall, dass der Beschuldigte der Verwertung zustimmt. Etwas ergiebiger ist die Rechtslage bei den Verwendungsverboten. Nach § 100d Abs. 6 Nr. 1 ist die Verwendung von personenbezogenen Daten aus einer akustischen Wohnraumüberwachung in anderen Strafverfahren, die keine Anlasstat gemäß § 100c Abs. 2 zum Gegenstand haben, verboten, sofern nicht die überwachten Personen in die Verwendung einwilligen. Dasselbe gilt gemäß § 100d Abs. 6 Nr. 3 für die Verwendung von polizeirechtlich erhobenen Daten in Strafverfahren. Auch die Verwendungsregel in § 100h Abs. 3 bezieht den Gesichtspunkt der Einwilligung ein. Ähnliche Regelungen wie die in § 98b Abs. 3 S. 3, § 100b Abs. 5, § 100f Abs. 5, § 100i Abs. 3 S. 2, § 110e oder § 163d Abs. 4 S. 5 sehen die Möglichkeit einer Einwilligung nicht vor. Die klassischen Ermittlungsinstrumente wie Durchsuchung und Beschlagnahme, Vernehmung, Blutentnahme etc. weisen gar keine Verwendungsregelungen auf. Für durch diese Maßnahmen erlangte Daten gestattet § 477 Abs. 1 die Verwendung in anderen Strafverfahren ohne Einschränkungen. Die Rechtslage stellt sich insoweit also überaus inhomogen dar und lässt eine sachliche Rechtfertigung der unterschiedlichen Behandlung vergleichbarer Sachverhalte nicht erkennen.

Was den Beitrag der Rechtsprechung zur Dispositionsproblematik anbelangt, ist hier von besonderem Interesse die mittlerweile gefestigte höchstrichterliche Judikatur zur sog. Widerspruchslösung. Danach ist die Frage der Verwertbarkeit vom erkennenden Gericht grundsätzlich von Amts wegen umfassend zu prüfen, allerdings nur, wenn der Verwertung rechtzeitig, nämlich vor dem in § 257 bezeichneten Zeitpunkt, durch den Angeklagten widersprochen wurde.[118] Diese Dogmatik wurde zunächst für Verstöße gegen die Pflicht zur Beschuldigtenbelehrung entwickelt[119];

118 Eingehend hierzu *Ignor*, FS Rieß 2002, S. 185 m.w.N.; a.A. BGHSt 47, 362, 366 f. = NJW 2003, 368 (3. Senat): stets umfassende Überprüfung von Amts wegen; dazu ablehnend BGH StV 2006, 225, 226 (1. Senat).

119 BGHSt 38, 214, 225 f. = NJW 1992, 1463, 1466; BGHSt 39, 349, 351 = NJW 1994, 333 f.; BGHSt 42, 15, 22 ff. = NJW 1996, 1547, 1549.

nach herrschender Meinung findet sie aber inzwischen Anwendung auf alle Verwertungsverbote, die auf einer Verletzung disponibler Rechte[120] beruhen.[121] Der Widerspruchslösung liegt der Gedanke zugrunde, dass der Verteidigung eine Dispositionsmacht über den Beweisstoff eingeräumt werden soll, weil der Angeklagte ein gewichtiges Interesse an der Verwertung für ihn günstiger Erkenntnisse haben kann, etwa um einen Entlastungsbeweis zu führen oder um seine Einlassung zu untermauern, sein Tatbeitrag sei allenfalls untergeordneter Natur oder seine Schuldfähigkeit beeinträchtigt gewesen.[122] Hieraus können sich bei mehreren Angeklagten divergierende Entscheidungen ergeben. Der Widerspruch, bei dem es sich um eine widerrufliche Prozesserklärung handelt[123], kann erstmalig in Tatsacheninstanzen erhoben werden[124], nicht aber in der Revision. Wird er versäumt, kann er nicht mehr – auch nicht nach Zurückverweisung der Sache in der neuen Hauptverhandlung[125] – nachgeholt werden.

Schließlich ist noch auf die in der Rechtsprechung und im Schrifttum anerkannte und rechtlich eigentlich selbstverständliche Lehre hinzuweisen, dass eine Einwilligung das Vorliegen von Beweiserhebungsvoraussetzungen ersetzen kann, zum Beispiel bei der freiwilligen Wohnungsnachschau oder der freiwilligen Herausgabe eines Beweisgegenstands.[126]

2. Dogmatische Fundierung einer Dispositionsbefugnis

Versucht man, das Verfügungsrecht des Beschuldigten über unverwertbare entlastende Erkenntnisse auf eine dogmatische Grundlage zu stellen, so erfordert das ein Zurückgehen auf die Dogmatik der Verwertungsverbote. Auf den ersten Blick vielversprechend erscheint insofern die Lehre *Amelungs* von den Informationsbeherrschungsrechten, deren Gedanke auch durch die einfachgesetzlichen Zustimmungsregelungen bei den Verwendungsverboten nahegelegt wird. Soweit Verwertungsverbote dem Schutz von Informationsbeherrschungsrechten dienten, bejaht *Amelung* eine umfassende Dispositionsbefugnis des – durch die Informationserhebung in seinem Recht auf informtionelle Selbstbestimmung beeinträchtigten – Verfügungsberechtigten. „Wer das Recht hat, eine Information zu beherrschen, besitzt nicht nur die Befugnis sie zurückzuhalten, sondern auch sie preiszugeben.

120 Nicht also bei einem Menschenwürdebezug, z. B. einem Eingriff in den Kernbereich privater Lebensgestaltung; vgl. *Küpper*, JZ 1990, 416, 418; a.A. BGHSt 50, 206 = NJW 2005, 3295, 3298; StV 2006, 225, 226: disponibel, wenn nur Sphäre des Angeklagten tangiert ist; *Ellbogen*, NStZ 2006, 180 f.

121 LR/*Schäfer*, vor § 94 Rn 148 f. m.w.N.

122 BGH StV 2006, 225, 226; LR/*Schäfer*, vor § 94 Rn 146 m.w.N.

123 BGHSt 42, 15, 23 = NJW 1996, 1547, 1549.

124 LR/*Schäfer*, vor § 94 Rn 152.

125 BGHSt 50, 272 = NJW 2006, 707 m. zutreffend abl. Anm. *Fezer*, JZ 2006, 474 ff.

126 Vgl. LR/*Schäfer*, § 105 Rn 4; § 94 Rn 36 m.w.N.

Das kann sowohl vor als auch nach der Rechtsbeeinträchtigung geschehen."[127] Aus den oben[128] bereits dargelegten Erwägungen vermag die Lehre von den Informationsbeherrschungsrechten allerdings nicht zu überzeugen, was auch ihre Brauchbarkeit für eine Fundierung der Dispositionsbefugnis des Beschuldigten abschwächt. Bereits die Ausgangsthese, dass Verwertungsverbote dem Schutz von Informationsbeherrschungsrechten dienten, ist höchst problematisch; diese These dürfte allenfalls auf die Kategorie der Verwendungsverbote zutreffen, bei denen aber eine Dispositionsbefugnis nach den allgemeinen für Erhebungsnormen geltenden Grundsätzen begründet werden kann: Mit der Einwilligung lassen sich stets gesetzliche Voraussetzungen für Grundrechtseingriffe dispensieren. Außerdem stellt sich nach dieser Dogmatik das Problem, dass der Inhaber des Informationsbeherrschungsrechts und der Beschuldigte nicht zwangsläufig identisch sind; namentlich bei verdeckten Ermittlungsmaßnahmen gibt es eine Vielzahl von Drittbetroffenen. Die aus der Einflussmöglichkeit Dritter auf das Strafverfahren folgenden Konsequenzen und Beeinträchtigungen für die Strafrechtspflege sind kaum überschaubar. Soweit *Amelung* als Zweck von Verwertungsverboten auch die Disziplinierung der Strafverfolgungsbehörden, die Wahrung der staatlichen Legitimation zum Strafen und die Sicherung der Wahrheitsfindung anerkennt, ist – abgesehen von der Belastbarkeit dieser Konzepte – eine Dispositionsbefugnis des Beschuldigten nicht so leicht zu begründen, da es sich bei der Verfolgung dieser Zwecke um eine hoheitliche Aufgabe handelt.

Auch die Widerspruchslösung erscheint als dogmatischer Anknüpfungspunkt für eine Dogmatik der Dispositionsbefugnis Beschuldigter im Hinblick auf entlastende unverwertbare Erkenntnisse nur bedingt geeignet. Die Widerspruchslösung betrifft einerseits nur den Bereich der Verwertungsverbote, nicht den der Verwendungsverbote, andererseits spielt sie nicht auf der Ebene des Entstehens eines Verwertungsverbots eine Rolle, sondern erst bei der Frage seiner prozessualen Behandlung. Die Überantwortung der Dispositionsmacht auf den Beschuldigten ist dabei nicht unproblematisch. Ihre sachgerechte Ausübung erfordert prozesstaktische Überlegungen, zu denen der anwaltlich nicht beratene Beschuldigte kaum in der Lage ist. In Einzelfällen wird er schwerlich absehen können, ob sich der Verzicht auf ein Beweismittel zu seinen Gunsten oder Lasten auswirkt. Dogmatisch ist die Widerspruchslösung zudem angreifbar. Aufgabe des Gerichts und der Staatsanwaltschaft ist es auch, entlastende Beweise zu erheben und beizuziehen.[129] Insoweit gilt das Gebot bestmöglicher Sachaufklärung.[130] Diese rechtsstaatliche Pflicht, die in der Ausgestaltung des Strafverfahrens als hoheitliches Verfahren angelegt ist, findet eine weitere Rechtfertigung darin, dass es keinen Erfahrungssatz gibt, ein Beschuldigter würde seine Verfahrensrechte stets zu seinem Vorteil ausüben. Verfassungsrechtlich ist in diesem Zusammenhang zu berücksichtigen, dass sich aus dem Recht des Be-

127 *Amelung*, StraFo 1999, 181 f.

128 Vgl. oben B.IV.3.

129 KK/*Wache*, § 160 Rn 22 m.w.N.

130 BVerfGK 1, 145, 150 = NJW 2003, 2444 m.w.N.

schuldigten auf ein faires, rechtsstaatliches Verfahren Mindesterfordernisse für eine Verfahrensregelung ergeben, die eine zuverlässige Wahrheitserforschung gewährleistet.[131] Diese Gewährleistung bezieht sich auf alle für die Verurteilung und die mit ihr einhergehenden und durch sie ausgelösten Grundrechtseingriffe maßgeblichen Gesichtspunkte. Sie ist zu berücksichtigen bei der Aufklärung des äußeren Tatgeschehens, der für die Beurteilung der strafrechtlichen Schuld und der Strafzumessung maßgeblichen Merkmale[132] und der Gesichtspunkte, die für vollstreckungsrechtliche Entscheidungen von Belang sind.[133] Die rechtsstaatliche Pflicht zur umfassenden Wahrheitserforschung zielt auf die Verwirklichung des Gebots der Schuld- und Tatangemessenheit der Strafe und damit auf die Idee der Gerechtigkeit.[134] Da Beweismittel, auf die sich Beweisverbote beziehen grundsätzlich nicht nur der Anklage, sondern auch der Verteidigung entzogen sind und damit die Möglichkeiten des von Strafe bedrohten Bürgers beschränken, den gegen ihn bestehenden Verdacht in einem rechtsstaatlichen Verfahren auszuräumen, darf der Gesetzgeber, wie das Bundesverfassungsgericht festgestellt hat, Beweisverbote nicht nach Belieben begründen oder erweitern.[135] Dieses rechtsstaatliche Gebot, durch eine möglichst umfassende Aufklärung aller erheblichen Umstände die Grundlage für eine gerechte Verurteilung zu schaffen, besteht im öffentlichen Interesse und unterliegt damit grundsätzlich nicht der Verfügung des Tatverdächtigen.

Von der dogmatischen Verankerung der Verwertungs- und Verwendungsverbote als Ausnahmen von dem das Strafverfahren beherrschenden Grundsatz der Wahrheitserforschung her ergibt sich aber auch eine zwanglose Möglichkeit der Begründung einer Dispositionsbefugnis Beschuldigter hinsichtlich unverwertbarer entlastender Erkenntnisse. Diese Begründung und Rechtfertigung ist angelegt in einer Asymmetrie zwischen der Verwertung zu belastenden und zu entlastenden Zwecken, die der der Bedeutung der Wahrheitserforschung für einen Schuldspruch bzw. Freispruch entspricht. Als schwerer Eingriff in Grundrechte muss die Verurteilung auf einer Grundlage erfolgen, die der Erkenntnis materieller Wahrheit so nahe wie möglich kommt. Daraus resultiert der Anspruch des Beschuldigten auf eine umfassende Wahrheitserforschung. Für den Freispruch, der keine Beschwer entfaltet, gilt dieser Zusammenhang nicht. Man kann sich also hinsichtlich entlastender Erkenntnisse nicht auf den Ausnahmecharakter der Verwertungsverbote stützen, und deren „konsequente Durchsetzung" fordern, wie dies seitens der eine Dispositionsbefugnis ablehenenden Stimmen geschieht. Konsequent ist es allein, strenge und rechtsstaatlich abgesicherte Maßstäbe der Wahrheitserforschung anzulegen, wenn es um die Verurteilung geht, und nachgiebige, die einen unbedingten Vorrang der Freiheitsrechte des Beschuldigten anerkennen, wenn es um seine Entlastung geht. Der Fall, dass ein Beschuldigter verurteilt wurde, weil entlastendes Beweismaterial einem

131 Vgl. oben C.I.1.
132 BVerfGE 80, 367, 378 = NJW 1990, 563.
133 BVerfGE 86, 288, 317 = NJW 1992, 2947.
134 BVerfGE 80, 367, 378 = NJW 1990, 563.
135 BVerfGE 77, 65, 76 = NJW 1988, 329.

Verwertungsverbot unterlag, hat im Übrigen das Bundesverfassungsgericht noch nicht beschäftigt; die Vermutung, dass es unter Rückgriff auf Gerechtigkeitserwägungen zu einer dem Verurteilten günstigen Lösung finden würde, ist aber nicht ganz fernliegend.[136] Vor diesem Hintergrund erscheint die Auffassung von *Roxin*, *Schäfer* und *Widmeier*, die die Dispositionsbefugnis des Beschuldigten mit der „Bindung des Gerichts an das rechtsstaatliche Gebot, nicht sehenden Auges ein Fehlurteil zu sprechen"[137] begründen, vollkommen zutreffend und bedarf keiner weiteren Erläuterung. Eine irgendwie geartete Anbindung des Dispositionsrechts an ein Betroffensein von einem Verfahrensfehler ist dann unerheblich; es ist Rechtfertigung genug, dass der Beschuldigte von dem gegen ihn geführten Strafverfahren und der drohenden Verurteilung betroffen ist. Dass § 136a Abs. 3 S. 2 eine Dispositionsbefugnis ausschließt und der Gesetzgeber für unverwertbare Erkenntnisse aus dem Kernbereich privater Lebensgestaltung – in konsequenter Umsetzung der Judikatur des Bundesverfassungsgerichts[138] – angenommen hat, der Beschuldigte könne über diese Erkenntnisse nicht frei verfügen[139], erscheint demgegenüber nicht haltbar. Auf die in diesem Zusammenhang maßgebliche Rolle der Abwägungsresistenz der Menschenwürde wird weiter unten noch näher eingegangen, nachdem weitere Bausteine der dortigen Argumentation zusammengetragen sind.[140]

3. Folgeprobleme des Dispositionsrechts

Bei der Ausübung eines Dispositionsrechts über die Einführung unverwertbarer entlastender Erkenntnisse in die Hauptverhandlung können eine Vielzahl von – auch untereinander kombinierbaren – Fallkonstellationen auftreten, in denen es zu Friktionen bei der Beweiswürdigung kommen kann. *Nack*[141] unterscheidet insoweit zwischen der sachlichen und der personellen Reichweite des Dispositionsrechts. In sachlicher Hinsicht stellen sich die Fragen, ob 1. die Verwertung unverwertbarer Erkenntnisse zu entlastenden Zwecken unter der Bedingung beantragt werden kann, das Gericht dürfe die Erkenntnisse nur zugunsten des Beschuldigten oder nur für bestimmte Zwecke (etwa zur Strafzumessung, nicht für den Schuldspruch) verwerten; 2. die Verwertung nur eines Teils eines Beweismittels beantragt werden kann, etwa bei Gesprächsaufzeichnungen auf einem Tonband nur die entlastenden, nicht

---

136 Vgl. *Hamm*, StraFo 1998, 361, 365, der mit Blick auf BVerfG StraFo 1998, 16 und BVerfG NJW 1998, 1938 (beide zu Polygraphen-Tests) feststellt, die Entscheidungen läsen „sich aber ein wenig so, als warte das BVerfG darauf, dass jemand substantiiert geltend macht, er sei in seinen Grundrechten dadurch verletzt, dass ihm diese Chance des Entlastungsbeweises abgeschnitten wurde." Vgl. auch die eindrucksvollen Fallbeispiele, die *Hamm* bildet (a.a.O. S. 363).

137 *Roxin/Schäfer/Widmaier*, StV 2006, 655, 659.

138 BVerfGE 109, 279, 331 f. = NJW 2004, 999, 1007.

139 BT-Drucks 15/4533, S. 15.

140 Vgl. unten D.IV.2.

141 *Nack*, StraFo 1998, 366, 367.

die belastenden Gesprächsteile; 3. die Verwertung nur für bestimmte Verfahren oder Delikte oder Tatkomplexe beantragt werden kann. In personeller Hinsicht geht es um die Fragen, ob 1. Personen über die Einführung disponieren können, die von dem zugrunde liegenden Verfahrensfehler gar nicht betroffen sind; 2. die Person, welcher das Dispositionsrecht zusteht, über dieses auch zum Nachteil und mit Wirkung für andere Personen, namentlich Mitbeschuldigte, disponieren darf; 3. mehrere dispositionsberechtigte Personen in unterschiedlicher Weise über die Einführung der in Rede stehenden Erkenntnisse verfügen können.

Die die sachliche Reichweite des Dispositionsrechts betreffenden Konstellationen sind deshalb problematisch, weil sie unmittelbar in die Beweiswürdigung des Tatgerichts eingreifen. Erscheint es erkenntnistheoretisch bereits fragwürdig, ob die Tatrichter in der Lage sind, „verbotenes Wissen" generell auszublenden, so erfährt dieser Gesichtspunkt durch die bedingte oder nur teilweise Berücksichtigung von Erkenntnissen nochmals eine Verschärfung. *Nack* weist zurecht darauf hin, dass der Beweiswert eines Beweismittels nur dann zuverlässig beurteilt werden könne, wenn sein Inhalt dem Gericht vollständig zur Prüfung vorliege. Auch bilde das Urteil eine Einheit, bei der alle Entscheidungen, die auf einer einheitlichen, aus dem Inbegriff der Hauptverhandlung geschöpften Überzeugung beruhten, voneinander abhingen.[142] Diese kritische Bewertung erfasst zutreffend den holistischen und komplexen Charakter der tatrichterlichen Theoriebildung, deren Verfasstheit und Anbindung an das Ideal der Wahrheitserforschung radikal für ein generelles und bedingungsfeindliches Einführungsrecht sprechen. Freilich macht dies wiederum besondere Vorkehrungen zum Schutz des Dispositionsberechtigten erforderlich, der die Reichweite seiner Alles-oder-Nichts-Entscheidung als juristischer Laie kaum wird überschauen können.[143] Nimmt man die geltend gemachten erkenntnistheoretischen Voraussetzungen des Urteilens ernst, so kann im Ergebnis aber auch nichts anderes für die personelle Reichweite des Dispositionsrechts gelten. Ausgangspunkt der Überlegungen muss auch hier sein, dem erkennenden Gericht eine einheitliche Beweisaufnahme und Entscheidung zu ermöglichen. Auf dieser Grundlage können verfahrenstechnische Maßnahmen ergriffen werden, um die Geltung von Verwertungsverboten in Wirkung zu setzen. Übt nur einer von mehreren Angeklagten ein entsprechendes Dispositionsrecht aus, das sich auf die Feststellungen für die anderen Angeklagten auswirken würde, so könnte dem durch eine Verfahrensabtrennung begegnet werden.[144]

142 *Nack*, StraFo 1998, 366, 371; ähnlich *Amelung*, StraFo 1999, 181, 183: „Der Beweisgehalt eines Beweismittels lässt sich nur einheitlich beurteilen."

143 Vgl. näher unten D.IV.4.

144 Vgl. näher unten D.IV.1.

4. Dispositionsrecht und Löschungsgebot

Eine schwierige Folgeproblematik von Dispositionsrechten über entlastende oder entlastungsrelevante Erkenntnisse ergibt sich an der Schnittstelle zu dem datenschutzrechtlichen Gebot der Löschung von für den mit ihrer Erhebung verfolgten Zweck nicht mehr benötigten personenbezogenen Daten. Dieser Zusammenhang begründet einen maßgeblichen Einwand gegen die bisherige gesetzgeberische Konzeption der Löschungspflichten: Entfällt das Verwertungs- oder Verwendungsverbot im nachhinein oder ergibt sich eine Situation, in der eine Verwertung oder Verwendung zu entlastenden Zwecken in Betracht kommt, so sind durch die Löschung der in Rede stehenden Daten vollendete Tatsachen geschaffen. Nach den Vorschriften von § 98b Abs. 3 S. 2, § 100b Abs. 6, § 100c Abs. 5 S. 2, § 100d Abs. 5 und § 100f Abs. 2 S. 3 gelöschte Daten stehen nicht nur den Strafverfolgungsbehörden nicht mehr zur Verfügung sondern auch dem Beschuldigten, der sie zu seiner Entlastung benötigt. Dabei lässt sich – neben der Verwendung in anderen Strafverfahren – auch eine Mehrzahl von Fallkonstellationen denken, in denen nach der höchstrichterlichen Rechtsprechung das anfängliche Verbot der Verwertbarkeit oder Verwendbarkeit nachträglich wegfallen und also die Löschung der Daten sich als vorschnell erweisen kann. Dies gilt zum Beispiel für die Entbindung des Berufsgeheimnisträgers von seiner Verschwiegenheitspflicht (§ 53 Abs. 2, § 53a Abs. 2), für die nachträgliche Begründung einer das Zeugnisverweigerungsrecht ausschließenden Beschuldigteneigenschaft oder Verstrickung[145] oder die nachträgliche Einwilligung der betroffenen Person in die Verwendung des Beweisgegenstands.[146] Verfassungsrechtlich ist vor diesem Hintergrund nicht nur das Erfordernis eines Löschungsgebots aus datenschutzrechtlichen Erwägungen[147] von Relevanz, sondern auch die Frage, ob die Nichtberücksichtigung möglicherweise entlastender Daten, die mangels Ermächtigungsgrundlage nicht in Strafverfahren verwendet werden dürfen[148] oder schon wieder gelöscht wurden, einer Verurteilung wegen des verfassungsrechtlichen Gebots einer umfassenden Wahrheitserforschung entgegensteht. Zwar hat der Beschuldigte keinen Anspruch auf vollständige Erhebung jeglicher denkbar entlastender Beweismittel.[149] Befinden sich solche Beweismittel aber bereits in der Obhut des Staates, gehen der Gedanke der faktischen Unmöglichkeit umfassender Beweiserhebung und der Gesichtspunkt einer Abwägung der Belange der Strafrechtspflege mit schutzwürdigen Interessen, die durch die Beweiserhebung beeinträchtigt werden, fehl. Als konkurrierendes Rechtsgut kommt dann nur das Recht Drittbetroffener auf

---

145 Der Verdacht darf sich freilich nicht erst aufgrund der unzulässigen Beschlagnahme ergeben, BGHSt 25, 168, 169 = NJW 1974, 1570; *Meyer-Goßner*, § 97 Rn 48; SK/*Rudolphi*, § 97 Rn 19, 37, 65; LR/*Schäfer*, § 97 Rn 146.

146 LR/*Schäfer*, § 97 Rn 145.

147 Vgl. BVerfGE 100, 313, 360 f. = NJW 2000, 55; BVerfGE 107, 299, 328 = NJW 2003, 1787; BVerfGE 109, 279, 374, 379 f. = NJW 2004, 999, 1018 f.; BVerfGE 110, 33, 73, 75 = NJW 2004, 2213.

148 Z.B. Mautdaten, vgl. § 4 Abs. 2 S. 4 und 5 ABMG.

149 Vgl. KK/*Wache*, § 166 Rn 4 ff.

informationelle Selbstbestimmung in Betracht, das im Falle der Nichtverwendbarkeit das Freiheitsgrundrecht des Beschuldigten überwiegen müsste – für das intuitive Gerechtigkeitsempfinden ein merkwürdiges und eher theoretisches Ergebnis. Faktisch möglich ist im Falle der Löschung nur noch die Heranziehung sachfernerer Beweismittel – etwa die Vernehmung des Überwachungspersonals –, ohne dass eine Gewähr für eine ausreichend valide Bezeugung bestimmter Daten besteht.

Das Löschungsgebot verweist ferner auf den ebenfalls zu berücksichtigenden Gesichtspunkt des betroffenen Personenkreises. Das Löschungsgebot schützt datenschutzrechtlich die Personen, deren Daten durch eine hoheitliche Maßnahme erhoben wurden. Dass dieser Kreis sich nicht mit dem aktueller und potentieller Beschuldigter deckt, sondern von Datenerhebungen gerade eine Vielzahl dritter Personen betroffen sind, liegt auf der Hand. Die hier auftretende Schwierigkeit hat in ähnlicher Weise den Bundesgerichtshof im Zusammenhang mit Auskunftsverweigerungsrechten nach § 55 zu seiner Rechtskreistheorie geführt: Das Auskunftsverweigerungsrecht – und selbiges gilt für das Löschungsgebot – diene nicht dem Schutz des Beschuldigten und dürfe daher in Bezug auf diesen keine Wirkung entfalten. Die Frage ist, wie sich das Auseinanderfallen der Schutzrichtungen so auffangen lässt, dass eine Verwendung zu löschender Erkenntnisse zu entlastenden Zwekken nicht unmöglich wird. Im Zusammenhang mit dem Gesichtspunkt betroffener Dritter taucht weiterhin die Problematik der Zustimmung auf: Eine weitere Verwendung und Zweckumwidmung zu löschender Daten kann grundsätzlich mit Zustimmung der betroffenen Personen erfolgen. Auf wessen Zustimmung kommt es dabei konkret an? Ist die Verwendung nur bei Zustimmung aller – möglicherweise gar nicht erreichbarer oder in ihrer Vielzahl mit leistbarem Aufwand gar nicht befragbarer – Betroffener zulässig? Kann ihre Zustimmung fingiert oder durch eine gesetzliche Regelung ersetzt werden? Ist die Zustimmung des Beschuldigten erforderlich, dem die Verwendung zum Vorteil gereichen soll? Bei diesen Fragestellungen ist stets zu berücksichtigen, dass sich die Interessen datenschutzrechtlich Betroffener mit denen des Beschuldigten keineswegs decken. Für den Beschuldigten kann ein erhebliches Interesse an entlastenden Daten bestehen, deren Verwendung die Person, auf die sie sich beziehen, gerade vermeiden möchte. Hinzu kommt, dass in der gerichtlichen Praxis seitens der Verteidigung nicht selten der Einwand erhoben wird, Datenaufzeichnungen seien nicht vollständig, die überwachten Gespräche etwa seien nicht in vollem Umfang dokumentiert, die Aufzeichnungen gerade dort lückenhaft, wo für den Beschuldigten entlastende Äußerungen getätigt wurden.[150] Dieser Einwand lässt sich letzten Endes nur durch eine vollständige Dokumentation der überwachten Gespräche entkräften, was andererseits den Eingriff in das informationelle Selbstbestimmungsrecht Betroffener freilich verschärfen würde.

150 Vgl. BT-Drs. 15/5486, S. 17.

IV. Die Normative Distanz zwischen Datenerhebung und Datenverwendung

1. Die „Vertiefung" des Ersteingriffs

In Teilen des Schrifttums wird – wohl zurückgehend auf den von *Grünwald* vertretenen Schadensvertiefungsgedanken[151] – die Erforderlichkeit von Verwendungsregelungen damit begründet, der durch die Datenerhebung erfolgte Eingriff in schutzwürdige Rechtsgüter werde durch die Datenverwendung „vertieft".[152] Ob es sich nach dieser Terminologie um insgesamt einen Eingriff handelt, der durch das zweite staatliche Handeln lediglich modifiziert wird, oder um zwei eigenständige Eingriffe, bleibt dabei unklar. Handelte es sich nur um einen Eingriff, wäre die Forderung nach einer eigenen Ermächtigung für die zweckumwidmende Verwendung nicht stimmig. Nach datenschutzrechtlichen Maßstäben stellt jede Datenverwendung – auch die nicht zweckumwidmende – einen eigenständigen Eingriff dar. Für eine solche Differenzierung spricht auch, dass bei der Verwendung die mit der Datenerhebung verbundenen spezifischen Eingriffe nicht mehr auftreten; oft sind andere Grundrechte betroffen, zum Beispiel bei der Erhebung von Daten aus einer Wohnung Art. 13 Abs. 1 GG. Dass die Verwendung solcher Daten ebenfalls in die Unverletzlichkeit der Wohnung eingriffe, erscheint konstruiert. Das Bundesverfassungsgericht anerkennt diesen Unterschied zwischen Datenerhebung und Datenverwendung, indem es für Verwendungsregelungen geringere Hürden fordert als für Erhebungsregelungen.[153] Wenn danach an die Erhebung bzw. Verwendung von Daten nicht dieselben normativen Maßstäbe angelegt werden müssen oder können, erhebt sich die Frage, mit welcher Berechtigung Erhebungs- und Verwendungsverbote dergestalt in einen normativen Zusammenhang gebracht werden können, dass sich letztere aus ersteren ableiten lassen.

2. Erkenntnistheoretische Distanz

Die diesem Trennungsgedanken zugrunde liegende Überlegung ist allgemeiner erkenntnistheoretischer Art. Sie findet sich im philosophischen Sprachgebrauch in der

---

151 Vgl. oben B.IV.6.

152 Vgl. etwa *Ranft*, FS Spendel 1992, S. 719, 729; kritisch zur Terminologie *Grünwalds* und ihren Implikationen *Rogall*, FS Grünwald 1999, S. 523, 525 f.; ähnlich *Wolter*, FS Meyer 1990, S. 493, 511; das Bundesverfassungsgericht benutzt den Begriff der Vertiefung nicht explizit, lässt aber einen entsprechenden Zusammenhang zwischen Ersteingriff und Folgeeingriffen anklingen, vgl. BVerfGE 100, 313, 359 = NJW 2000, 55, 57; BVerfGE 107, 299, 312 f. = NJW 2003, 1787, 1788; BVerfGE 110, 33, 52 f., 68 f. = NJW 2004, 2213, 2215, 2220; BVerfG NJW 2005, 2603, 2604.

153 BVerfGE 109, 279, 378 = NJW 2004, 999, 1019; vgl. auch BVerfGE 100, 313, 360 = NJW 2000, 55.

Rede vom „semantischen Aufstieg“[154] und der Differenzierung von Objekt- und Metaebene.[155] Danach sei für die erkenntnistheoretische Würdigung eines Sachverhalts exakt zu unterscheiden zwischen der Rede über ein Objekt, der Rede über die Rede über ein Objekt, der Rede über die Rede über die Rede über ein Objekt und so fort. Dem Strafjuristen ist diese Differenzierung geläufig. Sie begegnet ihm im Rahmen der Beweiswürdigung bei der Entscheidung über die Sachnähe des Beweismittels. Ein Gespräch über eine Straftat zum Beispiel ist danach zu unterscheiden von einem Bericht über ein Gespräch über eine Straftat, den ein Zeuge vom Hörensagen erstattet. Sachfernere Beweismittel sind auch geeignet, mittels bewährter Schlusstechniken auf den zugrunde liegenden Sachverhalt schließen zu lassen. Sie sind daher nicht unzulässig, erfordern aber eine besonders vorsichtige Würdigung.[156] Diese Differenzierung gilt aber nicht nur für Zeugen vom Hörensagen. Sie findet ebenso Anwendung auf akustische Aufzeichnungen von Gesprächen, auf Gesprächsprotokolle, auf Lichtbilder, Tagebücher und Aufzeichnungen jeder Art, sofern der Inhalt der Aufzeichnungen für den Beweis relevant ist und nicht die Existenz der Aufzeichnung als solche. Jede Aufzeichnung begründet eine erkenntnistheoretische Distanz zum Aufgezeichneten, die sie für Irrtum und Verfälschungen anfällig macht und der Auslegung öffnet. Im Rahmen seiner Beweiswürdigung schließt das Gericht aus Aufzeichnungen und mündlichen Wiedergaben von Erlebtem auf den historischen Sachverhalt. Es rekonstruiert diesen Sachverhalt aus Indizien. Manche Indizien deuten dabei nicht unmittelbar auf den historischen Sachverhalt, sondern erlauben nur mittelbare Schlüsse. So vermittelt das Anhören einer Gesprächsaufzeichnung zunächst nur Erkenntnisse über die Existenz dieser Aufzeichnung und ihren interpretationsfähigen Inhalt. Um eine Beziehung dieser Erkenntnisse zur aufzuklärenden Straftat herzustellen, müssen dem Gericht eine Vielzahl weiterer Informationen vorliegen: Wer hat die Aufzeichnung erstellt? Wann wurde sie erstellt? Unter welchen Bedingungen? Wie wurde anschließend mit ihr verfahren? Unter welchen Bedingungen erfolgt ihre Wiedergabe? Diese Informationen können teilweise, soweit sie die Geschehnisse im Gerichtssaal betreffen, auf eigenen Anschauungen des Gerichts beruhen und erfordern im Übrigen die Herbeiziehung weiterer Beweismittel, die ebenfalls zu verifizieren sind. Ist der Beamte, der über den Überwachungsvorgang berichtet, glaubwürdig? Ist die Überwachungstechnik verlässlich? Ist sie gegen eine Manipulation durch Dritte und gegen unbeabsichtigte Verfälschungen durch die mit der Überwachung und ihrer Dokumentation befassten Personen geschützt?[157] Diese Überlegungen, die sich in ähnlicher Weise auf das Vernehmen eines Zeugen, das Verlesen eines Dokuments oder die Inaugen-

154 *Quine*, Wort und Gegenstand, § 56.

155 *Tarski*, Wahrheitsbegriff, 1936.

156 Vgl. insbesondere BGHSt 33, 178, 181 f. = NJW 1985, 1789, 1790; BGHSt 34, 15 = NJW 1986, 1766; BGHSt 36, 159 = NJW 1989, 3291; BGHSt 41, 42, 46 = NJW 1995, 2236, 2237; BGHSt 42, 15 = NJW 1996, 1547; BGHSt 45, 321, 340 = NJW 2000, 1123, 1128 jeweils m.w.N

157 Vgl. etwa den Einwand gegen die Maßnahme der Online-Durchsuchung, das Aufspielen eines „Bundestrojaners“ verfälsche den Datenverkehr.

scheinnahme eines Beweisstücks ummünzen lassen, stellen den Kern der richterlichen Beweiswürdigung dar. Auf ihrer Grundlage muss das Gericht zu einer keinen vernünftigen Zweifeln zugänglichen subjektiven Überzeugung gelangen. Die Anfälligkeit dieser Würdigung für Fehlschlüsse liegt angesichts ihrer Komplexität auf der Hand und würde in der revisionsgerichtlichen Praxis deutlicher werden, wenn alle der Würdigung unausgesprochen zugrunde gelegten Schlüsse offengelegt würden – was freilich praktisch nicht leistbar ist. Hier soll das Augenmerk darauf gelenkt werden, dass die erkenntnistheoretische Distanz eines Beweismittels zum historischen Sachverhalt zu einer Zunahme der zu verarbeitenden Informationen, mithin zu einem Anwachsen der Theoriebildung und einer Erhöhung des Begründungsaufwands führt. Dies ist mit Blick auf den Umfang und die Schwierigkeit von Indizienprozessen nicht überraschend, eröffnet aber bislang kaum thematisierte Einsichten hinsichtlich der Problematik von Beweisverboten.[158] Die Tatsache der erkenntnistheoretischen Distanz führt nämlich konsequenter Weise dazu, dass durch die Verwendung bereits erlangter Daten ein Ersteingriff zwar „vertieft" werden mag, die durch jede weitere Verwendung vermittelte relative Tiefe der Folgeeingriffe jedoch abnimmt. Auch für die Beweiserhebung vor Gericht ist diese Überlegung von entscheidender Bedeutung, beeinflusst sie doch maßgeblich die Eingriffsintensität des hoheitlichen Erkenntnisakts. Es liegt auf der Hand, dass das unmittelbare heimliche Mithören sexueller Aktivitäten eine höhere Eingriffsintensität vermittelt als das Abhören von akustischen Aufzeichnungen über solche Aktivitäten oder das Verlesen schriftlicher Aufzeichnungen oder der Bericht eines Zeugen über seine oder anderer Personen entsprechende Wahrnehmungen. Kommt es für die Frage der Verwertbarkeit oder Verwendbarkeit also auf die Tiefe des durch die Verwendung vermittelten Eingriffs an, so ist dabei die Nähe des zu Verwendenden zu dem historischen Sachverhalt über den es Auskunft gibt, zu berücksichtigen. Die erkenntnistheoretische Distanz zwischen Beweiserhebung und verschiedenen Arten der Beweisverwendung bedingt also auch eine normative Distanz.

3. Spurenansatz und Fernwirkung

Der Gesichtspunkt der normativen Distanz zwischen Beweiserhebung und Beweisverwendung wirkt sich maßgeblich auf die Frage der Reichweite von Beweisverboten

158 Soweit ersichtlich befasst sich nur *Lorenz*, GA 1992, 254, 261 ff. näher mit der erkenntnistheoretischen und normativen Distanz zwischen Beweisgegenstand (Tagebuch) und in ihm verkörperter Information. Lorenz weist darauf hin, für die Bestimmung der Schutzwürdigkeit sei entscheidend „die Nähe der Information zur Persönlichkeit des Betroffenen" (S. 262); jede Information könne „im Strafprozess durch andere Beweismittel, z.B. durch Zeugenaussagen, eingeführt werden" (S. 267); die schriftliche Fixierung in einem Tagebuch bilde nicht die Gewissensentscheidung im Sinne des Art. 4 GG (S. 273). Er berücksichtigt aber nicht, dass es nicht die Information als solche ist, welche eingeführt wird, sondern das – der Interpretation zugängliche – Beweismittel, und es deshalb auf *dessen* Nähe zur Persönlichkeit des Betroffenen ankommt.

aus. Steht die Verwertbarkeit eines Beweismittels in Rede, so ist damit in der Regel die Frage gemeint, ob das erkennende Gericht sein Erkenntnis auf das Beweismittel stützen darf. Das erkennende Gericht hat diese Frage von Amts wegen zu untersuchen, wenn der Verwertung rechtzeitig widersprochen wurde.[159] Die weitergehende Frage, ob das Beweismittel fehlerhaft gewonnen wurde, hat das Tatgericht auf der Grundlage der Sachverhaltskenntnis der die Maßnahme anordnenden Stelle unter Berücksichtigung von deren Beurteilungsspielraum zu beantworten, wobei spätere Erkenntnisse aus der Maßnahme außer Betracht zu bleiben haben.[160] Die Frage der Verwendbarkeit kann allerdings auch schon bei Entscheidungen in früheren Verfahrensstadien Bedeutung erlangen, etwa bei der Frage, ob auf ein Beweismittel der für den Erlass eines Haftbefehls erforderliche dringende Tatverdacht gestützt oder das Beweismittel als Spurenansatz für weitere Ermittlungsmaßnahmen herangezogen werden darf. Der Verwendung eines rechtswidrig erlangten Beweismittels als Spurenansatz ist die höchstrichterliche Rechtsprechung – soweit ersichtlich – bislang erst einmal entgegengetreten. In seiner Entscheidung zur akustischen Wohnraumüberwachung stellte das Bundesverfassungsgericht fest, Erkenntnisse, die aus einem Eingriff in den Kernbereich privater Lebensgestaltung erlangt wurden, dürften keine Verwendung finden, auch nicht als Spurenansatz.[161] Im Übrigen wird von der Rechtsprechung die Verwendung rechtswidrig erlangter Erkenntnisse als Spurenansatz mit dem Hinweis darauf, dass das deutsche Strafverfahrensrecht eine Fernwirkung von Beweisverboten nicht kenne, als zulässig erachtet.[162] Genau genommen geht es in diesen Fällen – was im Schrifttum zum Teil nicht gesehen wird[163] – aber nicht um eine Frage der Fernwirkung. Diese betrifft Konstellationen, in denen das erkennende Gericht seine Entscheidung auf Erkenntnisse stützt, die die Strafverfolgungsbehörden aufgrund rechtswidrig erlangter Erkenntnisse erlangt haben. Der Schulfall ist der des Leichenfundes aufgrund einer unverwertbaren Aussage des Beschuldigten. Darf die Leiche als Beweismittel verwertet werden oder nicht? Die Frage der Verwendung als Spurenansatz setzt eine Ebene früher an. Sie betrifft das Problem, ob die Unverwertbarkeit eines Beweismittels ein Erhebungsverbot für andere Beweismittel begründe, zu denen das infizierte Beweismittel den Weg weist. Nimmt man ein solches Erhebungsverbot an, so ist es freilich denkbar, dass Beamte der Strafverfolgungsbehörden sich über dieses Verbot hinwegsetzen und die Leiche gleichwohl ausgraben. Erst an diese Konstellation schließt sich die Frage der Fernwirkung an. Dröselt man die Fernwirkungsproblematik dergestalt auf, so stellt sie sich als ein Scheinproblem dar. Denn die Frage der Verwertbarkeit des Leichenfundes knüpft nicht etwa an die fehlerhafte Beschuldigtenvernehmung an, sondern an das darin möglicherweise begründete Erhebungsverbot für das Ausgraben der Leiche. Da die höchstrichterliche Rechtsprechung aber keinen allgemeinen Grundsatz anerkennt, dass aus einem Ver-

159 Vgl. die Nachweise oben Fn 112, 113.

160 BGHSt 41, 30, 33 = NJW 1995, 1974; BGHSt 47, 362 = NJW 2003, 368.

161 BVerfGE 109, 279, 331 f. = NJW 2004, 999, 1007.

162 Vgl. die Nachweise zu B.II.10. Fn 83.

163 *Weßlau*, Wohnraumüberwachung, S. 47, 56 f.; *Ellbogen*, NStZ 2001, 460, 465.

stoß gegen eine Erhebungsvorschrift automatisch ein Verwertungsverbot folgen müsse, führt auch ein Verwendungsverbot als Spurenansatz nicht ohne weiteres zur Unverwertbarkeit der unter Verstoß gegen das Verbot gewonnenen Beweismittel. Nach der Abwägungslehre wäre hier vielmehr im Einzelfall zu entscheiden, ob der Verstoß gegen das Verbot der Verwendung als Spurenansatz so schwer wiegt, dass das Strafverfolgungsinteresse hinter den schützenswerten Interessen Betroffener zurückzustehen hat.[164]

Münzt man diese Fragestellung auf den vom Bundesverfassungsgericht behandelten Fall eines Eingriffs in den Kernbereich privater Lebensgestaltung durch eine akustische Wohnraumüberwachung um, so kommt erneut der oben erörterte Aspekt der normativen Distanz zwischen Beweiserhebung und erhobenem Beweis zum tragen. Erkenntnisse aus einer akustischen Überwachung kernbereichsrelevanter Äußerungen sind etwas anderes als kernbereichsrelevante Äußerungen. Es ist unmittelbar einsichtig und von der Verfassung geboten, dass Offenbarungen innerster Gefühle gegenüber nahestehenden Personen[165] vom Staat nicht überwacht werden dürfen. Es ist nicht unmittelbar einsichtig, dass der Staat Erkenntisse aus solchen Äußerungen nicht benutzen dürfe, um weitere Beweismittel für die Aufklärung einer Straftat zu erlangen. Mehr noch als bei der Verwendung solcher Erkenntnisse zu Beweiszwecken ist bei ihrer Verwendung als Spurenansatz zu berücksichtigen, dass ihre Verarbeitung nicht unmittelbar in den Kernbereich eingreift, sondern lediglich Rückschlüsse auf kernbereichsrelevantes Geschehen zulässt. Um dieses mag es bei der Verwendung zu Beweiszwecken gelegentlich gehen[166], etwa wenn die Tatsache eines Kontakts zwischen bestimmten Personen von Relevanz für die Beweisführung ist. Für die Verwendung als Spurenansatz ist ein solcher Bezug zum Kernbereich kaum denkbar, geht es doch gerade nicht darum, Kerngeschehen zum Gegenstand der Erkenntnis zu machen, sondern einen anderen Sachverhalt, auf den dieses deutet. Die auf das Kerngeschehen deutenden Erkenntnisse müssen folglich auch nicht zu Beweiszwecken explizit und damit öffentlich gemacht werden. Selbst wenn es für die Beweisführung – zum Beispiel im Rahmen der Strafzumessung – auf die Umstände des Leichenfunds ankommt, dürfte die Feststellung genügen, der Fundort sei im Rahmen eines überwachten Gesprächs zur Sprache gekommen. Nähere Beweiserhebungen zum Inhalt des überwachten Gesprächs und auch zu seiner Kernbereichsrelevanz dürften entbehrlich sein, so dass sich zwar möglicherweise noch durch die Verwendung als Spurenansatz eine „Vertiefung" des Ersteingriffs oder ein eigenständiger Eingriff begründen lässt, nicht mehr aber durch die Verwertung der durch die Verwendung erlangten Erkenntisse.

---

164 So auch *Saliger*, GA 2004, 35, 56.

165 Vgl. BVerfGE 90, 255, 260 = NJW 1995, 1015; BVerfGE 109, 279, 322 = NJW 2004, 999, 1004.

166 Mehrere Stellungnahmen kriminalistischer Sachverständiger zum Regierungsentwurf des Gesetzes zur Umsetzung des Urteils des Bundesverfassungsgerichts vom 3. März 2004 (akustische Wohnraumüberwachung) verneinten dies allerdings ausdrücklich, vgl. BT-Rechtsausschuss, Protokoll Nr. 75.

4. Verwendung zu anderen Zwecken

In ähnlicher Weise stellt sich diese Problematik in Bezug auf die datenschutzrechtlichen Verwendungsverbote. Ob ein Verstoß gegen ein Verwendungsverbot ein Verwertungsverbot zur Folge hat, ist durch Auslegung der Verwendungsvorschrift zu beantworten.[167] Soweit einige Verwendungsvorschriften ausdrücklich nur die Verwendung „zu Beweiszwecken" limitieren und die Verwendung zu anderen Zwecken – etwa zur Gefahrenabwehr oder als Spurenansatz – unberührt lassen, spricht – unter Ausblendung der oben angesprochenen Problematik der normativen Distanz bei der Verwendung von Erkenntnissen auf verschiedenen erkenntnistheoretischen Ebenen – der Wortlaut dafür, ein Verwertungsverbot für das erkennende Gericht anzunehmen. Vom Wortlaut getragen wäre bei einem weiten Verständnis von Beweiszwecken aber wohl auch eine Auslegung, die die Erkenntnisse jeglicher auf Beweiszwecke zielender Verwertung entzieht, etwa der staatsanwaltlichen Begründung des Tatverdachts im Rahmen der Anordnung einer Zwangsmaßnahme. Soweit eine Beschränkung der besonderen Voraussetzungen für die Verwendung nicht auf die Verwendung zu Beweiszwecken beschränkt ist, gilt diese Beschränkung für jegliche Art der Verwendung. In diesen Fällen gibt das Gesetz keine Anhaltspunkte, wie bei einer Verletzung der Verwendungsvorschrift zu verfahren sei. Ein Verbot der Verwertung von Erkenntnissen, die durch eine verbotswidrige Verwendung der in Rede stehenden Daten als Spurenansatz erlangt worden sind, lässt sich den unbeschränkten Verwendungsvorschriften so wenig entnehmen wie ein Verbot der Verwertung dieser Daten zu Beweiszwecken. Gegen letzteres spricht, dass diese Normen gerade nicht zwischen verschiedenen Verwendungsarten unterscheiden. Warum sollte dann aber eine Verwendung der dem Verwendungsverbot unterliegenden Daten zu Beweiszwecken anders zu beurteilen sein als ihre Verwendung als Spurenansatz? Wird in letzterem Fall gegen das Verwendungsverbot verstoßen, so lässt sich ein Verwertungsverbot für die so erlangten Erkenntnisse kaum begründen. Warum für den Verstoß gegen das Verbot der Verwendung zu Beweiszwecken etwas anderes gelten sollte, ist nicht ohne weiteres ersichtlich.

Diese Auslegungsproblematik hat in vereinzelten jüngeren Verwendungsregelungen noch eine Verschärfung erfahren. Nach § 100d Abs. 6 Nr. 1 dürfen die aus einer akustischen Wohnraumüberwachung erlangten verwertbaren Informationen nur unter besonderen Voraussetzungen für Zwecke anderer Strafverfahren verwendet werden. Dasselbe gilt nach § 100d Abs. 6 Nr. 3 für aus einer entsprechenden polizeilichen Maßnahme herrührende Daten, die in ein Strafverfahren eingeführt werden sollen. Für die Verwendung zu Zwecken der Gefahrenabwehr verzichtet § 100d Abs. 6 Nr. 2 in Satz 1 auf die Voraussetzung der Verwertbarkeit der Informationen und macht in Satz 2 die Verwendung verwertbarer Informationen von weniger strengen Voraussetzungen abhängig. Diese komplexe Verschränkung der Verwertungs- und Verwendungsproblematik ist in ihrer Verworrenheit kaum zu

167 Vgl. bereits AnwK-StPO/*Krekeler*/*Löffelmann*, Einleitung Rn 147.

überbieten und nicht mehr verständlich. Soweit das Gesetz die Verwendung der Daten zu bestimmten Zwecken von ihrer strafprozessualen Verwertbarkeit abhängig macht, schließt es zugleich die Verwendung der einem Verwertungsverbot unterliegenden Daten – mit Ausnahme der Verwendung nach Abs. 6 Nr. 2 S. 1 – kategorisch aus. Der sich mit Blick auf die Regelung in Nr. 2 aufdrängenden Frage, warum gerade der Aspekt der strafprozessualen Verwertbarkeit geeignet sei, die Verwendbarkeit für Zwecke der Gefahrenabwehr zu determinieren, soll hier nicht weiter vertieft werden; die dahinter stehende Logik wird wohl das Geheimnis des Gesetzgebers bleiben.[168] Die Koppelung der Verwendbarkeit an die Verwertbarkeit evoziert aber andere allgemeinere Fragen. Die Entscheidung über die Verwertbarkeit ist grundsätzlich Aufgabe des erkennenden Gerichts. Damit stellt sich die Frage, wie und von wem und mit welcher Bindungswirkung die Verwertbarkeit als Vorfrage der Verwendbarkeit festgestellt werden kann, wenn eine Entscheidung des erkennenden Gerichts über diese Frage noch nicht vorliegt, zumal es nach der Rechtsprechung eine Vielzahl von Konstellationen geben kann, in denen die Verletzung einer Verfahrensnorm ein Verwertungsverbot begründet. Wer soll diese schwierige Frage beantworten und die Verantwortung für die daraus herrührenden Konsequenzen tragen? § 100c Abs. 7 sieht eine Antwort auf diese Frage nur vor, soweit ein Verwertungsverbot aufgrund eines Eingriffs in den Kernbereich privater Lebensgestaltung in Rede steht und deckt keineswegs alle solchen Fälle ab, sondern nur jene, in denen die Staatsanwaltschaft eine Antragstellung als notwendig erachtet. Der Beamte der Staatsanwaltschaft ist zwar als Angehöriger der Exekutive an Recht und Gesetz gebunden, unterliegt aber auch dem Gebot des Legalitätsprinzips bei dessen Verletzung er sich dienstrechtlicher und womöglich strafrechtlicher Konsequenzen versehen muss. Weiter stellt sich auch hier die Frage, welche Konsequenzen ein Verstoß gegen die Verwendungsregelung zeitigt. Werden einem Verwertungsverbot unterliegende Informationen in anderen Strafverfahren als Spurenansatz oder zu Beweiszwecken verwendet, so ist damit noch nichts über die dortige Verwertbarkeit der Informationen oder der auf ihrer Grundlage erlangten weiteren Erkenntnisse ausgesagt. Es ist also denkbar, dass Erkenntisse zwar im Ausgangsverfahren unverwertbar sind, im neuen Bezugsverfahren aber keinem Verwertungsverbot unterliegen. Ein Beispiel: Die Strafverfolgungsbehörden haben durch eine akustische Wohnraumüberwachung Erkenntisse aus Gesprächen zwischen dem Beschuldigten und seinen nahen Angehörigen im Sinne des § 52 gewonnen. Diese Erkenntnisse sind gemäß § 100c Abs. 6 S. 2 im Ausgangsverfahren unverwertbar, weil die Beeinträchtigung der schutzwürdigen Interessen der nahen Angehörigen das öffentliche Interesse an der Strafverfolgung überwiegt. Nach § 100d Abs. 6 Nr. 1 dürften die Erkenntisse nicht in einem anderen Verfahren verwendet werden. Geschieht dies – in Verkennung des Verwertungsverbots im Ausgangsverfahren oder auch unter bewusster Missachtung des Verwendungsverbots – trotzdem, so stellt sich nach der Abwägungslehre die Frage der Verwertbarkeit im neuen Verfahren erneut. Hat dieses eine sehr schwere Straftat zum Gegenstand, kann die Abwägung anders als im

168 Vgl. bereits *Löffelmann*, NJW 2005, 2033, 2036.

Ausgangsverfahren ausfallen. Dasselbe gilt, wenn im Ausgangsverfahren keine Anhaltspunkte für eine Verstrickung der Angehörigen im Sinne des § 100c Abs. 6 S. 3 vorliegen, im neuen Bezugsverfahren aber eine entsprechende Anwendung der Vorschrift in Betracht käme. Auch der umgekehrte Fall ist problematisch. Soweit eine Verwertbarkeit im Ausgangsverfahren festgestellt wurde, hat dies keineswegs automatisch die Verwertbarkeit im Bezugsverfahren zur Folge. Das im Bezugsverfahren erkennende Gericht hat dort erneut über die Frage der Verwertbarkeit zu entscheiden. Da eine Bindungswirkung hinsichtlich der als Voraussetzung der Verwendbarkeit festgestellten Verwertbarkeit nicht existiert (vgl. § 100c Abs. 7 S. 2), kann das Gericht entgegen dem im Ausgangsverfahren entscheidenden Gericht oder entgegen der Einschätzung der Strafverfolgungsbehörden zu dem Schluss kommen, eine Verwertbarkeit im Ausgangsverfahren habe nicht vorgelegen und eine Verwendbarkeit nach § 100d Abs. 6 Nr. 1 sei daher nicht gegeben gewesen. Daran anschließend hätte es über die Frage zu entscheiden, ob das Nichtvorliegen der Voraussetzungen des § 100d Abs. 6 Nr. 1 ein Verwertungsverbot zur Folge hat. Trotz vermeintlichen Vorliegens aller Verwendungsvoraussetzungen kann es also im nachhinein zu einer Kontaminierung des Verwendungsvorgangs kommen, die die Unverwertbarkeit zur Folge hat. Hinzu kommt, dass die Verwertbarkeit auch an der Verletzung anderer Voraussetzungen der Verwendung scheitern könnte (vgl. die Zweckbestimmung und die Beschränkung der Anlasstaten in § 100d Abs. 6 Nr. 1).

V. Die Heilbarkeit von Erhebungsmängeln

1. Der Begriff der Heilung

Der Gedanke der Heilung von Rechtsmängeln begegnet sowohl im Privatrecht als auch im Öffentlichen Recht. Im Privatrecht können Mängel eines Rechtsgeschäfts durch die Beseitigung ihrer Folgen geheilt werden, zum Beispiel die fehlende notarielle Beurkundung eines Grundstückskaufs durch Auflassung und Eintragung oder die fehlende Geschäftsfähigkeit eines Minderjährigen durch die nachträgliche Genehmigung seiner gesetzlichen Vertreter. An die Stelle des gebotenen Rechtsakts tritt ein anderer Rechtsakt, der ihn ersetzt. Im Öffentlichen Recht hat der Begriff der Heilung eine etwas andere Konnotation. Hier können Mängel hoheitlicher Akte durch die Nachholung des gebotenen Rechtsakts geheilt werden, zum Beispiel die unzureichende Begründung eines Verwaltungsakts durch eine nachträgliche Begründung.

Im allgemeinen Sprachgebrauch wird „Heilung" als Gesundmachung oder Gesundwerdung verstanden; etymologisch geht der Begriff auf die Adjektive „heil", „ganz", „gesund" zurück.[169] Die Heilung setzt einen krankhaften, also einen von der

169 *Kluge*, Etymologisches Wörterbuch, Eintrag „heil".

Norm im negativen, pathologischen Sinne abweichenden Zustand voraus. Sie erfolgt als Selbstheilung oder Fremdheilung und erfordert das Wirken von Heilkräften. Die Heilung oder Gesundung ist in der Regel ein – mitunter von Rückschlägen begleiteter – Prozess, der sich über einen gewissen Zeitraum erstreckt; es gibt aber auch Spontanheilungen. Das Ergebnis der Heilung ist die Wiederherstellung der Gesundheit oder Ganzheit, die als Norm verstanden werden.

Im Zusammenhang mit der Thematik der Beweisverbote taucht ebenfalls der Gedanke der Heilung auf. Der BGH hat in jüngerer Zeit wiederholt auf diesen Gedanken zurückgegriffen, um trotz Vorliegens gravierender Verfahrensfehler die Ablehnung eines Verwertungsverbots zu begründen. Der zugrunde liegende Gedanke ist einfach; im Schrifttum wird er als Figur des hypothetischen Ersatzeingriffs bezeichnet. Danach – was von weiten Teilen des Schrifttums abgelehnt wird – gilt ein Verstoß gegen eine Erhebungsnorm als geheilt – mit der Folge, dass das Beweismittel verwertet werden darf – wenn es auch auf ordnungsgemäßem Wege hätte erlangt werden können.[170] Dieser Gedanke einer Heilung unterscheidet sich von den beiden oben genannten.[171] Hier wird der gebotene Rechtsakt nicht nachgeholt und an seine Stelle tritt auch kein anderer Rechtsakt, sondern eine Fiktion. Intuitiv erscheint diese Überlegung berechtigt. Das Strafverfahrensrecht ist mit einer Vielzahl von Vorschriften ausgestattet, die es anfällig für Fehler machen. Hätte der Fehler ohne weiteres vermieden werden können, so wäre es unangemessen, daran die weit reichende Konsequenz der Unverwertbarkeit eines Beweismittels zu knüpfen. Die Gegner dieser Rechtsfigur argumentieren, auf diese Weise könnten alle Vorschriften ausgehebelt werden, die der Rechtsstaatlichkeit des Verfahrens und dem Schutz von Interessen des Beschuldigten und Dritter dienen; die Rechtsfigur führe damit zu Unsicherheit. Die Strafverfolgungsbehörden könnten ohne Rücksicht auf diese Vorschriften ermitteln, denn sie stünden bei einer nachträglichen Feststellung der Unverwertbarkeit nicht schlechter als bei einem von vornherein bestehenden Verbot der Beweiserhebung. Im Hinblick auf die Rechtsgutsbeeinträchtigung durch die Beweiserhebung seien zum Zeitpunkt der Entscheidung über die Verwertbarkeit schon vollendete Tatsachen geschaffen.[172] Hinter dieser Argumentation steht der Disziplinierungsgedanke.[173] Nur, wenn den Strafverfolgungsbehörden von vornherein klar sei, dass rechtswidrig erlangte Beweismittel nicht verwertbar seien, fehle

170 Vgl. Nachweise oben B.II.8. Fn 76; Unsicherheit besteht allerdings darüber, ob sich die hypothetische Argumentation auf das Erlangen des konkreten in Rede stehenden Beweismittels beziehen müsse, auf das abstrakte Beweisobjekt, das Beweisergebnis, die erzielten Erkenntnisse oder allgemein auf die Möglichkeit der Überführung des Täters, vgl. *Schröder*, Beweisverwertungsverbote, S. 74 ff. m.w.N.; *Pelz*, Beweisverwertungsverbote, S. 146 ff.; *Kelnhofer*, Hypothetische Ermittlungsverläufe, S. 267 ff. (in dem genannten Schrifttum wird einhellig auf die rechtmäßige Erlangung des konkreten Beweismittels abgestellt).

171 Vgl. *Pelz*, Beweisverwertungsverbote, S. 145 f., der aber „Heilung“ und „Hypothese“ in ihren Wirkungen gleich sieht.

172 Vgl. etwa *Krekeler*, NStZ 1993, 263, 264; *Kassing*, JuS 2004, 675, 677; *Burhoff*, StraFo 2005, 140, 146.

173 So ausdrücklich *Burhoff*, StraFo 2005, 140, 147.

ihnen der Anreiz ihrer Erhebung. Die Rechtsprechung wendet die Figur des hypothetischen Ersatzeingriffs allerdings nicht uferlos an. Bei objektiv willkürlichen Rechtsverstößen nach dem Unvertretbarkeitsmaßstab komme eine Heilung nach den bisher entwickelten und erkennbaren Maßstäben nicht in Betracht.[174] Dies bedeutet freilich nicht, dass eine weitere Ausdehnung des Anwendungsbereichs des hypothetischen Ersatzeingriffs damit ausgeschlossen wäre, noch, dass er in den Fällen, in denen er bisher Anwendung findet, Berechtigung hat. Um einen methodischen und nicht durch den – fragwürdigen – Disziplinierungsgedanken gekennzeichneten Zugang zur Problematik des hypothetischen Ersatzeingriffs zu gewinnen, soll zunächst die ihm zugrunde liegende Begrifflichkeit näher untersucht werden.

Kann nach der oben vorgenommenen Begriffsanalyse von „Heilung" durch den hypothetischen Ersatzeingriff ein pathologisches Abweichen von der Norm „geheilt" werden? Um im Bilde zu bleiben, drängt sich auf, dass der hypothetische Ersatzeingriff kein Medikament darstellt, sondern eine eher numinose Heilkraft, ein Placebo. Der hypothetische Ersatzeingriff gibt dem Heilungsbedürftigen – sei es der Rechtsuchende oder das Rechtssystem – nichts als das Vertrauen in die Funktionsfähigkeit seines Immunsystems. Man könnte seine Wirkweise sogar so verstehen, dass er die Ernsthaftigkeit der Krankheit als solcher in Frage stellt, die nicht mehr als ein vermeidbares Versehen sei, das die Gesundheit nicht weiter beeinträchtige. Der Verfahrensverstoß als Schnupfen, der für die Gesundheitsdiagnose des Verfahrens vernachlässigbar ist? Wenn danach also im Anwendungsbereich des hypothetischen Ersatzeingriffs schon kein ernsthafter Mangel, der der Medikation bedürfte, feststellbar und mithin kein Fall der Heilung gegeben ist, was ist der hypothetische Ersatzeingriff dann?

2. Hypothesen

Der hypothetische Ersatzeingriff nimmt, wie sein Name sagt, die Geltung von Hypothesen für sich in Anspruch. Was sind Hypothesen? Nach der Doktrin des Kritischen Rationalismus, der sich unter den Strömungen der neueren Philosophie wohl am eingehendsten mit dem Phänomen der Hypothese auseinandergesetzt hat, fungiert der Terminus weitgehend als Synonym für „Theorie"; mitunter wird „Theorie" weiter verstanden, einen Komplex von Aussagen betreffend. Aussagen über die Welt sind Theorien, die vorläufigen Charakter haben, weil sie sich bewähren müssen und falsifiziert werden können, Hypothesen über eine mögliche Welt, die niemals endgültig als wahr erkannt werden können.[175] *Popper* fasst diese Überzeugung in die

174 Vgl. BGHSt 44, 243, 250 = NJW 1999, 959, 961; BGHSt 48, 240, 249 = NJW 2003, 1880, 1883; BGHR StPO § 100a Verwertungsverbot 11 a.E. = StV 2001, 545; BGHR StPO § 100a Verwertungsverbot 14 = NJW 2003, 2034; BGH NJW 2007, 2269, 2273.

175 Vgl. *Popper*, Logik der Forschung, insbes. S. 198 ff.

prägnanten Worte: „Wir wissen nicht, sondern wir raten.“[176] Man muss den teilweise überspitzten Überlegungen *Poppers* nicht in jeder Hinsicht folgen, um die Berechtigung dieses Verständnisses von Hypothesen anzuerkennen. Es deckt sich weitgehend mit der Verwendung des Begriffs im allgemeinen Sprachgebrauch. Danach sind Hypothesen Aussagen über vermutete Zusammenhänge der Wirklichkeit. Man spricht etwa davon, etwas sei eine bloße Hypothese und meint damit, es sei nicht erwiesen, das heißt nicht empirisch festgestellt, möglicherweise aber feststellbar. Hypothesen unterscheiden sich andererseits von Vermutungen dadurch, dass sie eine nachvollziehbare und grundsätzlich als berechtigt anzuerkennende logische und tatsächliche Grundlage haben. Hypothesen sind keine bloßen Erfindungen, sie entstehen nicht aus dem Nichts. Sie benötigen als Aussagen über mögliche Zusammenhänge der Wirklichkeit eine empirische Basis.

Darüberhinaus ist von Hypothesen mit leicht abweichender Konnotation im Sinne einer zukunftsgerichteten Aussage die Rede. Hypothesen und Prognosen sind im allgemeinen Sprachgebrauch nicht ohne weiteres zu unterscheiden.[177] Wissenschaftstheoretisch lässt sich der Unterschied zwischen Hypothesen und Prognosen daran festmachen, dass erstere theoretische Aussagen über empirische Sachverhalte sind, letzere hingegen Folgerungen aus Hypothesen und einem prognostischen (in die Zukunft weisenden bzw. das Entwicklungspotenzial einer möglichen Welt beschreibenden) Element.[178] Übertragen auf den juristischen Bereich lässt sich dieser Unterschied dadurch illustrieren, dass die Strafverfolgungsbehörden durch ihre Ermittlungstätigkeit der – im Verlauf des Strafverfahrens zu widerlegenden oder zu bestätigenden – Hypothese von der Täterschaft einer bestimmten Person nachgehen. Für bestimmte Entscheidungen – etwa über die Strafaussetzung zur Bewährung, die Unterbringung in einer Entziehungsanstalt oder in der Sicherungsverwahrung, aber auch über die Zulässigkeit der meisten Ermittlungsmaßnahmen – sind hingegen Vorhersagen künftiger Entwicklungen erforderlich, die nicht ohne ein Element der „Wahrsagung“ auskommen. Da der Wahrheitswert von Hypothesen grundsätzlich durch eine mögliche Falsifizierung limitiert ist, können Prognosen nicht ohne ein Vertrauen in die Richtigkeit der ihnen zugrunde liegenden Hypothesen auskommen. Prognosen erweitern den Anwendungsbereich von Hypothesen durch Einführung zusätzlicher Annahmen, die bestätigt oder widerlegt werden können und damit die Hypothese auf eine breitere empirische Basis stellen. Das macht Prognosen methodisch brauchbar zur Überprüfung von Hypothesen.[179] In dieser wechselseitigen Verschränkung kann der Grund für die Vermischung beider Begriffe im allgemeinen Sprachgebrauch gesehen werden.

---

176 *Popper*, Logik der Forschung, S. 223.

177 Das gilt auch für den juristischen Sprachgebrauch, der überwiegend von Hypothesenbildung spricht, ohne allerdings den Bezugspunkt der Hypothese ausreichend zu spezifizieren (vgl. die Nachweise oben Fn 164), teilweise aber auch von prognostischer Beurteilung (*Rogall*, NStZ 1988, 385, 392).

178 Vgl. näher zur wissenschaftstheoretischen Erfassung von Prognosen unten E.VII.2.

179 Vgl. *Popper*, Logik der Forschung, S. 8.

Überträgt man diese Erkenntnisse auf die Problematik des hypothetischen Ersatzeingriffs, so zeigt sich folgendes: Dem Gedanken des hypothetischen Ersatzeingriffs liegt die Hypothese einer ordnungsgemäßen Beweismittelerlangung zugrunde. Diese Hypothese beruht auf einer empirischen Basis: den Tatsachen der Umstände der Beweismittelerlangung, die dem über die Verwertbarkeit entscheidenden Gericht bekannt sind. Von dem vulgären und auch wissenschaftstheoretischen Hypothesenverständnis weicht dieser Begriff dadurch ab, dass die Hypothese der ordnungsgemäßen Beweismittelerlangung durch ihre tatsächlichen Umstände bereits falsifiziert wurde. Von einer Hypothese im eigentlichen Sinn kann daher keine Rede sein. Der hypothetische Ersatzeingriff stützt sich vielmehr auf eine Aussage anhand einer empirisch nicht weiter begründeten Annahme: der Ordnungsmäßigkeit der Beweismittelerlangung. Auf diesen Befund zielen letztlich alle im Schrifttum geltend gemachten Bedenken, die die Geeignetheit einer Hypothese zum Ersetzen tatsächlicher rechtlicher Voraussetzungen grundsätzlich in Frage stellen[180] und – daran anschließend – nach dem erforderlichen Grad der empirischen Validität der Prognose fragen[181] sowie nach der praktischen Möglichkeit der Feststellung der empirischen Basis.[182] Die Kritikpunkte lassen sich – auch unter Berücksichtigung der Übersetzbarkeit des hypothetischen Ersatzeingriffs in eine prognostische Form[183], die die Schwäche des Ansatzes noch deutlicher hervortreten lässt – folgendermaßen systematisieren: 1. Die Prognose einer ordnungsgemäßen Beweiserhebung entbehrt der empirischen Grundlage. Angesichts der Tatsache, dass die Beweiserhebung de facto

---

180 Vgl. *Rogall*, ZStW 91 (1979), 1, 33 f.; *ders.*, NStZ 1988, 385, 390: die Gesetzesverletzung sei geschehen und könne durch gedankliche Operationen nicht mehr rückgängig gemacht werden; im Rahmen einer konkreten Interessenabwägung könne nur die tatsächlich geschehene Rechtsverletzung in Ansatz gebracht werden; *Beulke*, ZStW 103 (1991), 657, 660, 677: eine tatsächlich bestehende Kausalität könne nicht durch hypothetische Betrachtungen wieder entfallen; unsorgfältige kriminalistische Arbeit in tatsächlicher Hinsicht dürfe nicht durch gedankliche Hypothesenbildung annulliert werden; *Sarstedt*, 46. DJT, S. 8, 23: Hypothesen, die weder dem Beweis noch der Widerlegung zugänglich seien, könnten nicht zur Voraussetzung von Verfahrensregeln gemacht werden; *Dallmeyer*, Beweisführung, S. 202.

181 Vgl. *Schlüchter*, JR 1984, 520: der hypothetische Verlauf müsse „wahrscheinlicher als das Gegenteil" sein; *Rogall*, NStZ 1988, 385, 392: er müsse „höchstwahrscheinlich" sein; ebenso *Knoll*, Fernwirkung, S. 150; *Wolter*, NStZ 1984, 276, 277: er müsse „sicher" sein; *Beulke*, ZStW 103 (1991), 657, 670 f. verlangt eine auf den konkreten Ermittlungsverlauf bezogene „Urteilswahrscheinlichkeit"; ebenso *Pelz*, Beweisverwertungsverbote, S. 153 f.; *Schröder*, Beweisverwertungsverbote, S. 121, 175 verlangt eine „hohe Wahrscheinlichkeit"; BGHSt 32, 68, 71 lässt die bloße „Möglichkeit" der rechtmäßigen Erlangung genügen.

182 Vgl. *Beulke*, ZStW 103 (1991), 657, 674; *Kassing*, JuS 2004, 675, 678, die zutreffend fragen, ob das Revisionsgericht im Wege des Freibeweises beim früher für die Anordnung zuständigen Richter anrufen dürfe, der seinerseits – bei einer Entscheidung nach Eröffnung des Hauptverfahrens – seine Beisitzer kontaktieren müsste, um zu erfahren, worauf der hypothetische Richterspruch hinausgelaufen wäre.

183 Als Prognose gewendet wäre die These des hypothetischen Ersatzeingriffs etwa folgendermaßen zu formulieren: „Die Verwertbarkeit der Beweismittel ist davon abhängig, ob im Falle einer zukünftigen Beweiserhebung, die unter denselben Bedingungen wie die fehlerhafte Beweiserhebung stattfindet, die dortigen Fehler nicht einträten."

fehlerhaft war, müsste das Gericht seine Prognose anhand anderen empirischen Materials eingehend untermauern.[184] Angesichts der Fehleranfälligkeit des normüberladenen Strafverfahrens und der unzureichenden empirischen Erfassung der Rechtsanwendung[185] steht eine solche Prognose auf tönernen Füßen. Sie ist nicht geeignet, „eine genauere Beurteilung der Schutzwürdigkeit und Schutzbedürftigkeit verletzter Interessen (zu) ermöglichen“[186]; das Gegenteil ist der Fall. 2. In einem schwächeren Sinne wird die Figur des hypothetischen Ersatzeingriffs von den Gerichten nicht als Prognose ordnungsgemäßer Beweiserhebung angewendet, sondern als Prognose der Möglichkeit ordnungsgemäßer Beweiserhebung.[187] Damit tritt an die Stelle einer empirischen Basis das numinose Vertrauen des Gerichts in die Hoffnung, in der Regel werde bei der Beweiserhebung schon alles ordnungsgemäß ablaufen. Die Zirkelhaftigkeit dieses Gedankens liegt auf der Hand: die Überzeugung von der Ordnungsmäßigkeit prognostizierter Beweiserhebungen wird durch die Überzeugung von ihrer Ordnungsmäßigkeit begründet. 3. Im wissenschaftstheoretischen Sinn sind auch Basissätze, also Aussagen über „unmittelbar“ beobachtbare Sachverhalte, Hypothesen. Aussagen über die Fehlerhaftigkeit der historischen Beweiserhebung sind Hypothesen. Auf ihrer Grundlage können Hypothesen über eine allgemeine Gesetzmäßigkeit der Beweiserhebung erstellt werden. Blendet das Gericht hingegen einfach die Fehlerhaftigkeit der historischen Beweiserhebung aus, erstellt es die Hypothese einer Fiktion. Solche Gedankenspiele können zwar heuristische Relevanz besitzen; als Basissätze für Aussagen über die Wirklichkeit sind sie aber unbrauchbar. Eine Rechtsfolge, die an eine solche Fiktion anknüpft, kann nur Bedeutung im Rahmen der Fiktion entfalten. Für die tatsächliche Verwertbarkeit des Beweismittels ist sie ohne Belang.

---

184 Zum Beispiel durch eine Befragung des für die Anordnung zuständigen Richters, vgl. Fn 182.

185 In Gesetzgebungsverfahren zum Strafverfahrensrecht und materiellen Strafrecht wird regelmäßig die Notwendigkeit empirischer Daten zur bestehenden Rechtsanwendung eingefordert, vgl. etwa den Entschließungsantrag des Bundestags zu Maßnahmen nach §§ 100g, 100h, BR-Drucks 845/07, BT-Drucks 15/3971; dasselbe erfolgt außerhalb von Gesetzgebungsverfahren durch eine Vielzahl großer und kleiner Anfragen an die Bundesregierung. Insgesamt kann in jüngerer Zeit für Gesetzgebungsverfahren im Bereich des Kriminalrechts eine deutliche Tendenz zur stärkeren Berücksichtigung rechtstatsächlicher Zusammenhänge festgestellt werden, auf die sich die Verfasser von Gesetzentwürfen sowohl zur Rechtfertigung neuer Regelungen als auch zur Ablehnung rechtspolitischer Forderungen stützen (vgl. etwa BR-Drucks 275/07). Das Bundesverfassungsgericht hat den Gesetzgeber wiederholt aufgefordert, seiner Pflicht, die Anwendung von ihm geschaffener Normen zu beobachten, nachzukommen (vgl. etwa BVerfGE 90, 145, 194; 109, 279, 373 = NJW 2004, 999, 1018; jeweils m.w.N.).

186 *Rogall*, NStZ 1988, 385, 391.

187 BGHSt 32, 68, 71 = NJW 1984, 2772.

3. Heilungsalternativen

Nachdem sich aufgrund dieser Überlegungen die Zweifel gemehrt haben, ob die Figur des hypothetischen Ersatzeingriffs methodisch hinreichend ausgereift ist, um der weit reichenden Entscheidung über die Verwertbarkeit eines Beweismittels zugrunde gelegt zu werden, und nachdem sich gezeigt hat, dass diese Figur auch nicht zu einer Heilung des pathologischen Zustands im eigentlichen Sinne des Wortes dient, stellt sich die Frage, ob der – grundsätzlich nicht abwegige – Gedanke der Heilung nicht anderweitig realisiert werden kann. Versteht man unter Heilung, wie oben dargelegt, die Wiederherstellung der Gesundheit oder Ganzheit des Rechtsuchenden oder des Rechtssystems, so lassen sich verschiedene Ansatzpunkte für therapeutische Maßnahmen erkennen. Legt man als therapiebedürftig das Rechtssystem als solches zugrunde, so ist – ganz im *Hegel*schen Sinne – jede Maßnahme geeignet, seine Ganzheit wiederherzustellen, die das Rechtssystem bestätigt, also jede ordnungsgemäße Maßnahme. Was bedeutet das für die Problematik der Verwertungsverbote? Die Konsequenz müsste lauten, dass es geboten sei, streng nach den Normen des Rechtssystems weiter zu verfahren. Unter Zugrundelegung der hier verwendeten und begründeten Prämisse, dass dem Gebot der Wahrheitserforschung eine vorrangige Stellung im Normengefüge des Strafverfahrens zukomme, würde das heißen, auf die Verwertung nicht zu verzichten, da das Rechtssystem nicht dadurch geheilt werden kann, dass seine Verletzung mit einer erneuten Verletzung „therapiert“ wird. Das Bild der Verletzung drängt aber auch die Vorstellung des chirurgischen Heileingriffs auf. Manche schwere Verletzungen bedürfen zu ihrer Heilung der Entfernung schadhaften Gewebes oder eingedrungener Fremdkörper. Die Belastbarkeit dieses Bildes ist nur begrenzt und soll hier nicht ausgereizt werden, doch es verdeutlicht, dass das Rechtssystem vor ihm fremden und es verletzenden Einflüssen geschützt werden muss, notfalls mit einschneidenden Mitteln. Als „schärfstes Schwert“ des Staates wird gemeinhin das Strafrecht bezeichnet. Aber der Staat verfügt auch über weniger einschneidende Mittel, die hier nur kursorisch und unvollständig aufgezählt werden sollen.[188] Zu nennen sind etwa das Recht der Ordnungswidrigkeiten, das Dienstrecht der Beamten, die Justiziabilität von Standesrecht, aber auch die öffentliche Kontrolle, die durch Informationsrechte der Allgemeinheit, durch Schutz der Medien und durch die Öffentlichkeit hoheitlicher Verfahren sichergestellt werden kann.

Legt man als therapiebedürftig – einem mehr individualistischen Rechtsverständnis folgend – die Person des Rechtsuchenden zugrunde, so zeigt sich ebenfalls eine Vielzahl möglicher Ansatzpunkte für therapeutische Maßnahmen. Der Grundgedanke ist hier, dass eine individuelle Verletzung durch die Bereitstellung von Einrichtungen, die die Gesundwerdung fördern können, geheilt werden kann. Die Verletzung kann zwar nicht ungeschehen gemacht, aber sie kann möglicherweise kompensiert werden. In dieses Bild können zahlreiche Überlegungen Einfluss fin-

188 Vgl. noch näher D.II.2. bis 5.

den, die dem Bereich der Viktimologie entnommen werden können. Wenn es für Opfer von Straftaten wichtig ist, finanziellen Ausgleich für erlittene Schäden zu erlangen[189], wenn die Übernahme von Verantwortung durch den Täter für sie im Vordergrund steht und die Befreiung von eigenem Mitverschulden[190], wenn auch das öffentliche Unwerturteil in solchen Fällen eine gewisse Rolle spielt und bei schweren Taten möglicherweise die Bestrafung des Täters[191] – warum sollte dann für durch hoheitliche Akte Verletzte etwas anderes gelten? Die Resolution der Vereinten Nationen über die Opfer von Straftaten und staatlicher Gewalt[192] stellt diese beiden Gesichtspunkte nebeneinander. Das deutsche Strafverfahrensrecht sieht zahlreiche Möglichkeiten vor, den genannten Bedürfnissen von durch hoheitliche Eingriffe Verletzten zu entsprechen. Zu nennen sind hier beispielhaft die Feststellung der Rechtswidrigkeit hoheitlicher Maßnahmen (§ 98 Abs. 2 S. 2, § 304), die Bezahlung von Entschädigungen nach Amtshaftungsgrundsätzen (§§ 823, 839 BGB) und dem Strafentschädigungsgesetz (§ 2 StrEG), die Bereitstellung eines Rechtswegs für die Überprüfung des Handelns individueller Verletzter (§ 23 EGGVG, Dienstaufsichtsbeschwerde, Strafverfahren). Was spräche dagegen, den durch hoheitliche Eingriffe Verletzten weitergehende Kompensationsmöglichkeiten zuzusprechen, die geeignet sind, die Heilung zu fördern: ein finanzielles „Trostpflaster" als Wiedergutmachung; Zahlungen nach einem „Verletzenentschädigungsgesetz", wenn es durch den rechtswidrigen Eingriff zu gravierenden Folgen für die wirtschaftliche Existenz des Betroffenen gekommen ist; eine offizielle schriftliche Entschuldigung; eine Art „Täter-Opfer-Ausgleich", der das wechselseitige Verständnis fördert; die Bereitstellung eines rechtlichen und psychologischen Verletztenbeistands? Tatsache ist freilich auch, dass die bestehenden Therapiemöglichkeiten nur sehr zurückhaltend ausgeschöpft werden. Die Deutung, dass dies auf einer reaktionären Verteidigung hoheitlicher Befugnisse – unter weitgehender Ausblendung ihrer Legitimiation und Legitimierung – gegen Individualinteressen, und damit auf einem ausgeprägt autoritären Staatsverständnis beruht, dürfte für Strafrechtspraktiker nicht fern liegen.

VII. Das Problem der Konnexität

1. Der Regelungsauftrag des Gesetzgebers

Die Frage der Konnexität zwischen einem Fehler bei der Beweiserhebung und der Verwertung des Beweismittels wurde schon mehrfach gestreift. Sie stellt das zentrale Problem der Beweisverbotsproblematik dar. Die Begründungsversuche einer derartigen Konnexität können, wie oben dargestellt, unterschieden werden in Theorien, die

189 Vgl. Nachweise zu Fn 41.

190 Vgl. *Baurmann/Schädler*, Opfer, S. 294 m.d.H. auf die Untersuchungen von *Shapland*.

191 Vgl. *Hörnle*, JZ 2006, 950 ff.

192 UN-Doc. No A/RES/40/34 vom 29.11.1985.

auf die Funktion des Verwertungsverbots abstellen, und solche, die an den Schutzzweck der Verfahrensnorm, gegen die verstoßen wurde, anknüpfen. Beide Theoriegattungen weichen der eigentlichen Konnexitätsfrage aus.[193] Soweit auf die Funktion des Verwertungsverbots abgestellt wird, kann diese Überlegung zwar geeignet sein, einen Grund für eine gesetzgeberische Entscheidung zur Verankerung einer solchen Norm bereitzustellen, weil dem Gesetzgeber hierfür eine gewisse gesetzgeberische Freiheit zusteht, obwohl er Verwertungsverbote nicht „nach Belieben"[194] schaffen darf. In den zahlreichen Fällen ungeschriebener Verwertungsverbote legitimiert der funktionale Aspekt aber nicht das Verbot. Die Tatsache, dass eine Norm eine gewisse Funktion ausüben und gewisse Ergebnisse zeitigen soll, stellt eben keinen Grund für ihre Berechtigung dar. Zutreffend stellt *Müssig* die gegen „das materielle Fundament der Abwägungslehren" gerichtete Frage, „woher der zweiten bzw. dritten Gewalt die Befugnis zuwachsen soll, über die Grenzen gesetzlicher Ermächtigungsgrundlagen hinaus in den verfahrensrechtlichen Status der Prozessbeteiligten einzugreifen."[195] Diesen zu bestimmen und den Zusammenhang zwischen Nutzenserwartungen und den zu ihrer Realisierung einzusetzenden Mitteln herzustellen, ist Aufgabe des Gesetzgebers.[196] Wenn die Rechtsanwendung nach Art. 20 Abs. 3 GG „an Gesetz und Recht gebunden" ist, so verwehrt ihr das grundsätzlich, außerhalb des vom Verfassungsgeber und dem einfachen Gesetzgeber gezogenen Rahmens Recht schaffend tätig zu sein. Eine Ausnahme von diesem Grundsatz ist nur gegeben, wenn eine planwidrige Regelungslücke besteht, die die Rechtsprechung dann im Wege analoger Rechtsfortbildung schließen kann. Von einer planwidrigen Regelungslücke kann aber im Fall der Verwertungsverbote keine Rede sein. Diese Thematik beschäftigt den Gesetzgeber und die Strafrechtswissenschaft seit den Anfängen der Strafprozessordnung. Immer wieder hat der Gesetzgeber – jedenfalls für Teilbereiche der Strafprozessordnung – angekündigt, insoweit eine „harmonische

---

193 Deutlich gestellt wird diese Frage von *Gössel*, FS Hanack 1999, 277, 280 f., der folglich auch die gängige Differenzierung zwischen Beweiserhebungsverboten und Verwertungsverboten als zu unklar ablehnt.

194 BVerfGE 33, 367, 383 = NJW 1972, 2214; BVerfG NStZ 2001, 43.

195 *Müssig*, GA 1999, 119, 140. Die Kritik soll die Abwägungslehre allerdings nur treffen, soweit diese im Wege der Güterabwägung – wie meist – zu einer Ablehnung von Verwertungsverboten kommt.

196 So bereits dezidiert *Rupp*, 46. DJT, S. 205 ff.; *Grünwald*, JZ 1966, 489, 497 räsonniert mit Blick auf die Rechtsprechung zu § 252, „dass die Rechtsprechung nicht den Befehl des Gesetzes befolgt, sondern die Rolle des Gesetzgebers übernommen hat, indem sie autonome Rechtssätze nach ihren eigenen Wertvorstellungen schafft"; *Werle*, JZ 1991, 482, 484 f.; *Dallmeyer*, Beweisführung, S. 217 f. m.w.N. zu in diese Richtung gehenden Auffassungen im Schrifttum; die „Frage, ob die Aufstellung von Beweisverboten dem Gesetzgeber vorbehalten werden soll oder ob auch der Richter Beweisverbote selbst bilden kann", war ein zentrales Thema der Auseinandersetzung über die Beweisverbote beim 46. Deutschen Juristentag (vgl. *Jescheck*, 46. DJT, S. 6 f.); heute scheint diese grundsätzliche Fragestellung völlig aus dem Blickfeld geraten zu sein, bzw. wird umgekehrt argumentiert, der Richter dürfe nicht durch Abwägung (gesetzliche) Verwertungsverbote einschränken (vgl. *Amelung*, NJW 1991, 2533, 2539); das stellt die Problematik auf den Kopf.

Gesamtregelung“ schaffen zu wollen. Im Bereich der Verwendungsverbote hat er in den vergangenen Jahren auch tatsächlich eine Vielzahl von Regelungen geschaffen, ohne dass deshalb aber das ehrgeizige Ziel einer in sich stimmigen Gesamtlösung erreicht werden konnte. Planwidrig ist hier also nicht eine etwaige Lücke, sondern allenfalls – in den Worten des Bundesverfassungsgerichts[197] – die Tatsache, dass sie noch nicht geschlossen ist. Möglicherweise hat diese Tatsache aber tiefere Gründe.

2. Regelungsschwierigkeiten

Die Kritik der im Schrifttum und in der Rechtsprechung verfolgten Lösungsansätze zeigt, dass eine Dogmatik der Beweisverbote zahlreiche Schwierigkeiten aufwirft und lässt die Vermutung entstehen, dass sie in schlüssiger Form vielleicht gar nicht möglich ist. Die Kritikpunkte, die gegen alle Lösungen angeführt werden können, sind prinzipieller Natur. Sie stellen die Erforderlichkeit, Geeignetheit und Angemessenheit von Verwertungsverboten zur Realisierung der mit ihnen verfolgten Ziele grundsätzlich in Frage und legen ihre dogmatische Beliebigkeit und die damit einhergehende Rechtsunsicherheit offen. Wenn es aber den Spezialisten in Rechtsprechung und Rechtswissenschaft kaum gelingen mag, die sperrige Thematik befriedigend zu behandeln, wie sollte dies in einem von metarechtlichen Interessenlagen durchdrungenen und für die Erörterung fachlich-rechtlicher Gesichtspunkte weniger geeigneten Gesetzgebungsverfahren möglich sein? Betrachtet man Gesetzgebungsverfahren, die sich mit der Thematik der Beweisverbote befassen, so zeigt sich, dass dies keine theoretischen Überlegungen sind. Der heterogene Befund einfachgesetzlicher Beweisverbote findet in den Gepflogenheiten rechtspolitischen Interessenausgleichs eine schlüssige Erklärung und vielfach seinen Grund. Beispiele: Die Regelung des § 100d Abs. 3 a.F., die einen undifferenzierten Schutz von Berufsgeheimnisträgern vor Maßnahmen der akustischen Wohnraumüberwachung vorsah, fand – ohne Beteiligung der Fachebenen der verantwortlichen Ressorts – Eingang in das Gesetz erst im Vermittlungsausschuss. Die Tatsache, dass die hinter dieser Regelung stehenden Überlegungen nur vermutet werden können, weil sie nie Gegenstand einer öffentlichen Aussprache oder einer Begründung des Gesetzgebers waren[198], obwohl es sich dogmatisch um eine zentrale Frage für die Anwendbarkeit der in Rede stehenden Ermittlungsmaßnahme handelt, die zudem weit reichende Ausstrahlungswirkungen

197 BVerfGE 116, 69, 83 = NJW 2006, 2093 (Jugendstrafvollzug).

198 BT-Drs. 13/9841, 10004; der ursprüngliche Gesetzentwurf (BT-Drs. 13/8651) sah einen besonderen Schutz der Berufsgeheimnisträger noch gar nicht vor, sondern ging von verfassungsunmittelbaren Überwachungsverboten bei bestimmten Berufsgruppen aus (vgl. BT-Drs. 13/9660, S. 4, 13/9661, S. 7); Anträge, in Art. 13 Abs. 3 GG und in § 100c StPO eine auf alle Zeugnisverweigerungsberechtigten erstreckte Schutzvorschrift aufzunehmen, wurden im Rechtsausschuss abgelehnt (BT-Drs. 13/9660, 9661); statt dessen wurde eine differenzierte, die Verfassungsrechtslage *klarstellende* Regelung empfohlen (BT-Drs. 13/9644, 9661, S. 6 f.), die im Vermittlungsausschuss aber wieder verworfen wurde.

auf das Recht anderer Ermittlungsmaßnahmen hat, wirft ein erhellendes Licht auf die realen Gegebenheiten des gesetzgeberischen Umgangs mit der Beweisverbotsproblematik. Im Rahmen der Novellierung der akustischen Wohnraumüberwachung sah der von der Fachebene entwickelte Referentenentwurf des Bundesministeriums der Justiz in § 100c Abs. 6 RefE nur für Gespräche mit einem Verteidiger sowie Beichtgespräche und Gespräche mit beichtähnlichem Charakter ein umfassendens Abhörverbot vor und enthielt in § 100c Abs. 7 S. 1 RefE im übrigen eine Öffnungsklausel, derzufolge die Überwachung von Berufsgeheimnisträgern ausnahmsweise im Einzelfall aufgrund „unabweisbarer Bedürfnisse einer wirksamen Strafverfolgung“[199] zulässig sein sollte. Nach massiver öffentlicher Kritik von Politik und Berufsverbänden[200] kehrte der Regierungsentwurf inhaltlich zur Regelung des § 100d Abs. 3 a.F. zurück. Auch die Regelung des § 100h Abs. 2, die in einem von der Bundesregierung in Auftrag gegebenen Gutachten als Vorbild für eine harmonischen Gesamtlösung der Beweisverbotsproblematik herangezogen wurde[201], fand Eingang in das Gesetzgebungsverfahren[202] erst durch den Rechtsausschuss.[203] Das – heute wieder überaus umstrittene – Verwendungsverbot in § 4 Abs. 2 S. 5 ABMG fand ohne nähere Prüfung Eingang in das Autobahnmautgesetz[204], nachdem das AG Gummersbach die Regelung des § 4 Abs. 2 S. 4 ABMG dahin ausgelegt hatte, dass sie kein absolutes Verbot der Verwendung der erhobenen Daten in Strafverfahren enthalte.[205] Auch der Regierungsentwurf für ein Gesetz zur Neuregelung der Telekommunikationsüberwachung und anderer Ermittlungsmaßnahmen lässt in den Vorschriften zum Schutz von Abgeordneten vor Ermittlungseingriffen erkennen, dass in erster Linie nicht sachliche, der strafprozessualen Dogmatik entnommene Überlegungen bei der Fassung der Normen im Vordergrund standen, sondern vermutlich eher das – auf persönlicher Ebene nachvollziehbare – Selbstverständnis der Parlamentarier, besondere Freiräume zu genießen, die anderen Berufsgruppen nicht ohne weiteres zugestanden werden.[206]

---

199 Die Formulierung ist der Diktion des Bundesverfassungsgerichts entlehnt, vgl. etwa BVerfGE 29, 183, 194 = JZ 1971, 368; BVerfGE 33, 367, 383 = NJW 1972, 2214; BVerfGE 77, 65, 76 = NJW 1988, 329; BVerfGE 80, 367, 375 = NJW 1990, 563; BVerfGE 100, 313, 389 = NJW 2000, 55; BVerfGE 107, 299, 316 = NJW 2003, 1787.

200 Zur damit zutage getretenen Diskussionskultur *Hannich*, DRiZ 2004, A 97.

201 *Wolter/Schenke*, Zeugnisverweigerungsrechte, S. 5.

202 Gesetz vom 20.12.2001, BGBl I 2001 S. 3879; Gesetzgebungsbericht *Hilger*, GA 2002, 229.

203 BT-Drucks 14/7679 S. 5, 8; vgl. auch BT-Drucks 14/9801 S. 12, 15.

204 Durch das Änderungsgesetz vom 2.12.2004.

205 AG Gummersbach NJW 2004, 240.

206 Vgl. Art. 1 Nr. 1 des Entwurfs eines Gesetzes zur Novellierung der Telekommunikationsüberwachung und anderer verdeckter Ermittlungsmaßnahmen sowie zur Umsetzung der Richtlinie 2006/24/EG vom 27.6.2007. Die Begründung des umfassenden Schutzes von Abgeordneten, die auf Art. 47 GG abstellt (vgl. BT-Drucks 16/5846, S. 25), überzeugt nicht, da eine enge Anbindung der parlamentarischen Tätigkeit an die Menschenwürde – anders als die Tätigkeit der Seelsorger und Verteidiger – gerade nicht gegeben ist. Die Abgeordnetentätigkeit ist in ihrem institutionellen Charakter eher vergleichbar der Tätigkeit von Journalisten, für de-

Diese Beispiele zeigen, dass eine dogmatisch befriedigende Lösung – selbst wenn sie sich finden ließe – faktisch nur geringe Chancen hätte, gegen außerrechtliche Interessenlagen das Licht der Welt zu erblicken. Um Missverständnissen vorzugreifen: Diese Überlegungen sollen nicht einer einseitigen Kritik am rechtspolitischen Betrieb das Wort reden. Rechtlich schlüssige Konzepte sind wünschenswert, weil sie die Rechtsanwendung erleichtern, zu Rechtssicherheit führen und für den Eingeweihten einen gewissen ästhetischen Wert darstellen; sie sind aber kein Selbstzweck. Gerade das Kriminalrecht ist maßgeblich und zu Recht von rechtspolitischen Einflüssen dominiert. Kriminalrecht ist ein wichtiges – ob wirkungsvolles, soll hier nicht entschieden werden – Steuerungsmittel des Gesetzgebers in vielen Bereichen des gesellschaftlichen Lebens. Gelingt es dem Gesetzgeber nicht, dogmatische Konzepte in Gesetzesform umzusetzen, so ist das hinzunehmen; die Konzepte müssen dann den politischen Erfordernissen angepasst werden. Die Grenze der Irrationalität der Gesetzgebung ist deren Verfassungsmäßigkeit. Andererseits entbindet dies den Gesetzgeber nicht, nach Lösungen zu suchen, die den Bedürfnissen der Rechtsanwendung gerecht werden. Die dem Gesetzgeber zuerkannte Einschätzungs- und Gestaltungsprärogative bedeutet in erster Linie Verantwortung – für die mit den gesetzgeberischen Mitteln verfolgten Zielsetzungen, aber auch für die Pflege des Rechtssystems. Dass diese Verantwortung nicht immer in vollem Umfang wahrgenommen wird, sondern auch langfristige und strukturelle Wertsetzungen kurzsichtigen Zielen, vermeintlichen politischen Zwängen[207] und mitunter persönlichen Befindlichkeiten einzelner Parlamentarier geopfert werden, ist für Befürworter einer rationalen Gesetzgebung sicherlich inakzeptabel. Die Anfälligkeit des Gesetzgebungsverfahrens für fachliche Unzulänglichkeiten rechtfertigt es aber nicht, dem Gesetzgeber seine Entscheidungen abzunehmen, mag ihm dies oft auch bequem erscheinen. Die „Abwägung", die die Rechtsprechung bei der Begründung von Beweisverboten vornimmt, hat daher der Gesetzgeber zunächst auf legislativer Ebene anzustellen, wobei er sich durchaus an einer gefestigten Rechtsprechung orientieren kann und dies im Dienste der Rechtssicherheit sogar sinnvoll ist. Dass die Bestimmung der normativen Grenzen der Wahrheitserforschung im Strafverfahren originäre Aufgabe des Gesetzgebers ist, gilt auch, soweit nicht funktionale Überlegungen, sondern Schutzzweckgedanken den Beweisverboten zugrunde gelegt werden. Zwar hat der Gesetzgeber hinsichtlich der die Beweiserlangung regelnden Normen von

---

ren Ausnahme von Ermittlungsmaßnahmen der wichtige Schutz des Art. 5 GG streiten würde. Vgl. zur Dogmatik des Schutzes von Berufsgeheimnisträgern näher *Löffelmann*, ZStW 118 (2006), 358, 373 f.

207 Vgl. etwa die Rechtsetzungsgenese zum Europäischen Haftbefehl: Das Gesetz zur Umsetzung des Rahmenbeschlusses über den Europäischen Haftbefehl und die Übergabeverfahren zwischen den Mitgliedstaaten der Europäischen Union (Europäisches Haftbefehlsgesetz – EuHbG) vom 21.7.2004 (BGBl I S. 1748) wurde durch BVerfG NJW 2005, 2289 für nichtig erklärt, wobei einzelne Richter des Bundesverfassungsgerichts in der mündlichen Verhandlung nicht mit unverhohlener Kritik an der Bereitschaft des deutschen Gesetzgebers, rechtsstaatliche Grundsätze zugunsten vermeintlicher politischer Zwänge aufzugeben, sparten; eingehend *Vogel*, JZ 2005, 801; am 2.8.2006 trat das neue Europäische Haftbefehlsgesetz in Kraft (BGBl I S. 1721); dazu kritisch *Böhm*, NJW 2006, 2592.

seiner Gestaltungskompetenz Gebrauch gemacht. Dies rechtfertigt aber gerade nicht, über die gewählte Gestaltung hinausgehend Beweisverbote anzunehmen, die aufgrund derselben oder ähnlicher Schutzzwecküberlegungen dogmatisch geboten erscheinen. Gesetzgeberische Entscheidungen können vergleichbare Sachverhalte uneinheitlich und nur kursorisch regeln, unpraktikabel sein und unausgegoren erscheinen. Dagegen ist nichts einzuwenden, solange sie sich im Rahmen der verfassungsmäßigen Ordnung halten, also durch eine Gesetzgebungskompetenz legitimiert sind und Mindestanforderungen insbesondere an ihre Bestimmtheit, Sachangemessenheit und Verhältnismäßigkeit genügen. Eine „Abwägung" durch die Rechtsprechung kommt hingegen nur dann in Betracht, wenn der Gesetzgeber die Gerichte hierzu ausdrücklich ermächtigt, also seine Kompetenz, einen Interessenausgleich zu schaffen, weitergegeben hat. Die Tatsache, dass der Gesetzgeber bei der Regelung der Beweisverbote vereinzelt von einer solchen Übertragung seiner Befugnis Gebrauch gemacht hat (vgl. § 53b Abs. 2 n.F., § 100c Abs. 6 S. 2, § 100h Abs. 2)[208], ist ein weiteres Argument gegen die Berechtigung justizieller Abwägungen in diesem Bereich.

3. Die Begründung normativer Konnexität

Diese klare Trennung von gesetzgeberischer Normsetzungsbefugnis und Rechtsfortbildung durch Rechtsprechung hat einen tieferen Grund, der sich in der Konnexitätsproblematik konzentriert. Normsetzungen erfordern das Wirken einer normativen Kraft. Normen entstehen nicht aus dem Nichts. Sie verkörpern die normativen Werte, die der Normsetzende ihnen – ausdrücklich oder unausgesprochen – beigelegt hat.[209] Gute Gesetzgebung macht diese Werte – was ihr allerdings nicht immer gelingt oder auch nicht immer von ihr angestrebt wird – explizit und damit die Norm besser verstehbar und anwendbar. Die Problematik eines unbegründeten Schlusses von einem Sein auf ein Sollen, wie sie hinter der Konnexitätsfrage steht und in allgemeiner Form im sogenannten *Hume*schen Gesetz ihren Ausdruck findet, stellt sich

208 Die Reichweite dieser Übertragung ist im Gesetzgebungsverfahren zur Neuregelung der akustischen Wohnraumüberwachung Kernpunkt einer massiven, rhetorisch scharf geführten rechtspolitischen Auseinandersetzung gewesen, in deren Rahmen der Bundesjustizministerin öffentlich vorgeworfen wurde, sie würde das Bundesverfassungsgericht missachten. Nachdem die in Rede stehende Abwägungsregelung abgeschwächt worden war, erfuhr der – ansonsten weitgehend unveränderte – Gesetzentwurf überwiegende Zustimmung (näher *Löffelmann*, ZIS 2006, 87, 94 f.).

209 Man kann daher Normen auf Gewissensentscheidungen zurückführen; vgl. dazu *Lorenz*, GA 1992, 254, 272: „Gewissensentscheidungen orientieren sich an internalisierten Wertvorstellungen, die ihrerseits bedingt sind durch das soziale Umfeld, den gesellschaftlichen Verhaltensregeln, religiösen Vorschriften und den Geboten des positiven Rechts, die der Einzelne für sich als verpflichtend anerkennt." Vgl. dazu auch eingehend *Herdegen*, Gewissensfreiheit, S. 137 ff.; auch in der Rechtsanthropologie wird die große Bedeutung der „Internalisierung" von Normen für die Rechtsentwicklung hervorgehoben, vgl. *Pospisil*, Anthropologie, S. 252 ff.

nur im Falle fehlender Normsetzungsbefugnis. Dass das *Hume*sche Gesetz nicht eigentlich ein Problem darstellt, das gegen die Möglichkeit der Begründung eines Imperativs spricht, wurde oben dargestellt.[210] Nur wenn man nach dem Grund eines Sollens fragt, und diesen nicht in den Gründen des Normgebers sucht, sondern im Rückgang auf „natürliche" Gegebenheiten, entsteht überhaupt die Frage nach der Konnexität von Sein und Sollen. Anerkennt man Normen als etwas, das der Fall ist, in dem sich normative Vorentscheidungen, die ebenfalls der Fall sind, verkörpern, so gibt es keinen Schluss von einem Sein auf ein Sollen, sondern nur den von einem Sollen auf ein anderes Sollen, die beide demselben normativ-empirischen Bereich angehören. Die Frage, warum ich etwas solle, warum ich mich dem Gesetz zu unterwerfen und seiner Forderung nachzukommen habe, führt zu der Frage nach der Legitimation des Gesetzes. Nach den vertragstheoretischen und liberaldemokratischen Staatsmodellen habe ich mich der Forderung des Gesetzes zu beugen, weil ich mich selbst dem Gesetz verpflichtet habe. Ich soll etwas tun, weil ich von mir verlange, zu sollen. Diese Überlegungen müssen hier nicht vertieft werden, um zu erkennen, dass die Frage der Legitimation zur Normsetzung für die Legitimität von Beweisverboten von entscheidender Bedeutung ist. Die zahlreichen Versuche einer dogmatischen Begründung ungeschriebener Beweisverbote kranken an der Konnexitätsproblematik, weil diese einen Indikator für die fehlende Normsetzungsbefugnis darstellt, die nicht durch dogmatische Überlegungen ersetzt werden kann. Werden Wertsetzungen durch den Normgeber legitim in das Normsetzungsverfahren eingebracht, so ist es nicht überraschend, sie in der gesetzten Norm wiederzufinden. Fehlt hingegen die Legitimation für die Normsetzung, kann sich der – illegitime – Normgeber nicht auf eigene Wertsetzungen berufen, sondern muss versuchen, die in der Norm verkörperten Werte auf legitim gesetzte Werte zurückzuführen. Damit entsteht der Bruch in der Wertsetzungskette. Der illegitime Normgeber muss auf das Bestehen – das Sein – anderer Werte verweisen. Er muss den Normenbegründungsakt umkehren und die von ihm geschaffene Norm als etwas behandeln, das der Fall ist und das es dennoch zu rechtfertigen gilt. Indem er nach einer Rechtfertigung im Sein nicht von ihm geschaffener Werte sucht, verbirgt er die eigenen und eigentlichen seinen Normsetzungsakt leitenden Werte.[211] Die Überlegung, dass diese ja identisch sein könnten mit jenen, auf die er abstellt, hilft nicht weiter, denn die Frage ihrer Identität ist abhängig von ihrer Auslegung und nur durch ein identitätsstiftendes Urteil zu beantworten, das Identität nur insoweit als etwas annehmen kann, das der Fall ist, als es Identität setzt.[212] Freilich kann man sich über Werte mit anderen Urteilenden austauschen und gemeinsame Überzeugungen bilden. Aber auch die Gemeinsamkeit solcher Überzeugungen ist das Ergebnis eines Urteils über die in

---

210 Vgl. oben A.II.5.

211 In dieser Verschleierung des Normgrundes kann der Kern der in jüngerer Zeit wieder neu entzündeten Kritik an einer ungerechtfertigten Ausdehnung der Rechtsverwirklichungsmacht durch die dritte Gewalt in Deutschland gesehen werden, vgl. etwa *Rüthers*, JZ 2006, 53 und der diese Kritik (ungewollt) bestätigende Vergleich der Gesetzesauslegung mit dem Klavierspiel von *Hirsch*, JZ 2007, 853.

212 Näher dazu unten E.IV.3.

Rede stehenden Überzeugungen und kann aus erkenntnistheoretischen Gründen nicht zurückreichen zu einem Seienden – einem Wert –, das für alle Urteilenden etwas ist, das der Fall ist. Werte und Wertungen setzen sich mit jedem Urteilsakt fort. Sie können auch – im Lichte bestehender Werte – erlernt und übernommen werden. Aber die normative Begründungskette integriert sie nur als eigene oder angeeignete Werte. Die Wertsetzungskette kann daher nur vom einzelnen Normgeber zur Norm führen, nicht umgekehrt von der Norm zu Werten. Eine solche Suche nach Werten und nach Rechtfertigung ist die Suche nach einer möglichen Erklärung für einen bestehenden Sachverhalt. Sie zielt darauf ab, die gesetzte Norm zu erklären – ganz in der facettenreichen Bedeutung dieses Worts[213] –, sie explizit zu machen, klar zu umreissen und zum Verstehen zu bringen; sie birgt aber keine Gewähr, dass die Erklärung Werte verkörpert, die der zu erklärenden Norm zugrunde liegen.

213 Vgl. näher unten E.I.1.

D. Entwurf einer Dogmatik der normativen Grenzen der Wahrheitserforschung im Strafverfahren

I. Begriffsbestimmungen

Die Forderung nach begrifflicher Klarheit ist selbstverständlicher Bestandteil von Theorien, die Wissenschaftlichkeit und Nachvollziehbarkeit für sich in Anspruch nehmen. Dennoch weist gerade im Bereich der Beweisverbote die in Rechtsprechung und Schrifttum verwendete Begrifflichkeit zahlreiche Ungereimtheiten auf. Dies betrifft bereits die Frage, welcher Gehalt den Begriffen „Beweiserhebung" und „Beweisverwertung" zukomme.[1] In dem herrschenden Begriffssynkretismus liegt einer der wesentlichen Gründe dafür, dass es Rechtsprechung und Schrifttum bislang noch nicht gelungen ist, eine konsistente Theorie der Beweisverbote zu entwerfen.

Ausgangspunkt für eine klare begriffliche Abgrenzung der verschiedenen Beweisverbote untereinander kann die jeweilige grundrechtsrelevante hoheitliche Handlung im Umgang mit Beweisgegenständen und Erkenntnissen sein. Solche Handlungen der Strafverfolgungsbehörden lassen sich untergliedern nach den Verfahrensabschnitten, in denen sie sich ereignen. So lassen sich beweisverbotsrelevante Handlungen im Ermittlungsverfahren abheben von solchen im Hauptverfahren, in der Hauptverhandlung, bei der Entscheidungsfindung, im Rechtsmittelverfahren, bei der Strafvollstreckung, im Nachgang des Strafverfahrens und außerhalb des Strafverfahrens. Entsprechend diesen Abschnitten sind Handelnde in der Regel verschiedene Institutionen oder Personen: im Ermittlungsverfahren Polizei, Staatsanwaltschaft und Ermittlungsrichter, im Hauptverfahren, in der Hauptverhandlung und bei der Entscheidungsfindung das erkennende Gericht, im Rechtsmittelverfahren das Rechtsmittelgericht, im Vollstreckungsverfahren die Vollstreckungsbehörden, im Nachgang des Strafverfahrens datenverarbeitende Stellen, insbesondere die Bundeszentralregisterbehörde und außerhalb des Strafverfahrens zum Beispiel die Gefahrenabwehrbehörden. Jede dieser handelnden Institutionen und Personen benötigen nach dem Grundsatz vom Vorbehalt des Gesetzes[2] für den grundrechtsrelevanten Umgang mit Beweisgegenständen und Erkenntnissen eine gesetzliche Ermächtigung. Jede dieser Institutionen und Personen hat im Rahmen dieser Ermächtigung und nach dem ihr jeweils eingeräumten Ermessen den widerstreitenden hoheitlichen und

---

1 Vgl. bereits oben B.I.2.; auf die – im Schrifttum kaum beleuchteten – verschiedenen Verständnisarten der Begriffe weisen zutreffend hin *Gropp*, StV 1989, 216, 217; *Beckemper/Wegner*, JA 2003, 510, 511.

2 Näher oben B.I.1.

individuellen Interessen Betroffener in angemessener Weise Rechnung zu tragen. Das gilt für die Beschlagnahme eines Beweisgegenstands ebenso wie für seine Begutachtung in der Hauptverhandlung und seine Vernichtung im Rahmen der Asservatenbereinigung. Vor diesem Hintergrund können die – in der Dogmatik der Beweisverbote gebräuchlichen – Begriffe der Beweiserhebung, Beweisverwendung und Beweisverwertung folgendermaßen definiert werden:

1. Beweiserhebung

Beweiserhebung ist jede in Grundrechte eingreifende hoheitliche Maßnahme der Strafverfolgungsbehörden oder Strafgerichte, die darauf abzielt, Erkenntnisse zu erlangen, die den Strafverfolgungsbehörden oder Strafgerichten noch nicht bekannt sind und nach ihrer Einschätzung für die Aufklärung der Straftat und die Durchführung des Strafverfahrens von Bedeutung sind. Konstitutiv für Beweiserhebungen sind danach vier Gesichtspunkte:

Es muss sich erstens um eine Maßnahme der Strafverfolgungsbehörden handeln. Handlungen privater Personen sind keine Beweiserhebungen, es sei denn, diese Personen werden von den Strafverfolgungsbehörden gezielt eingesetzt, um beweisrelevante Erkenntnisse zu erlangen; die Maßnahme der Strafverfolgungsbehörde ist dann der Einsatz dieser Personen.[3]

Zweitens muss es sich um eine zielgerichtete Tätigkeit handeln. Diese teleologische Ausrichtung ist notwendiger Bestandteil einer Handlungstheorie, die von der Zurechenbarkeit einer Handlung zu einem Handelnden und dessen Verantwortlichkeit ausgeht. Zwar können auch ungezielte Handlungen eine Verletzung von Grundrechten bewirken. Strafverfolgungsmaßnahmen müssen aber zielgerichtet sein, um verfassungsrechtlich gerechtfertigt werden zu können. Sie müssen einen legitimen Zweck erfüllen und gemessen an diesem Zweck geeignet, erforderlich und angemessen sein.[4] Ermittlungen „ins Blaue hinein"[5] sind unzulässig. Das Mandat der Strafverfolgungsbehörden beschränkt sich auf das Verfolgen konkreter begangener Straftaten; § 152 Abs. 2 fordert deshalb als Voraussetzung der Strafverfolgungsbefugnis und -pflicht das Vorliegen zureichender tatsächlicher Anhaltspunkte dafür, dass eine Straftat begangen wurde. Dies erlaubt zwar Vorermittlungen zur Klärung, ob die Einleitung eines Ermittlungsverfahrens geboten ist, nicht aber sogenannte anlassunabhängige proaktive oder Vorfeldermittlungen. Vorermittlungen werden bei

3 Näher zur Verwendung von privaten Personen erlangter Erkenntnisse unten D.VI.7.

4 Vgl. BVerfGE 30, 292, 316 = NJW 1971, 1255; BVerfGE 33, 171, 187 = NJW 1972, 1509; BVerfGE 53, 135, 145 f. = NJW 1980, 1511; BVerfGE 67, 157, 173, 177 = NJW 1985, 121; BVerfGE 68, 193, 219 = NJW 1985, 1385; BVerfGE 90, 145, 173 = NJW 1994, 1577; BVerfGE 92, 262, 273 = MDR 1995, 1020; BVerfGE 96, 10, 23 = NVwZ 1997, 1109; BVerfGE 102, 197, 220 = NVwZ 2001, 790; stRspr.

5 Vgl. BVerfGE 109, 279, 356 = NJW 2004, 999, 1014.

der Staatsanwaltschaft in AR-Vorgängen geführt und können zum Beispiel durch Mitteilungen der Gemeindebehörden über einen Leichenfund (vgl. § 159) oder Erstmeldungen der Polizeibehörden veranlasst oder auch bei der strafrechtlichen Verfolgung von Personen, die einen besonderen Schutz vor Strafverfolgung genießen – etwa Abgeordnete (vgl. § 152a, Art. 38 ff. GG) oder das nach Deutschland entsandte diplomatische und konsularische Personal anderer Staaten (vgl. Art. 31, 37 WÜD, Art. 41 ff. WÜK; vgl. auch RiStBV Nr. 195) -, angezeigt sein. Von Vorfeldermittlungen, die im Grenzbereich zwischen repressiven und präventiven Tätigwerden der Polizei stattfinden und zu deren Mitteln etwa die sog. V-Personen oder die nicht öffentlich ermittelnden Polizeibeamten zählen, ist insbesondere im Zusammenhang mit der sogenannten „Organisierten Kriminalität"[6] die Rede. Aus kriminalistischer Sicht kommt ihnen zur Ermittlung krimineller Strukturen und zur ermittelnden Begleitung von Straftaten eine wichtige Bedeutung zu. Die Zulässigkeit von Vorfeldermittlungen ist umstritten, im Ergebnis aber wegen des Fehlens eines Anfangsverdachts abzulehnen, soweit sie auf die Strafprozessordnung gestützt werden.[7] Von den Vorfeldermittlungen zu unterscheiden sind die sogenannten Initiativermittlungen. In der Anlage E zur RiStBV haben die Länder hierfür gemeinsame Richtlinien erlassen, die eine verbesserte Bekämpfung Organisierter Kriminalität erlauben sollen. Ziel der Initiativermittlungen ist ebenfalls die Klärung, ob ein Anfangsverdacht besteht. Bei Initiativermittlungen liegen im Gegensatz zu den Vorfeldermittlungen häufig Elemente der Strafverfolgung und der Gefahrenabwehr in Gemengelage vor oder gehen im Verlauf eines Verdichtungs- und Erkenntnisprozesses ineinander über (Ziffer 6.4. Anlage E zur RiStBV). Das teleologische Element der Beweiserhebung spielt außerdem eine Rolle bei der dogmatischen Einordnung von Zufallsfunden oder anderen zufällig erlangten Erkenntnissen. Nicht der Fund oder das Erlangen stellen in diesem Fall die grundrechtsrelevante Handlung dar, sondern der sich daran anschließende Umgang mit dem Beweisgegenstand oder der Erkenntnis, etwa die Beschlagnahme oder Speicherung. Zufällige Wahrnehmungen eines Strafverfolgungsbeamten stellen keine Beweiserhebungen dar.

Drittens handelt es sich nur dann um eine Beweiserhebung, wenn der Beweis noch nicht erhoben ist. Liegen Beweisgegenstände oder Erkenntnisse den Strafverfolgungsbehörden bereits vor, zum Beispiel, weil sie in einem anderen Verfahren erhoben wurden, so ist die grundrechtsrelevante Handlung die Verwendung in einem anderen Zusammenhang. Der spezifische, mit der Erhebung einhergehende Grundrechtseingriff liegt dann nicht vor. Dasselbe gilt im Grundsatz für Erkenntnisse, die von anderen hoheitlichen Stellen bereits erhoben wurden. Auch hier ist der Grundrechtseingriff durch die Erhebung schon erfolgt. Das bloße Auskunftsersuchen an andere hoheitliche Stellen stellt daher keine Beweiserhebung dar. Allerdings kann es zu einer erneuten Beweiserhebung bei diesen hoheitlichen Stellen kommen, wenn

6 Zur Schwierigkeit dieses Begriffs vgl. *Kinzig*, Organisierte Kriminalität, S. 61 ff.
7 Vgl. *Artzt*, Vorfeldermittlungen, 2000; *Diemer*, NStZ 2005, 666.

diese die ihnen obliegende Amtshilfe verweigern.[8] Diese Maßnahme – zum Beispiel die Durchsuchung des Arbeitsplatzes eines Beamten und die Beschlagnahme von Unterlagen – kann selbst grundrechtsrelevant sein und den Strafverfolgungsbehörden neue Erkenntnisse vermitteln. Dabei ist zu berücksichtigen, dass einzelne betroffene Hoheitsträger trotz des Sonderrechtsverhältnisses, in dem sie sich befinden, Träger von Grundrechten sind und in diesen verletzt sein können. Die obige Definition stellt daher als maßgeblich auf die Kenntnis der Strafverfolgungsbehörden von neuen Erkenntnissen ab.

Schließlich kommt es darauf an, dass die zu erhebenden Erkenntnisse nach Einschätzung der Strafverfolgungsbehörden für das Strafverfahren von Bedeutung sind. Dieses Erfordernis hängt eng mit dem zweiten genannten Gesichtspunkt zusammen. Der Zweck, auf den das Handeln zielt, ist die Verfolgung verfolgbarer Straftaten. Diesen Zweck erfüllt nur das Erheben von Beweisen, die für das Strafverfahren von Bedeutung sind. Diese Voraussetzung, die in § 94 Abs. 1 ausdrücklich als Bedeutung des zu beschlagnahmenden Gegenstands für die Untersuchung angesprochen ist, gilt für alle Arten der Beweiserhebung. Die Umschreibung der Voraussetzung als „Beweisbedeutung“ ist insoweit irreführend, als sich die Bedeutung nicht zwingend auf die Verwendung zu Beweiszwecken beziehen muss, sondern auch die Verwendung zu anderen Zwecken, etwa der Strafzumessung, in Frage kommt.

Beweiserhebungen werden im Vorverfahren durch die Staatsanwaltschaft und die Beamten der Kriminalpolizei angestellt, teilweise unter Einbindung des Ermittlungsrichters oder eines Ermittlungsgerichts (§ 74a Abs. 4 GVG), in Ausnahmefällen auch durch den Ermittlungsrichter als Notstaatsanwalt (§§ 165, 166, 125, 128 Abs. 2).[9] Nach Anklageerhebung geht die Verfahrensherrschaft auf das erkennende Gericht über. Dieses kann ebenfalls, wenn es den Sachverhalt als noch nicht genügend erforscht erachtet, Beweiserhebungen durchführen oder durchführen lassen. Seine Überzeugung schöpft das Tatgericht aus dem Inbegriff der Hauptverhandlung (§ 261). Die seine Überzeugungsbildung begleitende und ihr zugrundeliegende Beweisaufnahme (§ 244) ist in weiten Teilen Beweiserhebung.[10] Das Vernehmen von Zeu-

8 Ob Zwangsmaßnahmen überhaupt gegen andere hoheitliche Stellen, insbesondere Behörden, eingesetzt werden dürfen, ist sehr umstritten. Überwiegend wird vertreten, dass die Strafverfolgungsbehörden gegenüber anderen Hoheitsträgern keinerlei Zwangsbefugnisse besäßen (vgl. SK/*Rudolphi*, § 103 Rn 3; *Meyer-Goßner*, § 103 Rn 2, anders aber § 96 Rn 2; wohl auch LR/*Schäfer*, § 103 Rn 4). Im Gesetz findet das keine Stütze; auch bei Behörden und anderen staatlichen Stellen handelt es sich nicht um einen kriminalitätsfreien Raum; näher AnwK-StPO/*Löffelmann*, § 103 Rn 5.

9 In letzterem Fall ist die Sache zur weiteren Verfügung unverzüglich an die Staatsanwaltschaft weiterzuleiten (§ 167). Auch wenn sich die Polizei im Wege des „ersten Zugriffs“ bei drohendem Beweismittelverlust unmittelbar an den Ermittlungsrichter wendet (§ 163 Abs. 2 S. 2), so ersetzt dies nicht den notwendigen Antrag der Staatsanwaltschaft, sondern ist als Anregung zum Tätigwerden als „Notstaatsanwalt“ nach § 165 zu verstehen.

10 Das erkennen zutreffend *Beckemper/Wegner*, JA 2003, 510, 513 f., die daher konsequent für die Frage der Einführung von Privaten aufgenommener Tonbandaufnahmen auf die Rechtswidrigkeit des Abspielens der Aufnahmen in der Hauptverhandlung abstellen.

gen, das Inaugenscheinnehmen von Asservaten, das Anhören und Ansehen von Ton- und Bildaufzeichnungen sind Maßnahmen des Strafgerichts, die darauf abzielen, dem Gericht ihm bislang noch nicht bekannte Erkenntnisse zu verschaffen, die nach seiner Einschätzung für die Urteilsfindung von Bedeutung sind. Gegen diese Feststellung ließe sich einwenden, dass dem Gericht häufig die zu erhebenden Erkenntnisse aus den Ermittlungsakten bereits bekannt seien und es sich damit nicht um Beweiserhebungen im oben definierten Sinn handele. Eine solche Gleichsetzung der den Ermittlungsakten entnommenen Erkenntnisse mit den aus der Hauptverhandlung gewonnenen ließe aber die Unterschiedlichkeit der Erkenntnisse außer Acht und würde den beiden fundamentalen Grundsätzen des Hauptverfahrens – Unmittelbarkeit und Mündlichkeit – nicht gerecht. Durch das Studium der Verfahrensakten erschließen sich dem Gericht nur Erkenntnisse über Aktenmaterial – Vernehmungsprotokolle, Lichtbilder, Urkunden etc. Vernehmungsprotokolle sind für das Gericht Indizien dafür, der Vernommene habe in einer polizeilichen, staatsanwaltlichen oder ermittlungsrichterlichen Vernehmung etwas bestimmtes gesagt – nicht mehr und nicht weniger. Dass diese Indizien oftmals nicht den tatsächlichen Sachverhalt indizieren, sondern in der Hauptverhandlung durch Vernommene – glaubhaft – in Abrede gestellt wird, im Vorverfahren etwas bestimmtes gesagt zu haben, dass zur Forensik des Strafverfahrens ungenaue, missverständliche, geschönte und auch verfälschte Protokollierungen gehören, ist eine Tatsache, die jedem Justizpraktiker bekannt ist. Hier entfalten Unmittelbarkeits- und Mündlichkeitsprinzip ihre fundamentale Bedeutung. Das Tatgericht hat seiner Überzeugungsbildung gerade nicht angelesene Erkenntnisse zugrunde zu legen, sondern sich selbst einen Eindruck von den seine Überzeugungsbildung leitenden Tatsachen zu verschaffen. „Indem das Gericht in eigener Wahrnehmung ein Bild von dem Angeklagten und sämtlichen Beweispersonen und Gegenständen gewinnt, soll es in den Stand gesetzt werden, aus seinem lebendigen unmittelbaren Eindruck über die Tat, wie sie sich nach dem Ergebnis der Verhandlung darstellt' (§ 264), zu urteilen."[11] Ergänzt wird dieses Prinzip durch den Ermittlungsgrundsatz (auch Instruktions- oder Inquisitionsprinzip)[12], demzufolge das Gericht den Sachverhalt im Rahmen der Hauptverhandlung von Amts wegen ermittelt und dabei an Anträge und Erklärungen der Prozessbeteiligten, die sich auf die Anwendung der Strafgesetze und die Strafhöhe beziehen, nicht gebunden ist, und ferner durch den Grundsatz der freien Beweiswürdigung[13], demzufolge die subjektive richterliche Überzeugung von der Richtigkeit des festgestellten Sachverhalts maßgeblich ist und nicht eine an objektiven Maßstäben zu messende hohe oder an Sicherheit grenzende Wahrscheinlichkeit seiner

---

11 *Roxin*, Strafverfahrensrecht, § 44 Rn 3.

12 Eingehend hierzu *Geppert*, Jura 2003, 255.

13 Eingehend hierzu, insbesondere auch zu wichtigen Problemfeldern der Würdigung des Zeugenbeweises *Geppert*, Jura 2004, 105; zur historischen Entwicklung ferner *Küper*, FS Peters 1984, S. 23.

Richtigkeit.[14] Dass die Beweisaufnahme Beweiserhebung ist, ist eine zwingende Konsequenz der erkenntnistheoretischen Verfasstheit des Urteilens. Urteile können stets nur auf Anschauungen und Vor-Urteilen des Urteilenden beruhen. Das, was ein Vernommener im Vorverfahren gesagt hat, ist der Anschauung und dem Urteil des erkennenden Gerichts nicht zugänglich. Anders kann sich dies verhalten, wenn eine Identität in der Person des vernehmenden Ermittlungsrichters und Strafrichters vorliegt. Dann handelt es sich bei der Einvernahme im Rahmen der Hauptverhandlung um eine erneute Beweiserhebung, auf die obige Definition nicht zutrifft, soweit sie eine Neuheit der Erkenntnisse voraussetzt. Diese erkenntnistheoretisch problematische Konstellation dürfte aber die Ausnahme darstellen und sollte – darauf wird noch näher einzugehen sein[15] – durch gesetzliche Regelungen, die eine solche Identität ausschließen, möglichst vermieden werden.

Freilich beruht das Urteil nicht ausschließlich auf Erkenntnissen, die das Gericht der Hauptverhandlung entnommen hat. Die Inbegriffsüberzeugung ist ein wirkmächtiger Mythos. Erkenntnisse, die das Gericht außerhalb der Hauptverhandlung gewonnen hat, spielen für die Urteilsfindung eine erhebliche Rolle: Gerichtskundige und offenkundige Tatsachen, privates Wissen, Lebenserfahrung und Berufserfahrung der Richter, ihre Ausbildung spielen in das Urteil, ohne Gegenstand der Beweisaufnahme zu sein. Das ist unproblematisch, weil die Beweisaufnahme nicht auf Vollständigkeit angelegt sein muss und das Strafverfahren ein selektiver, künstlich durch Verfahrensregeln beschränkter Erkenntnisprozess ist. Zudem gibt es verfahrensrechtliche Regelungen, die eine gewisse Kontrolle gewährleisten. Gerichtskundige und offenkundige Tatsachen müssen grundsätzlich mit dem Hinweis auf ihre beabsichtigte Verwendung erörtert werden[16]; privates Wissen des Richters, das im konkreten Fall beweisrelevant ist, muss durch die Vernehmung des Richters als Zeuge eingeführt werden und führt zu seiner Ausschließung (§ 22 Nr. 5); gewisse Standards der persönlichen und beruflichen Qualifikation gewährleisten zu einem gewissen Grad, dass keine ungeeigneten und unangemessenen Vor-Urteile in die Urteilsfindung einfließen; auch die Regelungen über die Ablehnung eines Richters (§§ 24 ff.) sollen sicherstellen, dass nicht Vor-Urteile des Richters besorgen lassen, dieser verfüge nicht über die für eine unvoreingenommene Wahrnehmung des Sachverhalts erforderliche Distanz und Neutralität.[17] Insoweit das Gericht über Erkenntnisse schon verfügt, findet keine Beweiserhebung statt, wohl aber eine Verwendung von Erkenntnissen.

---

14 Vgl. BGHSt 10, 208, 209 = NJW 1957, 1039; BGHSt 29, 18 = NJW 1979, 2318; nach verbreiteter Ansicht hat der Grundsatz durch die Rechtsprechung in jüngerer Zeit allerdings eine deutliche „Objektivierung" erfahren (*Roxin*, Strafverfahrensrecht, § 15 Rn 15; LR/*Rieß*, Einl H Rn 41).

15 Näher unten D.III.2.

16 BVerfGE 10, 177 = NJW 1960, 31; BGHSt 6, 292.

17 Vgl. BVerfGE 82, 286, 298 = NJW 1991, 217; BVerfGE 89, 28, 36 = NJW 1993, 2229 m.w.N.

Das Revisionsgericht ist an die Feststellungen des Tatgerichts gebunden. Es erhebt nicht selbst Erkenntnisse, sondern vollzieht den Erkenntnisprozess des Tatgerichts nach. Seine eigene Erkenntnis beschränkt sich in der Regel auf die in den Verfahrensakten ihm vorliegenden Dokumente. Die für die Geltendmachung von Verfahrensrügen maßgebliche Beweiskraft des Protokolls (§ 274) ist eine juristische Vermutungsregelung, die nicht den erkenntnistheoretischen Verhältnissen entspricht. Das Protokoll gibt keinen unmittelbaren Aufschluss über die Beachtung der für die Hauptverhandlung vorgeschriebenen Förmlichkeiten, sondern nur über die Protokollierung. Diese kann ein Indiz für den Gang der Hauptverhandlung darstellen. Weitere Anhaltspunkte dafür könnte das Revisionsgericht zum Beispiel durch das Befragen von Verfahrensbeteiligten gewinnen. Ob es das darf oder an die Feststellungen des Protokolls gebunden ist, ist umstritten.[18] Erkenntnistheoretisch ist die Erkenntnisgewinnung des Revisionsgerichts über den Gang des Verfahrens im Wege des Freibeweises sinnvoll und durch die Aufgabe des Revisionsgerichts, eine effektive Verfahrenskontrolle auszuüben, nachgerade geboten. Insoweit kann und muss es auch im Revisionsverfahren zu Beweiserhebungen kommen, deren Zweck allerdings auf das Erlangen von Erkenntnissen über Verfahrenstatsachen beschränkt ist.

Im weiteren Gang des Verfahrens kommen schließlich nach Zurückverweisung der Sache neuerliche Beweiserhebungen des neuen Tatgerichts innerhalb und außerhalb der Hauptverhandlung in Betracht. Dasselbe gilt für das Verfahren nach Wiederaufnahme eines durch rechtskräftiges Urteil abgeschlossenen Verfahrens. Für das Wiederaufnahmeverfahren beschränkt sich die Beweiserhebung des zuständigen Gerichts (§ 367) auf die die Wiederaufnahme begründenden neuen Tatsachen (§§ 359, 362).

2. Beweisverwendung

Beweisverwendung ist jedes in Grundrechte eingreifende hoheitliche Gebrauchmachen von durch eine Beweiserhebung oder eine andere hoheitliche Maßnahme erlangten beweisrelevanten Erkenntnissen oder Gegenständen.[19] Im Gegensatz zur Beweiserhebung liegen die Beweisgegenstände oder Erkenntnisse, von denen Gebrauch gemacht wird, bereits vor. Der spezifische, mit der Erhebung verbundene

---

18 Vgl. zu dieser Problematik eingehend – und unter besonderen Umständen bejahend – die Entscheidung des Großen Senats für Strafsachen des BGH vom 23.4.2007, NJW 2007, 2419; dazu entschieden ablehnend *Schumann*, JZ 2007, 927; über die gegen die nach Zurückverweisung ergangene Revisionsentscheidung eingelegte Verfassungsbeschwerde (Az. 2 BvR 2044/07) ist noch nicht entschieden; allgemein zur Problematik *Fahl*, HRRS 2007, 166 ff.

19 Mit der Formulierung „Erkenntnisse oder Gegenstände“ soll keine erkenntnistheoretische Differenzierung begründet, sondern nur zur Vermeidung von Verwirrungen ein umgangssprachlicher Wortgebrauch aufgegriffen werden. Beweisgegenstände und Erkenntnisse sind erkenntnistheoretisch gleichermaßen Gegenstände im Sinne von „Erkenntnisobjekten“ bzw. Erkanntem.

Grundrechtseingriff ist also nicht erforderlich. Die Verwendung kann nicht allein durch Strafverfolgungsbehörden und Strafgerichte erfolgen, sondern generell durch Hoheitsträger. Einige Sondervorschriften regeln beispielsweise die Verwendung von in einem Strafverfahren gewonnenen Erkenntnissen durch die Gefahrenabwehrbehörden.[20] Verwendungen sind oft der Austausch und das Überlassen von Erkenntnissen an andere Hoheitsträger. Verwendungen können aber auch durch die Strafverfolgungsbehörden und Strafgerichte erfolgen und zwar sowohl innerhalb des Verfahrens, in dem die Erhebung stattgefunden hat, als auch in anderen Verfahren. Die Bandbreite möglicher Verwendungen ist vielfältig. Sie reicht vom Aufzeichnen von Zeugenaussagen auf Tonträgern und deren Verschriftung über die Speicherung personenbezogener Daten bis zur Weitergabe von Erkenntnissen an Dritte durch das Gewähren von Akteneinsicht. Durch Verwendungen betroffen ist in der Regel das durch Art. 2 Abs. 1 i.V.m. Art. 1 Abs. 1 GG geschützte Recht auf informationelle Selbstbestimmung. Dieses haben die Hoheitsträger in jedem Fall der Verwendung zu berücksichtigen. Der Gesetzgeber hat hierfür gesetzliche Regelungen zu schaffen und diese Berücksichtigung auf Gesetzgebungsebene vorzunehmen. Beispiele: Bei der Gewährung von Akteneinsicht ist den schutzwürdigen Interessen Betroffener, deren personenbezogene Daten auf diese Weise preisgegeben werden, dadurch Rechnung zu tragen, dass die Akteneinsicht gegebenenfalls nur teilweise gewährt wird, bestimmte Informationen ausgesondert oder geschwärzt werden und dem Betroffenen vorher rechtliches Gehör zu gewähren ist.[21] Durch eine Telekommunikationsüberwachung erlangte Erkenntnisse dürfen in anderen Strafverfahren nur verwendet werden, wenn diese auf die Aufklärung einer Straftat zielen, derentwegen die Überwachung auch hätte angeordnet werden können (§ 100b Abs. 5). Auskunft über Kraftfahrzeugdaten darf durch das Kraftfahrtbundesamt nur für bestimmte Zwecke an andere hoheitliche Stellen übermittelt werden (§ 30 StVG), nicht zum Beispiel an Gerichte zur Überprüfung der finanziellen Verhältnisse im Rahmen einer Entscheidung über Prozesskostenhilfe. Erkenntnisse, die die Strafverfolgungsbehörden in einem Strafverfahren wegen Steuerstraftaten aus den Steuerakten erlangen, dürfen grundsätzlich nicht für die Verfolgung einer Tat verwendet werden, die keine Steuerstraftat ist (§ 393 Abs. 2 AO).

Die Verwendung kann aber auch andere Grundrechte als das Recht auf informationelle Selbstbestimmung verletzen. Beispiele: Die Verwendung von Erkenntnissen zum Zwecke des Vorhalts im Rahmen einer Vernehmung kann Persönlichkeitsrechte des Vernommenen verletzen, wenn durch den Vorhalt Informationen zur Sprache kommen, die den persönlichen Lebensbereich des Vernommenen – oder einer dritten betroffenen Person – betreffen (vgl. auch §§ 171b, 172 Nr. 2 und 3 GVG) . Die Übermittlung von Erkenntnissen zum Beispiel an Berufskammern oder Arbeitgeber (vgl. MiStra Nr. 15 ff.) kann die Freiheit der Berufsausübung beeinträchtigen. Die Verwendung beschlagnahmter Vermögenswerte zur vorläufigen

---

20 Vgl. die Nachweise oben B.I.3.

21 Vgl. BVerfG NJW 2007, 1052.

Sicherung von zivilrechtlichen Ansprüchen des Opfers gegen den Täter (§§ 111b ff.), kann das Eigentumsrecht des Täters verletzen. Die Mitteilung der Anschrift eines Zeugen an den Beschuldigten im Wege der Akteneinsicht kann das Recht des Zeugen auf körperliche Unversehrtheit und Leben berühren, wenn seine Gefährdung durch Pressalien zu befürchten ist. Dasselbe gilt für die körperliche Unversehrtheit und das Leben des Beschuldigten im Falle der Mitteilung seiner Haftdaten an den Verletzten (§ 406d Abs. 2 S. 1), wenn zu befürchten ist, dieser oder ihm nahe stehende Personen würden Vergeltung üben.[22] Die Aufzählung grundrechtsrelevanter Verwendungen, die nicht auf das Erlangen neuer Erkenntnisse zielen und damit keine Beweiserhebungen sind, ließe sich fortsetzen. Die größte – aber nicht alleinige – Bedeutung hat in diesem Zusammenhang als gegen schrankenlose Verwendungen zu schützende Rechtsposition freilich das Recht auf informationelle Selbstbestimmung.

Erfolgt die Verwendung im Zusammenhang mit einer Beweiserhebung, so ist nach Möglichkeit zu differenzieren, welche Eingriffe der Verwendung und welche der Erhebung zuzuordnen sind. Beispiele: Die Begründung eines Durchsuchungsbeschlusses mit durch eine Telekommunikationsüberwachung gewonnenen Erkenntnissen stellt eine Verwendung dieser Erkenntnisse dar, die von der mit der Durchsuchung verfolgten Beweiserhebung zu unterscheiden ist. Diese Unterscheidung hat rechtliche Konsequenzen für den Prüfungsmaßstab und die Kriterien der Güterabwägung. Betrifft die Verwendung von Erkenntnissen zur Begründung einer anderen Maßnahme in der Regel das Recht auf informationelle Selbstbestimmung, so steht im Falle der Wohnungsdurchsuchung das Recht auf Unverletzlichkeit der Wohnung in Rede. Dass jemand durch die Begründung einer hoheitlichen Entscheidung in Grundrechten verletzt sein kann, hat das Bundesverfassungsgericht bereits festgestellt.[23] § 81a Abs. 1 S. 2 erlaubt die Entnahme von Blutproben und damit einen Eingriff in die körperliche Unversehrtheit. § 81a Abs. 3 regelt die Verwendung der entnommenen Blutprobe. Um den schutzwürdigen Interessen des Betroffenen Rechnung zu tragen, sind Blutproben unverzüglich zu vernichten, sobald sie für Zwecke des der Entnahme zugrundeliegenden oder eines anderen anhängigen Strafverfahrens nicht mehr erforderlich sind. Wird die Blutprobe weiter verwahrt, obwohl sie nicht mehr in diesem Sinne erforderlich ist, so kann dies einen eigenständigen Grundrechtseingriff darstellen und einen Antrag auf Vernichtung begründen, der auf dem Rechtsweg nach §§ 23 ff. EGGVG geltend zu machen ist.[24] Die Verwendung der Blutprobe kann auch zur Erhebung weiterer Erkenntnisse erfolgen, so etwa bei der Erstellung eines molekulargenetischen Gutachtens. Mit dieser Beweiserhebung ist ein über die Entnahme der Blutprobe und ihre in der Weitergabe an die beauftragten Sachverständigen liegenden Verwendung hinausgehender Eingriff in das Recht des Betroffenen auf informationelle Selbstbestimmung verbunden. Dieser

22 Vgl. AnwK-StPO/*Krekeler*, § 406d Rn 4.

23 Vgl. BVerfGE 6, 7, 9 = NJW 1957, 338; BVerfGE 28, 151, 159; BVerfG 2 BvR 878/05 vom 17.11. 2005, juris.

24 Vgl. BVerfG, 2 BvR 255/06 vom 2.4.2006, juris.

Eingriff bedarf konsequenter Weise einer gesonderten Ermächtigungsgrundlage (§§ 81e, 81f). Ist es erforderlich, zur Erstellung eines fasertechnischen Gutachtens ein sichergestelltes Kleidungsstück zu beschädigen, so berührt diese Verwendung Eigentums- und Besitzrechte des Betroffenen. Das Gutachten selbst, das etwa die Identität der Fasern mit den am Tatort gefundenen nachweist und insofern zu neuen Erkenntnissen führt, berührt hingegen das Recht des Betroffenen auf informationelle Selbstbestimmung, soweit es eine Aussage darüber zulässt, wo dieser sich aufgehalten hat. Dieselbe Differenzierung gilt für die Beschlagnahme von Datenträgern und ihre inhaltliche Auswertung. Die Beschlagnahme betrifft Eigentums- und Besitzrechte Betroffener, möglicherweise – zum Beispiel wenn durch die Beschlagnahme die Ausübung des Gewerbebetriebs beeinträchtigt wird – auch andere Rechtspositionen. Das Aufrechterhalten der Beschlagnahme, das Verwahren der Gegenstände, ihre Weitergabe stellen Verwendungen dar, die nicht auf das Erlangen neuer Erkenntnisse gerichtet sind. Die inhaltliche Auswertung der Datenträger stellt wieder eine Beweiserhebung dar.

Die Strafprozessordnung vollzieht diese – im Einzelfall oft schwierige – Abgrenzung nicht so trennscharf. In der Regel werden weitere Verwendungen als durch die Erhebungsnorm umfasst angesehen. So wird die Rechtsgrundlage für die inhaltliche Auswertung von Datenträgern allgemein in den Beschlagnahmevorschriften gesehen. Andererseits enthält die Strafprozessordnung mit § 110 gerade für diesen Bereich eine Vorschrift, die an die Unterscheidung verschiedener Eingriffe durch die Sicherstellung und die inhaltliche Auswertung von Datenträgern anknüpft. Erklären lässt sich die Heterogenität der Strafprozessordnung hinsichtlich des Verhältnisses von Erhebungs- und Verwendungsnorm historisch. Erst mit der Entdeckung des Rechts auf informationelle Selbstbestimmung hat eine Sensibilität dafür eingesetzt, dass auch das Speichern, Weitergeben oder Öffentlichmachen von Erkenntnissen Handlungen darstellt, die eine eigene rechtliche Bedeutung haben. Dass eine möglichst exakte Trennung der einzelnen Handlungen in Bezug auf einen Beweisgegenstand oder ein beweisrelevantes Datum für die rechtliche Beurteilung methodisch vorteilhaft ist, zeigt das Beispiel der verfassungsrechtlichen Behandlung von Beschlagnahmen. Da es sich bei der Beschlagnahme um eine fortdauernde Maßnahme handele, gegen die der Betroffene auch nach dem Zeitpunkt der Sicherstellung noch Rechtsschutz durch die Fachgerichte erwirken könne, lehnt das Bundesverfassungsgericht eine pauschale Übertragung der zu den verfahrensrechtlichen Anforderungen bei der Wohnungsdurchsuchung entwickelten Maßstäbe ab, was in der Regel zur Unzulässigkeit der Verfassungsbeschwerde gegen Beschlagnahmeanordnungen führt.[25] Die vom Bundesverfassungsgericht als Differenzierungskriterien gegenüber der Wohnungsdurchsuchung herangezogenen Gesichtspunkte überzeugen nicht. Dass die Frage des Vorliegens von Gefahr im Verzug bei der Beschlagnahmeanordnung aus der Perspektive des Beamten zum Zeitpunkt des Zugriffs auf den Gewahr-

---

25 Vgl. BVerfGK 1, 65, 66; BVerfG, 2 BvR 2009/03 vom 12.2.2004, juris; BVerfG, 2 BvR 1714/04 vom 26.10.2004, juris.

sam zu beurteilen sei, während die Anordnung einer Durchsuchung vor Beginn der Suche getroffen werden müsse, lässt sich so allgemein nicht aufrechterhalten. Auch die Beschlagnahmeanordnung muss in der Regel vor Beginn der Beschlagnahme getroffen werden; eine Beschlagnahme auf Gefahr im Verzug, bei der die Anordnung mit der Durchführung zeitlich zusammenfällt, stellt – wie bei der Durchsuchung – rechtlich und praktisch die Ausnahme dar. Richtig ist, dass die fortdauernde Beschlagnahme noch richterlich überprüft werden kann. Dass aus dem Fortdauern eines möglicherweise rechtswidrigen hoheitlichen Handelns aber dem Betroffenen nachteilige Schlüsse gezogen werden, ist wenig einsichtig. Unterscheidet man den singulären Akt der Sicherstellung von dem der Verwahrung des sichergestellten Gegenstands, so gelangt man zu eher befriedigenden Ergebnissen. Mit der Begründung des amtlichen Verwahrverhältnisses ist die Sicherstellung abgeschlossen und kann – sofern man anerkennt, dass es sich um einen schweren Grundrechtseingriff handelt oder eine Wiederholungsgefahr besteht – nach den für die Wohnungsdurchsuchung entwickelten Maßstäben fachgerichtlich und verfassungsrechtlich überprüft werden. Das weitere Verwahren des sichergestellten Gegenstands, insbesondere mit Blick auf die Verwahrdauer und die Umstände des Verwahrens[26] kann dann gesondert geprüft werden. Ein Auseinanderklaffen der rechtlichen Beurteilung eines einheitlichen tatsächlichen Geschehens, das Durchsuchung und Beschlagnahme verbindet und in der Ermittlungspraxis zur Verbindung der Maßnahmen in einem einheitlichen Beschluss führt, wird damit vermieden.

3. Beweisverwertung

Beweisverwertung ist die Verwendung der in der Beweisaufnahme erhobenen Erkenntnisse durch das erkennende Gericht zur Feststellung des seiner Entscheidung zugrunde liegenden Sachverhalts. Es handelt sich bei dieser Begriffsbestimmung um eine engere Definition, als sie in der Strafrechtswissenschaft üblich ist, die auch Verwertungshandlungen in anderen Verfahrensabschnitten anerkennt.[27] Verwertung ist danach insbesondere nicht die Verwendung von Erkenntnissen als Spurenansatz. Die in der Rechtsprechung und im Schrifttum anzutreffende Aussage, auch die

26 Die Behörden sind verpflichtet, sichergestellte Gegenstände pfleglich zu behandeln und vor Verschlechterung, Untergang oder sonstiger Gefährdung zu schützen, vgl. BGHZ 1, 369; 72, 302, 303 ff.; 100, 335, 337 ff. = NJW 1987, 2573 f.

27 Vgl. etwa LR/*Gössel*, Einl. Abschn. K Rn 5, der als Beweisverwertung „die mit der Feststellung verbundene funktionale *Bewertung* im Hinblick auf das im jeweiligen Verfahrensstadium verfolgte *Ziel* (Anklage oder Einstellung, Urteil)" definiert; auch die erkenntniskritische Einsicht, dass in allen Verfahresstadien Beweise *zugleich* erhoben und verwertet würden (vgl. *Gössel*, FS Hanack 1999, S. 277, 283), steht einer aus dogmatisch-rechtlichen Gründen erforderlichen isolierten Betrachtung der Verwertungshandlung nicht entgegen. Eine solche – gewissermaßen künstliche – Abschichtung ist im Bereich des Rechts – namentlich das Strafprozessrechts (man denke an die spezifischen Handlungsermächtigungen für die Strafverfolgungsbehörden – üblich und notwendig.

rechtmäßige Erlangung von Erkenntnissen könne ein Verwertungsverbot zur Folge haben[28], beruht auf einem noch unausgereiften terminologischen Umgang mit der Verwendungsverbots-Problematik. Inzwischen dürfte anerkannt sein, dass diese Rechtsprechung, auf die die Verwendungsregelungen in § 100b Abs. 5, § 100f Abs. 5 und § 100h Abs. 3 unmittelbar zurückgehen, sich nicht zur Problematik der Verwertbarkeit verhält. Ein Grund für die terminologische Unsicherheit kann in der – in beiden Zusammenhängen in verschiedener Bedeutung auftauchenden[29] – Figur des hypothetischen Ersatzeingriffs gesehen werden.

Verwertung ist nach dem engen, hier vertretenen Verständnis ein kognitiver Akt. Auch das Verwerten ist eine Handlungsweise des Verwendens. Sie ist dadurch gekennzeichnet, dass sie zu einer bestimmten, rechtlich verbindlichen Konsequenz führt: der Feststellung des Sachverhalts, an den die rechtliche Würdigung anknüpft. Dieser Schritt ist für das gesamte Strafverfahren von zentraler Bedeutung. Das Ermittlungsverfahren bereitet diesen Schritt vor, die Beweisaufnahme führt auf ihn hin, das Unwerturteil, der Schuldspruch und die Strafzumessung knüpfen an ihn an. Die Feststellung des Sachverhalts ist der Kristallisationspunkt des gesamten Strafverfahrens und kennzeichnet dessen vorrangiges Ziel als das der Wahrheitserforschung.[30] Unverwertbarkeit bestimmter Erkenntnisse bedeutet, dass diese der Feststellung des Sachverhalts nicht zugrunde gelegt werden dürfen. In dieser Forderung liegt die Crux der Verwertungsverbotsproblematik. Erkenntnisse, die das erkennende Gericht hinwegdenken oder ausblenden muss, legt es nach erkenntnistheoretischen Maßstäben als negative Erkenntnisse der Sachverhaltsfeststellung dennoch zugrunde. Die entscheidende Frage einer in sich stimmigen Verwertungsverbotskonzeption lautet daher: Durch welche verfahrenstechnischen Vorkehrungen kann sichergestellt werden, dass unverwertbare Erkenntnisse der Feststellung des Sachverhalts tatsächlich nicht zugrunde gelegt werden? Im Hinblick auf die Konnexitätsproblematik stellt sich weiter die Frage, wie eine rechtswidrige Verwertungshandlung – auf die es allein für die Begründung des Verwertungsverbots ankommt – zu charakterisieren ist.[31]

Gegen diese Zuspitzung der Problematik ließe sich einwenden, dass sich das juristische Verfahren nicht nach erkenntnistheoretischen Maßstäben beurteilen lasse. Die Feststellung des Sachverhalts durch das erkennende Gericht orientiere sich nicht an einem Idealbild vollständiger Wahrheitskenntnis, sondern an einer selektiven

---

28 Vgl. oben B.I.3.

29 Vgl. oben B.II.8. und C.VI.2.

30 Damit soll nicht gesagt sein, dass es sich bei der Verwertungshandlung um ein in zeitlicher Hinsicht „punktuelles" Ereignis handele. Als hermeneutischem Prozess findet bei der Verwertung – worauf *Dedes*, Beweisverfahren, S. 29 zutreffend hinweist – „während jeder Minute und für die Gesamtdauer des Verfahrens eine vorläufige Überzeugungsbildung statt, die das Prozedieren des Richters bestimmt". Von der Verwendung – etwa zur Strukturierung der Beweisaufnahme – durch den Tatrichter kann aber die Verwertung als Formung des rechtlich maßgeblichen Sachverhalts abgehoben werden.

31 Die Verwertung kann zum Beispiel selbst eine strafbare Handlung und damit verboten sein, vgl. *Otto*, FS Kleinknecht 1985, S. 319, 338.

juristischen „Wahrheit", die ausschließlich die für die rechtliche Subsumtion maßgeblichen Gesichtspunkte widerspiegele. Diese Ansicht teile ich nicht. Die Erkenntnis von Menschen über die Welt ist die einzige – beschränkte und nicht hintergehbare – Grundlage allen menschlichen Handelns.[32] Auch eine selektive Beschreibung der Welt, wie sie der durch das erkennende Gericht festgestellte Sachverhalt zweifellos darstellt, findet ihren Ausgang in dem „natürlichen" Zugang zur Welt, der durch weitere spezifische Erkenntnisse – etwa der juristischen Methoden – modifiziert wird. Juristische Feststellungen „reduzieren" nicht Welt auf ein rechtlich zu verarbeitendes Maß, sondern erhöhen die Komplexität der Welt[33] durch das Zusammenführen von Erkenntnissen über historische Sachverhalte, juristischer Methodik und gezielter Selektivität. Mit der allgemeinen erkenntnistheoretischen Frage nach der Möglichkeit und Reichweite objektiver Erkenntnis hat der Prozess der juristischen Verarbeitung von Welt nichts zu tun. Die erkenntnistheoretische Unmöglichkeit „absoluten" Wissens lässt sich daher nicht als Argument für eine alternative juristische Welt anführen. Auch selektive, konstruierte und hypothetische Welten sind solche auf der Grundlage unserer Erkenntnis von Welt.

II. Disziplinierungsfunktion

Der Gedanke einer Disziplinierung der Strafverfolgungsbehörden durch die Anerkennung von Beweisverwertungsverboten ist intuitiv eingängig, die ihm zugrunde liegende triviale Motivationspsychologie aber – wie gezeigt[34] – wenig belastbar und wenig erfolgversprechend. Dass Mitarbeiter der Strafverfolgungsbehörden die Entscheidungen des einfachen Gesetzgebers und des Verfassungsgebers zu beachten haben, ist selbstverständlich; dass sie – wie andere Normadressaten – zu normenkonformem Verhalten angehalten werden sollen und dies mitunter zur Aufrechterhaltung der Normgeltung notwenig ist, dürfte auf breiten Konsens stoßen. Dies evoziert die Frage, auf welche Weise die Befolgung rechtsstaatlich gebotener Verfahrensweisen durch die Strafverfolgungsbehörden gewährleistet werden kann. Wenn die Befürwortung von Verwertungsverboten hierfür hinsichtlich Geeignetheit und Erforderlichkeit auf Bedenken stößt, was sind die Alternativen hierzu?

1. Normenverifikation als Lernprozess

Zutreffend schreibt *Rogall*: „Wenn wir über die Folgen einer fehlerhaften Erhebung des Zeugenbeweises sprechen, dann sprechen wir über eine bestimmte Kategorie von *Verfahrensfehlern* und jedenfalls auch ganz allgemein über *Fehler*. Fehler sind all-

32 Ausführlich oben Teil A.
33 Vgl. oben A.IV.4.
34 Vgl. oben B.IV.1.

täglich, sie können schwere Folgen haben, aber auch ganz unbemerkt bleiben. Wir alle begehen Fehler. Wir bewerten sie selbst, genauso wie unsere Interaktionspartner sie bewerten und daran Konsequenzen knüpfen. Aus Fehlern kann man lernen, was sie ins Positive wendet. Und doch sind Fehler im allgemeinen unerwünscht. In diesem Sinne stellen auch Verfahrensfehler eine alltägliche und grundsätzlich unerwünschte Erscheinung des Prozessgeschehens dar, die der Bewertung ebenso zugänglich wie zugleich auch bedürftig ist."[35]

Der Prozess der Normenverifikation ist ein Lernprozess. Der Gedanke des Lernens ist dem Strafverfahren nicht fremd; Lernprozesse werden den Adressaten der Strafnormen abverlangt. Die modernen – relativen – Strafzwecktheorien im allgemeinen und das Jugendstrafrecht mit dem es prägenden Erziehungsgedanken im besonderen beruhen auf dem Gedanken, dass durch unterstützende und sanktionierende Einwirkung auf den Normverletzer und auf die Allgemeinheit ein Lernerfolg zu erzielen sei. Ob das autoritäre Gefüge des Strafverfahrens geeignet sei, Lernerfolge hervorzurufen, kann man bezweifeln.[36] Die pädagogischen Wissenschaften folgen einem anderen Ansatz. Sie unterscheiden im Grundsatz zwei Arten des Lernens: Lernen durch Nachahmung und Lernen durch Bestätigung oder Belohnung.[37] Für die zweite Fallgruppe kann man im Strafverfahren einige Anwendungsbereiche ausmachen: zum Beispiel die Möglichkeit der Strafmilderung bei Schuldeingeständnis und Wiedergutmachung (vgl. § 46a StGB, Täter-Opfer-Ausgleich), die Strafaussetzung zur Bewährung, wenn schon die Durchführung des Hauptverfahrens den Täter nachhaltig beeindruckt hat (§ 56 Abs. 1 S. 1 StGB, § 21 Abs. 1 S. 1, §§ 57 ff. JGG), die diversen Möglichkeiten der Verfahrenseinstellung nach Erfüllung einer Auflage oder Weisung, insbesondere im Jugendstrafverfahren (§§ 45, 47 JGG, §§ 153a, 153e), die Strafaussetzung zur Bewährung und Anrechnung von Haftzeit nach Durchführung einer Drogentherapie (§ 36 BtmG), die Reststrafenaussetzung bei guter Führung (§§ 57, 57a StGB, § 88 JGG) oder die Gewährung von Vollzugslockerungen (§§ 11 ff. StVollzG). Ansatzpunkte für eine Einwirkung im Sinne der ersten Fallgruppe kann man möglicherweise in sozialpädagogischen Hilfeleistungen sehen, wie sie durch die Bestellung eines Erziehungsbeistands (§ 12 JGG), die Beiordnung eines Bewährungshelfers (§ 56d StGB, § 24 JGG) oder den sozialpädagogischen Dienst in Haftanstalten (vgl. §§ 71 ff. StVollzG) erbracht werden. Auf Seiten der Straftäter ist der Gesetzgeber also einigermaßen kreativ, was die Umsetzung des resozialisierenden und präventiven Elements der Strafzwecke anbelangt – auch wenn diese Entwicklungen noch konsequenter verfolgt werden können. Neben diesen Möglichkei-

---

35 *Rogall*, JZ 1996, 944, 945.

36 Dieser Gedanke spielt eine wichtige Rolle im Zusammenhang mit dem Schlagwort von der „Legitimationskrise des Strafrechts" (vgl. *Pfeiffer*, ZRP 1992, 338). Wenn durch Strafen und Strafverfahren keine Lernerfolge erzielt werden können, wodurch kann Strafrecht dann – unter Zugrundelegung eines präventiven Ansatzes – legitimiert werden? Freilich kann die Funktion des Kriminalrechts nicht auf ausschließlich präventive Aspekte beschränkt werden; zum Pluralismus der Strafzwecke vgl. BVerfGE 109, 190, 212 ff. = NJW 2004, 750.

37 Vgl. Eisenberg, Einleitung Rn 5d m.w.N.

ten justizieller Prävention stehen noch die vielfältigen anderen Instrumente primärer und sekundärer Kriminalprävention, die sich an potentielle Täter und Opfer richten: allgemeine Aufklärung, gezielte Schulungen, Bereitstellung von Kontaktbeamten, Förderung gesellschaftlicher Selbstkontrolle, Einrichtung von Begegnungszentren bis hin zu architektonischen und städteplanerischen Maßnahmen.[38] Wie sieht es nun auf der anderen Seite aus, bei der Durchsetzung der das hoheitliche Verfahren rechtsstaatlich sichernden Normen?

2. Dienstrechtliche Konsequenzen

Hoheitsträger sind entweder Beamte oder Private, die für den Staatsdienst besonders verpflichtet werden. Beide Personengruppen unterstehen einem Dienstrecht, das hohe Anforderungen an ihre Qualifikation und ihren persönlichen und ideologischen Hintergrund stellt. Beamte sind weisungsgebunden und unterliegen im Hinblick auf Tätigkeiten, die sie neben der für den Dienstherrn zu erbringenden ausüben, einschneidenden Restriktionen. Fehlverhalten von Beamten fließen in die dienstlichen Beurteilungen ein und wirken sich in erheblichem Maße auf das berufliche Fortkommen aus. Bei Pflichtverstößen können Beamte dienstrechtlich sanktioniert werden. Die Sanktionsmöglichkeiten reichen vom förmlichen Verweis über die Geldbuße, die Kürzung der Dienstbezüge und die Zurückstufung bis hin zur Entfernung aus dem Dienst als eingreifendster Disziplinarmaßnahme (vgl. etwa §§ 5 bis 10 BDG). Daneben können vom Dienstherrn rein beamtenrechtliche Maßnahmen wie Umsetzung, Versetzung oder Rückstufung in der Beförderungsliste ergriffen werden, die allerdings nicht als verdeckte disziplinarische Maßnahmen, sondern nur im Interesse der Verwaltungsorganisation eingesetzt werden dürfen.[39] Machen Beamte sich strafbar, so laufen sie Gefahr, ihren Beamtenstatus und ihre daraus herrührenden Ansprüche zu verlieren (vgl. § 48 BBG). Innerdienstliche Straftaten stellen immer auch Dienstvergehen dar, da solche Rechtsverstöße unmittelbar dienstbezogen sind und die berufserforderlichen Interessen des Dienstes beeinträchtigen.[40] Außerdienstliche Straftaten können die Pflicht des Beamten zum Wohlverhalten außerhalb des Dienstes verletzen und ebenfalls zu disziplinarischen Maßnahmen führen. Dies ist der Fall, wenn ein Verhalten des Beamten außerhalb des Dienstes nach den Umständen des Einzelfalles in besonderem Maße geeignet ist, Achtung und Vertrauen in einer für sein Amt oder das Ansehen des Beamtentums bedeutsamen Weise zu be-

---

38 Vgl. zum Überblick *Heinz*, BewHi 2000, 131, 155; *Kühne*, DRiZ 2002, 18; bes. zur Bedeutung des städtischen Raums für die Kriminalitätsentwicklung *Kilb*, DVJJ-Journal 2002, 48, 50 ff.; auf die Wahrnehmung der Bedeutung des städtischen Raums für die Kriminalitätsentwicklung geht auch das – in New York erfolgreiche und in Deutschland umstrittene – „broken windows"-Konzept zurück, vgl. umfassend *Hess*, ZStW 116 (2004), 66 m.w.N.

39 Vgl. *Köhler/Ratz*, Bundesdisziplinargesetz, S. 105 f.

40 *Köhler/Ratz*, Bundesdisziplinargesetz, S. 104.

einträchtigen (vgl. § 77 Abs. 1 S. 2 BBG).[41] Strafrechtliche Verurteilungen sind teilweise bindend für das Disziplinarverfahren (vgl. § 23 Abs. 1, § 57 Abs. 2 BDG). Trotz der praktisch erheblichen Bedeutung von Disziplinarmaßnahmen, die aufgrund strafbaren Verhaltens des Beamten eingeleitet werden, kommt die Verhängung disziplinarischer Maßnahmen allerdings nicht erst in Betracht, wenn das in Rede stehende Handeln strafrechtliche Qualität erreicht. Ein Dienstvergehen liegt vielmehr immer dann vor, wenn der Beamte schuldhaft – also vorsätzlich oder fahrlässig – sich aus dem Beamtenverhältnis ergebende Pflichten verletzt. Diese Pflichten können – meist in Form von Allgemeinklauseln (vgl. zum Beispiel § 54 S. 3 BBG), die durch die Rechtsprechung konkretisiert werden[42] – gesetzlich geregelt sein, sich aus Verwaltungsanordnungen ergeben (vgl. etwa die Richtlinien für das Straf- und Bußgeldverfahren und die dazu ergangenen Anhänge), oder durch Einzelweisungen von Dienstvorgesetzten begründet werden.

Die Bandbreite dienstrechtlicher Vergehen, die zu disziplinarischen Maßnahmen führen können, ist, wie die hierzu ergangene Rechtsprechung zeigt, groß und weist in mehrerlei Hinsicht Bezüge zu dienstlichen Handlungen im Bereich des Ermittlungsverfahrens auf. So haben die Disziplinargerichte wiederholt die Verletzung dienstlicher Anweisungen über den Umgang mit personenbezogenen Daten sanktioniert. Das unerlaubte Abrufen von Daten aus den polizeilichen Informationssystemen und gegebenenfalls die Weitergabe solcher Daten an Dritte werden regelmäßig als schwer wiegende Dienstvergehen eingestuft.[43] Schon der Einsatz der elektronischen Datenverarbeitung durch die Verwaltung als solcher werde in der Öffentlichkeit mit besonderem Misstrauen beobachtet und sei zum Teil heftig umstritten. Dieses Misstrauen erhalte durch jedweden weisungswidrigen Umgang mit dem Datenverarbeitungssystem zusätzliche Nahrung, so dass derartige Pflichtverletzungen ernst genommen werden müssten.[44] Dass dieser Disziplinarrechtsprechung für das Handeln von Beamten der Strafverfolgungsbehörden bei konsequenter Anwendung erhebliche Bedeutung entfalten könnte, liegt angesichts der Tatsache, dass das Strafverfahren seinem Wesen nach auf Datenerhebung und Datenverarbeitung angelegt ist und dieser Gesichtspunkt im Mittelpunkt der Fragestellung nach der Berechtigung von Verwendungsverboten steht, auf der Hand. Eine andere, nicht weniger bedeutsame Fallgruppe polizeilichen Handelns betrifft die – mit der zwangsweisen Durchsetzung hoheitlicher Maßnahmen häufig einhergehende – Verletzung der körperlichen Integrität. So können disziplinarische Maßnahmen in Betracht kommen, wenn Polizeibeamte einen Beschuldigten unter Anwendung körperlicher Gewalt zum Zwecke der Durchführung einer Beschuldigtenvernehmung zur Polizeidienststelle verbringen, obwohl der Beschuldigte bereits klar zu erkennen

41 Einzelfälle bei *Köhler/Ratz*, Bundesdisziplinargesetz, S. 301 ff.

42 Zur Problematik der richterlichen Rechtsfortbildung im Disziplinarrecht vgl. *Köhler/Ratz*, Bundesdisziplinargesetz, S. 99 ff. m.w.N.

43 Vgl. etwa BayVGH, Urteil vom 13.12.2006, 16a D 05.3379, juris; VG Berlin, Gerichtsbescheid vom 8.10.2004, 80 A 27.02, juris; OVG NRW, Urteil vom 29.10.1991, NJW 1992, 1187.

44 VG Berlin, Gerichtsbescheid vom 8.10.2004, 80 A 27.02, juris, Rn 41 ff. m.w.N.

gegeben hat, dass er an einer Vernehmung nicht mitwirken wolle.[45] Prägnant führt das VG Berlin hierzu aus: „Körperverletzungsdelikte von Polizeibeamten haben ebenfalls erhebliches disziplinarisches Gewicht. (...) Angesichts der hohen Wertschätzung der körperlichen Unversehrtheit schädigt ein Polizeibeamter, der dienstlich gerade dazu berufen ist, Straftaten zu verhindern und zu verfolgen, das Ansehen der Polizei in der Öffentlichkeit in erheblichem Maß, wenn er andere Personen in strafbarer Weise misshandelt. Durch ein solches Fehlverhalten wird das Vertrauen des Dienstherrn in seine persönliche Zuverlässigkeit erheblich beeinträchtigt. Nicht selten wird in der Öffentlichkeit der Vorwurf erhoben, Polizeivollzugsbeamte würden das Rechtsgut der körperlichen Unversehrtheit nicht immer in gebotenem Maße beachten. Deshalb muss die Polizei ein besonderes Interesse daran haben, dass ihre Beamten sich jeder gegen die körperliche Unversehrtheit gerichteten strafbaren Handlung außerhalb und erst recht innerhalb des Dienstes enthalten. Selbst in plötzlich ausgelösten Spannungssituationen sowie bei Provokationen (...) müssen Polizeibeamte kühlen Kopf bewahren und Überreaktionen vermeiden."[46] Weitere bedeutsame Anwendungsbereiche des Disziplinarrechts betreffen zum Beispiel die Verfolgung Unschuldiger[47], die Verletzung innerdienstlicher Richtlinien zur Art und Weise der Durchführung von Ermittlungshandlungen[48], die nicht ordnungsgemäße Abwicklung des durch eine Sicherstellung begründeten öffentlich-rechtlichen Verwahrverhältnisses[49], die unzureichende Wahrnehmung von Bewachungs- und Schutzaufgaben[50] oder die Verletzung der Pflicht zur Amtsverschwiegenheit.[51]

Die Erfahrung zeigt aber auch, dass die Disziplinarorgane bei der Verfolgung von Dienstvergehen im Zusammenhang mit strafrechtlichen Ermittlungsmaßnahmen grundsätzlich eher zurückhaltend sind. Der verbreitete Einwand, das Dienstrecht der Beamten sei ein stumpfes Schwert zur Disziplinierung der Strafverfolgungsbehörden soll insoweit zwar keine Vertiefung erfahren, da dies im Einzelfall für Betroffene zwar zu vermuten sein mag, sich aber mangels statistischer Erfassung einer empirischen Bewertung entzieht. Der Einwand kann jedoch Anlass für den Hinweis sein, dass die fehlende „Schärfe" dieses Schwerts der Berechtigung des

---

45 Vgl. VG Dresden, Beschluss vom 15.7.2004, 10 D 1517/04, juris (Aufhebung der vorläufigen Dienstenthebung).

46 VG Berlin, Gerichtsbescheid vom 8.10.2004, 80 A 27.02, juris, Rn 39.

47 Vgl. BayVGH, Urteil vom 15.5.2002, 16 D 01.950, juris.

48 Vgl. BayVGH, Beschluss vom 15.3.2007, 16a DS 06.3292, juris (Verstoß gegen die innerdienstlichen Richtlinien zu Führung und Einsatz verdeckter Ermittler und sonstiger nicht offen ermittelnder Polizeibeamter).

49 Vgl. VG Lüneburg, Urteil vom 25.8.2004, 1 A 257/03, juris; zum Charakter der Sicherstellung als öffentlich-rechtliches Verwahrverhältnis und der Pflicht der Behörden, die sichergestellten Gegenstände pfleglich zu behandeln und vor Verschlechterung, Untergang oder sonstiger Gefährdung zu bewahren, vgl. BGHZ 1, 369; 72, 302; 100, 335.

50 Vgl. VG Dresden, Beschluss vom 7.5.2004, 10 D 3013/00, juris; BayVGH, Urteil vom 23.5.2001, 16 D 99.2959, juris.

51 Vgl. BayVGH, Urteil vom 24.11.2004, 16a D 03.2668, juris (Warnung eines Beschuldigten vor anstehender Wohnungsdurchsuchung).

Dienstrechts als Einwirkungsmechanismus nicht prinzipiell entgegensteht. Die enge hierarchische Einbindung des einzelnen Beamten und die durch das Dienstrecht eröffneten Weisungs- und Sanktionsmöglichkeiten gewährleisten grundsätzlich eine effektive Kontrolle, die gerade die Besonderheit des Beamtenstatus und seine Geeignetheit für die Erfüllung hoheitlicher Aufgaben darstellt.[52] Werden dem Staat zunehmend mehr Eingriffsbefugnisse verliehen, was gerade auf den Bereich der Strafverfolgung in erheblichem Maße zutrifft, so ist er gleichzeitig verfassungsrechtlich gehalten, für eine effektive Kontrolle der Wahrnehmung seiner Befugnisse zu sorgen.[53] Diese Kontrolle ist in erster Linie Aufgabe derjenigen öffentlichen Gewalt, der die Befugnisse eingeräumt werden, für den Bereich der Aufklärung von Straftaten also der Staatsanwaltschaften und Polizeibehörden, soweit Anordnungen durch Gerichte getroffen werden auch der Justizverwaltung. Das zu diesem Zwecke geschaffene und in erster Linie heranzuziehende Instrument ist das Dienstrecht[54], das über hinreichend flexible Mechanismen verfügt, um Dienstvergehen angemessen zu sanktionieren, aber auch, um Anreizsysteme zu schaffen, die den Beamten motivieren, den seinem Handeln gezogenen rechtlichen Rahmen nicht zu überschreiten.

3. Strafrechtliche Konsequenzen

Strafrecht ist ultima ratio, dieser Grundsatz gilt uneingeschränkt für das strafende Verhältnis des Staats zum einzelnen Bürger. Repräsentanten des Staates können diesen Grundsatz nicht in solcher Weite für sich in Anspruch nehmen; bei ihnen liegt die Schwelle zum strafbaren Verhalten vielfach niedriger, wenn sie in Ausübung ihres hoheitlichen Amts handeln. Dies hat seinen Grund darin, dass von dem Amtsträger eine besondere Sorgfalt im Umgang mit den ihm überantworteten hoheitlichen Befugnissen verlangt wird. So können sich Amtsträger wegen des Missbrauchs hoheitlicher Befugnisse eines Amtsdelikts strafbar machen (vgl. §§ 331 bis 358 StGB). Eine Verurteilung wegen einer Straftat im Amt hat in aller Regel auch dien-

52 Das Fehlen solcher Einfluss- und Kontrollmechanismen gegenüber Privaten stellt sich aktuell im Zusammenhang mit Überlegungen zur Privatisierung des Strafvollzugs, Maßregelvollzugs und der Bewährungshilfe als problematisch dar, vgl. *Gusy*, JZ 2006, 651 (Jugendstrafvollzug); *Willenbruch/Bischoff*, NJW 2006, 1776 (Maßregelvollzug); *Kötter*, BewHi 2004, 211; *Steindorfner*, BewHi 2006, 3; *Kerner*, BewHi 2006, 43 (Bewährungs- und Straffälligenhilfe).

53 Vgl. BVerfGE 100, 313, 401 = NJW 2000, 55, 68; BVerfGE 103, 142, 152 = NJW 2001, 1121, 1122; BVerfGE 105, 239, 248 = NJW 2002, 3161, 3162; BVerfGE 109, 279, 358 = NJW 2004, 999, 1014; BVerfGK 2, 176, 179 = NJW 2004, 1442 (sachliche und personelle Ressourcen); BVerfGE 90, 145, 194; 109, 279, 373; 112, 304, 320 f.; BVerfG NJW 2007, 351, 356 (Normbeobachtungspflicht); BVerfGE 57, 250, 284 f. (Opferschutz); BVerfGE 107, 299, 325 = NJW 2003, 1787, 1792; BVerfGE 109, 279, 357 f., 364 ff. = NJW 2004, 999, 1014, 1015 ff.; BVerfG NJW 2006, 1939 (präventiver und nachträglicher Rechtsschutz); vgl. namentlich zu den vielfältigen Kontrollmechanismen bei heimlichen Ermittlungsmaßnahmen AnwK-StPO/*Löffelmann*, Vorbemerkung zu §§ 94 bis 111, Rn 2 ff.

54 So auch *Dallmeyer*, Beweisführung, S. 179.

strechtliche Konsequenzen. Darüberhinaus können sich Amtsträger nach allgemeinen Strafvorschriften strafbar machen, wenn sie hoheitliche Befugnisse unter Überschreitung der Ermächtigungsgrundlage ausüben. Eine grob willkürliche Wohnungsdurchsuchung kann einen Hausfriedensbruch (§ 123 StGB) und eine Nötigung (§ 240 StGB) darstellen, die zur Notwehr gegen den eindringenden Beamten berechtigen.[55] Die rechtswidrige Ausübung unmittelbaren Zwangs, zum Beispiel bei einer Festnahme oder der Durchsetzung einer Blutentnahme, kann eine Körperverletzung darstellen oder, etwa beim Aufbrechen einer Haustür[56], eine Sachbeschädigung. Die unbefugte Durchführung einer Telekommunikationsüberwachung (§§ 100a, 100b) oder akustischen Wohnraumüberwachung (§§ 100c bis 100e) kann zur Strafbarkeit des Beamten nach § 201 StGB führen[57], die unbefugte Postbeschlagnahme (§§ 99, 100) zur Strafbarkeit nach § 202 StGB und die unbefugte Beschlagnahme von Datenträgern (§§ 94, 98) zur Strafbarkeit nach § 202a StGB. Der psychologische Druck, der auf Amtsträgern wegen der Gefahr, sich durch die Verletzung dienstlicher Obliegenheiten strafbar zu machen, lastet, sollte nicht unterschätzt werden. Er äußert sich zum Beispiel in allfälligen Forderungen von Polizeiverbänden nach der Schaffung klarer und anwendungsfreundlicher Ermächtigungsnormen. Die gegenteilige Entwicklung einer Ausweitung immer differenzierterer Normen, die dem einzelnen Beamten Abwägungs- und Entscheidungsprozesse abverlangen, die auch von einem juristisch gut geschulten Amtsträger unter realen Gegenbenheiten kaum zu bewältigen sind, führt zu einer merkbaren Verunsicherung. Auch die tatsächliche Relevanz der strafrechtlichen Verfolgung von Amtsträgern sollte nicht unterschätzt werden. Zwar ist die Anzahl der Verurteilungen im Vergleich zu der der eingeleiteten Ermittlungsverfahren erfahrungsgemäß gering. Dieses Verhältnis erklärt sich aber zwanglos aus einer großen Anzahl von substanzlosen Strafanzeigen, die aus Frustration über dem Anzeigeerstatter nachteilige hoheitliche Entscheidungen angebracht werden.[58] Zum anderen stellt sich bei Strafanzeigen gegen Hoheitsträger häufig auch die Beweislage als schwierig dar, so dass es erfahrungsgemäß zu überdurchschnittlich vielen Einstellungen kommt. Zu denken ist in diesem Zusammenhang etwa an die häufigen Fallgestaltungen, in denen sich die angezeigten Amtsträger wegen Körperverletzung zu verantworten haben und der Anzeigeerstatter selbst wegen Widerstands gegen Vollstreckungsbeamte angeklagt ist. Dass Amtsträger aufgrund ihrer hoheitlichen Tätigkeit in ungleich höherem Maße als Nichtamtsträger Gefahr laufen, zur Zielscheibe ungerechtfertigter Strafanzeigen zu werden, liegt auf der Hand und

---

55 SK-StPO/*Rudolphi*, § 105 Rn 30.

56 In der Regel ist die Durchsetzung einer Maßnahme mit unmittelbarem Zwang durch eine Annexkompetenz gerechtfertigt, vgl. zur Wohnungsdurchsuchung (Aufbrechen der Haustüre, Sicherung des Objekts, Fernhalten von Störern) LR/*Schäfer*, § 105 Rn 58 ff.; AnwK-StPO/*Löffelmann*, § 105 Rn 9.

57 Vgl. KK/*Nack*, § 100d Rn 27.

58 Solche Anzeigen sind keinem forensisch erfahrenen Juristen unbekannt. Sie reichen vom Vorwurf der Beleidigung über den der Rechtsbeugung bis hin zum Vorwurf des versuchten Mordes, weil der Betroffene die angebliche Fehlentscheidung nicht überleben werde; nach *Meyer-Goßner*, § 171 Rn 1 erhalten „uneinsichtige Querulanten" keinen Einstellungsbescheid.

legt eine Sensibilisierung für anzeigerelevante Sachverhalte nahe, die der erfahrene Amtsträger nach Möglichkeit so zu behandeln versucht, dass es nicht zu einer strafrechtlich relevanten Eskalation der Auseinandersetzung mit dem Betroffenen gelangt – schon um die damit einhergehende Mehrbelastung (Verfassen dienstlicher Stellungnahmen, Teilnahme an Hauptverhandlungsterminen etc.) zu vermeiden. Darüberhinaus haben aber auch die wenigen Fälle, in denen es zu einer weiteren Verfolgung eines gegen Amtsträger gerichteten Tatverdachts kommt, eine erhebliche Signalwirkung für den gesamten Berufsstand. Diese Verfahren stehen im Blickpunkt der Öffentlichkeit und sind oftmals Gegenstand höchstrichterlicher Entscheidungen. Man denke aus jüngerer Zeit etwa an den Vorwurf der Rechtsbeugung gegen Richter des Oberlandesgerichts Naumburg in einem familienrechtlichen Streit[59], an den – entkräfteten – Vorwurf des Verrats von Dienstgeheimnissen durch eine Amtsrichterin, was zu zwei Entscheidungen des Bundesverfassungsgerichts über die Zulässigkeit daran anknüpfender Beschlagnahmemaßnahmen führte[60], an die Verurteilung eines Schongauer Amtsrichters, der im Jahre 2003 einen Schusswaffenanschlag auf sich selbst vorgetäuscht hatte und an die Verurteilung von Polizisten[61] und Bundeswehrangehörigen[62] wegen sexueller Übergriffe auf Gefangene oder Kolleginnen. Im allgemeinen Bewußtsein dürfte freilich – ungeachtet der Tatsache, dass man der strafrechtlichen Sanktionierung bestimmter Dienstvergehen eine gewisse Kontrollfunktion kaum absprechen kann – nach alter Volksweisheit die Auffassung vorherrschen, dass die strafrechtliche Verfolgung von Amtsträgern durch Artgenossen bereits im Ansatz wenig Erfolg verspreche. Auch der Gesichtspunkt, dass bei den Staatsanwaltschaft Schwerpunktdezernate für die Verfolgung der Straftaten von Amtsträgern eingerichtet sind, lässt sich unter diesem Vorzeichen interpretieren, obwohl die Begründung einer Sonderzuständigkeit in anderen Kriminalitätsbereichen als Garant und Indiz besonderer Sachkunde und effektiver Kriminalitätsbekämpfung angesehen wird.[63] Bei der Effektivität der Verfolgung von Straftaten, die von Amtsträgern begangen werden, dürfte es sich aber auch weniger um eine Frage handeln, die unter empirischen Aspekten von Interesse ist, als vielmehr unter kriminalpolitischen. Ein mangelndes Vertrauen der Allgemeinheit in die Wirksamkeit des Strafrechts in diesem Bereich lässt sich durch geeignete Maßnahmen stärken. Für den Bereich der Bestechungskriminalität dürfte das in den vergangenen Jahrzehnten

---

59 Vgl. www.spiegel.de/spiegel/vorab/0,1518,386927,00.html (Fall „Görgülü"); dem gingen mehrere aufhebende Entscheidungen des Bundesverfassungsgerichts voraus, vgl. BVerfGE 111, 307 = NJW 2004, 3407; BVerfGK 5, 316 = NJW 2005, 2685 m.w.N.

60 Vgl. BVerfGK 5, 74 = NJW 2005, 1637 (Kammerentscheidung); BVerfG NJW 2006, 976 (Senatsentscheidung).

61 Vgl. http://www.wdr.de/themen/panorama/kriminalitaet01/vergewaltigung_polizistin/index.jhtml; http://www.faz.net/s/Rub77CAECAE94D7431F9EACD163751D4CFD/Doc~E00B7FEC7D09F47D3B7A4A59CABF36565~ATpl~Ecommon~Scontent.html.

62 Vgl. http://www.123recht.net/Justizskandal-um-Vergewaltigung-in-Bundeswehr-Kaserne_a5360.html; http://www.wlz-fz.de/schlagzeilen.asp?ID=24318.

63 So namentlich in den Bereichen Wirtschaftskriminalität, Sexualdelikte, Betäubungsmittelkriminalität, Jugendsachen und innerfamiliäre Gewalt.

gelungen sein. Dies möge nicht als Plädoyer für mehr Strafrecht im Bereich der Dienstvergehen aufgefasst werden. Strafrecht ist stets ultima ratio, und Amtsträger bedürfen aufgrund ihrer exponierten Stellung eines besonderen hoheitlichen Schutzes. Aber wo das Mittel des Strafrechts ein angemessenes Instrument ist, muss es im Sinne justizieller Prävention auch effektiv eingesetzt werden.[64] Bemerkenswert ist, dass im Schrifttum die materiellrechtliche Strafdrohung durchaus als Instrument, das das Eingreifen eines Verwertungsverbots entbehrlich machen könne, verstanden wird – nämlich im Hinblick auf durch § 203 StGB sanktionierte Aussagen von Berufsgeheimnisträgern.[65]

4. Präventive Maßnahmen

Würden die vorstehenden Überlegungen im Rahmen einer allgemeinen Strafrechtstheorie geäußert, man würde sie als einseitig und anachronistisch ansehen. Das Zauberwort aufgeklärter Kriminaldogmatik ist „Prävention".[66] Wenn Kriminalprävention generell eine bedeutende Rolle bei der Bekämpfung von Kriminalität einnimmt, warum sollte das nicht auch für Amtsdelikte gelten? Soweit ersichtlich, wird das auch nirgends in Frage gestellt; wie solche Prävention aussehen könnte, wird allerdings kaum theoretisch erörtert, obwohl die Strafverfolgungspraxis sie vielfach bereits praktiziert: Schulungen zu Deeskalationstechniken, zu Beschuldigten- und Zeugenrechten, zur Vernehmungs- und Opferpsychologie etc. gehören zum Kernbestand polizeilicher Fortbildungsmaßnahmen; die Vernehmung eines Beschuldigten oder Zeugen in Anwesenheit einer dritten Person ist selbstverständliche Praxis und dient dem Schutz des zu Vernehmenden ebenso wie dem Schutz der Vernehmungsperson vor ungerechtfertigten Vorwürfen; dasselbe gilt für die Anwesenheit von Durchsuchungszeugen. Eine präventive Funktion üben auch die zahlreichen gesetzlichen Vorschriften aus, die dem Schutz von Beschuldigten- und Zeugenrechten dienen, insbesondere die Belehrungspflichten und das Recht auf Beistand durch einen Rechtsanwalt.[67] Darüberhinaus ist es ohne weiteres denkbar, Anreizsysteme zu schaffen, die dem Gesichtspunkt der Rechtsstaatlichkeit des Strafverfahrens Rechnung tragen. Es ist eigentlich selbstverständlich, dass sich gerade solche Beamte für

64 Vgl. *Otto*, FS Kleinknecht 1985, S. 319, 338: „Die Tatsache, dass ein Beweismittel von einem Privaten rechtswidrig erlangt wurde, hindert seine Verwertung im Strafprozess grundsätzlich nicht. (…) Die Rechtsidee gebietet in dieser Situation vielmehr die Wiederherstellung des Rechtsfriedens durch Verfolgung der Straftaten sämtlicher Straftäter. Damit dürfte auch der Versuchung, der Strafverfolgung durch Straftaten zu dienen, hinreichend begegnet sein."

65 *Rogall*, JZ 1996, 944, 952.

66 Kritisch zu den neuen „Universalvokabeln" der Rechtspolitik („Kriminalprävention", „Vernetzung", „Qualitätsmanagement", „Privatisierung") *Walter*, GA 2005, 489.

67 Vgl. BVerfGE 109, 279, 322 = NJW 2004, 999, 1004; BVerfGE 110, 226, 253 = NJW 2004, 1305, 1308; vgl. auch BGHSt 38, 372 = NJW 1993, 338; BGHSt 42, 15 = NJW 1996, 1547; BGHSt 42, 170 = NJW 1996, 2242 (Verteidiger); BVerfGE 38, 105, 112 ff. = NJW 1975, 103 (Zeugenbeistand).

Führungsaufgaben qualifizieren, die nicht durch eine unter rechtsstaatlichen Gesichtspunkten angreifbare Amtsführung auf sich aufmerksam machen.

5. Verfahrensrechtliche Sanktionierung

Die vorstehenden Überlegungen setzen allesamt an dem Gedanken an, dass die von der Disziplinierungstheorie vorausgesetzte Anbindung der Sanktionierung an das Verfahrensrecht nicht so selbstverständlich ist, wie dies hingestellt wird. Es gibt eine Vielzahl von Möglichkeiten, auf Rechtsverstöße der Strafverfolgungsbehörden zu reagieren, die der Gesetzgeber außerhalb des Verfahrensrechts suchen kann. Nun soll der Blick nochmals zu verfahrensrechtlichen Sanktionsalternativen gewendet werden. Wenn die Entziehung des Beweismittels für das weitere und andere Strafverfahren kein angemessenes Mittel ist, um auf die Verletzung von Verfahrensrecht zu reagieren, welche Reaktionsmöglichkeiten kommen dann in Betracht?

Zu denken ist zunächst an die Möglichkeit der Berücksichtigung der Rechtsverletzung bei den Rechtsfolgen. Diese Lösung favorisiert die höchstrichterliche Rechtsprechung in den Fällen der Tatprovokation (agent provocateur)[68] und der Hörfalle.[69] In Ausnahmefällen – wenn der Staat sich durch die Schwere des Rechtsverstoßes seiner Legitimation zur Strafverfolgung entkleidet hat – zieht sie die Möglichkeit eines Verfahrenshindernisses in Betracht, hat ein solches aber bisher in concreto noch nie angenommen.[70] Ich halte die Strafzumessungslösung für vorbildlich. Sie trägt dem Gedanken der Kompensation Rechnung, der im Bereich des Strafzumessungsrechts tief verwurzelt ist. Das Maß der Schuld, nach dem sich die Höhe der Strafe zu richten hat, wird auch determiniert durch die von dem Beschuldigten zu tragenden Belastungen, die das Verfahren ihm auferlegt. Das Paradebeispiel hierfür sind die Fälle der Verfahrensverzögerungen, die zu einer Strafminderung führen und – wenn sie dem Staat anzulasten sind – sogar gesondert festgestellt werden müssen.[71] Andere Kriterien, die bei der Strafzumessung mildernd einfließen können, sind die erlittene Untersuchungshaft, im Ausland unter schweren Haftbe-

68 Vgl. BGHSt 32, 345 = NJW 1984, 2300; BGHSt 45, 321 = NJW 2000, 1123.

69 Vgl. BGHSt 33, 217 = NJW 1986, 390; BGHSt 39, 335 = NJW 1994, 596; BGHSt 40, 66 = NJW 1994, 1807; BGHSt 40, 211, 217 f. = NJW 1994, 2904, 2905; BGHSt 42, 139 = NJW 1996, 2940; BGH NStZ 1996, 200; a.A. BGHSt 31, 304 = NJW 1983, 1570; einschränkend auch BGHSt 34, 39 = NJW 1986, 2261; BGHSt 34, 362 = NJW 1987, 2525; BGHSt 44, 129 = NJW 1998, 3506 (Haftsituation).

70 Vgl. BVerfG NJW 1995, 651 m.w.N.; vgl. auch AnwK-StPO/*Krekeler*/*Löffelmann*, Einleitung Rn 67 m.w.N.

71 Vgl. BVerfG NJW 1993, 3254; 1995, 1277; 2001, 2707; 2003, 2225; 2003, 2228; BVerfGK 1, 269 = NJW 2003, 2897; BVerfGK 2, 239 = NJW 2004, 2398; BVerfGK 5, 109 = NStZ 2005, 456; BVerfGK 5, 155 = NJW 2005, 3488; BVerfG NJW 2006, 668; 2006, 1336; BVerfG NStZ 2006, 295; BVerfG EuGRZ 2006, 283; 2006, 626; zu einem Verfahrenshindernis kann die Verzögerung auch hier nur in extrem gelagerten Einzelfällen führen, vgl. BVerfGK 1, 269, 284 = NJW 2003, 2897, 2899.

dingungen erlittene Untersuchungs- oder Auslieferungshaft, durch das Verfahren vermittelte wirtschaftliche Einbußen oder familiäre Beeinträchtigungen. In gravierenden Fällen von Rechtsverletzungen durch die Strafverfolgungsbehörden ist sogar ein Schuldspruch mit Absehen von Strafe denkbar. Dem liegt der Gedanke einer Zweigliedrigkeit der Rechtsfolgenfestsetzung (sog. Schuldinterlokut) zugrunde, die von einzelnen Stimmen im Schrifttum schon seit geraumer Zeit gefordert wird.[72]

Eine andere verfahrensrechtliche Möglichkeit ist die ausdrückliche Feststellung der hoheitlichen Rechtsverletzung im Urteil. Daran kann auch die Begründung eines Entschädigungsanspruchs anschließen. Es ist schwer einzusehen, warum zwar ein ungerechtfertigter und von dem Beschuldigten nicht zu verantwortender Freiheitsentzug einen Ersatzanspruch auslöst, die Beeinträchtigung anderer Grundrechte aber nur in bestimmten Fällen (vgl. § 2 Abs. 2 StrEG). Auch ist nicht selbstverständlich, dass der Ersatzanspruch keine immateriellen Schäden erfasst. Gerade die Erlangung eines finanziellen Ausgleichs kann die symbolische Funktion einer Verantwortungsübernahme erfüllen.[73]

Einen ungewöhnlichen Ansatz verfolgt der EGMR mit seiner Beweiswürdigungslösung.[74] Sie ist eine Konsequenz der Verankerung der Verwertungsverbote in dem duch Art. 6 EMRK geschützten Recht auf ein faires Verfahren und der zur Feststellung einer Verletzung dieses Rechts vom Gerichtshof vorgenommenen Gesamtbetrachtung des Verfahrens. Jenseits aller gegen die Indifferenz dieser Lösung angebrachten und nicht ganz unberechtigten Einwände[75] muss man ihr zweierlei zugute halten: Sie stellt erstens die Verwertungsverbote auf eine eigenständige normative Grundlage, ohne zu versuchen, anhand von Schutzzweck- und Funktionsüberlegungen aus den Erhebungsnormen Konsequenzen für die Verwertbarkeit abzuleiten. Zweitens behandelt sie die Thematik in dem ihr angemessenen Rahmen der Bedingungen der Wahrheitserforschung und schließt damit dem Gerechtigkeitsempfinden widerstrebende Ergebnisse aus, den Angeklagten freisprechen zu müssen, obwohl aufgrund starker oder anderweitiger Beweismittel seine Schuld zur Überzeugung des Gerichts feststeht. Dass diese Rechtsprechung dogmatisch noch unausgereift ist und nicht in allen Fallkonstellationen konsequent durchgehalten wird, ist eine andere Sache.

---

72 Vgl. etwa *Blau*, ZStW 81 (1969), 31 ff.; *Fischinger*, ZStW 81 (1969), 49 ff.; *Römer*, GA 1969, 333; jeweils mit zahlr. w.N. zum damaligen Schrifttum; *Jescheck*, JZ 1970, 201, 206; *Müller-Dietz*, Zeitschrift für Evangelische Ethik 15 (1971), 257, 271; *Peters*, Strafprozess, S. 561 f.; *Roxin*, Strafverfahren, § 2 Rn 6, § 42 Rn 60 f.

73 Vgl. die Nachweise oben C. Fn 45; diesem Gedanken entspricht im Übrigen auch die Sanktionierungspraxis des EGMR.

74 Vgl. oben B.V.2. und 3.

75 Vgl. *Gaede*, Fairness, S. 812 sowie die Nachweise oben B. Fn 251.

III. Hermeneutische Geschlossenheit

Ein wichtiger Ertrag der oben ausgeführten erkenntnistheoretischen Erörterungen bestand in der Erkenntnis, dass eine Ausblendung erlangten Wissens aus dem gerichtlichen Erkenntnisprozess nicht möglich sei, da das Wissen in der Theorie des Ausgeblendetseins weiter präsent ist. Diese Einsicht ist im juristischen Schrifttum immer wieder Anlass für prägnante Randbemerkungen, aus denen keinerlei Konsequenzen gezogen werden[76]. Nimmt man die Feststellung ernst, muss sich an sie die Frage anschließen, inwiefern die Unmöglichkeit der Ausblendung erlangten Wissens der Berücksichtigung von Verwertungsverboten entgegen steht und welche verfahrenstechnischen Vorkehrungen gegebenenfalls getroffen werden können, um Verwertungsverbote – erkenntnistheoretisch unproblematisch – in Wirkung zu setzen.

1. Relative Unwissenheit des erkennenden Gerichts

Die Fragestellung deutet bereits die Antwort an: Die erkenntnistheoretische Unmöglichkeit der Ausblendung erlangten Wissens entzieht der Konzeption der Verwertungsverbote nicht jegliche Grundlage. Um dies zu verdeutlichen, muss erneut an die oben bereits getroffene Feststellung angeknüpft werden, dass die begriffliche Unterscheidung von Beweiserhebungs- und Beweisverwertungsverboten nicht hinreichend genau ist, um die verfahrensphänomenologische Bedeutung des jeweiligen Verbots ausreichend zu erfassen. Es wurde ausgeführt, dass die Erhebung und die Verwendung von Beweismitteln in verschiedenen Verfahrensstadien mit unterschiedlicher Bedeutung für den weiteren Fortgang des Verfahrens erfolgen. Ein besonderes Augenmerk ist dabei auf die konkrete Gestalt des Beweismittels zu legen: Handelt es sich um den ursprünglichen Beweisgegenstand oder seine Dokumentation oder eine Aussage über ihn? In welcher normativen Nähe steht das erhobene Beweismittel zu der Verletzung von Grundrechten und Verfahrensrechten Betroffener? Diese unterschiedliche zeitliche und substantielle Nähe des Urteilenden zum Gegenstand der Beweiserhebung eröffnet die Möglichkeit einer Ausblendung beweisrelevanten Wissens in dem Sinne, dass es dem Urteilenden erst gar nicht zur Kenntnis gelangt. Mit anderen Worten lässt sich ein Verwertungsverbot dergestalt in Wirkung setzen, dass das infizierte Beweismittel und – abhängig von der Reichweite des Verwertungsver-

76 Vgl. etwa *Kunert*, in: Verhandlungen 46. DJT, Band II, Teil F, S. 102: „Was man einmal gelesen hat, das Tagebuch oder was auch immer es ist, das kann man nicht einfach aus dem Gedächtnis fortwischen. Und im Urteil dann hinterher zu schreiben, das Urteil beruhe nicht darauf, ist schiere Heuchelei." *Sarstedt*, in: Verhandlungen 46. DJT, Band II, Teil F, S. 14 fragt, wie man „diesen psychologischen Kraftakt" vollbringen könne; *Dahs*, Verwertungsverbote, S. 122, 129 spricht von einer „psychologischen Monströsität", „unredlichen Fiktion" und „schieren Unmöglichkeit", das verbotene Wissen wieder aus dem Gedächtnis zu streichen; relativierend *Klug*, in: Verhandlungen 46. DJT, Band II, Teil F, S. 43 („Richter sind immer in einem psychischen Engagement."); *Amelung*, NJW 1988, 1002, 1006.

bots – gegebenenfalls auch mittelbare Erkenntnisse über dieses nicht zum Gegenstand von Beweiserhebungen des erkennenden Gerichts gemacht werden, diesem also – im Sinne eines Wahrnehmungsverbots[77] – verschlossen bleiben. Wie fügt sich dieser Denkansatz in das Gefüge der strafprozessualen Normen und von der Rechtsprechung entwickelten Maßstäbe, die die Kenntniserlangung des erkennenden Gerichts betreffen?

Im Grundsatz gilt das Prinzip der Vollständigkeit und Wahrheit der Verfahrensakten.[78] Dannach müssen sich in den – von der Staatsanwaltschaft als aktenführender Behörde geführten – Verfahrensakten grundsätzlich alle Dokumentationen verfahrensrelevanter Vorgänge befinden. Die Verfahrensakten sind grundsätzlich mit der Anklageerhebung vollständig dem erkennenden Gericht zuzuleiten. Hiervon sind jedoch Ausnahmen vorgesehen. Staatsanwaltliche Handakten, in denen unter anderem für den internen Dienstgebrauch vorgesehene Aufzeichnungen – etwa Sitzungsberichte, handschriftliche Sitzungsmitschriften oder Dienstanweisungen – gesammelt werden, zählen nicht zu den Verfahrensakten. Ausgenommen vom Grundsatz der Vollständigkeit der Verfahrensakten sind außerdem sogenannte Sonderakten. Das Gesetz sieht die Führung von Sonderakten nur vereinzelt vor, nämlich für Erkenntnisse aus einer akustischen Wohnraumüberwachung (§ 100d Abs. 9 S. 5), aus dem Einsatz technischer Mittel und der Überwachung des gesprochenen Worts außerhalb von Wohnungen (§ 101 Abs. 4) und aus dem Einsatz Verdeckter Ermittler (§ 110d Abs. 2). Die getrennte Aktenführung soll einerseits dem Schutz personenbezogener Daten vor unberechtigter Kenntnisnahme und andererseits auch der Vorbeugung einer Gefährdung des Ermittlungserfolgs und am Ermittlungsverfahren beteiligter Personen dienen.[79] Diese Schutzrichtung erklärt, warum die gesetzliche Regelungen zur getrennten Aktenführung ausschließlich im Bereich der verdeckten Ermittlungsmaßnahmen zu finden, nicht aber, warum sie nicht für alle verdeckten Ermittlungsmaßnahmen obligatorisch ist.[80] Die Pflicht zur getrennten Aktenführung steht in einem inneren Zusammenhang zur Benachrichtigungspflicht der von verdeckten Ermittlungsmaßnahmen betroffenen Personen. Nach § 101 Abs. 4 S. 2 sind die getrennt zu führenden Unterlagen erst zu den Verfahrensakten zu nehmen, wenn die Voraussetzungen der Benachrichtigung vorliegen, sobald also keine Gefährdung des Untersuchungszwecks, der öffentlichen Sicherheit, von Leib oder Leben einer Person sowie der Möglichkeit der weiteren Verwendung eines eingesetzten nicht offen ermittelnden Beamten[81] und der durch die Maßnahme erlangten Erkenntnisse zu

77 Im Schrifttum wird ein solches bisher nur am Rande in Erwägung gezogen. *Dencker*, Beweisverbote, S. 73 hält es für „nicht recht denkbar"; zustimmend *Jäger*, Beweisverwertung, S. 262.

78 LR/*Schäfer*, § 110d Rn 9.

79 Vgl. BT-Drs 12/989, S. 43; BVerfGE 57, 250, 284.

80 Vgl. bereits *Löffelmann*, ZStW 118 (2006), 358, 371 f.

81 Für § 101 Abs. 1 S. 1 i.V.m. § 100c Abs. 1 Nr. 3, § 100d a.F. hat das Bundesverfassungsgericht eine Zurückstellung der Benachrichtigung wegen einer Gefährdung der öffentlichen Sicherheit als zu unbestimmt und wegen einer Gefährdung der weiteren Verwendung eines nicht offen ermittelnden Beamten als nicht verhältnismäßig und damit verfassungswidrig angesehen

besorgen ist. Das Bundesverfassungsgericht hat die getrennte Aktenführung als verfassungsrechtlich unbedenklich angesehen, sofern die Benachrichtigung Betroffener in ausreichender Weise sichergestellt sei.[82] Danach ist es also rechtlich vertretbar, einzelne Erkenntnisse aus dem Ermittlungsverfahren dem in der Hauptsache erkennenden Gericht nicht zur Kenntnis gelangen zu lassen. Damit ist eine erste Voraussetzung dafür, Verwertungsverbote in Wirkung zu setzen, grundsätzlich erfüllbar.

2. Funktionelle Trennung zwischen anordnendem und erkennendem Gericht

Ein weiteres Problem besteht darin, durch welche Stelle und unter nach welchem Prüfungsmaßstab darüber zu entscheiden ist, ob die Voraussetzungen eines Verwertungsverbots vorliegen. Auch diese Fragestellung wurde durch den Gesetzgeber bereits aufgegriffen. Mit der einfachgesetzlichen Regelung der akustischen Wohnraumüberwachung durch das OrgKG vom 4.5.1998[83] wurde in § 100d Abs. 3 S. 5 a.F. eine Regelung aufgenommen, derzufolge „über die Verwertbarkeit" im vorbereitenden Verfahren das Gericht zu entscheiden habe, welches die Maßnahme angeordnet hat. Diese Regelung ließ weder den Gegenstand, über dessen Verwertbarkeit zu befinden sei, erkennen (abgehörte Gespräche? Aufzeichnungen solcher Gespräche? Angaben darüber?), noch seinen Umfang (alle Gespräche? einzelne Gespräche? Gesprächsteile?) und insbesondere nicht die Reichweite des rechtlichen Anknüpfungspunkts – also der ein solches Verfahren veranlassenden Verwertungsverbote –, da § 100d Abs. 3 S. 1 und 2 a.F. zwar weit reichende Erhebungsverbote vorsahen, das Entstehen von Verwertungsverboten in § 100d Abs. 3 S. 3 a.F. aber nur „in den Fällen der §§ 52 und 53a" geregelt war – was immer das bedeuten mag.[84] Mit dem Novellierungsgesetz zur akustischen Wohnraumüberwachung vom 24.6.2005[85] hat der Gesetzgeber die Regelung der Verwertungsverbote in § 100c Abs. 5 S. 3 und Abs. 6 S. 1 Hs. 2 überarbeitet und für Verwertungsverbote wegen einer Verletzung des Kernbereichs privater Lebensgestaltung – nicht aber für Verwertungsverbote aufgrund anderer Verfahrensverstöße – an der Notwendigkeit einer Entscheidung des anordnenden Gerichts über die Verwertbarkeit festgehalten (§ 100c Abs. 7). Die Entscheidung, ob ein Verwertungsverbot wegen Verletzung des Kernbereichs privater Lebensgestaltung in Betracht kommt und daher die Herbeiführung einer Ent-

---

(BVerfGE 109, 279, 366 f. = NJW 2004, 999, 1016). Diese Überlegungen dürften auch auf die Zurückstellungskriterien bei anderen verdeckten Maßnahmen gelten, sind aber nicht ohne weiteres auf den Einsatz Verdeckter Ermittler übertragbar, soweit deren weitere Verwendung durch die Benachrichtigung gefährdet ist. Dem stünde die – verfassungsrechtlich anerkannte (vgl. BVerfGE 57, 250, 283 ff. = NJW 1981, 1719; BVerfG NJW 1985, 1767) – gesetzgeberische Grundentscheidung der Zulässigkeit des Einsatzes Verdeckter Ermittler entgegen [vgl. näher *Löffelmann*, ZStW 118 (2006), 358, 366].

82 BVerfGE 109, 279, 368 ff. = NJW 2004, 999, 1017.

83 BGBl I 1998, S. 845.

84 Kritisch zu diesen Vorschriften KK/*Nack*, § 100d Rn 32; LR/*Schäfer*, § 100d Rn 27 f.

85 BGBl I, S. 1841.

scheidung des anordnenden Gerichts erforderlich macht, liegt bei der Staatsanwaltschaft. Wichtig ist auch die Klarstellung der Bindungswirkung einer die Verwertbarkeit verneinenden Entscheidung des anordnenden Gerichts für das weitere Verfahren – also auch für das erkennende Gericht.

Diese Regelung einer verbindlichen Entscheidung über die Verwertbarkeit eines Beweismittels im vorbereitenden Verfahren stellt ein Novum und eine singuläre Erscheinung in der Strafprozessordnung dar, die mit dem Grundsatz der Aufklärungspflicht des erkennenden Gerichts nicht ohne weiteres zu vereinbaren ist.[86] Nimmt man eine entsprechende Einschränkung dieses Grundsatzes in Kauf, könnte dieses Verfahren aber einen gangbaren Weg darstellen, um Verwertungsverbote in Wirkung zu setzen. Was geschieht nach einer die Verwertbarkeit verneinenden Entscheidung? Im Falle des § 100c Abs. 7 ist mit der Feststellung des Bestehens eines Verwertungsverbots zugleich das Vorliegen von Erkenntnissen aus dem Kernbereich privater Lebensgestaltung festgestellt. Solche Erkenntnisse müssen nach § 100c Abs. 5 S. 2 unverzüglich gelöscht werden; die Tatsache ihrer Erfassung und Löschung ist nach § 100c Abs. 5 S. 4 zu dokumentieren. Dem erkennenden Gericht stehen daher solche Erkenntnisse von vornherein nicht zur Verfügung; es erlangt nur Kenntnis davon, dass infizierte Erkenntnisse vorgelegen haben und gelöscht wurden. Schlussfolgerungen für die Beweiswürdigung dürften aus diesem Wissen in der Regel nicht gezogen werden können. Allerdings sind die in Rede stehenden Erkenntnisse auch einer etwaigen entlastenden Verwendung entzogen.

Das Funktionieren dieses Systems des In-Wirkung-Setzens von Verwertungsverboten setzt aber noch eine weitere Weichenstellung voraus: die Verhinderung der Personenidentität des anordnenden und des erkennenden Gerichts. Für die akustische Wohnraumüberwachung stellt § 100d Abs. 1 S. 1 i.V.m. § 74a Abs. 4 GVG sicher, dass es hierzu nicht kommt. Danach entscheiden über die Anordnung einer akustischen Wohnraumüberwachung besondere Kammern, die mit Hauptsacheverfahren in Strafsachen nicht befasst sind. Hintergrund dieser Regelung ist, dass das Bundesverfassungsgericht an der alten Regelung zur Anordnungskompetenz bemängelt hatte, diese könne bei einer Zurückstellung der Benachrichtigung Betroffener zu Konstellationen führen, in denen dem erkennenden Gericht Informationen vorliegen, von denen der Angeklagte noch keine Kenntnis hat. Hierin sah das Bundesverfassungsgericht eine Verletzung rechtlichen Gehörs.[87] Für andere Ermittlungsmaßnahmen sieht das Gesetz eine solche geteilte Zuständigkeit nicht vor. Gerade bei kleineren Amtsgerichten ist es Usus, dass der erkennende Richter in derselben Sache auch als Ermittlungsrichter tätig wird. Zu einem Informationsdefizit bei dem Angeklagten kann diese Personenidentität in einer Reihe von Konstellationen führen, nämlich bei der Anordnung der Maßnahme durch das erkennende Gericht, bei der Gewährung von richterlichem Rechtsschutz gegen die Maßnahme durch dieses und bei seiner Befassung mit der Maßnahme außerhalb des Bezugsverfahrens, zum Bei-

86 So bereits *Löffelmann*, NJW 2005, 2033, 2035.
87 BVerfGE 109, 279, 368 ff., 371 = NJW 2004, 999, 1017 f.

spiel in einem Parallelverfahren. Problematisch kann diese „Verstrickung" des erkennenden Gerichts in Erkenntnisse, die ihm in Wahrung seiner Neutralität eigentlich verborgen bleiben müssten insbesondere nach Eröffnung des Hauptverfahrens werden, wenn die Sachleitungsbefugnis auf das Gericht der Hauptsache übergeht. Das erkennende Gericht ordnet weitere Ermittlungsmaßnahmen in Wahrnehmung seiner Aufklärungspflicht selbst an. Setzt es hiervon Betroffene und Angeklagte – zunächst – nicht in Kenntnis, weil es sich eben um verdeckte Ermittlungsmaßnahmen handelt, verfügt es gegenüber dem Angeklagten über einen Informationsvorsprung, auf den es seine Überzeugungsbildung nicht stützen dürfte. Im Schrifttum wird daher vertreten, dass eine Verwertung dieser Informationen eine entsprechende Aufklärung des Angeklagten vor dem Ende der Beweisaufnahme notwendig mache.[88]

Beheben lässt sich diese „Verstrickungs"-Problematik nur durch eine funktionale Trennung der Kompetenzen von anordnendem und erkennenden Gericht. Wie in großen Amtsgerichten bereits praktiziert, müsste – nach dem Vorbild des § 74a Abs. 4 GVG – die Anordnung von Ermittlungsmaßnahmen und die Gewährung von Rechtsschutz gegen diese wie auch die Abwicklung der Benachrichtigungspflichten durch „Nur-Ermittlungsrichter" erfolgen, die im Übrigen mit Strafsachen in der Hauptsache nicht befasst sind. Dies hätte zugleich eine – politisch gewünschte und dem Rechtsschutz wohl dienliche – Kompetenzbündelung zur Folge. Solche verantwortungsvollen Positionen könnten auch dienstrechtlich als Beförderungsstellen ausgestaltet sein, um eine größere Unabhängigkeit gegenüber den Staatsanwaltschaften und den erkennenden Gerichten zu gewährleisten.[89] Konsequenter Weise müsste diese funktionale Trennung auch für Ermittlungsmaßnahmen nach Anklageerhebung gelten. Mit der Amtsaufklärungspflicht des erkennenden Gerichts ist dies zu vereinbaren, da es bei dem Ermittlungsrichter den Antrag auf Anordnung einer entsprechenden Maßnahme stellen und somit die ihm – de lege ferenda – zustehenden Befugnisse ausschöpfen kann.[90]

Im hier verfolgten Zusammenhang ist die geschilderte Problematik von Interesse, weil sie hinsichtlich des Gesichtspunkts eines „verbotenen Wissens" des erkennenden Gerichts mit der erkenntnistheoretischen Schwierigkeit des In-Wirkung-Setzens von Verwertungsverboten vergleichbar ist. Eine grundsätzliche funktionelle Trennung von anordnendem und erkennendem Gericht wäre geeignet, eine Entscheidung des anordnenden Gerichts über die Verwertbarkeit erlangter Erkenntnisse

---

88 Vgl. *Löffelmann*, ZStW 118 (2006), 358, 363 f. m.w.N.

89 So der Vorschlag von *Nack* in seinem Vortrag zum 24. Triberger Symposium 2003 „Die Telekommunikationsüberwachung in der strafverfahrensrechtlichen Praxis".

90 Dies verträgt sich gut mit der Rechtsprechung zur Aufklärungspflicht des erkennenden Gerichts beim Vorliegen von Sperrerklärungen gemäß § 96. Danach hat das erkennende Gericht alle nach den Umständen des Falles gebotenen Bemühungen zu entfalten, um das der Einführung des Beweismittels entgegen stehende Hindernis zu beseitigen, vgl. BVerfGE 57, 250, 285, 288 f. = NJW 1981, 1719, 1724 f.; BGHSt 32, 115, 123, 125 = NJW 1984, 247, 248; BGHSt 36, 159, 161 = NJW 1989, 3291 m.w.N.; AnwK-StPO/*Löffelmann*, § 96 Rn 8 m.w.N.

herbeizuführen, ohne dem erkennenden Gericht Erkenntnisse zu verschaffen, die es wieder „ausblenden“ solle. Auf diese Weise wäre auch die Kenntniserlangung des erkennenden Gerichts aus anderen Quellen unproblematisch und der umstrittene Gedanke des hypothetischen Ersatzeingriffs entbehrlich. Erlangt das erkennende Gericht dieselben Erkenntnisse aufgrund anderer, nicht ein Verwertungsverbot auslösender Maßnahmen, so kann es auf diese Erkenntnisse seine Überzeugungsbildung selbstverständlich stützen. Weiterhin lässt sich der Gedanke auch unproblematisch auf andere Verfahrensstadien übertragen. Im Ermittlungsverfahren liegt die Antragsbefugnis bei der Staatsanwaltschaft. Erklärt das die beantragte Maßnahme anordnende Gericht erlangte Erkenntnisse für unverwertbar, so dürfen sie nicht an die Staatsanwaltschaft weitergegeben werden und diese kann weitere Ermittlungen nicht darauf stützen. Da über die Zulässigkeit weiterer Maßnahmen – jedenfalls solche mit einiger Eingriffsintensität – wiederum der Ermittlungsrichter entscheidet, ist es unschädlich, wenn der Staatsanwalt oder sein Ermittlungsbeamter zunächst von unverwertbaren Beweisgegenständen Notiz nimmt, indem er etwa in einem Tagebuch mit intimen Aufzeichnungen liest, die dem Kernbereich privater Lebensgestaltung unterfallen. Für die weitere Verwertung der Erkenntnisse im Ermittlungsverfahren für andere Maßnahmen ist dieses Wissen ohne Belang, soweit es sich um Maßnahmen handelt, über deren Durchführung der Ermittlungsrichter entscheidet. Der Staatsanwalt oder die Ermittlungsperson wären hingegen nicht gehindert, etwa im Rahmen einer Beschuldigtenvernehmung, Vorhalte aufgrund dieses Wissens zu machen.

Eine weitere Schwierigkeit des vorgeschlagenen Konzepts der funktionellen Trennung kann darin gesehen werden, dass sich „verbotenes Wissen“ in der Person des Ermittlungsrichters kumuliert. Dies könnte für dessen Unvoreingenommenheit bei der Gewährung präventiven und nachträglichen Rechtsschutzes gegen Ermittlungshandlungen problematisch sein. Um dem zu begegnen ließe sich das Trennungskonzept freilich weiter fortspinnen: Ist es zu einem Verdikt der Unverwertbarkeit durch den Ermittlungsrichter gekommen, müsste die Zuständigkeit für weitere ermittlungsrichterliche Entscheidungen auf einen anderen Ermittlungsrichter übergehen. Ein solches Rotationssystem – das zudem an die Grenze personeller Kapaitäten stößt – erscheint aber in Anbetracht der Besonderheiten des Ermittlungsverfahrens überzogen und nicht sachgerecht. Während die Frage der Schuld von dem erkennenden Gericht nach subjektiver Überzeugung ohne wesentliche gesetzliche Orientierungshilfen zu beantworten ist, folgt die Entscheidung des Ermittlungsrichters dezidierten gesetzlichen Vorgaben, den formellen und materiellen Anordnungsvoraussetzungen der Maßnahmen. Was dem Gesetzgeber bei der Entscheidung in der Hauptsache verwehrt ist – nämlich in den richterlichen Entscheidungsprozess einzugreifen –, gelingt ihm im Vorverfahren durch die Vorgabe von – mitunter sehr engen – Strukturelementen, denen die richterliche Entscheidung zu folgen hat. Hier findet also bereits ein erhebliches Maß an gesetzgeberischer Kontrolle statt, die durch nachträgliche Berichtspflichten (vgl. § 100e) zum Teil weiter verstärkt wird. Hinzu kommt, dass mit der Anordnung einer Ermittlungsmaßnahme der entscheidungsrelevante Sachverhalt für das anordnende Gericht nicht abgeschlossen ist. Es ist vielmehr gehalten, die Durchführung der Maßnahme zu begleiten und bei einem Wegfall der Anordnungsvoraussetzungen ihren Abbruch anzuordnen.[91] Die Entscheidungen im Ermittlungsverfahren sind also dynamischer Natur. Sie haben Sachverhalte zum Gegenstand, die nicht bereits abgeschlossen sind, sondern sich noch entwickeln. Die ermittlungsrichterliche Entscheidung stellt daher stets eine Augenblicksaufnahme des jeweiligen Kenntnisstands dar, ohne eine „objektive" und abschließende Richtigkeit für sich in Anspruch nehmen zu müssen. Dies schwächt die Bedeutung von Vor-Urteilen für die Entscheidungsfindung ab, zumal das Vorliegen der Anordnungsvoraussetzungen einer Ermittlungsmaßnahme nach einem viel weiteren Prüfungsmaßstab beurteilt werden darf (Anfangsverdacht oder konkreter Anfangsverdacht) als der Schuldspruch. Obwohl der theoretische Einwand der möglichen Voreingenommenheit des Ermittlungsrichters also nicht von der Hand zu weisen ist, kann diese Gefährdung des durch ihn vermittelten präventiven Rechtsschutzes vor diesem Hintergrund aus Praktikabilitätserwägungen und mangels besserer Alternativen hingenommen werden.

Der Gedanke einer funktionellen Trennung von anordnendem und erkennendem Gericht ist im Übrigen nicht ganz neu. Bereits *Küpper* erachtete es im Hinblick auf die Situation, „dass Tatsachen zur Kenntnis der Strafverfolgungsbehörden gelangen, die sie dann gleichsam wieder ‚vergessen' müssen" als „vorzugswürdig, einen anderen als den erkennenden Richter mit der Prüfung zu beauftragen, ob es sich um tagebuchartige Aufzeichnungen (…) handelt. Im Vorverfahren könnte bereits der Ermittlungsrichter diese Aufgabe übernehmen."[92] Auch *Wolter*[93] und der von ihm und *Schenke* geleitete „Mannheimer Arbeitskreis Strafprozessrecht und Polizei-

91 Dies ist ein allgemeiner strafprozessualer Grundsatz, der sich aus dem Gedanken der präventiven Funktion der richterlichen Entscheidung ableitet. Das anordnende Gericht muss daher zeitnah zur vorzunehmenden Maßnahme entscheiden (vgl. BVerfGE 96, 44, 54 = NJW 1997, 2165, 2166) und über den Fortgang der Ermittlungen anlassabhängig unterrichtet werden. Bei einem Fortfall der Anordnungsvoraussetzungen hat es den Abbruch der Maßnahme anzuordnen, bzw. tritt die Anordnung außer Kraft (vgl. AnwK-StPO/*Löffelmann*, § 105 Rn 9 m.w.N. zur Durchsuchung). In § 100b Abs. 4 und § 100d Abs. 4 hat der Gesetzgeber diesen Gedanken ausdrücklich geregelt; vgl. auch BGH NJW 2003, 3693 = JZ 2004, 454.

92 *Küpper*, JZ 1990, 416, 420; ebenso *Dahs*, Verwertungsverbote, S. 122, 130; *Petry*, Beweisverbote, S. 161; Gegenstand der Diskussion war auch bereits – nach dem Vorbild des US-amerikanischen Schöffensystems – eine Funktionsteilung zwischen dem Verhandlungsleiter, der die Akten studiert hat, und dem erkennenden Richter, der ohne Aktenkenntnis nur das Ergebnis der Hauptverhandlung auf sich wirken lässt, vgl. *Kunert*, in: Verhandlungen 46. DJT, Band II, Teil F, S. 102. Außerdem wurde eine Selbstablehnung des Richters erwogen, dem es trotz „der gewissenhaftesten Selbstprüfung" nicht gelinge, „zu beurteilen, ob er auch ohne das verbotene Beweismittel überzeugt sein würde", vgl. *Sarstedt* und *Klug*, in: Verhandlungen 46. DJT, Band II, Teil F, S. 14 f., 44 m.d.H. auf *Dünnebier*, MDR 1964, 967 Fn 27 und *Grünwald*, JZ 1966, 489, 500. Mit Blick auf das auch unausgesprochene und „unbewusste" Wirken von Vor-Urteilen ist diese Lösung erkenntnistheoretisch nicht durchführbar.

93 *Wolter*, FS Riess 2002, S. 633, 647 f.

recht“[94], den das Bundesministerium der Jusitz 2001 mit der Entwicklung einer Gesamtkonzeption der Zeugnisverweigerungsrechte beauftragte, schlagen eine Entscheidung des Ermittlungsrichters über die Verwertbarkeit vor, ohne allerdings weitere daraus resultierende Folgeprobleme zu erörtern.[95]

IV. Verwendbarkeit zum Zweck der Entlastung

Oben wurde bereits dargelegt, dass die Verwertbarkeit und Verwendbarkeit unverwertbarer und einem Verwendungsverbot unterliegender Erkenntnisse zu entlastenden Zwecken im Ergebnis wünschenswert und auch durch die Dogmatik der asymmetrischen Wahrheitserforschung im Strafverfahren geboten ist. Wie lassen sich die oben dargelegten vielfältigen Problempunkte in ein Verfahrenskonzept integrieren, das eine wirkmächtige Verwendbarkeit entlastender Erkentnnisse erlaubt?

1. Funktionelle Trennung und Einführungsrecht

Ausgangspunkt für unsere Überlegungen ist das oben entwickelte Konzept der funktionellen Trennung von anordnendem und erkennendem Gericht. Danach hat das anordnende Gericht in jedem Fall über die Frage der Verwertbarkeit zu entscheiden. In einer ersten Fallkonstellation sei die Entlastungsrelevanz der Erkenntnisse zum Zeitpunkt der Entscheidung über die Verwertbarkeit schon bekannt oder erkennbar. Das anordnende Gericht könnte dann von einer die Verwertbarkeit ablehnenden Entscheidung absehen. Was aber gilt, wenn die in Rede stehenden Erkenntnisse sowohl belastenden als auch entlastenden Charakter haben oder wenn dies sogar auf mehrere Beschuldigte in unterschiedlicher Weise zutrifft? Eine nur entlastende Verwertbarkeit scheidet aus erkenntnistheoretischen Gründen aus, da das erkennende Gericht im Hinblick auf belastende Gesichtspunkte „verbotenes Wissen“ erlangen würde.[96] Eine umfassende Verwertbarkeit kann im Einzelfall unge-

94 *Wolter/Schenke*, Zeugnisverweigerungsrechte, S. 4; die Formulierung ist dort etwas missverständlich und lässt nicht klar erkennen, ob nur Maßnahmen der akustischen Wohnraumüberwachung gemeint sind, oder alle Maßnahmen, auf die § 53b StPO-E verweist.

95 Das vom Arbeitskreis vorgeschlagene Gesamtkonzept wurde letztlich vom Gesetzgeber in dem Entwurf eines Gesetzes zur Novellierung der Telekommunikationsüberwachung und anderer verdeckter Ermittlungsmaßnahmen sowie zur Umsetzung der Richtlinie 2006/24/EG vom 27.6.2007 verworfen, da er „nicht umfassend der verfassungsrechtlich gebotenen Flexibilität einer gesetzlichen Regelung zum Ausgleich der widerstreitenden Interessen gerecht“ werde, vgl. BT-Drucks 16/5846, S. 25.

96 Im Schrifttum wird demgegenüber für die Teilbarkeit der kontaminierten Erkenntnisse eingetreten (sog. „Rosinentheorie), vgl. *Roxin/Schäfer/Widmaier*, StV 2006, 655, 658 f. Die Bedeutung des Gebots der funktionellen Trennung liegt gerade darin, ein entsprechendes – im Ergebnis wünschenswertes – Wahlrecht des Beschuldigten zu ermöglichen, ohne dem

recht sei, wenn entlastungsrelevante Erkenntnisse eine Verwertung und Verurteilung überhaupt erst möglich machen. Dies legt den Gedanken nahe – ähnlich wie bei der Widerspruchslösung – die Entscheidung darüber, ob die Erkenntnisse in das Verfahren eingeführt werden dürfen, in die Hand des Beschuldigten zu legen. Dieser kann dann nach taktischen Gesichtspunkten bis zu dem in § 257 bestimmten Zeitpunkt die Erkenntnisse in das Verfahren einführen, wenn ihm die entlastende Wirkung gegenüber der belastenden als überwiegend erscheint. Eine inhaltliche Trennung entlastender und belastender Gesichtspunkte erscheint hingegen wenig praktikabel, da sie häufig gar nicht möglich sein wird. Auch hat der Beschuldigte freilich keine Gewähr dafür, dass das erkennende Gericht sich seinen taktischen Erwägungen entsprechend verhalten wird. Die Ausübung dieses „Einführungsrechts" setzt außerdem voraus, dass der Beschuldigte durch das anordnende, über die Verwertbarkeit entscheidende Gericht vom Vorliegen entlastungsrelevanter Erkenntnisse informiert wird. Diese Tatsache kann auch dem erkennenden Gericht – mit dem Beschluss über die Unverwertbarkeit – mitgeteilt werden, ohne dass dieses „verbotenes Wissen" erlangt. Das Einführungsrecht setzt ferner voraus, dass die entlastungsrelevanten Daten nicht gelöscht sind; da eine weitere Verwendbarkeit im Raum steht, ist die Löschung aus datenschutzrechtlichen Gesichtspunkten nicht geboten, so dass das anordnende Gericht von einer Löschungsanordnung absehen kann.[97] Diese Mechanismen funktionieren auch schon im Vorverfahren, wo sie freilich geringere Relevanz entfalten, da etwaige durch entlastende Erkenntnisse veranlasste weitere Ermittlungsmaßnahmen – zum Beispiel die Abklärung eines Alibis, das sich aus der Überwachung kernbereichsrelevanter Äußerungen des Beschuldigten ergibt – in der Regel noch im Hauptverfahren durchgeführt werden können.

Problematisch ist die Ausübung des Einführungsrechts bei mehreren Beschuldigten, die teilweise durch die Einführung der Erkenntnisse belastet werden. Ein Dispositionsrecht zu Lasten anderer Beschuldigter kann dem Beschuldigten aus rechtsstaatlichen Gründen nicht zuerkannt werden. Beantragt er die Einführung entlastenden Materials, so ist den anderen Beschuldigten durch das anordnende Gericht zunächst rechtliches Gehör zu gewähren, damit sie sich ein Bild von den Auswirkungen der Einführung der Erkenntnisse auf die eigene Verfahrenssituation machen können. Besteht die Gefahr, dass die Erkenntnisse sich für die anderen Beschuldigten als belastend auswirken können, so kommt als Konsequenz nur eine Verfahrensabtrennung in Betracht, um die Entstehung „verbotenen Wissens" beim erkennenden Gericht zu vermeiden. Ob eine solche Gefahr besteht, müsste – um

---

erkennenden Gericht „verbotenes Wissen" zu unterbreiten. Dies gilt freilich auch nur bei einer tatsächlich möglichen Abschichtung belastender von entlastenden Erkenntnissen. Handelt es sich um unteilbare (doppelrelevante) Erkenntnisse, obliegte es der Entscheidung des – anwaltlich beratenen – Beschuldigten, ob diese zum Inbegriff der Hauptverhandlung gemacht werden oder nicht. Gegen eine Teilbarkeit doppelrelevanter Erkenntnisse auch *Kleinknecht*, NJW 1966, 1537, 1543; *Hamm*, NJW 1996, 2185, 2187; *Nack*, StraFo 1998, 366, 371.

97 Vgl. BVerfGE 100, 313, 360 f. = NJW 2000, 55, 57; BVerfGE 109, 279, 374, 379 f. = NJW 2004, 999, 1019 f.

einen Missbrauch des Einführungsrechts zur Herbeiführung von Verfahrensverzögerungen und damit eine Verletzung des Beschleunigungsgrundsatzes zu vermeiden – nach objektiven Gesichtspunkten durch das anordnende Gericht erfolgen und könnte auf Fälle beschränkt sein, in denen – wie im Revisionsrecht – die Möglichkeit eines Beruhens der Rechtsfolge auf der Verwertung besteht. Kommt dem einen Beschuldigten danach in der Hauptsache ein Antragsrecht auf Einführung entlastender Erkenntnisse zu, hat dies bei den anderen Beschuldigten sein Korrelat in einem Antragsrecht auf Verfahrensabtrennung. Über beide Anträge müsste das erkennende Gericht entscheiden, das dabei an die Einschätzung des anordnenden Gerichts vom Vorliegen entlastender Erkenntnisse und dem Bestehen einer Gefahr der Belastung für andere Beschuldigte gebunden wäre. Um nicht bei umfangreichen Verfahren eine erneute aufwändige Beweisaufnahme notwendig werden zu lassen, wäre im Falle eines entsprechenden Antrags nicht das Verfahren gegen die anderen Beschuldigten abzutrennen, sondern das gegen den Beschuldigten, der das Einführungsrecht ausübt. Dieses Verfahren würde bis zum rechtskräftigen Abschluss des anderen Verfahrens unterbrochen oder ausgesetzt. Dann würde es mit der Einführung der entlastenden Erkenntnisse fortgesetzt oder wieder aufgenommen. Als Alternative – insbesondere, wenn die Beweisaufnahme wenig umfangreich oder noch nicht weit fortgeschritten ist – käme auch die Verweisung an einen anderen Spruchkörper in Betracht. Dass es insoweit hinsichtlich „desselben" Sachverhalts – zum Beispiel bei mehreren Mittätern – zu unterschiedlichen Feststellungen der erkennenden Gerichte kommen kann, ist dem Strafverfahrensrecht nicht fremd und – worauf *Güntge* zutreffend hinweist[98] – hinzunehmen.

2. Einführungsrecht bei absoluten Verwertungsverboten

Fraglich ist, ob die Lösung eines solchen Einführungsrechts auch dann in Betracht kommt, wenn die grundsätzliche Unverwertbarkeit Konsequenz einer Verletzung der Menschenwürde ist. Die Menschenwürde stellt nach ganz herrschender und zutreffender Auffassung ein schlechthin abwägungsresistentes Rechtsgut dar. In seinem „Lauschangriffs-Urteil" hat das Bundesverfassungsgericht vor diesem Hintergrund nicht nur die Verwendung von durch einen Eingriff in den Kernbereich privater Lebensgestaltung erlangten Erkenntnissen zu Beweiszwecken als unzulässig bewertet, sondern auch die Verwendung als Spurenansatz und jegliche andere Art von Verwendung, etwa zu Zwecken der Gefahrenabwehr.[99] Dies legt es nahe, in Fällen der Betroffenheit von Art. 1 Abs. 1 GG eine Dispositionsfreiheit des Beschuldigten

98 *Güntge*, StV 2005, 403, 405; ebenso KK/*Nack*, § 100d Rn 25.

99 Vgl. BVerfGE 109, 279, 319, 331 f. = NJW 2004, 999, 1003, 1007; BT-Rechtsausschuss, Protokoll Nr. 75, S. 25. Allerdings dürfte es sich bei den zur Gefahrenabwehr benötigten Informationen i.d.R. um Äußerungen handeln, die ohnehin nicht dem Kernbereich zuzurechnen sind, vgl. BT-Drucks 15/5486 S. 18.

nicht zuzulassen.[100] Von *Roxin*, *Schäfer* und *Widmaier* wird demgegenüber im Anschluss an die Widerspruchslösung und mit Verweis auf die Bindung des erkennenden Gerichts an das Gebot der Gerechtigkeit dafür eingetreten, dem Beschuldigten könne nicht verwehrt werden, darüber zu entscheiden, was mit entlastenden Erkenntnissen zu geschehen habe.[101] Für dieses Ergebnis streitet auch die Feststellung des BGH im „Selbstgesprächs-Urteil" vom 10.8.2005, wo der 1. Strafsenat es als „schwerlich vorstellbar" bezeichnet, dem Angeklagten zum Schutze seiner Menschenwürde zu verbieten, rechtswidrig erlangte Informationen zum Inbegriff der Hauptverhandlung zu machen.[102] Das Problem verschärft sich noch, wenn die Erkenntnisse nicht durch einen Eingriff in die Menschenwürde des Beschuldigten, sondern in die dritter Personen erlangt wurden. Mag es schon zweifelhaft sein, ob der Beschuldigte in die Verletzung seiner eigenen Menschenwürde einwilligen kann und darf, so steht außer Zweifel, dass er nicht über die Menschenwürde Dritter verfügen darf. Denn vor solchen Beeinträchtigungen hat der Staat seine Bürger zu schützen (Art. 1 Abs. 1 S. 2 GG).

Aber geht es hier tatsächlich um eine Verletzung der Menschenwürde? Oben wurde bereits ausgeführt, dass die Begründung des Bundesverfassungsgerichts, warum aus einer Verletzung des Kernbereichs privater Lebensgestaltung ein umfassendes Verwertungsverbot folgen müsse, sich als wenig konsistent darstellt und in ihrem Kern der triftigen Gründe ermangelt.[103] An anderer Stelle wurde der Gedanke der normativen Distanz zwischen Beweiserhebung und Beweisverwertung eingeführt.[104] Auf den hier in Rede stehenden Zusammenhang gewendet bedeutet das, dass der Eingriff in die Menschenwürde mit dem Erlangen der Erkenntnisse zunächst beendet ist. Ob es durch deren Verwendung nochmals zu einer Verletzung der Menschenwürde kommt oder der ursprüngliche Grundrechtseingriff „vertieft" wird oder aber andere schutzwürdige Rechtsgüter beeinträchtigt werden, ist die entscheidende Frage für die Bewertung der Dispositionsbefugnis des Beschuldigten. Die – intuitiv eingängige – Rede von einer „Vertiefung" des ursprünglichen Grundrechtseingriffs erweist sich bei näherer Betrachtung gerade im Hinblick auf die Menschenwürde als inkonsistent.[105] Dieser Gedanke unterlegt die Vorstellung verschiedener Tiefen oder Grade der Menschenwürdeverletzung. Solche mag es tatsächlich geben, rechtlich sind sie aber irrelevant, da die Menschenwürde eben „absoluten" Schutz genießt,

---

100 So *Wolter*, StV 1990, 175, 177 hinsichtlich dritter Beschuldigter; *Hamm*, StraFo 1998, 361, 365; *Küpper*, JZ 1990, 416, 418; im Ansatz auch *Nack*, StraFo 1998, 366, 368, der eine Lösung der Problematik nach den Grundsätzen des fairen Verfahren vorschlägt; *Güntge*, StV 2005, 403, 405, der eine Lösung über den Zweifelsgrundsatz vorschlägt.

101 *Roxin/Schäfer/Widmaier*, StV 2006, 655, 658 f.; für eine Verwertbarkeit spricht sich bereits *Otto*, FS Kleinknecht 1985, S. 319, 331 f., 340 aus, wenn diese zur Wahrung der Menschenwürde eines anderen geschehe.

102 BGHSt 50, 206, 215 = NJW 2005, 3295.

103 Vgl. oben B.III.1.

104 Vgl. oben C.IV.2.; *Löffelmann*, ZStW 118 (2006), 358, 385 f.

105 Vgl. oben C.IV.1.

auch vor „oberflächlichen" Verletzungen. Außerdem berücksichtigt die Vertiefungsthese nicht die rechtliche Eigenständigkeit der Verwendung erlangter Erkenntnisse.[106] Nur so lassen sich datenschutzrechtliche Vorkehrungen wie Kennzeichnungs-, Löschungs- und Benachrichtigungspflichten rechtfertigen. Diese Überlegungen sprechen dafür, auch im Falle der Betroffenheit der Menschenwürde die Verwendung erlangter Erkenntnisse als einen eigenständigen Verletzungsakt anzusehen. Ein Automatismus dergestalt, dass die durch eine Verletzung der Menschenwürde erfolgte Erkenntniserlangung immer auch bei der weiteren Verwendung dieser Erkenntnisse zu einer Menschenwürdeverletzung führt, ist dann schwer zu begründen. Ein solcher Automatismus würde die verschiedenen Möglichkeiten der Verwendung solcher Erkenntnisse unterschiedlos ausblenden. Intime Aufzeichnungen aus einem Tagebuch können beispielsweise durch Verlesung verwendet werden, in Form von Vorhalten an den Beschuldigten, durch Einvernahme eines Polizeibeamten, der das Tagebuch ausgewertet oder eines Zeugen, dem der Beschuldigte daraus vorgelesen oder eines psychiatrischen Sachverständigen, der das Tagebuch oder Berichte des Beschuldigten über seine Aufzeichnungen als Grundlage seines Gutachtens herangezogen hat. In allen diesen Fällen gleichermaßen eine Verletzung der Menschenwürde des Beschuldigten durch die – unmittelbare oder mittelbare – Verwendung der intimen Kenntnisse zu erblicken, erscheint überzogen und mit der Konzeption der Menschenwürde als eines Rechtsguts, das „Schutz vor schwersten Beeinträchtigungen" vermitteln soll, kaum zu vereinbaren. Hinzu kommt, dass auch der umgekehrte Fall einer Erkenntniserlangung, die nicht die Menschenwürde verletzt, mit einer anschließenden menschenwürdeverletzenden Verwendung denkbar ist.[107]

Wenn aber nicht automatisch durch die Verwendung Art. 1 Abs. 1 GG verletzt wird, welche Grundrechte sind dann betroffen? Diese Antwort kann nicht pauschal erfolgen, da eine Vielzahl möglicher Grundrechtsbeeinträchtigungen durch die Erkenntnisverwendung in Betracht kommt. Zu denken ist etwa an eine berufsschädigende (Art. 12 Abs. 1 GG), an eine die Pressefreiheit (Art. 5 Abs. 1 S. 2 GG) beeinträchtigende oder an eine den Familienzusammenhalt belastende (Art. 6 Abs. 1 GG) Verwendung. Soweit es sich um die Verwendung personenbezogener Erkenntnisse handelt, kommt als Auffangtatbestand jedenfalls das aus Art. 2 Abs. 1 i.V.m. Art. 1 Abs. 1 GG abgeleitete Recht auf informationelle Selbstbestimmung in Betracht. Die Menschenwürderelevanz der Verwendung personenbezogener Daten kehrt in diesem Recht – allerdings nicht in abwägungsresistenter Form – wieder. Auch eine Verwendung personenbezogener Informationen, der eine erhebliche Eingriffsinten-

---

106 Vgl. BVerfGE 100, 313, 360 = NJW 2000, 55, 57; BVerfGE 107, 299, 328 = NJW 2003, 1787, 1793; BVerfGE 109, 279, 374, 379 f. = NJW 2004, 999, 1018 ff.; BVerfGE 110, 33, 73, 75 = NJW 2004, 2213, 2221 f.

107 Beispiele: Das rechtmäßig erlangte Beweismittel (etwa die Leiche) wird benutzt, um den Beschuldigten in einer ihn quälenden Weise damit zu konfrontieren. Die Darstellung rechtmäßig erlangter Erkenntnisse über die Persönlichkeit des Angeklagten (etwa Erkenntnisse aus psychiatrischen Untersuchungen) im Urteil erfolgt auf eine Weise, die geeignet ist, dem Angeklagten seinen sozialen Achtungsanspruch zu entziehen.

sität zukommt, kann durch das Recht auf informationelle Selbstbestimmung einen verfassungsrechtlichen Schutz, der hohe einfachgesetzliche Hürden gebietet, erfahren. Informationen, die durch einen Eingriff in die Menschenwürde erlangt wurden, können so hinreichend geschützt werden, ohne dass sie einer Abwägung mit dem Gesichtspunkt der Wahrheitserforschung und dem Freiheitsanspruch des Beschuldigten von vornherein entzogen wären. Ein Dispositionsrecht des Beschuldigten kommt also grundsätzlich auch in diesen Fällen in Betracht. Es wäre nur dort ausgeschlossen, wo das anordnende Gericht – gemessen an den engen Maßstäben der Menschenwürderelevanz ausnahmsweise – eine Verletzung der Menschenwürde durch die Verwendung annimmt.

3. Einführungsrecht in anderen Verfahren

Fraglich ist weiterhin, welche Reichweite dem Einführungsrecht des Beschuldigten für eine Verwendung in anderen Strafverfahren oder sogar in nichtstrafrechtlichen Verfahren zukommen kann und soll. Der datenschutzrechtliche Zweckbindungsgrundsatz qualifiziert jede Umwidmung verfügbarer personenbezogener Erkenntnisse für die Verwendung zu anderen Zwecken als einen Eingriff in das Recht auf informationelle Selbstbestimmung, der einer besonderen gesetzlichen Ermächtigung bedarf. Eine solche Ermächtigung aufgrund sachgerechter Erwägungen zu schaffen oder dies bleiben zu lassen, entscheidet der Gesetzgeber aufgrund seiner Einschätzungs- und Entscheidungsprärogative. Von dieser Freiheit hat er bereits durch eine Vielzahl allgemeiner und bereichsspezifischer Verwendungsregelungen Gebrauch gemacht. Bei der auf gesetzgeberischer Ebene vorzunehmenden Verhältnismäßigkeitsprüfung sind die Gesichtspunkte der besonderen Bedeutung der Wahrheitserforschung für das Strafverfahren und des schutzwürdigen Interesses des Beschuldigten an der Verwendbarkeit entlastender Erkenntnisse zu berücksichtigen. Diese beiden Gesichtspunkte streiten für ein grundsätzliches Überwiegen der Verwendbarkeit entlastender Erkenntnisse auch in anderen Strafverfahren gegenüber dem informationellen Selbstbestimmungsrecht betroffener Dritter. Durch eine getrennte Aktenführung kann diesen Interessen Dritter in gewissem Umfang Rechnung getragen werden. Überwiegen im Einzelfall dennoch die Interessen Dritter – etwa bei geringfügigen Straftaten, deren Einstellung nach Opportunitätsgesichtspunkten in Betracht kommt –, können sie einer Verwendung zu entlastenden Zwecken entgegenstehen.

Problematisch erscheint dieser einfache Grundgedanke mit Blick auf das Löschungsgebot. Nach welchen Maßstäben müssen erlangte Erkenntnisse wann gelöscht werden? Dabei ist grundsätzlich zu berücksichtigen, dass das Löschungsgebot keineswegs für alle personenbezogenen Erkenntnisse gleichermaßen gilt, sondern bisher in seinem Anwendungsbereich auf technische Überwachungsaufzeichnungen und deren Verschriftungen beschränkt gesehen wurde. Dahinter steht wohl der Gedanke, nur die spätere „unmittelbare" Wiedergabe und Kenntnisnahme personenbezogener Erkenntnisse müsse vermieden werden. Da das Strafverfahren seinem Zweck nach auf das Erlangen personenbezogener Erkenntnisse angelegt ist, wäre ein generelles Löschungsgebot weder praktikabel noch mit den Grundsätzen der Aktenführung und -aufbewahrung vereinbar. Die differenzierten Regelungen der landesrechtlichen Aktenordnungen erscheinen insofern sachgerechter. Soweit sich entlastende Erkenntnisse bei den Verfahrensakten befinden und keinem besonderen Löschungsgebot unterliegen, besteht also im Hinblick auf dieses kein Problem. Vor diesem Hintergrund könnte eine Lösung der Verwendungsproblematik für andere Verfahren darin liegen, dass etwaige entlastungsrelevante Erkenntnisse, die einem speziellen Löschungsgebot unterfallen, vor Löschung der Daten und Vernichtung der – elektronischen oder herkömmlichen – Datenträger in den von dem anordnenden Gericht geführten Sonderakten vermerkt werden. Einem solchen Vermerk kommt zwar ein anderer Beweiswert zu als den ursprünglichen Aufzeichnungen, er kann in einem späteren Verfahren für das erkennende Gericht aber Anlass sein, entlastenden Beweisansätzen weiter nachzugehen oder auch – wenn eine weitere Sachverhaltsaufklärung nicht möglich ist – den Zweifelsgrundsatz zur Anwendung zu bringen. Auch kann in einem solchen Verfahren der Ermittlungsrichter als Zeuge zu den – ihm möglicherweise noch erinnerlichen – näheren Inhalten der gelöschten Aufzeichnungen gehört werden.

Im Einzelfall problematisch ist, nach welchen Maßstäben das anordnende Gericht zu löschende Informationen als entlastungsrelevant ansehen kann oder muss. Die hier bestehende Unsicherheit muss aber hingenommen werden, will man auf das Löschungsgebot nicht von vornherein verzichten. Dabei ist durchaus vorstellbar, dass ein erfahrener Ermittlungsrichter zu löschendes Datenmaterial auf etwaige entlastungsrelevante Erkenntnisse zu prüfen versteht. Denkbar wäre auch, in jedem Fall ein Verlaufsprotokoll überwachter Gespräche, aus dem sich lediglich Beginn und Ende einzelner Gespräche und die daran beteiligten Personen ergeben, zu den Sonderakten zu nehmen. Von der Datenqualität ist das den Telekommunikationsverbindungsdaten vergleichbar, deren Speicherung durch die Telekomunikationsanbieter und Verwendung durch die Strafverfolgungsbehörden unter viel weiteren Voraussetzungen als der Umgang mit inhaltlichen Gesprächsdaten zulässig ist (vgl. § 96 TKG, §§ 100g, 100h). Obwohl solche Eckdaten der überwachten Gespräche Rückschlüsse auf deren Inhalt zulassen können, werden sie vom Gesetzgeber – zu Recht – als deutlich weniger schutzwürdig angesehen, was auch vor der Verfasung Bestand hat.[108] Auf der anderen Seite kann der spätere Rückgriff des Beschuldigten auf solche Eckdaten in einem gegen ihn geführten Strafverfahren erhebliche Bedeutung – zum Beispiel für den Nachweis eines Alibis – haben. Die Alternative zu diesem Vorgehen – will man dem Beschuldigten den Entlastungsbeweis nicht von vornherein abschneiden – liegt darin, das Löschungsgebot durch eine qualifizierte Aufbewahrungpflicht des anordnenden Gerichts unter besonderen Schutzvorkehrungen zu

108 Vgl. BVerfGE 106, 28, 36 = NJW 2002, 3619, 3620; BVerfGE 107, 299, 313 = NJW 2003, 1787, 1788; BVerfG NJW 2007, 351.

ersetzen. Die für das Löschungsgebot streitenden Argumente – die Möglichkeit des Missbrauchs und der Verfälschung sensibler Daten – werden durch diese Form der Kontrolle freilich in geringerem Maße bedient, wobei allerdings nicht übersehen werden darf, dass auch die Umsetzung des Löschungsgebots – also bei elektronischen Datenträgern der „unsichtbar" ablaufende Vorgang des Überschreibens der Daten – nur in eingeschränkter Weise kontrolliert werden kann.[109]

4. Einführungsrecht und Pflichtverteidigung

Da die Geltendmachung des Einführungsrechts dem Beschuldigten ein nicht unerhebliches Maß an rechtlicher Kenntnis und taktischer Überlegung abverlangt, erscheint es erwägenswert, die gesetzliche Möglichkeit einer Pflichtverteidigerbestellung für den Fall vorzusehen, dass eine entlastende Verwendung von Erkenntnissen, die grundsätzlich einem Verwertungsverbot unterliegen, in Betracht kommt. Damit wird der im Zusammenhang mit der Widerspruchslösung im Schrifttum vorgebrachte Gedanke aufgegriffen, der unverteidigte Angeklagte habe keine Chance, sich darüber beraten zu lassen, etwaige ein Verwertungsverbot begründende Umstände in der Hauptverhandlung zur Sprache zu bringen.[110] Der Bestellungsgrund wäre vergleichbar dem des § 140 Abs. 2 S. 1 Alt. 2 (Schwierigkeit der Sach- und Rechtslage). Die Bestellung müsste auf Antrag oder von Amts wegen durch das anordnende Gericht erfolgen. Dabei ist die Ausübung eines Antragsrechts wohl nur denkbar in Fällen, in denen der Beschuldigte als Betroffener einer Ermittlungsmaßnahme von dieser auch Kenntnis erlangt, gegebenenfalls durch eine nachträgliche Benachrichtigung. In der Regel müsste die Bestellung wohl von Amts wegen durch den Ermittlungsrichter erfolgen. Besondere praktische Schwierigkeiten ergeben sich, wenn die entlastende Verwendung in einem anderen Verfahren in Betracht kommt. Dies setzte zunächst die Kenntnis des Ermittlungsrichters von der Existenz des anderen Verfahrens und die Beurteilung der Beweisrelevanz der entlastenden Erkenntnisse in diesem Verfahren voraus. Die Problematik der Kenntnis von der Existenz des anderen Verfahrens lässt sich grundsätzlich mit Hilfe elektronischer Datenverarbeitung lösen. Die Beigabe von den Beschuldigten betreffenden Verfahrenslisten zum Sonderheft oder zur Handakte gehört zur gängigen staatsanwaltlichen und gerichtlichen Praxis. Grundsätzlich ließe sich das auch auf Verfahren ausdehnen, in denen Beschuldigte als Drittbetroffene von Ermittlungsmaßnahmen geführt werden. Ob eine Prüfung der Beweisrelevanz durch den Ermittlungsrichter praktisch durchführbar wäre, lässt sich theoretisch nicht entscheiden. Denkbar wäre jedenfalls eine Benachrichtigung des in einem anderen Verfahren Beschuldigten oder seines Verteidigers von der Existenz ihn betreffender Erkenntnisse. Dabei müsste – wie nach geltender Rechtslage in § 100d Abs. 8 S. 5 und § 101 Abs. 1 vorgesehen – nur geprüft werden,

109 Vgl. BT-Drucks 14/4533 S. 17; eingehend zu dieser Problematik *Leuschner*, DuD 2005, 415.
110 *Hamm*, NJW 1996, 2185, 2188.

ob die Unterrichtung den Untersuchungszweck oder andere wichtige öffentliche Belange gefährdet. In dem Fall, dass ein Strafverfahren gegen einen von einer Ermittlungsmaßnahme Betroffenen erst später geführt wird, könnte ein auf die Mitteilung etwaiger vorliegender Erkenntnisse gerichtetes Auskunftsersuchen an den Ermittlungsrichter gestellt werden. In seiner Gesamtheit betrachtet erscheint dieses Prozedere zwar nicht ganz einfach, aber mit einigem Aufwand und guter technischer Infrastruktur durchaus noch praktizierbar.

V. Metarechtliche Fundierung der Beweisverbote

1. Das Rechtsprinzip der Menschenwürde

In der Geschichte der Rechtsphilosophie, namentlich auch in der jüngeren[111], spielen Rechtsprinzipien eine hervorragende Rolle. Sie werden herangezogen, um einfache Rechtssätze zu legitimieren, insbesondere richterliche Entscheidungen, wenn diese über den Gehalt des geschriebenen Rechts hinausgehen.[112] Einen festen Bestand an Rechtsprinzipien gibt es nicht; zu ihnen werden alle Regeln gezählt, die als abstrakt, allgemein, überpositiv und übergeschichtlich angesehen werden können[113], wie zum Beispiel die Goldene Regel, der Kategorische Imperativ, das Fairnessprinzip und das Toleranzgebot. Der Gesichtspunkt der Rechtsprinzipien ist hier aber nicht im naturrechtlichen Sinne angesprochen als Legitimationshorizont einfachen Rechts, sondern als Strukturelement gesetzgeberischen Entscheidens. Nach dem hier verfolgten realistischen Rechtsverständnis „gibt" es in der Rechtswirklichkeit allgemeine, interkulturell und – in einem gewissen Rahmen – überzeitlich wirkende Normen (die aber keine „absoluten" Normen im objektivistischen Sinne sind), die vom Normgeber erkannt und zur Grundlage der gesetzgeberischen Entscheidung gemacht werden können. Zu diesen Prinzipien zählt für unseren Rechtskreis die Unverletzlichkeit der Menschenwürde. Ob dieses Prinzip in einem globalen Sinne universell ist – wofür die weltweite Anerkennung von Menschenrechtskonventionen spricht, die auf den Gedanken der Menschenwürde zurückgehen -, oder die einheitliche Menschenrechtsrhetorik substantielle Unterschiede im Verständnis der Menschenwürde ver-

111 Hier sind vor allem die Arbeiten von Dworkin zu den „General Principles of Law" zu nennen, vgl. *Dworkin*, Bürgerrechte (1978); *ders.*, Law's Empire (1986). Die Theorie von den General Principles of Law hat auch in Deutschland eine breite Resonanz erfahren, vgl. *Horster*, ARSP 77 (1991), 257 ff.; *Alexy*, Rechtsprinzipien, S. 13 ff. m.w.N.; vgl. auch die weiteren Beiträge in *MacCormick/Panou/Vallauri*, Modern Legal Thought, S. 30-75; Überblick bei *Kaufmann*, Rechtsphilosophie, S. 49 ff.

112 Vgl. *Hassemer*, Rechtssystem, S. 252, 256 f.; Nach *Dworkin*, a.a.O., sei der Richter idealer Weise ein „Herkules", der mit übermenschlichen Fähigkeiten aus solchen Rechtsprinzipien die eine richtige Entscheidung ableiten könne, vgl. *Dworkin*, Law's Empire, S. 239 ff.

113 Vgl. *Kaufmann*, Problemgeschichte, S. 131.

deckt[114], kann hier dahinstehen, da es uns nicht um eine universelle Begründung von Beweisverboten zu tun ist. Dass weite Bereiche der fachgerichtlichen Rechtsprechung zu den Beweisverboten einen Bezug zum Aspekt der Menschenwürde aufweisen, hat die oben vorgenommene Normenanalyse erbracht.[115] Im Schrifttum wurde zwar – namentlich im Zusammenhang mit der „Tagebuch-Entscheidung" des Bundesverfassungsgerichts[116] – große Skepsis an der Bedeutung von Art. 1 Abs. 1 GG für den Strafprozess geäußert und insoweit eine „tiefgreifende Uneinigkeit von Justiz wie Wissenschaft" konstatiert[117]; die jüngere Rechtsprechung des Bundesverfassungsgerichts hat aber einiges zur Beseitigung dieser Unsicherheit beigetragen.[118] Im neueren Schrifttum wurde daher nicht zu unrecht darauf hingewiesen, die – damals mit vier zu vier Stimmen ergangene – „Tagebuch-Entscheidung" würde heute anders ausfallen.[119]

Danach könnte der Gesetzgeber sich bei der Kodifizierung von Beweisverboten daran orientieren, ob das in Rede stehende hoheitliche Handeln – sei es auf die Erhebung oder Verwertung von Beweismitteln gerichtet – die Menschenwürde Betroffener gefährdet. Folgt man der Auffassung, das Rechtsprinzip der Unverletzlichkeit der Menschenwürde beinhalte ein Verbot, die Menschenwürde gegen Rechtsgüter abzuwägen, so müsste der Gesetzgeber ein striktes Verbot solcher Handlungen kodifizieren.[120] Die besondere Schwierigkeit solcher Gesetzgebung besteht darin, dass das oberste Verfassungsprinzip dogmatisch nur schwer zu erfassen und mit Inhalt zu füllen ist.[121] Dies greift auch die im Schrifttum an der Abwägungslehre geäußerte

---

114 Als Paradebeispiel eines Rechtskreises, dem historisch der Gedanke subjektiver Rechte und die Vorstellung des Menschen als Individuum und Person eher fremd ist, gilt der chinesische. Vgl. dazu *Fikentscher*, Modes of Thought, S. 307 ff.

115 B.III.; vgl. auch *Wolter*, FS Meyer 1990, S. 493, 497 f.

116 BVerfGE 80, 367 = NJW 1990, 563.

117 *Wolter*, StV 1990, 175; *ders.*, FS Meyer 1990, S. 493: „Menschenwürde und Freiheit im Strafprozess sind auf dem Rückzug."

118 Vgl. insbesondere BVerfGE 109, 279 = NJW 2004, 999 (akustische Wohnraumüberwachung); BVerfGE 110, 33, 53 = NJW 2004, 2213, 2215; BVerfGE 113, 348 = NJW 2005, 2603, 2612 (Telekommunikationsüberwachung); BVerfGE 115, 118 = NJW 2006, 751 (Luftsicherheitsgesetz).

119 *Leutheusser-Schnarrenberger*, Rechtsstaat, S. 99, 108.

120 Die daran anschließende Frage, ob der Gesetzgeber zu einer solchen Kodifizierung verpflichtet wäre, soll hier nicht weiter vertieft werden. Art. 1 Abs. 1 GG ist kodifiziertes Verfassungsrecht, dass alle staatliche Gewalt zwingend zu beachten hat. Eine einfachgesetzliche Kodifizierungspflicht bestünde danach wohl nur, soweit dies erforderlich ist, um Defizite in der Rechtsanwendung zu beheben. Das Bundesverfassungsgericht hat dies für den Kernbereichsschutz bei der akustischen Wohnraumüberwachung (BVerfGE 109, 279, 312 ff. = NJW 2004, 999, 1002) und der Telekommunikationsüberwachung (BVerfGE 113, 348 = NJW 2005, 2603, 2611 f.) gefordert. Besteht diese Notwendigkeit nicht, weil die staatlichen Gewalten effektiven Menschenwürdeschutz praktizieren, so hätte eine entsprechende einfachgesetzliche Regelung klarstellende Funktion.

121 Darin dürfte auch der tiefere Grund dafür liegen, warum in der verfassungsrechtlichen Praxis die Menschenwürde kaum eine Rolle spielt. Eine Verletzung der Menschenwürde wird zwar nicht selten gerügt, aber kaum substantiiert dargelegt.

Kritik auf, die moniert, dass Kriterien, nach denen eine hinreichende Bestimmung des Kernbereichs privater Lebensgestaltung vorgenommen werden könne, vollständig fehlten, und daher die Fachgerichtsbarkeit zur Abwägungsfrage schweige und den Begründungsdruck umleite.[122] Anders als bei den übrigen Grundrechten ist der Schutzbereich der Menschenwürde positiv nur schwer zu bestimmen, gerade das wird aber im Schrifttum als notwendig erachtet.[123] Das Bundesverfassungsgericht behilft sich in ständiger Rechtsprechung mit einer negativen Abgrenzung mittels der sog. Objektformel[124], deren Leistungsfähigkeit es zugleich als begrenzt erachtet.[125] Da der Gewährleistungsgehalt der Menschenwürde stets nur „in Ansehung des konkreten Falles“[126], also „vom Eingriff her“ bestimmt werden kann, müsste der Gesetzgeber abstrakt Fallgestaltungen festlegen, in denen er eine relevante Gefahr einer Verletzung der Menschenwürde sieht. Das erscheint schwierig; in dem Gesetz zur Neuregelung der akustischen Wohnraumüberwachung hat der Gesetzgeber eine solche Konkretisierung ausdrücklich nicht vorgenommen: „Aufgrund der Vielzahl denkbarer Lebenssituationen, in denen es zu einer Gefährdung des Kernbereichs privater Lebensgestaltung in Wohnräumen kommen kann, wird (...) davon abgesehen, diesen Kernbereich im Gesetz zu definieren oder anhand von Regelbeispielen zu exemplifizieren“.[127] Dennoch erscheint eine solche Konkretisierung nicht schlechthin ausgeschlossen.[128]

Ist der Akt der Menschenwürdeverletzung in situatione durch die Schwere des Eingriffs und das Gewicht des mit dem Eingriff verfolgten Zwecks charakterisiert, so rechtfertigt dieser Befund doch nicht die Annahme eines „abwägungsgeprägten Schutzbereichs“[129]. Sieht man – der hier vertretenen Auffassung folgend – die Bereiche des Normativen und des Tatsächlichen nicht als getrennte Gegenstandsbereiche unserer Wahrnehmung an, sondern folgt der These eines normativ-empirischen Werterkennens, so vollzieht sich die Begründung jeglicher Normen – auch solcher, die sich der Abwägung mit anderen Normen entziehen – auch im Wege der Induktion. Die erkenntnistheoretische Aufarbeitung des Werterkennens, die sich des Werkzeugs der Güterabwägung bedient, hat dann keinen Einfluss auf das Erkannte und seinen „absoluten“ Geltungsanspruch. Mit anderen Worten liegen, legt man die oben entwickelten erkenntnistheoretischen Maßstäbe an, unserer Vorstellung von Menschenwürde Menschenwürdeerfahrungen zugrunde – persönliche, intersubjektiv

122 *Lorenz*, JR 1994, 430, 432.

123 Vgl. *Wolter*, FS Meyer 1990, S. 493, 503, 510; *Petersen*, KJ 2004, 316, 318.

124 Vgl. BVerfGE 9, 89, 95; BVerfGE 57, 250, 275 = NJW 1981, 1719.

125 Vgl. BVerfGE 30, 1, 25 = NJW 1971, 275; BVerfGE 109, 279, 312 = NJW 2004, 999, 1002; BVerfGE 115, 118, 153 = NJW 2006, 751.

126 BVerfGE 30, 1, 25 = NJW 1971, 275.

127 BT-Drucks. 15/4533 S. 14.

128 Im Schrifttum wird das freilich bezweifelt und die verfassungsrechtliche Existenz einer absolut geschützten Intimsphäre in Abrede gestellt, vgl. etwa *Amelung*, NJW 1990, 1753, 1755; *Schmidt*, JZ 1974, 241, 244; *Krauss*, FS Gallas 1973, S. 365, 384.

129 MD/*Herdegen*, Art. 1 Abs. 1 Rn 44; *Schlehofer*, GA 1999, 357, 362 ff.

verfestigte und tradierte –, die eine tatsächliche und normative Unangreifbarkeit der Menschenwürde vermitteln. Die Erkenntnisse dieses „Absoluten" beanspruchen zwar selbst – wie jede Erkenntnis – keine Absolutheit; aus ihnen lässt sich aber eine Theorie der Unverletzlichkeit der Menschenwürde herleiten, die sich in der Rechtsanwendungspraxis bewähren kann und muss. Da auch das Werterkennen und somit die erkannten Werte von den Bedingungen des Erkennens abhängig sind, und diese sich – zum Beispiel durch die Erfahrung tatsächlicher oder vermeintlicher Bedrohungsszenarien[130] – ändern können, ist die Theorie der Unverletzlichkeit der Menschenwürde Modifikationen unterworfen. Damit erklären sich Auffassungen, die eine Relativierbarkeit des Geltungsanspruchs der Menschenwürde bei der Gefährdung hochrangiger Rechtsgüter annehmen, ohne dass dadurch die Berechtigung des Absolutheitsanspruchs in Frage gestellt würde. Die Reichweite des Geltungsanspruchs der Menschenwürde stellt sich in jedem Fall als eine empirische Frage dar, deren Antwort ihre Berechtigung in der Belastbarkeit der zugrunde liegenden Tatsachen findet.[131]

Anhaltspunkte für diesen empirischen Gehalt bietet die Judikatur des Bundesverfassungsgerichts. Nach ihr wird die Menschenwürde als oberstes Verfassungsprinzip durch andere Normen des Grundgesetzes weiter ausgeformt und konkretisiert, so zum Beispiel im Recht auf Leben[132], in der Glaubensfreiheit[133], in der Unverletzlichkeit der Wohnung[134] oder auch in rechtsstaatlichen Verfahrensgrundsätzen.[135] Die große Spannweite des Kernbereichs privater Lebensgestaltung, wie ihn das Bundesverfassungsgericht skizziert hat, wurde bereits dargestellt.[136] Auf der anderen Seite ergibt sich eine negative Abgrenzung daraus, dass durchaus nicht alle Grundrechte im Zusammenhang mit der Menschenwürde stehen. Auch ist, wie das Verhältnis von Art. 19 Abs. 2 zu Art. 79 Abs. 3 GG zeigt, der Wesensgehalt eines Grundrechts mit seinem Menschenwürdegehalt nicht identisch.[137]

Hilfreich für die gesetzgeberische Konkretisierungsaufgabe wäre freilich ein positiver Begriff der Menschenwürde. Entsprechende, im Schrifttum unternommene

130 Vgl. die Nachweise oben B. Fn 90.

131 Gerade hier liegt aber eine Schwäche der Relativierungstheorien, die weitgehend nicht – wie die Mütter und Väter des Grundgesetzes – aus einem Erfahrungsschatz schöpfen, sondern ihre Aussagen mit – wenig belastbaren – hypothetischen Erwägungen stützen.

132 BVerfGE 39, 1, 41, 43, 46 = NJW 1975, 573; BVerfGE 115, 118 = NJW 2006, 751.

133 BVerfGE 33, 23, 28 f. = NJW 1972, 1183; BVerfGE 52, 223, 247 = NJW 1980, 575.

134 BVerfGE 109, 279; *Hufen*, Menschenwürdegehalt, S. 29, 32 bemerkt insofern allerdings zutreffend, dass es dem Urteil nicht gelingt, das Verhältnis von Menschenwürde und einfachem Verfassungsrecht in ausreichender Weise zu konkretisieren.

135 BVerfGE 50, 125, 133 = NJW 1979, 1037; BVerfGE 74, 358, 371 = NJW 1987, 2427.

136 Vgl. oben B.III.1.

137 A.A. *Dürig*, Schriften, S. 127 ff.; Überblick zur Problematik bei *Geddert-Steinacher*, Menschenwürde, S. 173 ff.

Versuche fallen in der Regel recht unbestimmt aus.[138] Dies gilt namentlich für die ontologische (oder „naturrechtliche“) Auffassung der Menschenwürde, die den „Eigenwert des Menschen schlechthin“ hervorhebt.[139] Nach einer anderen Auffassung sei die Menschenwürde ein Ergebnis der Leistung der Identitätsbildung.[140] Diese Ansicht ist deshalb problematisch, weil sie die Zuerkennung von Menschenwürde von individuellen Fähigkeiten abhängig macht. Das Bundesverfassungsgericht verankert die Menschenwürde in dem Wert, der dem Menschen Kraft seines Personseins zukommt.[141] Diese personale Ausrichtung der Menschenwürdekonzeption hat in der Rechtsphilosophie[142] und der Ethik viel Zuspruch erfahren. Hervorzuheben ist hier *v. Kutscheras* bemerkenswerter Versuch, aus dem – jedenfalls für das abendländische Denken maßgeblichen – Bild des Menschen als Person ein System von Handlungsnormen abzuleiten.[143] Danach sei eine Person durch folgende Eigenschaften charakterisiert: Sie sei frei in ihrem Handeln und in der Wahl ihrer Ziele; sie könne im normativen und nichtnormativen Bereich erkennen, was der Fall sei und ihre Entscheidungen nach ihren Erkenntnissen ausrichten; sie sei Subjekt von Rechten und Pflichten; sie lebe in sozialen Beziehungen zu anderen Personen; und sie habe eine Individualität, die sich in der Persönlichkeit entfalte und von der anderer Personen unterscheide.[144] Aus dem ethischen Grundpostulat, jeder solle den anderen als Person achten, lassen sich vor diesem Hintergrund das Recht auf Selbstbestimmung und das Recht auf Freiheit zu Selbstbestimmung und elementarer Selbstentfaltung ableiten, die sich wiederum in persönlichen Rechten (Recht auf Leben und körperliche Unversehrtheit, Recht auf Freizügigkeit, etc.), politischen Rechten (Recht der Versammlungsfreiheit, Pressefreiheit, etc.), wirtschaftlichen Rechten (Recht auf Eigentum, Recht auf freie Berufswahl, etc.) und anderen Rechten und Pflichten (Hilfs- und Kooperationspflichten) konkretisieren.[145]

Die personale Fundierung der Menschenwürdeidee hat, wie diese Deduktion zeigt, zur Konsequenz, dass die Bereiche von abwägungsresistenter Menschenwürde

---

138 Eingehend zur Genese der Menschenwürdedogmatik *Enders*, Menschenwürde, 1. Kapitel m.w.N.; Übersicht über die positiven Bestimmungsversuche bei *Dreier/Dreier*, Art. 1 Abs. 1 Rn 54 ff.; näher *Geddert-Steinacher*, Menschenwürde, S. 112 ff.; vgl. auch die Beiträge in *Seelmann*, Menschenwürde, 2004.

139 Vgl. etwa *Nipperdey*, Würde, S. 1 ff.; *Spaemann*, Menschenwürde, S. 295 ff., der eine Vielzahl anschaulicher Beispiele würdevollen Verhaltens gibt, die einen materiellen Gehalt der Menschenwürde vermitteln.

140 *Luhmann*, Grundrechte, S. 53 ff.

141 BVerfGE 12, 1, 4 = MDR 1961, 113; BVerfGE 30, 1, 26 = NJW 1971, 275; *Wintrich*, Grundrechte, S. 6; zur Problematik des Begriffs der „Person“ vgl. etwa *v. Kutschera*, Objektivität, S. 201 ff.; *ders.*, Grundlagen der Ethik, 2. Aufl. 1999, S. 270 ff. m.w.N.; zur Bedeutung von „Freiheit“ in diesem Zusammenhang *Luf*, Freiheit, S. 119 ff.

142 Vgl. namentlich *Kaufmanns* personal fundierte prozedurale Theorie der Gerechtigkeit, *Kaufmann*, Problemgeschichte, S. 145 ff. m.w.N.

143 *v. Kutschera*, Ethik, S. 268 ff.

144 *v. Kutschera*, Ethik, S. 271.

145 *v. Kutschera*, Ethik, S. 277 ff.

und abwägbaren Persönlichkeitsrechten verschwimmen. Will man einen hinreichend scharfen positiven Menschenwürdebegriff erhalten, der sich gegen den Menschenwürdegehalt der Persönlichkeitsrechte abhebt, so muss man methodisch andersherum vorgehen und ihn möglichst eng fassen, mit einem bekannten Diktum der verfassungsrechtlichen Literatur: die Menschenwürde nicht „in kleine Münze ummünzen“.[146] Meines Erachtens könnte es fruchtbar sein, für eine solche positive Bestimmung der Menschenwürde einen ontologischen Ansatz zu wählen, der danach fragt, was den Menschen als Menschen auszeichnet, wenn er gerade *nicht* Person ist, also nicht eine soziale Rolle einnimmt. Denn die Menschenwürdeidee erstreckt sich auch auf den Menschen, der nicht oder noch nicht erkennen kann, was der Fall ist, der nicht in der Lage ist, nach seinen Erkenntnissen zu handeln, der nicht in sozialen Beziehungen lebt, und sogar auf den, der von der Gemeinschaft als Un-Person angesehen wird, weil er sich schwerster Verfehlungen gegen die Gemeinschaft schuldig gemacht hat.[147] Der Mensch in diesem Sinne ist nicht Person, sondern Selbst.[148] Er ist – in Abgrenzung zu den Eigenschaften der Gemeinschaftsbezogenheit und Gemeinschaftsgebundenheit der Person, durch deren Inbezugnahme das Bundesverfassungsgericht die Abwägungsoffenheit von Grundrechten kennzeichnet[149] – charakterisiert durch Selbstbezogenheit und Selbstgebundenheit. Selbstsein ist existenziale „Geborgenheit“ in der „Geworfenheit“[150], zu welcher der Mensch „verurteilt“[151] ist. Selbstsein ist gekennzeichnet durch Sein, also Existenz, deren vitale Grundlage der Körper ist, der das Selbst sein lässt und in seinem Sein zugleich begrenzt. Diese Grenze bedeutet – wie alle Grenzen – zweierlei: die existenziale Isolierung des Selbst von seiner Umwelt und die Möglichkeit des Rückzugs der Person aus ihrer Umwelt in das Refugium des Selbst. Selbstsein bedeutet, nicht eine soziale Rolle spielen, nicht Konventionen gehorchen zu müssen.[152] Diese Freiheit ist keine der Person zuerkannte, sondern sie ist ontologisch verankert als existenziale Freiheit des Selbst, die ihm nicht aberkannt oder entzogen werden kann, ohne es zu zerstören. Existenziale Freiheit ist auch existenziale Geborgenheit – eine Geborgenheit, die jeden Menschen

146 MD/*Dürig*, Art. 1 Abs. 1 (Altbearbeitung, Stand: Januar 1976) Rn. 16; vgl. auch *Geddert-Steinacher*, Menschenwürde, S. 197: „Allein ein enger, absoluter Begriff der Würde des Menschen ist mit der Funktion des Art. 1 Abs. 1 GG als absolutem Maßstab der Grundrechtsinterpretation und oberstem Wert der Verfassung vereinbar.“

147 Vgl. BVerfGE 87, 209, 228 = NJW 1993, 1457; BVerfGE 109, 133, 150 = NJW 2004, 739.

148 Der Begriff „Selbst“ ist der Tiefenpsychologie entlehnt. Er bezeichnete dort – in unterschiedlichen Ausprägungen – das eigentliche, wahre, vollständige Wesen des Menschen. Das Ich (die Person) geht aus dem Selbst hervor. Vgl. etwa zum Begriffsumfang bei C.G. Jung *Samuels*, Wörterbuch, S. 198 ff.

149 BVerfGE 65, 1, 44 = NJW 1984, 419; vgl. auch bereits BVerfGE 35, 35, 39; 35, 202, 220 = NJW 1973, 1227.

150 *Heidegger*, Sein und Zeit, § 38.

151 Vgl. *Sartre*, Sein und Nichts, S. 612 u.ö.

152 *Wolter*, FS Meyer 1990, S. 493, 504 bezeichnet das „Recht auf Privatheit“ anschaulich – aber auch etwas verkürzend – als „das Recht in Ruhe gelassen zu werden, um sich selbst zu finden und von den Anforderungen der Außenwelt frei zu sein“.

von Anfang an begleitet und die auch der ungeborene Mensch schon erfährt[153] – die sich in physischer und geistig-seelischer Geborgenheit ausprägt. Existenziale Geborgenheit ist etwas anderes, fundamentaleres, als das bloße „Recht in Ruhe gelassen zu werden“ [154] oder ein „Recht auf Einsamkeit“[155]. Menschenwürde – Selbstsein, existenziale Geborgenheit und existenziale Geworfenheit – hat, wie *Spaemann* es ausdrückt, etwas zu tun mit einem „In-sich-Ruhen-können“ und mit „Seinsmächtigkeit“.[156] Ähnlich hat *Scheler* den Bereich „absoluter Intimität“ der Person gekennzeichnet: „Jeder Mensch spürt hinter allem sozialbedingten Erleben noch ein eigentümliches Selbstsein über dieses ganze hinausragen (desgleichen Selbstwert, Selbstunwert), in dem er sich (deskriptiv gesagt) einsam weiß.“[157] Die hiergegen von *Krauss* angebrachte grundsätzliche Kritik – Privatperson und Person der Öffentlichkeit seien nicht zwei in sich geschlossene Lebenseinheiten; auch die Bindung an das Sozialgeschehen reiche tief in das „private Erleben“ hinein, weil sich das Individuum jederzeit der Gesellschaft verpflichtet wisse; selbst in den Augenblicken der Zurückgezogenheit und Abgeschiedenheit sei der Mensch Sozialperson jedenfalls insoweit, als er in dauernder „Korrespondenz“ mit den ihn betreffenden gesellschaftlichen Erwartungen stehe[158] – überzeugt nicht. Sie verfehlt nicht nur den Kern des Gedankens der Selbstbezogenheit und Selbstgebundenheit, indem sie – was *Scheler* nicht im Sinn hatte, der zur intimen Seinssphäre in einem weiteren Sinne auch personale Beziehungen wie Ehe, Familie, Freundschaft und Glaubensgemeinschaft zählt[159] – ein Verständnis des Selbst unterstellt, das dieses gegen jeden Sozialbezug strikt abgrenzt. Die bedingungslose Anbindung der Person an gesellschaftliche Erwartungen entspricht auch nicht der Erfahrung persönlicher Freiheit *und* Unfreiheit gerade angesichts gesellschaftlicher Erwartungen, und führt zu einer dem liberalen Staatsverständnis widersprechenden Auffassung von einem Primat des dem Bürger Freiräume zuerkennenden Staats.

Mit dieser kurzen Skizzierung der Eckpunkte einer ontologischen Fundierung der Menschenwürde soll es hier sein Bewenden haben. Ein solches Menschenwürdeverständnis könnte sich harmonisch in die Rechtsprechung des Bundesverfassungsgerichts fügen, das so heterogene Ausprägungen und Bedingungen des Selbst-

153 Vgl. dazu näher *Löffelmann*, ZRPh 2004, 148, 153 f. In diesem Zusammenhang sei auch die – anschauliche – morphologische Deutung der Menschheitsgeschichte erwähnt, die Sloterdijk in seinem Sphärenprojekt entwickelt hat. Danach bilden Mutter und ungeborenes Kind eine solche Sphäre (Blase), die später durch andere Sphären ersetzt wird (vgl. *Sloterdijk*, Sphären I, S. 275 ff., 487 ff.). Das Bundesverfassungsgericht spricht in seinem zweiten „Abtreibungsurteil“ von der „Zweiheit in Einheit“, die Mutter und Kind bilden (BVerfGE 88, 203, 253), zieht aber daraus gerade den gegenteiligen Schluss der Verfügbarkeit des einen Teils durch den anderen.

154 Vgl. BVerfGE 75, 318, 328 = NJW 1987, 2500 m.w.N.

155 BVerfGE 27, 1, 6 = NJW 1969, 1707.

156 *Spaemann* Menschenwürde, S. 295, 299 f.

157 *Scheler*, Wertethik, S. 563.

158 *Krauss*, FS Gallas 1973, S. 365, 373, 377.

159 *Scheler*, Wertethik, S. 563 ff., 567.

seins wie den privaten Wohnraum als „letztes Refugium", das seelsorgerische Gespräch, das Arztgespräch und die Freiheit von Selbstbelastung und von willensbrechenden Behandlungen[160] der Menschenwürde zuordnet. Damit zeigt sich aber auch, dass nicht alle grundrechtlich geschützten Handlungsweisen, die auf den ersten Blick in einen Zusammenhang mit der Menschenwürde gebracht werden, tatsächlich diesen Bezug aufweisen. Zum Beispiel sexuellen Äußerungen und sexuellem Verhalten[161], Telekommunikation[162], Tagebuchaufzeichnungen[163], Gesprächen mit Berufsgeheimnisträgern wie Rechtsanwälten, Journalisten und Abgeordneten[164] dürfte nicht *per se* ein solcher Bezug zukommen; hier müssen besondere Umstände hinzutreten, um einen Menschenwürdebezug zu begründen. Die Begrenzung der Wahrheitserforschung im Strafverfahren unter Berufung auf die Unverletzlichkeit der Menschenwürde erfordert eine genaue Herausarbeitung des Menschenwürdebezugs der in Rede stehenden Eingriffshandlungen, insbesondere, soweit sie „kommunikative Beziehungen zu anderen" betreffen, in denen sich der Mensch nach Auffassung des Bundesverfassungsgerichts auch verwirklichen kann.[165]

---

160 Vgl. oben B.III.

161 Das BVerfG hat in seiner Entscheidung vom 13.2.2007, BVerfGE 117, 202, 233 = NJW 2007, 753, zur Verwertung heimlicher Vaterschaftstests festgestellt, es sei mit keinem unzulässigen Eingriff in den unantastbaren Bereich privater Lebensgestaltung der Mutter verbunden, dass im Rahmen eines Verfahrens zur Klärung der Abstammung des Kindes Einblick in das Geschlechtsleben der Mutter gegeben würde. *Küpper*, JZ 1989, 416, 418 bringt das prägnante Beispiel, dass das heimliche Beobachten strafbarer sexueller Handlungen im Schlafzimmer nicht dem Menschenwürdeschutz unterfalle und damit kein Verwertungsverbot zur Folge habe; das BayObLG, NJW 1979, 2624, 2625 erkannte in geschlechtlichen Handlungen mit Prostituierten einen „starken Sozialbezug" und rechnete diese deshalb nicht mehr dem Kernbereich zu; dieses – heute wohl kaum mehr konsensfähige – Beispiel belegt gut den historischen Wandel, dem auch das Verständnis von der Reichweite des Kernbereichs unterworfen ist; weitere Beispiele vgl. *Löffelmann*, ZStW 118 (2006), 358, 382; *ders.*, ZIS 2006, 87, 91; dazu ablehnend *Krehl/Eidam*, Lauschangriff, S. 139, 165.

162 *Gössel*, JZ 1984, 361, 363 ordnet fernmündlich geführte vertrauliche Gespräche zwischen Ehegatten nicht dem Kernbereich zu; „in diesem Fall hätten die Eheleute ihr Gespräch selbst aus dem geschützten familiären Innenraum in den weiteren Bereich der Nachrichtenübermittlungstechnik und damit mindestens aus dem absolut geschützten Kernbereich der Privatsphäre heraus verlagert." Ähnlich *Geppert*, JR 1988, 471, 474; weitere Beispiele vgl. *Löffelmann*, ZStW 118 (2006), 358, 382.

163 *Küpper*, JZ 1989, 416, 420 bringt das Beispiel eines Verfassers, der akribisch über seine Straftaten Buch führe und dieses als Tagebuch deklariere, um eine Verwertung auszuschließen; ebenso *Geppert*, JR 1988, 471, 474; *Störmer*, NStZ 1990, 397, 398.

164 Vgl. BVerfGE 107, 299, 332 = NJW 2003, 1787; BVerfGE 108, 251, 269 = NJW 2003, 3401; BVerfGE 109, 279, 323 f. = NJW 2004, 999, 1004.

165 BVerfGE 6, 389, 433 = JZ 1957, 484; BVerfGE 35, 202, 220 = NJW 1973, 1227; BVerfGE 80, 367, 374 = NJW 1990, 563; BVerfGE 109, 279, 319 = NJW 2004, 999, 1004; vgl. auch Gusy, JuS 2004, 457, 458, der Art. 1 Abs. 1 GG auch eine „soziale Bedeutung in der Öffentlichkeit" zuerkennt.

2. Sonderproblem: Kernbereichsschutz und Tagebücher

Dies lässt sich – um den Bogen zum Eingang dieser Überlegungen wieder zurückzuschlagen – an der viel umstrittenen „Tagebuch-Entscheidung" des Bundesverfassungsgerichts exemplifizieren. Im Schrifttum wurde unter anderem argumentiert, das Schreiben von Tagebüchern sei als Ausübung der Gewissensfreiheit der Beichte ähnlich und verlange deshalb einen ähnlichen Schutz.[166] Das Bundesverfassungsgericht hat die Schutzwürdigkeit von Tagebuchaufzeichnungen nicht an Art. 4 Abs. 1 GG gemessen, sondern ausschließlich am allgemeinen Persönlichkeitsrecht und Kernbereichsschutz.[167] Vor dem Hintergrund des Gesagten kommt der Parallelenbildung zur Beichte eine starke suggestive Kraft zu. Was, wenn nicht ein Tagebuch, das vom Verfasser als „Seelenspiegel" verwendet wird und deshalb „von einer rückhaltlosen Rechenschaftslegung gegenüber sich selbst geprägt (ist), die keine Vorbehalte kennt, denen der Mensch sich sonst im zwischenmenschlichen Bereich unterwirft, und darum auch Unbewusstes offenbart"[168], könnte mit größerer Berechtigung als Ausdruck des Selbstseins bezeichnet werden, als Medium, das die Geworfenheit des Verfassers auffängt und ihm seelische Geborgenheit vermittelt? Dennoch lassen sich einige bedeutende Unterschiede zur Beichte aufweisen, die diese intuitive Einschätzung in Frage stellen: 1. Die Beichte erfolgt vor dem Vertreter einer Organisation, die es sich zur Aufgabe gemacht hat, den Gläubigen bei ihrer moralischen Orientierung Hilfe zu bieten. Der Beichtvater kann den Beichtenden zur Auseinandersetzung mit seiner Tat, zur Wiedergutmachung und zur Wiederaussöhnung mit der weltlichen Gewalt anhalten.[169] 2. Da die Beichte vor einem Beichtvater erfolgt, der nach weltlichem und kirchlichem Recht zur Wahrung des Beichtgeheimnisses verpflichtet ist, dient der Kernbereichsschutz zugleich dem Schutz der Glaubensausübungsfreiheit des Beichtvaters und dem Schutz der kirchlichen Institution der Beichte. 3. Die Beichte ist von vornherein auf die Mitteilung moralisch kritischer Sachverhalte angelegt, was eine enge Nähe zur Mitteilung strafrechtlich relevanter Sachverhalte und damit zum Grundsatz der – auch durch Art. 1 Abs. 1 GG geschützten – Selbstbelastungsfreiheit begründet. Tagebücher können demgegenüber eine Vielzahl unterschiedlicher Aufzeichnungen enthalten, deren Inhalt und Qualität – zum Beispiel bei geschäftlichen Notizen – bereits den Charakter als Tagebuch entfallen lassen können.[170] Die Beichte ist niemals profan oder banal. 4. Für den Gläubigen besteht ein aus einer grundsätzlichen Gewissensentscheidung erwachsender Zwang zur Beichte. Für den Verfasser eines Tagesbuchs besteht dieser Zwang

166 *Amelung*, NJW 1988, 1002, 1005 f. mit interessanten Hinweisen zur Entstehung der „neuzeitlichen Sitte der Tagebuchführung", zu der namentlich der Calvinismus seine Gläubigen im Sinne einer „Beichte ohne Beichtvater" angehalten habe; *ders.*, NJW 1990, 1753, 1759.

167 BVerfGE 80, 367, 373 ff. = NJW 1990, 563.

168 *Ellbogen*, NStZ 2001, 460, 463.

169 *Amelung*, NJW 1988, 1002, 1005.

170 Zutreffend weist *Ellbogen*, NStZ 2001, 460 f. darauf hin, dass sich in vielen Fällen die Kernbereichsproblematik schon so lösen lässt, dass Aufzeichnungen gar nicht als „tagebuchartig" anzusehen sind.

nicht; ein etwaiger psychischer Zwang – eine Zwanghaftigkeit des „Schreiben-Müssens“ zur Selbsttherapie – ist mit dem durch das Glaubensbekenntnis und seine Ausübung vermittelten nicht vergleichbar. 5. Die Beschlagnahme und Verwertung eines Tagebuchs beeinträchtigen weder die Gewissenserforschung seines Verfassers noch die Verschriftung ihrer Ergebnisse. Die Gewissensfreiheit und ihre Betätigung sind durch das staatliche Handeln nicht berührt.[171] 6. „Papier ist geduldig.“ Dem gesprochenen Wort eignet in Bezug auf den Sprechenden eine größere Unmittelbarkeit. Das geschriebene Wort ist in höherem Maße der Auslegung, Verfälschung, Selbsttäuschung des Schreibenden, Ablösung und Entäußerung zugänglich. Der Ausdruck des Selbstseins im kommunikativen Verhältnis zu anderen erfolgt in erster Linie durch das gesprochene Wort: die Liebeserklärung, das Ja-Wort, der elterliche Segen, das letzte Wort des Sterbenden, die kirchliche Beichte sind in verschrifteter Form nur schwer denkbar. Sie sind nicht ausschließlich Wort, sondern Situation, die aus sich heraus Unantastbarkeit vermittelt und diese zu respektieren fordert. Schriftlichkeit schafft Distanz, sie will den Verfasser in einen Abstand zu seinen Gedanken, Empfindungen und Erlebnissen bringen, damit er sie überblicken, verstehen, darstellen und gegebenenfalls anderen mitteilen kann. Wer sich zu einer Äußerung in Distanz setzen will, entäußert sie schriftlich. Schriftlichkeit zwischen einander nahe stehenden Menschen (zum Beispiel die schriftliche Beichte des „Seitensprungs“) ist ein Afront, ein Indikator verlorener Intimität, ein Versuch, diese von einer sozialen Basis aus wieder aufzubauen oder schlicht die defizitäre Kompensation mangelnder Nähe. Für den sozialen Bereich ist Schriftlichkeit konstitutiv und vermittelt Verpflichtetheit, Verbundenheit und soziale Kontrolle. Verträge werden schriftlich gefasst, wenn ihre berechtigende und verpflichtende Wirkung nach außen erkennbar sein soll[172]; persönliches Erleben wird schriftlich gefasst, wenn andere daran teilhaben sollen. 7. Damit soll nicht gesagt sein, dass Schriftlichkeit einer Äußerung ihrer Zuordnung zum Kernbereich privater Lebensgestaltung entgegenstehe. Das besondere an Tagebüchern dürfte sein, dass ihre Schriftlichkeit nicht nur auf der Ebene des Sich-erklärens sondern auch auf der des Verstehens durch Selbstbezüglichkeit, durch die Begegnung des Ich mit sich selbst aus der angenommenen Sicht eines Dritten geprägt ist. Der kommunikative Austausch mit anderen, der ein Wesensmerkmal des Sozialen darstellen kann, wird damit vollkommen internalisiert, der soziale Austausch oder die Rückbesinnung auf das Selbst finden, wenn man so will, in der Person des Schreibenden und Verstehenden und im Prozess des Schreibens und Verstehens statt. Dies legt nahe, die Frage der Zuordnung einer Aufzeichnung zum Kernbereich privater Lebensgestaltung danach zu entscheiden, ob der Verfasser in seinem Aufzeichnen und Verstehen sich selbst in einer „sozialen Rolle“ oder in

171 So auch zutreffend *Ellbogen*, NStZ 2001, 460, 461.

172 An diese Feststellung könnten vielfältige weitere Untersuchungen anschließen, die auf den historischen und kulturellen Wandel der Schriftlichkeit von Verträgen abstellen, zum Beispiel im Hinblick auf Heiratsanträge oder die – noch heute bestehende – Affinität des chinesischen Rechtskreises zu mündlichen Verträgen, was aus der „konfuzianischen“ Prägung der Gesellschaft erklärt werden kann (vgl. näher *Löffelmann*, Gesetz, S. 85 ff. m.w.N.).

seinem Selbstsein begegnet. Schreibt er in seinem Tagebuch Briefe an einen imaginierten Freund[173], so weist das auf eine soziale Komponente; unternimmt er Anstrengungen zur Selbsttherapie[174], so ist das vergleichbar dem Arztgespräch und kann im Einzelfall dem Kernbereich zuzurechnen sein; sucht er das Gespräch mit Gott, liegt eine Gleichbehandlung mit der Beichte nahe. Damit kommt es zugleich auf die Form des Geschriebenen an und auf den Inhalt, aus denen sich Rückschlüsse auf die Qualität des „Austauschs" ziehen lassen. 8. Insoweit kommt auch dem Schreiben über Straftaten eine indizielle Bedeutung zu. „Buchhalterische" Aufzeichnungen über Straftaten entbehren bereits des tagebuchartigen Charakters.[175] Aufzeichnungen, die ein Verfasser zum Zwecke der Planung und Begehung der Tat fertigt, richtet er an sich selbst wie an einen Mittäter. Berichte über Gewissensnöte nach Begehung der Tat können gerade die Funktion haben, sich seelisch durch die Mitteilung des Geschehenen „an einen anderen" zu entlasten, sich vor dem vermeintlichen moralischen Urteil „anderer" zu rechtfertigen oder durch ausdrückliche Übernahme von Schuld die normative Einheit der Persönlichkeit wieder herzustellen.[176] Alle diese Funktionen weisen einen Sozialbezug auf, da sie den Verfasser als soziale, in einem Werteverhältnis zu anderen sich befindende Person voraussetzen. Da Straftaten häufig andere Personen als Opfer und stets die normsetzende Rechtsgemeinschaft als solche treffen, weist in der Regel auch die Auseinandersetzung des Täters mit seiner Tat einen Sozialbezug auf.[177] Anders kann dies zum Beispiel bei Straftaten zum Nachteil engster Vertrauter sein, wenn kein öffentliches Interesse an der Strafverfolgung besteht.[178] 9. Da Verschriftung Distanz erzeugt, muss ferner hinzukommen, dass die Aufzeichnung noch nicht von ihrem Verfasser abgelöst ist. Schreiben und Verstehen müssen, damit die Parallele zum kommunikativen Austausch mit anderen nicht schief ist, ein noch nicht abgeschlossenes prozesshaftes Geschehen darstellen. Indizien dafür können sein, dass das Tagebuch nicht abgeschlossen ist, der letzte Eintrag zeitnah erfolgte oder es an einem für den Verfasser

---

173 So im Falle von Frank Schmökel, vgl. *Ellbogen*, NStZ 2001, 460.

174 So in dem BVerfGE 80, 367 = NJW 1990, 563 zugrunde liegenden Fall.

175 Vgl. bereits BGHSt 19, 325, 331 = JZ 1965, 32; *Plagemann*, NStZ 1987, 570 m.w.N.

176 Ambivalent erscheint insofern der Fall BVerfGE 80, 367 = NJW 1990, 563. *Amelung* charakterisiert ihn dahin, es handele sich „um den Kampf des Tagebuchführers mit Trieben, deren Realisierung er als ‚grauenvoll' empfindet, weil sie Normen widersprechen würde, die er selbst für richtig hält" (*Amelung*, NJW 1990, 1753, 1758 f.). Maßgeblich für die Zuordnung wäre danach, ob man die Zerrissenheit des Beschwerdeführers als inneren Kampf um sein Selbstsein oder um die Vereinbarkeit seiner Person mit sozialen, normbegründenden Konventionen ansehen muss.

177 Der – von den unterlegenen Richtern und im Schrifttum zu recht kritisierte – Rückgriff auf Belange der Funktionstüchtigkeit der Strafrechtspflege, die im nachhinein an die Aufzeichnungen herangetragen werden, und den Einwand der Relativierung des absoluten Schutzes begründen (vgl. BVerfGE 80, 367, 382 = NJW 1990, 563; *Störmer*, NStZ 1990, 397, 398), ist dann in der Regel nicht mehr erforderlich. Die Argumentation des Bundesverfassungsgerichts ist allerdings deshalb nicht ganz von der Hand zu weisen, weil es gerade der Bezug zu Straftaten ist, der die Aufzeichnungen zu deren Aufklärung und Verfolgung geeignet macht.

178 Zum Beispiel bei einer Beleidigung zwischen Ehepartnern, vgl. BT-Drucks 15/5486, S. 17.

leicht zugänglichen Ort aufbewahrt wird.[179] Andernfalls unterfällt das verschriftete Produkt der Kommunikation nur dem Schutz des Persönlichkeits- und Eigentumsrechts.[180] 10. Damit kommt es für die Zuordnung zum Kernbereich privater Lebensgestaltung maßgeblich auf den „Inhalt" des Tagebuchs – also auf Form und Inhalt der Aufzeichnungen – an, aber nicht nur auf diesen, sondern – wie allgemein bei einem Menschenwürdebezug, der den Menschen in seiner Umwelt wahrzunehmen voraussetzt – auf das Gesagte und Geschriebene in der konkreten Situation.[181] Nur eine solche umfassende Betrachtung, die keine pauschalen Lösungen zulässt, wird dem an den Gehalt der Menschenwürde zu stellenden Anspruch gerecht. Wird der Beichtstuhl zum Verabreden krimineller Handlungen genutzt, liegt darin auch kein schützenswertes Verhalten.

3. Das Rechtsprinzip der Verhältnismäßigkeit

Der Verhältnismäßigkeitsgrundsatz steht in einem inneren Zusammenhang mit dem vom Bundesverfassungsgericht wiederholt herangezogenen Gedanken einer „vom Grundgesetz vorgegebenen Gemeinschaftsbezogenheit und Gemeinschaftsgebundenheit des Individuums".[182] Weil das Individuum – zwangsläufig – in eine Gemeinschaft eingebunden und auf sie bezogen lebt und von dieser – jedenfalls nach vertragstheoretischem Staatsverständnis – in weitem Umfang seine Rechte herleitet, ist es bei der Inanspruchnahme, Geltendmachung und Durchsetzung seiner Rechte nicht autonom, sondern durch die Bedürfnisse der Gemeinschaft und ihrer Mitglieder eingeengt. Die Tatsache dieser Gemeinschaftsbezogenheit und Gemeinschaftsgebundenheit begrenzt auch den Bereich der sittlichen, rechtlichen und persönlichen Autonomie, den man – in Abgrenzung zu dem Terminus der „Gemeinschaftsbezogenheit und Gemeinschaftsgebundenheit" – als den der Selbstbezogenheit und Selbstgebundenheit bezeichnen kann.[183] Teilt man die Auffassung, dass das oberste Verfassungsprinzip der Menschenwürde in seinem positiven Gehalt den Menschen

179 Das Tagebuch muss dem Verfasser verfügbar sein, wenn er „mit ihm" kommunizieren will. Das Wegschließen des Tagebuchs, auf das die Rechtsprechung abstellt, könnte eher als Indiz für die Abgeschlossenheit der Kommunikation angesehen werden. Dann tritt der Gedanke der Perpeturierung und ihrer Gefährlichkeit, die ein Vernichten des Geschriebenen oder sein Wegschließen erwägenswert machen, in den Vordergrund.

180 Dieses Ergebnis deckt sich mit der Behandlung gespeicherter Telekommunikation, die, sobald sie abgeschlossen ist und der Empfänger auf das Speichermedium einwirken kann, ebenfalls „nur" vom Recht auf informationelle Selbstbestimmung erfasst wird, vgl. BVerfG NJW 2006, 976, 980 f.; BGH MMR 2006, 541; zur Entwicklung dieser Rechtsprechung vgl. AnwK-StPO/*Löffelmann*, § 100a Rn 3, 12.

181 Das hat das Bundesverfassungsgericht zuletzt in seiner Entscheidung zum „Gefängnisseelsorger" bekräftigt, vgl. BVerfG NJW 2007, 1865, 1867.

182 Vgl. BVerfGE 35, 35, 39; 35, 202, 220 = NJW 1973, 1227; BVerfGE 65, 1, 44 = NJW 1984, 419.

183 Vgl. bereits *Löffelmann*, ZStW 118 (2006), 358, 383.

in seinem Selbstsein und So-sein schützt, so kann daraus eine dogmatische Basis gewonnen werden für einen Bereich normativer Grenzen staatlicher Eingriffe, der sich durch „Absolutheit" auszeichnet und einen abwägungsoffenen Bereich, in dem die Geltungskraft normativer Grenzen von dem Rang und der Beeinträchtigung der durch den Eingriff verletzten Rechtsgüter abhängt. Vom Grundgedanken her ist diese Differenzierung absoluter und relativer normativer Bereiche nicht originell, sondern folgt dem in Rechtsprechung und Schrifttum gefestigten verfassungsrechtlichen Verständnis. Maßgeblich ist, dass aus dieser Abgrenzung einerseits – wie oben dargestellt – ein positiver Begriff der Menschenwürde gewonnen werden kann, der hinreichend gehaltvoll ist, um metarechtlich – rechtsphilosophisch, rechtsanthropologisch, psychologisch, soziologisch und ontologisch – begründet zu werden; andererseits erfährt auch der Grundsatz der Verhältnismäßigkeit durch diese dogmatische Fundierung und Abgrenzung gegen die positiv gefasste Menschenwürde eine Schärfung.

Mit dem Aspekt des Sozialbezugs einer Handlung als maßgeblichem Kriterium ihrer Zuordnung zum relativ normativen Bereich hat das Bundesverfassungsgericht die skizzierte Differenzierung in jüngeren Entscheidungen angestoßen. Bestehe bei Maßnahmen der akustischen Wohnraumüberwachung oder der Telekommunikationsüberwachung ein hinreichender Sozialbezug zu überwachender Gespräche, seien diese nicht dem unantastbaren Kernbereich privater Lebensgestaltung zuzurechnen.[184] Dies sei etwa bei Gesprächen, die sich unmittelbar auf konkret begangene Straftaten beziehen, der Fall. In diesen Äußerungen wird deutlich, dass es gerade die Gemeinschaftsbezogenheit und Gemeinschaftsgebundenheit des Einzelnen ist, die vielen seiner Handlungen einen Sozialbezug verleiht. Dem Gespräch über konkret begangene Straftaten eignet dieser Sozialbezug, weil Straftaten nicht nur das Opfer treffen, sondern die Rechtsgemeinschaft als solche, die für den Schutz ihrer Mitglieder vor der Verletzung durch Dritte eintritt. Fehlt dieser Bezug, etwa weil das Opfer – wie häufig bei innerfamiliär begangenen Straftaten – auf den Schutz der Rechtsgemeinschaft verzichtet und auch verzichten kann, können solche Gespräche folglich dem Kernbereichsschutz unterfallen.[185] „Sozialbezug" ist hier allerdings nicht gleichzusetzen mit dem Begriff des Sozialen in den empirischen Sozialwissenschaften, der den Menschen in all seinen Beziehungen zu anderen Menschen erfasst. Der Mensch, so das Bundesverfassungsgericht, verwirkliche sich gerade auch in seinen kommunikativen Beziehungen zu anderen.[186] Das seelsorgerische Gespräch, die Beichte und den Austausch mit Personen des besonderen Vertrauens über innere Vorgänge wie Empfindungen und Gefühle sowie Überlegungen, Ansichten und

---

184 BVerfGE 109, 279, 319 = NJW 2004, 999, 1004; BVerfGE 113, 348 = NJW 2005, 2603, 2611 f.; dieser Gedanke wurde in der „Tagebuch-Entscheidung" entwickelt und ist im Schrifttum auf massive Ablehnung gestoßen, vgl. *Wolter*, StV 1990, 175, 178 f.; *Lorenz*, GA 1992, 254, 263 ff.

185 So auch BT-Drucks 15/4533, S. 14.

186 Vgl. die Nachweise Fn 163.

Erlebnisse höchstpersönlicher Art[187] unterstellt das Bundesverfassungsgericht ausdrücklich dem Kernbereich privater Lebensgestaltung. Dies ist mit dem Aspekt des Sozialbezugs nur durch einen speziellen Begriff des Sozialen in Einklang zu bringen, der sich in Abgrenzung zu und hermeneutischem Wechselspiel mit dem Begriff der Selbstbezogenheit und Selbstgebundenheit des Individuums entwickeln lässt. Die methodische Besonderheit dieses Ansatzes liegt darin, dass sie einen Aspekt des Menschenbilds berücksichtigt, der durch die – in den Rechtswissenschaften dominierende – soziologische Deutung des Menschen als einer in Handlungsbeziehungen stehenden und sich entwickelnden Person unterschlagen wurde. Der tiefere Grund für diese einseitige handlungstheoretische Konzeption des Menschenbilds mag in den kulturellen Besonderheiten unseres Rechtskreises liegen und kann durch das Erklärungsmodell eines begrenzenden Denkens zum Unendlichen, das den Menschen vorrangig als Individuum begreift, als Einzelnen und Vereinzelten, der erst sekundär auf andere bezogen ist, erklärt werden. Gemeinschaftsbezogenheit und Gemeinschaftsgebundenheit einerseits, Selbstbezogenheit und Selbstgebundenheit andererseits kennzeichnen die beiden Pole, zwischen denen die soziologischen Wissenschaften im weiteren Sinne die Beschreibung des menschlichen Daseins entwikkeln.

VI. Umfang und Reichweite von Beweisverboten

1. Erhebungsverbote

Die Frage des gebotenen Umfangs und der Reichweite von Beweiserhebungsverboten wirft auf der Gesetzgebungsebene keine besonderen Schwierigkeiten auf und bedarf daher nur weniger Anmerkungen.

Soweit die Beweiserhebung voraussichtlich in Art. 1 Abs. 1 GG eingreifen würde, ist sie unzulässig. Die Schwierigkeit für die Gesetzgebung liegt hier – aufgrund der besonderen dogmatischen Struktur des Art. 1 Abs. 1 GG, dessen Schutzumfang „nur vom Eingriff her" erfasst werden kann – in der Bestimmung, welche Handlungen abstrakt menschenwürdeverletzenden Charakter aufweisen. Wie § 100c Abs. 4 und 5 zeigen, kommt es hier zu Abgrenzungsfragen, die vom Gesetzgeber nur schwer pauschal gelöst werden können und weitgehend der Rechtsanwendung zur Beantwortung überlassen werden müssen. Denkbar ist eine generalklauselartige Bestimmung, die in Form von Regelbeispielen Fälle der Menschenwürdeverletzung aufgreift, die bisher in der Rechtsanwendung schon Anerkennung gefunden haben. Erforderlich wäre als dogmatischer Unterbau einer solchen Regelung aber auch eine positive Vorstellung des Gesetzgebers vom Umfang des durch Art. 1 Abs. 1 GG gewährten Schutzes. Wie oben vorgeschlagen, könnte ein positiver Menschenwürde-

187 Vgl. BVerfGE 90, 255, 260 = NJW 1995, 1015; BVerfGE 109, 279, 321 f. = NJW 2004, 999, 1004.

begriff – in Abgrenzung zum Begriff der „Gemeinschaftsbezogenheit und Gemeinschaftsgebundenheit" des Individuums, mit dem das Bundesverfassungsgericht die Abwägungsoffenheit von Grundrechten umschreibt – an den ontologischen Topos der Selbstbezogenheit und Selbstgebundenheit des Individuums anknüpfen.[188]

Soweit Beweiserhebungen nicht Art. 1 Abs. 1 GG berühren, ist es Sache des Gesetzgebers, durch Vermittlung der einander widerstreitenden Interessen die Wahrheitserforschung unter Berücksichtigung ihrer Bedeutung für das Verfahren angemessen zu begrenzen. Prüfungsgegenstände sind dabei einerseits das öffentliche Interesse an der Wahrheitserforschung und das Interesse des Opfers an der Wahrheitserforschung und andererseits das öffentliche Interesse an der Rechtsstaatlichkeit des Verfahrens und das Interesse der Verfahrensbeteiligten an der Wahrung ihrer schutzwürdigen Belange, insbesondere ihrer Freiheits- und Persönlichkeitsrechte. Technisch gibt es für den Gesetzgeber verschiedene Möglichkeiten, diesen Interessenausgleich zu regeln. Das positive Regelungsmodell knüpft an den impliziten limitierenden Gehalt von Ermächtigungsnormen an, das negative Regelungsmodell erklärt bestimmte Maßnahmen ausdrücklich für unzulässig. Flexible Parameter für die Begrenzung von Beweiserhebungen sind in beiden Modellen der Grad des Tatverdachts, die abstrakte und konkrete Schwere der Tat und die dem Opfer entstandenen Schäden; diese Kriterien limitieren als *materielle* Anordnungsvoraussetzungen den Anlass der Beweiserhebung. Parameter, die den Umfang der Beweiserhebung beschränken, betreffen die zulässige Dauer der Maßnahme, die Örtlichkeiten, an denen sie durchgeführt werden (räumliche Ausdehnung), den Kreis der Personen (Zielpersonen), gegen die sie sich richten, und die Beweisgegenstände, auf deren Erhebung sie zielen darf (Zielobjekte). Diese *konditionalen* Kriterien limitieren die Maßnahme in ihrer Eingriffsintensität. Hinzu kommen – für das positive Regelungsmodell – als *formelle* Anordnungsvoraussetzungen und verfahrenssichernde Kautelen Parameter, die die Wirksamkeit der materiellen und konditionalen Parameter gewährleisten sollen: Regelungen zur Anordnungskompetenz, qualifizierte Anordnungs- und Begründungspflichten, Gewährung rechtlichen Gehörs, Benachrichtigungspflichten, Rechtsschutz und Berichtspflichten. Positive und negative Regelungsmodelle können auch in Form von Regel, Ausnahme und Gegenausnahme ineinander verschränkt sein. Über alle genannten Kriterien muss sich der Gesetzgeber im Rahmen des auf Gesetzgebungsebene gebotenen Interessenausgleichs ein Urteil bilden.[189] Dies bedeutet freilich nicht, dass sich alle Kriterien in einer konkreten Beweiserhebungsnorm wiederfinden müssten. Soweit mit einzelnen Kriterien keine besondere Einschränkung verbunden ist, können sich die Anordnungsvoraussetzungen auch aus den allgemeinen Grundsätzen des Strafverfahrens ergeben (zum Beispiel das Erfor-

188 Vgl. oben D.IV.1.

189 Im Schrifttum wurde früher – in Ablehnung der Abwägungslehre der Rechtsprechung – auch gegen solche Differenzierungen und für eine generelle Zulässigkeit oder Unzulässigkeit bestimmter Maßnahmen argumentiert, vgl. etwa *Beulke*, StV 1990, 180, 184 zur seinerzeit diskutierten Genomanalyse. Diese Position dürfte durch die Entwicklung in Rechtsprechung und Gesetzgebung inzwischen überholt sein.

dernis des Anfangsverdachts einer Straftat). Die Auseinandersetzung mit allen maßgeblichen Kriterien sollte sich aber aus der Gesetzesbegründung ergeben.

2. Verwendungsverbote

„Verwendung" wurde oben definiert als jede Art des hoheitlichen Gebrauchmachens von erlangten Erkenntnissen, auch wenn sie sich nicht in einer äußerlich erkennbaren Handlung – etwa einem Überlassen der Erkenntnisse an andere – manifestiert. Verwendungsverbote limitieren den Gebrauch von Erkenntnissen, soweit mit ihm Eingriffe in Grundrechte verbunden sind. In der Regel knüpfen Verwendungsverbote an den Gedanken der Zweckumwidmung an, was impliziert, dass das Verwenden von Erkenntnissen zu dem Zweck, zu dem sie erhoben wurden, schon von der Erhebungsnorm legitimiert ist. Das ist schlüssig, da die Erhebungsnorm andernfalls gar nicht als geeignet anzusehen wäre. Typische Beispiele der Zweckumwidmung sind die Verwendung der im Rahmen eines Strafverfahrens erlangten Erkenntnisse zur Gefahrenabwehr, zur Strafverfolgung in anderen Strafverfahren, ihre Verwendung in anderen hoheitlichen Verfahren, zum Beispiel Steuer- oder Ordnungswidrigkeitenverfahren oder umgekehrt die Verwendung der durch andere hoheitliche Maßnahmen erlangten Erkenntnisse für Zwecke der Strafverfolgung.

Problematisch ist bereits der systematische Ausgangspunkt der Normierung von Verwendungsverboten. Aufgrund der durch die Zweckumwidmung hervorgerufenen Querbezüge zwischen verschiedenen Gesetzen kommen mehrere Regelungsorte in Betracht. Verwendungsverbote finden sich daher neben der Strafprozessordnung in Datenschutzgesetzen und in einer Vielzahl bereichsspezifischer Gesetze, in denen auch die Erhebung der Erkenntnisse geregelt ist. Zwei Regelungsmodelle sind denkbar: einerseits die Verankerung der Verwendungsverbote in den Quellnormen, die auch die Erhebung regeln; andererseits ihre Verortung in den Zielnormen, die den weiteren Umgang mit den Erkenntnissen regeln. Die aktuelle Rechtslage stellt in Bezug auf das Strafverfahren eine Mischform dar.[190] Für eine Verankerung in den Quellnormen spricht die Überlegung, dass die Stelle, die für die Erhebung der Erkenntnisse verantwortlich ist auch über deren weitere Verwendung befinden soll. Die Zweckumwidmung stellt selbst eine Verwendungsweise dar, die – sofern sie grundrechtsbeschränkend wirkt – einer gesetzlichen Ermächtigung bedarf und somit schon auf gesetzgeberischer Ebene einer Prüfung zu unterziehen ist. Schafft der Gesetzgeber eine Erhebungsnorm, so muss er damit zugleich die zulässigen Zwecke der Verwendung der erlangten Erkenntnisse festlegen, also auch die Möglichkeiten der Zweckumwidmung. Andererseits geht die Zweckumwidmung gerade über den eigentlichen Anwendungsbereich der Erhebungsnorm hinaus. Hinsichtlich der in einen Interessenausgleich einzustellenden Gesichtspunkte unterscheidet sich die Verwendungsnorm von der Erhebungsnorm, da der durch die Erhebung vermittelte

190 Vgl. oben B.I.3.

Eingriff nicht mehr erforderlich ist; die relevanten Erkenntnisse liegen ja vor. Vom Anwendungsbereich der Erhebungsnorm und den ihm zugrunde liegenden gesetzgeberischen Erwägungen kann die Verwendungsnorm also nicht erfasst sein. Die erforderliche Prüfung muss vielmehr im Hinblick auf die durch die Zweckumwidmung berührten schutzwürdigen Interessen und die mit der neuen Verwendung verfolgten Interessen stattfinden. Das spricht für eine Abkoppelung der Verwendungsregelung von der Quellnorm und für ihre Zuordnung zur Zielnorm. Sollen Erkenntnisse, die in anderem Zusammenhang – zum Beispiel durch das Betreiben eines Autobahnmautüberwachungssystems – erlangt wurden, für Belange eines Strafverfahrens Verwendung finden, so ist hierfür eine Ermächtigungsgrundlage erforderlich, die ihren Regelungsort in der Strafprozessordnung haben sollte. Zugriff auf Daten des Autobahnmautüberwachungssystems ist Beweiserhebung bei der Betreibergesellschaft.[191] Beweiserhebungsmaßnahmen – etwa Durchsuchungen und Beschlagnahmen – können nach der Strafprozessordnung auch gegenüber anderen staatlichen Stellen erfolgen.[192] Nach der Regelungssystematik der Strafprozessordnung sind die Befugnisse der Strafverfolgungsbehörden zu solchen Maßnahmen dort abschließend geregelt. Der im Hinblick auf das Überlassen hoheitlich erlangter Erkenntnisse an Private überzeugende Gedanke, dass die hoheitliche Stelle, die die Erkenntnisse erhebt und verwahrt, deren weitere Verwendung zu kontrollieren habe, verfängt nicht im Verhältnis staatlicher Institutionen zueinander. Staatliche Stellen sind untereinander zur wechselseitigen Amtshilfe bei der Ausübung ihrer Aufgaben verpflichtet. Die Bereitschaft, Amtshilfe zu leisten, steht nicht im Ermessen der ersuchten Stelle.[193] Über die Frage, welche Maßnahmen zur Wahrnehmung ihrer Aufgaben erforderlich sind – einschließlich der Erforderlichkeit der Einbindung anderer staatlicher Stellen – befindet ausschließlich die ersuchende Stelle. Über die Verhältnismäßigkeit des Zugriffs auf Erkenntisse, die in einem anderen Zusammenhang von staatlichen Stellen erlangt wurden, zum Zwecke der Strafverfolgung haben daher die Strafverfolgungsbehörden zu entscheiden, die hierfür einer gesetzlichen Grundlage bedürfen. Diese findet sich in undifferenzierter Form in der „Befugnis, von allen Behörden Auskunft zu verlangen“ in § 161 Abs. 1 S. 1. Spezialvorschriften des Auskunftverlangens finden sich in §§ 98a, 98b (Rasterfahndung) und § 98c (Datenabgleich). Die einschränkende Regelung des § 160 Abs. 4, die auf bereichsspezifische Verwendungsverbote verweist, steht zu dem Grundsatz der Verantwortlichkeit der Strafverfolgungsbehörden für Belange der Strafverfolgung in Widerspruch und berücksichtigt nicht, dass es für die Zweckumwidmung nicht auf den für die Erhebung der Erkenntnisse maßgeblichen Interessenausgleich ankommt, sondern eine erneute Prüfung erforderlich ist, welche die Belange der Strafverfolgung in Rechnung stellt. Diese Belange zu wahren und zu gewichten, ist nicht Aufgabe der für die bereichsspezifische Erhebung zuständigen Stellen, denen häufig auch die Erfahrung im Umgang mit solchen Belangen fehlen dürfte. Soweit bereichsspezifische Verwen-

191 Vgl. *Göres*, NJW 2004, 195, 196; zur Funktionsweise des Datenabrufs *Otten*, DuD 2005, 657.
192 Vgl. AnwK-StPO/*Löffelmann*, § 103 Rn 5 m.w.N.
193 *Meyer-Goßner*, § 161 Rn 1a m.w.N.

dungsbeschränkungen in Betracht kommen, ist deren Anwendung von den Strafverfolgungsbehörden zu beurteilen. Konsequent wäre es daher, die hierfür maßgeblichen Verfahren und materiellen Regelungen dort zu verorten, wo die Tätigkeit der Strafverfolgungsbehörden ihre gesetzliche Ausgestaltung hat: in der Strafprozessordnung. Auch in der praktischen Handhabung macht dies Sinn, da den Strafverfolgungsbehörden – die durch ihr Auskunftsverlangen im Verhältnis zur erhebenden Stelle die Initiative ausüben müssen[194] – aus dem für sie maßgeblichen Gesetz erkennbar ist, auf welche durch andere Stellen erhobenen Erkenntnisse sie unter welchen Voraussetzungen zugreifen dürfen. Bei der Vielzahl bereichsspezifischer Verwendungsregeln in verstreuten Gesetzen ist das umgekehrt nicht selbstverständlich. Auf der anderen Seite gilt entsprechendes auch für Verwendungsregelungen, die nicht die Verwendung in Strafverfahren betreffen, aber in der Strafprozessordnung geregelt sind. Für die Verwendung zur Gefahrenabwehr müssten Regelungen, die die Zweckumwidmung der von Strafverfolgungsbehörden erlangten Erkenntnisse erlauben, systematisch in den Polizeigesetzen verankert werden. Als maßgeblich für den erforderlichen gesetzgeberischen Interessenausgleich müsste hier insbesondere die Dringlichkeit der Gefahr und der zu erwartende Ausmaß des Schadens berücksichtigt werden; entsprechende Differenzierungen finden sich bereits im geltenden Recht (vgl. § 100d Abs. 6 Nr. 2), wenn auch nicht in widerspruchsfreier Ausführung.

Was die Reichweite der Verwendungsregelungen anbelangt, stellt sich die geltende Rechtslage als reichlich undifferenziert dar. In der Regel setzt die Verwendung zur Strafverfolgung in anderen Strafverfahren oder die Verwendung präventivpolizeilich erlangter Erkenntnisse für Zwecke eines Strafverfahrens voraus, dass die Verwendung zur Aufklärung eines Delikts erfolgt, zu dessen Aufklärung auch die Erhebung der Erkenntnisse hätte angeordnet werden können. Das berücksichtigt nicht, dass der mit der Erhebung einhergehende Grundrechtseingriff, im Hinblick auf den die Erhebung durch diverse Kautelen limitiert werden soll, nicht mehr erforderlich ist. Notwendig ist eine eigenständige Regelung des Interessenausgleichs auf gesetzgeberischer Ebene, die den Besonderheiten der Zweckumwidmung angemessen Rechnung trägt. Dabei spielen einerseits als *materielle* Kriterien der Tatverdacht, die abstrakte und konkrete Schwere der aufzuklärenden Straftat und das Aufklärungsinteresse des Opfers eine Rolle, andererseits als *konditionale* Kriterien die Bedeutung der in Rede stehenden Erkenntnisse für die Wahrheitserforschung und die Relevanz ihrer Verwendung für Persönlichkeitsrechte dadurch Betroffener, ihre Bedeutung für entlastende Zwecke, ihre Öffentlichkeitsrelevanz und ihre spezifische Relevanz für weitere Verwendungszwecke. Eine Differenzierung der Persönlichkeitsrelevanz der Erkenntnisse kann dabei nach den vom Bundesverfassungsgericht entwickelten Maßstäben zur Abgrenzung eines weiten und engen Persönlichkeitsbereichs und eines Intimbereichs erfolgen. Auch die für Beweiserhebungen bewährten *formellen* Anordnungsvoraussetzungen können Anwendung finden. Es ist nicht einzu-

194 Anders ist dies bei einer Weitergabe der relevanten Informationen durch die erhebende Stelle ohne Anfrage der Strafverfolgungsbehörden.

sehen, warum die Zweckumwidmung von Erkenntnissen, die den engen Persönlichkeitsbereich bestimmter Personen betreffen und deshalb eine sorgfältige Güterabwägung erforderlich macht, nicht einem Richtervorbehalt unterliegen sollte, wenn dieser als geeignete Möglichkeit angesehen wird, präventiven Rechtsschutz durch eine unabhängige und neutrale Instanz zu gewährleisten.

3. Verwertungsverbote

Es wurde festgestellt, dass Beweiserhebung und Beweisverwertung herkömmlicherweise nicht begriffsscharf getrennt werden. Beweisverwertung – im gebräuchlichen Sinne verstanden – ist Beweisaufnahme im Hauptverfahren – und damit eine Art von Beweiserhebung durch das erkennende Gericht – sowie Berücksichtigung des Erhobenen bei der Urteilsfindung. Nach der hier vertretenen Auffassung betrifft die Verwertungshandlung allein die Feststellung des der Entscheidung des erkennenden Gerichts zugrunde liegenden Sachverhalts. Für die Zulässigkeit der Verwertung kommt es allein auf die rechtliche Bewertung der Verwertungshandlung an. Diese kann beispielsweise unzulässig sein – und damit ein Verwertungsverbot begründen –, weil sie selbst eine strafbare Handlung darstellt[195], weil sie die Unschuldsvermutung oder den Grundsatz der Selbstbelastungsfreiheit verletzt oder weil sie – etwa bei der Verwertung geheimhaltungsbedürftiger Angaben von Berufsgeheimnisträgern oder durch die Verwertungshandlung erfolgenden Verletzung von Persönlichkeitsrechten – im Wege des Interessenausgleichs gegenüber anderen überwiegenden Individual- und Kollektivinteressen zurücktreten muss. Aus der Unzulässigkeit der Verwertungshandlung kann – muss aber nicht zwingend[196] – die Unzulässigkeit der Erhebungshandlung folgen, wenn diese zum Erreichen des mit ihr verfolgten Zwecks – der Feststellung des der Entscheidung zugrunde liegenden Sachverhalts – wegen des bestehenden Verwertungsverbots nicht geeignet ist.[197]

Unabhängig davon, wie sich Beweisverwertungsverbote legitimieren lassen, erfordert ihre Wirkmächtigkeit – das heißt verfassungsrechtlich: ihre Geeignetheit – dass das erkennende Gericht von den erhobenen Beweismitteln keine Kenntnis erlangt. Verwertungsverbote können – wie Erhebungsverbote – die Wahrheitsfindung im Strafverfahren erheblich beeinträchtigen und damit auch schutzwürdige

---

195 Vgl. *Otto*, FS Kleinknecht 1985, S. 319, 338; *Ranft*, FS Spendel 1992, S. 719, 736 hebt mit dem Hinweis auf BGHSt 14, 358 hervor, dass stets geprüft werden müsse, ob die Verwertungshandlung eine neue Rechtsverletzung darstelle.

196 Nicht zum Beispiel, wenn die Erhebungshandlung nicht allein auf die Gewinnung eines Beweismittels abzielt, sondern auch auf das Erlangen von Informationen zur Gefahrenabwehr.

197 Darauf, dass häufig der Begründungszusammenhang zwischen Erhebungsverbot und Verwertungsverbot in dem Sinne verkehrt werde, dass letzteres aus ersterem gefolgert werde, weist zutreffend *Grünwald*, Beweisrecht, S. 144 hin. Tatsächlich sei, wenn sich die Verwertung eines Beweismittels als das zu Vermeidende darstelle, das Verwertungsverbot das „Primäre“ und das Erhebungsverbot das „Sekundäre“.

Opferinteressen verletzen. Die Gesichtspunkte, die bei der Normierung von Verwertungsverboten für den Gesetzgeber zur Berücksichtigung stehen, unterscheiden sich aber von denen bei den Erhebungsverboten. Verwertungsverbote können daher nicht einfach an Erhebungsverbote angeknüpft werden, sondern erfordern einen eigenen gesetzgeberischen Ausgleich widerstreitender Rechtspositionen.

Ausgangspunkt hierfür ist die Tatsache, dass beweisrelevante Erkenntnisse bereits vorliegen. Ein Grundrechtseingriff hat gegebenenfalls bereits stattgefunden und ist möglicherweise schon sanktioniert worden. Der status quo ist damit ein ganz anderer als bei der Beweiserhebung, bei der ein gezielter Grundrechtseingriff erst beabsichtigt ist und legitimiert werden muss. Maßgeblich für eine Limitierung der Verwertungshandlung sind allein Gesichtspunkte, die den Interessenkonflikt hinsichtlich der Verwertungshandlung betreffen. Wird durch die Verwertung in Art. 1 Abs. 1 GG eingegriffen, so ist die Verwertung unzulässig. Diese Folge tritt aber nicht automatisch bei einem Eingriff in Art. 1 Abs. 1 GG durch die Beweiserhebung ein. Das Verwerten von Erkenntnissen, die aus einer den Kernbereich verletzenden Überwachung von Gesprächen zwischen sich nahe stehenden Personen erlangt wurden, muss nicht selbst den Kernbereich verletzen.[198] In der Regel wird es bereits an den den Kernbereichsschutz begründenden Voraussetzungen fehlen. Der Bericht eines Polizeibeamten über das Gehörte gegenüber dem erkennenden Gericht ist kein Gespräch zwischen einander nahe stehenden Personen, der Gerichtssaal kein der Privatwohnung vergleichbares „letztes Refugium“. Diese Feststellungen sind eigentlich trivial, aber sie decken die Unzulänglichkeit des – intuitiv einleuchtenden – Analogieschlusses auf, mit dem verschiedene Sachverhalte anhand diese beschreibender Reizwörter – zum Beispiel sexueller Begriffe – miteinander gleichgesetzt werden. Art. 1 Abs. 1 GG schützt nicht sexuelle Äußerungen vor deren Wiedergabe, sondern bestimmte Freiräume, die für die Entfaltung der individuellen Persönlichkeit unentbehrlich sind, vor ihrer Beeinträchtigung durch hoheitliche Gewalt.[199] Dass solche Freiräume nicht überwacht werden dürfen, weil sie dann nicht mehr sind, was sie sein sollen, liegt auf der Hand. Sie dürfen aber nicht mit Daten verwechselt werden, die – tatsächlich oder vermeintlich – diese Räume beschreiben. In dieser Gleichsetzung liegt ein – die idealistischen Denksysteme kennzeichnender – Fehlschluss, der zu einer Verdoppelung der Wirklichkeit führt. Die Grundrechte schützen Seiendes – die Würde jedes Menschen, sein Leben und seine körperliche Unversehrtheit, seine Privatwohnung etc. – nicht Abbilder dieses Seienden, die nur als Abbilder Seiendes sind. Die oben erarbeiteten erkenntnistheoretischen Vorüberlegungen erlangen hier also entscheidende Relevanz. Sie rücken in den Vordergrund,

---

198 Ähnlich argumentiert *Knoll*, Fernwirkung, S. 156 im Hinblick auf die Verwertbarkeit der durch einen Eingriff in den Kernbereich aufgefundenen Sekundärbeweismittel. Deren Verwertung stelle für sich genommen weder isoliert betrachtet einen Eingriff in den unantastbaren Bereich privater Lebensgestaltung dar, noch vermittle der Ursprung ihrer Gewinnung wegen ihrer niedrigeren Eingriffsintensität eine derartige Einstufung. Die Sekundärbeweismittel seien daher nicht einem abwägungsfreien Raum zuzurechnen.

199 Vgl. die Nachweise oben Fn 159.

dass es auf eine exakte Erfassung dessen ankommt, was als Beurteiltes Gegenstand des Interessenausgleichs sein kann. Eine substanzontologische Beschreibung des Beurteilten verwischt diese Differenzierung. Zu fragen ist danach nicht, ob sexuelle Äußerungen, die vor Gericht zur Sprache kommen, zum Kernbereich zählen, sondern ob das vor Gericht erfolgende Abspielen eines Tonbands, auf dem sexuelle Äußerungen zu hören sind, zum Kernbereich zählt. Das erscheint zweifelhaft, weil der Gerichtssaal grundsätzlich ein öffentliches Forum ist, jedenfalls aber – auch wenn zum Schutz der Persönlichkeitsrechte von Verfahrensbeteiligten die Öffentlichkeit ausgeschlossen ist – die Belange der Rechtsprechung einen Sozialbezug entfalten, der das Geschehen dem Kernbereich entrückt.

Außerhalb der Kernbereichspoblematik und ihrer Besonderheiten stellt die vorgenommene Differenzierung die Wirkmächtigkeit von Art. 1 Abs. 1 GG für das Begründen von Verwertungsverboten nicht grundsätzlich in Frage. Die Menschenwürderelevanz der Verwertungshandlung ergibt sich zunächst einmal aus dem eingreifenden Charakter des Schuldspruchs, der – im Falle der Verurteilung – auf der Verwertungshandlung beruht. Durch die Feststellung strafrechtlicher Schuld wird ein sozialethisches Unwerturteil über den Betroffenen gefällt, das diesen in seinem in der Menschenwürde wurzelnden Wert- und Achtungsanspruch berührt.[200] Daher kann auch mit einer – ansonsten nicht beschwerenden – Einstellungsentscheidung eine Grundrechtsverletzung verbunden sein, wenn mit der Einstellung gleichzeitig strafrechtliche Schuld festgestellt wird.[201] Eine Verwertungshandlung, durch die ohne sachliche Rechtfertigung strafrechtliche Schuld festgestellt wird, verletzt den Betroffenen in seiner Menschenwürde und ist deshalb unzulässig. Liegen eindeutige Erkenntnisse vor, die die Unschuld des Betroffenen belegen oder läßt sich die Schuld des Betroffenen auch durch belastende Beweisanzeichen nicht belegen[202], so darf eine Verwertung von Erkenntnissen, die ein sozialethisches Unwerturteil zum Ausdruck bringen, nicht erfolgen. Diese Konstellation berührt sich eng mit der ebenfalls in Art. 1 Abs. 1 GG verankerten Unschuldsvermutung.[203] Die Verwertung von Erkenntnissen in einem Verfahren, in dem in Anbetracht dieser Erkenntnisse nicht die Gewähr der Unvoreingenommenheit des Gerichts im Hinblick auf die vermutete Unschuld des Beschuldigten gegeben ist, darf nicht erfolgen, weil eine solche Verwertungshandlung die Unschuldsvermutung verletzen würde. Hier findet das oben dargestellte funktionale Trennungsgebot eine weitere wichtige Rechtfertigung.

200 Vgl. BVerfGE 22, 49, 79 = NJW 1967, 1219; BVerfGE 45, 272, 288 = NJW 1977, 1629; BVerfGE 95, 96, 140 = NJW 1997, 929; BVerfGE 96, 245, 249 = NJW 1998, 443; BVerfGE 101, 275, 287 = NJW 2000, 418.

201 Vgl. BVerfGE 6, 7, 9 = NJw 1957, 338; BVerfGE 28, 151, 159; BVerfG 2 BvR 878/05 vom 17.11.2005, juris; BVerfG 2 BvR 1199/06 vom 15.8.2006, juris.

202 Das ist die Konstellation in BVerfG 2 BvR 878/05 vom 17.11.2005, juris.

203 Vgl. BVerfGE 56, 37, 42, 49 = NJW 1981, 1431; BVerfGE 80, 109, 121 = NJW 1989, 2679; BVerfGE 95, 220, 241, 242 = NJW 1997, 1841; vgl. auch BVerfGE 35, 311, 320 = NJW 1974, 26; BVerfGE 74, 358, 371 = NJW 1987, 2427; BVerfGE 82, 106, 114 = NJw 1990, 2741 (Inhalt der Unschuldsvermutung).

Kenntnisse, die das erkennende Gericht trotz des Bestehens eines Verwertungsverbots erlangt hat, kontaminieren das gesamte Verfahren der Beweisaufnahme und Beweisverwertung, wenn sie geeignet sind, die Vermutung der Unschuld des Beschuldigten zu schwächen. Für entlastende Erkenntnisse gilt dies nicht. Die Menschenwürde eines Betroffenen – auch eines Zeugen – ist ferner berührt, wenn dieser durch die Verwertung öffentlich „an den Pranger gestellt“ und in seinem sozialen Achtungsanspruch herabgewürdigt[204] wird, zum Beispiel indem das Gericht personenbezogene Erkenntnisse in einer Weise darstellt (oder darstellen muss), die geeignet ist, das Ansehen des Betroffenen in der Öffentlichkeit tiefgreifend und nachhaltig zu beschädigen. Das Gericht wird in diesem Falle aufgrund seiner Aufklärungspflicht versuchen müssen, die Verwertung in anderer Weise – zum Beispiel durch Ausschluss der Öffentlichkeit und eine zurückhaltende Formulierung des Urteils – zu bewerkstelligen. In der Wahrung des sozialen Achtungsanspruchs des Zeugen hat auch das Verbot entehrender Fragen (§ 68a Abs. 1) seine Wurzeln[205], das sich im Sinne eines „Verbots entehrender Darstellung“ auf die Verwertungshandlung erstrecken kann. Auch für das Verfahren der Beweisverwertung gebietet Art. 1 Abs. 1 GG ferner eine der Subjektstellung des Beschuldigten angemessene Beteiligung. Wird der Beschuldigte „zum Objekt des Verfahrens“ der Beweisverwertung gemacht, indem ihm etwa kein rechtliches Gehör gewährt wird, so ist die Verwertung unzulässig.

Neben den durch Art. 1 Abs. 1 GG gebotenen Verwertungsverboten können sich solche aufgrund eines Interessenausgleichs ergeben. Über den Gesichtspunkt des Unwerturteils hinaus kann das Verwerten beweisrelevanter Erkenntnisse zweifellos Persönlichkeitsrechte von Beschuldigten und Zeugen berühren, insbesondere deren Recht auf informationelle Selbstbestimmung. Dem ist das Interesse der Öffentlichkeit, des Opfers und auch des Beschuldigten an der Wahrheitserforschung gegenüberzustellen. Für die *materiellen* Kriterien dieser gesetzgeberischen Prüfung und Entscheidung gelten dieselben Überlegungen wie für Erhebungsverbote; in beiden Fällen ist Bezugspunkt die Bedeutung der Wahrheitserforschung. Die *konditionalen* Kriterien unterscheiden sich hingegen, da hier eine andere Handlung – die des Verwertens – zu beurteilen ist. Maßgeblich für das Gewicht des Verwertens sind Gesichtspunkte wie der Grad des Interesses der Öffentlichkeit an der Kenntnis und Verbreitung der beweisrelevanten Informationen, deren Relevanz im Zusammenhang mit anderen hoheitlichen Verfahren, der Grad ihrer Beweisbedeutung, insbesondere auch hinsichtlich eines Entlastungsbeweises, und ihr für die Beeinträchtigung von Persönlichkeitsrechten Verfahrensbeteiligter oder Dritter maßgeblicher Aussagegehalt. *Formelle* Kriterien zur Regulierung der Beweisverwertung und Limitierung der mit ihr verbundenen Grundrechtsbeeinträchtigungen sieht das geltende Recht kaum vor. Über die Verwertung entscheidet in der Regel – Ausnahme: § 100c

204 Vgl. BVerfGE 45, 187, 228 = NJW 1977, 1525; BVerfGE 109, 133, 150 = NJW 2004, 739.

205 Vgl. AnwK-StPO/*v. Schliefen*, § 68a Rn 2, der für eine Auslegung des persönlichen Lebensbereichs im Sinne der Norm anhand der zum Kernbereich privater Lebensgestaltung entwickelten Maßstäbe eintritt; BVerfGE 38, 105, 114 ff. = NJW 1975, 103.

Abs. 7 – das erkennende Gericht nach pflichtgemäßem Ermessen. Verfahrensregelnde und in höherem Maße grundrechtsschützende Kautelen sind aber denkbar. Nach dem hier vorgeschlagenen Prinzip der funktionalen Trennung müsste über die Frage der Verwertung – für das erkennende Gericht bindend – ein eigenes Gericht – in der Regel der Ermittlungsrichter – entscheiden. Die Entscheidung wäre zu begründen. Von entlastenden Erkenntnissen müsste der Beschuldigte benachrichtigt werden, damit er sie gegebenenfalls einführen kann; diese Erkenntnisse wären in getrennten Akten zu führen. Unverwertbare Erkenntnisse wären grundsätzlich zu vernichten. Diese Kriterien wären bereits auf der Gesetzgebungsebene durch den Gesetzgeber zu gewichten und einer allgemeinen Regelung zuzuführen. Insofern kann nichts anderes gelten als für den Bereich der Erhebungsverbote.

Nach dieser Dogmatik kommt man in der überwiegenden Zahl der Fälle, in denen die Rechtsprechung, auch die des EGMR[206], ein Verwertungsverbot bejaht, ebenfalls zur Annahme eines solchen. Verstöße gegen die Pflicht zur Beschuldigtenbelehrung (§ 136 Abs. 1 S. 2, § 163a Abs. 4, § 243 Abs. 4 S. 1)[207] berühren das in Art. 1 Abs. 1 GG verankerte Recht des Beschuldigten, sich nicht selbst anzuklagen oder an seiner eigenen Verurteilung mitzuwirken, und wirken damit auf die Verwertungshandlung fort.[208] Dasselbe gilt für das unzulässige Ausüben hoheitlichen Zwangs – zum Beispiel durch Ausnutzung einer Haftsituation –, um eine Selbstbelastung des Beschuldigten herbeizuführen.[209] Eine Beschneidung seiner Verteidigungsrechte (§ 137 Abs. 1 S. 1, § 141 Abs. 3 S. 2, § 163a Abs. 4 S. 2, Art. 6 Abs. 3 MRK)[210] verletzt den durch Art. 1 Abs. 1 GG geschützten Anspruch des Beschuldigten, im Strafverfahren – also auch im Verwertungsverfahren – als Person und nicht nur als Objekt des Verfahrens wahrgenommen zu werden.[211] Verstöße gegen die Zeugenbelehrungspflicht nach § 52 Abs. 3 S. 1, auch in Verbindung mit § 161a Abs. 1 S. 2, § 163a Abs. 5 und § 81c Abs. 3 S. 2[212], lassen einen Zusammenhang mit Art. 1 Abs. 1 GG hingegen nicht erkennen, da hier nicht die Unschuldsvermutung und Selbstbelastungsfreiheit auf die Verwertungshandlung wirken. Insofern weicht das hier gefundene Ergebnis von der – insoweit allerdings kaum als gefestigt zu bezeichnenden – Rechtsprechung ab. Zwar streitet die Selbstbelastungsfreiheit auch für den Zeugen, soweit ein Auskunftsverweigerungsrecht nach § 55 im Raum steht, dies wirkt sich aber nur bei der Verwertung der Erkenntnisse in einem gegen den Zeugen geführten Verfahren aus. Sieht man auch die Selbstbelastungsfreiheit des Zeugen als durch Art.

206 Vgl. insbes. oben B.V.4. und 5.

207 Vgl. oben B.II.1.

208 Vgl. BVerfGE 56, 37, 42, 49 = NJW 1981, 1431; BVerfGE 80, 109, 121 = NJW 1989, 2679; zu diesem Schluss kommt auch *Grünwald*, Beweisrecht, S. 146 ff..

209 Vgl. oben B.II.4.

210 Vgl. oben B.II.3.

211 Ähnlich *Grünwald*, Beweisrecht, S. 152 zu den Anwesenheits- und Fragerechten des Beschuldigten. Deren Verletzung und damit die Subjektstellung des Beschuldigten würden durch die Verwertung „vollendet".

212 Vgl. oben B.II.2.

1 Abs. 1 GG geschützt an, dürfte – entgegen der Rechtsprechung des Bundesgerichtshofs – der Frage, wessen Rechtskreis durch die Verwertung berührt ist, keine Relevanz zukommen. Eine Verletzung des Rechts am gesprochenen oder geschriebenen Wort[213] kann im Wege des Interessenausgleichs die Normierung eines Verwertungsverbots legitimieren; ebenso die Verletzung anderer Grundrechte von durch die Verwertung betroffenen Personen. Auf diese Weise können auch Erkenntnisse aus dem Kernbereich privater Lebensgestaltung – der, wie ausgeführt, als solcher durch die Verwertungshandlung regelmäßig nicht betroffen ist – einem Verwertungsverbot unterfallen.

Kein Raum verbleibt nach dem hier vertretenen Ansatz für die – bedeutende – Fallgruppe der durch die objektiv willkürliche Anordnung von Ermittlungsmaßnahmen begründeten Verwertungsverbote[214], bzw. allgemein für den im Schrifttum verbreiteten Schluss von einem Fehler bei der Erhebungshandlung auf ein Verwertungsverbot.[215] Die Grundrechtsverletzung durch objektive Willkür nach dem Unvertretbarkeitsmaßstab betrifft allein die Erhebungsseite und ist dort gegebenenfalls zu sanktionieren. Ein Verwertungsverbot setzte hingegen eine willkürliche Verwertungshandlung voraus, die zum Beispiel darin liegen könnte, dass ein Beweismittel ausschließlich in seiner belastenden und nicht in seiner entlastenden Dimension wahrgenommen wird, obwohl sich letztere aufdrängt. Der Maßstab für die Begründung eines Verwertungsverbots deckt sich insoweit mit dem verfassungsrechtlichen Prüfungsmaßstab im Hinblick auf die Beweiswürdigung des erkennenden Gerichts. Danach ist Voraussetzung für ein Eingreifen des Bundesverfassungsgerichts, dass sich die Fachgerichte so weit von der Verpflichtung entfernt haben, in Wahrung der Unschuldsvermutung bei der als Täter in Betracht kommenden Person auch die Gründe, die gegen die mögliche Täterschaft sprechen, wahrzunehmen, aufzuklären und zu erwägen, dass der rationale Charakter der Entscheidung verloren gegangen scheint und sie keine tragfähige Grundlage mehr für die mit einem Schuldspruch einhergehende Sanktion sein kann.[216] Diese Formulierung, die dogmatisch an den Grundsatz des fairen Verfahrens anknüpft, orientiert sich offensichtlich am verfassungsrechtlichen Willkürverbot, dem er – abhängig von der Enge des Sachbezugs – im Einzelfall vorgeht.[217] Ein Verstoß gegen das verfassungsrechtliche Willkürverbot liegt vor, wenn die der angegriffenen Entscheidung zugrunde liegende Rechtsanwendung unter keinem denkbaren Aspekt mehr rechtlich vertretbar ist und sich daher der Schluss aufdrängt, dass sie auf sachfremden und damit willkürlichen Er-

---

213 Vgl. oben B.II.5.

214 Vgl. oben B.II.7.

215 In der Argumentationslinie ähnlich *Grünwald*, Beweisrecht, S. 152 ff., der allerdings durch die Erhebungshandlung verletzte Beschuldigteninteressen von dem „Grundsatz der Verwertbarkeit nach irreparabler Verletzung von Interessen“ mit dem Hinweis auf die Überlegungen der „Schadensvertiefungslehre“ (vgl. oben B.IV.6.) ebenso ausnehmen möchte wie bewusste Verletzungen von Erhebungsnormen aus Disziplinierungsgründen.

216 Vgl. BVerfGK 1, 145, 152 = NJW 2003, 2444.

217 Vgl. BVerfGK 1, 145, 149 = NJW 2003, 2444 m.w.N.

wägungen beruht.[218] Dass eine solche willkürliche Rechtsanwendung zur Aufhebung des Urteils führen muss, liegt auf der Hand. Eine Fallgruppe willkürlicher Rechtsanwendung ist die willkürliche Verwertung von Beweismitteln. Das hierdurch begründete Verwertungsverbot führt bereits auf fachgerichtlicher Ebene zu einer Zurückverweisung der Sache durch das Revisionsgericht an einen anderen Spruchkörper, das die Verwertung in willkürfreier Weise vorzunehmen hat.

4. Heilung von Verfahrensfehlern

Oben wurde bereits dargestellt, dass die Lehre vom hypothetischen Ersatzeingriff dogmatisch nicht haltbar ist.[219] Hinzu kommt nun, dass das Prinzip der funktionalen Trennung gegen eine „Heilbarkeit" eines Verfahrensfehlers und eine Legitimierung der Verwertung spricht. Wird ein Verwertungsverbot für das erkennende Gericht bindend durch das anordnende Gericht festgestellt, so bleibt nämlich für die Erwägung des erkennenden Gerichts, ob das Beweismittel auch auf andere Weise hätte erlangt werden können und deshalb verwertbar sei, kein Raum. Die funktionale Trennung zwischen anordnendem und erkennendem Gericht hat aber zugleich den Vorzug, dass das erkennende Gericht auf diese Hilfserwägung keine Rücksicht nehmen muss. Gelangen ihm die durch das unverwertbare und ihm unbekannte Beweismittel vermittelten Erkenntnisse auf anderem Wege zur Kenntnis, so kann und muss es diese berücksichtigen. Mit einer Würdigung des unverwertbaren Beweismittels hat das nichts zu tun.

Soweit – wie in den Fällen der unterlassenen Belehrung nach § 136 Abs. 1 S. 2 und § 55 Abs. 2 – ein Rechtsanwendungsfehler tatsächlich dadurch geheilt werden kann, dass eine geschuldete hoheitliche Handlung nachgeholt wird, hat dies auf die bis zum Zeitpunkt des Nachholens erlangten Erkenntnisse keine Auswirkungen; sie bleiben unverwertbar. Eine polizeiliche oder ermittlungsrichterliche Vernehmung, in der nicht belehrt wurde, muss daher bei den Sonderakten des Ermittlungsgerichts verwahrt werden und kann gegebenenfalls durch den Beschuldigten eingeführt werden. Wird der Beschuldigte in der Hauptverhandlung belehrt und macht Angaben, so sind diese verwertbar. Wird der Beschuldigte in der Hauptverhandlung nicht belehrt, so hat das Revisionsgericht die Unverwertbarkeit der Aussage festzustellen und diese aus den Verfahrensakten auszusondern und zur Sonderakte des Ermittlungsgerichts zu geben. Wird der Beschuldigte in einer erneuten Hauptverhandlung ordnungsgemäß belehrt, so ist die Aussage verwertbar. Die von der Rechtsprechung in den Fällen fehlender Belehrung angenommene Fortwirkung des Verwertungsverbots ergibt sich also nach dem hier vertretenen Ansatz automatisch aus dem Prinzip der funktionalen Trennung. Erhebliche Relevanz entfaltet dieses, wenn der Beschuldigte

218 Vgl. BVerfGE 80, 48, 51 = NJW 1989, 1917; BVerfGE 83, 82, 84 = NJW 1991, 157; BVerfGE 86, 59, 63 = NJW 1992, 1675; stRspr.

219 Vgl. oben C.V.

oder Zeuge zunächst nicht belehrt wurde und nach Belehrung die Aussage oder Auskunft verweigert. Nur das Prinzip der funktionalen Trennung kann in diesen Fällen gewährleisten, dass das erkennende Gericht nicht in Kenntnis einer Aussage – zum Beispiel eines Geständnisses – urteilt, das ihm gar nicht bekannt sein dürfte, aber durch sein Beweisgewicht eine erhebliche präjudizielle Wirkung entfaltet.

Fraglich ist, wie zu verfahren ist, wenn frühere Aussagen unverwertbar sind und der Beschuldigte oder Zeuge in der Hauptverhandlung keine Angaben macht, seine früheren Aussagen aber durch die damaligen Vernehmungsbeamten eingeführt werden könnten. Die Rechtsprechung nimmt in diesen Fällen in analoger Anwendung des § 252 gleichfalls ein Verwertungsverbot für die Angaben der Vernehmungsbeamten an.[220] Das ist nach dem hier vertretenen Ansatz nicht konsequent. Bei den Angaben der Vernehmungsbeamten über ihre Wahrnehmungen bei der Vernehmung des Zeugen oder Beschuldigten handelt es sich nicht um deren Selbstbelastung, sondern um fremdbelastende Angaben Dritter. Diesen Angaben kommt folglich auch ein anderer – geringerer – Beweiswert zu als der Aussage des Zeugen oder Beschuldigten vor Gericht oder der Verlesung bzw. Vorführung seiner aufgezeichneten polizeilichen oder ermittlungsrichterlichen Vernehmung. Unterliegt die Aussage des Zeugen oder Beschuldigten einem Verwertungsverbot und befinden sich die entsprechenden Unterlagen ausschließlich bei den Sonderakten des Ermittlungsgerichts und wurden im Übrigen – auch in den polizeilichen Akten – gelöscht, so besteht theoretisch keine Gefahr, dass der Vernehmungsbeamte nicht aus eigener Erinnerung über die Vernehmung berichtet, sondern – wie es heute verbreitete Praxis ist – sich anhand der polizeilichen Akten auf seine Aussage vorbereitet und das Gelesene wiedergibt. Auch gerichtliche Vorhalte zur „Auffrischung" der Erinnerung sind dann nicht mehr möglich. Durch das Prinzip der funktionalen Trennung dürfte die Gefahr einer „Umgehung" des Verbots der Verwertung der Aussage des Zeugen oder Beschuldigten daher gering sein. Den Beweiswert der Aussage des Vernehmungsbeamten hätte das erkennende Gericht – nach den in den Fällen des Zeugen vom Hörensagen durch die Rechtsprechung aufgestellten Maßstäben[221] – vorsichtig zu würdigen und dies in den Urteilsgründen zum Ausdruck zu bringen. Dass diese Lösung für Befürworter einer Disziplinierungsfunktion von Verwertungsverboten kaum akzeptabel ist, liegt auf der Hand. Anerkennt man aber im Grundsatz, dass das erkennende Gericht bei Unverwertbarkeit eines Beweismittels andere Wege beschreiten darf und muss, um die Wahrheit möglichst umfassend aufzuklären[222], ist die hier vertretene Lösung konsequent. Wenn man die Geeignetheit von Verwertungsverboten zur Disziplinierung der Strafverfolgungsbehörden nicht überbewertet und andererseits den faktischen und effektiven Schutz in Rechnung stellt, der durch

---

220 *Meyer-Goßner*, § 252 Rn 1 m.w.N.

221 Vgl. BGHSt 31, 148 = NJW 1983, 1005; BGHSt 31, 290, 294 = NJW 1983, 1572; BGHSt 33, 70 = NJW 1985, 986; BGHSt 33, 83 = NJW 1985, 984; BGHSt 33, 178 = NJW 1985, 1789; BGHSt 36, 159 = NJW 1989, 3291.

222 Vgl. BVerfGE 57, 250, 285 = NJW 1981, 1719, 1724; BGHSt 32, 115, 123, 125 = NJW 1984, 247, 248.

das Prinzip der funktionalen Trennung und das Löschungsgebot vermittelt wird, so erscheinen die mit dem hier vertretenen Ansatz verbundenen Einbußen für den Beschuldigten oder Zeugen hinnehmbar, zumal auch die praktische Bedeutung der Belehrungsfälle nicht zu hoch eingeschätzt werden darf.

5. Fortwirkung

Die Fortwirkung von Verwertungsverboten bei der Verletzung der Pflicht zur Belehrung des Beschuldigten oder Zeugen über sein Recht, die Aussage bzw. Auskunft zu verweigern, wirft nach der dargestellten Konzeption keine besonderen Schwierigkeiten auf. Der Gedanke der Fortwirkung auf neue Aussagen, solange der Beschuldigte oder Zeuge nicht qualifiziert belehrt wurde, ist konsequent. Er ergibt sich „automatisch“, wenn man die jeweilige neue Aussage selbst als Gegenstand der Verwertung in den Blick nimmt. Solange der Beschuldigte oder Zeuge nicht frei von Bedenken, seine frühere Aussage könnte zu seinem Nachteil verwertet werden, aussagen kann, ist sein Recht auf Selbstbelastungsfreiheit beeinträchtigt. Die Verwertungshandlung kompensiert diese Unfreiheit nicht, sondern perpetuiert sie. Kannte der Beschuldigte hingegen sein Recht, zu schweigen bzw. die Auskunft zu verweigern, und sagte dennoch aus, so liegt von vornherein kein Informationsdefizit vor, an das eine Beeinträchtigung der Selbstbelastungsfreiheit anschließen könnte. Diesem Ergebnis steht auch nicht entgegen, dass nach der vorgeschlagenen funktionalen Trennung von ermittelndem und erkennendem Gericht letzteres keine Kenntnis von der früheren unverwertbaren Aussage haben dürfte. Das erkennende Gericht erlangt nämlich jedenfalls Kenntnis davon, dass die frühere Aussage unverwertbar ist. Das Recht, zu schweigen umfasst aber nicht nur den Inhalt einer möglichen Aussage, sondern auch deren Tatsache, das mögliche Aussagen. Muss der Beschuldigte oder Zeuge befürchten, das erkennende Gericht werde aus der Kenntnis der Tatsache einer früheren Aussage für ihn nachteilige Schlüsse ziehen, so ist er in seiner Entscheidung, erneut auszusagen, nicht frei.

6. Fernwirkung

Versucht man, anhand der bisher entwickelten Maßstäbe einen dogmatischen Zugang zur Problematik der Fernwirkung zu gewinnen, so kann man zunächst feststellen, dass der Terminus der Verwertbarkeit in diesem Zusammenhang in hohem Maße uneinheitlich gebraucht wird. „Verwertung“ haben wir oben definiert als „Verwendung der in der Beweisaufnahme erhobenen Erkenntnisse durch das erkennende Gericht zur Feststellung des seiner Entscheidung zugrunde liegenden Sachverhalts“. Auf der Grundlage dieses Sachverhalts trifft das erkennende Gericht eine Entscheidung über die Täterschaft, das Unrecht der Tat und die Schuld des Täters sowie die für die Strafzumessung bedeutsamen Gesichtspunkte. Verwertung im engeren Sinne ist damit eine – kognitive – Handlung des erkennenden Gerichts. Eine Verwendung von Erkenntnissen als Spurenansatz ist nicht Verwertung in diesem Sinne, denn Zweck dieser Verwendung ist das Erlangen weiterer Erkenntnisse, nicht – unmittelbar – die Feststellung des für das Urteil maßgeblichen Sachverhalts.[223] Bei der Verwendung von Erkenntnissen als Spurenansatz im Ermittlungsverfahren ergibt sich dies schon zwingend aus der Zuständigkeit und Aufgabe der Staatsanwaltschaft, die „den Sachverhalt zu erforschen" (§ 160 Abs. 1) und „für die Erhebung der Beweise Sorge zu tragen" (§ 160 Abs. 2) hat, nicht aber, den Sachverhalt festzustellen und die Beweise zu verwerten. Erfolgt die Verwendung von Erkenntnissen als Spurenansatz nach Anklageerhebung durch das erkennende Gericht, so bezweckt die Verwendung allenfalls mittelbar die Feststellung des dem Urteil zugrunde liegenden Sachverhalts. Aus der dann gegebenen Doppelstellung des Gerichts als Beweiserhebungsstelle und Beweisverwertungsstelle können sich Friktionen ergeben, die das Prinzip einer funktionalen Trennung von Ermittlungsgericht und erkennendem Gericht – auch nach Eröffnung des Hauptverfahrens – nahelegen.[224]

Nach diesen Differenzierungen handelt es sich, wie bereits erwähnt, bei der Fernwirkung in den vom Schrifttum ins Auge gefassten Konstellationen um Verwendungsverbote, die eine Verwendung unverwertbarer Erkenntnisse zu Zwecken weiterer Beweiserhebungen ausschließen sollen. Solche Verwendungsverbote lassen sich – nach den allgemeinen Gesichtspunkten des Interessenausgleichs – durch den Gesetzgeber aufstellen; sie ergeben sich aber nicht „automatisch" aus der Unverwertbarkeit. Weiterhin sind sie nicht gleichzusetzen mit Erhebungsverboten im Hinblick auf die weiteren zu erhebenden Beweisgegenstände oder Erkenntnisse, die daher „ohne Verwendung" der kontaminierten Erkenntnisse unproblematisch erlangt werden können. Dies führt zu der Frage, auf welche Weise eine Verwendung zum Zwecke der Erhebung weiterer Beweise eigentlich erfolgt. Ist die Kenntnis der Strafverfolgungsbehörden vom Fundort der Leiche eine Verwendung des ohne Belehrung abgelegten Geständnisses? Nach dem hier entwickelten teleologischen Verwendungsbegriff[225] ist das zu bejahen. Auch die Verwendung präsenten Wissens einzelner Beamter der Strafverfolgungsbehörden durch diese kann – sofern damit ein Grundrechtseingriff verbunden ist – eine gesetzliche Ermächtigung erforderlich machen. Ein Weitergeben der Erkenntnisse, etwa eine Datenübertragung ist dazu nicht erforderlich. Wissen kann auf ganz unterschiedliche Weise verwendet werden: es kann gespeichert, verarbeitet, weitergegeben, mit anderem Wissen zusammengeführt, im Rahmen der Urteilsfindung verwertet werden usw. In jedem Fall handelt es sich um eine Verwendung. Die Crux solcher Verbote liegt darin, dass sie dem Adressaten die erkenntnistheoretische Unmöglichkeit abverlangen, vorhandenes Wissen auszublenden. Sinnvoll und datenschutzrechtlich ausreichend wäre daher – wie oben ausgeführt – ein Datensicherungs- und gegebenenfalls Löschungsgebot. Das Verbot,

223 Vgl. bereits oben C.IV.3.

224 Vgl. oben D.III.2.

225 Vgl. oben D.I.2.

Erkenntnisse nicht auf Datenträgern zu perpetuieren, diese nicht zu vervielfältigen und nicht weiterzugeben und gegebenenfalls vorhandene Datenträger zu vernichten, hat eine ganz andere Qualität als das Verbot der Verwendung, auch wenn ersteres häufig unter diese Begrifflichkeit gefasst wird. Die oben dargestellten Verfahrensregeln der getrennten Aktenführung bei Verwertungsverboten und der Löschungspflichten stellen solche Datensicherungsvorkehrungen dar. Durch sie kann faktisch erreicht werden, dass unverwertbare Erkenntnisse nicht für eine weitere Auswertung durch die Strafverfolgungsbehörden zur Verfügung stehen und somit im Ergebnis eine Art Fernwirkung entsteht. Dessen muss sich der Gesetzgeber bei der Schaffung solcher Regeln bewusst sein.

Kommt es – etwa durch Umgehung oder Missachtung des Verwertungsverbots – dennoch zu einer weiteren Verwendung kontaminierter Erkenntnisse, die nicht lediglich Verwendung präsenten Wissens ist, so stellt sich die Frage der Verwertbarkeit der aufgrund dieser Verwendung erlangten Erkenntnisse. Hier gilt im Prinzip dasselbe wie für das Verhältnis von Erhebungsverbot und Verwertungsverbot: die Rechtswidrigkeit der Erhebung bzw. Verwendung hat nicht automatisch ein Verwertungsverbot zur Folge. Vielmehr ist dezidiert nach der Grundrechtsrelevanz der Verwertungshandlung zu fragen. Auf die Genese der Beweiserlangung kommt es mithin für die Frage der Verwertbarkeit – anderes gilt für die Frage der Rechtmäßigkeit der Beweiserlangung – nicht an. Die durch den Begriff der Fernwirkung suggerierte Konnexität zwischen einem Verfahrensfehler, seiner Folge (Verwertungsverbot) und deren Folgen (Fernwirkung) geht damit – nach dem hier entwickelten Trennungsprinzip – im Ansatz fehl. Maßgeblich für die Verwertbarkeit ist einzig, ob diese – etwa durch eine das postmortale Persönlichkeitsrecht der getöteten Person verletzende Darstellung der Leiche – dem verfassungsrechtlichen Maßstab des Ausgleichs widerstreitender Interessen genügt. Dasselbe gilt, soweit aufgrund der Unverwertbarkeit die Verwendung der kontaminierten Erkenntnisse in anderen Verfahrensstadien ausgeschlossen sein soll, für die Verwendungshandlung. Die Konstruktion einer „Fernwirkung“ ist daher – wie die Anbindung des Verwertungsverbots an den Erhebungsfehler – aus normlogischen Gründen abzulehnen. Ihre Verbotswirkung kann aber grundsätzlich Gegenstand eigenständiger Verwendungs- und Verwertungsverbotsnormen sein. Insoweit gelten die oben ausgeführten Grundsätze.

7. Verwertbarkeit von Erkenntnissen Privater

Werden von privaten Personen beweisrelevante Erkenntnisse – zum Beispiel in Form von Bildaufnahmen oder Mitschnitten von Telefongesprächen – den Strafverfolgungsbehörden freiwillig überlassen, so ist die rechtliche Situation vergleichbar derjenigen bei der Zweckumwidmung bereits hoheitlich erlangter Erkenntnisse. Der mit der Erkenntniserhebung einhergehende Grundrechtseingriff liegt auch in diesen Fällen nicht vor. Die Entgegennahme der Erkenntnisse stellt als solche keinen Eingriff dar, sondern gegebenenfalls erst das Verwenden der Erkenntnisse zu Zwecken der Strafverfolgung.[226] Etwas anderes gilt auch nicht, sofern sich die privaten Personen durch das Überlassen der Erkenntnisse strafbar machen. In Betracht kommt insoweit eine Strafbarkeit nach §§ 201 bis 206 StGB. Das Entgegennehmen der Erkenntnisse stellt keine Teilnahme an einer solchen Straftat dar. Anders kann dies freilich sein, wenn die Strafverfolgungsbehörden private Personen gezielt zu solchen strafbaren Handlungen einsetzen oder anleiten oder die Verwertung selbst eine strafbare Handlung darstellt.[227] Einer Umgehung strafprozessualer Befugnisse durch den Einsatz privater Personen, die sich in illegitimer Weise die gewünschten Erkenntnisse verschaffen, um sie an die Strafverfolgungsbehörden weiterzugeben, wird also durch das Strafrecht entgegengewirkt. Dasselbe gilt für die Gefahr fälschlicherweise belastender Angaben durch Private (vgl. §§ 153 ff., 164, 186, 187 StGB). Dass die bloße Konnexität einer beweisrelevanten Erkenntnis mit der Strafbarkeit ihrer Offenlegung grundsätzlich für die Belange der Strafverfolgung nicht von Relevanz ist, zeigen beispielsweise Fälle der Erpressung unter Androhung der Offenlegung strafbaren Verhaltens. Auch in diesen Fällen sind die Strafverfolgungsbehörden grundsätzlich verpflichtet, dem durch den Täter offengelegten strafbaren Verhalten des Erpressungsopfers nachzugehen. Ausnahmsweise erlaubt § 154c Abs. 1 das Absehen von der Verfolgung der offengelegten Tat (vgl. auch RiStBV Nr. 102). Das im Schrifttum mitunter angeführte Argument, der Staat verliere seine Legitimation zur Strafverfolgung, wenn er sein hoheitliches Handeln auf strafbare Verhaltensweise Privater stütze[228], entbehrt in dieser Pauschalität jeder Grundlage. Der strafverfolgend tätige Staat stützt die Tätigkeit der Strafverfolgung stets auf strafbare Verhaltensweisen Privater. Jedes Tatobjekt ist beweisrelevant einzig durch die Tatsache, dass es durch das strafbare Verhalten einer privaten Person zum Tatobjekt gemacht wurde. Erkenntnisse aus einem Strafverfahren, die also durch strafbares Verhalten erst offengelegt wurden, können wiederum in anderen Strafverfahren Beweisrelevanz entfalten. Die Strafbarkeit einer Verletzung der Vertraulichkeit des Wortes steht zu der Verwendung dieses „Wortes" als beweisrelevante Erkenntnis in einem anderen Strafverfahren in keinem anderen Verhältnis als die Fälle der Zweckumwidmung. Seine Legitimation zur Strafverfolgung bezieht der Staat aus seinem Schutzauftrag. Dass er von diesem wegen des strafbaren Verhaltens privater Personen entbunden sei, lässt sich nicht legitimieren.

---

226 Da das Verwenden eine Form des Erhebens von Erkenntnissen ist (vgl. oben D.I.2.), weisen *Beckemper/Wegner*, JA 2003, 510, 511 zurecht darauf hin, bei der Verwertbarkeit privat aufgenommener Tonbandaufnahmen im Strafprozess gehe es um ein Beweiserhebungsverbot; deutlich in diesem Sinne auch *Grünwald*, Beweisrecht, S. 162; ähnlich *Gropp*, StV 1989, 216, 217.

227 So argumentiert *Kramer*, NJW 1990, 1760, 1763 f., der in der strafprozessualen Verwendung des heimlich mitgeschnittenen Telefonats einen strafbaren Gebrauch gemäß § 201 Abs. 1 Nr. 2 StGB sieht, der „eher noch gravierender als die isolierte Aufnahme" sei. Dogmatisch ist ihm darin zuzustimmen, dass diese Fragestellung zielführender ist, als die in die Irre führende Überlegung, ob sich aus der Rechtswidrigkeit der Erhebung die Unverwertbarkeit ergebe.

228 *Otto*, FS Kleinknecht 1985, S. 319, 330, 332.

Die Schlüssigkeit dieses Ergebnisses zeigt sich im Vergleich zur Konstellation der Zeugenvernehmung. Unterbreitet der Zeuge von sich aus einen Sachverhalt den Strafverfolgungsbehörden, so ist damit gegenüber dem Zeugen kein Grundrechtseingriff verbunden, aber auch nicht gegenüber etwaigen durch die Aussage betroffenen Dritten, wiewohl der Zeuge in deren Rechte eingreifen mag. Machen sich die Strafverfolgungsbehörden die Aussage zu eigen, zeichnen sie sie auf, speichern sie, geben sie weiter oder verwenden sie auf andere Weise für Zwecke der Strafverfolgung, so kann allerdings mit dieser Verwendung ein Grundrechtseingriff bei Dritten einhergehen. Insoweit gelten die oben zum Anwendungsbereich von Verwendungsverboten entwickelten Maßstäbe.[229]

Fraglich ist, wie in Fällen zu verfahren ist, in denen die privaten Personen sich schwerster Rechtsverletzungen, etwa der Folter, schuldig gemacht haben, um die beweisrelevanten Erkenntnisse zu erlangen. Man denke etwa an Angehörige eines Entführungsopfers, die den Entführer in ihre Gewalt bringen, um ihm gewaltsam Angaben über das Versteck des Entführten zu entreißen.[230] Bestehen zureichende tatsächliche Anhaltspunkte, dass die Angehörigen in einer Strafvorschriften verletzenden Weise gegen den Entführer tätig geworden sind, so haben die Strafverfolgungsbehörden ein Strafverfahren gegen die Angehörigen einzuleiten. Die in Rede stehenden Erkenntnisse können und müssen nach den für Zweckumwidmungen geltenden Regeln in dem gegen den Entführer geführten Strafverfahren Verwendung finden.[231] Erst recht muss dies gelten, wenn Zweifel hinsichtlich eines strafbaren Verhaltens der Angehörigen bestehen oder sich deren Verhalten unterhalb der Grenze der Strafbarkeit bewegt. Der Staat ist für Rechtsverletzungen seiner Bürger grundsätzlich nur insoweit verantwortlich, als er seinen Schutzauftrag nicht erfolgreich wahrgenommen hat. Dies kann ihn zum Beispiel zu Ersatzleistungen nach dem Opferentschädigungsgesetz verpflichten, die grundsätzlich auch einem Straftäter zustehen, der selbst Opfer einer Straftat geworden ist. Gerade solche Konstellationen, in denen es zu Straftaten gegen – vermeintliche – Straftäter kommt, belegen die Wichtigkeit einer effektiven hoheitlichen Strafverfolgung, die als rechtsstaatlich gesteuerte Maßnahme in nicht unerheblichem Maße auch dem Schutz des Beschuldig-

229 Vgl. oben D.VI.2.

230 Diese Konstellation wird im Zusammenhang mit dem Fall „Gäfgen" diskutiert, vgl. die Nachweise oben A. Fn 6; *Peters*, 46. DJT, S. 161 f. bildet den Fall, dass der Vater des missbrauchten Kindes den Täter prügelt, bis dieser gesteht, und spricht sich für die Verwertbarkeit von Erkenntnissen über diesen Vorgang aus.

231 Die wohl herrschende Meinung nimmt in diesen Fällen – mit der apodiktischen Begründung, die Strafverfolgungsbehörden dürften Grundrechtsverletzungen durch Private nicht „ausnutzen" oder „sich zu Eigen machen" – ein Verwertungsverbot an, vgl. *Meyer-Goßner*, § 136a Rn 3 m.w.N.; *Kleinknecht*, NJW 1966, 1537, 1541 f.; *Klug*, in: Verhandlungen 46. DJT, Band II, Teil F, S. 47; *Dencker*, Verwertungsverbote, S. 97 f.; *Finger*, JA 2006, 529, 537. KK/*Senge*, vor § 48 Rn 52 weist zutreffend darauf hin, dass die von der herrschenden Lehre ins Auge gefassten seltenen Extremfälle „zur Herausbildung allgemeiner Rechtsregeln wenig geeignet" seien; anders noch die Einschätzung von *Otto*, FS Kleinknecht 1985, S. 319, 321; *Nüse*, JR 1966, 281, 285.

ten dient. Der Verzicht auf beweisrelevante Erkenntnisse, die durch – auch schwer wiegendes – strafbares Verhalten Privater „infiziert" sind, stünde zu dem Grundsatz einer *umfassenden* staatlichen Kontrolle des Strafrechts in Widerspruch. Nur indem sie solche Erkenntnisse nicht ausblendet, kann es der hoheitlichen Strafverfolgung gelingen, die widerstreitenden privaten Interessen und das öffentliche Interesse an der Strafverfolgung zu befrieden. Im Hinblick auf die Belange des zum Opfer gewordenen Straftäters kommt insoweit insbesondere eine Berücksichtigung des zu seinen Lasten sich ereignenden Nachtatgeschehens im Rahmen der Strafzumessung in Betracht. Allerdings kann ein Verwertungsverbot nach den allgemeinen für den Interessenausgleich im Rahmen der Verwertung geltenden Maßstäben legitimiert werden.

Soweit der Staat zum Zwecke der Strafverfolgung gezielt private Personen einsetzt, die Straftaten begehen, stellt sich die rechtliche Lage anders dar. Für den Einsatz von V-Leuten und Verdeckten Ermittlern ist das seit langem geklärt. Der Gesetzgeber hat sich ausdrücklich dafür entschieden, dass weder Beamte des Polizeidienstes noch von diesem eingesetzte und angeleitete private Personen im Zuge ihrer Ermittlungen Straftaten begehen dürfen, auch keine milieutypischen.[232] Eine andere Frage ist, ob durch solche Straftaten erlangte Erkenntnisse einem Verwertungsverbot unterliegen müssen. Die Antwort muss differenzierend ausfallen. Nicht jede den Strafverfolgungsbehörden zuzurechnende Straftat muss ein Verwertungsverbot zur Folge haben. Vielmehr sind hier die allgemein für Verwertungsverbote geltenden Regeln anzuwenden. Zu strafbewehrtem Verhalten sind die Strafverfolgungsbehörden nicht ermächtigt; insoweit besteht ein Erhebungsverbot. Eine Sanktionierung des Verhaltens und Disziplinierung der betroffenen Beamten erfolgt auf dem Wege des Dienst- und Strafrechts. Ob weitere Folge eine Unverwertbarkeit ist, hängt von einer Gewichtung des öffentlichen Interesses an der Strafverfolgung und der durch die Verwertung beeinträchtigten Persönlichkeitsrechte durch den Gesetzgeber ab.[233] Insoweit gelten die allgemeinen Überlegungen zur Begründung von Verwertungsverboten aufgrund widerstreitender Interessen.[234]

Werden strafbare Handlungen von anderen staatlichen Stellen verübt, so stellt sich die Frage, ob diese Handlungen per se den Strafverfolgungsbehörden zuzurechnen sind. Die besondere Stellung der Strafverfolgungsbehörden, die berufen sind, auch anderes hoheitliches Verhalten unter strafrechtlichen Gesichtspunkten zu würdigen, spricht dafür, eine solche Zurechnung nicht anzunehmen, sondern von anderen Amtsträgern verübte Straftaten, die zur Offenlegung von beweisrelevanten Erkenntnissen führen, so zu behandeln wie Straftaten privater Personen. Ein Verlust der Legitimation zum Strafen kann im äußersten Fall nur angenommen werden, wenn die Strafverfolgungsbehörden in ihrer angemessenen Wahrnehmung des Strafverfolgungsauftrags versagen, wenn sie also nicht mehr das rechtsstaatliche und effektive Strafverfahren gewährleisten können, für das sie legitimiert sind. Straftaten

232 Vgl. RiStBV Anlage D II 2.2; AnwK-StPO/*Löffelmann*, § 110c Rn 8 m.w.N.

233 So auch *Beckemper/Wegner*, JA 2003, 510, 514.

234 Vgl. oben D.VI.3.

anderer Hoheitsträger berühren nicht die Wahrnehmung dieser Verpflichtung, soweit die Strafverfolgungsbehörden diese Hoheitsträger nicht – etwa im Wege der Amtshilfe – zu Zwecken der Strafverfolgung einsetzen. Umgekehrt würden die Strafverfolgungsbehörden in eine Abhängigkeit zu anderen staatlichen Stellen geraten, wenn die Wahrnehmung des Auftrags zur umfassenden Wahrheitserforschung von der Rechtmäßigkeit deren Verhaltens abhängig wäre. Eine sich rechtswidrig und vielleicht strafbar verhaltende Staatsverwaltung könnte so zu einem Legitimationsverlust der Strafverfolgungsbehörden führen und damit zum Verlust einer wichtigen Möglichkeit des Schutzes der verfassungsrechtlichen Werteordnung gegen ihre – strafrechtlich relevante – Verletzung durch staatliche Gewalt.

8. Verwertbarkeit von aus dem Ausland erlangten Erkenntnissen

Die Thematik der Verwertbarkeit von aus dem Ausland erlangten Erkenntnissen spielt angesichts der zunehmenden Internationalisierung der Kriminalität und ihrer Bekämpfung eine immer größere Rolle. Tatgerichte sind mit der Schwierigkeit konfrontiert, Rechtshilfeersuchen an andere Staaten zu betreiben und sich im Falle des Fehlschlagens der Ersuchen oder ihrer Fehlerhaftigkeit mit den daraus resultierenden Folgen auseinanderzusetzen. Dabei ist das Zusammenspiel von Rechtshilfeersuchen und deren etwaigen Fehlerfolgen weitgehend ungeklärt. Die beiden bedeutenden Strafverfahren, die in jüngerer Zeit in diesem Zusammenhang den BGH beschäftigt haben – das Verfahren gegen den Terrorhelfer El Motassadeq[235] und ein Verfahren aus dem „Schreiber-Komplex" gegen ein Mitglied des Geschäftsbereichsvorstands der Thyssen AG[236] -, illustrieren das exemplarisch. Beide Fälle zeigen anschaulich das Zusammenspiel der verschiedenen rechtlichen Dimensionen der Beweisverbotsproblematik mit ausländischem Bezug auf: begrenzte hoheitliche Befugnisse des zur Aufklärung verpflichteten deutschen Gerichts; Rechtmäßigkeit des ausländischen Erhebungsakts; Prüfungskompetenz des deutschen Gerichts.

Im Grundsatz geht die bisherige Rechtsprechung davon aus, dass es für die Verwertbarkeit von im Ausland erlangten Erkenntnissen auf die Rechtmäßigkeit des Erhebungsaktes nach dem ausländischen Recht ankomme, soweit das Handeln auch nach deutschem Recht zu einem Verwertungsverbot führen würde und das ausländische Recht grundlegenden rechtsstaatlichen Anforderungen genüge.[237] Die Einhaltung ausländischen Rechts sei insoweit durch deutsche Gerichte zu überprüfen.

---

235 BGHSt 49, 112 = NJW 2004, 1259 (erste Revisionsentscheidung); BGHSt 51, 144 = NJW 2007, 384 (zweite Revisionsentscheidung); die hiergegen eingelegte Verfassungsbeschwerde (2 BvR 2557/06 vom 10. Januar 2007) blieb erfolglos.

236 BGHSt 49, 317 = NJW 2005, 300 (erste Revisionsentscheidung); BGH 5 StR 305/06 vom 10.1.2007 (zweite Revisionsentscheidung); über die hiergegen eingelegte Verfassungsbeschwerde ist noch nicht entschieden (Az. 2 BvR 432/07).

237 Vgl. RGSt 46, 50; BGH GA 1976, 219; NStZ 1985, 376; GA 1982, 40; StV 1982, 153, 154; NStZ 1983, 183;

Weiter komme ein Verwertungsverbot in Betracht, wenn deutschen Strafverfolgungsorganen eine Missachtung deutscher Verfahrensvorschriften zugerechnet werden könne, sei es, weil sie nicht das ihrerseits Mögliche getan haben, die Einhaltung deutschen Rechts zu erwirken, sei es, weil sie die Rechtsverletzung veranlasst haben.[238] Dieser Sichtweise folgt größtenteils die Kommentarliteratur.[239] In weiten Teilen des Schrifttums wird die grundsätzliche Maßgeblichkeit des ausländischen Rechts dagegen in Frage gestellt. Die Frage der Verwertbarkeit sei vielmehr nach dem Recht des Staates zu beurteilen, in dem das Hauptverfahren durchgeführt wird.[240] Bemerkenswert ist, dass im Schrifttum verschiedentlich – in Anknüpfung an *Amelungs* Lehre vom informationellen Folgenbeseitigungsanspruch – darauf abgestellt wird, ob die Erkenntnis durch deutsche hoheitliche Stellen zur Kenntnis genommen werden darf. Ein Verwertungsverbot könne entstehen, wenn der Besitz der Information aus deutscher Sicht unrechtmäßig sei. Dies sei – hier kommt der Gedanke des hypothetischen Ersatzeingriffs wieder zum Tragen – daran zu messen, ob die Information auch nach deutschem Recht rechtmäßig hätte erhoben werden können.[241] Für den Rechtshilfeverkehr auf europäischer Ebene wurde schließlich durch das am 2.2.2006 für Deutschland in Kraft getretene Übereinkommen über die Rechtshilfe in Strafsachen zwischen den Mitgliedstaaten der Europäischen Union (EU-RhÜbK) vom 29.5.2000 der Grundsatz der Erledigung von Rechtshilfeersuchen nach dem Recht des ersuchenden Staates festgelegt. Art. 4 Abs. 1 Eu-RhÜbk verpflichtet den ersuchten Mitgliedstaat, die vom ersuchenden Mitgliedstaat ausdrücklich angegebene Formvorschriften und Verfahren einzuhalten, soweit diese nicht den Grundprinzipien des Rechts des ersuchten Mitgliedstaats zuwiderlaufen. Kann das Ersuchen nicht gemäß den Anforderungen des ersuchenden Staats erledigt werden, sieht Art. 4 Abs. 3 EU-RhÜbk einen engen informatorischen Austausch der beteiligten Staaten über das weitere Vorgehen vor. Damit liegt es für den Rechtshilfeverkehr auf europäischer Ebene nunmehr in der Verpflichtung des ersuchenden Staates, auf die Einhaltung seiner Rechtsstandards hinzuwirken.[242] Welche Konsequenzen sich aus einer Verletzung dieser Obliegenheit ergeben, regelt das EU-RhÜbk nicht.

Nach der hier zugrunde gelegten begrifflichen Differenzierung zwischen „Erhebung", „Verwendung" und „Verwertung" lässt sich die Frage der Verwertbarkeit im Ausland erhobener Erkenntnisse in einer die Überlegungen der Rechtsprechung und des sie kritisierenden Schrifttums integrierenden und auch mit der neuen europäischen Rechtslage harmonierenden Weise beantworten. Ausgangspunkt für die Frage,

238 Vgl. RGSt 11, 391, 396; 40, 109; RG JW 1938, 658; BGHSt 35, 82, 83 = NJW 1988, 2187; BGHSt 42, 86 = NJW 1996, 2239.

239 Vgl. *Schuster*, Verwertbarkeit, S. 93 f. m.w.N.

240 Vgl. *Schuster*, Verwertbarkeit, S. 90 ff. m.w.N.

241 Vgl. *Scheller*, Ermächtigungsgrundlagen, S. 306, 325; *Böse*, ZStW 114 (2002), 148, 164, 167, 170; ähnlich bereits *v. Carosfeld*, FS Maurach 1972, 623.

242 Vgl. zur neuen Rechtslage bereits die Entscheidung BGH NStZ 2007, 417; anders noch BGH, 3 StR 438/00 vom 14.2.2001, NStZ-RR 2002, 67; BGH NStZ 2007, 344.

welches Recht für die Frage der Verwertbarkeit anzuwenden sei, ist zunächst die Feststellung, dass der Bundesrepublik Deutschland auf fremdem Hoheitsgebiet keine hoheitlichen Befugnisse zustehen, es sei denn, diese werden ihr durch eine völkerrechtliche Vereinbarung übertragen.[243] Für die Aufklärungspflicht eines deutschen Gerichts bedeutet dies, dass es alle ihm im Rahmen seiner Hoheitsbefugnisse zustehenden Möglichkeiten ergreifen muss, beweisrelevante Erkenntnisse zu erlangen, insbesondere durch das Stellen von Rechtshilfeersuchen. Sind die Erkenntnisse danach nicht zu erlangen, so hat das Gericht dies im Rahmen seiner Beweiswürdigung zu berücksichtigen. Dies dürfte soweit unstreitig sein. Auch für die Frage der Rechtmäßigkeit der Erkenntniserlangung und der Verwertbarkeit ist Anknüpfungspunkt das hoheitliche Handeln deutscher Strafverfolgungsbehörden. In der Regel handeln deutsche Strafverfolgungsbehörden insoweit durch das Stellen von Rechtshilfeersuchen. Dieses Handeln ist Beweiserhebung im oben definierten Sinne und daher für die Beurteilung der Rechtmäßigkeit des Erlangens von Erkenntnissen aus dem Ausland allein maßgeblich. Zu differenzieren ist weiter zwischen dem Erlangen bei den ausländischen Stellen bereits vorliegender Erkenntnisse und dem Erlangen von Erkenntnissen, die auf Gesuch der deutschen Strafverfolgungsbehörden durch die ausländischen Stellen erst erhoben werden. Im ersten Fall spielt für die Rechtmäßigkeit der Beweiserhebung durch deutsche Stellen grundsätzlich keine Rolle, auf welche Weise die Erkenntnisse durch die ausländischen Behörden erhoben wurden. Im zweiten Fall ist danach zu fragen, ob das Handeln der ausländischen Behörden den deutschen Stellen zuzurechnen ist. Insoweit gilt nichts anderes als für das Erlangen von Erkenntnissen von privaten Personen. Der deutsche Staat darf nicht ausländische Stellen für den Vollzug von Eingriffen einsetzen, zu denen er selbst nicht berechtigt wäre, wenn sie auf seinem Hoheitsgebiet zu vollziehen wären. Dies verpflichtet deutsche Strafverfolgungsbehörden, nicht auf ein – nach deutschen Maßstäben – rechtsstaatswidriges Vorgehen ausländischer Stellen hinzuwirken. Diese Obliegenheit dürfte in der Regel unproblematisch sein. Schwieriger ist die Lage zu beurteilen, wenn den deutschen Strafverfolgungsbehörden bekannt ist, dass die ausländische Rechtslage ein Vorgehen gestattet – oder ein solches Vorgehen faktisch praktiziert wird –, das nach deutschen Maßstäben ein Verwertungsverbot begründen könnte. In diesem Fall wird man eine Verpflichtung der deutschen Strafverfolgungsbehörden annehmen müssen, mit allen ihnen zur Verfügung stehenden Mitteln auf eine deutschen Maßstäben entsprechende Rechtsanwendung durch die ausländischen Stellen hinzuwirken, denn andernfalls wäre die Beweiserhebung für die mit ihr verfolgten Zwecke gar nicht geeignet.[244] Kann ein solches Handeln der ausländischen Stellen nicht erreicht werden, stehen also keine nach deutschen Maßstäben rechtsstaatlichen Mittel zur Erfüllung des Rechtshilfeersuchens zur Verfügung, so müssen die deutschen Strafverfolgungsbehörden von dem Ersuchen Abstand nehmen. In-

243 Vgl. etwa die sog. SOFAs (Status Of Force Agreements) für den Bereich der Strafverfolgung von Soldaten aus NATO-Mitgliedstaaten.

244 Damit ist der Gesichtspunkt der sog. Vorwirkung von Verwertungsverboten angesprochen, vgl. etwa *Wolter*, FS Meyer 1990, S. 493, 509 m.w.N.; *Gössel*, NStZ 1988, 126.

soweit besteht für sie dann ein – aus der Unverwertbarkeit nach verfassungsrechtlichen Maßstäben gefolgertes – Beweiserhebungsverbot. Führen die ausländischen Stellen entsprechende Maßnahmen trotz der Rücknahme des Ersuchens oder des Verzichts darauf durch und erlangen beweisrelevante Erkenntnisse, so gilt für die Rechtmäßigkeit der Erhebung der dann bei den ausländischen Stellen vorliegenden Erkenntnisse das zur erstgenannten Fallgruppe Gesagte. Maßstab für die Prüfung der Rechtmäßigkeit des deutschen Handelns ist in allen Fällen das deutsche Recht. Nimmt die ausländische Stelle ihr Bewirken zurück oder erklärt sie die übermittelten Erkenntnisse nachträglich als unverwertbar, so kann das völkerrechtliche Konsequenzen haben, wirkt sich aber auf den Prüfungsmaßstab der deutschen Gerichte für die Verwertbarkeit der Erkenntnisse nicht aus. Maßgeblich ist auch hier allein, ob die deutschen, über die Verwertbarkeit entscheidenden Gerichte ein rechtswidriges Handeln deutscher Stellen bei der Durchführung des Rechtshilfeersuchens feststellen können, und welche Konsequenzen sie daraus für die Rechtmäßigkeit der Verwertungshandlungen deutscher Gerichte ziehen. Nichts anderes gilt für den Fall einer Beschränkung der Verwendbarkeit der übermittelten Erkenntnisse durch die ausländische Stelle. Setzen sich die deutschen Strafverfolgungsbehörden über diese Beschränkung hinweg, kann das einen völkerrechtlichen Verstoß, zum Beispiel gegen Art. 23 EU-RhÜbk, darstellen. Ob damit zugleich ein rechtswidriges Handeln deutscher Stellen nach Maßstäben des deutschen Rechts vorliegt und hierdurch ein Verwertungsverbot begründet werden kann, haben die über die Verwertbarkeit entscheidenden Gerichte anhand der einschlägigen gesetzgeberischen Entscheidungen zu befinden.

Diese Ergebnisse sind verfassungsrechtlich verankert in der Grundrechtsbindung deutscher Träger hoheitlicher Gewalt. Art. 1 Abs. 3 GG statuiert eine umfassende Grundrechtsbindung aller öffentlichen Gewalt und sieht dabei keine räumliche Beschränkung der Grundrechtsgeltung vor. Nach der Rechtsprechung des Bundesverfassungsgerichts binden die Grundrechte in ihrem sachlichen Geltungsumfang die deutsche öffentliche Gewalt auch, soweit Wirkungen ihrer Betätigung außerhalb des Hoheitsbereichs der Bundesrepublik Deutschland eintreten.[245] Die Grundrechte entfalten ihre Schutzwirkung daher grundsätzlich auch außerhalb des Bundesgebiets, wenn deutsche Hoheitsgewalt auf Grundrechtssubstanz einwirkt[246] und beschränken die deutsche Hoheitsgewalt auch im Hinblick auf schutzwürdige Interessen von Ausländern im Ausland.[247] Nach einer jüngeren Rechtsprechung des Bundesverfassungsgerichts sei die Reichweite der Grundrechte bei Sachverhalten mit Auslandsbe-

245 Vgl. BVerfGE 6, 290, 295 = NJW 1957, 745; BVerfGE 57, 9, 23 = NJW 1981, 1154.

246 Vgl. BVerfGE 6, 290, 295 = NJW 1957, 745; MD/*Herdegen*, Art. 1 Abs. 3 Rn 71; Sachs/*Dreier*, Art. 1 Abs. 3 Rn 29; v. Münch/Kunig/*Kunig*, Art. 1 Abs. 3 Rn 53; jeweils m.w.N.; allgemein zur Reichweite der Grundrechtsgeltung bei internationalen Sachverhalten *Coester-Waltjen*, Auslandsberührung, S. 9 ff.; *Kronke*, Auslandsbezug, S. 33 ff.; *Kokott*, Grund- und Menschenrechte, S. 71 ff.; Hofmann, Grenzüberschreitende Sachverhalte, 1994.

247 Jarass/Pieroth/*Jarass*, Art. 1 Abs. 3 Rn 33 m.w.N.

zügen unter Berücksichtigung von Art. 25 GG aus dem Grundgesetz zu ermitteln.[248] Zu berücksichtigen ist dabei, ob das Handeln ausländischer Stellen deutschen Organen zugerechnet werden kann. Eine Verfassungsbeschwerde gegen einen Akt der öffentlichen Gewalt, dessen Verfassungswidrigkeit unter Hinweis auf eine durch ihn ausgelöste Folgewirkung geltend gemacht wird, kann nur dann zulässigerweise erhoben werden, wenn eine grundrechtliche Verantwortlichkeit eines Trägers öffentlicher Gewalt im Sinne des § 90 Abs. 1 BVerfGG für diese Folgewirkung als möglich erscheint.[249] An diese, die Bedeutung des völkerrechtlichen Rahmens hervorhebende Rechtsprechung anknüpfend, wird im Schrifttum danach unterschieden, in welchem Maße ein Sachverhalt mit Auslandsbezug der Kontrolle der deutschen Staatsgewalt unterliege. Unterliege ein Geschehen in seiner grundrechtsverkürzenden Dimension vollständig der Kontrolle deutscher Hoheitsgewalt, mindere der Auslandsbezug den Grundrechtsschutz nicht. Wegen des – mit Verfassungsrang versehenen (vgl. Art. 16 Abs. 2, Art. 25, Art. 73 Abs. 1 Nr. 1, 10 GG) – Interesses der Bundesrepublik Deutschland am völkerrechtlichen Austausch und insbesondere am internationalen Rechtshilfeverkehr reduziere sich die Grundrechtsverantwortung deutscher Staatsgewalt beim notwendigen Zusammenwirken mit fremden Hoheitsträgern regelmäßig auf die Erfüllung von Schutzpflichten im Rahmen bestehender Einflussmöglichkeiten.[250] Dies entspricht der oben vertretenen Position, derzufolge es für die Rechtmäßigkeit ausländischer Beweiserhebungen nur insoweit auf das Handeln deutscher Hoheitsträger ankomme, als diesen das Handeln der ausländischen Stellen zuzurechnen sei oder die deutschen Organe nicht in ihren Möglichkeiten auf ein deutschen Maßstäben entsprechendes rechtsstaatliches Vorgehen hinwirkten. Maßstab für das Handeln der deutschen Organe ist konsequenter Weise wegen der grundsätzlich räumlich unbeschränkten Geltung der Grundrechte als Schranken der Ausübung der Staatsgewalt das – gegebenenfalls im Lichte völkerrechtlicher Vereinbarungen auszulegende – deutsche Recht.

---

248 BVerfGE 100, 313, 362 f. = NJW 2000, 55.

249 Vgl. BVerfGE 66, 39, 60 = NJW 1984, 601.

250 MD/*Herdegen*, Art. 1 Abs. 3 Rn 73 ff. m.d.H. auf BVerfGE 6, 290, 299 f. = NJW 1957, 745; BVerfGE 40, 141, 177 ff. = NJW 1975, 2287; BVerfGE 55, 349 ff. = NJW 1981, 1499; BVerfGE 72, 66, 79 f. = NJW 1986, 2188; Sachs/*Dreier*, Art. 1 Abs. 3 Rn 30 stellt für die Bestimmung von Art und Umfang der – aufgrund der Notwendigkeit außenpolitischer Flexibilität und des politischen Gesamtinteresses gegenüber der Völkergemeinschaft – geringeren Wirkkraft der Grundrechte auf einen „fallbezogenen Ansatz" ab; m.d.H. auf BVerfGE 92, 26, 41 ff. = NJW 1995, 2339.

E. Ideen zu einer Wissenschaftstheorie der Wahrheitserforschung im Strafverfahren

I. Zum Verhältnis von Rechtswissenschaft und Wissenschaftstheorie

Die moderne Wissenschaftstheorie, die maßgeblich aus dem Logischen Empirismus oder Positivismus[1] und dem vor allem durch die Arbeiten *Poppers* geprägten Kritischen Rationalismus hervorgegangen ist, gehört zu den wesentlichen Errungenschaften der Philosophie des 20. Jahrhunderts. Der Gegenstandsbereich der Wissenschaftstheorie ist breit: Er spannt sich von erkenntnistheoretischen Überlegungen (wie vollzieht sich der Prozess wissenschaftlicher Erkenntnisgewinnung?) über theoriekritische Fragestellungen (welche Eigenschaften muss eine wissenschaftliche Theorie erfüllen?) bis hin zu systemtheoretischen und soziologischen Aspekten der Wissenschaft (welche Rolle spielt Wissenschaft in der Gesellschaft und anderen Systemen?). In die Rechtswissenschaft haben die Erkenntnisse der Wissenschaftstheorie bislang wenig Eingang gefunden.

1. Erklären und Verstehen in der Rechtswissenschaft

Der Begriff des Erklärens stellt einen Grundbegriff der Wissenschaftstheorie dar, die sich mit Erklärungen wissenschaftlicher Erkenntnis und dem Verstehen dieser Erklärungen befasst. Der Begriff ist ein schillernder; er taucht in einer Vielzahl unterschiedlicher Konnotationen auf, nicht nur im Sinne wissenschaftlicher Erklärung eines Naturereignisses und hermeneutischer Erklärung etwa eines Textes, sondern auch in einem performativen Sinne wie bei einer Kriegserklärung oder einer moralischen Erklärung eines Verhaltens als seiner Rechtfertigung.[2] Nach der hier vertretenen Auffassung erhellen diese verschiedenen Verwendungsweisen unterschiedliche Aspekte desselben Gegenstands. Erklärung ist danach stets eine Antwort auf eine

---

1 Zu den Vertretern dieser extremen Form des Empirismus, der an die philosophische Tradition von *John Locke*, *David Hume* und *John Stuart Mill* anschließt, werden insbesondere *Bertrand Russell*, die Forscher des Wiener Kreises (u.a. *Moritz Schlick*, *Rudolf Carnap*, *Otto Neurath*), und die Mitglieder der Gesellschaft für empirische Philosophie in Berlin (u.a. *Hans Reichenbach*, *Carl Gustav Hempel*) gezählt.

2 Zu den verschiedenen alltäglichen und wissenschaftlichen Verwendungen von „Erklärung" vgl. *Stegmüller*, Probleme und Resultate, Teil A, S. 110 ff.

Frage nach dem, was der Fall ist.[3] Erklärungen sind dabei immer mögliche Erklärungen, deren Struktur von der Fragestellung, mithin vom Zugang des Erkennenden und Erklärenden zu dem, was der Fall ist, abhängig ist. So kann man – ohne Anspruch auf Vollständigkeit – unterscheiden zwischen kausalen, finalen oder teleologischen, rationalen und irrationalen, statistischen, hermeneutischen und determinativen Erklärungen. Solche Erklärungen können mit gleichem Anspruch auf Wahrheit nebeneinander stehen. Erklärungen können außerdem einfach sein, wenn sie unmittelbar beobachtbare Sachverhalte beschreiben, oder sie können Komplexe von Beobachtungen, vorgängigen Erklärungen und Vorentscheidungen zum Gegenstand haben. Komplexe Erklärungen sind in der Regel eliptisch und lassen ihre Antecedensbedingungen, bei denen es sich selbst um Erklärungen handelt, nicht sofort erkennen. Das macht ihren komplexitätsreduktionistischen Charakter aus.[4] Werden Erklärungen auf ihre Richtigkeit, respektive Wahrheit hin hinterfragt, werden im Rahmen der auf diese Frage entworfenen Meta-Erklärung die Entstehungsbedingungen der Erklärung offengelegt. Diese Entstehungsbedingungen sind die – ausgesprochenen oder unausgesprochenen – Gründe der Erklärung. Auch kausale Ursachen können solche Gründe sein, Gründe sind aber nicht Ursachen.[5] Insofern kann man von einem asymmetrischen Verhältnis von Ursachen und Gründen sprechen. Kausale Erklärungen geben als Gründe Ursachen an, finale oder teleologische Erklärungen Ziele und Zwecke, rationale Erklärungen Absichten, statistische Erklärungen Wahrscheinlichkeiten, hermeneutische Erklärungen Vor-Urteile und determinative Erklärungen Klassenbegriffe.[6]

Nach der hier vertretenen Auffassung lassen sich alle Erklärungen auf Erfahrungen dessen, was der Fall ist – in der Terminologie *Carnaps*: auf Elementarerlebnisse[7] – zurückführen. Dies ist eine zwingende Konsequenz der in Anspruch genommenen realistischen Grundhaltung. Aufgabe einer auf dieser Grundlage entwickelten Theorie wissenschaftlicher Erklärungen ist es, den Gegenstand der Erklärung exakt zu bestimmen und möglichst seine Rückführbarkeit auf Elementarerlebnisse offenzulegen. Das war das wissenschaftstheoretische Programm der Analytischen Philosophie und der von ihr entwickelten Begriffssprache. Der Vorzug dieses Ausgangspunkts liegt in seiner methodischen Einfachheit und Leistungsfähigkeit. Auf seiner Grundlage kann die unergiebige Frage nach der „Wirklichkeit" nichtphysischer Gegenstände mit deren Gegenstandscharakter als Erklärungen komplexer Sachverhalte erklärt

3 Näher *Löffelmann*, Urteil, S. 33 ff.

4 Auf diese Problematik wurde bereits oben A.IV.2. im Zusammenhang mit *Luhmanns* These von der komplexitätsreduzierenden Wirkung der Systembildung eingegangen.

5 Auf einer anderen Ebene können Gründe freilich schon Ursachen sein: Wird der Verzicht auf Dividenden-Ausschüttungen damit begründet, man wolle sich ab sofort nicht mehr an den Interesen der Aktionäre, sondern denen der Mitarbeiter orientieren, kann diese Begründung – und nicht der Verzicht als solcher – eine Ursache für den Verlust des Vertrauens der Aktionäre in die Geschäftsleitung und für das Fallen der Aktienkurse sein.

6 Näher *Löffelmann*, Urteil, S. 35 f.

7 Vgl. *Carnap*, Aufbau der Welt, S. 91 ff.

werden. Der Nachteil dieses Ansatzes liegt darin, dass er häufig nicht unserer durch die Alltagssprache vermittelten Auffassung von dem, was der Fall ist, entspricht. So verbinden wir zwar eine recht genaue Vorstellung davon, was ein Einhorn ist, neigen aber dazu, zu sagen, dass es Einhörner nicht „wirklich" gebe. Freilich wissen wir auf Nachfrage, dass es Einhörner doch „gibt", nämlich in Märchenbüchern, so, wie es Klassen-Paradoxien als lehrreiche Sprachspiele in Lehrbüchern der Logik gibt. Wir wissen auch, dass eine Kriegserklärung nicht eine Erklärung des Krieges ist, sondern die komprimierte Erklärung eines komplexen völkerrechtlichen Sachverhalts und einer Absicht, kriegerische Handlungen einzuleiten. Da die Alltagssprache in erheblichem Maße Komplexität reduzieren muss, um operabel zu bleiben[8], lässt sie den Bezug der Erklärung zu dem, was der Fall ist, häufig nicht ohne weiteres erkennen. Erklärungen dessen, was der Fall ist, lassen sich aber mit dem gebotenen Aufwand in die Alltagssprache übersetzen.

Über die Berechtigung eines realistischen Ausgangspunkts kann man unterschiedlicher Meinung sein und diesen historischen Streit mit den begrenzten Mitteln menschlicher Erkenntnis bekanntlich keiner verbindlichen Lösung zuführen. Man kann aber eine realistische Position vertreten, ohne die wichtigen Einsichten in den hermeneutischen Charakter der Theoriebildung und des Verstehens ablehnen zu müssen. Die Abhängigkeit der Erkenntnis von Vor-Urteilen des Erkennenden lässt sich ohne weiteres in das Subsumtions-Schema der Erklärung integrieren. Diesem, nach seinen Begründern benannten Hempel-Oppenheim-Modell der Erklärung (H-O-Modell) zufolge liegt eine Erklärung dann vor, wenn ein zu erklärendes Ereignis (Explanandum) aus einem Explanans, das heißt anderen Ereignissen (Antecedensbedingungen) und mindestens einer Gesetzeshypothese logisch abgeleitet werden kann. Das Explanans muss dabei bestimmten Voraussetzungen genügen, insbesondere muss es empirisch gut bestätigt sein und empirischen Gehalt besitzen, was dann der Fall ist, wenn es durch Erfahrung widerlegt werden kann.[9] *Hempel* hat dieses Schema zunächst als Erklärungsschema für historische Ereignisse entwickelt, es später differenziert, grundsätzlich aber daran festgehalten, dass es für alle Arten der Wirklichkeitserkenntnis gleichermaßen gelte. Die mit dieser positivistischen Auffassung verbundenen mathematischen Perfektionsideale sind in Teilen der Analytischen Philosophie und in der hermeneutischen Philosophie auf Ablehnung gestoßen und haben so die Ausprägung methodendualistischer Auffassungen begünstigt.[10] Das H-O-Modell ist aber von mathematischen Perfektionsidealen und strengen Kausalitätsannahmen nicht abhängig. Es beschreibt zunächst allgemein die Struktur von Erkenntnis aus Erfahrung und lässt dabei grundsätzlich Raum für jegliche Art von

8 Man denke nur an die Bildung von technischen Termen, an Verschleifungen oder an die künstliche Vereinfachung von Sprache wie etwa bei der Herausbildung des Hochchinesisch (Mandarin).

9 Vereinfachend nach *Stegmüller*, Probleme und Resultate, Teil A, S. 120 ff.; *v. Wright*, Erklären und Verstehen, S. 24 ff.

10 Vgl. *v. Wright*, Erklären und Verstehen, S. 18 ff.

die Verbindung zwischen Explanans und Explanandum herstellenden Gesetzmäßigkeiten.

Für die Wissenschaftstheorie hat *Georg Henrik von Wright* den Versuch unternommen, die universelle Gültigkeit des von *Hempel* begründeten Subsumtions-Modells der Erklärung, insbesondere im Hinblick auf die Erklärbarkeit von Handlungen, zu widerlegen. *V. Wrights* Auseinandersetzung mit den Argumenten des Positivismus kann hier nicht annähernd nachvollzogen werden. Das Augenmerk soll deshalb auf auf ein konkretes Beispiel gelenkt werden, mit dem *v. Wright* das Ungenügen der kausalen Erklärungsmethode belegen möchte: „Vor mir sind zwei Knöpfe. Sie sind so miteinander verbunden, dass ein Druck auf den linken Knopf zur Folge hat, dass auch der rechte Knopf nach unten geht und *vice versa.* Wenn ich meinen Finger wieder wegnehme, kehren die Knöpfe in ihre normale Position zurück. (...) *Ein* Stein fällt (niemand ließ ihn fallen), trifft den linken (rechten) Knopf und beide Knöpfe gehen unter dem Druck nach unten. Die Tatsache, dass der eine Knopf von dem Stein *getroffen wurde,* war deshalb die Ursache dafür, dass beide Knöpfe nach unten gingen, weil beide Knöpfe in der geschilderten Weise miteinander zusammenhängen. Aber wäre es hier richtig, wenn man sagte, dass das *Nach-unten-Gehen* des zufällig von dem Stein getroffenen Knopfs das Nach-unten-Gehen des anderen Knopfs verursachte?“[11] Das von *Wright* – im folgenden noch weiter variierte – Experiment stellt eine Argumentation von der Art der Gedankenspiele dar, die nur in Lehrbüchern der Philosophie auftauchen. Als solches ist es Bestandteil des Explanans der von dem Philosophen verfassten Erklärung des Ungenügens kausaler Erklärungsmodelle; als beanspruchte Erklärung eines physikalischen Vorgangs ist es: nichts, da es nicht einen physikalischen Vorgang erklärt, sondern allenfalls den Anspruch des Philosophen. Gegen Ende seiner Untersuchung zeigt sich, dass *v. Wrights* Bekenntnis für einen methodischen Dualismus auf einer anachronistischen Innen-Außen-Ontologie beruht: „Die Systeme (...), die von experimentellen Wissenschaften untersucht werden, können durch einen Handelnden, der außerhalb dieser Systeme steht, manipuliert werden. (...) Die von Sozialwissenschaftlern untersuchten Systeme können in der Regel nicht durch Handelnde außerhalb dieser Systeme manipuliert werden. Sie können statt dessen durch Handelnde, die sich innerhalb dieser Systeme befinden, manipuliert werden.“[12]

Folgt man der – oben dargelegten[13] – Auffassung, dass die Einnahme eines externen Standpunkts gegenüber dem, was der Fall ist, aus prinzipiellen Gründen nicht möglich ist, so folgt daraus, dass ein Erklärungsmodell diese Voraussetzung gleichermaßen für naturwissenschaftliche und andere Erklärungen von Seiendem berücksichtigen muss. Auf dieser Grundlage stellt *Stegmüller* überzeugend dar, dass sich historische Erklärungen empirischer Ereignisse nicht prinzipiell von naturwissen-

11 *v. Wright,* Erklären und Verstehen, S. 76 f.

12 *v. Wright,* Erklären und Verstehen, S. 147 f.

13 Vgl. A.III.3.

schaftlichen Erklärungen unterscheiden.[14] Zwar seien historische Beschreibungen in der Regel viel hypothetischer als naturwissenschaftliche Beschreibungen und somit problematischer, da der Historiker die Geschehnisse, über die er berichte, nicht selbst beobachten konnte, sondern erschließen müsse. Akzeptiere man aber, dass eine Erklärung nicht nur in der Angabe kausaler Ursachen bestehen könne, sondern auch in der Darlegung des Wirkens von Gründen, so dürfe man auch induktive Argumente ohne Gesetzescharakter einbeziehen. Entscheidend für die von *Stegmüller* vertretene Ansicht ist sein gegen die Unterscheidung nomothetischer und ideographischer Erkenntnis angebrachtes Argument, es sei nur eine vereinfachende, aber unkorrekte Redeweise, von der Erklärung von Ereignissen im Sinne von „Wirklichkeitsstücken“ zu reden. „Ein individueller Gegenstand, ein raum-zeitlich abgegrenztes Realitätsstück, kann niemals in seiner vollen Totalität erklärt werden. Was wir erklären, sind gewisse *Tatsachen über* diese individuellen Objekte. Dies zeigt sich darin, dass in den Antecendensbedingungen *Artbegriffe* als Prädikate verwendet werden müssen, und zwar sowohl im naturwissenschaftlichen wie im historischen Fall: Es ist nicht schlechthin von einem Ereignis an einer bestimmten Raum-Zeit-Stelle oder in einem namentlich charakterisierten Erfahrungsgegenstand (einem bestimmten Molekül, dem Planatensystem, einer historischen Persönlichkeit, einer politischen Union) die Rede, sondern dieses Ereignis ist als Ereignis *von einer bestimmten Art* charakterisiert (z.B. als eine Beschleunigung, ein Stromstoß, ein Temperaturrückgang, eine Sonnenfinsternis, ein Vulkanausbruch, eine Thronbesteigung, ein politisches Attentat, ein Vertragsabschluss, eine Wirtschaftskrise etc.). Daher kann es auch *weder* eine vollkommene Beschreibung *noch* eine vollkommene Erklärung eines individuellen Ereignisses geben.“[15] Man kann diese Aussage dahin radikalisieren, dass eine vollkommene Beschreibung eines naturwissenschaftlichen wie auch historischen Ereignisses stets zugleich eine Beschreibung der gesamten Wirklichkeit oder jedenfalls des Paradigmas, in dem das Ereignis stattfindet, darstellen müsste. Weil zu diesem Paradigma auch der Beschreibende und seine Beschreibung gehören, kann die Beschreibung niemals vollkommen sein, da sie nicht den Beschreibenden und sich selbst beschreibt. Auch der angeblich teleologische Charakter historischer Erklärungen erweist sich bei näherer Betrachtung als Abgrenzungskriterium zwischen naturwissenschaftlichen und historischen Erklärungen als nicht belastbar. Die Rede vom ziel- oder zweckgerichteten Handeln beruht auf einer ungenauen Erfassung der Gründe, durch die es erklärt werden kann. Gründe für ein Handeln sind nicht irgendwelche abstrakten Ziele oder Zwecke, sondern der Wunsch, die Verpflichtung, der Entschluss oder eine andere Antriebskraft, die ins Auge gefassten Ziele oder Zwecke durch das Handeln zu erreichen, verbunden mit der Überzeugung, sie erreichen zu können.[16] So verstanden, lassen sich teleologische Erklärungen unproblematisch in das H-O-Schema übersetzen. Ein drittes Argument gegen eine angebliche strukturelle Verschiedenheit naturwissenschaftlicher und historischer Erklärungen geht

14 *Stegmüller*, Probleme und Resultate, Teil C, S. 389 ff.
15 *Stegmüller*, Probleme und Resultate, Teil C, S. 391 f.
16 *Stegmüller*, Probleme und Resultate, Teil C, S. 392 f.

dahin, dass der Historiker keineswegs spezifisch geschichtswissenschaftliche Gesetze benutze, um historische Ereignisse zu erklären, sondern auf die Erkenntnisse anderer Wissenschaftsbereiche, insbesondere auch der Naturwissenschaften, zurückgreife.[17]

Anerkennt man, dass für den Bereich der *empirischen* Erkenntnis – um die es in der Rechtswissenschaft auch geht – kein prinzipieller Unterschied zwischen der Erklärung von Ereignissen aus den Gegenstandsbereichen verschiedener Wissenschaften gezogen werden kann, sondern Beschreibung und Theoriekonstruktion vielmehr „unlösbar miteinander verwoben“[18] sind und sich methodisch nicht trennen lassen, so sehe ich keinen einleuchtenden Grund dafür, warum dies nicht auch für die Erklärung und Beschreibung des Reichs der Werte und Normen gelten sollte. Normative Erklärungen unterscheiden sich dann nicht kategorial von deskriptiven Erklärungen. Auch Normen sind im Sinne *Poppers* „Vorgefundenes“, die Differenzierung zwischen normativen und deskriptiven Aspekten eines Sachverhalts ist dessen mögliche theoriegeleitete Deutung. Dann ist juristische Arbeit tatsächlich nichts anderes als Theoriebildung und Subsumtion, wenn auch in einem ungleich komplexeren Sinne, als es der juristische Determinismus verstand.[19]

2. Der Wissenschaftscharakter der Rechtswissenschaft

Thematisiert wird mit prominenter Beteiligung, ob es sich bei der Rechtswissenschaft überhaupt um eine Wissenschaft handle.[20] Die Frage ist ohne weitere Vorentscheidungen wenig ergiebig, da sie einen Konsens darüber voraussetzt, was eine Wissenschaft auszeichnet. Das allgemeine Kriterium einer systematischen Auseinandersetzung der Wissenschaft mit ihrem Gegenstand wird man der Rechtswissenschaft so wenig absprechen können wie der Bibliothekswissenschaft, Forstwissenschaft oder Vieh- und Milchwissenschaft.[21] Nicht zielführend sind weiter Versuche, die Rechtswissenschaft in eine Distinktion zwischen empirisch fundierten Real- (oder Erfahrungs-) und hermeneutisch arbeitenden Geisteswissenschaften oder in eine solche zwischen nomothetischen, denen es um allgemeine Gesetzmäßigkeiten gehe, und idiographischen Wissenschaften einzuordnen.[22] Dass eine solche Unter-

17 *Stegmüller*, Probleme und Resultate, Teil C. S. 397 ff.

18 *Stegmüller*, Probleme und Resultate, Teil C, S. 400.

19 Näher unten E.IV.2.

20 Vgl. *Kelsen*, Rechtswissenschaft, 1916; *Radbruch*, Rechtsphilosophie, S. 221; zu dem historischen Streit *Neumann*, Kelsen und Radbruch; *ders.*, Wissenschaftstheorie, S. 386.

21 Vgl. *Chalmers*, Wissenschaft, S. 1 f.

22 Die Unterscheidung zwischen nomothetischen und ideographischen Wissenschaften geht zurück auf *Windelband*, Geschichte und Naturwissenschaft, 1894. *G. H. v. Wright* führt die Differenzierung zurück auf zwei grundlegende Traditionen der Welterschließung: die galileische (die sich allerdings bis *Platon* zurückverfolgen lasse), welche kausal-mechanistische Erklärungsformen bemühe und sich historisch in den Empirismus, den Positivismus und die Analytische Philosophie fortsetze; und die aristotelische, der es um teleologische und finalistische Erklä-

scheidung auf unzutreffenden und vereinfachenden Annahmen über die Struktur wissenschaftlicher Erkenntnis beruht, dürfte in der Wissenschaftstheorie mittlerweile anerkannt sein. Erklärungen historischer Sachverhalte stützen sich ebenso wie naturwissenschaftliche Erklärungen auf Antecendensbedingungen und allgemeine oder spezielle Gesetzmäßigkeiten.[23] *Wolfgang Stegmüller* schreibt dazu: „Die beiden Stufen wissenschaftlicher Welterkenntnis: Beschreibung und Theorienkonstruktion, sind unlösbar miteinander verwoben und lassen sich nicht methodisch trennen, wie sehr dies einigen auch als wünschenswert erschiene. Ebensowenig können, wie die historischen Erklärungen zeigen, die einzelnen Wissenschaftsgebiete als autonome Gebiete voneinander abgegrenzt werden."[24] Sogar dezidierte Gegner des Methodenmonismus wie *Georg Henrik von Wright*[25] oder *Karl-Otto Apel*[26] anerkennen eine innere Verwandtschaft von Analytischer Philosophie und Hermeneutik. Hinter den unterschiedlichen Positionen stehen ontologische und erkenntnistheoretische Vorüberlegungen und Überzeugungen, die auf die großen Streitfragen der Philosophie zurückgehen. Nach dem hier vertretenen gemäßigt realistischen Standpunkt können Theorien dessen, was der Fall ist, zwar keinen Anspruch auf absolute Geltung haben, ihre Relativität im Hinblick auf ihr – insbesondere sprachliches – Bezugssystem erlaubt aber nicht den instrumentalistischen Schluss, ihnen komme keinerlei kognitiver Wert zu. Die Einsicht in die transzendentale Verfasstheit menschlicher Erkenntnis bedeutet nicht deren Unmöglichkeit. Mit dieser Auffassung befindet man sich auf dem Gebiet der Wissenschaftstheorie in guter Gesellschaft.[27] Man muss keinem extremen Empirismus oder Positivismus anhängen, um die Grundthese des traditionellen Empirismus zu teilen, dass alle Begriffe, mit denen wir die Welt beschreiben, der Erfahrung entnommen werden und alle Aussagen über die Welt nur durch Beobachtungen begründet sind, solange man den Begriff der Beobachtung weit genug fasst. Mit dieser These eines gemäßigten Empirismus ist weder zwingend ein reiner

---

rungen gehe und ihre Fortsetzung in der philosophischen Hermeneutik erfahre (vgl. *v. Wright*, Erklären und Verstehen, S. 16 ff.). *v. Wright* wendet sich selbst explizit gegen die – von ihm als Grundannahme des Positivismus begriffene – Idee von der Einheit der wissenschaftlichen Methode (sog. methodischer Monismus).

23 Vgl. *Stegmüller*, Probleme und Resultate, Teil C, S. 391 ff.

24 *Stegmüller*, Probleme und Resultate, Teil C, S. 400.

25 *v. Wright*, Erklären und Verstehen, S. 38 ff.

26 *Apel*, Transformation, Band 1, S. 22 ff. insbes. 32 f. u.ö.; *ders.*, Transformation, Band 2, insbes. S. 28 ff., 96 ff.

27 Vgl. etwa *v. Kutschera*, Wissenschaftstheorie II, S. 398 ff.; *ders.*, Objektivität, S. 271 ff.; *Chalmers*, Wissenschaft, S. 166 ff.; *Lakatos*, Falsifikation, insbes. S. 101 ff., 174 ff.; *ders.*, Methodologie, S. 170 ff.; *Kuhn*, Struktur, S. 217 (*Kuhn* wird allerdings teilweise auch als Relativist angesehen, vgl. *Chalmers*, Wissenschaft, S. 109 ff.); die am frühen Kritischen Rationalismus geübte Kritik aufgreifend auch *Popper*, Logik der Forschung, S. 226 (Zusatz von 1968); prägnant *ders.*, Objektive Erkenntnis, S. 30: „Dass wir keine Rechtfertigung – keine hinreichenden Gründe – für unsere Vermutungen angeben können bedeutet nicht, dass wir nicht auf die Wahrheit gestoßen sein könnten; einige unserer Hypothesen können sehr wohl wahr sein." Diese vermittelnde antiskeptizistische und zugleich antiempiristische (bezogen auf den traditionellen Empirismus) Auffassung liegt im Übrigen auch der Husserlschen Phänomenologie zugrunde, vgl. etwa *Husserl*, Logische Untersuchungen, § 22, Anhang zu §§ 25, 26; *ders.*, Ideen, §§ 7, 19, 20.

Induktivismus noch ein strenger Falsifikationismus verbunden.[28] Vielmehr finden Erfahrungswissenschaften und hermeneutische Wissenschaften ihre gemeinsame Basis in der wechselseitigen Bezüglichkeit von Erkennendem und zu Erkennendem, die sich in vielerlei, die Theoriebildung der Wissenschaftstheorie leitenden Phänomenen darstellt, wie etwa der Theoriebeladenheit von Erfahrung und Sprache, der Unschärferelation oder der Duhem-Quine-These.[29] Die Abgrenzung eines „induktivistischen" von einem „deduktivistischen" Vorgehen erscheint vor diesem Hintergrund als künstliche Aufspaltung eines einheitlichen komplexen Erkenntnisvorgangs, die Frage nach dem realwissenschaftlichen oder hermeneutischen Charakter einer Wissenschaft als Scheinproblem.[30] Auf dieser – wie ich meine, in weiten Kreisen konsensfähigen – Basis lassen sich Überlegungen anstellen, die der Rechtswissenschaft und Rechtsanwendung zu klareren Strukturen, exakteren Begriffen und damit größerer Nachvollziehbarkeit verhelfen könnten. Wer mag, kann dies mit „Wissenschaftlichkeit" in eins setzen.

3. Der Gegenstandsbereich der Rechtswissenschaft

Bevor wir uns mit Hilfe dieses theoretischen Überbaus einzelnen Erkenntnisproblemen zuwenden können, ist es erforderlich, noch einige Abschichtungen zu treffen. Der Terminus „Rechtswissenschaft" umfasst eine Vielzahl von Aspekten, die sich in einem langen historischen Rechtsanwendungs- und Fortbildungsprozess herausgebildet haben. Gehen wir zurück auf unseren empirischen Ausgangspunkt: Was erfahren wir, wenn wir Rechtswissenschaft betreiben? Im Gesetzgebungsverfahren – dem vielleicht komplexesten Teilbereich der Rechtswissenschaft – erfahren wir eine gegebene Rechtslage, vorgängige ungeschriebene Normen, rechtspolitische Forderungen, gesellschaftliche und politische Zwänge, Änderungen tatsächlicher und rechtlicher Rahmenbedingungen, Theorien der Gesetzgebungstechnik und anderes mehr. Aus diesen Elementen entwerfen wir unter Berücksichtigung angenommener Gesetzmäßigkeiten über die Wirkungen der Gesetzgebungstätigkeit die Theorie eines künftigen Regelungszustands. Betreiben wir Rechtsgeschichte, so besteht das Material unserer wissenschaftlichen Arbeit aus Gesetzestexten, historischen Dokumenten, Sekundärliteratur, Zeitzeugenberichten, möglicherweise auch eigenem Erleben. In einem weiten Sinne erfahren wir diese Gegenstände unserer Erkenntnis, erleben auch Texte, indem wir sie auslegen und „zu uns sprechen lassen"[31]. Auf ihrer Grundlage bilden wir Theorien historischer Sachverhalte und Entwicklungen. Beurteilen wir die Richtigkeit von Urteilen oder Gesetzen – sei es in institutioneller Kon-

28 Ich habe eine Reihe wichtiger Argumente hierzu an anderer Stelle dargestellt, vgl. *Löffelmann*, Urteil, S. 128 ff.

29 Vgl. näher oben A.III.3.

30 Vgl. bereits *Löffelmann*, Gesetz, S. 345 f.; *ders.*, Urteil, S. 76 ff.

31 Der Gesichtspunkt des lebendigen Erfahrens von Texten wurde durch die philosophische Hermeneutik herausgearbeitet, vgl. etwa *Gadamer*, Interpretation, 1983; *ders.*, Sprache, 1970.

trollfunktion oder aus der Perspektive der Rechtsdogmatik – , so erfahren wir Urteils- und Gesetzesdokumente, nicht nur jene, die wir beurteilen, sondern auch die, anhand derer wir urteilen, die unseren Prüfungsmaßstab bilden, einschließlich der die Prüfung leitenden Normen. Wenden wir Recht schließlich an, so unterscheiden wir zwischen tatsächlichen und normativen Elementen des Rechtsanwendungsprozesses. In tatsächlicher Hinsicht geht es um die Erforschung des Sachverhalts, auf den das Recht Anwendung finden soll. Dass es sich dabei um eine im traditionellen Sinn durchweg empirische Angelegenheit handelt, wird niemand bestreiten. In normativer Hinsicht geht es um die Erkenntnis des anzuwendenden Rechts und die Erkenntnis einer richtigen oder gerechten Entscheidung. Nach empiristischer und normenrealistischer Sicht handelt es sich auch bei dem normativen Erkenntnisprozess um ein nach realwissenschaftlichen Kriterien erklärbares Geschehen. Juristen wird diese Auffassung oftmals befremden, da sie gewohnt sind, zwischen tatsächlichen und normativen Gesichtspunkten zu differenzieren, was auch in der positiven Fassung des Rechts seinen Niederschlag findet. Bei eingehender Betrachtung finde ich aber keinen überzeugenden Grund, normative Erkenntnis an anderen Maßstäben zu messen als empirische Erkenntnis. Akzeptieren wir die Auffassung, dass unsere Kenntnis von der Welt ausschließlich auf Erfahrungen zurückgeht, so müssen wir konsequenter Weise einen weiten Begriff von Welt und Wirklichkeit pflegen, wollen wir nicht in die unsinnige und unfruchtbare Diskussion über die Unterscheidung von Wirklichem und Nicht-Wirklichem eintreten, über die schon *Platon* geklagt hat.[32] Zu der unserer Erkenntnis gegebenen Welt zählen dann nicht nur physikalische Gegenstände, sondern auch Wombats, Einhörner, Engel, Neutrinos, Klassen, Punkte[33], seelisch-geistige Phänomene[34] oder eben – geschriebene und ungeschriebene – Normen. Dieser weite Begriff von Welt und Erkenntnis macht eine exakte begriffliche Bestimmung dessen notwendig, wovon die Rede ist, um nicht in logische Paradoxien zu geraten. Die exakte Bestimmung des Gegenstands, von dem gesprochen wird, ersetzt die Frage nach seiner Wirklichkeit.[35] Natürlich lassen sich viele gute Argumente gegen diese Vorentscheidung anführen. Ich glaube aber, dass sie vernünftig ist, dass sie sowohl dem rationalen wie auch intuitiven Zugang vieler Menschen zur Welt entspricht, und dass sie in methodischer Hinsicht für den Entwurf einer Wissenschaftstheorie der Wahrheitserforschung leistungsfähig ist. Die einzelnen Argumente für ein realistisches Rechtsverständnis wurden schon dargestellt.[36]

---

32 Vgl. *Platon* M 80 d ff.; Th 188 d ff; G 887 f.

33 Vgl. *Quine*, Wort und Gegenstand, S. 402.

34 Vgl. *v. Kutschera*, Objektivität, S. 261 ff.

35 Näher zu dieser ontologisch-erkenntnistheoretischen Vorentscheidung *Löffelmann*, Urteil, S. 10 ff.

36 Vgl. oben A.II.4.

II. Wissenschaftstheoretische Kritik der Erforschung des Sachverhalts

Das Strafverfahren ist von seiner Zielsetzung, seiner Ausgestaltung und seinen normativen und tatsächlichen (sachlichen und personellen) Voraussetzung her ein Erkenntnisprozess.[37] Gemeint ist damit zunächst nicht die Erkenntnis normativer Gesichtspunkte wie Gerechtigkeit oder Schuldangemessenheit, sondern die Erforschung des Sachverhalts. Dieser ist Grundlage des richterlichen Urteils, aufgrund der hermeneutischen Erkenntnisstruktur aber gleichermaßen bereits geprägt durch Vorurteile. In welchem Maße Präjudizien und Prädispositionen das richterliche Urteil determinieren, ist bereits Gegenstand eingehender rechtstheoretischer und rechtssoziologischer Untersuchungen gewesen; dass die soziale Herkunft des Richters[38], seine Vorbildung[39], sein Informationsstand[40], seine Attitüden[41] die Urteilsfindung beeinflussen, ist einleuchtend. Kein Justizpraktiker, der über das nötige Maß an Selbstkritik oder eine scharfe Beobachtungsgabe verfügt, würde dem widersprechen. Mit dem Befund eines spiralförmigen Erkenntnisfortschritts, in dem der hermeneutische Charakter der Überzeugungsbildung symbolisch ausgedrückt wird[42], ist dieser aber noch nicht hinreichend exakt erfasst, sondern begründet die Gefahr einer holistischen Betrachtungsweise, für die die entscheidende Determinante des Urteils letzten Endes die Intuition des Richters ist. Der Schritt von der Rechtswissenschaft als hermeneutischer Wissenschaft zur esoterischen Wissenschaft ist dann nicht weit. Helfen kann hier das durch die Wissenschaftstheorie eingeführte Begriffssystem, insbesondere seine Unterscheidung verschiedener Sprachebenen. Erforderlich ist ferner, die konkreten Teilakte richterlicher Urteilsbildung genau in den Blick zu nehmen. Die hierzu in der Theorie juristischen Entscheidens vorgeschlagenen Phasenmodelle[43] sind zu ungenau.

---

37 AnwK-StPO/*Krekeler*/*Löffelmann*, Einleitung Rn 7 und bereits oben C.I.1.

38 Vgl. *Kaupen*/*Rasehorn*, Justiz, 1971; *Heldrich*/*Schmidtchen*, Gerechtigkeit als Beruf, 1982.

39 D.h. sein fachbezogenes juristisches Wissen, seine Spezialkenntnisse (z.B. in Buchhaltung als Spezialist für Wirtschaftsstrafrecht), aber auch seine allgemeine Lebenserfahrung (zur Bedeutung des Abstellens auf die Lebenserfahrung oder sog. „allgemeine Erfahrungssätze" bei der Urteilsbegründung eingehend *Sommer*, FS Riess 2002, S. 585 ff.).

40 Insoweit kommt den elektronischen Datenverarbeitungssystemen für die Schaffung einer breiteren Entscheidungsgrundlage heute eine erhebliche Bedeutung zu; dazu *Schneider*, Entscheiden, S. 376 ff. Die differenzierte Kammerrechtsprechung des Bundesverfassungsgerichts zum Strafrecht und Strafprozessrecht wäre auch für Kenner der Materie ohne elektronische Datenbanken (wie juris) mit ihren Suchfunktionen kaum mehr zu erfassen und konsequent fortzuentwickeln.

41 Zur sog. Attitüdenforschung vgl. *Rotthleuthner*, Rechtswissenschaft, 1973; *Opp*/*Peuckert*, Ideologie, 1971; Überblick bei *Schroth*, Entscheiden, S. 365 ff.

42 Vgl. *Hassemer*, Tatbestand, S. 107.

43 Vgl. *Schneider*, Entscheiden, S. 357 ff. m.w.N.

1. Beweisaufnahme

Ein Kernstück des Strafverfahrens ist die Rekonstruktion des historischen Sachverhalts, das heißt der Tat und ihrer Rahmenbedingungen. Bereits die Begriffe der Tat und des Täters sind irreführend. Das Gesetz setzt diese Begrifflichkeiten vielfach voraus, obwohl das Verfahren die Bestimmung von Tat und Täter erst leisten soll. Desgleichen ist der historische Sachverhalt nichts Vorgegebenes oder Vorgefundenes, sondern er „ergibt sich“ aus den Feststellungen des Gerichts. Vielleicht stellt sich heraus, dass es gar keine Tat und damit keinen historischen Sachverhalt „gibt“, bzw. dieser allein in dieser Tatsache besteht. Auf diese problematischen Begriffe sollte daher zunächst verzichtet werden. Fragen wir uns, was geschieht, wenn das Gericht Feststellungen zu in der Vergangenheit liegenden oder aktuellen Ereignissen trifft. Idealer Weise schöpft das Gericht seine Überzeugung hierzu aus dem Inbegriff der Hauptverhandlung (§ 261). Die die Überzeugungsbildung leitenden Vor- und Rahmenbedingungen blendet dieses Ideal aus. Im Rahmen der Beweisaufnahme nehmen die Mitglieder des Gerichts Ereignisse wahr, sie hören die Aussagen von Zeugen und Angeklagten, begutachten Asservate, verlesen Dokumente und besichtigen womöglich den vermeintlichen Tatort. Bereits die aufgrund der Beweisaufnahme erfolgenden Feststellungen zu Inhalt und Ablauf der Beweisaufnahme stellen erkenntnistheoretisch Urteile dar, Interpretationen des Hauptverhandlungsgeschehens im Lichte vorgängiger Annahmen. Am deutlichsten wird dies beim Personalbeweis. Über die aus dem Auftreten eines Zeugen, dem Gehalt und der Konsistenz seiner Aussage hergeleitete Auffassung von seiner Glaubwürdigkeit besteht regelmäßig Uneinigkeit zwischen den Verfahrensbeteiligten. Nicht selten besteht sogar Dissenz darüber, was ein Zeuge gesagt haben soll. Ist eine Übersetzung aus einer fremden Sprache notwendig, verschärfen sich diese Probleme. Aber auch andere Beweismittel können von den Verfahrensbeteiligten ganz unterschiedlich gewürdigt werden. Feste Regeln, wann ein Tatobjekt als Waffe oder gefährlicher Gegenstand (vgl. § 224 Abs. 1 Nr. 2 StGB) anzusehen ist, gibt es a priori nicht. Hier können gegebenenfalls metrische Begriffe helfen, den Gegenstand näher zu klassifzieren. Die Einführung metrischer Begriffe setzt freilich deren vorangehende, möglichst eindeutige Definition voraus.[44] Diese Problematik wird zum Beispiel virulent bei der Bestimmung der nicht geringen Menge im Sinne des § 29a Abs. 1 Nr. 2 BtmG.[45] Dass für das Verlesen von Dokumenten – deren Interpretationsoffenheit bekanntlich die Entwicklung der Hermeneutik als philosophischer Disziplin in Gang gesetzt hat – nichts anderes gilt, liegt auf der Hand.

---

44 Eingehend zur Problematik metrischer Begriffe *v. Kutschera*, Wissenschaftstheorie I, S. 16 ff.

45 Die Festlegung der nicht geringen Menge erfolgt durch die Rechtsprechung des Bundesgerichtshofs unter Rückgriff auf die metrischen Begriffe der gefährlichen Dosis oder der durchschnittlichen Konsumeinheit gesondert für jedes Betäubungsmittel; vgl. zuletzt BGH NJW 2007, 2054 (Buprenorphin). Der akademische Streit um die Berechnungsmethode zeigt, in welch hohem Maße die tatrichterliche Feststellung einer nicht geringen Menge eines bestimmten Betäubungsmittels von vorgängigen Festlegungen abhängig ist.

Aufgabe einer wissenschaftlich orientierten Wahrheitserforschung ist es einerseits, den „Gegenstand" der Erkenntnis, also das, was im Rahmen der Beweisaufnahme der Fall ist – die konkrete Zeugenaussage, das Asservat, das Dokument -, begrifflich möglichst exakt zu erfassen. Insoweit ist die Tätigkeit der Wahrheitserforschung nichts anderes als das Formulieren von Basis- oder Beobachtungssätzen, die „direkt beobachtbare" Sachverhalte ausdrücken.[46] Andererseits kommt es bei dieser Tätigkeit darauf an, die Rahmenbedingungen der Erkenntnis und ihren Einfluss auf das Erkannte sichtbar zu machen. Selbstverständlich stellt eine Zeugenaussage vor Gericht ein anderes Seiendes dar als eine Zeugenaussage im Rahmen einer polizeilichen Vernehmung oder informatorischen Befragung. Die Aussage ist keine abstrakte Entität, so dass polizeiliches Vernehmungsprotokoll, Aussage des Vernehmungsbeamten und Zeugenaussage im Rahmen der Hauptverhandlung ohne weiteres miteinander verglichen werden könnten oder gar substituierbar sind. Die Aussage ist immer Aussage eines Aussagenden in situatione. Nicht nur die persönliche Befindlichkeit des Aussagenden, seine Erinnerungsfähigkeit und Sensibilität für die Aussagebedingungen – etwa die Erwartungshaltung der Vernehmungsperson oder die rechtlichen Rahmenbedingungen, wie zum Beispiel die Pönalisierung einer falschen Aussage – sind Teil der Aussage und determinieren ihren Inhalt; auch die kognitiven, intellektuellen und emotionalen Dispositionen des Vernehmenden spielen eine gewichtige Rolle. Sprechen wir von „direkt beobachtbaren" Sachverhalten, so setzen wir diesen Terminus deshalb in Anführungszeichen.

Untersucht man tatrichterliche Urteile, so kann man feststellen, dass diese in aller Regel keine oder kaum Feststellungen zu den genannten Gesichtspunkten enthalten. Die sogenannten, vom Revisionsgericht nicht überprüfbaren, tatsächlichen Feststellungen enthalten meist keine Aussagen zu den Bedingungen, dem Verlauf und dem Gehalt der Beweisaufnahme. Allenfalls wenn die Glaubwürdigkeit eines Zeugen in Rede steht, wird mehr oder minder floskelhaft darauf hingewiesen, der Zeuge habe konsistent ausgesagt, keinen Belastungseifer gezeigt und sei insgesamt glaubwürdig aufgetreten. Meist erschöpft sich die Darstellung in der Wiedergabe der den festgestellten Sachverhalt stützenden Bestandteile der Zeugenaussage. Der Unterschied zwischen Sachverhalt und festgestellten Tatsachen tritt oft nicht hervor. Revisions- und verfassungsrechtlich ist das in der Regel unproblematisch, weil dem Tatgericht keine wissenschaftstheoretischen Ansprüchen gewachsene Wahrheitserforschung abverlangt wird, sondern nur eine subjektive Überzeugungsbildung. Subjektive Sachverhalte wie Überzeugungen lassen sich schwer externalisieren. In der Praxis erwachsen aus der kryptischen Fassung der Basissätze mitunter erhebliche Schwierigkeiten. Nicht selten wird von Revisions- und Verfassungsbeschwerdeführern vorgetragen, das Tatgericht habe seine Entscheidung auf Zeugenaussagen gestützt, die sich so niemals ereignet hätten. Mit diesem Vorbringen – und sei es auch

46 Die Begriffe „Beobachtungssatz" und „Basissatz" werden hier der Einfachheit halber synonym gebraucht. In der Wissenschaftstheorie wird der Begriff „Basissatz", wie ihn Popper verwendet, teilweise weiter im Sinne von „Existenzsatz" verstanden (vgl. *v. Kutschera*, Wissenschaftstheorie I, S. 258 ff.).

berechtigt und könnte glaubhaft gemacht werden – kann der Revisions- oder Beschwerdeführer grundsätzlich nicht gehört werden, denn die Feststellung des Sachverhalts ist ausschließlich Aufgabe des Tatgerichts.[47] Erfasst oder würdigt es eine Zeugenaussage in einem bestimmten Sinne, der „objektiv" falsch ist, so muss das grundsätzlich hingenommen werden. Eine Möglichkeit der Kontrolle – auch gegen mißbräuchliche Ausnutzung dieser Kompetenz – gibt es – abgesehen von der intersubjektiven Fundierung der in Rede stehenden Feststellung in einem Kollegialorgan und der Befassung einer weiteren Tatsacheninstanz mit der Sache – nicht.

Mit diesen Feststellungen soll nicht einer umfangreicheren Kontrolle der Tatgerichte das Wort geredet werden. Strafurteile bilden Sachverhalte von hoher Komplexität ab, die mit den verfügbaren Ressourcen wissenschaftstheoretischen Maßstäben entsprechend abzubilden ohne Zweifel unmöglich ist. Was aber leistbar ist, und wofür die Sensibilität geschärft werden sollte, das ist die kognitive Differenzierung zwischen den tatsächlichen Feststellungen und dem historischen Sachverhalt, auf dessen Rekonstruktion sie abzielen, sowie das Bewusstsein dafür, dass bereits auf der Ebene tatsächlicher Feststellungen aus dem Inbegriff der Hauptverhandlung unausgesprochene Vor-Urteile und Rahmenbedingungen bei der Bildung von Beobachtungssätzen eine nicht zu unterschätzende Rolle spielen. Verfahrenstechnisch könnte eine umfassende Protokollierungspflicht auch bei Strafverfahren, die nicht vor dem Amtsgericht stattfinden (vgl. § 273 Abs. 2, § 325), dieses Anliegen fördern; ob dies praktisch umsetzbar ist, ist freilich eine andere Frage.[48] Die oben vorgeschlagene[49] funktionale Abtrennung des Ermittlungsverfahrens trägt dazu bei, das Hauptverfahren von vermeidbaren Einflüssen aus anderen Verfahrensstadien freizuhalten.

2. Feststellung des historischen Sachverhalts

Damit haben wir den Bogen zum Begriff des „historischen Sachverhalts" geschlagen. In der revisionsrechtlichen Terminologie zählt dieser zu den vom Tatgericht zu treffenden tatsächlichen Feststellungen. Einem wissenschaftstheoretischen Ansatz folgend müssen wir hingegen zwischen den tatsächlichen Feststellungen, das heißt, den Beobachtungs- oder Basissätzen, und den auf ihrer Grundlage errichteten Theorien differenzieren. Tat und Täterschaft erschließen sich dem Tatgericht nicht durch „unmittelbare Beobachtung". Selbst wenn ein Mitglied des Gerichts Zeuge der Tat gewesen ist – was häufig seine Mitwirkung als Richter ausschließen wird (vgl. § 22 Nr. 1, 5) – gilt nichts anderes, da die tatsächlichen Feststellungen aufgrund der Beweisaufnahme zu treffen sind. Grundlage von Basissätzen kann in diesem Fall allenfalls die Erinnerung des betroffenen Richters an den historischen Vorgang sein,

---

47 Vgl. KK/*Kuckein*, § 337 Rn 3 m.w.N.

48 Vgl. *Ulsenheimer*, NJW 1980, 2273; entschieden dagg. *Sieß*, NJW 1982, 1625, der die praktische und grundsätzliche Unmöglichkeit einer umfassenden Protokollierung annimmt.

49 Vgl. oben D.III.2.

einschließlich der ihre Entstehungsbedingungen, ihre Qualität und etwaige Umformungsprozesse kennzeichnenden Tatsachen, soweit diese festgestellt werden können. Die eigentliche Feststellung des historischen Sachverhalts stellt eine Theoriebildung dar, auf deren Überprüfung grundsätzlich die allgemeinen wissenschaftstheoretischen Regeln angewandt werden können. Die Theorie von der Täterschaft des S ist eine Erklärung der Tat. Dieser Theoriebildung liegen logische Schlussfolgerungen zugrunde, wie sie auch in den Erfahrungswissenschaften Anwendung finden und im H-O-Modell schematisiert sind. Überträgt man dieses Modell auf das strafprozessuale Verfahren zum Nachweis der Täterschaft, so zeigt sich, dass dieses Verfahren von einer Vielzahl unausgesprochener Antecendensbedingungen und Gesetzeshypothesen ausgeht. Explanandum ist – als Beispiel für ein historisches Ereignis, das eine Erklärung verlangt – die Täterschaft des S (der von S verübte Mord) oder – als Beispiel für einen den Schuldspruch beeinflussenden Zustand – die endogene Psychose des S, die eine krankhafte seelische Störung im Sinne des § 20 StGB darstellen kann.[50] Als Explanans sind zu berücksichtigen alle als Ergebnis der Beweisaufnahme formulierten Basissätze, daneben aber auch solche Basissätze, die nicht aus der Beweisaufnahme hervorgegangen sind, weil sie allgemeines, jedem zugängliches Wissen oder die besondere tatsächliche und rechtliche Sachkunde der Mitglieder des Gerichts wiedergeben. Solche – unausgesprochenen – Basissätze bilden den für kommunikatives Verhalten erforderlichen gemeinsamen Erfahrungshintergrund einer Kommunikationsgemeinschaft ab. Von diesen expliziten und impliziten Basissätzen wird mittels bestimmter Gesetzeshypothesen auf die Täterschaft geschlossen. Um welche Gesetzeshypothesen handelt es sich? Eine wichtige Rolle spielen Gesetze der allgemeinen Lebenserfahrung. Wir machen etwa die Erfahrung, dass unsere Gesprächspartner in der Regel nicht, sondern nur ausnahmsweise lügen. Andernfalls verletzten sie die Konventionen der Kommunikation, was selbst das Lügen unmöglich machte. Außerdem wissen wir, dass es sehr schwierig ist, einen Sachverhalt konsistent darzustellen, der nicht in einer tatsächlichen Lebenserfahrung fundiert ist. Wir können daraus die Gesetzmäßigkeit ableiten, dass eine Erklärung, die eine Person P abgibt, mit hoher Wahrscheinlichkeit auch ihrer inneren Überzeugung entspricht. Wir kennen ferner – jedenfalls in Grundzügen – die Funktionsweise der menschlichen Wahrnehmungs- und Erfahrungsorganisation. Wir wissen – jedenfalls wenn das durch einen ontologischen Realismus und epistemologischen Idealismus gekennzeichnete Weltbild für uns maßgeblich ist, ebenso wie für *Kant* und wohl den größten Teil der (westlichen) Welt -, dass unsere Überzeugungen von Seiendem mit einer gewissen Wahrscheinlichkeit von anderen Personen geteilt werden und nach diesem Wahrheitskriterium mit einer gewissen Wahrscheinlichkeit als wahr angesehen werden können, denn sonst könnten wir uns über unsere Wahrnehmungen kaum unterhalten. Wir wissen aber auch, dass andere unsere Überzeugungen mitunter nicht teilen, und dass wir irren können. Daraus können wir die Gesetzmäßigkeit ableiten, dass die Überzeugung eines Zeugen, ein bestimmtes Geschehen „unmittelbar beobachtet" zu haben, mit einer gewissen Wahrscheinlichkeit wahr ist,

50 Vgl. SchSch/*Lenckner*/*Perron*, § 20 Rn 11a.

er das Geschehen also tatsächlich beobachtet hat. Mithilfe dieser Gesetzmäßigkeiten können wir nun von „P hat erklärt, er habe beobachtet, wie S die Tat begangen hat", mit einer gewissen Wahrscheinlichkeit auf die Täterschaft von S schließen. Die herangezogenen Gesetzmäßigkeiten können freilich in Frage gestellt und falsifiziert werden. Durch forensische Gutachten kann zum Beispiel festgestellt werden, dass der Zeuge nicht in der Lage war, sich eine mit der angenommenen Wahrscheinlichkeit zutreffende Überzeugung von dem beobachteten Geschehen zu bilden. Oder es kann festgestellt werden, dass der Zeuge sich gar nicht am Tatort aufgehalten hat, dann ist die Theorie der Täterschaft des S, soweit sie sich auf diesen Punkt stützt, falsifiziert. Durch andere Basissätze und Gesetzmäßigkeiten kann die Theorie der Täterschaft verifiziert werden, etwa durch die Inaugenscheinnahme von Schmauchspuren oder Einschusskanälen und balistische Untersuchungen. Wichtig ist es, sich zu vergegenwärtigen, dass selbst „sichere" Nachweismethoden der Täterschaft unausgesprochene Randbedingungen voraussetzen, die den Nachweis gefährden können. Die Übereinstimmung der DNA-Sequenz einer Spermaspur mit der des vermeintlichen Täters stellt nicht nur ein Wahrscheinlichkeitsurteil dar, dessen Validität von der Anzahl der untersuchten DNA-Abschnitte abhängt.[51] Das Vorhandensein von Zellmaterial am Tatort oder Tatobjekt lässt ferner – wie jeder Kriminalist weiß – nicht ohne weiteres auf die Anwesenheit des Trägers des Zellmaterials am Tatort und erst recht nicht auf seine Täterschaft schließen.

3. Prognostische Feststellungen

Prognosen spielen in der Strafrechtspraxis eine erhebliche Rolle. Im Ermittlungsverfahren soll durch Prognosen die voraussichtliche Tiefe eines durch eine Ermittlungsmaßnahme vermittelten Grundrechtseingriffs festgestellt werden, um den Betroffenen vorbeugenden Rechtsschutz teilwerden zu lassen (vgl. etwa § 100c Abs. 4 S. 1, §§ 102, 111 S. 1). Die Strafaussetzung zur Bewährung erfordert eine positive Kriminalprognose (§ 56 Abs. 1 S. 1 StGB), die Anordnung der vorbehaltenen und nachträglichen Sicherungsverwahrung eine negative Gefährlichkeitsprognose (§ 66a Abs. 2 S. 2, § 66b Abs. 1 StGB). Die eine Prognose indizierende Terminologie des Gesetzes ist nicht immer einheitlich. Teilweise spricht das Gesetz davon, dass ein künftiges Ereignis „zu erwarten", teilweise davon, dass sein Eintritt „anzunehmen" sei, teilweise ist die Rede davon, dass es „mit hoher Wahrscheinlichkeit" eintreten

51 Vgl. dazu *Brodersen/Anslinger/Rolf*, DNA-Analyse, S. 108 ff.; Häufig werden zunächst nur einige Allele verglichen, bevor in einem aufwändigeren Verfahren eine eingehendere Analyse stattfindet. Ich habe als Staatsanwalt selbst in einer Sache aufgrund einer solchen unzureichenden Voranalyse und der Tatsache, dass der vermeintliche Täter die Täterschaft vehement bestritt und sich scheinbar ein falsches Alibi ausdachte, das seine Nichtanwesenheit am Tatort belegen sollte, die Anordnung von Untersuchungshaft beantragt, die auch gewährt wurde. Später stellte sich heraus, dass die Spurprobe mit der DNA des vermeintlichen Täters nicht identisch war. Zur besonderen Schwierigkeit der Wahrscheinlichkeitsbestimmung bei Mischspuren *Schneider/Fimmers/Schneider/Brinkmann*, NStZ 2007, 447.

werde, und teilweise wird sie nur durch die Verwendung des Konjunktiv („erschwert wäre“) angezeigt. Der gegebene Begriffssynkretismus indiziert eine große Unsicherheit darüber, was Prognosen überhaupt sind und ob der Gesetzgeber mit einer bestimmten Formulierung den Rechtsanwender zu einer Prognose auffordert. Untersucht man tatgerichtliche und revisionsgerichtliche Entscheidungen, in denen es an zentraler Stelle um Prognosen geht, so kann man feststellen, dass mit der Abgabe von Prognosen und ihrer Überprüfung vielfach recht sorglos verfahren wird. Dieser Befund steht in Gegensatz zu der erheblichen Bedeutung der Prognose, wo sie gesetzlich vorgesehen ist (vgl. etwa § 66b Abs. 1 StGB). Auf der anderen Seite hat sich in Bereichen, in denen die Rechtswissenschaft auf den interdiziplinären Austausch mit anderen Fachrichtungen angewiesen ist, in jüngerer Zeit in dogmatischer Hinsicht manches bewegt. Gerade in dem bedeutenden Bereich forensisch-psychiatrischer Prognosen wurden Skalierungssysteme entwickelt, die auf empirisch gut begründeten Erfahrungswerten beruhen.[52]

Was ist, wissenschaftstheoretisch betrachtet, eine Prognose? Die Wissenschaftstheorie spricht von der strukturellen Gleichartigkeit von Erklärung und Prognose.[53] Ob der Wissenschaftler aus einer Reihe von Antecedensbedingungen und Gesetzmäßigkeiten ein künftiges Ereignis voraussagt oder eine zurückliegende Beobachtung erklärt, unterscheide sich danach nicht hinsichtlich der Struktur des erklärenden Arguments. Für Vertreter des Fallibilismus kommt den Prognosen eine zentrale Bedeutung für den Erkenntnisfortschritt zu. Da sich nach dieser Auffassung bekanntlich Erkenntnis nicht induktiv begründen lässt, sondern auf einem kreativen Akt der Hypothesenbildung beruht, dessen Validität davon abhängt, wie sich die Hypothese bewährt, ist das maßgebliche Instrument der Bewährung die Prognose. Tritt ein Ereignis ein, welches durch die aus der Hypothese abgeleitete Prognose vorhergesagt wurde, so kann die Hypothese als bestätigt gelten; andernfalls ist sie widerlegt.[54]

Die strukturelle Gleichartigkeit von Erklärung und Prognose erweist sich bei genauerer Betrachtung als oberflächlich. Neben einer Reihe von logischen Argumenten gegen die Gleichartigkeitsthese, die hier keine Vertiefung erfahren können[55], ist folgende Überlegung wesentlich: Die maßgeblich von seiten des Induktivismus vertretene Gleichartigkeitsthese unterlegt das Wirken kausaler Zusammenhänge in geschlossenen Systemen. Verfügt der Wissenschaftler über eine endliche und ihm bekannte Anzahl von Antecedensbedingungen und kennt er die wirkenden Gesetzmäßigkeiten, so ist gegen die These, es mache keinen Unterschied, anhand dieser Daten ein beobachtetes oder in der Vergangenheit liegendes oder künftig erst ein-

52 Näher *Boetticher/Kröber/Müller-Isberne/Böhm/Müller-Metz/Wolf*, NStZ 2006, 537; zu den dennoch bestehenden erheblichen Schwierigkeiten der klinischen Kriminalprognose aus kriminologischer Sicht *Bock*, StV 2007, 269.

53 Eingehend *Stegmüller*, Probleme und Resultate, Teil A, S. 153 ff.

54 Vgl. *Popper*, Logik der Forschung, S. 8.

55 Vgl. *Stegmüller*, Probleme und Resultate, Teil A, S. 155 ff.

tretendes Ereignis zu erklären, nichts einzuwenden. Problematisch ist, dass wir insoweit ideale Versuchsbedingungen annehmen, die wir in der Wirklichkeit nicht vorfinden. Die Welt ist kein geschlossenes System kausaler Gesetzmäßigkeiten – in dieser einfachen Form wird das auch heute von niemandem vertreten. Das große Verdienst des Kritischen Rationalismus bestand darin, darauf aufmerksam gemacht zu haben, dass ein sicheres Wissen über Gesetzmäßigkeiten und die Bedingungen, unter denen sie wirken, selbst durch eine sehr große Anzahl von Beobachtungen nicht erlangt werden kann. Darin liegt auch die Problematik von Voraussagen begründet, die *Russells* lehrreiche Geschichte vom induktivistischen Truthahn sehr anschaulich illustriert: Nachdem er über einen langen Zeitraum hinweg beobachtet hatte, dass er – unabhängig davon, ob es warm oder kalt war, ob die Sonne schien oder ob es regnete – jeden Tag um neun Uhr morgens gefüttert wird, kam der induktivistische Truthahn schließlich zu dem sicheren Wissen, er werde jeden Tag um neun Uhr morgens gefüttert. Leider wurde seine Erwartung an Weihnachten enttäuscht, als er um neun Uhr morgens nicht Futter bekam, sondern ihm der Hals durchgeschnitten wurde.[56]

Die Annahme der Möglichkeit geschlossener Systeme kausaler Gesetzmäßigkeiten, wie sie für den Materialismus und Physikalismus kennzeichnend ist, dürfte in der heutigen Wissenschaftstheorie als überwunden gelten, im allgemeinen Bewusstsein aber noch verfestigt sein. Löst man sich von dieser Annahme, so lässt sich auch die These von der strukturellen Gleichheit von Erklärung und Prognose nicht aufrechterhalten, denn es macht einen Unterschied, ob man das zu erklärende Ereignis bereits kennt oder nicht. Fasst man Prognosen als Aussagen über Künftiges auf – wie sie normalerweise verstanden werden -, so sind sie im Hinblick auf die Antecendesbedingungen unterdeterminiert. Die Tatsache, dass auch die Beantwortung der Frage, ob eine Prognose sich bewahrheitet habe oder nicht, von der Deutung der Prognose und der Erklärung, aus der sie abgeleitet wurde, und von der Deutung der Versuchsanordnung und des eingetretenen Ereignisses abhängt, wird daher zurecht als Argument gegen den Anspruch des Fallibilismus angebracht, durch Falsifikation einen Erkenntnisfortschritt erzielen zu können.[57] Mit anderen Worten sind Prognosen in höherem Maße hypothetisch als Erklärungen, da sie auf Annahmen beruhen, deren Berechtigung sich erst noch herausstellen muss, Annahmen, die zum Zeitpunkt der Theoriebildung nicht falsifiziert werden können und daher streng genommen „metaphysisch" im Sinne des Fallibilismus sind. Diese Annahmen betreffen die Hypothese des Zeitverlaufs. Prognosen unterlegen nicht nur, dass es einen zukünftigen Zeitpunkt geben wird, an dem das prognostizierte Ereignis eintreten kann, sondern auch, dass die Rahmenbedingungen der Prognose grundsätzlich unverändert weiterbestehen, dass keine störenden Ereignisse eintreten werden und die Wahrnehmung des prognostizierten Ereignisses der eines aktuellen Ereignisses ent-

56 Nach *Chalmers*, Wissenschaft, S. 20.

57 Vgl. *Chalmers*, Wissenschaft, S. 66 f.

sprechen werde. Alle diese Annahmen sind bei prognostischen Beurteilungen – gerade auch im juristischen Bereich[58] – höchst problematisch.

Um die damit zusammenhängenden Schwierigkeiten und den strukturellen Unterschied zwischen Erklärung und Prognose zu verdeutlichen, ist es methodisch hilfreich, einen streng empirischen Standpunkt einzunehmen. Geht man davon aus, dass wir immer nur in der Lage sind, Erklärungen abzugeben über das, was der Fall ist, so erweist sich, dass Prognosen in diesem Sinne Erklärungen sind über Seiendes, Gesetzeshypothesen und dem Seienden innewohnende Möglichkeiten. Wissenschaftliche Prognosen sind Aussagen über empirische Gegebenheiten, den sogenannten Basistatsachen. Auf deren Grundlage kann unter Heranziehung empirisch gut bestätigter Gesetzmäßigkeiten die Theorie eines Sachverhalts gebildet werden, der eine den Antecedensbedingungen und herangezogenen Gesetzmäßigkeiten innewohnende Möglichkeit beschreibt. Diese Möglichkeit ist aktuelle Potenzialität, nicht Zukünftiges. Aussagen über Zukünftiges kann man angemessener als Prophezeihung verstehen.

Diese Deutung prognostischer Urteile entspricht freilich nicht dem allgemeinen Sprachgebrauch, der unter Prognosen Aussagen über zukünftige Ereignisse versteht. Unser diskursives, kausalistisch geschultes Denken ist es gewohnt, einen kategorialen Unterschied zwischen Vergangenem, Gegenwärtigem und Zukünftigem zu ziehen und zwischen diesen Kategorien einen chronologischen Zusammenhang anzunehmen. Selbstverständlich ist das, wie der Blick auf andere Denkarten belegt, nicht.[59] Für die alltägliche Rede über Prognosen und den Umgang mit ihnen ist es sicher auch angezeigt, das Verständnis prognostischer Beurteilungen als Aussagen über Zukünftiges beizubehalten, so wie wir für alltägliche Verrichtungen auf die Regeln der Newtonschen Mechanik zurückgreifen. Ein solches vereinfachtes Verständnis ist unschädlich, wenn es die dadurch verdeckten Schwierigkeiten nicht grundsätzlich aus den Augen verliert, sondern eine erkenntniskritische Haltung anlegt. Zu deren Verinnerlichung ist die Deutung der Prognose als eine Erklärung von Möglichem methodisch hilfreich, denn sie legt zwei fundamentale Schwierigkeiten offen, die mit prognostischen Beurteilungen einhergehen: Prognosen beruhen erstens auf einer Vielzahl unausgesprochener Annahmen, sie funktionieren aber nur durch ein reduktionistisches Ausblenden von Komplexität. Wer eine Prognose abgibt, muss sich daher stets bewusst sein, dass er auf einer stark vereinfachten, idealisierten Grundlage urteilt. Zweitens verführt die Rede von Zukünftigem – für die ein substanzontologisch verfasstes Denken besonders anfällig ist – zu Hypostasierungen und damit zu einer Verwechslung von Urteil und Seiendem. Der Rückgang auf die Bausteine der Prognose legt offen, in welchem Verhältnis sie zu dem steht, was der Fall ist. Gute Urteile – namentlich juristische – halten sich an das, was der Fall ist und unterschei-

58 Näher unten E.VII.2.

59 Vgl. *Fikentscher*, Modes of Thought, S. 181 f. zur Bedeutung des Zeitverständnisses für eine bestimmte Denkart, S. 292 f., 334 ff. zum zyklischen und aspektivischen Denken vorachsenzeitlicher und östlicher Kulturen.

den zwischen diesem und den theoretischen Konstruktionen, mit denen wir es begrifflich umgrenzen. Auf beide Gesichtspunkte wird im Rahmen einer Fehleranalyse juristischer Prognosen noch zurückgekommen.

III. Wissenschaftstheoretische Kritik der Feststellung von Recht

1. Der Begriff des Rechts

Recht lässt sich prima facie als die Gesamtheit aller – geschriebenen und ungeschriebenen – Normen definieren.[60] Uneinigkeit besteht seit historischen Zeiten darüber, was Normen eigentlich sind. Vertreter nominalistischer Positionen wie *Wilhelm v. Ockham*, *Thomas Hobbes* und *John Locke* sehen in ihnen keine vorgefundenen Entitäten, sondern Gebilde des menschlichen Intellekts. Dem „esse in intellectu" der Nominalisten setzen die Realisten das „esse in re" entgegen: Normen haben ihr Fundament in der Welt, können aber in ihrem An-sich-Sein nicht erkannt werden. Es liegt in der Natur dieser Überzeugungen, dass der Realismus eng mit der Doktrin des Naturalismus verbunden ist, es gebe ein real existierendes allgemeines Naturgesetz, der Nominalismus hingegen positivistische Auffassungen stützt, die die Machbarkeit und Anthropozentrizität allen Rechts betonen.[61] Dass diese Dichotomie von Nominalismus und Realismus, Naturrecht und Positivismus irreführend ist und letzten Endes ein Scheinproblem kennzeichnet, lässt sich mit einer einfachen Überlegung darstellen. Fragen wir nach dem Wesen von Universalien, zu denen allgemeine Normen gehören, so setzen wir offenbar deren Existenz voraus, nehmen also an, dass es sie in der Welt „gibt". Das schließt nicht aus, dass diese Universalien Gebilde des menschlichen Intellekts und der Rechtsentwicklung sind. Als solche Gebilde können sie Gegenstand der Erkenntnis sein. Das hat der Positivismus im Sinn, der sich als eine Beschränkung auf das erfahrbar, also „positiv", Gegebene versteht.[62] Diese Auffassung ist aber mit der Naturrechtsdoktrin nicht inkompatibel, denn auch die Natur ist Erfahrbares und damit „positiv gegeben". Wollte man dies im Sinne eines erkenntnistheoretischen Subjektivismus ablehnen, so dürfte man auch Normen nicht als „positiv gegeben" ansehen. Nominalismus und Positivismus beruhen also

---

60 Die Definition deckt sich in weiten Teilen mit der revisionsrechtlichen Bestimmung des Begriffs „Gesetz", unter den alle Vorschriften des gesetzten und ungeschriebenen Rechts fallen, die das Merkmal der Allgemeinverbindlichkeit tragen, einschließlich übernationaler Rechtssätze, allgemeiner Regeln des Völkerrechts und Sätzen des Gewohnheitsrechts, vgl. AnwK-StPO/*Lohse*, § 337 Rn 3 m.w.N. Mit dieser – vereinfachenden – Definition soll freilich nicht die fundamentale Schwierigkeit, einen für rechtstatsächliche Untersuchungen tauglichen Begriff von Recht zu bilden, übergangen werden (vgl. dazu eingehend *Pospísil*, Anthropologie, S. 65 ff.). Diese Problematik kann hier nicht vertieft werden; ein – für die in Rede stehenden rechtsphilosophischen Fragestellungen angemessener – Kompromiss scheint mir in einem möglichst weiten Begriff von Recht zu liegen.

61 Vgl. *Kaufmann*, Problemgeschichte, S. 75.

62 *Kaufmann*, Problemgeschichte, S. 76.

auf der vorgängigen Annahme, dass es zwei kategorial verschiedene Arten von Wirklichkeit gebe: einen norm- und wertfreien Bereich der Natur und einen normativen Bereich der Universalien, ohne aber zu berücksichtigen, dass diese Interpretation der Wirklichkeit die Universalien als „Gegebenes" und damit als „Natur" voraussetzen muss.

Wenden wir uns der Praxis der Rechtswissenschaft, Rechtsprechung, Rechtsanthropologie, Rechtssoziologie und sonstigen Auseinandersetzung mit dem Phänomen Recht zu, so können wir erfahren, dass uns Recht als etwas Seiendes begegnet, das wir uns urteilend erschließen können. Recht im Sinne der oben gegebenen Definition finden wir in Gesetzestexten, in gerichtlichen Entscheidungen, Schiedssprüchen, Kommentaren, Lehrbüchern, in Sitten, Gebräuchen, Ritualen und Pflichten, in sozialen Verhaltenskonventionen und Erwartungshaltungen, in moralischer Missbilligung und Akzeptanz oder in ethischen Handlungsanweisungen. In diesem weiten Sinne ist Recht ein Ausschnitt aus dem Bereich des Normativen, zu dem darüberhinaus insbesondere der der Ästhetik gehört; ob man Moral und Ethik zum Recht hinzunehmen möchte, ist eine Geschmacksfrage. Recht in diesem Sinne ist etwas, das der Fall ist, es ist erfahrbar, erklärbar und seine Erklärung verstehbar. Erfahrbares Recht ist positives Recht, mag es nun in Gesetzesbüchern stehen oder in einem Volksbewusstsein[63] vorhanden sein. Das Erkennen von Recht ist damit zunächst einmal eine empirische Tätigkeit. Es besteht im Erschließen von kodifiziertem Recht durch das Verstehen der Gesetzeserklärung (des Gesetzestexts), gegebenenfalls unter Zuhilfenahme der Erklärung des gesetzgeberischen Willens (der Gesetzesbegründung) oder von Erklärungen anderer Deutungen (der Sekundärliteratur); es besteht im Studium der Erklärung richterlicher Gesetzesanwendung (des Urteilstenors) und der Erklärung der hinter ihr stehenden Überlegungen (der Urteilsbegründung); es besteht in rechtstatsächlichen, rechtsvergleichenden, rechtssoziologischen, rechtsanthropologischen und anderen, das Phänomen Recht beleuchtenden Untersuchungen. Alles dies sind – in dem hier verwendeten weiten Sinne von Empirie – empirische Tätigkeiten, deren Ausübung – das wurde hinreichend oft betont – freilich nicht ohne ein gewisses Maß an Kreativität und Einbringung der Person des Erkennenden möglich ist. Als abstrakter Begriff – als bloßer Inhalt im kantischen Sinne – begegnet uns Recht dabei nie, sondern immer in einer der Erkenntnis und Auslegung bedürftigen Form.

2. Deskriptive und normative Begriffe von Recht

Diese rechtsontologische Vorentscheidung hat als weitere Konsequenz das Fallenlassen der Differenzierung von deskriptiver und normativer Beschreibung von Normen. Auch diese Unterscheidung gehört zum Standardrepertoire der modernen Rechtstheorie. Nach der hier dargestellten realistischen Auffassung von Erkennen

63 Vgl. *v. Savigny*, Rechtsstreit, S. 77 ff.

und Erklären muss die Möglichkeit rein deskriptiver Beschreibungen als ein Mythos angesehen werden. Setzen Erklärungen Vor-Urteile voraus, so sind damit stets auch Wertungen verbunden, die implizit also in die Erklärung einfließen. Wer das negiert, beansprucht einen externen Standpunkt, von dem aus er das zu Erklärende in seiner Totalität, „so wie es tatsächlich ist", erkennen könne. *Dworkin* nennt diese Art von Erkenntnistheorie eine „archimedianische", weil sie vorgibt, von einem unverrückbaren Fluchtpunkt aus eine objektive Außensicht auf die Welt zu haben. In seiner Auseinandersetzung mir *H.L.A. Hart* betont er die zwingende Normativität politischer Begriffe wie Freiheit, Gleichheit, Gerechtigkeit, Demokratie. Er untermauert diese Auffassung mit einem Vergleich zwischen natürlichen Arten (z.B. Tiger oder Gold) und politischen Begriffen und stellt „erhellende Ähnlichkeiten" fest: „Natürliche Arten haben die folgenden wichtigen Eigenschaften. Sie sind real, d.h. weder ihre Existenz noch ihre Merkmale hängen von irgendjemandes Erfindung, Glauben oder Entscheidung ab. Sie haben eine Tiefenstruktur, etwa ein genetisches Profil oder eine molekulare Struktur, die ihre weiteren Eigenschaften erklärt (...). (...) Politische und andere Werte sind in fast allen diesen Hinsichten den natürlichen Arten ähnlich. Erstens sind auch politische Werte real: Auch die Existenz und das Wesen der Freiheit als Wert hängt nicht von irgendjemandes Erfindung, Glauben oder Entscheidung ab. (...) Zweitens haben politische Werte eine Tiefenstruktur, die ihre konkreten Erscheinungsformen erklärt." Allerdings sei die Tiefenstruktur natürlicher Arten physischer Natur, die politischer Begriffe normativ; doch das sei nur ein gradueller Unterschied.[64] *Dworkins* Argumentation besticht nicht unbedingt durch eine besondere Feinsinnigkeit, und er ist sich auch bewusst, dass seine Behauptungen nicht unumstritten seien. Seine Überlegung ist dennoch aufschlussreich, denn sie offenbart den engen Zusammenhang zwischen der von *Dworkin* bekanntlich vertretenen These der einzig richtigen Entscheidung[65] und der Überzeugung, dass jegliches Urteilen und Beschreiben zugleich ein Werten sei. Dieser Zusammenhang besteht in der Realität des Normativen. *Dworkin* stellt folgerichtig auch die Frage, wie sich das Normative identifizieren lasse. Seine Antwort: Nur indem man die Stellung eines Wertes innerhalb eines umfassenderen Überzeugungsgefüges bestimme.[66] Dieses Überzeugungsgefüge – das Paradigma – wird wiederum, so können wir hinzufügen, mitbestimmt durch „physikalische", „biologische", „sozialwissenschaftliche", etc. Sachverhalte. Wir können beispielsweise den Wert von Freiheit nur bestimmen, wenn wir eine Vorstellung davon haben, was „kausaler Zwang" ist. Normativität und Deskriptivität von Beschreibungen sind auf diese Weise unauflösbar miteinander verbunden.[67] Beispiele hierfür lassen sich einfach finden; sie spiegeln sich in den Problemfeldern der Wissenschaftstheorie, für die Rechtswissenschaft zum Beispiel in

---

64 *Dworkin*, Harts Postscript, S. 45 f.

65 Vgl. *Dworkin*, Law's Empire, 1986; vgl. Dazu noch unten E.IV.2.

66 *Dworkin*, Harts Postscript, S. 47 ff.

67 Ähnlich *Kuhn*, Struktur, S. 219; das wird auch in der hermeneutischen Rechtstheorie teilweise so gesehen, vgl. *Hassemer*, Tatbestand, S. 116.

den Fragen nach einer Vorrangregel juristischer Auslegungsmethoden, nach einem Wahrheitskriterium oder einem solchen für die Bestimmung von Gerechtigkeit.

3. Feststellung von Unrecht und Nicht-Recht

Zu beantworten bleibt, die Thematik des Erkennens von Recht beschließend, die für das moderne Naturrechtsdenken maßgebliche Frage, wie sich Recht von Unrecht oder Nicht-Recht abheben lasse. *Radbruch* hat nach seiner berühmten Formel diese Frage dahin gehend beantwortet, dass das positive Recht auch dann Vorrang habe, „wenn es inhaltlich ungerecht und unzweckmäßig ist, es sei denn, dass der Widerspruch des positiven Gesetzes zur Gerechtigkeit ein so unerträgliches Maß erreicht, dass das Gesetz als ‚unrichtiges Recht' der Gerechtigkeit zu weichen hat. Wo Gerechtigkeit nicht einmal erstrebt wird und bei der Setzung positiven Rechts bewusst verleugnet wurde, da ist das Gesetz nicht etwa nur ‚unrichtiges' Recht, vielmehr entbehrt es überhaupt der Rechtsnatur."[68] Dem ist im Grunde nichts hinzuzufügen. *Radbruch* unterlegt dieser Feststellung nichts anderes als die Möglichkeit der Erkenntnis von Recht aus anderen Quellen als den Gesetzesbüchern und fordert den Rechtsanwender auf, nicht dem geschriebenen Recht zu folgen, wenn dieses in seiner Rechtsnatur durch anderes Recht falsifiziert werde.[69] Wir können also Nicht-Recht erkennen, wie es uns grundsätzlich möglich ist, Recht zu erkennen, und wir unterscheiden danach, ob das Recht unrichtig sei, aber doch Recht, oder ob es gar kein Recht sei. Wurde bei der Setzung positiven Rechts das „normativ" Seiende (die „Gerechtigkeit") „bewusst verleugnet", so ist die Rechtssetzung keine Erklärung eines „normativ" Seienden, sondern die Erklärung von etwas anderem: nämlich einer bewussten Verleugnung, eines Willens, sich über „normativ" Seiendes hinwegzusetzen und die Setzung dieser Erklärung als ein Mittel zu bestimmten Zwecken zu benutzen, die nicht zum „normativ" Seienden gehören. Solche gesetzte Erklärungen sind Nicht-Recht, auch wenn sie sich in die Form des Rechts kleiden; ihre Form ist Umgrenzung des zu Erklärenden mit auslegungsbedürftigen Begriffen. Nur wenn man die empirische Gesamtheit des zu Erklärenden kennt, das „normativ" Seiende, seine Verleugnung, den Willen des Erklärenden, vielleicht seine psychische Abberration, seine Theorie der Zweckhaftigkeit der Erklärung, ist man in der Lage, diese zutreffend zu verstehen, genauer, eine mit einer gewissen Wahrscheinlichkeit wahre Theorie der Erklärung als Nicht-Recht zu entwerfen. Wir besitzen keinerlei Anhaltspunkte dafür, dass es ein „normativ" Seiendes gebe, das sich als Überlegenheit der arischen über andere Rassen erklären ließe; die nationalsozialistischen Rassengesetze stellen vor diesem Hintergrund keine Erklärung eines „normativ" Seienden dar,

68 *Radbruch*, Gesetzliches Unrecht, S. 89 = SJZ 1946, 105, 107 (sog. Radbruchsche Formel).

69 Die Frage, ob es generell angezeigt ist, dem Primat des geschriebenen Rechts zu folgen, auch wenn dieses kein Un-Recht darstelle, soll damit nicht beantwortet sein; dies ist eine Frage der Normsetzungs- und Normanwendungslegitimation, also eine staatsphilosophische Problematik.

sondern eine Erklärung des Willens zu Willkürlichkeit, Verachtung und Diskriminierung.

Das Erkennen von Recht und Unrecht ist demgegenüber gleichermaßen das Erkennen eines „normativ" Seienden, der „Rechts-" und „Unrechtswirklichkeit". Recht und Unrecht sind Deutungen dieser „Wirklichkeit" (des „normativ" Seienden) im Lichte von Theorien. Urteilend können wir die aus unserer Rechts- und Unrechtserfahrung gewonnenen Begriffe von Recht und Unrecht in ein nomologisches System einbringen und Theorien über ihr Verhältnis zueinander entwerfen. Unrecht ist dabei nur unter Zugrundelegung einer zweiwertigen Logik das Gegenteil von Recht, das dieses begrifflich ausschließt. Ob wir Recht und Unrecht zutreffend erfasst haben, können wir erkenntniskritisch ebenso wie beim Erfassen physikalischer Gegenstände hinterfragen. Hinsichtlich der Rechtswirklichkeit, auf die wir dabei zurückgreifen können, sind wir heute – auch durch historische Unrechtserfahrungen, die die Scheidung von Recht und Unrecht deutlich hervortreten ließen – in einer privilegierteren Lage als *Radbruch*: Wir verfügen über verfassungsrechtliche Gewährleistungen, die teilweise mit „Ewigkeitsgarantie" ausgestattet sind, über anerkannte Regeln des Völkerrechts, über eine Vielzahl von Menschenrechtsvereinbarungen und sorgfältige Untersuchungen über universell gültige Rechtsprinzipien.[70] So, wie uns in den Naturwissenschaften das Erkennen durch allerlei ausgeklügelte Apparaturen zunehmend leichter gemacht wird, die Theoriebildungen dadurch aber auch an Komplexität zunehmen, ist es im Grunde auch in der Wissenschaft, die sich dem Erkennen des Rechts widmet.

IV. Wissenschaftstheoretische Kritik der Subsumtion

1. Der juristische Syllogismus

Die Erkenntnis, dass sich juristische Tätigkeit nicht im Subsumieren konkreter Sachverhalte unter allgemeine Gesetze erschöpfe, dem jungen Juristen gerade dies aber in seiner Ausbildung suggeriert werde, gehört zur Rhetorik der modernen Rechtstheorie und Rechtsphilosophie.[71] Diese Feststellung wendet sich gegen die Doktrin des juristischen Determinismus, demzufolge es für jedes juristische Problem genau eine richtige Lösung gebe, die jeder Urteilende im Wege logischen Schließens aus dem Gesetz ableiten könne. Die Methode dieses Schließens ist der juristische Syllogismus, eine Ausprägung der allgemeinen Lehre von den Syllogismen, unter denen man logische Schlussformen versteht, die aus zwei Prämissen – einem Obersatz und einem Untersatz – und einem Schlusssatz bestehen. Das klassische Beispiel ist der aristotelische Syllogismus: „Alle Menschen sind sterblich. Sokrates ist ein Mensch. Also ist

70 Vgl. *Kaufmann*, Problemgeschichte, S. 106 m.w.N.

71 Vgl. etwa *Hassemer*, Tatbestand, S. 5; *Adomeit*, Normlogik, S. 140 ff., 154; *Kaufmann*, Problemgeschichte, S. 102 f.; *Neumann*, Logik, S. 312 ff.; *Schneider*, Entscheiden, S. 349.

Sokrates sterblich.“ Für die Erklärung nicht-kausaler, sondern sinnhafter Zusammenhänge, um die es nach Ansicht der Vertreter des Methodendualismus in den hermeneutischen Wissenschaften gehe[72], ist der praktische Syllogismus von großer Bedeutung. Mit ihm lassen sich Handlungen intentional erklären. Sein Basisschema besteht aus einem voluntativen Aspekt (das angestrebte Handlungsziel) und einem kognitiven Aspekt (das subjektive Wissen um eine Erfolg versprechende Handlung), aus denen die Conclusio in Form der zur Zielerreichung als angemessen erachteten Handlung resultiert.[73] Der praktische Syllogismus spielt für die praktische Philosophie und somit auch für die Theorie juristischen Entscheidens, eine große Rolle. Der juristische Syllogismus, der die Schlussform der Subsumtion beschreibt, ist der modus barbara.[74] Er besteht aus drei allgemein bejahenden Sätzen und lautet in allgemeiner Form: „Alle M sind P. Alle S sind M. Alle S sind P.“ Beispiel: „Alle Mörder werden mit lebenslanger Haft bestraft. S ist ein Mörder. S wird mit lebenslanger Haft bestraft.“[75] Daneben sind für die juristische Argumentation noch andere Schlussformen von Bedeutung, die hier aber nicht vertieft werden sollen, da die Darstellung auf eine grundsätzliche Kritik an der Bewertung des Syllogismus seitens der Rechtstheorie zielt.

Dass der Syllogismus streng genommen keine reine Form der analytischen Mehrung von Wissen darstellt, zeigt sich schon bei einer streng formalistischen Betrachtung. „Sokrates“ ist nicht „alle Menschen“ und die mit dem Begriff „Sokrates“ bezeichnete Person stirbt nicht den Tod aller Menschen, sondern seinen eigenen, ungerechten und qualvollen.[76] Um die Schlussfolgerung gültig zu machen, ist eine Spezialisierungsregel erforderlich, die den Schluss von einem All-Satz auf einen besonderen Satz ermöglicht. Diese Frage des Übergangs von allgemeinen zu besonderen Sätzen kann als das Kernproblem der Logik seit *Kant* angesehen werden.[77] Sie impliziert zugleich die Frage nach dem Übergang von besonderen zu allgemeinen Sätzen, also das Induktions-Deduktions-Problem, da der Satz „alle Menschen sind sterblich“ eine auf einer Vielzahl von Beobachtungen des Sterbens von Menschen beruhende Theorie darstellt oder eine grundsätzlich falsifizierbare Hypothese menschlichen Sterbens. In diese Theorie- oder Hypothesenbildung gehen eine Vielzahl vorgängiger Urteile und Theorien ein, zum Beispiel die – in der Medizin und Rechtswissenschaft umstrittenen – Fragen, nach welchen Kriterien das Sterben oder der Tod zu bestimmen sei und nach welchen Kriterien sich richtet, ob ein Wesen als Mensch angesehen werden kann oder nicht. Man könnte diese Kriterien ohne weiteres so bestimmen, dass der Obersatz des Syllogismus lautete „alle Menschen sind

72 Näher dazu oben E.I.1.

73 Vgl. *Stegmüller*, Probleme und Resultate, Teil C, S. 486 ff.

74 Zu den verschiedenen Ausprägungen syllogistischer Schlussformen *Herberger/Simon*, Wissenschaftstheorie, S. 23 ff.

75 Nach Kaufmann, Problemgeschichte, S. 111.

76 Letzteres ist ein existenzphilosophisches Argument, vgl. The Oxford Companion to Philosophy, S. 347; *Sartre*, Sein und Nichts, S. 616 f.

77 Vgl. *Kant*, Kritik der reinen Vernunft, B 129 f., 169 ff.

unsterblich" – und für einen Anhänger des Buddhismus wäre diese Aussage gar nicht ungewöhnlich.

2. Der juristische Determinismus

Bereits diese einfache Überlegung zeigt, dass juristisches – wie auch nicht-juristisches – Urteilen kein geschlossenes analytisches Verfahren ist, sondern ein komplexes Unterfangen, in das eine Vielzahl vorgängiger Urteile, man kann in der Terminologie *Thomas Kuhns* sogar zugespitzt sagen: ein Paradigma, einfließt. Das ist nach dem heutigen Stand der rechtstheoretischen Diskussion selbstverständlich. Nicht selbstverständlich ist, dass mit der Widerlegung des analytischen Subsumtions-Automatismus der juristische Determinismus sterben musste, so dass *Adomeit* schon Anfang der 1970er Jahre feststellen konnte, dass der Determinismus „heute offenbar von niemandem mehr vertreten" werde[78], und an seine Stelle subjektivistische und relativistische Positionen getreten sind. Die Situation lässt sich gut mit den Entwicklungen in der allgemeinen Wissenschaftstheorie vergleichen. Auch dort würde seit geraumer Zeit niemand mehr einen strengen Determinismus cartesischer Provenienz vertreten, und doch würden aus den Einsichten der modernen Wissenschaftstheorie, die die unauflösliche Verbundenheit von Erkennendem und Erkanntem betont, nur wenige folgern, die Gesetzmäßigkeiten, die die Wissenschaftler entdecken, seien ein bloßes Produkt ihrer persönlichen Auffassungen, Präferenzen und Attitüden, „in Wirklichkeit" gebe es diese Gesetze nicht. Darauf – auch wenn dies zugespitzt formuliert ist – läuft letzten Endes aber die Haltung der rechtswissenschaftlichen Hermeneutik hinaus. Ich halte das Dogma von den mehreren „richtigen" Lösungen neben anderen ebenfalls „richtigen" Antworten[79] für einen wirkmächtigen Mythos der Rechtsphilosophie, der in der Wirklichkeit der Rechtsanwendung keine belastbare Stütze findet und analytisch keine Begründung erfährt, aber aus der reaktionären Ablehnung eines fundamentalistischen Erkenntnisideals unter dem (vermeintlichen) Eindruck des perversiven Potentials geschriebenen Rechts erklärt werden kann. Die Erfahrung vieler Rechtspraktiker ist, dass sich überwiegend im Wege der Rechtsanwendung Ergebnisse finden lassen, die nicht nur als juristisch „vertretbar" sondern als richtig aufgefasst werden und auf Zustimmung stoßen. Dass Entscheidungen im Wege des Instanzenzugs und aufgrund außerordentlicher Rechtsbehelfe korrigiert werden, ist kein Argument hiergegen. Man muss die in Rede stehenden Entscheidungen nur miteinander vergleichen, um festzustellen, dass die Schärfe der begrifflichen Differenzierung in den Kontrollinstanzen zunimmt und damit der Komplexität der Rechtserkenntnis in höherem Maße Rechnung getragen wird.[80] Die Tatsache,

78 *Adomeit*, Normlogik, S. 154.

79 Vgl. *Kaufmann*, Problemgeschichte, S. 128.

80 Ein gutes Beispiel hierfür ist BVerfG NJW 2007, 1666. In dieser Entscheidung hat das Bundesverfassungsgericht die fast 30-jährige Rechtspraxis der Fachgerichte beendet, unter das be-

dass juristische Entscheidungen aufgehoben und als falsch erkannt werden, spricht im Gegenteil gegen das Dogma der gleichberechtigt vertretbaren Entscheidungen; der Instanzenzug ist ein Falsifikationsprozess auf dem Wege der Annäherung an die Rechtswirklichkeit. Das gilt nicht nur für Rechtsfragen, sondern auch für in Streit stehende tatsächliche Gesichtspunkte. Analytisch rechtfertigen die Einsicht in die Begrenztheit des menschlichen Erkenntnisvermögens, die hermeneutische Struktur des Erkennens und die Offenheit des juristischen Auslegungskanons[81] nicht die These, dass es *eine* richtige Entscheidung oder *eine* Wahrheit *nicht* gebe. Das hinter dem Mythos des Relativismus stehende Missverständnis ist eines der Verkehrung der Denkrichtung oder der Verwechslung von Erklärung und zu Erklärendem. Anerkennen wir als Ausgangspunkt und Bezugspunkt unserer Erkenntnis der Welt eben diese Welt (was so selbstverständlich ist, dass man dagegen kaum etwas wird einwenden können, es sei denn, man verträte eine streng subjektivistische Position, wie der Phänomenalismus[82]), so sind unsere Erklärungen der Welt stets transzendent; dadurch wird aber die Welt nicht transzendent. Eine weitere Konsequenz der Abkehr von subjektivistischen und relativistischen Positionen ist, dass Strafrichter in der Regel urteilen und nicht – im Sinne der Entscheidungstheorie – entscheiden.[83] Umgekehrt lässt sich aus der hier geübten Kritik freilich auch nicht folgern, dass es *stets* nur *eine* richtige Entscheidung gebe. Es können durchaus mehrere als richtig erkannte Entscheidungen im „normativ“ Seienden angelegt sein; diese Tatsache ist aber keine alleinige Leistung eines erkennenden „Subjekts“, zu dessen freier Disposition die Interpretation des Rechts steht, sondern ein Ergebnis der Vielfalt und Vielschichtigkeit dessen, was „normativ“ der Fall ist. So liegt es beispielsweise bei miteinander kollidierenden Rechtsnormen im internationalen Rechtsverkehr. Stoßen zwei „normative“ Paradigmen aneinander und gibt es keine Vorrangregel, so ist die Lösung des Rechtsproblems nach dem einen oder anderen Paradigma gleichermaßen richtiges Recht.

3. Subsumtion als Theoriebildung

Erkenntnistheoretisch ist die juristische Subsumtion – wie alles Urteilen – eine Bestimmung der Zugehörigkeit von Erklärungen. Urteile stiften Zugehörigkeiten wie Kausalität, Identität, Differenz, Rationalität, Optimalität, kurz: Relationen. Ob diese Relationen in dem, was der Fall ist, angelegt sind, können wir nach den Maßstäben der Wissenschaftstheorie nur vermuten, nicht aber sicher wissen. Jedenfalls sind sie Bestandteile von Erklärungen und setzen vorgängige Theorien voraus, zum Beispiel

---

rechtigte oder entschuldigte Entfernen vom Unfallort gemäß § 142 Abs. 2 Nr. 2 StGB auch das unvorsätzliche Sich-Entfernt-Haben zu subsumieren.

81 Vgl. dazu *Schroth*, Hermeneutik, S. 279 ff.

82 Zu den hiergegen angebrachten Argumenten vgl. eingehend *v. Kutschera*, Erkenntnistheorie, S. 224 f.

83 Dazu näher unten E.VI.3.

darüber, welches die Bedingungen von Identität seien: die Einnahme des gleichen Raum-Zeit-Orts, die Verwendung semantisch gleicher Begriffe bei der Beschreibung von Qualitäten, die Verwendung analytisch gleicher Begriffe oder noch komplexere Theorien.[84] Das Urteil, der Morgenstern sei mit dem Abendstern identisch[85], setzt zumindest Grundkenntnisse über astronomische Theorien voraus, ist also keine analytische Wahrheit. Auch die Beobachtungen des Morgensterns und des Abendsterns sind nicht identisch, denn sie finden zu verschiedenen Zeitpunkten und unter unterschiedlichen Rahmenbedingungen statt. Ebenso wenig können wir sagen, die Beschreibungen dieser Beobachtungen seien analytisch identisch, denn dann fassten wir die Beschreibung als ein geschlossenes System auf, was sie tatsächlich nicht ist. Da strenggenommen eine vollständige Beschreibung eines Ereignisses unbegrenzt lang wäre, müsste sie sämtliche Relationen zu allen anderen Ereignissen enthalten. Was veranlasst uns also, zu behaupten, der Morgenstern sei mit dem Abendstern identisch? Es ist die Vermutung, dass das astronomische Paradigma nur dann einen Komplex widerspruchsfreier Erklärungen darstelle, wenn es sich beim Morgenstern und Abendstern um ein und denselben Himmelskörper handelt. Diese Erklärung ist zirkulär und sie gilt nur im astronomischen Paradigma. Nach poetischen Maßstäben hindert uns nichts, den Morgenstern und den Abendstern als zwei völlig verschiedene Ereignisse zu erachten. Mit S und seiner Identität mit dem Mördersein ist das nicht anders. Diese Identität ist das Resultat einer komplexen Theoriebildung durch das erkennende Gericht, die keinen anderen vernünftigen Schluss zulässt, als den, dass S und der gesuchte Mörder identisch seien.

V. Wissenschaftstheoretische Kritik der Normsetzung

1. Normsetzung als kreativer Akt

Damit ist noch nichts über den Vorgang und die Möglichkeit der Rechtssetzung ausgesagt. Es ist ein Allgemeinplatz, dass Recht ein dynamisches Gebilde sei, das in verschiedenen Kulturen, Gesellschaften und Zeitaltern in verschiedener Weise ausgeprägt sein kann. Rechtsnormen verlieren an Gültigkeit, wenn sie nicht mehr befolgt werden, sie werden gelegentlich aufgehoben, wie zum Beispiel im Zuständigkeitsbereich des Bundesministeriums der Justiz durch die beiden Rechtsbereinigungsgesetze der vergangenen Jahre[86], und sie werden am laufenden Band neu geschaffen. Manchmal liegt neu geschaffenen Normen bereits eine gewisse Übung zugrunde; die Regelungen sind dann gar nicht mehr so neu, sondern dienen –

84 Zu diesem schwierigen erkenntnistheoretischen Problem eingehend *Stegmüller*, Probleme und Resultate, Teil 2, S. 254 ff.; zu den verschiedenen logischen Implikationen von Identität *Quine*, Grundzüge der Logik, S, 268 ff.

85 So das bekannte und häufig aufgegriffene Beispiel von *Frege*, Sinn und Bedeutung, S. 148 ff.; *ders.*, Begriff und Gegenstand, S. 168.

86 Vgl. BGBl I 2006, S. 866; BT-Drucks 16/5051.

so die Terminologie in der Gesetzgebungstechnik – der „Klarstellung".[87] Manchmal wird durch die gezielte Verwendung dieses Begriffs auch nur suggeriert, es habe eine entsprechende Übung bestanden, um die neue Norm und den durch sie vermittelten Eingriff dadurch zu legitimieren.[88] Nicht selten sind Normsetzungen spontane Reaktionen auf vermeintliche Regelungsbedürfnisse, die sich im Nachhinein als gar nicht so dringend herausstellen.[89] Die konkrete Art und Ausgestaltung von Normen hängt neben den sachlichen Gründen von einer Vielzahl heterogener und wenig voraussehbarer Gesichtspunkte ab: der politischen Zusammensetzung der Regierung und des Parlaments, der Medien- und Öffentlichkeitswirksamkeit der Regelung, den persönlichen Überzeugungen und Befindlichkeiten einzelner Entscheidungsträger, dem Zeitpunkt der Normsetzung und dem Zeitdruck, unter dem sie stattfindet, den Fähigkeiten der Sachbearbeiter in den mitwirkenden Ressorts, dem Stand der rechtswissenschaftlichen Diskussion und so weiter. Zur Taktik der Normsetzung gehört es, diese Unwägbarkeiten soweit wie möglich einzuschätzen und zum Zwecke der Erreichung der Zielvorgabe auf sie Einfluss zu nehmen, zum Beispiel durch die Aufnahme eigentlich unerwünschter Regelungen als „Verhandlungsmasse". Nicht geschriebene Normen dürften für diese Einflussfaktoren weniger anfällig sein und sind offenbar auch weniger rasanten Änderungen ausgesetzt.

Was soll mit diesen Schlaglichtern auf die Welt der Normsetzung ausgesagt sein? Folgendes: Normsetzung darf nicht als Wissenschaft verstanden werden, die nach einer strengen Methodik ihre Ergebnisse hervorbringt. Als solche könnte sie auch gar nicht sein, was sie – jedenfalls in einer demokratisch verfassten Gesellschaft – sein soll: Eine Möglichkeit, die Überzeugungen des Gesetzgebers, und damit der Gesellschaft, die er repräsentiert, zur Geltung gelangen zu lassen. Normsetzung mag teilweise nach induktiven, teilweise nach deduktiven Mustern erfolgen, sie ist aber auch Spontanität, Kreativität, Pragmatismus und vieles mehr. Anders als die dritte Gewalt und die Exekutive ist die Gesetzgebung nicht „an Recht und Gesetz" gebunden, sondern „nur" an die verfassungsmäßige Ordnung (Art. 20 Abs. 3 GG), also das überzeitliche und in engen Grenzen zeitlose (Art. 79 Abs. 3 GG) Gesetz, das der historische Verfassungsgeber auch für künftige Gesetzgeber als verbindlich erachtet hat. Ob der Rechtssetzungsakt des Gesetzgebers tatsächlich Recht hervorgebracht habe oder Nicht-Recht, oder ob die Norm in einem bestimmten Sinne – zum Beispiel verfassungskonform – zu verstehen sei, ist Gegenstand der Erkenntnis des Rechts, die auch auf die neu geschaffene Rechtsquelle zurückgreift. Gesetzge-

87 Vgl. etwa Artikel 4 Ziff. 3 und 5 des Gesetzes zur Bekämpfung des illegalen Rauschgifthandels und anderer Erscheinungsformen der Organisierten Kriminalität vom 15.7.1992 (BGBl I S. 1302; vgl. BT-Drucks 12/989, S. 38) zu § 98b Abs. 3 S. 3 und § 100b Abs. 5.

88 Vgl. etwa Artikel 1 Ziff. 5a des Gesetzes zur Reform der Führungsaufsicht und zur Änderung der Vorschriften über die nachträgliche Sicherungsverwahrung vom 13.4.2007 (BGBl I S. 513; vgl. BR-Drucks 192/07, S. 2; BT-Plenarprotokoll 16/88 vom 22. März 2007, S. 8904 D, 8905 A; BT-Drucks 16/4740, S. 6, 14 f., 21 ff.) zu § 66b Abs. 1 S. 2 StGB (sog. „Ostfälle").

89 Vgl. etwa das Gesetz zur Umsetzung des Urteils des Bundesverfassungsgerichts vom 3. März 2004 (akustische Wohnraumüberwachung) vom 24.6.2005 (BGBl I S. 1841) bei lediglich zwei Anordnungen in 2006.

bung ist damit im Unterschied zur Rechtserkenntnis und Rechtsanwendung in ihrem Kern nicht eine urteilende Tätigkeit (obwohl der Gesetzgeber freilich eine Vielzahl von Urteilen in seine Tätigkeit einfließen lässt), sondern eine entscheidende. Verfassungsrechtlich wird dem Gesetzgeber daher eine große Einschätzungs- und Entscheidungsprärogative eingeräumt.[90] In deren Rahmen ist er für sein Handeln nur denjenigen verantwortlich, von denen er seine Normsetzungsbefugnis herleitet: den Mitgliedern der Gesellschaft. Aus diesem Grunde wurde oben dafür eingetreten, dem Gesetzgeber bei der Schaffung von normativen Grenzen der Wahrheitserforschung im Strafverfahren einen großen Spielraum zuzugestehen, nicht dagegen der Rechtsprechung.

2. Legitimation der Normsetzung

Zur Bedeutung der Legitimation zur Normsetzung ist im Zusammenhang mit der Konnexitätsproblematik bei den Beweisverboten schon einiges ausgeführt worden.[91] An die Feststellung der Notwendigkeit einer solchen Legitimation schließt sich die Frage ihrer Herleitung an, die hier – obwohl es sich nicht um eine wissenschaftstheoretische Frage handelt – der Vollständigkeit halber kurz angesprochen sein soll. Auf sie kann es, will man nicht in die Problematik des Methodendualismus zurückfallen, nur eine Antwort geben: Die Legitimation zur Normgebung ist die Freiheit des Normgebers, ein Sollen zu wollen. Man kann – muss aber nicht – dies subjektivistisch verstehen im Sinne einer sittlichen Autonomie des Menschen, die *Kant* zur Letztbegründung von Normen herangezogen hat.[92] Verstehen wir uns als Personen, die grundsätzlich über einen freien Willen verfügen und über die Fähigkeit, nach diesem Willen zu handeln[93], so vermögen wir uns selbst Normen als Richtlinien unseres Handelns zu geben. Dass wir dabei tatsächlichen Einschränkungen sozialer, intellektueller, kognitiver, emotionaler und anderer Art unterliegen, versteht sich von selbst, steht aber der sittlichen Autonomie nicht im Grundsatz entgegen. Die Frage, warum ich eine Norm befolgen solle, ist dann mit dem Verweis auf meine Entscheidung, sie befolgen zu wollen, zu beantworten. Damit erweist sich die Frage als bloß rhetorische, denn ich könnte mich, anstatt zu fragen, ebenso gut entscheiden, von meiner Norm wieder Abstand zu nehmen, also nicht sollen zu wollen.

Überschreiten wir den Bereich der individuellen sittlichen Autonomie, so ist maßgeblich die Rückführbarkeit der Normsetzungsfreiheit des Normgebers auf die Freiheit des Individuums. Dem tragen die vertragstheoretischen Legitimationsmo-

---

90 Vgl. BVerfGE 77, 170, 215 = NJW 1988, 1651; BVerfGE 88, 203, 262 = NJW 1993, 1751; BVerfGE 90, 145, 173 = NJW 1994, 1577.

91 Vgl. oben C.VI.3.

92 Vgl. *Kant*, Metaphysik der Sitten, S. 211 ff.; *ders.*, Kritik der praktischen Vernunft, S. 15 ff.

93 Vgl. dazu näher noch unten E.VI.1.

delle Rechnung.[94] Danach kann das Individuum einen Repräsentanten ermächtigen, die Normsetzung an seiner Stelle vorzunehmen. Die Ausübung sittlicher Autonomie seitens des Individuums liegt dann darin, die Stellvertretung bei der Normsetzung, deren Ergebnis und dessen Befolgung zu wollen. Die Crux liegt bei den vertragstheoretischen Modellen darin, dass das Individuum seine sittliche Autonomie nicht ohne weiteres umdisponieren kann. Immerhin könnte es sich der Gemeinschaft durch Lossagung[95] oder Selbsttötung[96] entziehen. Diese Bindung wird allerdings in rechtlich differenzierten Gesellschaften durch bestimmte Verfahrensweisen gemildert. Hierzu zählen die demokratischen Legitimationsverfahren (Wahlen, Volksentscheide), sowie Verfahrensrechte, die die Beteiligung des Individuums an hoheitlichen Akten gewährleisten sollen. Außerdem wird durch eine nur beschränkte Übertragung der sittlichen Autonomie sichergestellt, dass ein Bereich sittlicher Freiheit und Verantwortung beim Individuum verbleibt. Dem dienen verfassungsrechtliche Gewährleistungen, die einen von den jeweiligen Repräsentationsverfahren unabhängigen Bestand an Freiheiten sichern sollen, das auf die Sicherung dieser Gewährleistungen gerichtete Widerstandsrecht (Art. 20 Abs. 4 GG) und die Begrenzung der hoheitlichen Befugnisse zur Durchsetzung hoheitlicher Akte. Zugespitzt bleibt dem Individuum also immer die Freiheit, sich sittlich autonom und contra legem zu verhalten, und die aus der Konfrontation mit der Öffentlichkeit resultierenden Konsequenzen in Kauf zu nehmen, deren Begrenzung in der begrenzten Übertragung der sittlichen Autonomie auf den Repräsentanten wurzelt.[97] Hinzu kommt, dass die sittliche Autonomie des Individuums eingebettet ist in ein normativ-empirisches Paradigma, das im Ideal- und wohl auch im Regelfall weitgehend mit

---

94 Vgl. insbes. *Rousseau*, Gesellschaftsvertrag, 1762; *Rawls*, Theorie der Gerechtigkeit, 1971.

95 Dieser Gedanke verweist auf die Eigenheit totalitärer Gesellschaften, ihren Mitgliedern die Aufgabe der Mitgliedschaft zu verweigern. Aktuell wird diese Frage unter anderem im Zusammenhang mit der *Scientology*-Gemeinschaft thematisiert. In früheren und auch noch einigen rezenten „primitiven“ Gesellschaftsformen wurde umgekehrt das Ausgestoßenwerden aus der Gesellschaft oder die Strafe des Ostrazismus als härteste Strafform angesehen (vgl. *Pospísil*, Anthropologie, S. 127 ff.).

96 Diesen Gedanken legt *Sartres* Begriff der „Freiheit-zu-Sterben“ nahe (vgl. *Sartre*, Sein und Nichts, S. 616, 630 ff.). Heute erlangt der Gedanke im Zusammenhang mit der Problematik der Sterbehilfe große Aktualität. Im Kern stellt sich dabei die Frage, ob das Individuum die Freiheit hat, über sein physisches Ende selbst zu disponieren oder dabei durch Gemeinschaftsbelange eingeschränkt ist.

97 Verfassungsrechtlich spielt diese Überlegung eine Rolle bei der – umstrittenen – Frage, ob ein Beschwerdeführer die Verfassungsbeschwerde gegen einen erst drohenden, ihn belastenden hoheitlichen Akt einlegen darf, oder diesen Akt abwarten muss. Im Hinblick auf die Durchführung eines Strafverfahrens ist die Rechtsprechung des Bundesverfassungsgerichts gespalten; vgl. einerseits BVerfGK 2, 27, 28 f. = NStZ 2004, 447 m.w.N. (willkürliche Einleitung eines Ermittlungsverfahrens) und BVerfGE 38, 206, 212 m.w.N. (Unzumutbarkeit der Rechtswegerschöpfung), andererseits etwa BVerfG NStZ 2000, 96; NJW 2004, 3697, 3698 (Zwischenentscheidungen); zur parallelen Problematik bei den sog. Gesetzesverfassungsbeschwerden, vgl. außerdem BVerfGE 20, 283, 285, 290 = NJW 1967, 291; BVerfGE 46, 246, 256; BVerfGE 81, 70, 82 = NJW 1990, 1349; BVerfGE 90, 128, 136 = NVwZ 1994, 889; BVerfGE 97, 157, 165 = NJW 1998, 1385; BVerfG NJW 2006, 2318.

dem offiziellen Paradigma, das die hoheitliche Gewalt trägt, übereinstimmt.[98] Dies mindert die Wahrscheinlichkeit autonomer sittlicher Entscheidungen, die mit dem offiziellen Paradigma nicht zu vereinbaren sind.

Da das persönliche Wollen in jedem Fall Bezugspunkt des Sollens ist, ändert sich daran auch nichts unter Annahme einer naturrechtlichen, etwa theistischen, Letztbegründung des Sollens. Eine solche Begründung ist eine Erklärung, die die sittlich autonome Person sich entwirft oder die sie übernimmt, eine Erklärung also dieser Person im Hinblick auf ihr eigenes Wollen. Ob diese Erklärung zutreffend ist oder nicht, ob sie einen empirischen Hintergrund (eine numinose oder ethisch relevante Erfahrung) hat, auf rationalen Erwägungen oder auf Glauben beruht, spielt keine Rolle, da die Erklärung des Erklärte (das handlungsleitende Sollen) nicht zu determinieren vermag.

VI. Wissenschaftstheoretische Kritik des Entscheidens

1. Das Problem der Willensfreiheit

Die Vorstellung, dass das Rechtssubjekt aufgrund seines freien Willens in der Lage sei, selbstbestimmt und eigenverantwortlich zu handeln, ist für das deutsche Strafrechtssystem wesentlich. Diese Vorstellung liegt dem Konzept individueller Schuld eines täter- und tatorientierten Strafrechts zugrunde, das in der „Zweispurigkeit seiner Rechtsfolgen“[99] – Strafe auf der einen, Maßregeln der Besserung und Sicherung auf der anderen Seite – auch das ausnahmsweise Fehlen selbstbestimmten Verhaltens berücksichtigt. Die Vorstellung selbstbestimmten Handelns ist nicht nur im Strafrecht ausgeprägt, sondern auch im Menschenbild des Grundgesetzes verankert, dessen liberaler Charakter dem Einzelnen Freiräume schafft, um seine Selbstbestimmung als Selbstverwirklichung zur Geltung zu bringen. Der Gedanke der Selbstbestimmung wurzelt schließlich in christlichen und stoischen Wertvorstellungen, die – der personalen Verfassung des Gottesbilds folgend[100] – den Menschen als Person begreifen, die – soweit sie nicht inneren oder äußeren Zwängen ausgesetzt ist – eigenverantwortlich über ihre Handlungsalternativen entscheidet.[101] Dieses Bild

---

98 Kommt es zu Verwerfungen zwischen den jeweiligen Paradigmen, so kann das einen Paradigmenwechsel (etwa in Form einer Revolution oder einer gewaltsamen Unterdrückung des entgegenstehenden Paradigmas) zur Folge haben, aber auch die Koexistenz zweier unvereinbarer Paradigmen (für das profane und das religiöse Paradigma dürfte das im Ansatz auf laizistische Staaten zutreffen).

99 SchSch/*Stree*, Vorbem §§ 61 ff. Rn 1.

100 Näher zur Entwicklung des Bewußtseins menschlicher Individualität und des Konzepts subjektiver Rechte im Zusammenhang mit dem Wandel des Gottesbilds zur „Achsenzeit“ *Löffelmann*, Gesetz, S. 58 ff., 72 ff. m.w.N.

101 Vgl. etwa *Gerhardt*, Selbstbestimmung, S. 260 ff.

des Menschen als Person liegt dem universellen Anspruch der Menschenrechte zugrunde.[102]

In jüngerer Zeit hat dieses Bild einige Verzerrungen erfahren. Aus dem Bereich der Naturwissenschaften, insbesondere der Hirnforschung und Molekularchemie haben sich Stimmen erhoben, die die Selbstbestimmtheit menschlichen Handelns angezweifelt und gefordert haben, auch die Strafrechtswissenschaft müsse sich den neuen empirischen Erkenntnissen stellen und von seinem Konzept individueller Schuld abgehen. „Wir erfahren uns als freie mentale Wesen, aber die naturwissenschaftliche Sicht lässt keinen Raum für ein mentales Agens wie den freien Willen, das dann auf unerklärliche Weise mit den Nervenzellen wechselwirken müsste, um sich in Taten zu verwandeln. (...) Die Annahme zum Beispiel, wir seien voll verantwortlich für das, was wir tun, weil wir es ja auch hätten anders machen können, ist aus neurobiologischer Perspektive nicht haltbar. Neuronale Prozesse sind deterministisch. (...) Wir handeln und identifizieren die vermeintlichen Gründe jeweils nachträglich. Dieses Wissen muss Auswirkungen haben auf unser Rechtssystem, auf die Art, wie wir Kinder erziehen und wie wir mit Mitmenschen umgehen."[103] Von Rechtswissenschaftlern wurde die Thematik dankbar aufgegriffen, teilweise mit einem Apell zur Notwendigkeit eingehender Selbstkritik, überwiegend mit dem Bemühen, die interdisziplinären Angriffe zurückzuweisen.[104]

Die Diskussion um die Selbstbestimmtheit des menschlichen Willens ist so alt wie trivial. Die These von der physikalischen Determiniertheit menschlicher Entscheidungen zählt zum Kernbestand des physikalischen Objektivismus. Dessen Weltbild findet seinen prägnantesten Ausdruck im *Laplace*schen „Dämon", der in der Lage ist, alle vergangenen und zukünftigen Zustände der Welt zu berechnen, wenn ihm nur ausreichend Daten zur Verfügung stünden. *Popper* bezeichnet diese Welt als den „Alptraum des physikalischen Deterministen"[105], weil in ihr alle unsere Gedanken, Gefühle und Anstrengungen keinen Einfluß darauf haben, was in der Welt vor sich geht. Sie sind, wenn nicht bloße Einbildungen, bestenfalls überflüssige Nebenprodukte der physikalischen Ereignisse. Eine traditionelle Spielform der Willens- und Freiheitsdebatte ist das Leib-Seele-Problem. Dabei geht es um die Frage psychophysischer Wechselwirkungen. Wenn ich diesen Satz schreibe, so lässt sich dieses Ereignis physikalisch zurückführen auf Kontraktionen meiner Fingermuskeln, die durch Nervenimpulse und chemische Übertragungen an meinen Gehirnsynapsen ausgelöst werden. Welche Verbindung besteht aber zwischen diesem kausalen physikalischen Sachverhalt und dem Gedanken, den Satz zu Papier zu bringen? Überlese

102 Vgl. zur Herleitung der Menschenrechte aus dem Person-Konzept aus ethischer Sicht *v. Kutschera*, Ethik, S. 268 ff.

103 *Singer*, Menschenbild, S. 12, 20.

104 Vgl. *Lampe*, ZStW 118 (2006), 1 ff.; *Czerner*, Archiv für Kriminologie 2006, 65 ff., 129 ff.; *Koch*, ARSP 2006, 223; *Hillenkamp*, JZ 2005, 313 ff.; *Mosbacher*, JR 2005, 61 f.; vgl. ferner die Beiträge in *Senn/Puskás*, Gehirnforschung, 2006.

105 *Popper*, Objektive Erkenntnis, S. 226, 231.

ich das Geschriebene, so trifft das von dem Papier reflektierte Licht auf meine Netzhaut, wo es wiederum Nervenimpulse und chemische Übertragungen auslöst. Wie aber geschieht es, dass ich den Satz verstehen und für unsinnig oder sinnvoll befinden kann? Für monistische Theorien wie den Materialismus oder Physikalismus stellen sich diese Fragen als physikalisches Meßproblem dar. So behauptet auch *Singer*, es werde gegenwärtig niemand bezweifeln, dass es möglich sei, vorauszusagen, was ein Wurm als Nächstes tun wird, wenn die Gesamtheit aller Erregungszustände der Nervenzellen des Tieres messbar wäre, was nach dem Stand der Forschung „schon fast möglich" sei.[106] Problematisch an den monistischen Deutungen ist zweierlei: Erstens sind sie reduktionistisch, das heißt, sie eliminieren aus dem Bereich des Beobachtbaren und Erfahrbaren alle mentalen Ereignisse wie Gedanken, Gefühle, Empfindungen. Dies widerspricht unserer menschlichen Selbsterfahrung und unserem Selbstverständnis als Personen. Zweitens folgen sie dem Konzept eines streng kausalen geschlossenen physikalischen Systems, wie es jedenfalls nach der Kopenhagener Deutung der Quantenphysik in Frage gestellt wird.[107] Die Alternative zu den monistischen Erklärungskonzepten ist der psycho-physische Dualismus. In den dualistischen Modellen spitzt sich die Frage nach dem Ort und der Funktionsweise der Wechselwirkungen zwischen Psyche und Physis zu. *Descartes* hat diese Wechselwirkungen bekanntlich in einem infinitesimalen Organ angesiedelt, der Zirbeldrüse, wo angeblich Ströme feiner materieller Partikel die Seele steuern. Dass solche – auch heute noch in modernem Gewand auftretende[108] – Theorien metaphysisch anmuten und nach wissenschaftstheoretischen Maßstäben nicht befriedigen können, liegt auf der Hand. Offen bleiben die aufgeworfenen Fragen für die Theorien des psychophysischen Parallelismus, die nicht mehr nach einer kausalen Beziehung suchen, sondern zeitliche Koinzidenzen zwischen psychischen und physischen Ereignissen als Erklärung für deren gemeinsames Auftreten ausmachen und sich dabei auf die unbestreitbare Selbsterfahrung der Willensausübung stützen.[109] Dieser Ansatz – der aus Sicht eines Deterministen, dem die Selbsterfahrung der Willensfreiheit freilich auch determiniert ist, nicht gegen den Determinismus angebracht werden kann – ermöglicht ihnen die Abkehr von einer substanzonotologischen Erfassung des Phänomens Willen und – darin besteht ihr unbestreitbarer Vorzug – dessen funktionale Analyse.[110]

Letzten Endes handelt es sich bei den Fragen psycho-physischer Wechselwirkungen und der Freiheit des menschlichen Willens nicht, wie uns manche Hirnforscher glauben machen wollen, um ein empirisches Problem, das durch genaue physikalische Messungen oder den biologischen Zugang zu einem Ort der

106 *Singer*, Menschenbild, S. 26.

107 Vgl. *v. Kutschera*, Objektivität, S. 252 f.

108 Vgl. *v. Kutschera*, Objektivität, S. 250 m.w.N.

109 Vgl. etwa *Gerhardt*, Selbstbestimmung, S. 239 ff.; *v. Wright*, Erklären und Verstehen, S. 149; in diese Richtung weist auch die Existenzphilosophie, die Freiheit als – der Wahl entzogene – Lebensform versteht, vgl. *Sartre*, Sein und Nichts, S. 696 ff.

110 Vgl. *Gerhardt*, Selbstbestimmung, S. 265 ff.

Wechselwirkungen gelöst werden könnte, sondern um ein philosophisches, genauer ein wissenschaftstheoretisches, nämlich um das Problem der Validität einer Theorie der Determiniertheit menschlichen Handelns. Bemerkenswerter Weise belegt gerade der Blick auf die Naturwissenschaften, die als Beleg für den deterministischen oder indeterministischen Charakter von Ereignissen herangezogen werden, dass es sich bei der Determinismus-Indeterminismus-Debatte um ein Scheinproblem handelt. *Wolfgang Stegmüller* schreibt hierzu: „Die philosophischen Diskussionen über den indeterministischen Charakter der modernen Physik werden häufig für sehr wichtig gehalten. Außerdem wird meist angenommen, es handle sich um ein äußerst schwieriges Thema. Beides kann bezweifelt werden. Soweit die Auseinandersetzungen nicht metaphysischen Charakter haben, liegt, so könnte man sagen, nur ein Wortstreit vor."[111] Der Grund für diesen „Wortstreit" liege in einer ungenauen Verwendung der Begriffe „deterministisch" und „indeterministisch" und in einer falschen Vorstellung von ihrer ontologischen Relevanz. So stelle die – häufig als Beleg für die indeterministische Verfasstheit der Welt angeführte – prinzipielle Unvoraussagbarkeit und Unkontrollierbarkeit von Elektronen aufgrund der Einwirkung der verwendeten Meßinstrumente keine empirische Beobachtung dar, sondern eine logische Folgerung aus der *Heisenberg*schen Unschärfe- oder Unbestimmtheitsrelation, also eine Folgerung der Quantentheorie. „Die Unvorhersehbarkeit der Störungen durch die Beobachtung ist kein Bestandteil des experimentellen Befundes als solchen, sondern des *im Lichte der neuen Theorie interpretierten* Beobachtungsbefundes."[112] Die Annahme eines Indeterminismus ist damit abhängig von der verwendeten Theorie der Weltbeschreibung. Das gilt vice versa auch für die Determinismuskonzepte und Erklärungsmodelle psycho-physischer Wechselwirkungen. Monistische Erklärungsmodelle setzen, wie erwähnt, die Annahme eines geschlossenen Systems strenger Kausalität voraus, derzufolge jedes physikalische Ereignis eine bestimmte physikalische Ursache und Wirkung habe. Setzt man die schwächere These voraus, dass jedes physikalische Ereignis auch eine Ursache und eine Wirkung in Form eines physikalischen Ereignisses habe, so folgt daraus lediglich die physikalische Erklärbarkeit des Ereignisses, ohne eine psychische Wirkungsweise auszuschließen. Auch die Annahme einer gemäßigten Theorie der Kausalität, etwa der Wahrscheinlichkeitstheorie der Kausalität, wie sie wohl heute überwiegend vertreten wird[113], lässt Raum für mentale Ereignisse, ohne deren Funktionsweise und Wechselwirkung zur Physis zu erklären.[114] Entscheidend für unsere Argumentation ist dabei, dass die die Erklärung des menschlichen Willens und Handelns und ihres Bezugs zum Bereich des Physischen leitenden Annahmen maßgeblich sind für die Qualifizierung dieser Phänomene als frei oder physikalisch determiniert. Mit anderen Worten beobachten wir keine deterministisch gesteuerten Ereignisse, sondern interpretieren unsere singulären Beobachtungen etwa nach den Konzepten der klassischen Mechanik, deren theoretische

111 *Stegmüller*, Probleme und Resultate, Teil D, S. 559.

112 *Stegmüller*, Probleme und Resultate, Teil D, S. 576.

113 Grundlegend *Popper*, Logik der Forschung, S. 106 ff. und 198 ff. m.w.N.

114 Vgl. *v. Kutschera*, Objektivität, S. 253, 259 f.; *v. Wright*, Erklären und Verstehen, S. 82.

Annahmen streng deterministisch wirkende Gesetzmäßigkeiten einschließen. Determinismus und Indeterminismus stellen somit unterschiedliche theoretische Ausprägungen der Wirklichkeitsinterpretation dar. Auch eine Philosophie des Geistes oder eine biochemische Theorie der Hirnfunktionen arbeitet mit der Annahme des Wirkens streng deterministischer oder „bloß" statistischer Gesetzmäßigkeiten. Ein Argument für oder gegen die Freiheit des menschlichen Willens ergibt sich daraus nicht. Eine solche Schlussfolgerung wäre nur unter Zugrundelegung eines naivrealistischen Ausgangspunkts möglich, der eine deterministische oder indeterministische Verfasstheit der Wirklichkeit im Sinne einer „Wirklichkeit-an-sich" aus der Einsicht in die transzendentale Bedingtheit der Erkenntnis ableitete. Daraus, dass wir Theorien über die Wirklichkeit aufstellen, die keine absolute Geltung beanspruchen können, folgt aber nicht, dass es eine unserem Erkennen nicht zugängliche „Wirklichkeit-an-sich" gäbe. Dabei handelt es sich um nichts anderes als ein begriffliches Konzept, das, sofern es im Sinne einer Zwei-Welten-Theorie verwendet wird, eine Hypostasierung darstellt. Der in einer solchen hypostasierten Welt regierende Determinismus oder Indeterminismus kann nicht die Wirklichkeit, die Ausgangspunkt unserer Erkenntnis ist, determinieren oder sonst steuern. Dies gilt auch für das in der Wirklichkeit stattfindende Bilden von Theorien. Die Untersuchung der Selbstbezüglichkeit einer deterministischen Theorie wie sie *Singer* vertritt, ist deshalb stets die Nagelprobe für ihre Wissenschaftlichkeit[115]: Wenn die von ihm vertretene These einer streng determinierten Willensbildung richtig ist, so müsste sie auch für die Bildung der These, bei der es sich ja um einen kognitiven Akt handelt, und für die Bildung der Überzeugung von ihrer Richtigkeit gelten. *Wolf Singer* kann also gar nicht anders, als diese Theorie der Willensunfreiheit aufzustellen und sie für richtig zu halten. Für mich (und eine Reihe anderer Kritiker) gilt das offenbar nicht; wir können die Theorie für falsch halten (jedenfalls können wir davon überzeugt sein, dass wir sie für falsch halten). Dies könnte man als Argument gegen die Richtigkeit der Theorie oder jedenfalls gegen die von ihr in Anspruch genommene Universalität

115 Vgl. zu dieser Argumentationsstrategie prägnant *v. Kutschera*, Objektivität, S. 274: „Nun ist auch eine objektivistische Weltsicht eine Sicht von Personen. Der Wissenschaftler als Subjekt dieser Weltsicht muss sich aber als externer Zuschauer des Weltgeschehens begreifen. Der Biologe Fritz Müller hat zwar auf der Bühne dieses Geschehens selbst einen kurzen Auftritt, aber in seiner Funktion als Wissenschaftler sitzt er im Zuschauerraum und betrachtet diesen Auftritt wie den eines Schauspielers. Der Objektivismus führt so zu einer methodischen Schizophrenie, einer Verdoppelung des Subjekts in einen von den Schranken seiner Subjektivität befreiten Zuschauer und einen sich innerhalb dieser Schranken bewegenden Schauspieler, der auf der Bühne seine Rolle spielt." Vgl. demgegenüber *v. Wright*, Erklären und Verstehen, S. 147 f.: „Die Systeme (…), die von experimentellen Wissenschaften untersucht werden, können durch einen Handelnden, der außerhalb dieser Systeme steht, manipuliert werden. Dieser Handelnde hat gerlernt, die Anfangszustände der Systeme unter Bedingungen zu reproduzieren, unter denen diese sonst nicht eintreten würden. Aus wiederholten Beobachtungen gelangt er dann zu einer Kenntnis der in dem System liegenden Entwicklungsmöglichkeiten. Die von Sozialwissenschaftlern untersuchten Systeme können in der Regel nicht durch Handelnde außerhalb dieser Systeme manipuliert werden. Sie können statt dessen durch Handelnde, die sich innerhalb dieser Systeme befinden, manipuliert werden."

anführen. Ad hoc ließe sich die Haltung der Kritiker freilich dahin deuten, dass sie die Theorie für falsch halten *müssen*. Damit immunisiert sich aber die Theorie gegen ihre Falsifizierung und kann nicht mehr als empirisch begründet gelten. Sie gibt sich als das zu erkennen, was sie ist: eine metaphysische Vorstellung, die Gegenstand philosophischer oder theologischer Debatten sein kann, aber nicht unsere Theoriebildungen von der Wirklichkeit und unser darauf gegründetes Handeln steuert. Diese metaphysische Vorstellung deckt sich – und das spricht entscheidend gegen sie – nicht mit unserem intuitiven Zugang zur Welt, sondern führt zu unsinnigen Konsequenzen, die *Popper* in einem Beispiel einprägsam verdeutlicht: „Wenn der physikalische Determinismus recht hat, dann könnte ein völlig tauber Physiker, der nie einen Ton Musik gehört hat, sämtliche Sinfonien und Konzerte von Mozart und Beethoven schreiben, indem er einfach den genauen physikalischen Zustand ihres Körpers untersucht und voraussagt, wo sie schwarze Zeichen auf ihr liniertes Papier machen würden. Unser tauber Physiker könnte sogar noch mehr tun: Durch hinreichend genaue Untersuchung der Körper von Mozart und Beethoven könnte er Partituren schreiben, die Mozart und Beethoven tatsächlich nie geschrieben haben, die sie aber geschrieben hätten, wenn bestimmte äußere Bedingungen ihres Lebens anders gewesen wären; wenn sie zum Beispiel Hammelfleisch statt Hühnerfleisch gegessen oder Tee statt Kaffee getrunken hätten.“[116]

Fassen wir diese Einsichten zusammen, so können wir sagen: Das, was der Fall ist – und dazu gehört das der Erfahrung des menschlichen Willens zugrunde liegende Seiende – kann nicht durch eine Theorie seiner selbst determiniert sein. In einem ontischen Sinne ist der Mensch also frei, soweit er nämlich keine Theorien dessen entwirft, was der Fall ist. Dieses Frei-Sein von den durch die Welterschließung gezogenen Grenzen geht dieser nicht nur voraus, sondern ist der entgrenzte Raum, in dem alleine sie möglich ist. Man kann dieses Frei-Sein transzendentalphilosophisch als Freiheit bezeichnen, in dem Bewußtsein, damit dem, was der Fall ist, ein substanzontologisches Gewand überzustülpen, das zu der irreführenden Frage nach der Wirklichkeit, Wirksamkeit und dem Sein „der“ Freiheit verleitet. Ontisch „ist“ der Mensch frei, doch muss er als seinsverstehendes Wesen, als „ontisch-ontologisches Dasein“[117] das, was der Fall ist, erschließen. Sich als Seiendes in Bezug auf Seiendes verstehend, kann er sich als unfrei erfahren, da er Seiendes urteilend zueinander in Gesetzmäßigkeiten stellt. Dieses Verständnis von Freiheit gestattet es, anzuerkennen, dass Handeln von Menschen determiniert sein kann durch einen – physikalisch, organisch oder kognitiv veranlassten – Zwang des Verstehens. Dieser Zwang kann Verlust der Freiheit bedeuten. Es handelt sich aber in jedem Fall um einen Zwang, dem das ontisch-ontologische Dasein nicht von vornherein und unausweichlich ausgesetzt ist, wie es deterministische Theorien behaupten, sondern der seine Beteiligung – sei es als verstehendes und irrendes, sich als Opfer physischen Zwangs erfah-

---

116 *Popper*, Objektive Erkenntnis, S. 232.

117 Vgl. *Heidegger*, Sein und Zeit, §§ 3 und 4; näher zu diesem Begriff *Gadamer*, Ontologische Differenz, 1989.

rendes oder in seinem Erleben von anderen Erlebenden isoliertes Wesen – voraussetzt. Man möge diese Aussage nicht als Leugnung, Relativierung oder Subjektivierung physischer oder psychischer Gewalteinwirkung auf Andere missverstehen. Dies hieße, die wenig zielführende Frage nach der Wirklichkeit von Seiendem stellen. Entscheidend ist nach der hier vertretenen, erkenntnistheoretisch begründeten Auffassung, dass Erfahrung solcher Gewalt stets Erfahrung eines seinsverstehenden Wesens ist, und damit *als Erfahrenes* von dessen Deutung abhängig. Daraus folgt nicht nur, dass die Deutung des Zwangs aus der Opfersicht eine andere sein kann als aus der Sicht des Täters oder eines Dritten, sondern auch, dass es möglich ist und geboten sein kann, den Betroffenen vor Einwirkungen oder Deutungen, die seine Freiheit einschränken, zu bewahren. *Weil* der Mensch ontisch frei ist, kann er sich in Bezug zu sich selbst und zu seiner Umwelt grundsätzlich neu orientieren[118], kann er Zwangslagen erkennen und versuchen, sie zu beseitigen, und kann er die Verpflichtung erkennen, Anderen in solchen Zwangslagen beizustehen. Deterministische Konzepte sind fatalistisch.

2. Die Bedeutung richterlicher Freiheit

Der Tätigkeit des Richters ist in Deutschland eng mit dem Begriff der richterlichen Freiheit verbunden, die allenthalben – sei es im Zusammenhang mit öffentlicher Kritik an einzelnen Entscheidungen[119], an politischer Einflussnahme auf solche[120] oder auch an der Arbeitszeit der Richterschaft[121] – Gegenstand der öffentlichen und politischen Auseinandersetzung ist. Was ist mit richterlicher Freiheit gemeint? Art. 97 Abs. 1 GG legt fest, dass die Richter unabhängig und nur dem Gesetz unterworfen sind. Dies impliziert die Unzulässigkeit von Einzelweisungen und sonstiger Einflussnahme der Exekutive auf die rechtsprechende Tätigkeit[122] sowie die Unabhängigkeit der Richter gegenüber Rechtsprechung, Legislative und privaten Personen.[123]

118 Die Tiefenpsychologie benutzt zur Kennzeichnung der Neuorientierung in einer schwierigen Lebenslage den Begriff des „Überwachsens", woraus sie auch ethische Forderungen nach der Annahme psychischer Konflikte ableitet. Vgl. dazu *Löffelmann*, Gesetz, S. 131 ff. m.w.N.

119 Vgl. jüngst etwa den Fall der Frankfurter Familienrichterin, die sich zur Begründung einer Entscheidung auf den Koran bezogen hatte, www.spiegel.de/politik/deutschland/0,1518, 473118,00.html.

120 Vgl. etwa den Fall der früheren baden-württembergischen Justizministerin *Werwigk-Hertneck*, vgl. http://www.suedkurier.de/nachrichten/bawue/art1070,2800312.

121 Diese Thematik ist von ungebrochener Aktualität, vgl. bereits *Darkow*, DRiZ 1971, 372; *Schröder*, NJW 2005, 1160.

122 Vgl. BVerfGE 14, 56, 69 = NJW 1962, 1611; BVerfGE 26, 79, 92 ff. = DRiZ 1969, 364; BVerfGE 26, 186, 198 = NJW 1969, 2192; BVerfGE 27, 312, 322 = NJW 1970, 1227; BVerfGE 31, 137, 140; BVerfGE 36, 174, 185 = NJW 1974, 179; BVerfGE 55, 372, 389 = DRiZ 1981, 148; BVerfGE 60, 175, 214 = NJW 1982, 1579.

123 Vgl. BVerfGE 12, 67, 71 = NJW 1961, 655; BVerfGE 38, 1, 21 = NJW 1974, 1940; BVerfG NJW 1996, 2150

Art. 97 Abs. 2 GG schützt außerdem die persönliche Unabhängigkeit der Richter. Auf der anderen Seite sind Richter dem Gesetz unterworfen, insofern also nicht frei. Diese Bindung ergibt sich bereits aus dem Rechtsstaatsprinzip des Art. 20 Abs. 3 GG, demzufolge die Rechtsprechung an Gesetz und Recht gebunden ist. Dies impliziert den Grundsatz vom Vorbehalt des Gesetzes[124], einschließlich des ihn konkretisierenden Bestimmtheitsgebots[125], und verbietet Richtern – soweit nicht das geltende Recht Lücken aufweist, die sie im Wege der Rechtsfortbildung zu schließen berufen sind[126] -, sich in die Rolle des Gesetzgebers zu begeben.[127] Einen weiteren wesentlichen konstitutionellen Bestandteil zur Charakterisierung der Stellung des Richters enthält Art. 101 Abs. 1 S. 2 GG, der dem Einzelnen das Recht auf den gesetzlichen Richter gewährleistet. Ziel der Verfassungsgarantie ist es, der Gefahr einer möglichen Einflussnahme auf den Inhalt einer gerichtlichen Entscheidung vorzubeugen, die durch eine auf den Einzelfall bezogene Auswahl der zur Entscheidung berufenen Richter eröffnet sein könnte. Darüber hinaus garantiert die Verfassungsnorm, dass der Rechtssuchende im Einzelfall vor einem Richter steht, der unabhängig und unparteilich ist und der die Gewähr für Neutralität und Distanz gegenüber den Verfahrensbeteiligten bietet.[128] Diese Vorschrift konkretisiert sich in zahlreichen einfachgesetzlichen Verfahrensnormen, die die örtliche und sachliche Zuständigkeit der Gerichte (vgl. §§ 7 ff., 1 ff., §§ 20 ff. GVG), die Geschäftsverteilung (vgl. §§ 21g, 21h GVG), die Auswahl der Schöffenrichter (vgl. §§ 36, 42 ff. GVG) oder den Ausschluss einzelner Richter (vgl. §§ 22 ff.) regeln. Zu dem Grundsatz des gesetzlichen Richters gehört die Einsicht in seine Menschlichkeit und Fehlbarkeit. Richter sind keine Entscheidungsautomaten. Sie fällen ihre Entscheidung nach subjektiver Überzeugung, im Strafverfahren gelangen sie zu einer Verurteilung, wenn vernünftige Zweifel an der Schuld des Angeklagten aus ihrer Sicht nicht mehr bestehen.[129] Diese ureigene Würdigung der Tatrichter ist nur in engen Grenzen und soweit der Gesetzgeber sich zu dieser Möglichkeit entschlossen hat[130] mit Rechtsmitteln oder verfassungsrechtlichen Instrumentarien[131] überprüfbar. Auch dies und das darin zum Ausdruck kommende Bekenntnis zur *Person* des gesetzlichen Richters ist in Art. 101 Abs. 1 S. 2 GG angelegt. Innerhalb der dadurch vorgezeichneten rechtsstaatlichen Grenzen kann der Angeklagte mit „seinem“ Richter Glück haben oder auch nicht. Damit sind in Kürze die rechtlichen Rahmenbedingungen richterlicher Freiheit skizziert.

---

124 Vgl. dazu bereits oben B.I.1.

125 Vgl. BVerfGE 65, 1, 44 ff., 54 = NJW 1984, 419; BVerfGE 100, 313, 359 = NJW 2000, 55; BVerfGE 110, 33, 53 ff. = NJW 2004, 2212 m.w.N.

126 Vgl. BVerfGE 69, 315, 371 = NJW 1985, 2395; BVerfGE 88, 145, 167 = NJW 1993, 2861; BVerfGE 98, 49, 59 f. = NJW 1998, 2269.

127 BVerfGE 96, 375, 394 = NJW 1998, 519.

128 Vgl. BVerfGE 82, 286, 298 = NJW 1991, 217; BVerfGE 89, 28, 36 = NJW 1993, 2229 m.w.N.

129 Vgl. AnwK-StPO/*Martis*, § 261 Rn 4 m.w.N.

130 Vgl. BVerfGE 107, 395, 402 = NJW 2003, 1924.

131 Vgl. BVerfGK 1, 145, 152 = NJW 2003, 2444.

In diesem Rahmen sind Richter als erkennende Personen zur Rechtsprechung berufen. Rechtsanwendung ist in erster Linie ein Erkenntnisprozess. Im Strafverfahren, um das es uns hier zu tun ist, geht es um die Erkenntnis von historischen und aktuellen Sachverhalten und die Erkenntnis von geschriebenen und ungeschriebenen Normen. Die abschließende Entscheidung des Gerichts wird auch als gerichtliches „Erkenntnis" bezeichnet. Der Richter ist kraft seiner Legitimation befugt und kraft seiner Ausbildung und Erfahrung befähigt, Recht zu „erkennen". Im Einzelfall – etwa wenn er sich aufgrund seiner Blindheit keinen optischen Eindruck von dem Angeklagten zu verschaffen vermag[132] – kann ihm diese Befähigung fehlen. Das Erkennen des Richters ist ferner präformiert durch die den Erkenntnisprozess leitenden Regeln der Beweisaufnahme und Beweiswürdigung, denen er zu folgen hat, und deren Verletzung einen Verstoß gegen die Regeln des fairen Verfahrens darstellen kann.[133] Die Freiheit des Richters, zu erkennen, ist also einerseits eingeschränkt durch die ihn für diese Tätigkeit qualifizierenden und die den Erkenntnisprozess äußerlich leitenden Bedingungen seines Erkennens, andererseits verwirklicht sich seine Freiheit darin, als Erkenntnissubjekt, als Person angesprochen zu sein. Als solche bringt er individuelle Vorkenntnisse, Charaktereigenschaft, soziale Attitüden – kurz Präjudizien – mit, die sein tatsächliches und rechtliches Erkennen prägen. Als Person ist der Richter im oben dargelegten Sinne ontisch frei, und als Erkennender ist er den Zwängen von Präjudizien, logischen Gesetzmäßigkeiten, rechtlichen Normen und oft auch faktischen Gegebenheiten unterworfen, denen er, soweit sie die Erkenntnis des Rechts behindern, in einer der Bedeutung dieser Erkenntnis angemessenen Weise entgegenzuwirken hat.[134] Mit dieser Kennzeichnung der Freiheit des Richters ist aber nicht das getroffen, was gemeinhin mit der Idee der Entscheidungsfreiheit angesprochen ist. Dass Richter entscheiden, wird kaum jemand bezweifeln. Wie aber geht das vor sich, wie unterscheidet es sich von einem Erkennen, und in welchem Maße ist der Richter bei seiner Entscheidung frei?

3. Der Umfang strafrichterlichen Entscheidens

Mit der Funktionsweise und dem Prozess richterlicher Entscheidung setzt sich die Theorie juristischen Entscheidens auseinander.[135] Eine bedeutende Wurzel hat diese Teildisziplin der Rechtstheorie in der allgemeinen Entscheidungs- oder Spieltheorie.[136] Diese unterscheidet drei Kategorien rationalen Entscheidens: Entscheiden

---

132 Vgl. BVerfGE 20, 52, 55 = NJW 1966, 1307; BVerfG, 2 BvR 467/89 vom 7.11.1989, juris; BGHSt 35, 164 = NJW 1988, 1333; OLG Zweibrücken, NJW 1992, 2437; anders zum Vollstreckungsverfahren OLG Hamburg NStZ 2000, 616.

133 Vgl. BVerfGK 1, 145, 149 ff. = NJW 2003, 2444.

134 Ich denke etwa an die richterliche Aufklärungspflicht bei der Sperrung eines Zeugen entsprechend § 96, vgl. AnwK-StPO/*Löffelmann*, § 96 Rn 8 m.w.N.

135 Überblick bei *Schneider*, Entscheiden, S. 348 ff.

136 Einführend zur Spieltheorie *Holler/Illing*, Spieltheorie, 2006.

unter Sicherheit, wenn sicher ist, welche Konsequenzen die in Rede stehenden Handlungsalternativen haben werden; Entscheiden unter Risiko, wenn die Konsequenzen nur mit einer gewissen Wahrscheinlichkeit absehbar sind; und Entscheiden unter Unsicherheit, wenn insoweit gar keine Wahrscheinlichkeit angegeben werden kann. Die Entscheidungstheorie postuliert als entscheidungsleitendes Kriterium das des maximalen Nutzens. Bei Entscheidungen unter Sicherheit wird sich der Entscheider danach so verhalten, dass er seinen Nutzen maximieren kann. Bei Entscheidungen unter Risiko wird der Entscheider die Handlung wählen, für die der Erwartungswert des Nutzens maximal ist. Bei Entscheidungen unter Unsicherheit ist es für ihn hingegen rational, sich so zu verhalten, dass ein etwaiger Schaden möglichst gering ausfallen wird, das heißt, eine Handlung mit einem maximalen Minimalnutzen zu wählen (sog. Maximin-Prinzip). Entscheidungen unter Sicherheit und unter Unsicherheit stellen einen extremen Ausnahmefall dar; legt man eine probabilistische Wahrheitstheorie zugrunde, sind diese Situationen streng genommen sogar ausgeschlossen.

Im Bereich des Rechts finden sich Anwendungsmöglichkeiten dieser ökonomischen Analyse auf dem Gebiet moralischer Entscheidungen. Die utilitaristischen Theorien des Rechts legen eine solche rationale Nutzenabwägung zugrunde. Für den Bereich des Strafrechts spielen derartige Überlegungen eine bedeutende Rolle im Zusammenhang mit den Strafzwecktheorien. *Johann Paul Anselm von Feuerbach* postulierte als erster die These vom psychologischen Zwang des Strafens: „Sollen daher Rechtsverletzungen überhaupt verhindert werden, so muss neben dem physischen Zwange noch ein anderer bestehen, welcher der Vollendung der Rechtsverletzung vorhergeht, und, vom Staate ausgehend, in jedem einzelnen Falle in Wirksamkeit tritt, ohne dass dazu die Erkenntnis der jetzt bevorstehenden Verletzung vorausgesetzt wird. Ein solcher Zwang kann nur ein psychologischer sein."[137] Die Funktionsweise des psychischen Zwangs impliziert die Möglichkeit einer rationalen Abwägung, ob das Begehen der Straftat sich „lohne"; die durch den Bestimmtheitsgrundsatz, das Analogieverbot und rechtsstaatliche Kautelen konkretisierte und limitierte Strafdrohung beschränkt das Risiko dieser Entscheidung weitgehend auf das Aufdeckungsrisiko. Auch im Strafverfahren selbst kann man unschwer Anwendungsfälle der Spieltheorie ausmachen. Der Angeklagte kann sich auf ihrer Grundlage entscheiden, ein Geständnis abzulegen, wenn er mit einer gewissen Wahrscheinlichkeit aufgrund dessen eine mildere Strafe erwarten kann. Die aktuell in der Rechtswissenschaft eingehend erörterte Frage nach der Berechtigung und dem Nutzen verfahrensbeendender Absprachen und den Erfordernissen an die sie leitenden Verfahrensregeln kann als ein Anwendungsfall der Spieltheorie analysiert werden. Die prozessualen Rahmenbedingungen der Absprache sollen gewährleisten, dass keine Fälle der Entscheidung unter Sicherheit (keine „Punktstrafe") und unter

137 *Feuerbach*, Criminalrecht, § 12 (Hervorhebungen im Original). Heute setzt sich diese Auffassung in der Theorie der negativen Spezial- und Generalprävention fort, die auch das Bundesverfassungsgericht – neben anderen Zwecken – als einen Zweck der Kriminalstrafe anerkennt, vgl. BVerfGE 109, 190, 212.

Unsicherheit (Bindung des Gerichts an die Obergrenze, Öffentlichkeit der Absprache, keine Koppelung an Rechtsmittelverzicht)[138] eintreten. Dasselbe gilt für die Inanspruchnahme anderer prozessualer Gestaltungsrechte durch den Angeklagten, wie etwa den Widerspruch gegen die Verwertung verfahrensfehlerhaft erlangter Erkenntnisse. Die Wahrnehmung solcher Einflussmöglichkeiten kann sich für den Betroffenen durchaus als nachteilig erweisen, weshalb die Entscheidung für ihn risikobehaftet ist.[139] Wird das Verfahren gegen mehrere Angeklagte geführt, so kann die Wahrnehmung der Gestaltungsrechte sich auf den anderen Angeklagten auswirken und es kann zu divergierenden Entscheidungen kommen. Hier liegt ein Anwendungsfall des klassischen „Gefangenen-Dilemmas".[140] Obwohl das Ablegen eines Geständnisses in diesem Fall die unter Berücksichtigung aller denkbarer Konsequenzen vernünftigste Handlung darstellt, führt Schweigen – unter der Voraussetzung, dass alle Angeklagten sich daran halten, was insbesondere naheliegend ist, wenn es zu wiederholten Kooperationen (neuen Spielen) kommt – zu einem günstigeren Ergebnis.[141] Diese ökonomische Analyse findet ihr rechtliches Äquivalent in der Unschuldsvermutung und erhellt die Berechtigung der anwaltlichen Faustregel, dem Mandanten zunächst zu raten, von seinem Schweigerecht Gebrauch zu machen, bis weitere Parameter der Entscheidungssituation geklärt worden sind.

Lassen sich diese Überlegungen auch für die Situation richterlicher Entscheidungen fruchtbar machen? Die Antwort auf diese Frage hängt zunächst von der zugrunde gelegten Art des ethischen Selbstverständnisses richterlicher Tätigkeit und deren praktischen Erfordernissen ab. Nehmen wir an, richterliches Entscheiden folge einem nutzenmaximalen Prinzip in dem Sinne, dass Verfahren in möglichst kurzer Zeit und mit geringstmöglichem Aufwand abgeschlossen werden, so kann die Spieltheorie ein präskriptives Entscheidungsmodell darstellen. Es wäre verfehlt, die – dem Justizpraktiker bekannte – Tatsache, dass richterliche Entscheidungen – sei es aus Gründen sachlicher und personeller Ressourcenknappheit, sei es aufgrund einer persönlichen Haltung des Richters – nicht selten auch diesem Entscheidungsmodus folgen oder zu folgen scheinen, von vornherein als unsachgemäß abzulehnen. Ein pragmatischer Zugang zur Verfahrensgestaltung ist für sich genommen nichts Ver-

138 Vgl. BGHSt 43, 195 = NJW 1998, 86; BGHSt 50, 40 = NJW 2005, 1440; weitere Nachweise zum Schrifttum vgl. oben C. Fn 1.

139 Zum Beispiel im Hinblick auf die Verjährungsunterbrechung gemäß § 78c Abs. 1 Nr. 4 StGB, die durch eine erneute – rechtsfehlerfreie – Anordnung herbeigeführt werden kann, vgl. AnwK-StPO/*Löffelmann*, § 105 Rn 13.

140 Vgl. Sainsbury, *Paradoxien*, S. 93 ff.; *Nack*, StraFo 1998, 366, 372 interpretiert die einander widerstreitenden Interessen von Mitangeklagten an der Einführung unverwertbarer Erkenntnisse zu entlastenden Zwecken unter dem Gesichtspunkt des Gefangenen-Dilemmas und kommt zu dem Schluss, man müsse einem Beschuldigten das Risiko zumuten können, dass ein Mitangeklagter das Beweismittel mit Wirkung für die anderen Angeklagten umfassend freigibt. „Aus seinem Gefangenen-Dilemma braucht man ihn nicht zu befreien" (S. 374).

141 In Computersimulationen mehrerer aufeinander folgender Entscheidungen hat sich folgende Strategie als erfolgreich erwiesen: Man beginne mit Schweigen, danach handle man so, wie der andere Spieler in der vorhergehenden Runde (vgl. *Sainsbury*, Paradoxien, S. 102).

werfliches. Berücksichtigt man die Tatsache, dass die Durchführung des Verfahrens für die Verfahrensbeteiligten eine erhebliche Belastung darstellen kann, so erweist sich, dass eine nutzenorientierte Inanspruchnahme des durch alle Beteiligten eingebrachten „Kapitals" im Sinne verfassungsrechtlicher Erforderlichkeit geboten sein kann. Das verfassungsrechtlich verankerte Beschleunigungsgebot[142] ist nichts anderes als eine Ausprägung des Prinzips der Nutzenmaximierung – freilich nicht das einzige, das für das gerichtliche Verfahren von Bedeutung ist.[143] Halten wir also fest, dass nutzenmaximales Entscheiden auch die richterliche Tätigkeit leiten kann.

Wenden wir uns nun einem anderen – vielleicht dem für das Strafverfahren zentralen – Aspekt der richterlichen Tätigkeit zu. Eingangs wurde ausführlich die Bedeutung der Wahrheitserforschung gewürdigt und als ein vorrangiges Ziel des Strafverfahrens gekennzeichnet. Was hat Wahrheitserforschung mit richterlichem Entscheiden zu tun? Oft wird beides mit dem Hinweis auf den hermeneutischen Charakter der Gesetzesanwendung in eins gesetzt. Richterliches Urteilen bedeute stets, zwischen Alternativen entscheiden zu müssen.[144] Ich halte diese Aussage für unzutreffend und hielte es für gefährlich, sie zur Richtschnur richterlicher Tätigkeit zu machen. „Urteilen" und „Entscheiden" mögen im Gebrauch der Alltagssprache synonyme Verwendung finden, die Handlungen, die sie bezeichnen, müssen handlungstheoretisch aber unterschieden werden. Der Grund für die Gleichsetzung von Urteilen und Entscheiden kann darin gesehen werden, dass von Entscheiden in zweierlei Weise die Rede ist, die ich als dezisiv und deskriptiv bezeichnen möchte. In einem dezisiven Sinne ist von Entscheiden die Rede in dem Satz „Ich entscheide mich dafür, A zu tun"; in einem deskriptiven Sinne in dem Satz „Ich entscheide, dass A dem B 1000 Euro schuldet".[145] Entscheidungen im deskriptiven Sinn (unechte Entscheidungen) sind Feststellungen, also Urteile. Sie sind nicht dadurch gekennzeichnet, was für dezisive Entscheidungen (echte Entscheidungen) konstitutiv ist: das Vorliegen mehrerer Entscheidungs- also Handlungsalternativen. Echte Entscheidungen sind nicht – wie Urteile – wahr oder falsch, sondern zweckmäßig, angemessen, salomonisch, zielführend, verfehlt, unüberlegt, ausgewogen, weise, etc. Echte Entscheidungen setzen Urteile voraus, jene Urteile nämlich, mit denen die Entscheidungsalternativen beschrieben werden. Ein wesentlicher Teil der Beschreibung der Entscheidungsalternativen sind die von der Entscheidung in dem einen oder anderen Fall zu erwartenden Folgen. Diese Folgeabschätzung beruht auf Urteilen über die Wahrscheinlichkeit von Möglichkeiten. Man kann Möglichkeiten, wenn man sie substantiell versteht, als künftige Ereignisse bezeichnen. Diese Terminologie ist aber – wie bereits im Zusammenhang mit Prognosen festgestellt wurde[146] – irreführend. Möglichkeiten sind etwas, das der Fall ist, sie sind nicht weniger gegenwär-

142 Vgl. AnwK-StPO/*Krekeler*/*Löffelmann*, Einleitung Rn 31 m.w.N.

143 Vgl. etwa zur Kollision zwischen Beschleunigungsgebot und Recht auf effektive Verteidigung BVerfG NStZ 2006, 460.

144 *Schneider*, Entscheiden, S. 349.

145 Näher *Löffelmann*, Urteil, S. 164 ff.

146 Vgl. oben C.V.2. und E.II.3.

tig und wirklich als Tische, Neutrinos und Paradoxien, und sie können urteilend festgestellt werden.[147] Diese Urteile – die keine Aussagen über Zukünftiges sind, sondern unterschiedliche Deutungen dessen, was der Fall ist – können Gründe meines Handelns sein.

Die strafrichterliche Tätigkeit besteht nicht darin, zwischen der Möglichkeit, dass S der Mörder ist und der Möglichkeit, dass er es nicht ist, zu entscheiden, sondern festzustellen, ob S der Mörder ist oder nicht. Das strafrichterliche Urteil enthält sich einer Entscheidung, weil es auf Wahrheit abzielt und Entscheidungen nicht wahrheitsfähig sind. Dies zeigt sich insbesondere daran, dass das Prozessrecht dem Richter für den Fall, dass er die Wahrscheinlichkeit des Mörderseins von S als ebenso hoch beurteilt wie die Wahrscheinlichkeit, dass S nicht Mörder ist, oder dass er die Wahrscheinlichkeit des Mörderseins nicht als hinreichend hoch beurteilt, oder dass er gar keine Aussage über die Wahrscheinlichkeit des Mörderseins von S zu treffen vermag, die dann erforderliche Entscheidung durch Entscheidungsregeln abnimmt. In allen Fällen muss der Richter S freisprechen; im ersten Fall aufgrund des Zweifelssatzes in dubio pro reo, in der zweitgenannten Konstellation, weil das Gesetz von ihm verlangt, zu einer Verurteilung nur zu gelangen, wenn keine vernünftigen Zweifel an der Schuld des Angeklagten bestehen, und im dritten Fall, weil eine Verurteilung nur aufgrund einer gesicherten und nachvollziehbaren Tatsachengrundlage ergehen darf und nicht zum Beispiel lediglich aufgrund von richterlicher Intuition – auch wenn das so entstandene Urteil wahr wäre. So verstanden ist die strafrichterliche Tätigkeit in erster Linie Feststellung von Tatsachen und Subsumtion unter allgemeine Gesetze. Mit einem schlichten Subsumtionsmodell juristischen Urteilens, das nicht den komplexen und hermeneutischen Charakter allen Urteilens berücksichtigt, hat das nichts zu tun.

Mit der vorgenommenen Qualifizierung soll aber nicht gesagt sein, dass Aspekte der strafrichterlichen Tätigkeit nicht auch ein Entscheiden darstellen können. Die strafrichterliche Tätigkeit umfasst nicht nur die Wahrheitserforschung, sondern viele andere Handlungen, in deren Ausübung dem Richter Entscheidungsfreiheit und -kompetenz eingeräumt ist. Die Verhandlungsleitung besteht aus einer Vielzahl von Handlungen und lässt dem Richter weite Spielräume, sich zwischen Handlungsalternativen zu entscheiden, die für den Verfahrensausgang von erheblicher Bedeutung sein können. Man denke nur an die Festlegung der Reihenfolge der Beweisaufnahme. Auch auf der Rechtsfolgenseite kommt dem Richter ein Ermessensspielraum zu. Mehrere Strafalternativen können hier mit gleicher Berechtigung nebeneinander stehen, so dass eine Entscheidung geboten ist.[148]

---

147 Näher *Löffelmann*, Urteil, S. 167 ff.

148 Zutreffend vergleicht daher *Austin* nach seiner Terminologie so genannte verdiktive Äußerungen, zu denen das Urteil zählt, mit dem Schuldspruch im Strafverfahren, exerzitive Äußerungen, zu denen das Entscheiden gerechnet werden kann, hingegen mit dem Strafausspruch, vgl. *Austin*, Sprechakte, S. 173.

VII. Wissenschaftstheoretische Analyse der Fehlerquellen im Strafverfahren

Die genannten Beispiele belegen die ungeheure Komplexität der Wahrheitserforschung im Strafverfahren. Gerade die Anwendung wissenschaftstheoretischer Erklärungsmodelle zwingt dazu, die einzelnen Schritte einer Beweiswürdigung zu vergegenwärtigen und auf ihre Haltbarkeit und Schlüssigkeit zu befragen. Dies bedeutet nicht, dass eine Beweiswürdigung nach wissenschaftstheoretischen Maßstäben verfasst sein müsste. Das ist meines Erachtens nur theoretisch möglich und auch nicht erforderlich. Es macht wenig Sinn, Gesetze der allgemeinen Lebenserfahrung wissenschaftstheoretisch aufzudröseln und auf ihre Haltbarkeit zu befragen, wenn kein konkreter Anlass besteht, ihre Gültigkeit in Zweifel zu ziehen. Die Befassung mit den wissenschaftstheoretischen Erklärungsmodellen lenkt aber den Blick darauf, dass die Ermittlung des Sachverhalts eine ungleich komplexere und auch fehleranfälligere Angelegenheit ist, als es juristische Entscheidungstheorien glauben machen. Aufgabe einer Wissenschaftstheorie der Wahrheitserforschung im Strafverfahren ist es, diejenigen Schlussmuster herauszuarbeiten, die für Fehlschlüsse anfällig sind, sei es, weil die zugrunde gelegten Gesetzmäßigkeiten nicht hinreichend bewährt sind, sei es, weil – nach wissenschaftstheoretischen Maßstäben nur für heuristische Zwecke brauchbare[149] – Analogieschlüsse den Blick auf die tatsächlichen Zusammenhänge verstellen, sei es, weil im Explanans Sätze auftauchen, die nicht empirisch sind, sondern in nicht zu bestätigenden oder bereits falsifizierten Vor-Urteilen der Urteilenden wurzeln, oder sei es schließlich, weil die Urteilenden logische Gesetzmäßigkeiten nicht hinreichend beachten. Um welche maßgeblichen Fehlerquellen es sich handelt, und welche Relevanz sie für die Wahrheitserforschung entfalten, kann hier abschließend nur in groben Zügen und ohne Anspruch auf Vollständigkeit skizziert werden.

1. Die Unaufgedecktheit von Vorurteilen

Dass Richter, die in Strafverfahren die Wahrheit erforschen, aufgrund ihrer Vorbildung, Berufserfahrung und Lebenskenntnis in der Regel ihre Aufgabe durch eine intuitive Herangehensweise in einer den wissenschaftstheoretischen Erklärungsmodellen weit überlegenen Art wahrnehmen, davon bin ich ebenso überzeugt, wie vom Unsinn einer Mathematisierung der juristischen Wahrheitserforschung durch eine Arithmetik von Wahrheits- Richtigkeits- oder Gerechtigkeitsgraden.[150] Eine solche

149 *Stegmüller*, Probleme und Resultate, Teil A, S. 169 ff.

150 Vgl. etwa die „Beschleunigungs-Arithmetik" in BVerfGK 5, 109, 119 ff. = NStZ 2005, 456; *Hoyer*, ZStW 105 (1993), 523, 536 ff. tritt für eine Schuldwahrscheinlichkeit von 96 % ein; dazu zu Recht ablehnend *Erb*, ZStW 113 (2001), 1, 22 ff.; vgl. auch die Wahrscheinlichkeitsarithmetik von *Rogall*, ZG 2006, 164, zur negativen Kernbereichsprognose bei der akustischen Wohnraumüberwachung.

Mathematisierung evoziert Zerrbilder juristischer Entscheidungsautomaten, die Richter nicht sind und nicht sein sollen. Anerkennen wir den hohen Grad an Komplexität unseres Wahrnehmens, Erkennens, Schließens und Urteilens, das sich in seiner wechselseitigen Verschränktheit aber kaum abbilden lässt, so kann man Bewunderung für die Leistungsfähigkeit und Eigenheit der menschlichen Wahrnehmungs- und Erfahrungsorganisation empfinden. Einfache Erklärungen, um die es uns in den Wissenschaften zu tun ist, und die vielen als Garant von Wissenschaftlichkeit gelten[151], sind angesichts des individuellen und kollektiven Erfahrungspotenzials, auf das jede einzelne Erfahrung zurückweist, ein Notbehelf für den täglichen Gebrauch, ein Wunder oder, sofern sie dem Anspruch absoluter Geltung zu genügen vorgeben, Ausdruck von Ignoranz.

Unausgesprochene Annahmen des Urteilenden spielen in der Rechtsanwendung eine hervorragende Rolle. In der Individualität dieser Annahmen wurzelt die Bedeutung der Garantie des gesetzlichen Richters. Maßgebend für eine Kritik der Wahrheitserforschung kann daher nicht sein, jede in der Persönlichkeit des Urteilenden liegende Bedingung des Urteilens auf ihre Berechtigung zu untersuchen, sondern solche Bedingungen auszumachen, die einer kritischen Untersuchung nicht standhalten würden. Die Rechtsprechung der Revisionsgerichte folgt in der Tendenz diesem Anspruch, indem sie die tatrichterliche Beweiswürdigung im Grundsatz als nicht überprüfbar ansieht. Die von der revisionsrichterlichen Rechtsprechung anerkannten Ausnahmen von diesem Grundsatz zeigen aber auch die Schwerpunkte von Fehleranfälligkeiten auf.

So dürfen Tatgerichte ihre Überzeugung auf allgemein anerkannte oder gerichtsbekannte Erfahrungssätze stützen, was in der Praxis der Rechtsanwendung eine hervorragende Rolle spielt. Revisionsgerichtlich überprüfbar ist, ob der Tatrichter bestehende Erfahrungssätze ohne Grund missachtet oder umgekehrt einen tatsächlich nicht gegebenen Erfahrungssatz angenommen hat.[152] Um die revisionsgerichtliche Überprüfung möglich zu machen, ist es erforderlich, die herangezogenen Erfahrungssätze explizit zu machen. Dies trifft auch auf die Entscheidung des Revisionsgerichts selbst zu, das Lücken in der tatgerichtlichen Beweiswürdigung unter Rückgriff auf solche Erfahrungssätze schließen darf, diese dann aber auch offenlegen muss.[153] *Sommer* hat in einer beeindruckenden Analyse der Rechtsprechung des BGH aufgezeigt, in welcher Vielfalt und Häufigkeit Tat- und Rechtsmittelgerichte mit den Argumentationstopoi der richterlichen Lebenserfahrung und allgemein anerkannter Erfahrungssätze operieren, ohne dass diese einer näheren Überprüfung standhielten.[154] Da Lebenserfahrung und Erfahrungssätze einerseits

---

151 Vgl. *Popper*, Logik der Forschung, S. 97 ff. m.w.N.

152 Vgl. KK/*Engelhardt*, § 261 Rn 48 m.w.N. zu in der Rechtsprechung aufgetretenen Fallkonstellationen.

153 Vgl. BGHSt 49, 34, 41 = NJW 2004, 1054; *Meyer-Goßner*, § 337 Rn 25; SK/*Frisch*, § 337 Rn 102, 122.

154 *Sommer*, FS Riess 2002, S. 585, 588 ff.

aus sich heraus keine Gewähr für ihre empirische Validität enthielten und andererseits keine zwingenden Schlüsse auf Tathergänge ermöglichten, sondern nur Annahmen unterschiedlich starker Wahrscheinlichkeitsmomente, fordert *Sommer*, auch diese Gesichtspunkte einer an wissenschaftstheoretischen Maßstäben orientierten Kritik zu unterziehen[155] und darüber „im Kommunikationsmittel der Sprache Rechenschaft zu geben".[156] Dieser im Grundsatz völlig zutreffenden Auffassung möchte ich nur hinzufügen, dass die wissenschaftstheoretischen Anforderungen an die Überprüfung von Lebenserfahrung und allgemeinen Erfahrungssätzen auf der anderen Seite nicht überspannt werden dürfen. Einerseits gewährleistet die Konvergenz von Erfahrungssätzen mit den Erfahrungen anderer Personen und mit dem gemeinsamen Sprachparadigma durchaus eine gewisse – wenn auch nicht „zwingende" – Wahrscheinlichkeit ihres Wahrseins; andererseits lässt sich von dem Unvermögen oder der Unmöglichkeit, bestimmte Sätze der Lebenserfahrung in eine intersubjektiv erklär- und verstehbare Sprache zu übersetzen nicht ohne weiteres auf die Falschheit der Erfahrungssätze schließen, da Übersetzungen generell eine – von der Sprachkompetenz des Mitteilenden abhängige – reduktionistische (begrenzende[157]) Verfasstheit eignet. In dem Maße, in dem von einem Richter eine gewisse, dem Gegenstand des Mitzuteilenden angemessene, Sprachkompetenz erwartet werden kann und vernünftige Zweifel an der Validität der in Anspruch genommenen Lebenserfahrung oder der allgemeinen Erfahrungssätze bestehen, erscheint es aber geboten, diese in einer wissenschaftstheoretischen Maßstäben genügenden und revisionsrechtlich überprüfbaren Weise zu begründen.

Eine weitere wichtige Fallgruppe der Überprüfbarkeit der tatrichterlichen Beweiswürdigung betrifft Verstöße gegen Regeln der Logik. Da tatrichterliche Begründungen kaum nach einem strengen Erklärungsschema aufgebaut, sondern häufig kryptisch sind, lassen sich Verstöße gegen Denkgesetze meist nur schwer nachweisen. Zirkuläre Begründungen spielen hier eine wichtige Rolle.[158] Verstöße gegen Denkgesetze können auch verfassungsrechtlich gerügt werden, weil sie geeignet sind, dem Schuldspruch eine tragfähige Grundlage zu entziehen.[159] Das Bundesverfassungsgericht stellt darauf ab, ob das Tatgericht versäumt habe, in Wahrung der Unschuldsvermutung bei der als Täter in Betracht kommenden Person die Umstände wahrzunehmen, aufzuklären und zu erwägen, die gegen die mögliche Täterschaft

155 *Sommer* bezieht sich dafür auf ein von *Ortloff*, GA 1860, 461, 466 ff. vorgeschlagenes Schlussmuster der „Extraktion", bei dem das Erfahrungswissen den Obersatz, die Unterordnung der den Beweis bildenden Einzelheiten den Untersatz und die Schlussfolgerung den Schlusssatz bilden. Als Erfahrungswissen können Sätze der Lebenserfahrung ohne weiteres in das H-O-Modell eingefügt werden.

156 *Sommer*, FS Riess 2002, S. 585, 600 f., 608 f.

157 Vgl. oben A.I.2.

158 Vgl. KK/*Engelhardt*, § 261 Rn 47 m.w.N. zu in der Rechtsprechung aufgetretenen Fallgestaltungen.

159 Vgl. BVerfGK 1, 145, 149 ff. = NJW 2003, 2444, die insoweit Maßstäbe gesetzt hat.

sprechen.[160] Wie der BGH schon früh anerkannt hat[161], liegt in der Annahme des Tatrichters, seine Schlussfolgerung sei die einzig mögliche, ebenfalls eine Verletzung der Denkgesetze. Eine revisionssichere Begründung muss in den angestellten Schlussfolgerungen die angewandten Denkgesetze und die erkenntniskritische Haltung des Tatrichters erkennen lassen. Das Erfordernis der Widerspruchsfreiheit der Urteilsgründe[162] verweist auf den Aspekt der Konvergenz als Wahrheitskriterium. Für den Maßstab der Begründungsdichte und Überprüfbarkeit gilt auch in diesen Fällen das zu den Kriterien der Lebenserfahrung und der allgemeinen Erfahrungssätze Ausgeführte. Ein genereller Skeptizismus ist ebenso fehl am Platz wie eine unkritische Beliebigkeit des Schlussfolgerns. In einem erkenntniskritischen Rahmen ist ein – von *Sommer* abgelehnter – „richterlicher Subjektivismus"[163] vom Strafverfahrensrecht vorgesehen und zentraler Bestandteil des verfassungsrechtlichen Grundsatzes des gesetzlichen Richters (Art. 101 Abs. 1 S. 2 GG).

Die Forderung nach einer erkenntniskritischen Haltung gilt ferner für die „Fälle der vorsichtigen Beweiswürdigung", die von den genannten Konstellationen – insbesondere bei Aussagen kindlicher Zeugen – in der Rechtsprechung am weitesten entwickelt sein dürfte. Liegen besondere Umstände vor, die erfahrungsgemäß geeignet sind, Zweifel an der Wahrheit einer Zeugenaussage zu begründen, so ist das Tatgericht gehalten, diese Besonderheiten zu thematisieren, die Aussage im Hinblick auf ihre Richtigkeit vorsichtig zu würdigen und Schlussfolgerungen durch außerhalb der Aussage liegende Beweisanzeichen zu stützen.[164]

Diese Fallgruppen zeigen, dass der Gesichtspunkt der Aufdeckung unausgesprochener tatrichterlicher Vorurteile in der Revisionsrechtsprechung einen nicht unbedeutenden Raum einnimmt. Allgemein zielt auf dieses Erfordernis auch der Grundsatz der Mündlichkeit und Unmittelbarkeit der Beweisaufnahme. Indem die Beweismittel zur Sprache kommen, soll sichergestellt werden, dass das Urteil nicht unausgesprochen auf sie gestützt wird. Die Einsicht in diese Zusammenhänge gebietet schließlich eine rechtspolitische Anmerkung: Die Tendenz in der kriminalpolitischen Entwicklung des Strafverfahrens geht dahin, dem Ermittlungsverfahren mehr und mehr Gewicht einzuräumen, auch, um das Hauptverfahren zu „entlasten".[165] Meines Erachtens steht dahinter eine falsche Ideologie, die die Funktionsfähigkeit des Strafverfahrens schwächt und konsensualen Methoden der Verfahrensbeendigung Vorschub leistet, indem das Hauptverfahren mit der Fehleranfälligkeit des Ermittlungsverfahrens infiziert wird. Erforderlich ist eine Rückbesinnung auf

---

160 BVerfGK 1, 145, 152 = NJW 2003, 2444.

161 BGH MDR 1955, 19.

162 Vgl. KK/*Kuckein*, § 337 Rn 4, 28 m.w.N.

163 *Sommer*, FS Riess 2002, S. 585, 586.

164 Vgl. insbesondere BGHSt 33, 178, 181 f. = NJW 1985, 1789, 1790; BGHSt 34, 15 = NJW 1986, 1766; BGHSt 36, 159 = NJW 1989, 3291; BGHSt 41, 42, 46 = NJW 1995, 2236, 2237; BGHSt 42, 15 = NJW 1996, 1547; BGHSt 45, 321, 340 = NJW 2000, 1123, 1128; BGH NStZ 2001, 105; BGH StV 2002, 637; 2005, 419; jeweils m.w.N.

165 Zur Reform des Ermittlungsverfahrens vgl. *Satzger*, 65. DJT, S. 148 ff.

den Inbegriff der Hauptverhandlung; dem könnte eine funktionelle Abkopplung des Ermittlungsverfahrens – wie vorgeschlagen[166] – dienlich sein.

2. Die Komplexität prognostischer Beurteilungen

Prognosen, wurde oben gesagt, sind Theorien, die aus Basistatsachen, Gesetzmäßigkeiten und Annahmen deduziert werden. Sie sind im allgemeinen Sprachgebrauch Aussagen über Zukünftiges, unter Zugrundelegung eines empirischen Ansatzes Theorien des Möglichen. Prognostische Beurteilungen sind besonders fehleranfällig, weil sie 1. über einen sehr hohen Komplexitätsgrad verfügen, 2. diese Komplexität nicht erkennen lassen und 3. aus den beiden vorgenannten Gründen zur Begriffshypostasierung verleiten. In juristischen Prognosen werden die einzelnen Bausteine und Schritte der Theoriebildung meist nicht auseinandergehalten, sondern wird im Wege einer Gesamtschau singulärer, unverbundener Argumente eine Prognose erstellt. Das soll nicht heißen, dass diese Prognosen falsch wären oder methodisch mangelhaft, sondern nur, dass sie den Weg der prognostischen Beurteilung nicht erkennen lassen. Damit besteht die Gefahr, dass sie auf Basistatsachen, Gesetzmäßigkeiten oder Annahmen beruhen, die in dem, was der Fall ist, nur eine schwache Stütze finden. Ich möchte die auftretenden Probleme an Beispielen illustrieren.

Nach § 66b StGB kann gegen einen Straftäter unter bestimmten Voraussetzungen nachträglich die Unterbringung in der Sicherungsverwahrung angeordnet werden, „wenn die Gesamtwürdigung des Verurteilten, seiner Taten und ergänzend seiner Entwicklung während des Strafvollzugs ergibt, dass er mit hoher Wahrscheinlichkeit erhebliche Straftaten begehen wird, durch welche die Opfer seelisch oder körperlich schwer geschädigt werden." Die Vorschrift setzt eine qualifizierte Prognose über das künftige strafrechtlich relevante Verhalten des Verurteilten voraus. Als Basistatsachen für die Prognose sind heranzuziehen Tatsachen, die in der Person des Verurteilten liegen (Persönlichkeitsmerkmale, Krankheiten, Sozialisation etc.), die seine Taten kennzeichnen (Art und Ausführung der Taten, Häufigkeit, Rückfallgeschwindigkeit etc.), und die seine Entwicklung während des Strafvollzugs betreffen (Therapieresistenz, Disziplinarverstöße, Straftaten während des Vollzugs etc.).[167] Anhand dieser Basistatsachen wird durch einen psychiatrischen Gutachter (vgl. § 275a Abs. 4 S. 1) eine Prognose erstellt. Dabei gelangen psychiatrische Kategorisierungen zur Anwendung, die auf empirischen Erhebungen beruhen und dem Stand der Wissenschaft entsprechen müssen.[168] Meist werden mehrere Kategorisierungssysteme kumulativ angewendet. Das Gutachten dient dem Gericht als Orientierungshilfe für seine eigene prognostische Einschätzung.

166 Vgl. oben D.III.2.
167 Vgl. BVerfG NJW 2006, 3483, 3484 m.w.N. zur Judikatur des BGH.
168 Vgl. die Nachweise zu Fn 52.

Dieses Verfahren ist für juristische Maßstäbe weit entwickelt. Dennoch ist offensichtlich, dass solche prognostischen Aussagen aufgrund der Vielzahl der zu berücksichtigenden Parameter nur eine begrenzte Aussagekraft haben. Forensische Gutachter sind daher erfahrungsgemäß eher zurückhaltend mit eindeutigen Festlegungen. Die Anordnung der Sicherungsverwahrung verlangt allerdings keine Gewissheit künftiger schwerer Straftaten, sondern nur eine „hohe Wahrscheinlichkeit". Obwohl diesem Gesichtspunkt eine entscheidende Bedeutung zukommt, verfügt das Gesetz über kein Kriterium dafür, wann eine hohe Wahrscheinlichkeit gegeben ist.[169] Mit diesen Unzulänglichkeiten der Normanwendung hat sich das Bundesverfassungsgericht in seinem Kammerbeschluss vom 23.8.2006 auseinandergesetzt. Die positive Gefährlichkeitsprognose war in dem zugrunde liegenden Fall unter anderem darauf gestützt worden, dass der Verurteilte unter dem Tisch seines Haftraums Rasierklingen angebracht, dass er einen Mitgefangenen zu Boden gestoßen und nach dem Widerruf von Vollzugslockerungen auf eine Grünpflanze eingeschlagen hatte.[170] Das Bundesverfassungsgericht unterscheidet in dem Beschluss zwischen der Prognose und den ihr zugrunde liegenden Basistatsachen. So sei die Feststellung der psychologischen Tatsache eines Hangs zu erheblichen Straftaten nicht gleichbedeutend mit der Prognose der künftigen Begehung solcher Taten, könne aber eine Basistatsache für diese Prognose darstellen.[171] Das Bundesverfassungsgericht verlangt, dass die Basistatsachen „nach anerkannten und überprüfbaren Maßstäben" auf die Gefährlichkeit des Verurteilten schließen lassen.[172] Damit ist der für eine Prognose erforderliche Gesichtspunkt der Gesetzmäßigkeiten angesprochen, anhand derer das mögliche (künftige) Ereignis aus den Basistatsachen abgeleitet wird. Solche Gesetzmäßigkeiten müssen einem Mindeststandard an Wissenschaftlichkeit genügen, nämlich nachvollziehbar sein und eine Stütze in empirischen Erkenntnissen finden. Das Einschlagen auf Grünpflanzen, Anbringen von Rasierklingen unter dem Haftraumtisch und Zu-Boden-Stoßen eines Mitgefangenen – wie auch anderes vollzugstypisches Verhalten – lasse nicht nach diesen Maßstäben auf eine erhebliche Gefährlichkeit schließen.[173] Damit stellt das Bundesverfassungsgericht fest, dass die Fachgerichte die Prognose nicht auf der Grundlage einer validen Gesetzmäßigkeit erstellt haben. Auch der Gesichtspunkt der hohen Wahrscheinlichkeit wird durch das Verfassungsgericht konkretisiert. Es müsse sich um eine konkrete, auf den Einzelfall bezogene hohe Wahrscheinlichkeit handeln; eine bloß abstrakte, auf statistische Wahrscheinlichkeiten gestützte Prognoseentscheidung reiche nicht aus. Von der Wahrscheinlichkeit der künftigen Begehung erheblicher Straftaten unterscheidet es als kumulatives Erfordernis die gegenwärtige erhebliche Gefährlichkeit, die von dem Verurteilten ausgehen müsse und nicht mit einer allgemeinen Rückfallwahrschein-

169 Im Schrifttum wird das Erfordernis hoher Wahrscheinlichkeit deutlich kritisiert, vgl. *Tröndle/Fischer*, § 66b Rn 22 f. m.w.N.

170 Vgl. BVerfG NJW 2006, 3483.

171 BVerfG NJW 2006, 3483, 3484.

172 BVerfG NJW 2006, 3483, 3484.

173 BVerfG NJW 2006, 3483, 3485 f.

lichkeit zu verwechseln sei.[174] Der – von den Fachgerichten nicht getroffene Unterschied – liegt auf der Hand: Das Kriterium der Wahrscheinlichkeit der Begehung künftiger erheblicher Straftaten ist umso weniger aussagekräftig, je länger der ins Auge gefasste Prognosezeitraum ist.[175] Je weiter ein künftiger Zeitpunkt von dem der Prognoseerstellung entfernt ist, desto hypothetischer ist die Prognose, da sie von einer größeren Anzahl von Annahmen – namentlich über das Fortbestehen der die Prognose stützenden Randbedingungen – ausgeht.[176] Es macht daher keinen Sinn, langfristige Prognosen abzugeben, sondern nur, in angemessen kurzen Abständen die Prognose unter Einbeziehung aktueller Basistatsachen erneut zu stellen.[177] Die hohe Wahrscheinlichkeit der künftigen Begehung erheblicher Straftaten besagt also nichts über die Gegenwärtigkeit der so begründeten Gefahr. Hinzutreten muss vielmehr eine Aussage über die Rückfallgeschwindigkeit. Schließlich zeigt die Entscheidung auch die Fehleranfälligkeit prognostischer Beurteilungen bei der Feststellung der Basistatsachen auf. Auch Basistatsachen sind nach wissenschaftstheoretischen Maßstäben Theorien der Wirklichkeit, was sich insbesondere darin zeigt, dass sie von den Deutungen des Urteilenden abhängig sind. Dies wird deutlich anhand der die fachgerichtlichen Entscheidungen stützenden Tatsachen der „Therapieresistenz" des Verurteilten und der „fehlenden Verantwortungsübernahme". Diese „Tatsachen" entnahmen die Fachgerichte dem Umstand, dass der Verurteilte im Vollzug drogenrückfällig geworden war, und dass er seine Tat gegenüber einem Therapeuten verharmlost dargestellt hatte. Das Bundesverfassungsgericht stellt fest, dass die psychologische Tatsache des Wegfalls der Therapiemotivation und auch eine Haltungsänderung des Verurteilten hinsichtlich der Bewertung seiner Tat grundsätzlich neue Tatsachen darstellen könnten, die geeignet sind, auf eine erhebliche Gefährlichkeit des Verurteilten schließen zu lassen. Es übt aber Kritik an der Feststellung der in Anspruch genommenen Basistatsachen: Die Therapieresistenz stelle sich als Folge der unbewältigten Suchtproblematik dar; ob aus den relativierenden Äußerungen des Verurteilten auf eine grundlegende Haltungsänderung geschlossen werden könne, lässt es offen.[178] Damit macht es deutlich, dass bereits bei der Feststellung der Basistatsachen, die der Prognose zugrunde gelegt werden, strenge Maßstäbe angelegt werden müssen, die darauf abzielen, sicherzustellen, dass die in Anspruch genommenen Tatsachen eine Stütze finden in dem, was der Fall ist. Im Schrifttum

174 BVerfG NJW 2006, 3483, 3485 f. m.d.H. auf BVerfGE 109, 190, 242 = NJW 2004, 750.

175 Vgl. etwa *Jehle/Heinz/Sutterer*, Legalbewährung, S. 16: vier Jahre.

176 Nach den Erkenntnissen der Chaostheorie sind längerfristige Voraussagen – zum Beispiel über die Entwicklung des Wetters – daher nicht möglich. Vgl. dazu eindrucksvoll *Heiden*, Chaos, S. 111: „Überschlagsrechnungen zeigen, dass auf der Grundlage von Daten aus ca. 10000 Wetterstationen eine einigermaßen zuverlässige Wettervorhersage über einen Zeitraum von 4 Tagen möglich ist. Für eine entsprechende Vorhersage über 11 Tage bräuchte man bereits 100 Millionen gleichmäßig über die Erde verteilte Datenstationen. Das Vorhaben wird absurd, wenn die Vorhersage sich über einen Monat erstrecken sollte. Denn dann wären 10 hoch 20 Wetterstationen erforderlich, d.h. je eine auf je 5 Quadratmillimeter Erdoberfläche."

177 Dieser Gedanke liegt dem Überprüfungserfordernis gemäß § 67e StGB zugrunde.

178 BVerfG NJW 2006, 3483, 3485.

wird die – nach hier vertretener Auffassung für die Exaktheit juristischen Urteilens essentielle – differenzierende Begriffswahl der Entscheidung kaum aufgegriffen und teilweise sogar als „schwer verständlich und für die Praxis nicht weiterführend" angesehen.[179] Hier – und auch in der höchstrichterlichen Fachgerichtsrechtsprechung – wird der Schwerpunkt der Prognose auf eine „Gesamtwürdigung" gelegt[180], die ursprünglich als Korrektiv dergestalt intendiert war, sicherzustellen, dass nicht einzelne Ereignisse und Verhaltensweisen des Verurteilten isoliert als Basistatsachen der Prognose herangezogen, sondern diese eingebettet in den Gesamtzusammenhang der Lebensgeschichte und der Kriminalitäts-, Vollzugs- und gegebenenfalls Suchthistorie des Betroffenen wahrgenommen werden.[181] Dass diese Gesamtwürdigung, die nicht darauf verzichtet, einzelne Basistatsachen, Gesetzmäßigkeiten und Annahmen zu benennen und hinterfragen, etwas anderes ist, als die in der Praxis häufig anzutreffende undifferenzierte holistische Betrachtungsweise, liegt auf der Hand.

Ein anderes Beispiel für die Unsicherheit des juristischen Umgangs mit prognostischen Beurteilungen betrifft die im Rahmen der Anordnung einer akustischen Wohnraumüberwachung zu stellende sogenannte negative Kernbereichsprognose. Nach § 100c Abs. 4 S. 1 darf die Maßnahme nur angeordnet werden, soweit aufgrund tatsächlicher Anhaltspunkte, insbesondere zu der Art der zu überwachenden Räumlichkeiten und dem Verhältnis der zu überwachenden Personen zueinander, anzunehmen ist, dass durch die Überwachung Äußerungen, die dem Kernbereich privater Lebensgestaltung zuzurechnen sind, nicht erfasst werden. Hierdurch soll den Vorgaben des Bundesverfassungsgerichts Rechnung getragen werden, das einen vorbeugenden Schutz des Kernbereichs fordert.[182] Über Gehalt und Bedeutung der Kernbereichsprognose gingen bereits im Gesetzgebungsverfahren die Meinungen auseinander. Teilweise wurde angenommen, ein Eingriff in den Kernbereich müsse ausgeschlossen werden können, teilweise, es dürfe mit hoher oder überwiegender Wahrscheinlichkeit nicht zu einem Eingriff kommen.[183] Dem Gesetz lässt sich von alledem nichts entnehmen, es spricht nur davon, dass „anzunehmen" sein muss, es werde zu einem Eingriff nicht kommen. Der dahinter stehende Gedanke ist einfach: Vorbeugender Rechtsschutz soll dadurch gewährleistet werden, dass ein möglicher Eingriff gedanklich antizipiert wird und also verhindert werden kann.[184] Basistatsachen der Prognose sind die in § 100c Abs. 4 S. 1 exemplarisch genannten und andere tatsächliche Anhaltspunkte. Als Gesetzesaussagen dürften überwiegend Gesetze der

179 Vgl. *Tröndle/Fischer*, § 66b Rn 18b, 20a, 23a.

180 Vgl. *Tröndle/Fischer*, § 66b Rn 18b, 24 ff. m.w.N.

181 Vgl. BVerfGE 109, 190, 241 = NJW 2004, 750; BT-Drucks 15/2887, S. 12.

182 Vgl. BVerfGE 109, 279, 318, 320, 323, 328 = NJW 2004, 999, 1004 f.

183 Näher *Löffelmann*, ZIS 2006, 87, 90 f. m.w.N.

184 Das ähnelt dem präventiven Vorgehen im Polizeirecht und wirft ein Licht darauf, dass es bei der „negativen Kernbereichsprognose" gar nicht so sehr um eine Prognose geht, als um die Einschätzung einer durch die Maßnahme begründeten Gefährdungslage. Da dies nach dem oben Gesagten grundsätzlich aber auf alle Prognosen zutrifft, ist die vom Gesetzgeber gewählte terminologische Bezeichnung unschädlich.

allgemeinen Lebenserfahrung und kriminalistische Erfahrungswerte[185] in Betracht kommen. Explanandum ist hier aber nicht der Eingriff, sondern das Ereignis der Durchführung der Maßnahme, ohne dass es zu einem Eingriff in den Kernbereich kommt. Der Gesetzgeber hat sich bewusst gegen eine Formulierung als Verbotsnorm („… darf nicht angeordnet werden, soweit … anzunehmen ist, dass … erfasst werden") entschieden, um deutlich zu machen, dass die Prognose eine positive Anordnungsvoraussetzung darstellt, deren Vorliegen – gegebenenfalls durch vorgängige Ermittlungen – zwingend festzustellen ist, und nicht einen Verbotstatbestand, dessen Eingreifen davon abhängt, ob sich Anhaltspunkte für eine mögliche Kernbereichsverletzung aufdrängen. Analytisch ist diese Fassung unproblematisch, insbesondere handelt es sich nicht um die Prognose eines Negativum, sondern eines komplexen Ereignisses. Darin liegt aber auch die Problematik der negativen Kernbereichsprognose: Das Explanandum ist so komplex, dass es nur mit großem Aufwand empirisch valide erklärt werden kann. Ob anzunehmen ist, es werde zu einem Eingriff nicht kommen, wird daher im wesentlichen von der Zusammensetzung des Explanans abhängen. Da diese wiederum vom Explanandum determiniert ist, hat die erforderliche Prognose einen ganz anderen Gehalt als die Prognose eines etwaigen Eingriffs. Mit anderen Worten wird derjenige, der zu erklären hat, es werde nicht zu einem Eingriff kommen, nach anderen tatsächlichen Anhaltspunkten Ausschau halten als derjenige, der einen Eingriff voraussagen soll. Beide Erklärungen können daher gleichermaßen und mit gleicher Wahrscheinlichkeit zutreffen.[186] § 100c Abs. 4 S. 1 fordert „nur" die Prognose eines eingriffslosen Verlaufs der Maßnahme. Dies und die Tatsache, dass das Gesetz auch hier kein Kriterium für die Wahrscheinlichkeit der Prognose vorsieht, sondern eine ausschließlich subjektive Einschätzung des anordnenden Gerichts ausreichend ist, lassen die negative Kernbereichsprognose als eine wenig leistungsfähige Limitierung der Maßnahme erscheinen.

3. Die Dichotomie von Rechtlichem und Tatsächlichem

Die strenge Differenzierung zwischen Rechtlichem und Tatsächlichem durchzieht das gesamte Strafverfahren: Das tatrichterliche Urteil gliedert sich strukturell in tatsächliche Feststellungen und den daraus unter Anwendung der Gesetze gezogenen Konsequenzen. Ist das Urteil mit dem Rechtsmittel der Berufung angreifbar, so können die der Rechtsanwendung zugrunde liegenden Tatsachen erneut festgestellt werden; die Berufung kann aber auch auf den Rechtsfolgenausspruch beschränkt werden, dann erwachsen die tatsächlichen Feststellungen in Rechtskraft.[187] Die Revision ermöglicht demgegenüber eine ausschließlich rechtliche, nicht aber tatsächliche Überprüfung. Das Revisionsgericht ist an die tatsächlichen Feststellungen des Tatge-

185 Vgl. BT-Drucks 15/4533, S. 15.
186 So auch zutreffed *Leutheusser-Schnarrenberger*, ZRP 2005, 1, 3.
187 Vgl. *Meyer-Goßner*, § 318 Rn 16 m.w.N.

richts gebunden, Einwendungen gegen die Richtigkeit der tatgerichtlichen Feststellungen, wie sie von unerfahrenen Anwälten mit der Revision immer wieder vorgebracht werden – zum Beispiel der Zeuge habe tatsächlich ganz anders als vom Tatgericht festgestellt, ausgesagt – sind von vornherein nicht geeignet, der Revision zum Erfolg zu verhelfen.[188] Gestützt werden kann die Revision auf die Verletzung materiellen oder formellen Rechts. Ob die verletzte Rechtsvorschrift zum formellen Recht – also zum Verfahrensrecht – gehört, bestimmt sich nach ihrer Funktion im Prozess der Rechtsanwendung. Verfahrensrecht ist betroffen, wenn die Vorschrift den Weg bestimmt, auf dem der Richter zur Urteilsfindung berufen und gelangt ist; alle anderen Vorschriften gehören zum materiellen Recht.[189] Die Verletzung von materiellem Recht kann mit der allgemeinen Sachrüge geltend gemacht werden; die Rüge der Verletzung formellen Rechts erfordert hingegen eine eingehende Darlegung aller maßgeblichen Prozesstatsachen (§ 344 Abs. 2). An diesem Erfordernis scheitern viele Verfahrensrügen und – weil die materielle Erschöpfung des Rechtswegs das Einlegen einer zulässigen Revision voraussetzt[190] – Verfassungsbeschwerden.

Diese – zweifache – Unterscheidung rechtlicher und tatsächlicher Anknüpfungspunkte erscheint auf den ersten Blick nachvollziehbar und einleuchtend. Wie aber verträgt sie sich mit der oben getroffenen Feststellung, tatsächliche und normative Sachverhalte seien ineinander verwoben?[191] Die strenge Dichotomisierung tatsächlicher und rechtlicher Gesichtspunkte stellt eine Idealisierung dar, die in der Rechtsanwendungspraxis nicht so unproblematisch ist, wie sie theoretisch den Anschein erweckt. Bereits auf der Sachverhaltsebene kann sich die Problematik stellen, ob einem Verhalten ein normativer Erklärungswert beizumessen ist.[192] Bei der Frage, ob ein tatsächlicher, der Prüfungskompetenz des Revisionsgerichts entzogener Gesichtspunkt in Rede steht, können viele Abgrenzungsschwierigkeiten nur durch eine großzügige Interpretation des Begriffs „Tatsache“ vermieden werden. So zählen zu den tatsächlichen Feststellungen auch denkgesetzlich mögliche Schlussfolgerungen des Tatrichters[193], allgemeinkundige und gerichtsbekannte Tatsachen, Deutungen

188 Vgl. BGHSt 2, 248, 249 = NJW 1952, 675; BGHSt 17, 351, 352 = NJW 1962, 1832; BGHSt 21, 149 = NJW 1967, 213; BGHSt 38, 14, 15 = NJW 1992, 252; KK/*Kuckein*, § 337 Rn 3 m.w.N.

189 AnwK-StPO/*Lohse*, § 337 Rn 7 m.w.N.

190 Vgl. BVerfGE 95, 96, 127 = NJW 1997, 929; BVerfGE 107, 257, 267 = NJW 2003, 3335; stRspr.

191 Vgl. oben A.II.5.; auch in der hermeneutischen Rechtstheorie wird eine qualitative Unterscheidung von Tat- und Rechtsfragen teilweise negiert, vgl. *Hassemer*, Tatbestand, S. 149.

192 Die klassischen Fälle hierzu betreffen den Zechbetrug (durch Bestellung konkludente Erklärung der Zahlungswilligkeit und Zahlungsfähigkeit). In jüngerer Zeit tauchte die Frage wieder auf im Zusammenhang mit dem Fußballwettkandal (durch Ausfüllen des Wettscheins konkludente Erklärung, das Spiel nicht zu manipulieren). Vgl. dazu BGH wistra 2007, 183; das BVerfG hat über die Problematik noch nicht entschieden.

193 Vgl. BGHSt 26, 56, 62 = NJW 1975, 788; BGHSt 29, 18, 20 = NJW 1979, 2318.

relevanter Verhaltensweisen und die Auslegung von Willenserklärungen.[194] Solche Feststellungen enthalten – wie alle Schlussfolgerungen und Deutungen – Wertungen des Tatrichters.[195] In der grundsätzlichen Unüberprüfbarkeit dieser Wertungen liegt eine Begrenzung des Rechtsschutzes gegen richterliche Entscheidungen, die zwar mit Blick auf den insoweit großen gesetzgeberischen Gestaltungsspielraum verfassungsrechtlich keinen durchgreifenden Bedenken begegnet[196], für den Rechtsuchenden häufig aber der entscheidende Anstoß ist, angesichts vermeintlicher richterlicher Willkür bei der Feststellung des Sachverhalts Ohnmacht zu empfinden.[197] Eine Überprüfung dieser Wertungen durch das Revisionsgericht setzte freilich eine umfassende Dokumentation der Hauptverhandlung voraus.[198] Fehlen Teile der den Schuldspruch tragenden tatsächlichen Feststellungen ganz[199], so ist das unschädlich, wenn diese Lücken durch die Heranziehung offenkundiger oder gerichtskundiger Tatsachen und gesicherter Erfahrungssätze geschlossen werden können.[200] Dass über die Offenkundigkeit von Tatsachen die Meinungen auseinander gehen können, ja Offenkundigkeit selbst einen normativen Anspruch impliziert, liegt auf der Hand.[201] Nicht weniger vertrackt ist die Lage bei der Differenzierung, ob eine

194 KK/*Kuckein*, § 337 Rn 3 m.w.N.

195 Besonders deutlich wird dies bei der Feststellung der Glaubwürdigkeit von Belastungszeugen, insbesondere in Fällen sexuellen Missbrauchs. Während Erinnerungslücken und gewisse Widersprüchlichkeiten für das Gericht häufig Indizien für Verdrängungsmechanismen und somit für das tatsächliche Erleben des Geschilderten sind, sieht die Verteidigung darin Anzeichen für Erfundenes. Die Rechtsprechung fordert in solchen Fällen die Absicherung der Aussage durch weitere, außerhalb ihrer stehende Beweisanzeichen (vgl. BGH NStZ 2001, 105; BGH StV 2002, 637; 2005, 419; jeweils m.w.N.).

196 Vgl. BVerfG 107, 395, 402 = NJW 2003, 1924.

197 Ausnahmsweise kann mit der Aufklärungs- oder Beweiswürdigungsrüge die Aktenwidrigkeit tatsächlicher Feststellungen geltend gemacht werden, wenn dies durch Rückgriff auf bei den Akten befindliche objektive Grundlagen ohne Rekonstruktion der Hauptverhandlung möglich ist; im einzelnen ist hier vieles umstritten, vgl. KK/*Kuckein*, § 337 Rn 26a m.w.N.

198 Von weiten Teilen der Wissenschaft wird seit langem eine umfassende Protokollierungspflicht auch für Verfahren vor den Landgerichten gefordert. Die umfassende Protokollierung ist freilich auch eine ideale Vorstellung; die aus dem Inbegriff der Hauptverhandlung gewonnenen Eindrücke können gerade nicht gegen die ihnen zugrunde liegenden Tatsachen abgeschichtet und diese nicht „objektiv" begrifflich erfasst werden. Immerhin scheint sich ein tendenzieller Wandel in der Rechtsprechung im Hinblick auf die Annahme einer objektiven Beweiskraft des Protokolls anzudeuten. Im Falle eines unrichtigen Protokolls ermittelte der BGH jüngst die relevanten Verfahrenstatsachen im Freibeweisverfahren, vgl. die Nachweise D. Fn 18.

199 Frage: Ist das Fehlen tatsächlicher Feststellungen eine (negative) tatsächliche Feststellung (und damit der Revision grundsätzlich entzogen) oder eine Verfahrenstatsache, die geeignet ist, die fehlerhafte Anwendung von Verfahrensrecht zu belegen (und damit der Verfahrensrüge zugänglich), oder eine Eigenschaft des festgestellten Sachverhalts, die diesen die Rechtsfolge nicht ohne weiteres tragen lässt (und damit mit der Sachrüge angreifbar)? Man wird wohl sagen müssen: Es kommt auf die Fragerichtung an, das heißt auf die teleologische Ausrichtung des Rügevorbringens in dessen Licht das Fehlen gedeutet wird.

200 Vgl. *Meyer-Goßner*, § 337 Rn 25; SK/*Frisch*, § 337 Rn 102, 122 m.w.N.

201 Ein prägnantes Beispiel hierzu bildet BGHSt 49, 93 = NJW 2004, 1674: Ob bei mehreren Hunderttausend raubkopierter Tonträger verschiedenster Interpreten und Hersteller als of-

Rechtsverletzung in einer unzutreffenden normativen Bewertung liege oder in einem tatsächlichen Prozessgeschehen. So war die Frage, ob eine Verletzung des Beschleunigungsgebots als Strafzumessungsgesichtspunkt mit der Sachrüge geltend gemacht werden könne oder das Erheben einer Verfahrensrüge voraussetze, zwischen den Senaten des Bundesgerichtshofs lange umstritten.[202] Noch problematischer ist der Fall, dass außerhalb des Verfahrens im engeren Sinn liegende Tatsachen, die die Strafverfolgungsbehörden zu verantworten haben, für die Anwendung des materiellen Rechts maßgeblich sind. So ist in Fällen der unzulässigen Tatprovokation (agent provocateur) grundsätzlich die Strafe zu mildern, die Unzulässigkeit der Provokation im Urteil festzustellen und das Maß der Kompensation gesondert zum Ausdruck zu bringen.[203] Geschieht dies nicht, so kann der Strafausspruch mit der Sachrüge angegriffen werden.[204] Ist dagegen streitig, ob eine Tatprovokation vorgelegen habe oder ob sie unzulässig gewesen sei, müssten die hierfür maßgeblichen Gesichtspunkte umfassend dargelegt werden. Dabei lässt sich dem tatgerichtlichen Urteil in beiden Fällen nicht entnehmen, ob das Gericht entweder angenommen hat, es liege keine Tatprovokation vor, oder sie liege vor, sei aber zulässig, oder ob es schlicht gegen das Erfordernis der gesonderten Feststellung verstoßen hat.

Damit soll nicht gesagt sein, eine Unterscheidung tatsächlicher und rechtlicher Gesichtspunkte sei nicht möglich oder unbrauchbar, sondern der Blick darauf gelenkt werden, dass eine solche Differenzierung in hohem Maße theoriegeleitet ist, auf einer ontologischen Ebene beide Bereiche aber zusammengehören. Das Heben der Hand und die normativen Implikationen dieser Handlung bilden einen einheitlichen Sachverhalt. Die richterliche Deutung dieses Sachverhalts impliziert normative Wertungen über die Bestandteile einer Willenserklärung, die Bedeutung des Empfängerhorizonts und stützt sich auf einschlägige Präjudizien; sie ist damit Sachverhaltsfeststellung und Rechtsanwendung in einem. Die Rüge einer Verletzung materiellen Rechts kommt ohne eine Rüge des Verfahrensrechts nicht aus, wenn die Anwendung des materiellen Rechts auf dem Verfahren beruht. Da es – kantisch gesagt – ohne Form keinen Inhalt gibt, ist dies streng genommen immer der Fall, stellt eine fehlerhafte Anwendung materiellen Rechts immer zugleich ein Versäumnis des erkennenden Gerichts dar, sich über die Grundlagen seines Urteilens ausreichend Kenntnis zu verschaffen oder diese Grundlagen zutreffend zu würdigen – ausgenommen in Fällen, in denen die Rechtsanwendung von den tatschächlichen

---

fenkundig davon ausgegangen werden kann, dass die Erstinhaber der Verwertungsrechte ihre Firmensitze ausschließlich in Mitgliedsstaaten des Genfer Tonträgerübereinkommens haben, wie dies eine Strafbarkeit nach § 108 Abs. 1 Nr. 5 i.V.m. § 85 UrhG voraussetzt und der BGH angenommen hat, ist nicht selbstverständlich. Das Tatgericht hatte zu dieser zentralen Frage keine Feststellungen getroffen.

202 Vgl. BGHSt 49, 342, 344 = NJW 2005, 518 m.w.N. Durch diese Entscheidung wurde die Problematik einer – differenzierenden – Lösung zugeführt: Grundsätzlich sei eine Verfahrensrüge erforderlich, es sei denn, die Verfahrensverzögerung ergebe sich bereits aus den Urteilsgründen.

203 AnwK-StPO/*Löffelmann*, § 110c Rn 9 f. m.w.N.

204 Vgl. BGHSt 29, 319, 320 = NJW 1981, 692; BGHSt 45, 321, 341 = NJW 2000, 1123, 1128.

Feststellungen völlig entkoppelt und damit nicht Rechtserkenntnis, sondern Nicht-Erkenntnis von Recht ist. Das Revisionsgericht kann schließlich eine fehlerhafte materielle Rechtsanwendung nicht ohne jegliche Kenntnis von Prozesstatsachen feststellen, die sich ihm aus dem angegriffenen Urteil oder weiteren Darlegungen erschließen. Umgekehrt beinhaltet die Rüge eines Verfahrensfehlers immer auch eine Aussage über die Deutung einer verfahrensleitenden Norm, ist also eine Rüge der materiellen Anwendung einer formellen Vorschrift.

Rechtsanwendung ist nach der hier vertretenen Auffassung immer Erkenntnis von Rechtlichem *und* Tatsächlichem. Um die Überprüfung der Rechtsanwendung operabel zu machen, kann man sie unter diesen beiden Gesichtspunkten deuten. Diese Deutung ist in Grenzen durchaus geeignet, Kontrolle zu ermöglichen, sie ist aber nicht selbstverständlich. Der Aufweis einiger mit der Dichotomisierung von Rechtlichem und Tatsächlichem einhergehender Probleme ist ein Plädoyer dafür, die Einheit des Vorgangs der Rechtserkenntnis nicht aus dem Blick zu verlieren und Rechtsanwendung auf einer – im Rahmen des Möglichen – eher breiten Erkenntnisbasis zu vollziehen. Für die Revisionsrechtsprechung bedeutet das einerseits ein Eintreten für eine möglichst umfangreiche Mitteilung von Verfahrenstatsachen durch den Revisionsführer, gegebenenfalls auch zur Stützung von Sachrügen, andererseits eine Verpflichtung des Revisionsgerichts, den Rechtsschutz in Grenzfällen nicht durch eine strenge Anwendung der Tatsachen-Recht-Dichotomisierung zu verkürzen, sondern im Zweifel eher eine erneute Rechtsanwendung durch das Tatgericht zu ermöglichen.

F. Zusammenfassung

1. Rechtsphilosophischer und rechtstheoretischer Ausgangspunkt der vorliegenden Untersuchung über die normativen Grenzen der Wahrheitserforschung im Strafverfahren ist ein realistisches Weltverständnis, das sich auch auf den Bereich des Normativen erstreckt. Unhintergehbarer Ausgangspunkt aller Erkenntnis ist danach die Wirklichkeit („das, was der Fall ist", „Seiendes"), die als zu Erkennendes durch das Erkennen von Erkennenden zu Erkanntem werden kann. Welt als erkannte Welt ist theoriebeladen durch Vorerkenntnis und Sprache. Erkanntes wird durch Basis- oder Elementarsätze erklärt, bei denen es sich um Theorien dessen handelt, was der Fall ist, auf einer erkenntniskritischen Ebene auch um Theorien des Erkennens. Basis- oder Elementarsätze können selbst Gegenstand der Erkenntnis sein; sie sind nicht minder „wirklich" als das Seiende, über das sie aussagen. Die Frage nach Wahrheit entsteht auf einer erkenntniskritischen Ebene. Wahrheit ist stets Urteilswahrheit, etwa Wahrheit von Elementarsätzen. Weil jedes Wahrheitskriterium am Erkannten anknüpfen muss und nicht an dem, was der Fall ist, anknüpfen kann, lässt sich die Frage, ob das Erkannte das, was der Fall ist, „trifft" nur durch eine Theorie des Wahrseins des Erkannten beantworten. Diese Theorie kann falsifiziert werden. Das Erkannte kann zwar das, was der Fall ist, „treffen"; dessen, dass dies so ist, kann sich der Erkennende aber nicht sicher sein. Wahrheit wird vor diesem Hintergrund in einem probabilistischen Sinne verstanden als erkannte (geurteilte, festgestellte) Wahrscheinlichkeit des Wahrseins einer Erkenntnis (eines Urteils, einer Feststellung).

2. Das, was der Fall ist, ist – anders als das Erkannte – nicht durch den Erkennenden und sein Erkennen determiniert. Als Seiendes ist der Erkennende daher frei. Seiendes kann nicht durch eine Theorie seiner selbst – etwa eine Theorie der Determiniertheit – determiniert sein. Das, was der Fall ist, ist entgrenzt. Es ist nicht strukturiert, definiert, limitiert oder in anderer Weise umgrenzt. Umgrenzungen sind Akte des Umgrenzens durch einen Umgrenzenden. Das, was der Fall ist, ist unumgrenzte Totalität. Im Hinblick auf die transzendentale Dichotomie von Empirie und Normativität ist es „normativ-empirische" Einheit. Die Dichotomisierung des Erkannten in Normatives und Empirisches ist eine Leistung der Theoriebildung durch einen Erkennenden. Für die erkenntnistheoretische Untersuchung des Erkannten geltend daher grundsätzlich dieselben Maßstäbe, einerlei ob es sich um Normatives oder Empirisches handelt. Eine substanzontologisch verstandene Unterscheidung von Normativem und Empirischem erweist sich damit ebenso wie ein daran anknüpfender Methodendualismus als Konsequenz einer – wahrscheinlich unwahren – subjektivistischen Theorie des Seienden. Gelten für Normatives und Empirisches grundsätzlich dieselben erkenntnistheoretischen Maßstäbe, so kann Normatives

erkannt werden und über das Erkannte geurteilt werden, es „treffe" das „normativ" Seiende, von dem das Erkennen seinen Ausgang nimmt, mit einer gewissen Wahrscheinlichkeit. Auch Rechtserkenntnis ist damit „Vermutungswissen". Die Subsumtion des Empirischen unter das Normative ist eine Leistung des Identität stiftenden Urteils anhand bestimmter, auch logischer, Gesetzmäßigkeiten, etwa eines juristischen Syllogismus.

3. Kriminaltheoretischer Ausgangspunkt der vorliegenden Arbeit ist ein aufgeklärtes Verständnis von Kriminalrecht, das dieses in seinen unterschiedlichen Funktionen wahrnimmt. Kriminalrecht kann danach nicht reduziert werden auf den Vergeltungsgedanken („Strafrecht ist kein Bestrafungsrecht") oder spezial- und generalpräventive Funktionen, sondern dient einem Pluralismus von Strafzwecken, unter denen die Berücksichtigung der Interessen von Opfern eine bedeutende Rolle spielt. In diesen Zwecken, nicht in dem funktionalistischen Argument einer „Aufrechterhaltung der Funktionsfähigkeit der Strafrechtspflege" findet die Durchsetzung des materiellen Strafrechts seine Rechtfertigung. Strafverfahrensrecht ist ferner nicht lediglich „Verbrechensbekämpfungsbegrenzungsrecht", eine Rechtsmaterie also, die Freiheitsgarantien der Bürger gegen Beeinträchtigungen durch das Strafrecht schützen soll, sondern auch „Verbrechensbekämpfungsrechtfertigungsrecht", das durch seine verhältnismäßige Ausgestaltung das Tätigwerden der Strafverfolgungsbehörden legitimiert. Die verfassungsrechtliche Problematik des Kriminalrechts wird durch das im kriminalpolitischen Jargon verbreitete Schlagwort vom „Spannungsverhältnis von Freiheit und Sicherheit" unzureichend charakterisiert. Freiheit und Sicherheit sind keine antagonistischen politischen Werte, sondern Aspekte einer gesellschaftlichen Verfasstheit, deren Deutung und deren Bezug auf das Kriminalrecht in hohem Maße von vorgängigen Wertungen – etwa der Kriminalitätswahrnehmung („Organisierte Kriminalität", „Terrorbedrohung"), der Eingriffsintensität staatlicher Maßnahmen („Leviathan", „gläserner Bürger") und der an das Kriminalrecht herangetragenen Erwartungen („Legitimationskrise des Strafrechts", „schärfstes Schwert des Staates") – abhängig und im selben Maße flexibel („Freiheit durch Sicherheit", „Freiheit in Sicherheit") ist. Zusammenfassend ist Kriminalrecht nicht durch ein „öffentliches Interesse an der Strafverfolgung", dem Individualinteressen entgegenstehen, charakterisiert, sondern sowohl auf der Ebene der Schranken als auch deren Begrenzung durch sich überschneidende und einander überlagernde Individual- und Kollektivinteressen.

4. Eine neutrale Basis kann eine aufgeklärte Theorie des Kriminalrechts in dem Gesichtspunkt der Wahrheitserforschung finden. Die Wahrheitserforschung nimmt im Strafverfahren eine zentrale Rolle ein, weil alle mit ihm verbundenen Zwecke die Feststellung eines historischen (und teilweise gegenwärtigen) Sachverhalts voraussetzen, auf deren Wahrheit sie aufbauen. Ohne Überzeugung von der Wahrheit des einer Feststellung von Schuld zugrunde liegenden Sachverhalts sind Gerechtigkeit, Vergeltung, Ermahnung, Befriedung, Schuldübernahme, Wiedergutmachung, Entlastung, Ausgleich, Schutz der Gesellschaft, Resozialisierung, Aufrechterhaltung und Stärkung der Normgeltung etc. nicht denkbar. Das besondere Gewicht der Wahr-

heitserforschung im Strafrecht ist in dessen normativer Selbstbezüglichkeit angelegt: Strafrecht ist ein Urrecht, das den Normbruch sanktioniert und damit auf die Verteidigung, den Erhalt und die Wiederherstellung der normativen Ordnung abzielt. Würde Strafrecht nicht auf normativer und empirischer Wahrheit aufbauen, würde durch seine Anwendung die normative Ordnung selbst verletzt und in Frage gestellt. Nicht auf Wahrheit aufbauendes Strafrecht ist paradox, weil es mit den Konventionen des Sanktionierens bricht und somit kein Strafrecht ist. Weil die Erforschung der Wahrheit ein vorrangiges Ziel des Strafverfahrens darstellt, das in den verschiedenen Strafzwecken seine Berechtigung findet, ist das Strafverfahren weitgehend ein Erkenntnisprozess, das der Feststellung empirischer und normativer Wahrheiten dient.

5. Normative Grenzen der Wahrheitserforschung beschränken die Feststellung empirischer und normativer Wahrheit im strafrechtlichen Erkenntnisverfahren. Diese Grenzen lassen sich untergliedern in Eingriffsbefugnisse limitierende rechtliche Voraussetzungen einer Maßnahme (Vorbehalt des Gesetzes), ausdrückliche Verbote bestimmter Handlungen, durch die Erkenntnisse erlangt werden (Beweisverbote), ausdrückliche Verbote oder Begrenzungen des Umgangs mit erlangten Erkenntnissen (Verwendungsverbote) und ausdrückliche Verbote der Verwendung erlangter Erkenntnisse zur Feststellung des dem strafgerichtlichen Erkenntnis zugrunde liegenden Sachverhalts (Verwertungsverbote). Die dogmatische Auseinandersetzung mit den normativen Grenzen der Wahrheitserforschung ist gekennzeichnet durch einen ausgeprägten Begriffssynkretismus, durch den Gebrauch von Leerformeln („keine Wahrheitserforschung um jeden Preis“, „Notwendigkeit einer Güterabwägung“) und durch das Bemühen, die in der Rechtsprechung angenommen Grenzen der Wahrheitserforschung in – vornehmlich monistisch angelegte – Begründungskonzepte zu integrieren. Eine tatsächliche Abwägung widerstreitender Rechtsinteressen findet dabei kaum statt und stößt allgemein an die methodische Grenze fehlender Abwägungskriterien. Soweit die Begründungskonzepte Verwertungsverbote aus Erhebungsverboten ableiten, begründen diese Deutungen nicht in befriedigender Weise die normative Konnexität zwischen fehlerhafter Erhebung und Verwertungsverbot. Unausgesprochen steht hinter den meisten Ansätzen die Überzeugung von einer „disziplinierenden Funktion“ der Verwertungsverbote für die Tätigkeit der Strafverfolgungsbehörden.

6. Die erkenntnistheoretische Verankerung des Erkannten in dem, was der Fall ist, erfordert eine exakte begriffliche Bestimmung des zu Erkennenden und des Erkannten. Im Strafverfahren taucht dieser Grundsatz in Form der Bestimmung der Sachnähe eines Beweismittels auf. Die Aussagen eines Zeugen bei einer informatorischen Befragung, bei einer polizeilichen, staatsanwaltlichen oder ermittlungsrichterlichen Vernehmung und in der Hauptverhandlung stellen je unterschiedliche, durch Elementarsätze und auf ihnen aufbauende Theorien der Aussagen zu beschreibende Ereignisse dar, die dem erkennenden Gericht in unterschiedlicher Weise zur Kenntnis gelangen: als Aussage des die informatorische Befragung durchführenden Polizeibeamten, als Vernehmungsprotokoll, als Aussage der Vernehmungsperson oder als „unmittelbar“ wahrnehmbares Auftreten des Zeugen. Diese Beweisgegenstände

haben im Hinblick auf den Erkennenden (das erkennende Gericht) einen unterschiedlichen Beweiswert, das heißt sie begründen eine unterschiedliche Wahrscheinlichkeit des Wahrseins des Ausgesagten. Mit dieser unterschiedlichen empirischen Nähe des Ausgesagten zum Erkennenden einher geht – aufgrund der „normativ-empirischen" Einheit des Seienden – eine unterschiedliche normative Nähe. Das Anhören eines über von ihm vernommene sexuelle Handlungen berichtenden Zeugen, das Anhören eines über von ihm vorgenommene sexuelle Handlungen berichtenden Zeugen, das Anhören einer Tonbandaufzeichnung von sexuellen Äußerungen oder das Anhören sexueller Äußerungen von Zeugen im Gerichtssaal haben je eine unterschiedliche Nähe zu den Persönlichkeitsrechten und gegebenenfalls der Menschenwürde der durch das Anhören Betroffenen. Es ist danach von großer Wichtigkeit, den „Gegenstand" der hoheitlichen Maßnahme (das Erkannte, Beurteilte, Wahrgenommene etc.) exakt festzustellen und von den daraus gezogenen Schlüssen zu unterscheiden.

7. Für die Bestimmung und Begründung normativer Grenzen der Wahrheitserforschung im Strafverfahren bedeutet das die Notwendigkeit einer genauen begrifflichen Festlegung der jeweiligen hoheitlichen Handlung und der durch sie berührten Interessen. Die bisherige Dogmatik der Beweisverbote leistet diese Festlegung nicht. Zu unterscheiden sind Beweiserhebungshandlungen, Beweisverwendungshandlungen und Beweisverwertungshandlungen von verschiedenen Strafverfolgungsorganen (Kriminalpolizei, Staatsanwaltschaft, Ermittlungsgericht, erkennendes Gericht, Vollstreckungsgericht) in verschiedenen Verfahrensstadien. So ist die Beweisaufnahme des erkennenden Gerichts im Hinblick auf dessen Erkenntnis Beweiserhebung und werden die so erhobenen Erkenntnisse zur Feststellung des dem Erkenntnis zugrundeliegenden Sachverhalts verwertet. Das Verwerten stellt selbst einen kognitiven Akt und damit eine Handlung dar. Für die Frage, ob es geboten sei, eine Erkenntnis nicht zu verwerten, ist damit auf die in Rede stehende Verwertungshandlung und die durch sie berührten Interessen Bezug zu nehmen. Das gleiche gilt für alle anderen hoheitlichen Maßnahmen, die der Wahrheitserforschung dienen und deren Beschränkung oder Verbot durch überwiegende entgegenstehende Interessen ausnahmsweise geboten sein kann. Eine undifferenzierte Terminologie, die unterschiedslos von der Verwertung von „Beweisen", „Beweisgegenständen", „Erkenntnissen", „Wahrnehmungen", „Aussagen" und dergleichen spricht, gibt zu erkennen, dass sie sich der erkenntnistheoretischen Zusammenhänge der Wahrheitserforschung nicht bewusst ist und kann zu einer Bestimmung und Begründung der normativen Grenzen der Wahrheitserforschung nicht viel beitragen.

9. Eine inhaltliche Bestimmung der normativen Grenzen der Wahrheitserforschung im Strafverfahren kann anhand anerkannter Rechtsprinzipien erfolgen, die als Basis eines Normengefüges leichter einem Konsens zugänglich sind und eine höhere Wahrscheinlichkeit normativer Wahrheit gewährleisten. Ein solches Prinzip ist für die deutsche Rechtsordnung die Unverletzlichkeit der Menschenwürde. Eine Vielzahl von in der Rechtsprechung und im Schrifttum angenommenen normativen Grenzen der Wahrheitserforschung lassen sich mit diesem Prinzip und seinen Aus-

prägungen – etwa den Kernbereichsschutz, die Selbstbelastungsfreiheit, die Unschuldsvermutung – in Zusammenhang bringen. Problematisch ist, dass die Menschenwürde – was im Grundsatz für alle Rechtsprinzipien gilt – nur schwer einer inhaltlichen Konkretisierung zugänglich ist. Eine solche ist aber nicht ausgeschlossen. Die Theorie der Menschenwürde geht zurück auf „normativ" Seiendes, das in Form individueller oder tradierter Rechts- und Unrechtserfahrung, gesellschaftlicher Wertsetzungen und positiver wie ungeschriebener Normen Erkanntes sein kann. Fasst man Menschenwürde so weit, dass sie jedem Menschen, ungeachtet seiner individuellen Veranlagungen zukomme, und gleichzeitg so eng, dass sie den Menschen vor schwersten Beeinträchtigungen schütze, die sein Menschsein („seine Subjektqualität") in Frage stellen, so könnte ein ontologischer Ansatzpunkt für eine weitere Konkretisierung des Umfangs der Menschenwürde an den Aspekten des existenzialen Selbstseins und der existenzialen Geborgenheit und Geworfenheit festmachen. Hoheitliche Handlungen, die der Wahrheitserforschung dienen, sind unzulässig, wenn sie die Menschenwürde verletzen. Entscheidend ist dabei wiederum die situationsspezifische Feststellung einer Menschenwürdeverletzung. Verwertungshandlungen, die den Kernbereich privater Lebensgestaltung verletzen, sind nur schwer vorstellbar.

10. Soweit hoheitliche Handlungen, die der Wahrheitserforschung im Strafverfahren dienen, keinen Menschenwürdebezug aufweisen, können sich Handlungsverbote und -beschränkungen aus der Berücksichtigung der durch diese Handlungen beeinträchtigten Interessen Betroffener ergeben und eine entsprechende gesetzliche Regelung legitimieren. Der Verhältnismäßigkeitsgrundsatz, der an der „Gemeinschaftsbezogenheit und Gemeinschaftsgebundenheit des Individuums" anknüpft, stellt insofern ein Komplement zu dessen Selbstsein dar. Man kann die Berücksichtigung solcher Interessen und Limitierung hoheitlicher Handlungen als Güterabwägung bezeichnen, wenngleich es sich nicht im eigentlichen Sinne um ein auf Gleichgewichtigkeit gerichteten Wiegen handelt, sondern eher um ein ungerechte Ergebnisse verhinderndes Ausgleichen. Bei diesem Vorgang des Ausgleichens können materielle, konditionale und formelle Kriterien zur Anwendung gelangen. Die materiellen Kriterien limitieren den zulässigen Bereich hoheitlichen Handelns durch eine Gewichtung des Aufklärungsinteresses (etwa im Hinblick auf die Schwere der aufzuklärenden Tat oder das Maß des dem Opfer entstandenen Schadens), die konditionalen Kriterien durch eine Gewichtung der Eingriffsintensität der konkreten hoheitlichen Maßnahme (etwa ihrer Dauer oder ihrer Begrenzung auf bestimmte Zielpersonen oder -objekte) und die formellen Kriterien durch verfahrensrechtliche Sicherung der Beachtung materieller und konditionaler Anordnungskriterien (etwa durch besondere Anordnungskompetenzen, qualifizierte Anordnungs- und Begründungspflichten etc.). Die Berücksichtigung aller Kriterien muss an das spezifische hoheitliche Handeln anknüpfen, was freilich die Bildung von Fallgruppen und Vereinfachungen nicht ausschließt.

11. Ausgeschlossen ist danach eine Art „Deduktion" von Verwertungsverboten oder Verwendungsverboten aus Erhebungsverboten. Jedes hoheitliche Handeln ist

vielmehr eigenständig zu würdigen. Namentlich für Verwertungsverbote ist danach zu fragen, ob die Verwertungshandlung als solche unverhältnismäßig oder nach anderen Normen (zum Beispiel Strafnormen wie § 203 StGB) verboten ist. Nach diesem Ansatz lassen sich viele im Zusammenhang mit den Beweisverboten auftretende Fragestellungen einer befriedigenden Lösung zuführen: Eine Fortwirkung bei Verletzungen der Pflicht zur Beschuldigtenbelehrung erscheint konsequent, weil der Beschuldigte solange – also auch noch im Verfahren der Verwertung seiner Aussage – nicht in seinem Aussageverhalten von einem Zwang zur Selbstbelastung frei ist, bis er qualifiziert belehrt wurde. Die Fernwirkungsproblematik erweist sich als Scheinproblem, da sie tatsächlich nicht die „Fernwirkung" eines Erhebungsfehlers betrifft, sondern die Frage, ob aus der Verletzung eines wegen eines Erhebungsfehlers angenommenen Verwendungsverbots ein Verwertungsverbot resultiert. Soweit ein unrechtmäßiges Handeln privater Personen bei der Wahrheitserforschung in Rede steht, ist zu fragen, ob dieses Handeln den Strafverfolgungsbehörden zugerechnet werden kann, desgleichen bei einem unrechtmäßigen Handeln anderer staatlicher Stellen. Auch bei im Ausland durchgeführten hoheitlichen Handlungen, die der Wahrheitserforschung dienen, ist Anknüpfungspunkt etwaiger Beweisverbote allein das Handeln der deutschen Strafverfolgungsorgane, die in der Regel im Wege der Rechtshilfe tätig werden. Hypothetische Erwägungen rechtmäßiger Beweiserhebungshandlungen sind vor diesem Hintergrund entbehrlich und ungeeignet, Fehler bei der Beweiserhebung zu „kompensieren". Abgesehen davon sind sie auch schon aus grundsätzlichen Überlegungen abzulehnen, da die Theorie der rechtmäßigen Beweiserlangung durch deren faktische Rechtswidrigkeit bereits falsifiziert wurde und somit – soweit die Theorie nicht anderweitig gut begründet wird – kein Anlass für die Annahme ihrer Wahrheit besteht.

12. Die hermeneutische Verfasstheit des Erkennens bedingt, dass der Erkennende „verbotenes Wissen" nicht einfach „ausblenden" kann, sondern dieses – und sei es als Theorie des Ausblendens – weiter zur Grundlage seines Erkennens und Urteilens macht. Eine wirkmächtige strafprozessuale Umsetzung von Verwertungsverboten muss dafür Sorge tragen, dass das erkennende Gericht „verbotenes Wissen" gar nicht erlangt. Dies kann durch eine funktionale Trennung von anordnendem und erkennendem Gericht gewährleistet werden: Das anordnende Gericht hat die durch die Beweiserhebung erlangten Erkenntnisse zu bewerten und zu beurteilen, ob die Voraussetzungen für ein Verwertungsverbot vorliegen. Diese Einschätzung ist für das weitere Verfahren bindend. Die erlangten Erkenntnisse werden aus den Verfahrensakten ausgesondert und zu Sonderakten genommen, wo sie für etwaige spätere entlastende Verwendungszwecke aufbewahrt werden. Zu den Verfahrensakten wird ein Vermerk über die Aussonderung gegeben. Auch nach Eröffnung des Hauptverfahrens dürfen Beweiserhebungen nur – auf Antrag des erkennenden Gerichts, wie im Vorverfahren auf Antrag der Staatsanwaltschaft – durch das anordnende Gericht angeordnet werden. Begründen Ereignisse in der Hauptverhandlung die Voraussetzungen eines Verwertungsverbots, so sind entsprechende Erkenntnisse (etwa in Form von Hauptverhandlungsprotokollen) gleichfalls für ein nach erfolgrei-

cher Revision durchgeführtes weiteres Hauptverfahren vor einem anderen erkennenden Gericht aus den Verfahrensakten auszusondern und zu den Sonderakten zu nehmen. Beantragt bei mehreren Angeklagten ein Angeklagter die Verwendung von einem Verwertungsverbot unterliegenden Erkenntnissen zu entlastenden Zwecken, so kann dies die Abtrennung des Verfahrens erforderlich machen. Eine solche, dem Prinzip funktionaler Trennung zwischen anordnendem und erkennendem Gericht folgende Gestaltung des Verfahrens erscheint kompliziert und umständlich, nicht aber prinzipiell undurchführbar. Wer einfachere Verfahrensstrukturen möchte, muss auf Verwertungsverbote verzichten. Hoheitliches Handeln kann nicht darauf aufbauen, dass den Handelnden menschlich Unmögliches abverlangt wird.

13. Verzichtet man nicht aus den vorgenannten Gründen überhaupt auf Verwertungsverbote, so stellt sich die Frage von deren Legitimation. Materiell können Verwertungsverbote durch die Unverhältnismäßigkeit der Verwertungshandlung oder eine durch sie vermittelte Verletzung der Menschenwürde legitimiert sein. Formell müssen sie durch den einfachen Gesetzgeber oder den Verfassungsgesetzgeber legitimiert sein. Formelle Legitimität setzt eine ununterbrochene Normsetzungskette voraus, die vom materiellen Normgeber (dem Bürger) ausgeht und zu seinen Repräsentanten (den formellen Normgebern) führt. Sollen ist dadurch in eins zu setzen mit Wollen. Besteht diese Normsetzungskette nicht oder weist sie Brüche auf, so muss sich der formelle Normgeber auf das Bestehen von ihm erkannter normativer und empirischer Sachverhalte berufen, bei denen es sich nicht um ein Wollen handelt, sondern allenfalls um dessen Feststellung, die Theorie eines Wollens. Die dritte Gewalt ist in Deutschland vom materiellen Normgeber nicht zur Normsetzung legitimiert. Eine durch Auslegung zu schließende planwidrige Regelungslücke besteht bei den Beweisverboten nicht; planwidrig ist allenfalls das Bestehen der Lücke. Geriert sich die dritte Gewalt als formeller Normgeber, so kann sie sich nicht auf eine ununterbrochene Normsetzungskette berufen. In diesem Zusammenhang gründet bei den – nicht einfachgesetzlich geregelten oder aus der Verfassungs abzuleitenden – von der Rechtsprechung angenommenen Verwertungsverboten das Begründungsdefizit hinsichtlich der normativen Konnexität von Verwertungsverboten mit den Gesichtspunkten, die materiell zu ihrer Rechtfertigung herangezogen werden. Diese Konnexität ist aus den genannten strukturellen Gründen nicht herzustellen. Mit anderen Worten ist es nicht Aufgabe der Rechtsprechung, durch die Annahme ungeschriebener Verwertungsverbote die Strafverfolgungsbehörden zu disziplinieren oder andere außerhalb der Erkenntnis, Anwendung und Auslegung des einfachen Rechts und des Verfassungsrechts liegende hoheitliche Handlungen auszuführen. Für die Disziplinierung der Strafverfolgungsbehörden sind die Justizverwaltungen, Innen- und Justizressorts und die Disziplinargerichte zuständig. Beschränkungen des gesetzlichen und verfassungsrechtlichen Auftrags zur Wahrheitserforschung hat der dafür legitimierte Gesetzgeber vorzunehmen.

14. Die in der vorliegenden Arbeit entwickelten Ideen, Analysen und Lösungsansätze mögen vor dem Hintergrund der bisher über die Thematik der Beweisverbote geführten umfangreichen Diskussion ungewöhnlich erscheinen und zu überra-

schenden und Widerspruch herausfordernden Ergebnissen führen. Mein Anliegen ist es nicht, das Strafverfahren in seiner geltenden Konzeption als unzureichend zu charakterisieren und dafür eine Alternative anzubieten; dafür sind die dargelegten Gedanken noch zu wenig entwickelt. Ich bin aber überzeugt davon, dass es hilfreich ist, bei der Behandlung strafrechtlicher und strafprozessualer Fragestellungen, die mit Erkenntnis und Wahrheit zu tun haben, erkenntnistheoretische Maßstäbe nicht ganz aus den Augen zu verlieren. Diese Maßstäbe können auch andere sein als die hier herangezogenen; darüber muss man reden. Ich finde es aber unangemessen, wenn bei einem so wichtigen und zentralen Thema wie dem der normativen Grenzen der Wahrheitserforschung im Strafverfahren der erkenntnistheoretisch zentrale Gesichtspunkt „verbotenen Wissens“ allenfalls zum Anlass für Marginalien genommen wird, das erkennende Gericht vermöge solches Wissen „auszublenden“ oder vermöge es eben nicht. Für die von vielen gewünschte detaillierte gesetzliche Regelung der normativen Grenzen der Wahrheitserforschung ist die darin zum Ausdruck kommende Anschauung, Beweisverbote dienten als Billigkeitskorrektiv nach intuitiven und nicht näher konkretisierten Maßstäben dem Ausgleich etwaiger Ungerechtigkeiten des Verfahrensablaufs keine brauchbare Basis. Ein Fehlen aussagekräftiger Maßstäbe muss auf diese Weise auch nicht kompensiert werden: Die Wahrheit ist ein kostbares – und zu Unrecht in Verruf geratenes – Gut, dessen man sich nicht ohne weiteres entledigen kann.

Anhang 1

Ausgewählte Rechtsprechung des Bundesgerichtshofs

1. BGHSt 14, 358[1]: Dieses grundlegende Urteil betraf einen Fall, in dem eine Zeugin mehrere unmittelbare und fernmündliche Gespräche mit dem Beschuldigten – einem Rechtsanwalt – geführt und heimlich auf Tonband aufgenommen hatte, um zu beweisen, dass der Beschuldigte in einem anderen Strafverfahren, in dem er als Nebenklägervertreter aufgetreten war, der Zeugin angeboten hatte, seine Mandantin würde gegen Bezahlung einer Geldsumme zugunsten des Lebensgefährten der Zeugin aussagen.

Der BGH hat hier wegen einer Verletzung des Rechts am gesprochenen Wort ein Verwertungsverbot angenommen, das er sehr anschaulich begründet: „Jeder gedanklichen Erklärung teilt sich – bisweilen schon nach ihrem Gehalt (mehr oder weniger), stets aber kennzeichnend durch die Stimme – die Persönlichkeit des Sprechers mit. Demgemäß bestimmt er selbst und allein, wer sein Wort hören darf und ob es aufbewahrt werden oder mit dem Gedächtnis der Hörer verlöschen soll. Ihm allein ist daher auch die Entscheidung darüber vorbehalten, ob sein Wort und seine Stimme auf ein Tonband oder sonst einen Tonträger aufgenommen und ob sie von diesem wieder abgespielt werden dürfen, wie auch vor wem. Denn auf dem Tonband sind Wort und Stimme des Menschen von ihm losgelöst und zu einem Gegenstand verselbständigt. Ein Stück seiner Persönlichkeit erscheint somit als eine – veräußerliche – Sache. Es wäre entwürdigend, dürften sich andere ohne oder gar gegen den Willen des Betroffenen fremder Persönlichkeitswerte bemächtigen und über sie nach ihrem Belieben verfügen. Es würde auch den Einzelnen in der freien Äußerung seiner Gedanken beengen, an natürlicher Sprechweise hindern, überhaupt in der auf langes, allmähliches Reifen angelegten menschlichen Entwicklung hemmen, und es würde schließlich die Beziehungen der Menschen zueinander vergiften, müsste ein jeder in dem bedrückenden Bewusstsein leben, dass jedes seiner Worte, eine vielleicht unbedachte oder unbeherrschte Äußerung, eingefangen, aufbewahrt und bei gegebener Gelegenheit hervorgeholt werden könnte, um mit ihrem Inhalt, Ausdruck oder Klang gegen ihn zu zeugen (...).“[2] Das Recht des Menschen auf seine Persönlichkeit bestehe allerdings nicht unbegrenzt, vielmehr seien ihm in den Rechten anderer, der verfassungsmäßigen Ordnung und dem Sittengesetz Schranken gesetzt.

---

1 Urteil des 1. Senats vom 14.6.1960, 1 StR 683/59 = NJW 1960, 1580.

2 A.a.O. 359 ff.

„Wer sie rechtswidrig überschreitet, begibt sich der ausschließlichen Bestimmung über sein Wort. Jedenfalls muss er dann die Verteidigung des angegriffenen Gutes und die Wiederherstellung der verletzten Rechts- oder Sittenordnung dulden. Ist dazu eine heimliche Tonbandaufnahme das angemessene Mittel, so wird er ihrer Verwertung nicht widersprechen dürfen."[3] Die Konsequenz, dass aus dem Beweiserhebungsverbot auch ein Verwertungsverbot folgt, wird damit begründet, dass durch das Abhören der Aufzeichnungen das Recht des Angeklagten erneut verletzt würde.[4]

2. BGHSt 19, 325[5]: In dem zugrunde liegenden Fall stützte das Landgericht seine Verurteilung auf den Inhalt eines der Strafverfolgungsbehörde von dritter Seite übersandten Tagebuchs der Angeklagten.

Der BGH bejaht unter Hinweis auf die in BGHSt 14, 358 entwickelten Grundsätze ein Verwertungsverbot. „Diese Grundsätze müssen erst recht gelten, wenn jemand Meinungen, Gefühle, Erlebnisse und Erfahrungen für sich selber festhält, ohne dass sie, von seltenen, selbst bestimmten Ausnahmen abgesehen, zur Kenntnis anderer gelangen sollen. Bei Gesprächen verfolgt jedermann mit seinen Äußerungen immerhin einen Kundgebungszweck, wenn auch nur in begrenzter Weise gegenüber den Gesprächspartnern. Aufzeichnungen intimer Art sind jedoch regelmäßig von vornherein nicht zur Kenntnis anderer bestimmt. Müsste ihr Verfasser befürchten, dass sie gegen seinen Willen gelesen und gar benutzt werden, so könnte dies die freie Entfaltung seiner Persönlichkeit erheblich behindern."[6] Allerdings müsse dem Verfassen solcher Aufzeichnungen ein schutzwürdiges Interesse zugrunde liegen, das sich als Ausdruck der Entfaltung der Persönlichkeit darstellt. Nicht geschützt seien etwa Aufzeichnungen eines Straftäters über seine Verbrechen und Opfer, da durch Grundrechte nur die Entfaltung, nicht der Verfall der Persönlichkeit geschützt werde.[7] Auch sei die Annahme eines Verwertungsverbots von einer Abwägung abhängig: „Ist die Beschuldigung weniger gewichtig, so wird das Persönlichkeitsinteresse des Verfassers der Aufzeichnungen wohl oft überwiegen müssen. Handelt es sich um hinreichenden Tatverdacht schwerer Angriffe auf das Leben, auf andere bedeutsame Rechtsgüter, auf den Staat oder um andere schwere Angriffe auf die Rechtsordnung, so wird der Schutz des privaten Lebensbereichs ggf. zurücktreten müssen."[8]

---

3 A.a.O. 361.
4 A.a.O. 363.
5 Urteil des 4. Senats vom 21.2.1964, 4 StR 519/63 = JZ 1965, 32.
6 A.a.O. 327.
7 A.a.O. 328, 331.
8 A.a.O. 333.

3. BGHSt 22, 129[9]: Der Beschuldigte legte in zwei Befragungen gegenüber dem Staatsanwalt und einem Polizeibeamten jeweils ein Geständnis ab, ohne zuvor nach § 136 Abs. 1 S. 2 belehrt worden zu sein. Im Rahmen der späteren Niederschrift des Geständnisses wurde er entsprechend belehrt und wiederholte seine Angaben. Bei der späteren richterlichen Vernehmung widerrief er sein Geständnis.

Der BGH bejaht ein Verwertungsverbot für diejenigen Aussagen, die ohne Belehrung erfolgten, lässt aber eine Verwertung des nach der Belehrung abgelegten Geständnisses zu. Der BGH geht also von einer „Heilbarkeit des Verstoßes“[10] aus und verneint eine Fortwirkung.

4. BGHSt 24, 125[11]: In dem zu Grunde liegenden Fall wurde bei einem Trunkenheitsfahrer die Blutprobe von einem Medizinalassistenten, und nicht, wie in § 81a vorgesehen, von einem Arzt abgenommen, wovon die Ermittlungsbeamten aber irrtümlich ausgingen.

Der BGH verneint ein Verwertungsverbot. Im Anschluss an die „Tagebuchentscheidung" (BGHSt 19, 325, 332 f.) führt der Senat aus, dass bei der gebotenen Abwägung zwischen dem Interesse der im Staat organisierten Gemeinschaft an der Tataufklärung und dem grundrechtlich gewährleisteten Interesse des Bürgers am Schutz seiner körperlichen Unversehrtheit der Umstand, dass durch das Tätigwerden des Medizinalassistenten der Beweiswerts der Blutprobe nicht beeinträchtigt wurde und diese auch auf gesetzmäßigem Wege jederzeit hätte erlangt werden können, zu Gunsten des staatlichen Interesses ins Gewicht falle. Der Senat hebt ferner hervor, dass die Ermittlungsbeamten in gutem Glauben gehandelt haben. Es entspreche einem Ordnungsbedürfnis, „staatliches Vorgehen auch dann gut zu heißen, wenn es zwar die Rechte des Bürgers im Einzelfall unzulässig beschränkt, der ihr tun aber tatsächliche Art ist und nicht auf Verschulden beruht."[12] Werde die Blutprobe hingegen bewusst durch Missbrauch staatlicher Zwangsbefugnisse gewonnen, könne von einem fairen Verfahren nicht mehr die Rede sein.

5. BGHSt 25, 325[13]: In dem dieser Entscheidung zugrunde liegenden Fall wurde das Urteil des Landgerichts auf Angaben gestützt, die der Angeklagte bei seiner Einlassung zur Person angegeben hatte, ohne zuvor durch den Richter nach § 243 Abs. 4 S. 1 belehrt worden zu sein. Nach Belehrung vor der Befragung zur Sache machte er von seinem Aussageverweigerungsrecht Gebrauch.

9 Beschluss des 1. Senats vom 30.4.1968, 1 StR 625/67.

10 A.a.O. 135.

11 Urteil des 3. Senats vom 17.3.1971, 3 StR 189/70 = NJW 1971, 1097.

12 A.a.O. 132.

13 Beschluss des 1. Senats vom 14.5.1974, 1 StR 366/73 = NJW 1974, 1570.

Der BGH bejaht hier ein Verwertungsverbot. „Für den Angeklagten, der seine Verteidigungsmöglichkeiten nicht kennt, ist der Hinweis, den § 243 Abs. 4 S. 1 StPO gebietet, notwendiger Bestandteil eines fairen Verfahrens, wenn er nach Unterrichtung über sie das Schweigen der Aussage vorziehen würde."[14]

6. BGHSt 26, 298[15]: In dem zugrunde liegenden Fall wurden im Rahmen einer Telekommunikationsüberwachung nach § 100a Gespräche eines Rechtsanwalts mit der Ehefrau des Beschuldigten und Anschlussinhabers aufgenommen und diese Aufzeichnungen als Beweismittel in einem ehrengerichtlichen Verfahren gegen den Rechtsanwalt eingebracht.

Der BGH bejaht ein Verwertungsverbot. Der Gesetzgeber habe die Möglichkeit der Telekommunikationsüberwachung auf die in § 100a genannten Straftaten beschränkt. Die Erkenntnisse aus einer gleichwohl bei einer anderen Straftat – unzulässig – angeordneten Überwachung dürften nicht verwertet werden. Es sei „schlechterdings kein Grund denkbar, weshalb bei einer zulässig angeordneten Überwachung für Zufallsfunde, die nicht im Zusammenhang mit einer Katalogtat stehen, etwas anderes gelten sollte."[16] Eine Verwertung sei vielmehr nur insoweit zulässig, als die im Rahmen einer Überwachung gewonnen Erkenntnisse mit dem Verdacht einer Katalogtat im Zusammenhang stünden.

7. BGHSt 27, 355[17]: In dem zugrunde liegenden Verfahren, das keine Anlasstat nach § 100a zum Gegenstand hatte, legte der Beschuldigte, nachdem ihm ein Tonband vorgehalten worden war, das aus einer in einem anderen Verfahren gegen ihn zulässig angeordneten Telekommunikationsüberwachung stammte, ein Geständnis ab, das in die Hauptverhandlung eingeführt wurde.

Der BGH hat hier ein Verwertungs- als auch ein Fortwirkungsverbot bejaht. Die Überwachung des Fernmeldeverkehrs stelle nicht nur einen Eingriff in den Fernmeldeverkehr, sondern auch in die Privatsphäre des jeweiligen Teilnehmers dar. Deshalb dürfe ein solches Tonband nicht vorgehalten und eine durch den Vorhalt gewonnene Aussage nicht verwertet werden.[18] Auch spätere Aussagen, die noch von dem Vorhalt beeinflusst worden sind, dürften nicht bzw. erst verwertet werden, wenn sich das Tonband nicht mehr auf sie ausgewirkt hat. Den Ermittlungsbehör-

14 A.a.O. 330 f.

15 Urteil des Senats für Anwaltssachen vom 15.3.1976, AnwSt (R) 4/75 = NJW 1976, 1462.

16 A.a.O. 303.

17 Urteil des 2. Senats vom 22.2.1978, 2 StR 334/77 = NJW 1978, 1390.

18 A.a.O. 357.

den sei es allerdings nicht verwehrt, aus dem Tonband erkenntlichen Spuren nachzugehen und insoweit Ermittlungen zu führen.[19]

8. BGHSt 28, 122[20]: In dem zugrundeliegenden Fall war gegen zwei Beschuldigte wegen des Verdachts der Mitgliedschaft in einer kriminellen Vereinigung (§ 129 StGB) eine Maßnahme nach § 100a durchgeführt worden. Die hierdurch gewonnenen Erkenntnisse wurden in einem anderen Verfahren gegen einen der Beschuldigten sowie eine weitere Beschuldigte zum Nachweis von Straftaten, die nicht zu den Anlasstaten des § 100a zählen, in die Hauptverhandlung eingeführt.

Der BGH konkretisiert hier seine in BGHSt 26, 298 und BGHSt 27, 355 vertretene Rechtssprechung und verneint im Ergebnis ein Verwertungsverbot. Nachdem der Senat zunächst feststellt, dass die rechtlich einwandfreie Anordnung einer Maßnahme nach § 100a nicht bedeute, dass die so gewonnen Erkenntnisse ohne weiteres zum Nachweis einer jeden Straftat verwendet werden dürfen, stellt er klar, was unter der in BGHSt 26, 298, 303 verwendeten Formel, dass bei einer zulässig angeordneten Überwachung gewonnene Zufallsfunde, „die nicht im Zusammenhang mit einer Katalogtat stehen", nicht verwertet werden dürfen, zu verstehen sei. Diese Rechtssprechung sei dergestalt zu verstehen, „dass Erkenntnisse, die bei einer wegen des Verdachts eines Vergehens nach § 129 StGB angeordneten Telefonüberwachung gewonnen worden sind, auch zum Nachweis der Taten verwendet werden dürfen, von welchen bei der Anordnung der Maßnahme angenommen wurde, sie seien im Rahmen der kriminellen Vereinigung begangen worden, und zwar unabhängig davon, ob ein Vergehen nach § 129 StGB nachgewiesen werden kann. (...) Ausgeschlossen von der Verwertbarkeit bleiben nur Zufallserkenntnisse, die sich auf Handlungen außerhalb des Tätigkeitsbereichs der überwachten kriminellen Gruppe beziehen."[21] Die gewonnenen Erkenntnisse könnten auch in Verfahren gegen Dritte verwendet werden, wenn nur ein Zusammenhang mit dem Verdacht einer Katalogtat bestehe.

9. BGHSt 29, 244[22]: In dem zugrundeliegenden Verfahren wegen mehrerer Fälle einer Verletzung des Dienstgeheimnisses nach § 353b StGB wurden Beweismittel, die aus einer Wohnungsdurchsuchung stammten, die in einem anderen Verfahren wegen des Verdachts eines Vergehens nach § 353c Abs. 1 StGB durchgeführt worden war, in die Hauptverhandlung eingeführt. Zu der Wohnungsdurchsuchung war es aufgrund von Erkenntnissen gekommen, die aus einer präventiven Kommunikationsüberwachung nach § 1 G 10 erlangt worden waren.

---

19 A.a.O. 358.

20 Urteil des 3. Senats vom 30.8.1978, 3 StR 255/78 = NJW 1979, 990.

21 A.a.O. 127.

22 Urteil des 2. Senats vom 18. April 1980, 2 StR 731/79 = NJW 1980, 1700.

Der Senat setzt sich in diesem Urteil mit der Frage der Reichweite des in § 7 Abs. 3 G 10 verankerten Beweisverwertungsverbots auseinander. Nach dieser Vorschrift dürfen die durch die Maßnahmen erlangten Kenntnisse und Unterlagen nicht zur Erforschung und Verfolgung anderer als der in § 2 genannten Handlungen benutzt werden, es sei denn, dass sich aus ihnen tatsächliche Anhaltspunkte dafür ergeben, dass jemand eine andere der in § 138 StGB genannten Straftat zu begehen vorhat, begeht oder begangen hat. Der Senat führt aus, dass diese Vorschrift im Sinne einer Fernwirkung auszulegen sei, da der Gesetzgeber bei der Schaffung des G 10 die in Art. 10 Abs. 1 GG verbrieften Grundrechte nur insoweit habe einschränken wollen, als es ihm zur Abwehr von Staats- und Verfassungsfeinden sowie zur Bekämpfung der Schwerkriminalität unerlässlich schien.

10. BGHSt 31, 304[23]: Die Entscheidung betraf einen Fall, in dem ein V-Mann der Polizei den Beschuldigten auf Veranlassung des Polizeibeamten von dessen Diensttelefon aus anrief. Das Gespräch wurde auf Tonband aufgezeichnet. Derselbe Vorgang wiederholte sich später noch einmal. Eine Anordnung gemäß § 100a, 100b lag in beiden Fällen nicht vor. Die beiden Tonbandprotokolle wurden durch das Landgericht als Beweismittel herangezogen.

Der BGH bejaht hier ein Verwertungsverbot, da die Gespräche ohne Rechtfertigungsgrund aufgenommen worden seien. Eine Telekommunikationsüberwachungsanordnung nach §§ 100a, 100b sei notwendig gewesen. Darüber hinaus sei in der Verfahrensweise der Polizeibehörde „eine durch Täuschung bewirkte Provokation der fernmündlichen Selbstbelastung des Verdächtigen zu sehen, die in Verbindung mit der Umgehung der gesetzlich bestimmten richterlichen Zuständigkeit für die Anordnung der Aufzeichnungsmaßnahme insgesamt einen so schwerwiegenden Verfahrensverstoß darstellt, dass dem gewonnen Ergebnis die Verwertbarkeit versagt werden muss.“[24]

11. BGHSt 31, 296[25]: In dem zugrundeliegenden Fall wurde im Rahmen einer Maßnahme nach § 100a ein Gespräch zwischen dem Beschuldigten und seiner Ehefrau in dem gemeinsamen Einfamilienhaus abgehört und aufgezeichnet, was lediglich deshalb technisch möglich war, weil einer der Hausbewohner zuvor ein Telefongespräch geführt und nach dessen Abschluss den Hörer nicht ordnungsgemäß aufgelegt hatte.

23 Urteil des 4. Senats vom 17.3.1983, 4 StR 640/82 = NJW 1983, 1570.
24 A.a.O. 308.
25 Urteil des 2. Senats vom 16. März 1983, 2 StR 775/82 = NJW 1983, 1569.

Der Senat weist in einem obiter dictum darauf hin, dass ein Beweisverwertungsverbot entstanden sei. „Nach der Ansicht des Senats berührte die Aufzeichnung des ‚Raumgesprächs' den unantastbaren Bereich der privaten Lebensgestaltung, der unter dem absoluten Schutz des Grundrechts aus Artikel 2 Abs. 1 i.V.m. Artikel 1 Abs. 1 GG steht und auf den daher die öffentliche Gewalt nicht einwirken darf. (...) Selbst überwiegende Interessen der Allgemeinheit können einen Eingriff in den geschützten Kernbereich privater Lebensgestaltung nicht rechtfertigen; deshalb scheidet bei ihm eine Abwägung nach Maßgabe des Verhältnismäßigkeitsgrundsatzes aus (BVerfGE 34, 238, 245).“[26]

12. BGHSt 31, 395[27]: In dem dieser Entscheidung zugrunde liegenden Fall räumte der Beschuldigte gegenüber dem Polizeibeamten die Täterschaft ein, ohne zuvor nach § 136 Abs. 1 belehrt worden zu sein. Bei seiner späteren förmlichen Vernehmung und dem weiteren Verfahren hat er sich zur Sache nicht mehr eingelassen.

Der BGH hat hier ein Verwertungsverbot abgelehnt. § 136 enthalte kein Verwertungsverbot, § 136 a Abs. 3 S. 2 sei bei einem versehentlichen Unterlassen eines Hinweises auf das Schweigerecht nicht entsprechend anwendbar, da fahrlässige Verstöße keine bewusste Irreführung darstellen.[28]

13. BGHSt 32, 68[29]: In dem zugrundeliegenden Verfahren wegen Straftaten nach § 148 StGB waren die Ermittlungsbehörden durch die aus einer Maßnahme nach § 100a gewonnenen Erkenntnisse auf die Spur der Angeklagten gekommen. Diese hatten in der Hauptverhandlung Geständnisse abgelegt.

Der BGH führt hier unter Verweis auf BGHSt 31, 304, 309 aus, dass die durch die Telefonüberwachung gewonnenen Erkenntnisse nicht als Beweismittel verwendet werden durften, da § 148 StGB nicht zu den in § 100a genannten Anlasstaten gehöre und die Anordnung daher rechtswidrig gewesen sei. Eine Fortwirkung mit der Folge der Unverwertbarkeit der Geständnisse der Angeklagten komme jedoch nicht in Betracht, da nicht bewiesen sei, dass irgendwelche Vorhalte aus den Aufzeichnungen über die rechtswidrige Telefonüberwachung diese Geständnisse beeinflusst hätten. Der Umstand, dass erst die Telefonüberwachung auf die Spur der Angeklagten geführt habe, könne nicht zur Begründung einer Fernwirkung anerkannt werden, da sich ein ursächlicher Zusammenhang zwischen dem Verfahrensfehler und der schließlichen Überführung der Angeklagten im Sinne einer conditio sine qua non nicht sicher feststellen lasse.

---

26 A.a.O. 299 f.

27 Beschluss des 5. Senats vom 7.6.1983, 5 StR 409/81 = NJW 1983, 2205.

28 A.a.O. 399 f.

29 Urteil des 3. Senats vom 24.8.1983, 3 StR 163/83 = NJW 1984, 2772.

14. BGHSt 32, 345[30]: In dem zugrunde liegenden Fall hatte ein polizeilicher Lockspitzel sich über einen Zeitraum von mehreren Monaten hinweg mehrfach mit dem Beschuldigten in Kontakt gesetzt, ihn auch persönlich getroffen und ihm hohe Gewinne für die Beschaffung großer Mengen Kokain versprochen. Der Beschuldigte besorgte daraufhin eine größere Menge Kokain im Ausland und führte diese nach Deutschland ein.

In dieser grundlegenden Entscheidung setzt sich der BGH eingehend mit der früheren Rechtssprechung aller Senate zu diesem Problemkreis[31] auseinander und lehnt im Ergebnis mit beachtlichem Begründungsaufwand in einem obiter dictum die Annahme eines von Amts wegen zu beachtenden Verfahrenshindernisses als „schon vom Ansatz her zur Lösung der hier in Betracht kommenden Konflikte ungeeignet"[32] ab. Der Senat stellt zunächst fest, dass tatprovozierendes Verhalten polizeilicher Lockspitzel zwar nur innerhalb der durch das Rechtsstaatsprinzip gesetzten Grenzen hingenommen werden könne, im gegenständlichen Fall aufgrund der erforderlichen Gesamtwürdigung die entscheidende Frage, ob das tatprovozierende Verhalten des Lockspitzels ein solches Gewicht erlangt hat, dass demgegenüber der eigene Beitrag des Täters in den Hintergrund tritt, verneint werden müsse. Aber auch eine Überschreitung der Grenzen zulässigen Lockspitzeleinsatzes würde nicht zu einem Verfahrenshindernis eigener Art wegen „Verwirkung des staatlichen Strafanspruchs" führen. Als Verfahrenshindernisse kämen nur Umstände in Betracht, die nach dem ausdrücklich erklärten oder aus dem Zusammenhang ersichtlichen Willen des Gesetzes für das Strafverfahren so schwer wiegen, dass von ihrem Nichtvorhandensein die Zulässigkeit des Verfahrens im ganzen abhängig gemacht werden muss. Der Senat führt sodann beispielhaft eine Reihe von Verfahrensverstößen auf, die gerade kein Verfahrenshindernis zur Folge haben. Er betont außerdem, dass die Frage, ob ein polizeilicher Lockspitzel den Tatentschluss des Angeklagten unter Überschreitung rechtsstaatlicher Grenzen hervorgerufen hat, untrennbar mit der Schuld des Angeklagten verknüpft sei und deshalb sinnvollerweise nur nach umfassender Prüfung aller Umstände aufgrund einer Hauptverhandlung gefällt werden könne. Darüber hinaus beruhe die Annahme einer Verwirkung des staatlichen Strafanspruchs auf einer unzulässigen Übertragung zivilrechtlicher Kategorien auf das Strafrecht. „Die missverständliche Formulierung ‚Strafanspruch' täuscht darüber hinweg, dass es hier nicht um eine verwirkbare günstige Rechtsposition, sondern um eine Funktion des Staates, um seine Verpflichtung zum Rechtsgüterschutz durch die Verfolgung strafbarer Handlungen geht (...). Er kann von dieser Verpflichtung nicht

30 Urteil des 1. Senats vom 23.5.1984, 1 StR 148/84 = NJW 1984, 2300.

31 1. Senat: NJW 1980, 1761; StV 1981, 163; 2. Senat: NJW 1981, 1626; StV 1982, 221; NStZ 1982, 126 und 156; NStZ 1984, 78; 3. Senat: StV 1981, 276; 4. Senat: NStZ 1981, 70; 5. Senat: Urteil vom 26.2.1980, 5 StR 9/80; NStZ 1983, 80; Beschluss vom 20.12.1983, 5 StR 634/83.

32 BGHSt 32, 345, 350.

durch das Fehlverhalten einzelner in seinem Namen Handelnder freigestellt, geschweige denn an ihrer Erfüllung gehindert werden. (...) Die dem Schutz des Staates anvertrauten Rechtsgüter würden damit im Ergebnis zur Disposition des polizeilichen Lockspitzels gestellt, der seine Befugnisse überschreitet und damit den ihm vom Staat erteilten Auftrag missbraucht."[33] Schließlich fehle es auch an der Schutzwürdigkeit des Betroffenen, da der polizeiliche Lockspitzel sich nicht als Vertreter des Staates zu erkennen gebe und deshalb auch kein Vertrauen auf Straflosigkeit wecke. Die nachhaltige erhebliche Einwirkung des Lockspitzels auf den Täter sei vielmehr ein wesentlicher Strafmilderungsgrund.

15. BGHSt 33, 17[34]: In dem zugrunde liegenden Fall verständigte ein Polizeibeamter telefonisch den Beschuldigten von der bevorstehenden Verhaftung seiner ebenfalls beschuldigten Ehefrau. Hiervon unterrichtete der Beschuldigte alsbald seine Ehefrau. Dieses Gespräch wurde gemäß §§ 100a, 100b überwacht und die Aufzeichnung als Beweismittel in die Hauptverhandlung eingeführt.

Der BGH verneint hier ein Verwertungsverbot. Er führt aus, dass vielfältige Gestaltungsmöglichkeiten denkbar seien, auf welche Weise die Polizei in Kenntnis der Überwachung Schritte unternehme, die den Beschuldigten veranlassen, selbstbelastende Ferngespräche zu führen. Im gegenständlichen Fall habe sich der Polizeibeamte jedoch keines der in § 136a genannten Mittel bedient, sondern sich lediglich die bestehende Telefonüberwachung zunutze gemacht.

16. BGHSt 34, 39 („Schleier")[35]: Aufgrund einer auf § 81b gestützten richterlichen Anordnung zeichneten Ermittlungsbeamte das Eingangsgespräch, das der Beschuldigte in der Justizvollzugsanstalt führte, ohne dessen Wissen auf Tonband auf, um diese Aufnahmen zur Erstellung eines auditiv-linguistischen Gutachtens zu verwenden. Die Aufnahmen wurden gegen den Willen des Angeklagten in die Hauptverhandlung eingeführt.

Der BGH bejaht hier ein Verwertungsverbot, da es sich um ein vom Tatrichter in gesetzwidriger Weise gewonnenes Beweismittel handle, das er auf legalem Wege im Zeitpunkt der Verwertung nicht hätte erlangen können.[36] Eine gesetzliche Ermächtigungsgrundlage für den Eingriff habe nicht bestanden und sei insbesondere nicht in § 81b zu sehen, da diese Vorschrift dem Beschuldigten lediglich Duldungs- und Verhaltenspflichten abverlange, nicht aber, an der Aufklärung des Sachverhalts

33 A.a.O. 353.
34 Urteil des 1. Senats vom 9.5.1985, 1 StR 63/85 = NJW 1986, 390.
35 Urteil des 3. Senats vom 9.4.1986, 3 StR 551/85 = NJW 1986, 2261.
36 A.a.O. 43.

aktiv mitzuwirken.[37] Der BGH verweist in diesem Zusammenhang auf die Rechtsprechung des Bundesverfassungsgerichts, dass der Zwang, durch eigene Aussagen die Voraussetzungen für eine strafgerichtliche Verurteilung liefern zu müssen, unzumutbar und mit der Würde des Menschen nicht vereinbar sei (BVerfGE 56, 37, 49). Bemerkenswert ist, dass der Senat in einem obiter dictum darauf hinweist, dass die heimliche Tonbandaufzeichnung einer *förmlichen* Vernehmung des Beschuldigten zum Zweck der Stimmidentifizierung nicht von vornherein als unzulässig angesehen werden könne, da der Beschuldigte in diesem Fall vor der Vernehmung über sein Schweigerecht belehrt werden müsste.[38]

17. BGHSt 34,362[39]: In dem zugrunde liegenden Fall wurde auf Veranlassung des Polizeibeamten ein Mithäftling in die Zelle des Beschuldigten, der sich in Untersuchungshaft befand, verlegt, um beweisrelevante Informationen von diesem zu erlangen. Der Mitgefangene sagte in der Hauptverhandlung über die Angaben des Angeklagten als Zeuge aus.

Der BGH hat hier ein Verwertungsverbot gemäß § 136a Abs. 3 S. 2 bejaht, da die Ermittlungsbehörden das an sich zulässige Zwangsmittel der Untersuchungshaft zu einem prozessordnungswidrigen Zweck ausgenutzt hätten, um die Freiheit der Willensentschließung des Beschuldigten zu beeinträchtigen. Eine Fernwirkung des Verwertungsverbots wird ausdrücklich abgelehnt.[40]

18. BGHSt 34, 397[41]: In dem zugrunde liegenden Fall ging es um Tagebuchaufzeichnungen des Beschuldigten, in denen dieser sich mit seinem „Problem, keinen Kontakt zu Frauen zu finden“ und seiner von ihm selbst so empfundenen „Spannung“, vor der Begehung schwerster Straftaten zu stehen, auseinandersetzt. Der Beschuldigte hatte sich mit der Sicherstellung der Schriftstücke durch die Polizeibeamten einverstanden erklärt. Inhalte der Aufzeichnungen hatte er vor der Begehung der Tat bereits in mehreren Gesprächen mit einem Gutachter erörtert. Den Inhalt dieser Erörterungen und die ihnen zugrunde liegenden Notizen hatte das Gericht durch die zeugenschaftliche Vernehmung des Gutachters als Sachverständigen in die Hauptverhandlung eingeführt.

Der Senat lehnt ein Verwertungsverbot ab. Im Anschluss an BGHSt 19, 325 betont er zunächst, dass Aufzeichnungen, die Straftäter über ihre Taten und Opfer fertigen, nicht den Beweis- und Verwertungsverboten unterliegen. Um solche Auf-

37 A.a.O. 44 ff.
38 A.a.O. 52.
39 Urteil des 5. Senats vom 28.4.1987, 5 StR 666/86 = NJW 1988, 1037.
40 A.a.O. 364.
41 Urteil des 4. Senats vom 9.7.1987, 4 StR 223/87 = NJW 1988, 1037.

zeichnungen habe es sich hier allerdings nicht gehandelt. Allerdings führe die gebotene Abwägung zwischen den Persönlichkeitsrechten einerseits und den Belangen der Strafrechtspflege andererseits angesichts des schweren Tatvorwurfs des Mordes, dessen der Angeklagte verdächtig sei und angesichts der Tatsache, dass die Tagebuchaufzeichnungen für die Entscheidung von nicht unerheblicher Bedeutung waren, zur Zulässigkeit ihrer Verwertung.

19. BGHSt 36, 167[42]: In dem zugrunde liegenden Fall hatte das Landgericht die Einführung einer von einem Zeugen heimlich erstellten Videoaufnahme abgelehnt, auf der der Angeklagte gegenüber dem Zeugen einräumte, an einem Dritten einen Geldbetrag dafür zu zahlen, dass dieser die Videothek eines Konkurrenten in Brand setze. Im Ermittlungsverfahren hatte sich der Angeklagte schriftlich bereit erklärt, diese Videokassette gemeinsam mit den Polizeibeamten anzusehen und anzuhören, nachdem er darauf hingewiesen worden war, dass sie als Beweismittel für die ihm zur Last gelegte Anstiftung zur schweren Brandstiftung dienen könne.

Der BGH hat hier ein Verwertungsverbot unter Hinweis auf die notwendige Abwägung zwischen dem öffentlichen Interesse an einer möglichst vollständigen Wahrheitsermittlung gerade bei der Aufklärung schwerer Straftaten und dem schutzwürdigen Interesse des Angeklagten an der Nichtverwertung einer unter Verletzung seines Persönlichkeitsrechts hergestellten Tonbandaufnahme abgelehnt. Die Tonbandverwertung diene der Aufklärung einer „aus hemmungsloser Eigensucht“ begangenen, Leib und Leben anderer gefährdenden hochkriminellen Tat. Nachdem alle anderen Beweismöglichkeiten erschöpft seien, komme das Abspielen des Tonbands nicht nur zur Überführung des Angeklagten, sondern in gleicher Weise als Beweismittel für einen Freispruch des Angeklagten in Betracht.

20. BGH NStZ 1989, 375 („Weimar“)[43]: In dem zugrundeliegenden Fall hatten die Ermittlungsbeamten aufgrund eines richterlichen Durchsuchungs- und Beschlagnahmebeschlusses die Wohnung der Beschuldigten durchsucht und Gegenstände beschlagnahmt, sodann die Wohnung versiegelt und am folgenden Tag nach Entfernung der Siegel die Wohnung erneut durchsucht und Gegenstände beschlagnahmt, die als Beweismittel in die Hauptverhandlung eingeführt wurden.

Nachdem der Senat zunächst feststellt, dass der Durchsuchungsbeschluss mit dem Versiegeln der Wohnung nicht erledigt gewesen, sondern die Durchsuchung vielmehr nur unterbrochen worden sei, führt er in einem obiter dictum aus, dass auch die Erforderlichkeit eines weiteren Beschlusses und das Fehlen eines solchen kein Beweisverwertungsverbot begründet hätte. Der Rechtsmangel habe lediglich

---

42 Urteil des 3. Senats vom 12.4.1989, 3 StR 453/88 = NJW 1989, 2760.

43 Urteil des 2. Senats vom 15. Februar 1989, 2 StR 402/88.

darin bestanden, dass die zweite Durchsuchung ohne einen sie anordnenden Durchsuchungsbefehl stattgefunden hatte. Dieser Mangel löse jedenfalls dann kein Verwertungsverbot aus, wenn dem Erlass der Durchsuchungsanordnung rechtliche Hindernisse nicht entgegen gestanden hätten und die tatsächlich sichergestellten Gegenstände als solche der Verwertung als Beweismittel rechtlich zugänglich waren.

21. BGHSt 38, 214[44]: In dem zugrunde liegenden Fall hat das Amtsgericht den Angeklagten aufgrund einer Aussage verurteilt, die er gegenüber einem Polizeibeamten abgegeben hatte, ohne zuvor nach § 163 a Abs. 4 S. 2, § 136 Abs. 1 S. 2 belehrt worden zu sein. Der Angeklagte hatte sich später nicht mehr zur Sache geäußert.

Der BGH hat hier ein Verwertungsverbot bejaht. Der Beschuldigte sei bei der ersten Vernehmung durch die Polizei, verglichen mit den Verhältnissen der Hauptverhandlung, nicht in geringerem, sondern eher in größerem Maße der Gefahr ausgesetzt, sich unbedacht selbst zu belasten.[45] Das Verwertungsverbot gelte ausnahmsweise nicht, wenn der Beschuldigte sein Recht zu Schweigen bereits gekannt hat.[46] Ein Verwertungsverbot bestehe ferner nicht, wenn der verteidigte Angeklagte der Verwertung in der Hauptverhandlung nicht widerspreche.[47]

22. BGHSt 39, 335[48]: In dem zugrunde liegenden Fall wurde das Urteil auf die Aussage eines Polizeibeamten gestützt, der ein von seinem Dienstapparat aus geführtes Telefongespräch, das auf seine Veranlassung von einer Zeugin mit dem Beschuldigten geführt worden war, um beweisrelevante Informationen zu erlangen, über einen Zweithörer mitgehört hatte.

Der BGH lehnt hier ein Verwertungsverbot ab. Nachdem er ausführlich die Nichtanwendbarkeit der §§ 100a, 100b begründet, führt er aus, dass das Urteil nicht in Widerspruch zu BGHSt 34, 39 stehe, weil sich zwar grundsätzlich niemand der Aufzeichnung seines nicht öffentlich gesprochenen Worts zu versehen brauche, ein Fernsprechteilnehmer aber regelmäßig mit der Einbeziehung eines Mithörers durch seinen Gesprächspartner rechnen müsse und sein Vertrauen darauf, dass kein Dritter, insbesondere auch kein Polizeibeamter, „am anderen Ende" mithöre, demnach keinen rechtlichen Schutz genieße. Die Heimlichkeit polizeilicher Mitwirkung und Initiative sei kein Umstand, der für sich allein schon die Unzulässigkeit eines derartigen Verfahrens begründe. Die Grenze strafprozessual und rechtsstaatlich zulässigen Handelns der Polizei sei erst dort überschritten, wo zu der Heimlichkeit des Vorge-

44 Beschluss des 5. Senats vom 27.2.1992, 5 StR 1990/91 = NJW 1992, 1463.
45 A.a.O. 221.
46 A.a.O. 224 f.
47 A.a.O. 225 f.
48 Urteil des 2. Senats vom 8.10.1993, 2 StR 400/93 = NJW 1994, 596.

hens der Gebrauch unlauterer, von der Rechtsordnung missbilligter Mittel hinzukomme.[49]

23. BGHSt 38, 372[50]: In der zugrunde liegenden Entscheidung wurde dem Beschuldigten, nachdem er gemäß § 136 Abs. 1 belehrt worden war und erklärt hatte, Angaben zu machen, zuvor aber mit seinem Verteidiger sprechen wolle, durch den Polizeibeamten die Kontaktaufnahme mit dem Verteidiger mit der Begründung verweigert, der Beschuldigte müsse selbst wissen, ob er aussagen wolle oder nicht, diese Entscheidung könne ihm der Verteidiger nicht abnehmen. Außerdem erklärte der Beamte, der Beschuldigte werde solange vernommen, „bis Klarheit herrsche". Der Beschuldigte bestand daraufhin nicht mehr auf einer Rücksprache mit seinem Verteidiger und legte ein Geständnis ab.

Der BGH bejaht ein Verwertungsverbot. Die Möglichkeit, sich des Beistandes eines Verteidigers zu bedienen, gehöre zu den wichtigsten Rechten des Beschuldigten, denn dadurch werde sicher gestellt, dass der Beschuldigte nicht nur Objekt des Strafverfahrens ist, sondern zur Wahrnehmung seiner Rechte auf den Gang und das Ergebnis des Strafverfahrens Einfluss nehmen kann. Nur ein Verwertungsverbot könne die Einhaltung dieses für den Beschuldigten äußerst wichtigen Rechts gewährleisten. Der BGH betont, dass die Entscheidung für oder gegen ein Verwertungsverbot aufgrund einer umfassenden Abwägung zu treffen sei. Der BGH bejaht darüber hinaus eine Fortwirkung des Verwertungsverbots, solange sich die Vernehmungssituation nicht deutlich und für den Beschuldigten zweifelsfrei erkennbar dahingehend ändert, dass er nicht mehr davon ausgehen müsse, die Durchsetzung seiner Rechte werde ihm weiterhin verwehrt.

24. BGHSt 40, 66[51]: In dem zugrunde liegenden Fall wurde der Zeugin die Gelegenheit gegeben, ohne Wissen des Beschuldigten ein zwischen diesem und dem Polizeibeamten im Polizeirevier geführtes Gespräch durch eine geöffnete Tür aus dem Nachbarzimmer mitzuhören. Aufgrund der Erklärung der Zeugin, dass es sich bei der Stimme des Angeklagten um die Stimme des Täters handle, verurteilte das Landgericht den Angeklagten.

Der BGH hat hier in einem obiter dictum darauf hingewiesen, dass der durchgeführte Stimmenvergleich nicht ohne weiteres einem Verwertungsverbot unterliege. Unter Hinweis auf BGHSt 34, 39 weist der Senat darauf hin, dass der Beschuldigte zwar nicht verpflichtet sei, an der Aufklärung des Sachverhalts aktiv mitzuwirken und zur eigenen Überführung tätig zu werden. Unzulässig sei aber nicht jede heimli-

49 A.a.O. 346 f.

50 Urteil des 4. Senats vom 29.10.1992, 4 StR 126/92 = NJW 1993, 338.

51 Urteil des 4. Senats vom 24. 2.1994, 4 StR 317/93 = NJW 1994, 1807.

che „Stimmengegenüberstellung", sondern nur diejenige, die mittels Täuschung herbeigeführt werde. Eine solche Täuschung könnte etwa dann gegeben sein, wenn die Zeugin die Gelegenheit zum Mithören erhalten hätte, nachdem der Angeklagte seine freiwillige Beteiligung an einer Stimmprobe ausdrücklich abgelehnt hätte oder wenn das Gespräch mit dem Angeklagten, entgegen dem ihm mitgeteilten Zweck, in Wirklichkeit nur in der Absicht durchgeführt worden wäre, der Zeugin eine Gelegenheit zum Mithören zu verschaffen.[52] Bemerkenswert ist, dass sich das Urteil nicht zu der Frage verhält, ob es sich um eine förmliche Vernehmungssituation gehandelt hat (vgl. BGHSt 34, 39, 52).

25. BGH NJW 1994, 1970[53]: Der Ermittlungsrichter beim BGH hatte die Beschlagnahme von Tagebüchern des Beschuldigten angeordnet, der der geheimdienstlichen Agententätigkeit dringend verdächtig war.

Auf die Beschwerde des Beschuldigten hob der Senat die Beschlagnahme auf. Die Verwertung der Tagebücher sei nicht durch ein überwiegendes Interesse der Allgemeinheit gerechtfertigt. Anders als in BVerfGE 80, 367 werde dem Beschuldigten „lediglich ein deutlich weniger gewichtiges Vergehen der geheimdienstlichen Agententätigkeit vorgeworfen. (...) Der Senat bewertet den Schutz dieser verschlossen aufbewahrten Niederschriften mit ihrem Inhalt höchstpersönlichen Charakters vor staatlichem Zugriff und vor einer Auswertung durch Strafverfolgungsorgane zur Verwendung im Strafverfahren gegen den Verfasser höher als die Erkenntnisse, die sich für die dem Angeschuldigten vorgeworfene Straftat aus seinen Notizen ergeben mögen."

26. BGH NJW 1994, 3364[54]: In dem dieser Entscheidung zugrunde liegenden Fall wurde eine Aussage, die ein Beschuldigter ohne die nach §§ 163a, 136 erforderliche Belehrung gemacht hatte, zu Lasten eines Mitbeschuldigten verwertet.

Der BGH hat das Vorliegen eines Verwertungsverbotes verneint. Das Fehlen einer Belehrung über die Beschuldigtenrechte bezwecke ausschließlich den Schutz des jeweils betroffenen Beschuldigten und diene damit nicht den Interessen von Mitbeschuldigten und Mitangeklagten. Der BGH kehrt hier ausdrücklich zu der zu § 55 entwickelten Rechtskreistheorie zurück.

27. BGH NStZ 1996, 200[55]: In dem zugrunde liegenden Fall hatte ein Polizeibeamter ein Telefonat zwischen einem Zeugen und dem Beschuldigten veranlasst, das

52 A.a.O. 70 ff.
53 Beschluss des 3. Senats vom 30.3.1994, StB 2/94.
54 Urteil des 3. Senats vom 10.8.1994, 3 StR 53/94.

durch einen weiteren Zeugen – den Dolmetscher – mittels eines Zweithörers mitgehört wurde. Die Aussage des Dolmetschers wurde als Beweismittel in die Hauptverhandlung eingeführt.

Der BGH bejaht hier ein Verwertungsverbot unter Hinweis auf seine Rechtsprechung in BGHSt 38, 214 und führt aus, dass die dort aufgestellten Grundsätze sinngemäß auch dann Geltung fänden, wenn V-Leute gezielt zur Befragung des Beschuldigten über eine abgeschlossene Straftat eingesetzt werden und Polizeibeamte diese Befragung mithören oder mithören lassen, jedenfalls dann, wenn der V-Mann, wie im gegenständlichen Fall, straff geführt und überwacht unmittelbar auf Weisung der Ermittlungsbehörden handelt. Die Polizei bediene sich in einem solchen Fall einer Privatperson, durch die sie den Beschuldigten „aushorche"; sie handle in Wahrheit selbst. Das in BGHSt 39, 335, 347 herangezogene Argument, der Beschuldigte könne über die Freiwilligkeit seiner Äußerungen gegenüber einer Privatperson nicht im Zweifel sein, weshalb er in seinem Schweigerecht nicht verletzt sei, lässt der Senat nicht gelten. Entscheidend sei, ob der Beschuldigte von seinem ihm durch die Verfassung garantierten Recht, gegenüber Ermittlungsbehörden zu einem strafrechtlichen Vorwurf schweigen zu dürfen, Gebrauch machen könne oder nicht. Bei einer gezielten, polizeilich veranlassten und überwachten Befragung durch einen V-Mann bestehe diese Möglichkeit nicht, da diese V-Person von den Ermittlungsbehörden mit Informationen ausgestattet werden könne, die das gezielte Aushorchen des Beschuldigten ermöglichen oder fördern und die V-Person in die Lage versetzt werden kann, wie in einer Vernehmung gleichsam Vorhalte zu machen und durch ihre Kenntnis von Einzelheiten das Gespräch in bestimmte Richtungen zu treiben.[56]

28. BGHSt 42, 139[57]: In dieser grundlegenden Entscheidung hat der Große Senat über den vorgenannten Fall zu entscheiden gehabt, der bereits den 5. Senat in seinem Vorlagebeschluss vom 20.12.1995 beschäftigt hatte.

Der Große Senat hat hier keinen Verstoß gegen Verfahrensvorschriften gesehen, der ein Beweisverwertungsverbot zur Folge haben könnte. Jedenfalls wenn es um die Aufklärung einer Straftat von erheblicher Bedeutung gehe und die Erforschung des Sachverhalts unter Einsatz anderer Ermittlungsmethoden erheblich weniger Erfolg versprechend oder wesentlich erschwert gewesen wäre, liege auch keine Verletzung allgemeiner, der Strafprozessordnung übergeordneter und sie ergänzender rechtsstaatlicher Grundsätze vor.[58] Durch die Belehrung nach § 136 Abs. 1 solle gegenüber dem Beschuldigten eindeutig klargestellt werden, dass es ihm freistehe, nicht auszu-

55 Beschluss des 5. Sentas vom 20.12.1995, 5 StR 680/94.
56 A.a.O. 201.
57 Urteil des Großen Senats vom 13.5.1996, GsSt 1/96 = NJW 1996, 2940.
58 A.a.O. 145.

sagen, obwohl ihn ein Richter, Staatsanwalt oder Polizeibeamter in amtlicher Eigenschaft befragt. Das Belehrungsgebot würde den Beschuldigten vor der irrtümlichen Annahme einer Aussagepflicht bewahren, zu der er möglicherweise durch die Konfrontation mit dem amtlichen Auskunftsverlangen veranlasst werden könnte. Bei dem Gespräch mit einer Privatperson könne demgegenüber von einem Zwang des Beschuldigten, gegen sich auszusagen, keine Rede sein, da er sich nicht zu einer Äußerung verpflichtet fühle.[59] Das Vorgehen der Polizeibehörden stelle auch keine verbotene Täuschung im Sinne des § 136a Abs. 1 dar. „Die Ausgestaltung der Vernehmung als eines ‚offenen' Vorgangs durch die Strafprozessordnung ist nicht Ausdruck eines dem Gesetz als allgemeines Prinzip zugrunde liegenden Grundsatzes, nach dem Ermittlungen im allgemeinen und speziell Befragungen des Beschuldigten nicht heimlich, das heißt ohne Aufdeckung der Ermittlungsabsicht, erfolgen dürften. (….) Die Heimlichkeit eines polizeilichen Vorgehens ist kein Umstand, der nach der StPO für sich allein schon die Unzulässigkeit der ergriffenen Maßnahmen begründet (…). Ein ‚Grundsatz der Offenheit staatlichen Handelns' (…) lässt sich den das Ermittlungsverfahren regelnden Vorschriften des Gesetzes nicht entnehmen."[60] Durch das Mithören des Zeugen über einen Zweithörer sei auch das Recht auf informationelle Selbstbestimmung des Beschuldigten nicht verletzt, da „unter den heutigen Verhältnissen grundsätzlich jedermann damit rechnen (muss), dass sein Telefongespräch mittels eines Zweithörers oder auf andere Weise Dritten unmittelbar zugänglich ist."[61] Der Große Senat schließt seine Argumentation mit der prägnanten Formulierung: „Das allgemeine Risiko, aufgrund von Angaben überführt zu werden, die er einem anderen im Vertrauen auf dessen Verschwiegenheit gemacht hat, kann und muss das Strafprozessrecht dem Täter auch aus übergeordneten rechtsstaatlichen Gründen nicht abnehmen."[62] Anschließend wird diese deutliche Äußerung allerdings noch einmal mit dem Hinweis relativiert, dass etwaige, sich aus dem Grundsatz des fairen Verfahrens ergebende rechtsstaatliche Bedenken im Rahmen der gebotenen Abwägung jedenfalls bei einer Straftat von erheblicher Bedeutung gegenüber der Pflicht des Rechtsstaats zur effektiven Strafverfolgung nicht durchgreifen könnten.[63]

29. BGHSt 42, 15[64]: In dem zugrunde liegenden Fall wurde der Beschuldigte zunächst nach § 136 Abs. 1 ordnungsgemäß belehrt und erklärte daraufhin, zur Aussage bereit zu sein, äußerte jedoch wegen der Schwere des Tatvorwurfs den Wunsch nach einem Rechtsbeistand. Dem der deutschen Sprache nur eingeschränkt mächtigen Beschuldigten wurde daraufhin von dem Polizeibeamten das Branchentelefon-

59 A.a.O. 147 f.
60 A.a.O. 150.
61 A.a.O. 154.
62 A.a.O. 156.
63 A.a.O. 157.
64 Urteil des 5. Senats vom 12.1. 1996, 5 StR 756/94 = NJW 1996, 1547.

buch, in dem die zugelassenen Rechtsanwälte verzeichnet sind, zur Verfügung gestellt. Davon machte der Beschuldigte zunächst keinen Gebrauch. Der spätere Versuch, einen die Sprache des Beschuldigten sprechenden Rechtsanwalt zu erreichen, scheiterte. Darüber hinaus leisteten die Polizeibeamten dem Beschuldigten keine weitergehende Hilfe, insbesondere unterrichteten sie ihn nicht darüber, dass ein anwaltlicher Notdienst telefonisch erreichbar gewesen ist.

Der BGH hat hier im Anschluss an die BGHSt 38, 372 aufgestellte Grundsätze in Verwertungsverbot angenommen. „Verlangt der Beschuldigte nach der Belehrung, vor der Vernehmung einen Verteidiger zu sprechen, so ist die Vernehmung zu diesem Zweck sogleich zu unterbrechen (...). Will der Polizeibeamte in einem solchen Fall die Vernehmung fortsetzen, so ist dies ohne vorangegangene Konsultation eines Verteidigers nur zulässig, wenn sich der Beschuldigte ausdrücklich nach erneutem Hinweis auf sein Recht auf Zuziehung eines Verteidigers mit der Fortsetzung der Vernehmung einverstanden erklärt. Dem müssen allerdings ernsthafte Bemühungen des Polizeibeamten vorausgegangen sein, dem Beschuldigten bei der Herstellung des Kontakts zu einem Verteidiger in effektiver Weise zu helfen. All dies ist geboten, weil der Beschuldigte vielfach, insbesondere im Falle einer Festnahme, durch die Ereignisse verwirrt und durch die ungewohnte Umgebung bedrückt und verängstigt ist (BGHSt 38, 214, 222).“[65] Die Begründung der notwendigen Konsequenz eines Verwertungsverbots stützt der BGH zunächst wiederum auf den Abwägungsgedanken, erklärt aber wenige Zeilen später: „Indessen erscheint es nicht möglich, bei der Verletzung des Rechts auf den Zugang zum Verteidiger nach den Umständen und dem Inhalt der Aussage zwischen Fällen verschiedenen Gewichts zu unterscheiden.“[66] Eine Abwägung ist in solchen Fällen also unabhängig von dem Gewicht der Aussage – im gegenständlichen Fall ging es um Äußerungen zu einem Mord – nicht angezeigt.

30. BGHSt 42, 103[67]: In dem gegenständlichen Fall hatte der Amtsrichter die Zustimmung zum Betreten von Wohnungen durch den verdeckten Ermittler gemäß § 110b Abs. 2 Nr. 2 StPO irrtümlich auf § 110a Abs. 1 Nr. 4 StPO anstelle von § 110a Abs. 1 Nr. 1 StPO gestützt und diesen außerdem nicht mit einer eigenständigen Begründung versehen.

Der BGH lehnt ein Verwertungsverbot ab, da die richterliche Zustimmung nicht als willkürlich oder unvertretbar bezeichnet werden könne. Hinsichtlich der formelhaften Begründung führt der 1. Senat aus, dass gegen die Verwendung von Formularen und die Bezugnahme des Richters auf den polizeilichen Antrag nichts einzuwenden sei. Es müsse lediglich deutlich werden, dass ein richterlicher

65 A.a.O. 19.
66 A.a.O. 21.
67 Beschluss vom 23.3.1996, 1 StR 685/95 = NJW 1996, 2518.

Abwägungsprozess, eine Einzelfallprüfung auf der Grundlage sämtlicher für den Eingriff relevanter Erkenntnisse stattgefunden habe. Die Heranziehung der falschen Alternative des § 110a Abs. 1 S. 1 sei unschädlich. Entscheidend sei, dass die Voraussetzungen des § 110a Abs. 1 S. 1 Nr. 1 vorgelegen hatten.[68]

31. BGHSt 42, 170[69]: In dem dieser Entscheidung zugrunde liegenden Fall hatte sich der Beschuldigte nach ordnungsgemäßer Belehrung gemäß § 136 Abs. 1 insgesamt drei mal auf sein Recht berufen, Angaben ohne Hinzuziehung eines Verteidigers zu verweigern, sich dann aber doch bereit gefunden, zunächst Angaben zu seiner Person und schließlich auch zur Sache zu machen, nachdem er wegen der Vernehmung zur Nachtzeit keinen Verteidiger erreichen konnte.

Der BGH hat hier ein Verwertungsverbot abgelehnt. In ausdrücklicher Abkehr von den in BGHSt 42, 15 vertretenen Grundsätzen betont der Senat, dass er ohne Einschränkung an dem Erfordernis einer Abwägung der im Rechtsstaatsprinzip angelegten gegenläufigen Gebote und Ziele festhalte. Der Beschuldigte sei im gegenständlichen Fall ordnungsgemäß über seine Rechte aufgeklärt worden und habe nach mehrmaliger Unterbrechung der Vernehmung lediglich aus seiner Sicht entlastende Angaben gemacht. „Diese Angaben mussten die vernehmenden Beamten entgegennehmen, wollten sie nicht sein Recht, sich zu verteidigen, verletzen.“[70] Selbst wenn man die Vorgehensweise der Vernehmungsbeamten als verfahrensfehlerhaft ansehen sollte, wöge eine Verletzung der Beschuldigtenrechte nicht so schwer, dass daraus ein Verwertungsverbot folgen müsste. Der Senat betont, „dass ein im vollen Besitz seiner geistigen Kräfte befindlicher Beschuldigter (...) selbst und frei entscheiden kann und muss, inwieweit er die in der Belehrung eröffneten Rechte für sich in Anspruch nehmen will.“[71]

32. BGHSt 44, 46[72]: In dem zugrunde liegenden Fall hatten die Ermittlungsbehörden in der Zelle des inhaftierten Beschuldigten dessen handschriftliche Unterlagen beschlagnahmt, die Darstellungen des Sachverhalts, Überlegungen zu in Betracht kommenden Strafvorschriften, zur erheblich verminderten Schuldfähigkeit und sonstigen Möglichkeiten der Strafmilderung enthielten und in denen der Beschuldigte sich auch zur Tat äußerte.

68 Die Frage, ob die Nichtbeachtung des Richtervorbehalts aus § 110b Abs. 2 Nr. 2 ein Beweisverwertungsverbot zur Folge haben kann, liegt auch dem Urteil des 1. Senats vom 6. Februar 1997, 1 StR 527/96 = NJW 1997, 1516 zugrunde. Einer Beantwortung dieser Frage wird dort aber ausgewichen, indem der Senat erklärt, dass das zugrundeliegende Urteil auf dem von der Revision behaupteten Rechtsfehler nicht beruhe.

69 Urteil des 1. Senats vom 21.5.1996, 1 StR 154/96 = NJW 1996, 2242.

70 A.a.O. 173.

71 A.a.O. 171.

72 Urteil des 3. Senats vom 25.2.1998, 3 StR 490/97 = NJW 1998, 1963.

Der BGH hat in Analogie zu § 97 Abs. 1 ein Beschlagnahme- und Verwertungsverbot für solche Unterlagen, die sich ein Beschuldigter erkennbar zu seiner Verteidigung in dem gegen ihn laufenden Strafverfahren anfertigt, bejaht. „Das Verteidigungsrecht des Beschuldigten würde in erheblichem Maße beeinträchtigt, wenn seine Verteidigungsunterlagen beschlagnahmt und anschließend zu seinen Lasten verwertet werden könnten. Insbesondere in Verfahren, denen komplexe Sachverhalte zugrunde liegen, wird der Beschuldigte für die Vorbereitung und Durchführung seiner Verteidigung schriftliche Aufzeichnungen als Gedächtnisstütze benötigen. Stünden solche Unterlagen dem Zugriff der Ermittlungsbehörden offen, so wäre der Beschuldigte praktisch nicht in der Lage, Erwägungen über eine zweckmäßige Verteidigung gegenüber dem Anklagevorwurf oder ein aus seiner Sicht zweckmäßiges Prozessverhalten schriftlich niederzulegen, ohne befürchten zu müssen, dass seine Aufzeichnungen in die Hände der Ermittlungsbehörden geraten und später gegen ihn verwandt werden können. Er wäre damit an einer sachgerechten Verteidigung gehindert." Der Beschuldigte unterliege „in der Vorbereitung und Konzeption seiner Verteidigung, solange er damit nicht rechtswidrige Taten begeht oder plant, keinen Beschränkungen."[73]

33. BGHSt 44, 129[74] („Wahrsagerin"): In dem zugrunde liegenden Fall wurde die Beschuldigte, die sich in Untersuchungshaft befand, von einer Mitgefangenen – der späteren Zeugin – dazu gebracht, sich ihr rückhaltlos über ihre Tat zu offenbaren, indem die Zeugin ihr vorspiegelte, sie könne durch ihre „übersinnlichen Kräfte" die Strafverfolgungsbehörden so beeinflussen, dass die Beschuldigte ein mildes Urteil erhalten oder freigesprochen werde und indem sie ihr, falls sie sich nicht rückhaltlos offenbare, die Rache „höherer Mächte" androhte. Ihren eigenen Angaben zufolge hatte die Zeugin bereits seit mehreren Jahren mit der Polizei zusammengearbeitet.

Der BGH hat hier, in weiterer Ausdifferenzierung der in BGHSt 42, 139 entwickelten Rechtssprechung, ein Verwertungsverbot bejaht, wobei er ausführlich auf die Zurechenbarkeit des Verhaltens privater Personen zu staatlichem Handeln eingeht. § 136a finde entsprechende Anwendung, da die Zeugin die Beschuldigte unter den besonderen Bedingungen der Untersuchungshaft ausgeforscht habe und sich die staatlichen Behörden ihr Verhalten daher zurechnen lassen müssten. Unerheblich sei dabei, ob – wie in BGHSt 34, 362 – die Ermittlungsbehörden einen Mithäftling, der den Auftrag hat, den Beschuldigten über die diesem zur Last gelegte Tat auszuforschen, in einen so engen Kontakt mit dem Beschuldigten bringen, dass dessen Möglichkeit, sich der Einflussnahme des „Polizeispitzels" zu entziehen, maßgeblich eingeschränkt wird, oder ob die Zeugin von sich aus tätig geworden sei. Aus dem besonderen Gewaltverhältnis, in dem sich Untersuchungsgefangene befinden, ergebe

73 A.a.O. 49 f.
74 Urteil des 5. Senats vom 21.7.1998, 5 StR 302/97 = NJW 1998, 3506.

sich jedenfalls eine Verpflichtung der staatlichen Behörden, einer Ausforschung von Gefangenen durch Informanten, die sich hiervon Vorteile versprechen, entgegen zu wirken und die Gefangenen vor massiven Eingriffen in die Freiheit selbstbestimmten Verhaltens, denen sie infolge der Haftsituation nur begrenzt ausweichen können, zu schützen.[75]

34. BGHSt 44, 243[76]: In dem zugrundeliegenden Fall wurden mit technischen Mitteln nach § 100c Abs. 1 Nr. 2 a.F. Gespräche zwischen den Beschuldigten in deren PKW über die im Anordnungsbeschluss vorgesehene Befristung hinaus abgehört und aufgezeichnet, weil die Befristung versehentlich unbeachtet geblieben war.

Der Senat hat ein Verwertungsverbot für die nach Ablauf der Befristung gewonnenen Erkenntnisse abgelehnt. Angesichts der Bedeutung des Schutzes der Privatsphäre und des Rechts am eigenen Wort komme Verfahrensverstößen bei Abhörmaßnahmen nach § 100a und § 100c StPO zwar besonderes Gewicht zu, das es nahe lege, ein Beweisverwertungsverbot anzunehmen, wenn die Abhörmaßnahme ohne richterliche Anordnung durchgeführt wird. Im gegenständlichen Fall sei die Abhörmaßnahme aber nicht außerhalb jeglicher richterlicher Prüfung durchgeführt worden und beruhe der Verfahrensfehler lediglich auf einem Versehen und nicht etwa auf einer rechtsfehlerhaften Annahme eigener Kompetenz oder gar auf einem willkürlichen Handeln der Ermittlungsbehörden.[77]

35. BGHSt 45, 203[78]: Das Landgericht hatte der Verurteilung die Aussage einer Sachverständigen über ihr gegenüber – ohne vorherige Belehrung über ein Zeugnisverweigerungsrecht – getätigte Angaben des Opfers zugrunde gelegt, das in der Hauptverhandlung von seinem Zeugnisverweigerungsrecht gemäß § 52 Gebrauch gemacht, der Aussage der Sachverständigen aber zugestimmt hatte, um nicht aussagen zu müssen.

Der BGH verneint ein Verwertungsverbot. Die Geltendmachung des Zeugnisverweigerungsrechts hindere den Zeugen grundsätzlich nicht, die Verwertung seiner bei einer nichtrichterlichen Vernehmung gemachten Aussage zu gestatten und damit auf das in § 252 enthaltene Verwertungsverbot zu verzichten. Insbesondere sei der Zeuge nicht gehindert, Verstöße gegen Belehrungspflichten, die ihn in der Ausübung seiner Rechte schützen und die ein Verwertungsverbot begründen können, dadurch zu heilen, dass er der Verwertung seiner Aussage nachträglich ausdrücklich zustimmt. Das Tatgericht habe aber zu berücksichtigen, dass der Beweiswert der Aus-

---

75 A.a.O. 135 ff.

76 Urteil des 3. Senats vom 11. November 1998, 3 StR 181/98 = NJW 1999, 959.

77 A.a.O. 248 f.

78 Urteil des 4. Senats vom 23.9.1999, 4 StR 189/99 = NJW 2000, 596.

sage wegen der erheblich eingeschränkten Möglichkeiten zur Überprüfung der Glaubhaftigkeit der Aussage wesentlich geringer sei als bei einer unmittelbaren Aussage des Zeugen.[79]

Die Entscheidung fasst die bis dahin ergangene Rechtsprechung zu den Folgen einer Verletzung der Zeugenbelehrungspflichten gut zusammen.

36. BGHSt 45, 321[80]: In dem zugrunde liegenden Fall hatte eine V-Person der Polizei mehrfach beim Beschuldigten angefragt, ob dieser jemanden kenne, der 1 kg Kokain besorgen könne und hierfür einen hohen Gewinn in Aussicht gestellt. Nachdem der Beschuldigte drei Mal abgelehnt hatte, ging er auf die vierte Anfrage ein und organisierte die Beschaffung der gewünschten Menge Betäubungsmittel. Der VP-Führer hatte die V-Person vor ihrem Tätigwerden belehrt, „keinen anzustiften".

Der 1. Senat erweitert seine in BGHSt 32, 345 aufgestellte Rechtssprechung, deren Grundsätzen auch die anderen Senate gefolgt waren[81] auf den Fall, dass der polizeiliche Lockspitzel auf eigene Initiative den Beschuldigten zur Tatbegehung veranlasst. Der Beachtung verdienen die Ausführungen des Senats zur Zurechenbarkeit des Verhaltens der V-Person: „Es liegt kein Exzessverhalten lediglich ‚bei Gelegenheit' seiner staatlich geförderten Tätigkeit vor. Diese hält sich vielmehr im Rahmen dessen, was üblicherweise auch mittels Einsatzes von VP zur Erfüllung der hoheitlichen Aufgabe der Verbrechensbekämpfung praktiziert wird. (…) Die unzulässige Tatprovokation ist dem Staat im Blick auf die Gewährleistung des fairen Verfahrens (…) dann zuzurechnen, wenn diese Provokation mit Wissen eines für die Anleitung der VP verantwortlichen Amtsträgers geschieht oder dieser sie jedenfalls hätte unterbinden können. Erteilt die Polizei einen Auftrag an eine VP, hat sie die Möglichkeit und die Pflicht, diese Person zu überwachen. Eine Ausnahme von der sich darauf ergebenden Zurechnung kann nur gelten, wenn die Polizei mit einem Fehlverhalten der VP nicht rechnen konnte (…)."[82] Die Tatprovokation könne im Rahmen der Strafzumessung nach den dort anerkannten Grundsätzen angemessen berücksichtigt werden, weshalb ein Verfahrenshindernis nicht in Betracht komme.

---

79 A.a.O. 206, 208.

80 Urteil des 1. Senat vom 18.11.1999, 1 StR 221/99 = NJW 2000, 1123.

81 Vgl. Urteil des 2. Senats vom 23.9.1983, 2 StR 370/83 = NStZ 1984, 78; Beschluss des Großen Senats vom 7.11.1985, GsSt 1/85 = BGHSt 33, 356, 363 = NJW 1986, 1764; Beschluss des 4. Senats vom 16.2.1995, 4 StR 111/95 = NStZ 1995, 506; Beschluss des 4. Senats vom 20.5.1999, 4 StR 201/99 = NStZ 1999, 501; Beschluss des 5. Senats vom 13.10.1994, 5 StR 529/94 = StV 1995, 131.

82 BGHSt 45, 321, 331, 336

37. BGHSt 47, 172[83]: In dem zugrunde liegenden Fall hatte der auf freiem Fuß befindliche Beschuldigte von sich aus mehrfach Kontakt zu den Strafverfolgungsbehörden aufgenommen, um Angaben zu einem Mordfall zu machen, an dem er beteiligt gewesen war. Vor seinen jeweiligen Aussagen wurde der mehrfach vorbestrafte Beschuldigte nicht über sein Recht auf Zuziehung eines Verteidigers belehrt.

Der BGH verneint hier unter Übertragung der in BGHSt 38, 214 aufgestellten Grundsätze auf die Belehrung über das Recht auf Zuziehung eines Verteidigers das Vorliegen eines Verwertungsverbots. Dem Beschuldigten sei das Recht zur Verteidigerkonsultation aus zeitnah vorausgegangenen anderweitigen Beschuldigtenbelehrungen aktuell bekannt gewesen. Außerdem habe er sich nicht in der für einen Beschuldigten sonst vielfach typischen Situation befunden, in der dieser im Falle seiner Festnahme wegen der verfahrensgegenständlichen Tat durch die Ereignisse bedrückt und verängstigt sein kann und gerade deshalb der aktuellen Belehrung bedarf. Der Beschuldigte habe vielmehr von sich aus Kontakt zu den Ermittlungsbehörden gesucht. Mit derselben Argumentation verneint der Senat auch aufgrund der „vorzunehmenden Abwägung" ein Verwertungsverbot wegen eines etwaigen Verstoßes gegen § 141 Abs. 3 S. 2 (Pflicht der StA zur Stellung eines Pflichtverteidigerbeiordnungsantrags).[84]

38. BGHSt 47, 362[85]: In dem zugrundeliegenden Fall wurden Erkenntnisse aus einer Telekommunikationsüberwachung wegen Verdachts des Verstosses gegen das Kriegswaffenkontrollgesetz in die Hauptverhandlung eingeführt, obwohl der Anordnungsbeschluss lediglich mit einer formelhaften Begründung versehen war.

Der BGH führt hier im Anschluss an seine Rechtsprechung in BGHSt 31, 304 zunächst aus, dass in einem rechtsstaatlichen Strafverfahren Erkenntnisse aus einer rechtswidrig angeordneten Telefonüberwachung nicht als Beweismittel verwertet werden dürften, was insbesondere in Fällen gelte, in denen es an einer wesentlichen sachlichen Voraussetzung für die Maßnahme nach § 100a fehle. So habe es die Unverwertbarkeit zur Folge, wenn der Verdacht einer Katalogtat von vornherein nicht bestand. Bei der Prüfung dieser Voraussetzungen räume das Gesetz dem zur Entscheidung berufenen Ermittlungsrichter oder Staatsanwalt jedoch einen Beurteilungsspielraum ein. Die Einhaltung der dargestellten Maßstäbe müsse verfassungsrechtlich überprüfbar sein und sei daher aktenmäßig zu dokumentieren und müsse zumindest eine knappe Darlegung der den Tatverdacht begründenden Tatsachen und der Beweislage enthalten, um die Überprüfung der Rechtsmäßigkeit der Maßnahme zu ermöglichen. Das Fehlen einer derartigen Begründung führe für sich aber nicht zu Unverwertbarkeit der aus der Überwachungsmaßnahme gewonnenen Be-

83 Urteil des 1. Senats vom 22.11.2001, 1 StR 220/01 = NJW 2002, 975.
84 A.a.O. 175 ff.
85 Urteil der 3. Senats vom 1.8.2002, 3 StR 122/02 = NJW 2003, 368.

weise. Vielmehr habe der Tatrichter den Ermittlungsstand zum Zeitpunkt der ermittlungsrichterlichen Entscheidung zu rekonstruieren und auf dieser Grundlage die Vertretbarkeit der Anordnung zu untersuchen.

39. BGHSt 48, 240[86]: In dem diesem viel beachteten Urteil zugrunde liegenden Fall wurde gegen eine Tätervereinigung, gegen die der Verdacht des gewerbs- und bandenmäßigen Schmuggels nach § 373 AO und der auf demselben Sachverhalt beruhende Verdacht der Geldwäsche gemäß § 263 Abs. 1 StGB bestand, auf Grundlage der letztgenannten Norm die Telefonüberwachung nach § 100a angeordnet.

Der BGH führt hier zunächst aus, dass der in der Subsidiaritätsklausel des § 261 Abs. 9 S. 2 StGB zum Ausdruck kommende Vorrang der Katalogtat nach § 261 Abs. 1 StGB vor dem Tatbestand der Geldwäsche auch auf verfahrensrechtliche Eingriffsbefugnisse zu übertragen sei. Auch diese könnten für den Auffangtatbestand grundsätzlich nicht weiter gehen als für die Haupttat selbst. Die Geldwäsche dürfe eine Telefonüberwachung jedenfalls dann nicht mehr legitimieren, wenn eine Verurteilung wegen Geldwäsche nach § 261 Abs. 9 S. 2 StGB nicht mehr ernsthaft in Betracht komme. Der juristische Bewertungsfehler, aufgrund einer Annahme der Strafbarkeit wegen Geldwäsche die Telefonüberwachung anzuordnen, sei generell geeignet, ein Verwertungsverbot für sämtliche auf dieser rechtswidrigen Grundlage gewonnenen Erkenntnisse nach sich zu ziehen. Der rechtliche Bewertungsfehler des Ermittlungsrichters sei jedoch dann heilbar, wenn aufgrund der damaligen Beweislage die Telefonüberwachung auf eine andere Grundlage hätte gestützt werden können. Eine entsprechende Auswechslung der rechtlichen Begründung für die Anordnung komme in Betracht, insoweit derselbe Lebenssachverhalt betroffen sei, auf den sich der Verdacht bezieht, und die Änderung der rechtlichen Grundlagen für die Telefonüberwachung der damals bestehenden Situation nicht ein völlig anderes Gepräge geben würde.

40. BGH NJW 2003, 2034[87]: In dem zu Grunde liegenden Fall wurden in die Hauptverhandlung Erkenntnisse über ein zwischen den Beschuldigten in deren Pkw geführtes Gespräch eingeführt, die im Zusammenhang mit einer in einem anderen Verfahren gegen einen der Beschuldigten angeordneten Telekommunikationsüberwachung gewonnen worden waren, als der Beschuldigte es nach einem Telefonat aus Versehen unterlassen hatte, die Taste zur Gesprächstrennung zu drücken, und daher für die Dauer von 7 Minuten bis zum automatischen Ende der Mailboxaufzeichnung das in dem Fahrzeug geführte Gespräch übertragen wurde und von der Polizei aufgezeichnet werden konnte.

---

86 Beschluss des 5. Senats vom 26.2.2003, 5 StR 423/02 = NJW 2003, 1880.
87 Urteil des 2. Senats vom 14.3.2003, 2 StR 341/02.

Der BGH hat hier ein Verwertungsverbot abgelehnt. Voraussetzung für das Vorliegen von Telekommunikation im Sinne des § 100a sei nicht, dass sich der Vorgang im konkreten Fall mit aktuellem Willen und Wissen der betroffenen Personen vollziehe, sondern Telekommunikation liege jedenfalls dann vor, wenn der von einer Überwachungsanordnung Betroffene ein von ihm verwendetes Mobiltelefon zum Aussenden von Nachrichten in Betrieb setzt oder wenn eine betriebsbereit gehaltene Telekommunikationsanlage Nachrichten Dritter empfängt. Die Frage, ob über eine Telefonverbindung übertragene Nachrichten und Gesprächsinhalte unmittelbar zur Kenntnisnahme durch die angerufene Personen bestimmt seien, ob es sich um "Hintergrundgespräche", also etwa Rückfragen des Anrufenden bei anderen anwesenden Personen, oder um so genannter Raumgespräche, das heißt Gespräche zwischen Anwesenden ohne Beteiligung an dem Telefongespräch handele, sei für den Charakter der Übertragung selbst als Telekommunikationsvorgang ohne Bedeutung. Etwas anderes solle dann gelten, wenn die Telekommunikationsanlage von vornherein zielgerichtet ohne oder gegen den Willen des Betroffenen in Betrieb genommen worden wäre und daher allein die Funktion einer "Abhöranlage" im Sinne von § 100c gehabt hätte, da sich hierdurch die Richtung des Grundrechtseingriffs ändern würde. Ein Eingriff in den unantastbaren Bereich privater Lebensgestaltung wie in BGHSt 31, 296, liege im gegenständlichen Fall nicht vor. Gegenüber dem Mitbeschuldigten schließlich bestehe ebenfalls kein Verwertungsverbot, da ihm gegenüber die Anordnung der Maßnahme nach § 100c Abs. 1 Nr. 2 zulässig gewesen wäre.

41. BGHSt 49, 112 („El Motassadeq")[88]: Das OLG Hamburg hatte den Terrorhelfer El Motassadeq am 19. Februar 2003 unter anderem wegen Beihilfe zum Mord in 3066 Fällen zu einer Freiheitsstrafe von 15 Jahren verurteilt, dabei aber seiner Entscheidung weder die Vernehmung des anderweitig verfolgten, in den USA inhaftierten Binalshib zugrundelegen, noch den Inhalt von Protokollen über dessen anderweitige Vernehmungen in die Beweisaufnahme einführen können, da die USA eine entsprechende Mitwirkung verweigert hatten.

Der BGH hob die Verurteilung auf, da das OLG die mögliche belastende oder entlastende Relevanz einer Aussage Binalshibs nicht ausreichend gewürdigt habe. Das Tatgericht müsse sich der durch die Verweigerung des Zugriffs auf das Beweismittel seiner Überzeugungsbildung gezogenen Grenzen bewusst sein und dies in den Urteilsgründen zum Ausdruck bringen.[89] Etwas anderes ergebe sich auch nicht daraus, dass die Unmöglichkeit der Vernehmung Binalshibs maßgeblich auf der Weigerung der US-Regierung und nicht auf Maßnahmen der Bundesregierung beruhe. Zwar habe die Unerreichbarkeit eines Beweismittels grundsätzlich bei der Würdigung der erhobenen Beweise außer Betracht zu bleiben. Eine Ausnahme von diesem Grundsatz gelte jedoch dann, wenn der um Rechtshilfe ersuchte Staat – wie hier –

88 Urteil des 3. Senats vom 4.3.2004, 3 StR 218/03 = NJW 2004, 1259.
89 A.a.O. 119 ff.

ein erhebliches eigenes Interesse an dem Ausgang des Strafverfahrens habe, und die Bundesrepublik Deutschland daher in einer Art stellvertretenden Strafrechtspflege auch für ihn tätig werde. Die andernfalls nicht auszuschließende Gefahr, dass der ausländische Staat durch selektive Gewährung von Rechtshilfe den Ausgang des in Deutschland geführten Strafverfahrens in seinem Sinne steuere, könne im Hinblick auf das Recht des Angeklagten auf ein faires Verfahren nicht hingenommen werden.[90]

Nach Zurückverweisung verurteilte das OLG El Motassadeq am 19. August 2005 wegen Mitgliedschaft in einer terroristischen Vereinigung zu einer Freiheitsstrafe von sieben Jahren. Den mittlerweile durch die US-Regierung übermittelten Protokollen von geheimdienstlichen Vernehmungen Binalshibs maß es dabei weder be- noch entlastende Relevanz zu. Ein weiteres Rechtshilfeersuchen des OLG, mit Blick auf mögliche Folterungen Binalshibs die Umstände von dessen Vernehmungen offenzulegen, beschied die US-Regierung abschlägig. Auf die Revisionen des Verurteilten und des Generalbundesanwalts änderte der Bundesgerichtshof das Urteil im Schuldspruch dahingehend ab, dass Motassadeq der Mitgliedschaft in einer terroristrischen Vereinigung in Tateinheit mit Beihilfe zum Mord in 246 Fällen schuldig ist und verwies die Sache zur erneuten Straffestsetzung zurück.[91] Am 8. Januar 2007 verhängte das OLG Hamburg gegen El Motassadeq schließlich eine Freiheitsstrafe von 15 Jahren. Die hiergegen eingelegte Verfassungsbeschwerde blieb erfolglos.[92]

42. BGHSt 49, 317 („Schreiber-Komplex I")[93]: Das Landgericht hatte den Angeklagten – ein Mitglied des Geschäftsbereichsvorstands der Thyssen Industrie AG Henschel – wegen Untreue zum Nachteil dieser Gesellschaft durch die Einvernahme hoher Provisionszahlungen aus einem von Karlheinz Schreiber vermittelten Waffengeschäft mit Saudi-Arabien und wegen Steuerhinterziehung zu einer Gesamtfreiheitsstrafe von fünf Jahren verurteilt. Seine Entscheidung hatte das Gericht unter anderem auf Unterlagen gestützt, die in der Schweiz im Wege der Rechtshilfe beschlagnahmt worden waren.

Der BGH gab der Revision des Angeklagten, soweit sie sich gegen die Verwertung dieser Unterlagen richtete, nicht statt. Prüfungsmaßstab für die Frage der Zulässigkeit der Verwertung sei ausschließlich das durch die zuständigen Schweizer Institutionen auszulegende Schweizer Recht. Ein eigener Rekurs der deutschen Gerichte auf das zugrundeliegende Schweizer Recht sei unzulässig.[94]

---

90 A.a.O. 124 ff.

91 Urteil des 3. Senats vom 16.11.2006, 3 StR 139/06, BGHSt 51, 144 = NJW 2007, 384.

92 Beschluss der 1. Kammer des Zweiten Senats vom 10. Januar 2007, 2 BvR 2557/06.

93 Beschluss des 5. Senats vom 11.11.2004, 5 StR 299/03 = NJW 2005, 300.

94 A.a.O. 324.

43. BGHSt 51, 202 („Schreiber-Komplex II")[95]: Nachdem die Verurteilung auf die teilweise erfolgreichen Sachrügen durch BGHSt 49, 317 im Strafausspruch aufgehoben worden war, verurteilte das Landgericht den Angeklagten nach erneuter Hauptverhandlung wegen Untreue und Steuerhinterziehung zu einer Gesamtfreiheitsstrafe von zwei Jahren sechs Monaten.

Auf die erneute Revision des Angeklagten musste sich der BGH nun mit den Folgen eines zwischenzeitlich vom Schweizer Bundesamt für Justiz angeordneten Verwertungsverbots hinsichtlich der im Wege der Rechtshilfe überlassenen Unterlagen auseinandersetzen. Das Schweizer Bundesamt stützte seine Entscheidung darauf, die Staatsanwaltschaft Augsburg habe in ihrem Rechtshilfeersuchen wesentliche, der Bewilligung von Rechtshilfe entgegenstehende Umstände verschwiegen. Der BGH verwarf die Rüge als unbegründet, da wegen der im Hinblick auf den Schuldspruch bereits eingetretenen Teilrechtskraft das neue Tatgericht an die Feststellungen des ersten Tatgerichts gebunden gewesen sei und nicht mehr über die Verwertbarkeit von Beweismitteln zu entscheiden gehabt habe.[96] Ein Verfahrenshindernis verneint der BGH, da sich eine etwaige Bindung der deutschen Strafverfolgungsbehörden an die später ausgesprochene Untersagung der Verwertung der im Wege der Rechtshilfe beschlagnahmten Unterlagen allein auf deren Verwendung als Beweismittel auswirke, nicht aber auf die Verfolg- oder Bestrafbarkeit der Tat an sich. Das nachträgliche Aberkennen der Rechtshilfefähigkeit von Beweismitteln habe daher nicht dieselbe Rechtsqualität wie ein Verfahrenshindernis.[97] Als bloße Rechtstatsache begründe das Verwertungsverbot auch keine neue Tatsache für eine Wiederaufnahme des Verfahrens.[98] Eine ausnahmsweise Durchbrechung der Teilrechtskraft aus völkerrechtlichen Erwägungen lehnt der BGH in dem zu entscheidenden Fall ab. Zwar müsse das Gericht des ersuchenden Staates im Falle der Anfechtbarkeit einer völkervertraglichen Vereinbarung wegen Irrtums oder Täuschung eigenverantwortlich die sachliche Berechtigung eines späteren Widerrufs der Rechtshilfebewilligung überprüfen. Ein plausibler Grund für die Untersagung der Vewertung sei aber hier nicht zu erkennen.[99]

Über die hiergegen eingelegte Verfassungsbeschwerde ist noch nicht entschieden.

---

95 Beschluss des 5. Sentas vom 10.1.2007, 5 StR 305/06 = NJW 2007, 853.

96 A.a.O., Absatz 5 ff.

97 A.a.O. Absatz 13 ff.

98 A.a.O. Absatz 24.

99 A.a.O. Absatz 28 ff.

44. BGHSt 50, 206[100]: Das Landgericht hatte eine Verurteilung wegen Mordes darauf gestützt, dass die Strafverfolgungsbehörden durch eine akustische Wohnraumüberwachung Kenntnis davon erlangt hatten, wie der in einem psychiatrischen Krankenhaus untergebrachte Verdächtige vor sich hinmurmelte, er hätte dem Opfer „besser in den Kopf schießen“ sollen.

Der Senat hat ein Verwertungsverbot angenommen, da das von dem Angeklagten geführte Selbstgespräch dem Kernbereich privater Lebensgestaltung zuzurechnen sei. Diese Zuordnung ergebe sich aus der Art des Raums, in dem das Selbstgespräch stattgefunden habe, sowie aus der Art und dem Inhalt der Äußerung. Das Selbstgespräch habe ausschließlich höchstpersönlichen Charakter und berühre aus sich heraus nicht die Spähre anderer oder der Gemeinschaft.[101] In einem obiter dictum bemerkt der Senat, es sei „schwerlich vorstellbar“, dem Angeklagten „zum Schutze seiner Menschenwürde“ die Möglichkeit, die Erkenntnisse zum Inbegriff der Hauptverhandlung zu machen, zu verwehren.[102]

45. BGHSt 51, 1[103]: Das Landgericht hatte die Verurteilung auf Zufallserkenntnisse aus einer bei dem anderweitig Verfolgten B durchgeführten Telekommunikationsüberwachung gestützt. Diese Maßnahme hatte der Ermittlungsrichter aufgrund von Erkenntnissen aus einer Telekommunikationsüberwachung bei dem anderweitig Vefolgten Ba und dessen Überwachung wiederum aufgrund von Erkenntnissen aus einer Telekommunikationsüberwachung bei dem anderweitig Verfolgten F angeordnet.

Der Senat verneint ein Verwertungsverbot. Zwar dürften Erkenntnisse aus einer Telekommunikationsüberwachung nicht verwertet werden, falls wesentliche sachliche Voraussetzungen für die Anordnung der Maßnahme fehlten. Es habe hier aber nicht – wie die Revision vortrage – eine Prüfungspflicht des Tatgerichts bestanden, aufzuklären, ob die gesamte Kette der zur Beweiserlangung führenden Telekommunikationsüberwachungsmaßnahmen – und nicht nur die gegen B durchgeführte – rechtmäßig gewesen seien. „Im Fall einer Kette von aufeinander beruhenden Überwachungsmaßnahmen ist die Überprüfung der Rechtmäßigkeit auf die Anordnung der Telekommunikations-Überwachungsmaßnahme beschränkt, der die verwerteten Erkenntnisse unmittelbar entstammen. Eine Fernwirkung durch die Rechtswidrigkeit nur einer vorgelagerten, für das Verfahren selbst nicht unmittelbar beweiserheblichen Telekommunikations-Überwachungsmaßnahme ergibt sich nicht.“[104] Eine solche Fernwirkung würde andernfalls zu einem „Domino-Effekt“ führen.

---

100 Urteil des 1. Senats vom 10.8.2005, 1 StR 140/05 = NJW 2005, 3295.

101 A.a.O. 210 ff.

102 A.a.O. 215.

103 Beschluss des 1. Senats vom 7.3.2006, 1 StR 316/05 = NJW 2006, 1361.

104 A.a.O. 7 ff.

In seinen nicht tragenden Erwägungen führt der Senat aus, dem erkennenden Gericht sei es – unabhängig von einem Widerspruch des Angeklagten gegen die Verwertung – nicht verwehrt, die in die Hauptverhandlung einzuführenden Beweismittel auf ihre Verwertbarkeit zu prüfen. Gelange der Tatrichter zu dem Ergebnis, dass der Kernbereich privater Lebensgestaltung berührt sei und deshalb ein Verwertungsverbot vorliege, sehe er von der Beweisaufnahme ab. Auch über ein solches Verwertungsverbot könne der Angeklagte aber disponieren, soweit seine eigene Sphäre tangiert sei. Habe der Tatrichter im Übrigen Bedenken gegen die Verwertbarkeit, so könne er darauf verzichten, dieses Beweismittel zum Gegenstand der Beweisaufnahme zu machen. Wollten die Verfahrensbeteiligten gleichwohl das Beweismittel in die Hauptverhandlung einführen, so müssten sie dies beantragen.[105]

46. BGH NStZ-RR 2007, 80[106]: Das Landgericht hatte – unter Hinweis auf die Grundsätze von BGHSt 38, 214 – eine Äußerung des Angeklagten gegenüber drei Polizeibeamten verwertet, obwohl es den Aussagen der Polizeibeamten keinerlei Anhaltspunkte dafür hatte entnehmen können, dass der Angeklagte vor seiner Äußerung als Beschuldigter belehrt worden war und auch kein entsprechender Aktenvermerk vorlag.

Der BGH bejahte ein Verwertungsverbot. „Liegen (…) keine hinreichend verlässlichen Anhaltspunkte für eine erfolgte Belehrung vor, und kommt hinzu, dass ein Aktenvermerk i.S. von Nr. 45 Abs. 1 RiStBV nicht gefertigt wurde, so dürfen Äußerungen, die der Beschuldigte in dieser Vernehmung gemacht hat, nicht verwertet werden."[107]

47. BGH NJW 2007, 2269[108]: In dem zugrunde liegenden Verfahren hatte das Landgericht einen Angeklagten vom Vorwurf des zweifachen unerlaubten Handeltreibens mit Betäubungsmitteln freigesprochen. Es hatte unter anderem Beweismittel, die in der vom Angeklagten bewohnten Wohnung und der Wohnung eines Mitangeklagten sichergestellt worden waren als nicht verwertbar angesehen, weil die Polizeibeamten in die Wohnungen eingedrungen waren, ohne sich um eine richterliche Durchsuchungsanordnung zu bemühen.

Der BGH verwarf die gegen den Freispruch gerichtete Revision der Staatsanwaltschaft. Hinsichtlich der in der Wohnung des Mitangeklagten aufgefundenen

---

105 Insoweit nicht abgedruckt in BGHSt.

106 Beschlus des 1 Senats vom 8.11.2006, 1 StR 454/06.

107 A.a.O. 81.

108 Urteil des 5. Senats vom 18.4.2007, 5 StR 546/06 (zur Veröffentlichung vorgesehen in BGHSt).

Beweismittel ließ der Senat dahinstehen, ob das Landgericht zu Unrecht ein Verwertungsverbot angenommen habe, da es jedenfalls die erhobenen Beweise insgesamt in nicht zu beanstandender Weise dahin gehend gewürdigt habe, dass Zweifel an der Täterschaft des Angeklagten bestünden.[109] Hinsichtlich der in der vom Angeklagten bewohnten Wohnung aufgefundenen Beweismittel halte die Annahme eines Verwertungsverbots revisionsrechtlicher Überprüfung stand. Die Durchsuchung der Wohnung sei wegen Missachtung des Richtervorbehalts rechtswidrig gewesen. Grundsätzlich bedeute ein Verwertungsverbot eine Ausnahme, die nur nach ausdrücklicher gesetzlicher Vorschrift oder aus übergeordneten wichtigen Gründen im Einzelfall anzuerkennen sei. Indes könnten einzelne Rechtsgüter durch Eingriffe fern jeder Rechtsgrundlage so massiv beeinträchtigt werden, dass dadurch das Ermittlungsverfahren als ein nach rechtsstaatlichen Grundsätzen geordnetes Verfahren nachhaltig beschädigt werde; dann wäre jede andere Lösung als die Annahme eines Verwertungsverbots unerträglich. Solchen Fallgestaltungen sei der gegebene Sachverhalt aber nicht ausreichend ähnlich, da der Polizei die in Rede stehende Maßnahme nicht schlechthin untersagt gewesen sei. Der BGH stützt daher die Rechtfertigung des Verwertungsverbots auf den Grundsatz des fairen Verfahrens: „In Sonderfällen schwerwiegender Rechtsverletzungen, die durch das besondere Gewicht der jeweiligen Verletzungshandlung bei grober Verkennung der Rechtslage geprägt sind, sind Beweismittel darüber hinaus unverwertbar, weil der Staat – soweit nicht notstandsähnliche Gesichtspunkte Gegenteiliges ermöglichen sollten (vgl. BGHSt 31, 304, 307; 34, 39, 51 f.) – auch in solchen Fällen aus Eingriffen ohne Rechtsgrundlage keinen Nutzen ziehen darf (...). Eine Verwertung würde hier gegen die Grundsätze eines fairen Verfahrens verstoßen (...).“ Das Gebot, den Richtervorbehalt einzuhalten, sei „für das durch rechtsstaatliche Grundsätze geprägte Ermittlungsverfahren so wesentlich, dass jedenfalls grobe Verstöße nicht sanktionslos gelassen werden“ dürften. Im gegebenen Fall liege die Annahme nahe, dass die Polizeibeamten den Richtervorbehalt bewusst ignoriert und die Inanspruchnahme der Eilkompetenz des Staatsanwalts provoziert hätten; jedenfalls habe der ermittelnde Staatsanwalt objektiv willkürlich eine Wohnungsdurchsuchung ohne richterliche Anordnung gestattet und damit den Richtervorbehalt bewusst ignoriert oder gleichgewichtig gröblich missachtet. Es sei zum Zeitpunkt der Anordnung der Durchsuchung – um 20.00 Uhr – nicht von vornherein aussichtslos gewesen, zumindest noch eine fernmündliche Genehmigung eines Ermittlungsrichters zu erreichen. Seine Leitungsfunktion gegenüber den ausführenden Polizeibeamten habe der Staatsanwalt zudem „weitgehend ignoriert“.[110] Dem Aspekt eines hypothetischen rechtmäßigen Ermittlungsverlaufs könne bei solcher Verkennung des Richtervorbehalts keine Bedeutung zukommen.[111]

---

109 A.a.O. 2270.

110 A.a.O. 2272 f.

111 A.a.O. 2273.

48. BGH, 3 StR 104/07, juris[112]: In dem zugrundeliegenden Fall hatte der des Mordes Verdächtige in einer informatorischen Befragung gegenüber Kriminalbeamten die Tat bestritten und angekündigt, er werde von seinem Schweigerecht Gebrauch machen. Nachdem sich der Tatverdacht trotz umfangreicher Ermittlungen nicht hatte erhärten lassen, wurde ein Verdeckter Ermittler gegen den sich wegen einer anderen Sache in Strafhaft befindlichen Beschuldigten eingesetzt. Dem Verdeckten Ermittler gelang es über einem Zeitraum von mehr als einem Jahr, das Vertrauen des Beschuldigten zu gewinnen, dessen einzige Kontaktperson außerhalb der JVA er war. Nachdem der Beschuldigte zunächst auch gegenüber dem Verdeckten Ermittler bestritten hatte, die Tat begangen zu haben und dieser ihn unter Hinweis auf das bestehende Vertrauensverhältnis bedrängt hatte, wahrheitsgemäße Angaben zu machen, räumte er schließlich während eines Hafturlaubs den Tatvorwurf ein und schilderte auf Nachfragen – auch noch am folgenden Tag – zahlreiche Einzelheiten des Tatgeschehens. Diese Gespräche wurden von den Ermittlungsbehörden abgehört und aufgezeichnet. Nach seiner Benachrichtigung vom Einsatz des Verdeckten Ermittlers und Belehrung über seine Rechte als Beschuldigter in einer förmlichen Vernehmung wiederholte er im wesentlichen die gegenüber dem Verdeckten Ermittler getätigten Angaben. Dessen Vorgehensweise hatte ein Vernehmungsbeamter vor der Vernehmung als rechtlich einwandfrei und die erlangten selbstbelastenden Angaben als verwertbar bezeichnet. Trotz Widerspruchs gegen die Verwertung der Angaben stützte das Landgericht darauf die Verurteilung.

Der Senat nimmt hier ein Verwertungsverbot an. Grundsätzlich sei der Einsatz eines Verdeckten Ermittlers zwar rechtmäßig und seien die dadurch erlangten Erkenntnisse verwertbar, solange der Verdeckte Ermittler den Beschuldigten nicht zu selbstbelastenden Äußerungen dränge oder ihm solche nicht in anderer Weise – insbesondere durch gezielte Befragungen – entlocke. Hier sei der Einsatz des Verdeckten Ermittlers aber dadurch, dass er den Beschuldigten, der sich für das Schweigen zum Tatvorwurf entschieden und dies einem Polizeibeamten mitgeteilt hatte, unter Ausnutzung des geschaffenen Vertrauens zu einer Aussage gedrängt und in einer vernehmungsähnlichen Weise zu den Einzelheiten befragt habe, unzulässig geworden.[113] Zwar kämen die Vorschriften der §§ 163a, 136 und 136a hier nicht zur Anwendung, die Befragung des Beschuldigten durch den Verdeckten Ermittler verstoße aber gegen den Grundsatz der Selbstbelastungsfreiheit, namentlich weil der Beschuldigte zuvor bereits gegenüber einem Polizeibeamten zu erkennen gegeben hatte, er werde von seinem Schweigerecht Gebrauch machen. Diese Entscheidung für das Schweigen sei von den Strafverfolgungsbehörden grundsätzlich zu respektieren.[114] Geschehe dies nicht, folge daraus jedoch grundsätzlich noch nicht die Unverwertbarkeit der erlangten Erkenntnisse. „Hier hat der Verdeckte Ermittler dem

112 Urteil des 3. Senats vom 26.7.2007, 3 StR 104/07 (zur Veröffentlichung vorgesehen in BGHSt).

113 A.a.O. Absatz 14 f.

114 A.a.O. Abssatz 19 ff.

Angeklagten aber durch beharrliche Fragen und unter Hinweis auf das vorgetäuschte Vertrauensverhältnis selbstbelastende Äußerungen entlockt, zu denen er bei einer förmlichen Vernehmung nicht bereit gewesen wäre. Die Befragung durch den Verdeckten Ermittler war (…) in einer Weise intensiv, dass sich – in den Worten des Europäischen Gerichtshofs – ‚das Gespräch als funktionales Äquivalent einer staatlichen Vernehmung darstellt'. Die Missachtung des Rechts des Angeklagten, selbst frei zu entscheiden, ob er aussagen oder schweigen wolle, wiegt dabei hier um so schwerer, als die Strafverfolgungsbehörden gezielt die besonderen Belastungen der Haftsituation ausnutzten, um ihm Täterwissen zu entlocken."[115] Dies habe ein – wegen des Hinweises des Vernehmungsbeamten auf die Verwertbarkeit der durch den Verdeckten Ermittler erlangten Erkenntnisse fortwirkendes – Verwertungsverbot zur Folge.[116]

115 A.a.O. Absatz 34 f.
116 A.a.O. Absatz 36 f.

Anhang 2

Ausgewählte Rechtsprechung des Bundesverfassungsgerichts

1. BVerfGE 30, 1 („Erstes G10-Urteil")[1]: Das Urteil befasst sich unter anderem mit der Verfassungsbeschwerde eines Rechtsanwalts gegen das Gesetz zur Beschränkung des Brief-, Post- und Fernmeldegeheimnisses vom 13.8.1968 (BGBl. I S. 949). Weil er ein bekannter Strafverteidiger sei, setzten sich Personen, denen Straftaten zur Last gelegt würden, die eine Überwachung nach dem in Rede stehenden Gesetz erlauben, mit ihm in Verbindung. Unter diesen Umständen könnten die zuständigen Dienststellen immer davon ausgehen, dass der Beschwerdeführer für Verdächtige bestimmte oder von ihnen herrührende Mitteilungen entgegennehme, sie weitergebe oder Verdächtige seinen Anschluss benutzen lasse.

Der Senat führt aus, die in Rede stehenden Bestimmungen richteten sich nicht gegen den Beschwerdeführer gerade in seiner Eigenschaft als Rechtsanwalt. „Sie betreffen ihn, wenn überhaupt, in gleicher Weise wie jeden anderen Bürger. Allerdings ist richtig, dass die Tätigkeit als Strafverteidiger in besonderem Maße geeignet ist, einen Rechtsanwalt in engen Kontakt mit Verdächtigen (...) zu bringen. Betätigt sich daher ein Rechtsanwalt (...) fast ausschließlich als Verteidiger in Staatsschutzstrafsachen und in Verfahren wegen Kapitalverbrechen, so ist nicht auszuschließen, dass sich die angefochtenen Bestimmungen auf die Berufsausübung auswirken. Dies führt aber nicht zur Verfassungswidrigkeit der Vorschriften."[2] Denn für die Beschränkung der Freiheit der Berufsausübung sprächen vernünftige Gründe des Gemeinwohls, da die durch das Gesetz beabsichtigten Maßnahmen nicht wirkungsvoll sein könnten und unterlaufen zu werden drohten, wenn sich die Überwachung nicht auf Einrichtungen bestimmter Kontaktpersonen der Verdächtigen oder Beschuldigten erstrecken könne.

2. BVerfGE 34, 238 („Tonband-Entscheidung")[3]: In dem zugrunde liegenden Verfahren wurde der Polizei vom Anzeigeerstatter ein privat aufgenommenes Tonband zur Verfügung gestellt, das in einem Ermittlungsverfahren gegen den Beschwerde-

1 Urteil des Zweiten Senats vom 15.12.1970, 2 BvF 1/69, 2 BvR 629/68 und 2 BvR 308/69 = NJW 1971, 275.

2 A.a.O. 32.

3 Urteil des Zweiten Senats vom 31.1.1973, 2 BvR 454/71 = NJW 1973, 891.

führer wegen Verdachts der Steuerhinterziehung, des Betrugs und der Urkundenfälschung als Beweismittel verwertet wurde.

Der Senat sieht dadurch, dass der richterliche Beschluss die Verwertung der heimlichen Tonbandaufnahme im Strafverfahren gegen den Beschwerdeführer als Beschuldigten ohne dessen Einwilligung zugelassen habe, dessen Grundrecht aus Art. 2 Abs. 1 i.V.m. Art. 1 Abs. 1 GG verletzt. Zu dem Recht auf freie Entfaltung der Persönlichkeit gehöre auch in bestimmten Grenzen das Recht am gesprochenen Wort. Deshalb dürfe grundsätzlich jedermann selbst und allein bestimmen, wer sein Wort aufnehmen soll sowie ob und vor wem seine auf einem Tonträger aufgenommene Stimme wieder abgespielt werden darf. „Wort und Stimme des Menschen sind auf dem Tonband von ihm losgelöst und in einer verfügbaren Gestalt verselbstständigt. Die Unantastbarkeit der Persönlichkeit würde erheblich geschmälert, dürften andere ohne oder gar gegen den Willen des Betroffenen über sein nicht öffentlich gesprochenes Wort nach Belieben verfügen. Die Unbefangenheit der menschlichen Kommunikation würde gestört, müsste ein jeder mit dem Bewusstsein leben, dass jedes seiner Worte, eine vielleicht unbedachte oder unbeherrschte Äußerung, eine bloß vorläufige Stellungnahme im Rahmen eines sich entfaltenden Gesprächs oder eine nur aus einer besonderen Situation heraus verständliche Formulierung bei anderer Gelegenheit und in anderem Zusammenhang hervorgeholt werden könnte, um mit ihrem Inhalt, Ausdruck oder Klang gegen ihn zu zeugen. Private Gespräche müssen geführt werden können ohne den Argwohn und die Befürchtung, dass deren heimliche Aufnahme ohne die Einwilligung des Sprechenden oder gar gegen dessen erklärten Willen verwertet wird.“[4] Die Verwertung könne allerdings zulässig sein, wenn sie sich durch ein überwiegendes Interesse der Allgemeinheit rechtfertigen lasse. Entscheidend sein, ob ein derartiger Eingriff bei einer Abwägung, die alle Umstände des Einzelfalles in Betracht zieht, dem Verhältnismäßigkeitsgrundsatz entspricht. Dabei sei zu berücksichtigen, wie tief die beabsichtigte Verwertung einer konkreten Tonbandaufnahme in das Recht auf freie Entfaltung der Persönlichkeit des Betroffenen eingreifen würde, ferner wie schwer im Einzelfall das in Betracht kommende konkrete Tatunrecht wiege und ob die Heranziehung der Tonbandaufnahme sich nach Ausschöpfung aller anderen rechtlich zulässigen Möglichkeiten als das einzige Mittel zur Überführung des Täters bei schweren Straftaten oder zur Entlastung eines Beschuldigten erweise.

3. BVerfGE 38, 105[5]: In dem zugrundeliegenden Fall schloss der Ermittlungsrichter den Rechtsanwalt des Beschwerdeführers vor dessen Vernehmung als Zeuge in einem Disziplinarverfahren aus.

4 A.a.O. 246 f.

5 Urteil des Zweiten Senats vom 8.Oktober 1974, 2 BvR 747/73 = NJW 1975, 103.

Der Senat sieht das Grundrecht des Beschwerdeführers aus Art. 2 Abs. 1 GG verletzt. Zu den wesentlichen Grundsätzen eines rechtsstaatlichen Verfahrens zähle das Recht auf ein faires Verfahren. Dieses gewährleiste dem Betroffenen prozessuale Rechte und Möglichkeiten mit der erforderlichen Sachkunde selbständig wahrnehmen und Übergriffe der rechtsstaatlich begrenzten Rechtsausübung staatlicher Stellen oder anderer Verfahrensbeteiligter angemessen abwehren zu können. Anders als dem Beschuldigten stünden dem Zeugen Rechte zur Verfahrensgestaltung zwar nicht zu. Soweit er sich der Gefahr eigener Verfolgung aussetze, weise seine Situation aber enge Bezüge zu der des Beschuldigten auf. „Die Problematik seiner Aussage ist keine prinzipiell andere als die der Einlassung des Beschuldigten. Obwohl er formal als Zeuge vernommen wird, ist seiner Lage doch sehr viel eher der eines Beschuldigten vergleichbar, der bereits als solcher belangt wird und der drohenden Sanktion nur näher steht. Materiell wird der Zeuge in sich vor allem einen potentiellen Beschuldigten sehen (...). Dem entsprechend ist das Auskunftsverweigerungsrecht des § 55 Abs. 1 StPO lediglich ein Ausfluss des allgemeinen, für den Beschuldigten in §§ 136, 163a, 243 StPO und entsprechenden Vorschriften als selbstverständlich vorausgesetzten rechtsstaatlichen Grundsatzes, dass niemand gezwungen werden kann, gegen sich selbst auszusagen.“[6] Die Achtung vor der freien Entschließung eines Menschen gebiete, dass er selbständig und sachgerecht über die Ausübung oder Nichtausübung des Auskunftsverweigerungsrechts entscheiden kann. Dies werde durch die Belehrung nach § 55 Abs. 2 nicht in allen Fällen erreicht, da der im allgemeinen rechtsunkundige Zeuge regelmäßig selbst bei fehlerfreier Belehrung die rechtlichen Folgen seiner Angaben für ihn nicht sicher werde übersehen können. Das Recht des Zeugen, etwaige Verfehlungen geheim zu halten, sei „von der Achtung vor seiner menschlichen Würde geprägt, die sich darin mit den rechtsstaatlichen Grundsätzen der Unschuldsvermutung und der Einlassungsfreiheit verbindet.“[7] Das Recht auf Rechtsbeistand bewahre davor, „die gesetzlichen Möglichkeiten der Wahrheitsermittlung zu Lasten des rechtsunkundigen Zeugen zu erweitern, und begegnet damit den von der Rechtsprechung entwickelten nachträglichen Verwertungsverboten in unzulässiger Weise zustande gekommener Aussagen.“[8] Diesem Recht seien jedoch durch das Rechtsstaatsprinzip Grenzen gezogen. Der Grundsatz der Verhältnismäßigkeit verlange eine Abwägung zwischen dem Anspruch des Zeugen und dem öffentlichen Interesse an der Effizienz des Strafprozesses. Die Möglichkeiten justizförmiger Sachaufklärung beruhten im wesentlichen auf dem Zeugenbeweis, der nicht über die gesetzlichen und vom Bundesverfassungsgericht entwickelten Beschränkungen mehr als unvermeidbar beeinträchtigt werden dürfe. Für die Hinzuziehung eines Rechtsbeistandes bedürfe es daher stets einer besonderen rechtsstaatlichen Legitimation.

---

6 A.a.O. 112 f.

7 A.a.O. 114 f.

8 A.a.O. 116 f.

4. BVerfGE 56, 37[9]: In dem zugrunde liegenden Konkursverfahren wurde gegen den Beschwerdeführer als Gemeinschuldner die Beugehaft angeordnet, da er unberechtigt seine Aussage verweigert hatte. Der Beschwerdeführer rügte, er gerate durch die angegriffenen Entscheidungen in die Konfliktlage, entweder sich selbst einer strafbaren Handlung zu bezichtigen oder zu seinem Schutz vor Gericht die Unwahrheit zu sagen. Es sei ein wesentlicher Bestandteil der verfassungsmäßigen Ordnung, dass niemand gezwungen werden dürfe, sich selbst einer strafbaren Handlung zu beschuldigen.

Der Senat sieht Grundrechte des Beschwerdeführers nicht schon dadurch verletzt, dass er nach den Vorschriften der Konkursordnung uneingeschränkt zur Aussage verpflichtet ist und dazu durch die Anordnung von Beugemitteln angehalten werden kann. Seinen schutzwürdigen Belangen werde dadurch hinreichend Rechnung getragen, dass etwaige Selbstbezichtigungen einem strafrechtlichen Verwertungsverbot unterliegen. Eine erzwingbare Auskunftspflicht sei zwar als Eingriff in die Handlungsfreiheit zu beurteilen und ein Zwang zur Selbstbezichtigung berühre zugleich die Würde des Menschen, dessen Aussage als Mittel gegen ihn selbst verwendet wird. Die Rechtsordnung kenne aber kein ausnahmsloses Gebot, dass niemand zu Auskünften oder zu sonstigen Handlungen gezwungen werden dürfe, durch die er eine von ihm begangene strafbare Handlung offenbart. Im Gegensatz zum Strafverfahren, wo Schutzvorkehrungen entwickelt worden seien, weil Selbstbezichtigungen gerade wegen ihrer strafrechtlichen Auswirkungen einen schwerwiegenden Eingriff darstellen und weil die Menschenwürde gebiete, dass der Beschuldigte frei darüber entscheiden könne, ob er als Werkzeug zur Überführung seiner selbst benutzt werden dürfe, und im Gegensatz auch zum Zivilprozess, wo die Persönlichkeit des Zeugen davor bewahrt werden müsse, von anderen Verfahrensbeteiligten als bloßes Objekt der Wahrheitsermittlung verwendet zu werden, gelte das Schweige- und Aussageverweigerungsrecht für den Fall der Selbstbezichtigung nicht in gleicher Weise für solche Personen, die aus besonderen Rechtsgründen rechtsgeschäftlich oder gesetzlich verpflichtet sind, anderen die für diese notwendigen Informationen zu erteilen. Der Gemeinschuldner im Konkursverfahren solle durch seine Aussage nicht wie ein Beschuldigter zu seiner Verurteilung beitragen und stehe anders als der Zeuge zu den von ihm geschädigten Gläubigern in einem besonderen Pflichtenverhältnis. Unzumutbar und mit der Würde des Menschen unvereinbar sei lediglich ein Zwang, durch eigene Aussagen die Voraussetzungen für eine strafgerichtliche Verurteilung oder die Verhängung entsprechender Sanktionen liefern zu müssen. Dem könne jedoch durch ein strafrechtliches Verwertungsverbot – das Sondervotum fordert zusätzlich ein Offenbarungsverbot gegenüber den Strafverfolgungsbehörden und den Strafgerichten – Rechnung getragen werden.

---

9 Urteil des Ersten Senats vom 13.Januar 1981, 1 BvR 116/77 = NJW 1981, 1431.

5. BVerfGE 80, 367 („Tagebuch-Entscheidung")[10]: Dem Verfahren liegt der Sachverhalt aus BGHSt 34, 397 zugrunde.

Der Senat sieht mit seinen vier die Entscheidung tragenden Stimmen das allgemeine Persönlichkeitsrecht des Beschwerdeführers nicht als verletzt an. Er führt aus, dass das Bundesverfassungsgericht zwar einen letzten unantastbaren Bereich privater Lebensgestaltung anerkenne, der der öffentlichen Gewalt schlechthin entzogen sei und in den einzugreifen selbst schwerwiegende Interessen der Allgemeinheit nicht rechtfertigen können. Dieser Bereich habe jedoch seine Grenze im sozialen Bezug zu anderen. „Schon die Berührung der Persönlichkeitssphäre eines anderen Menschen verleiht einer Handlung oder Information eine soziale Bedeutung, die sie rechtlicher Regelung zugänglich macht. Gleichwohl können aber Vorgänge, die sich in Kommunikation mit anderen vollziehen, hoheitlichem Eingriff schlechthin entzogen sein. Der Mensch als Person, auch im Kern seiner Persönlichkeit, existiert notwendig in sozialen Bezügen. Die Zuordnung eines Sachverhalts zum unantastbaren Bereich privater Lebensgestaltung oder zu jenem Bereich des privaten Lebens, der unter bestimmten Voraussetzungen dem staatlichen Zugriff offen steht, hängt daher nicht davon ab, ob eine soziale Bedeutung oder Beziehung überhaupt besteht, sondern welcher Art und wie intensiv sie ist. Dies lässt sich nicht abstrakt beschreiben; es kann befriedigend nur unter Berücksichtigung der Besonderheiten des einzelnen Falls beantwortet werden (vgl. BVerfGE 34, 238, 248)."[11] Die Verfassung gebiete es deshalb nicht, Tagebücher oder ähnliche private Aufzeichnungen schlechthin von der Verwertung im Strafverfahren auszunehmen. „Allein die Aufnahme in ein Tagebuch entzieht Informationen noch nicht dem staatlichen Zugriff. Vielmehr hängt die Verwertbarkeit von Charakter und Bedeutung des Inhalts ab. Enthalten solche Aufzeichnungen etwa Angaben über die Planung bevorstehender oder Berichte über begangene Straftaten, stehen sie also in einem unmittelbaren Bezug zu konkreten strafbaren Handlungen, so gehören sie dem unantastbaren Bereich privater Lebensgestaltung nicht an."[12] Soweit private Aufzeichnungen nicht zum absolut geschützten Kernbereich gehörten, bedürfe ihre Verwertung im Strafverfahren der Rechtfertigung durch ein überwiegendes Interesse der Allgemeinheit. Im gegenständlichen Fall hätten die Aufzeichnungen einen Inhalt, der über die Rechtssphäre ihres Verfassers hinausweise und Belange der Allgemeinheit nachhaltig berühre. Zwar befassten sie sich nicht mit der konkreten Planung oder mit der Schilderung der in Rede stehenden Straftat, seien aber mit dieser in einer Weise verknüpft – „legen sie doch (...) die Wurzeln der Tat selbst bloß"[13] -, dass die Aufzeichnungen nicht jeglichem staatlichen Zugriff entzogen sein könnten. Bereits die enge Verknüpfung zwischen dem Inhalt der Aufzeichnungen und dem Verdacht der außerordentlich schwerwiegenden strafbaren Handlung verbiete ihre Zuordnung zu dem absolut geschützten Bereich

10 Urteil des Zweiten Senats vom 14.9.1989, 2 BvR 1062/87 = NJW 1990, 563.
11 A.a.O. 374.
12 A.a.O. 374 f.
13 A.a.O. 377.

persönlicher Lebensgestaltung. „Eine Verletzung der Menschenwürde kommt danach nicht in Betracht, wenn die Auswertung privater Schriftstücke des hier in Frage stehenden Inhalts Aufschluss über Ursachen und Hintergründe der Straftat geben kann, also die für ein rechtsstaatliches Strafverfahren unerlässlichen Untersuchungen in dem Umfang ermöglicht, dass die Grundlagen für eine gerechte Bewertung des Tatgeschehens geschaffen werden (...).“[14] Die Verwendung privater Aufzeichnungen als Beweismittel sei in Fällen schwerer Kriminalität im Hinblick auf die gebotene Abwägung zwischen den Erfordernissen einer wirksamen Rechtspflege und dem Persönlichkeitsrecht des Betroffenen unbedenklich. „Der Schutz des Gemeinwesens, der durch die Straftat Verletzten und möglicher künftiger Opfer, aber auch der Anspruch des Täters auf ein gerechtes Urteil setzen dem Persönlichkeitsrecht Schranken.“[15] – Seitens der anderen vier Richter wird die Auffassung vertreten, dass die in Frage stehenden Aufzeichnungen aus sich heraus nicht die Sphäre anderer oder der Gemeinschaft berührten und daher der Verwertung entzogen seien.

6. BVerfG NStZ 1995, 599[16]: Die Verfassungsbeschwerde betrifft die Frage, ob in einem Strafverfahren wegen unerlaubten Entfernens vom Unfallort Angaben des Angeklagten aus einer Schadensmeldung an seinen Kraftfahrzeugversicherer zur Überführung des Angeklagten verwertet werden dürfen, wenn er sich im Strafverfahren nicht zum Tatvorwurf äußert.

Die Kammer führt aus, dass aus dem verfassungsrechtlich gesicherten Grundsatz, dass niemand gezwungen werden dürfe, durch eigene Aussage die Voraussetzungen für eine strafgerichtliche Verurteilung zu liefern, sich kein Beweisverwertungsverbot für die Angaben herleiten lasse, die die Beschwerdeführerein als Versicherungsnehmerin gegenüber ihrem KfZ-Haftpflichtversicherer gemacht hat. Die Versicherungsnehmerin sei zwar zur umfassenden wahrheitsgemäßen Auskunftserteilung gegenüber dem Versicherer verpflichtet. Im Falle der Nichterfüllung dieser Pflicht drohten ihr jedoch keine Zwangsmaßnahmen, sie setze lediglich ihren Versicherungsschutz aufs Spiel. Es bleibe ihr also unbenommen, zur Vermeidung einer Selbstbelastung von der Erfüllung ihrer Auskunftspflicht Abstand zu nehmen.

7. BVerfGE 100, 313 („Zweites G10-Urteil“)[17]: Das Urteil befasst sich mit Verfassungsbeschwerden unter anderem von Journalisten gegen die Befugnisse des Bundesnachrichtendienstes zur Überwachung, Aufzeichnung und Auswertung des Telekommunikationsverkehrs sowie zur Übermittlung der daraus erlangten Daten an

14 A.a.O. 379.

15 A.a.O.

16 Nichtannahmebeschluss der 2. Kammer des Zweiten Senats vom 7.7.1995, 2 BvR 1778/94.

17 Urteil des Ersten Senats vom 14.7.1999, 1 BvR 2226/94, 1 BvR 2420/95, 1 BvR 2437/95 = NJW 2000, 55.

andere Behörden nach dem Gesetz zu Art. 10 GG in der Fassung des Verbrechungsbekämpfungsgesetzes vom 28.10.1994 (BGBl. I S. 3187). Die Beschwerdeführer rügen unter anderem eine Verletzung des Art. 5 Abs. 1 S. 2 GG, da redaktionelle Vorhaben, die im Entstehungs- oder Vorbereitungsstadium Gegenstand fernmündlicher Erörterungen seien, nicht ohne Kenntnis des Bundesnachrichtendienstes stattfinden könnten, da eine solche Fernkommunikation die Suchbegriffe und Suchbegriffskombinationen berühre und damit die Überwachung auslöse. Folge der Überwachung werde sein, dass Auskunftspersonen Auskünfte am Telefon verweigerten.

Der Senat, der sich mit der Problematik des Art. 5 Abs. 1 S. 2 GG nur am Rande befasst, führt hierzu aus, der Schutz des Pressewesens könne „erst nach der staatlichen Kenntnisnahme von Daten und Informationen, die mittels Fernmeldeüberwachung erlangt worden sind, einsetzen. Denn vor der Kenntnisnahme fehlt es dem Bundesnachrichtendienst angesichts der ungezielten Erfassung an der Möglichkeit festzustellen, dass es sich um pressebezogene Kommunikationen handelt, und folglich auch an der Möglichkeit, die spezifischen Schutzwirkungen der Pressefreiheit zu beachten. Dagegen ist dieses Grundrecht bei der Speicherung, Verwertung und Weitergabe von Daten und Informationen zu berücksichtigen."[18]

8. BVerfG NJW 2000, 3557[19]: Dem Beschluss liegt der Sachverhalt aus BGHSt 39, 335 zugrunde.

Die Kammer erachtet die Verfassungsbeschwerde unter anderem deshalb als unzulässig, weil der Beschwerdeführer nicht auf die Frage eingehe, inwieweit die Ablehnung eines Beweisverwertungsverbots seine Verfassungsrechte verletzen solle. Es bestehe kein Rechtssatz des Inhalts, dass im Fall einer rechtsfehlerhaften Beweiserhebung die Verwertung der gewonnenen Beweise stets unzulässig sei. Dem Vorbringen sei kein Gesichtspunkt zu entnehmen, aus dem sich ergebe, dass ein Beweisverwertungsverbot verfassungsrechtlich zwingend sei.[20]

18 A.a.O. 365.

19 Nichtannahmebeschluss der 3. Kammer des Zweiten Senats vom 27.4.2000, 2 BvR 75/94.

20 In ähnlicher Weise stützt sich auch der Nichtannahmebeschluss der 3. Kammer des Zweiten Senats vom 22.5.2000, BverfG 2 BvR 291/92 = NJW 2000, 3557 auf die Differenzierung zwischen fehlerhafter Beweiserhebung und Beweisverwertungsverbot. Nicht die Beschlagnahmeanordnung hinsichtlich der in Rede stehenden Patientenkartei sei Gegenstand der Verfassungsbeschwerde, sondern die strafrechtliche Verurteilung des Beschwerdeführers. Gründe dafür, dass die Verwertung der Erkenntnisse aus der Patientenkartei in den angegriffenen Strafurteilen eigene Grundrechte oder grundrechtsgleiche Rechte des Beschwerdeführers verletze, seien seinem Vorbringen nicht zu entnehmen.

9. BVerfG NStZ 2000, 489[21]: Dem Beschluss liegt der Sachverhalt aus BGHSt 40, 211 zugrunde.

Die Kammer führt aus, die Beschwerdeführer zeigten zwar eine Verletzung ihres Anspruchs auf ein faires rechtsstaatliches Ermittlungsverfahren auf, versäumten es aber, sich mit der Frage auseinander zu setzen, ob und ggf. welche Folgerungen aus diesem Verfahrensverstoß im Ermittlungsverfahren für die Berücksichtigung der dabei gewonnen Erkenntnisse in der Hauptverhandlung zu ziehen sind. Die Beschwerdeführer hätten auf die Frage eingehen müssen, ob und warum eine Beweisverwertung unzulässig ist und inwiefern die Ablehnung eines Beweisverwertungsverbots ihre verfassungsrechtlich verbürgten Rechte beeinträchtigt. Dies setze regelmäßig zwar auch eine Befassung mit dem der Beweisverwertung zugrunde liegenden Vorgang der Beweisgewinnung voraus, „weil seine Beurteilung – als rechtmäßig, als einfachrechtlicher Verstoß gegen strafverfahrensrechtliche Vorschriften oder sogar als Eingriff gegen verfassungsrechtlich geschützte Rechtspositionen – für die Annahme eines Beweisverwertungsverbots von ausschlaggebender Bedeutung ist. Grundsätzlich ist es damit aber nicht getan, sich ausschließlich mit der Frage der Zulässigkeit oder Rechtmäßigkeit der Beweiserhebung auseinander zu setzen, weil sich allein darauf nicht ohne weiteres ein Beweisverwertungsverbot ableiten lässt, jedenfalls nicht feststeht, ob die Ablehnung eines Verwertungsverbots Verfassungsrecht verletzt."[22]

10. BVerfGE 106, 28[23]: In den beiden zugrunde liegenden zivilgerichtlichen Verfahren wurde jeweils die Aussage von Zeugen eingeführt, die ein beweisgegenständliches Telefonat zwischen den Parteien über die Freisprecheinrichtung des Endgeräts mitgehört hatten.

Der Senat stellt zunächst klar, dass das Mithören Dritter am Endgerät in der Regel nicht dem Schutzbereich des Art. 10 Abs. 1 GG unterfalle und daher auch die gegenständlichen Erkenntnisse im Hinblick auf diese Grundrechtsnorm keinem Verbot der Beweiserhebung und Beweisverwertung unterliegen. Verletzt sei allerdings das verfassungsrechtliche gewährleistete Recht am gesprochenen Wort. „Menschliche Kommunikation soll durch das Grundrecht dagegen geschützt sein, dass die Worte – eine vielleicht unbedachte oder unbeherrschte Äußerung, eine bloß vorläufige Stellungnahme im Rahmen eines sich entfaltenden Gesprächs oder eine nur aus einer besonderen Situation heraus verständliche Formulierung – bei anderer Gelegenheit und in anderem Zusammenhang hervorgeholt werden, um durch Inhalt,

21 Nichtannahmebeschluss der 3. Kammer des Zweiten Senats vom 1.3.2000, 2 BvR 2017/94 und 2 BvR 2039/94.

22 A.a.O. 490.

23 Beschluss des Ersten Senats vom 9.10.2002, 1 BvR 1611/96 und 1 BvR 805/98 = NJW 2002, 3619.

Ausdruck oder Klang gegen den Sprechenden zu zeugen. Das Grundgesetz schützt deshalb davor, dass Gespräche heimlich aufgenommen und ohne Einwilligung des Sprechenden oder gar gegen dessen erklärten Willen verwertet werden."[24] Schutz bestehe jedenfalls auch davor, dass ein Kommunikationspartner ohne Kenntnis des anderen eine dritte Person als Zuhörer in das Gespräch mit einbezieht oder die unmittelbare Kommunikationsteilhabe durch den Dritten gestattet. Verhalte ein Sprecher sich allerdings so, dass seine Worte von unbestimmt vielen Menschen ohne besondere Bemühungen gehört werden können, habe er sich das Zuhören Dritter selbst zuzuschreiben. Ob der Grundrechtseingriff gerechtfertigt sei, richte sich nach dem Ergebnis der Abwägung zwischen dem gegen die Verwertung streitenden allgemeinen Persönlichkeitsrecht und einem für die Verwertung sprechenden rechtlich geschützten Interesse auf der anderen Seite. Allein das allgemeine Interesse an einer funktionstüchtigen Straf- und Zivilrechtspflege reiche aber nicht, um im Rahmen der Abwägung zu einer Verwertbarkeit zu gelangen. Es müssten vielmehr weitere Aspekte hinzutreten, im Strafverfahren etwa ein erhöhtes Strafverfolgungsinteresse wegen in Rede stehender besonders schwerer Straftaten. In der zivilgerichtlichen Rechtssprechung sei eine Verwertbarkeit in Fällen angenommen worden, in denen sich der Beweisführer in einer Notwehrsituation oder einem notwehrähnlichen Lage befunden hat.

11. BVerfGE 107, 299 („Verbindungsdaten")[25]: Dieses, für die Frage des Schutzes von Berufsgeheimnisträgern vor staatlichen Ermittlungsmaßnahmen wichtige Urteil, hat die Beschwerde mehrerer Journalisten gegen die Erhebung von Telekommunikationsverbindungsdaten nach § 12 FAG (nunmehr §§ 100g, 100h) zum Gegenstand.

Nachdem der Senat zunächst allgemein die Verfassungsmäßigkeit der gegenständlichen Vorschrift prüft und bejaht, führt er zur Frage einer etwaigen, aus verfassungsrechtlichen Gründen notwendigen, entsprechenden Anwendung des in § 53 Abs. 1 S. 1 Nr. 5 normierten Zeugnisverweigerungsrechts auf Maßnahmen nach § 12 FAG aus: „Art. 5 Abs. 1 S. 2 GG gebietet es nicht, Journalisten generell von strafprozessualen Maßnahmen nach § 12 FAG und § 100a auszunehmen. (...) Auch die Tätigkeit der Strafverfolgungsbehörden liegt im öffentlichen Interesse und hat in einem Rechtsstaat hohe Bedeutung. Die durch Strafverfolgungsmaßnahmen mögliche Aufklärung von Straftaten und ihr Beitrag zur Sicherung der Befolgung der Strafgesetze können durch Zeugnisverweigerungsrechte oder ähnliche verfahrensrechtliche Beschränkungen der Strafverfolgung empfindlich berührt werden (vgl. BVerfGE 77, 65, 76). Dass das Strafverfolgungsinteresse grundsätzlich hinter dem Rechercheinteresse der Medien zurückzutreten hat, lässt sich verfassungsrechtlich nicht begründen. Darauf aber liefe ein allgemein und umfassend verankerter Schutz

24 A.a.O. 40.

25 Urteil des Ersten Senats vom 12.3.2003, 1 BvR 330/96 und 1 BvR 348/99 = NJW 2003, 1787.

von Journalisten hinaus, von Maßnahmen der Erhebung von Informationen über den Telekommunikationsverkehr bei der Aufklärung von Straftaten verschont zu bleiben. Umgekehrt lässt sich auch nicht in abstrakter Weise feststellen, dass das Strafverfolgungsinteresse generell dem Interesse der Medien vorgeht. (...) Es bedarf der Abwägung durch den Gesetzgeber, ob und wieweit die Erfüllung der publizistischen Aufgaben einen Vorrang der Medienfreiheit gegenüber dem Interesse an einer rechtsstaatlich geordneten Rechtspflege rechtfertigt und wieweit die Presse- und die Rundfunkfreiheit ihrerseits an diesem Interesse ihre Grenzen findet."[26]

12. BVerfGE 108, 251[27]: Der Beschluss befasst sich mit der Zulässigkeit der Beschlagnahme von vertraulichen Unterlagen eines Abgeordneten, die sich im Gewahrsam von dessen – beschuldigten – Mitarbeiter befanden. Die Schriftstücke sollten als Beweismittel in einem Strafverfahren gegen den Mitarbeiter dienen, der verdächtig war, vertrauliche Inhalte einer staatsanwaltschaftlichen Ermittlungsakte an die Öffentlichkeit weitergegeben und sich damit der Verletzung einer besonderen Geheimhaltungspflicht (§ 353b Abs. 2 Nr. 1 StGB) strafbar gemacht zu haben.

Der Senat befasst sich in dem Beschluss unter anderem mit der personellen, sachlichen und räumlichen Reichweite des Beschlagnahmeverbots aus Art. 47 S. 2 GG, das in § 97 Abs. 3 einfachgesetzlich ausgeprägt ist. Der Senat führt insoweit aus: „Von der Beschlagnahme gemäß Art. 47 S.2 GG ausgenommen sind Gegenstände im funktionellen Herrschaftsbereich des Abgeordneten. Dort befinden sich auch diejenigen Gegenstände, die dessen Mitarbeiter unter dem Direktionsrecht des Abgeordneten in den Räumen des Bundestags für diesen besitzt. Innerhalb der Räumlichkeit des Bundestags hat der Abgeordnete an Schriftstücken, die seinem Direktionsrecht unterliegen, die für die Anwendung des Art. 47 GG zu fordernde Herrschaftsmacht. Er beherrscht die Schriftstücke mit seinem Weisungsrecht in unmittelbarer Weise. Der Abgeordnete darf jederzeit das Büro seines Mitarbeiters betreten und die Schriftstücke an sich nehmen, die er diesem im Zusammenhang mit seiner Mandatsausübung überlassen hat; der Mitarbeiter vermag dem kein eigenes Besitzrecht entgegen zu halten. Soweit sich Schriftstücke außerhalb der Räume des Bundestags bei einem Mitarbeiter befinden, ist die rechtliche und tatsächliche Beherrschungsmöglichkeit des Abgeordneten soweit gelockert, dass der Schutzbereich des Art. 47 GG verlassen wird. Insbesondere in den durch Art. 13 GG geschützten Wohnräumen des Mitarbeiters kann der Abgeordnete nicht mehr ohne dessen Einwilligung auf die Schriftstücke zugreifen. Der Abgeordnete, der dem Mitarbeiter gestattet, vertrauliche Schriftstücke aus der Beherrschungssphäre des Bundestags zu verbringen, oder entsprechende Eigenmächtigkeiten des Mitarbeiters nicht wirksam

26 A.a.O. 331 ff.

27 Beschluss des Zweiten Senats vom 30.7.2003, 2 BvR 508/01 und 2 BvE 1/01 = NJW 2003, 3401.

verhindert, lockert selbst seine nach Art. 47 GG vorausgesetzte Herrschaft über Schriftstücke, die beschlagnahmefrei sind."[28]

13. BVerfGK 2, 97[29]: In dem zugrunde liegenden Ermittlungsverfahren wegen Steuerhinterziehung wurden die Geschäftsräume eines Wirtschaftsprüferunternehmens, das für die Beschuldigten im Zusammenhang mit dem gegenständlichen Sachverhalt tätig geworden war, durchsucht und dort Unterlagen beschlagnahmt. Das Landgericht hatte die Beschwerden der Beschwerdeführer mit der Begründung verworfen, die Durchsuchung und die Beschlagnahme hätten sich nicht auf beschlagnahmefreie Unterlagen im Sinne von § 97 Abs. 1 bezogen.

Der Senat stellt zunächst fest, dass die Einschätzung des Landgerichts zwar bedenklich erscheine, eine Verletzung des Willkürverbots aber nicht festgestellt werden könne. Ferner erfasse der Wortlaut des § 97 Abs. 1 Nr. 1 und Nr. 2 lediglich die Beziehung zwischen Berufsgeheimnisträger und Beschuldigtem. Im gegenständlichen Fall sei Anvertrauende im Sinne der Vorschrift aber die Firma gewesen, bei der die Beschuldigten beschäftigt waren. Es sei nicht erkennbar, weswegen eine über den Wortlaut hinaus reichende Auslegung der strafprozessualen Bestimmungen von Verfassung wegen geboten sein soll. Sodann diskutiert der Senat die Frage, ob Beschlagnahmeverbote neben den Schutzvorschriften der StPO verfassungsrechtlich geboten sein können. „Beschlagnahmeverbote können sich unmittelbar aus dem Grundgesetz ergeben, wenn wegen der Eigenart des Beweisthemas in grundrechtlich geschützte Bereiche unter Verstoß gegen den Grundsatz der Verhältnismäßigkeit eingegriffen wird (...). Jedoch bedarf es im Einzelfall einer näheren Begründung dafür, warum ausnahmsweise über das geschriebene Strafprozessrecht hinaus unmittelbar von Verfassungs wegen ein Zeugnisverweigerungsrecht oder ein dieses Recht flankierendes Beschlagnahmeverbot bestehen sollen. Abweichungen vom geschriebenen Strafprozessrecht wegen des verfassungsrechtlichen Postulats der Verfahrensfairness sind, wenn überhaupt, mit Behutsamkeit vorzunehmen (...). Dies gilt auch deshalb, weil Zeugnisverweigerungsrechte und Beschlagnahmeverbote die im Interesse der Allgemeinheit bestehende Pflicht der staatlichen Strafverfolgungsorgane zur umfassenden Sachaufklärung begrenzen. Fehlt es an einer eindeutigen Begründung für das Vorliegen eines besonderen Ausnahmefalles, welche die Beschränkung der Strafverfolgungstätigkeit über gesetzliche Ausnahmetatbestände hinaus rechtfertigen soll, geht das öffentliche Interesse an vollständiger Wahrheitsermittlung im Strafverfahren dem Geheimhaltungsinteresse des Betroffenen vor."[30]

---

28 A.a.O. 269 f.

29 Nichtannahmebeschluss der 3. Kammer des Zweiten Senats vom 27.10.2003, 2 BvR 2211/00 = NStZ-RR 2004, 83.

30 A.a.O. 101.

14. BVerfGE 109, 279 („Großer Lauschangriff")[31]: Dieses wichtige Urteil beschäftigt sich mit der verfassungsrechtlichen Zulässigkeit der akustischen Wohnraumüberwachung. Im Zentrum steht dabei die Frage, welche einfachgesetzlichen Vorkehrungen der Gesetzgeber in der StPO treffen muss, um eine Gefährdung des unantastbaren Kernbereichs privater Lebensgestaltung durch die Überwachung wirksam zu verhindern. In diesem Rahmen beschäftigt sich der Senat auch mit den in § 100 d Abs. 3 a.F. verankerten Beweisverboten.

Das Gericht führt aus, die Verfassung verlange Regeln darüber, dass Daten nicht verwertet werden dürfen, die aus dem Kernbereich privater Lebensgestaltung stammen. „Das mit der akustischen Wohnraumüberwachung verbundene Risiko des Eingriffs in den Kernbereich privater Lebensgestaltung kann verfassungsrechtlich nur hingenommen werden, wenn Vorkehrungen dagegen bestehen, dass keine weiteren Folgen aus ausnahmsweise erfolgten Verletzungen entstehen. Es ist zu sichern, dass die durch den Eingriff erlangten Erkenntnisse keinerlei Verwendung im weiteren Ermittlungsverfahren oder auch in anderen Zusammenhängen finden. Eines umfassenden Verwertungsverbots bedarf es zunächst für den Fall, dass die Strafverfolgungsbehörden unter Überschreitung der Ermächtigung die akustische Wohnraumüberwachung durchführen, etwa obwohl eine Wahrscheinlichkeit dafür besteht, dass mit ihr absolut geschützte Gespräche erfasst werden. Die in dem Zeitraum des Bestehens des Erhebungsverbots gewonnen Informationen dürfen insgesamt und ungeachtet ihres Inhalts im Strafverfahren nicht verwertet werden. Das gilt nicht nur im Hinblick auf ihre Verwendung als Beweismittel im Hauptsacheverfahren, sondern auch, soweit sie als Spurenansätze für Ermittlungen in weiteren Zusammenhängen in Betracht kommen. Ein Verwertungsverbot besteht ebenfalls dann, wenn nach den Umständen nicht von einem Erhebungsverbot ausgegangen werden kann, sich während der Durchführung der akustischen Wohnraumüberwachung aber gleichwohl eine Situation ergibt, die zum Abhören von höchstpersönlichen Gesprächen führt. Daten aus Handlungen, die den unantastbaren Bereich privater Lebensgestaltung betreffen, unterliegen von Verfassungs wegen einem absoluten Verwertungsverbot und dürfen weder im Hauptsacheverfahren verwertet werden, noch Anknüpfungspunkt weiterer Ermittlungen sein (vgl. BverfGE 44, 353, 383 ff.)."[32] Solche Daten müssten ferner unverzüglich vernichtet werden. Über die Frage der Verwertbarkeit müssten unabhängige, auch die Interessen der Betroffenen wahrnehmende Stellen entscheiden. Hinsichtlich der Behandlung zeugnisverweigerungsberechtigter Personen führt der Senat aus: „Der Schutz des Kernbereichs privater Lebensgestaltung umfasst auch die Kommunikation mit anderen Personen des besonderen Vertrauens (vgl. BVerfGE 90, 255, 260). Deren Kreis deckt sich nur teilweise mit den in §§ 52, 53 genannten Zeugnisverweigerungsberechtigten. Die aus dem Kernbereich privater Lebensgestaltung folgenden Abhörverbote sind nicht identisch mit den strafprozes-

31 Urteil des 1. Senats vom 3. März 2004, 1 BvR 2378/98 und 1 BvR 1084/99 = NJW 2004, 999 ff

32 A.a.O. 331 f.

sualen Zeugnisverweigerungsrechten. So ist § 52 nicht zum Schutz des Vertrauensverhältnisses zwischen den dort genannten Angehörigen und Beschuldigten geschaffen worden. Vorrangig soll vielmehr auf die Zwangslage des Zeugen Rücksicht genommen werden, der einer Wahrheitspflicht unterliegt und befürchten muss, einem Angehörigen zu schaden. Das Zeugnisverweigerungsrecht knüpft zudem an das formale Kriterium des Verwandtschaftsverhältnisses und nicht an ein besonderes Vertrauensverhältnis an, wie es insbesondere auch zu engen persönlichen Freunden bestehen kann. § 53 schützt zwar seinem Grundgedanken nach das Vertrauensverhältnis zwischen dem Zeugen und dem Beschuldigten. Jedoch erfolgt auch dieser Schutz nicht in allen Fällen des § 53 um der Menschenwürde des Beschuldigten oder der Gesprächspartner willen. Diese Annahme trifft allerdings auf das seelsorgerische Gespräch mit einem Geistlichen zu. So gehört der Schutz der Beichte oder der Gespräche mit Beichtcharakter zum verfassungsrechtlichen Menschenwürdegehalt der Religionsausübung im Sinne des Art. 4 Abs. 1 und Abs. 2 GG. Auch dem Gespräch mit dem Strafverteidiger kommt die zur Wahrung der Menschenwürde wichtige Funktion zu, darauf hinwirken zu können, dass der Beschuldigte nicht zum bloßen Objekt im Strafverfahren wird. Arztgespräche können im Einzelfall dem unantastbaren Kernbereich privater Lebensgestaltung zuzuordnen sein (vgl. BVerfGE 32, 373, 379). Zeugnisverweigerungsrechte der Presseangehörigen und der Parlamentsabgeordneten weisen demgegenüber keinen unmittelbaren Bezug zum Kernbereich privater Lebensgestaltung auf. Sie werden um der Funktionsfähigkeit der Institutionen willen und nicht wegen des Persönlichkeitsschutzes des Beschuldigten gewährt."[33] An anderer Stelle[34] betont der Senat, dass die Frage, ob es verfassungsrechtlich geboten war, sämtliche Berufsgeheimnisträger nach § 53 gemäß § 100d Abs. 3 S. 1 a.F. einem absoluten Überwachungsverbot zu unterstellen, vorliegend keiner Entscheidung bedürfe. Jedenfalls sei der Gesetzgeber nicht gehindert, mit Blick auf den verfassungsrechtlichen Schutz besonderer Vertrauensverhältnisse zusätzliche Beweisermittlungsverbote zu begründen. Gespräche, die Angaben über begangene Straftaten enthalten, gehören nach Ansicht des Senats ihrem Inhalt nach nicht dem unantastbaren Kernbereich privater Lebensgestaltung an, der notwendige hinreichende Sozialbezug bestehe jedenfalls bei Äußerungen, die sich unmittelbar auf eine konkrete Straftat beziehen.[35]

15. BVerfG NJW 2007, 1865[36]: In dem zugrundeliegenden Fall hatte ein katholischer Gefängnisseelsorger unter Berufung auf § 53 Abs. 1 S. 1 Nr. 1 das Zeugnis zu der Frage verweigert, ob er für den sich in Untersuchungshaft befindlichen, des versuchten Betrugs zum Nachteil von Versicherungsanstalten Beschuldigten im

33 A.a.O. 322 f.

34 A.a.O. 329.

35 A.a.O. 319 f.

36 Beschluss der 1. Kammer des Zweiten Senats vom 25.1.2007, 2 BvR 26/07 (vorgesehen zur Veröffentlichung in BVerfGK).

Internet Adressen von Versicherungen recherchiert habe, an die der Beschuldigte aus der Haftanstalt heraus rückdatierte Schreiben versendet hatte, um den Tatverdacht von sich zu lenken. Der Seelsorger wendet sich mit der Verfassungsbeschwerde gegen die zur Durchsetzung seiner Zeugnispflicht angeordneten Beugehaft.

Nachdem die Kammer zunächst die umstrittene Frage bejaht, ob Geistliche im Sinne des § 53 Abs. 1 S. 1 Nr. 1 auch Seelsorger sind, die keine Priesterweihe erhalten haben, stellt sie fest, die Einschätzung der Fachgerichte, das Recherchieren von Versicherungsadressen im Internet zähle objektiv nicht zur Seelsorge und begründe insoweit kein Zeugnisverweigerungsrecht, sei verfassungsrechtlich nicht zu beanstanden. Auch ein verfassungsrechtlich begründetes Zeugnisverweigerungsrecht stehe dem Beschwerdeführer nicht zu.[37] Die Frage, deren Beantwortung der Beschwerdeführer verweigert habe, ziele nicht auf das Erlangen von Kenntnissen über ein seelsorgerisches Gespräch, sondern über eine Tätigkeit, die der Beschwerdeführer nur außerhalb eines solchen Gesprächs habe wahrnehmen können. Dass ihm die Beantwortung der Frage sein Glaube verbiete und er durch die Missachtung des Verbots in eine innere Not gerate, habe der Beschwerdeführer nicht substanziiert dargelegt. Durch die Preisgabe von Wissen über eine dem betreuten Gefangenen erwiesene Gefälligkeit könne zwar das Vertrauensverhältnis zu diesem und zu anderen Gefangenen mit Folgewirkungen auf die Möglichkeit zur Wahrnehmung der seelsorgerischen Aufgabe beeinträchtigt werden, was einen Eingriff in den Schutzbereich der Berufsausübungsfreiheit darstelle; eine Abwägung zwischen dieser und den Belangen der Strafrechtspflege ergebe aber – was die Kammer weiter begründet – ein Überwiegen der Letzteren.

37 A.a.O. 1867 f.

Literaturverzeichnis

(Jahreszahlen in Klammern geben bei wichtigen philosophischen Werken das Ersterscheinungsdatum der Originalausgabe an.)

Achterberg, Norbert, Probleme der Funktionenlehre, München 1970.
Adomeit, Klaus, Normlogik – Methodenlehre – Rechtspolitologie. Gesammelte Beiträge zur Rechtstheorie 1970–1985, Berlin 1986.
Alexy, Robert, Rechtsregeln und Rechtsprinzipien, in: MacCormick, Neil / Panou, Stavros / Vallauri, Luigi Lombardi (Hrsg.), Conditions of Validity and Cognition in Modern Legal Thought. Geltungs- und Erkenntnisbedingungen im modernen Rechtsdenken, ARSP Beiheft 25, Stuttgart 1985, S. 13.
--- Theorie der juristischen Argumentation. Die Theorie des rationalen Diskurses als Theorie der juristischen Begründung, 2. Auflage, Frankfurt a.M. 1991.
--- Recht, Vernunft, Diskurs. Studien zur Rechtsphilosophie, Frankfurt a.M. 1995.
Altenhain, Karsten / Hagemeier, Ina / Haimerl, Michael, Die Vorschläge zur gesetzlichen Regelung der Urteilsabsprachen im Lichte aktueller rechtstatsächlicher Erkenntnisse, NStZ 2007, 71.
Al-Zand, Ali / Siebenhüner, Jan, § 173 StGB – Eine kritische Bettrachtung des strafrechtlichen Inzestverbots, KritV 2006, 68.
Amelung, Knut, Anmerkung zu BVerfG NStZ 1981, 446, in: NStZ 1982, 38.
--- Der Grundrechtsschutz der Gewissenserforschung und die strafprozessuale Behandlung von Tagebüchern, NJW 1988, 1002.
--- Informationsbeherrschungsrechte im Strafprozess. Dogmatische Grundlagen individualrechtlicher Beweisverbote, 1990.
--- Die zweite Tagebuchentscheidung des BVerfG, NJW 1990, 1753.
--- Grundfragen der Verwertungsverbote bei beweissichernden Haussuchungen im Strafverfahren, NJW 1991, 2533.
--- Gerhard Fezer. Grundfragen der Beweisverwertungsverbote, GA 1996, 332.
--- Die Verwertbarkeit rechtswidrig gewonnener Beweismittel zugunsten des Angeklagten und deren Grenzen, StraFO 1999, 181.
--- Die Entscheidung des BVerfG zur „Gefahr im Verzug" i.S. des Art. 13 II GG, NStZ 2001, 337
--- Normstruktur und Positivität strafprozessualer Beweisverbote, in: Festgabe für Hans Hilger, Heidelberg 2003, S. 327.
Amelung, Knut / Mittag, Matthias, Beweislastumkehr bei Haussuchungen ohne richterliche Anordnung gemäß § 105 StPO, NStZ 2005, 614.
Anastasopoulou, Ioanna, Deliktstypen zum Schutz kollektiver Rechtsgüter, München 2005.

Anwaltkommentar, Strafprozessordnung, Bonn 2007 (zit. AnwK-StPO/Bearbeiter).
Apel, Karl-Otto, Diskurs und Verantwortung. Das Problem des Übergangs zur postkonventionellen Moral, Frankfurt a.M. 1988.
--- Transformation der Philosophie. Band I. Sprachanalytik, Semiotik, Hermeneutik, Frankfurt a.M. 1973.
--- Transformation der Philosophie. Band II. Das Apriori der Kommunikationsgemeinschaft, Frankfurt a.M. 1973.
Appel, Ivo, Verfassung und Strafe. Zu den verfassungsrechtlichen Grenzen staatlichen Strafens, Berlin 1998.
Aquin, Thomas von, Von der Wahrheit (de Veritate), Hamburg 1986 (1256-1259).
Artzt, Matthias, Die verfahrensrechtliche Bedeutung polizeilicher Vorfeldermittlungen. Zugleich eine Studie zur Rechtsstellung des von Vorfeldermittlungen betroffenen Personenkreises, Frankfurt a.M. 2000.
Asbrock, Bernd, Anmerkung zu BGH, Urteil vom 11.11.1998 - 3 StR 181/98 -, StV 1999, 187.
Austin, John Langshaw, Wahrheit, in: ders., Wort und Bedeutung. Philosophische Aufsätze, München 1975, S. 37 (1950).
--- Zur Theorie der Sprechakte (How to do things with Words), 2. Auflage, Stuttgart 1998 (1962/1975).
Ayer, Alfred Jules, Sprache, Wahrheit und Logik, Stuttgart 1970 (1936).
--- Wahrheit, in: Skirbekk, Gunnar, Wahrheitstheorien. Eine Auswahl aus den Diskussionen über Wahrheit im 20. Jahrhundert, Frankfurt a.M. 1977, S. 276 (1963).

Baldus, Manfred, Streitkräfteeinsatz zur Gefahrenabwehr im Luftraum – Sind die neuen luftsicherheitsgesetzlichen Befugnisse der Bundeswehr kompetenz- und grundrechtswidrig?, NVwZ 2004, 1278.
Bauer, Gerhard, Die Aussage des über das Schweigerecht nicht belehrten Beschuldigten, Göttingen 1972.
Bauer, Wolfram, Ist die Kritik an der „Rechtskreistheorie" (methodisch) noch zu halten? – Ein Plädoyer für die Rechtskreistheorie – zugleich eine Erwiderung auf Hauf NStZ 1993, 457, NJW 1994, 2530.
--- Der neue Streit um die Rechtskreistheorie als methodisches Problem. Eine Antikritik zu Hauf wistra 1995, 53, wistra 1996, 46.
Baumann, Raimund / Brenner, Harald, Die strafprozessualen Beweisverwertungsverbote. Grundfälle, Stuttgart 1991.
Baurmann, Michael / Schädler, Wolfram, Das Opfer nach der Straftat – seine Erwartungen und Perspektiven, 2. Auflage, Wiesbaden 1999.
Bausback, Winfried, Fesseln für die wehrhafte Demokratie?, NJW 2006, 1922.
Beckemper, Katharina / Wegner, Carsten, Verwertbarkeit privat aufgenommener Tonbandaufnahmen im Strafprozess, JA 2003, 510.
Beling, Ernst, Die Beweisverbote als Grenzen der Wahrheitserforschung im Strafprozess, Breslau 1903.
Bellstedt, Christoph, Bedürfen Subventionen gesetzlicher Grundlage? DÖV 1961, 161.
Bentham, Jeremy, A Fragment on Government and an introduction to the Principles of Morals and Legislation, Oxford 1960 (1789).

Beulke, Werner, Die Vernehmung des Beschuldigten – Einige Anmerkungen aus Sicht der Prozessrechtswissenschaft, StV 1990, 180.

--- Hypothetische kausale Verläufe im Strafverfahren bei rechtswidrigem Vorgehen von Ermittlungsorganen, ZStW 103 (1991), 657.

Blau, Günther, Die Teilung des Strafverfahrens in zwei Abschnitte. Schuldspruch und Strafausspruch, ZStW 81 (1969), 31.

Blomeyer, Jürgen, Die Revisibilität von Verfahrensmängeln im Strafprozess. Kausalität und Finalität im Revisionsrecht, JR 1971, 142.

Bock, Michael, Das Elend der klinischen Kriminalprognose, StV 2007, 269.

Boetticher, Axel / Kröber, Hans-Ludwig / Müller-Isberner, Rüdiger / Böhm, Klaus / Müller-Metz, Reinhard / Wolf, Thomas, Mindestanforderungen für Prognosegutachten, NStZ 2006, 537.

Böhm, Michael, Das neue Europäische Haftbefehlsgesetz, NJW 2006, 2592.

Böse, Martin, Die Verwertung im Ausland gewonnener Beweismittel in deutschen Strafverfahren, ZStW 114 (2002), 148.

Bottke, Wilfried, Das Straftaterfordernis der Rechtsgutsverletzung, in: Festschrift für Ernst-Joachim Lampe, Berlin 2003, S. 463.

Bradley, Francis Herbert, Essays on Truth and Reality, Oxford 1914.

Brodersen, Kilian / Anslinger, Katja / Rolf, Burkhard, DNA-Analyse und Strafverfahren. Rechtliche und biologische Grundlagen der DNA-Analyse, München 2003.

Brugger Winfried, Vom unbedingten Verbot der Folter zum bedingten Recht auf Folter?, JZ 2000, 165.

Brugger, Winfried / Haverkate, Görg (Hrsg.), Grenzen als Thema der Rechts- und Sozialphilosophie. Referate der Tagung der deutschen Sektion der Internationalen Vereinigung für Rechts- und Sozialphilosophie vom 22. bis 23. September 2000 in Heidelberg, Stuttgart 2002.

Buermeyer, Ulf, Die „Online-Durchsuchung“. Technischer Hintergrund des verdeckten hoheitlichen Zugriffs auf Computersysteme, HRRS 2007, 154.

Bühler, Karl, Sprachtheorie. Die Darstellungsfunktion der Sprache, Stuttgart 1982 (1934).

Bull, Hans Peter, Zweifelsfragen um die informationelle Selbstbestimmung – Datenschutz als Datenaskese?, NJW 2006, 1617.

Burhoff, Detlef, Durchsuchung und Beschlagnahme. Bestandsaufnahme zur obergerichtlichen Rechtsprechung, StraFo 2005, 140.

Carnap, Rudolf, Der *logische* Aufbau der Welt, Hamburg 1998 (1928).

--- Die physikalische Sprache als Universalsprache der Wissenschaft, Erkenntnis 2 (1931), 432.

--- Logische Syntax der Sprache, 2. Auflage, Wien 1968 (1934).

Carosfeld, Ludwig Schnorr von, Probleme des internationalen Strafprozessrechts, in: Festschrift für Reinhart Maurach, Karlsruhe 1972, S. 615.

Chalmers, Alan, Wege der Wissenschaft. Einführung in die Wissenschaftstheorie, 3. Auflage, Berlin 1994.

Coester-Waltjen, Dagmar, Die Wirkungskraft der Grundrechte bei Fällen mit Auslandsberührung – familien- und erbrechtlicher Bereich -, in: Die Wirkungskraft der Grundrechte bei Fällen mit Auslandsbezug. Berichte der Deutschen Gesellschaft für Völkerrecht. Band 38, Heidelberg 1998, S. 9.

Czerner, Frank, Der strafrechtlich-normative Schuldbegriff zwischen Willensfreiheit und neurobiologischem Determinismus, Archiv für Kriminologie 2006, 65, 129.

Dahs, Hans, Verwertungsverbote bei unzulässiger Beschlagnahme von Tagebuchaufzeichnungen, Verteidigungsunterlagen sowie bei unzulässiger Gesprächsaufzeichnung und Blutprobe, in: Wahrheitsfindung und ihre Schranken. II. Strafverteidiger-Frühjahrssymposium 1988 der Arbeitsgemeinschaft Strafrecht des Deutschen Anwaltvereins, Essen 1989, S. 122.

Dalakouras, Theoharis, Beweisverbote bezüglich der Achtung der Intimsphäre. Unter besonderer Berücksichtigung der Grundrechtsproblematik sowie des griechischen Rechts, Berlin 1988.

Dallmeyer, Jens, Beweisführung im Strengbeweisverfahren. Die Beweisbefugnisse als Voraussetzungen der Wahrheitserforschung im Strafprozess, Bad Vilbel 2002.

Darkow, Klaus, Arbeitszeit und Anwesenheitspflicht der Richter, DRiZ 1971, 372.

Dedes, Christos, Beweisverfahren und Beweisrecht, Berlin 1992.

Degener, Wilhelm, Anmerkung zu BGH, Urteil vom 12.2.2004 - 3 StR 185/03 -, StV 2006, 515.

Degenhart, Staatsrecht I Staatszielbestimmungen Staatsorgane Staatsfunktionen, 9. Auflage, Heidelberg 1993.

Dencker, Friedrich, Verwertungsverbote im Strafprozess. Ein Beitrag zur Lehre von den Beweisverboten, Köln 1977.

--- Gilt das auf einer Verletzung des Gebots, den Beschuldigten vor seiner Vernehmung über sein Schweigerecht zu belehren, beruhende Verwertungsverbot auch in Bezug auf Mitangeklagte oder sonstige Dritte?, StV 1995, 232.

Denninger, Erhard, Normalfall oder Grenzfall als Ausgangspunkt rechtsphilosophischer Konstruktion?, in: Brugger, Winfried / Haverkate, Görg (Hrsg.), Grenzen als Thema der Rechts- und Sozialphilosophie. Referate der Tagung der deutschen Sektion der Internationalen Vereinigung für Rechts- und Sozialphilosophie vom 22. bis 23. September 2000 in Heidelberg, Stuttgart 2002, S. 37 = KritV 2002, 5.

Diederichsen, Uwe, Innere Grenzen des Rechtsstaats, Der Staat 34 (1995), 33.

Diemer, Herbert, Erhebungen des Generalbundesanwalts zur Klärung des Anfangsverdachts im Rahmen von ARP-Vorgängen, NStZ 2005, 666.

Dilthey, Wilhelm, Der Aufbau der geschichtlichen Welt in den Geisteswissenschaften, 4. Auflage, Frankfurt a.M. 1993 (1910).

Dreier, Horst, Grundgesetz. Kommentar, 2. Auflage, Tübingen 2004 (zit. Dreier/Bearbeiter).

Dschuang Dsi, Das wahre Buch vom südlichen Blütenland. Aus dem Chinesischen übertragen und erläutert von Richard Wilhelm, 8. Auflage, München 1994 (ca. 300 v. Chr.).

Duhem, Pierre Maurice Marie, Ziel und Struktur der physikalischen Theorien. Nachdruck der Übersetzung von Friedrich Adler, Hamburg 1978 (1906).

Dummett, Michael, A defense of McTaggart's proof of the unreality of time, in: ders., Truth and other Enigmas, London 1978, S. 351 (1960).

Dünnebier, Hanns, Zur Tagebuchentscheidung des Bundesgerichtshofs, MDR 1964, 967.

--- Zum Begriff des Verfahrens, in: Festschrift für Karl Schäfer, Berlin 1980, S. 27.

Dürig, Günter, Der Grundrechtssatz von der Menschenwürde. Entwurf eines praktikablen Wertsystems der Grundrechte aus Art. 1 Abs. I in Verbindung mit Art. 19 Abs. II des Grundgesetzes, in: Gesammelte Schriften 1952-1983, Berlin 1984, S. 127.

Duttge, Gunnar, Der Begriff der Zwangsmaßnahme im Strafprozessrecht. Unter besonderer Berücksichtigung der allgemeinen Handlungsfreiheit, des allgemeinen Persönlichkeitsrechts sowie des Rechts auf informationelle Selbstbestimmung, Baden-Baden 1995.
--- Anmerkung zu BGH, Urteil vom 24.7.1998 - 3 StR 78/98 -, JZ 1999, 261.
Duttge, Gunnar / Hörnle, Tatjana / Renzikowski, Joachim, Das Gesetz zur Änderung der Vorschriften über die Straftaten gegen die sexuelle Selbstbestimmung, NJW 2004, 1065.
Düx, Heinz, Sexualstraftaten und Sicherungsverwahrung – Abschied vom rechtsstaatlichen Strafverfahren?, ZRP 2006, 82
Dworkin, Ronald, Bürgerrechte ernstgenommen, Frankfurt a.M. 1984 (1978).
--- Law's Empire, 10. Auflage, Cambridge 1997 (1986).
--- Harts *Postscript* und das Wesen der politischen Philosophie, in: Becker, Michael / Zimmerling, Ruth (Hrsg.), Politik und Recht, Wiesbaden 2006, S. 33.

Eisenberg, Ulrich, Jugendgerichtsgesetz, 12. Auflage, München 2007.
Ellbogen, Klaus, Die Fluchttagebücher Frank Schmökel und ihre Verwertbartkeit im Strafprozess, NStZ 2001, 460.
--- Strafbarkeit des Beischlafs zwischen Verwandten. Ein Relikt aus der Vergangenheit, ZRP 2006, 190.
Enders, Christoph, Die Menschenwürde in der Verfassungsordnung. Zur Dogmatik des Art. 1 GG, Tübingen 1997.
Erb, Volker, Strafrechtswissenschaft, höchstrichterliche Rechtsprechung und tatrichterliche Praxis des Strafrechts, ZStW 113 (2001), 1.
--- Zur „Legitimation“ von Fehlverurteilungsrisiken, in: Festschrift für Peter Riess, Berlin 2002, S. 77.
Ernst, Marcus, Verarbeitung und Zweckbindung von Informationen im Strafprozess, Berlin 1993.
Esser, Robert, Anmerkung zu EGMR, Monika Haas/Bundesrepublik Deutschland vom 17.11.2005, 73047/01, NStZ 2007, 106.

Fahl, Christian, Die „unwahre“ Protokollrüge, HRRS 2007, 166.
Feuerbach, Anselm Ritter von, Lehrbuch des gemeinen in Deutschland gültigen Peinlichen Rechts, 14. Auflage, Giessen 1847.
Feyerabend, Paul, Kuhns Struktur wissenschaftlicher Revolutionen – ein Trostbüchlein für Spezialisten?, in: Lakatos, Imre / Musgrave, Alan (Hrsg.), Kritik und Erkenntnisfortschritt, Braunschweig 1974, S. 191.
--- Wider den Methodenzwang. Skizze einer anarchistischen Erkenntnistheorie, Frankfurt a.M. 1983 (1976).
--- Erkenntnis für freie Menschen, Frankfurt a.M. 1986 (1975).
Fezer, Gerhard, Grundfälle zum Verlesungs- und Verwertungsverbot im Strafprozess, JuS 1978, 104, 325, 472, 612, 765.
--- Grundfragen der Beweisverwertungsverbote, 1995.
--- Anmerkung zu BGH, Urteil vom 11.11.1998 - 3 StR 181/98 -, JZ 1999, 526.
--- Überwachung der Telekommunikation und Verwertung eines „Raumgesprächs“, NStZ 2003, 625, 629.

Fikentscher, Wolfgang, Fikentscher, Methoden des Rechts in vergleichender Darstellung, Band I, Frühe und religiöse Rechte. Romanischer Rechtskreis, Tübingen 1975. CC 235
--- Modes of Thought. A Study in the Anthropology of Law and Religion, Tübingen 1995.
Finger, Thorsten, Prozessuale Beweisverbote – Eine Darstellung ausgewählter Fallgruppen, JA 2006, 529.
Fischer, Thomas, Regelung der Urteilsabsprache – ein Appell zum Innehalten, NStZ 2007, 433.
Fischinger, Helmuth, Die Teilung des Strafverfahrens in zwei Abschnitte. Schuldspruch und Strafausspruch, ZStW 81 (1969), 49.
Franke, Nils, Bedeutung und Wahrheit im juristischen Streit. Bedeutungstheorien im Vergleich mit der juristischen Hermeneutik, in: Kreuzbauer, Günther / Augeneder, Silvia (Hrsg.), Der Juristische Streit. Recht zwischen Rhetorik, Argumentation und Dogmatik, ARSP Beiheft 99, Stuttgart 2004, S. 65.
Frege, Gottlob, Begriffsschrift. Eine der arithmetischen nachgebildete Formelsprache des reinen Denkens, in: ders., Begriffsschrift und andere Aufsätze, 6. Nachdruck der 2. Auflage 1964, Hildesheim 2007 (1879).
--- Funktion und Begriff, in: ders., Kleine Schriften, Hildesheim 1967, S. 125 (1891).
--- Über Sinn und Bedeutung, in: ders., Kleine Schriften, Hildesheim 1967, S. 143 (1892).
--- Grundgesetze der Arithmetik. Begriffsschriftlich abgeleitet, 2. Auflage, Hildesheim 1962 (1893/1903).
--- Logische Untersuchungen, in: ders., Kleine Schriften, Hildesheim 1967, S. 342 (1918/1919).
Freund, Georg, Normative Probleme der „Tatsachenfeststellung". Eine Untersuchung zum tolerierten Risiko einer Fehlverurteilung im Bereich subjektiver Deliktsmerkmale, Heidelberg 1987.

Gadamer, Hans-Georg, Wahrheit und Methode. Grundzüge einer philosophischen Hermeneutik, 6. Auflage, Tübingen 1990 (1960).
--- Sprache und Verstehen, in: Gadamer Lesebuch, Tübingen 1997, S. 71 (1970).
--- Text und Interpretation, in: Gadamer Lesebuch, Tübingen 1997, S. 141 (1983).
--- Hermeneutik und die ontologische Differenz, in: Gadamer Lesebuch, Tübingen 1997, S. 266 (1989).
Gaede, Karsten, Anmerkung zu EGMR, Urteil vom 5.11.2002 - 48539/99 -, StV 2003, 260.
--- Fairness als Teilhabe – Das Recht auf konkrete und wirksame Teilhabe durch Verteidigung gemäß Art. 6 EMRK, Berlin 2007.
Gärditz, Klaus Ferdinand, Strafprozess und Prävention. Entwurf einer verfassungsrechtlichen Zuständigkeits- und Funktionenordnung, Tübingen 2003.
Gauthier, Jean, Die Beweisverbote, ZStW 103 (1991), 796.
Geddert-Steinacher, Tatjana, Menschenwürde als Verfassungsbegriff. Aspekte der Rechtsprechung des Bundesverfassungsgerichts zu Art. 1 Abs. 1 Grundgesetz, Berlin 1990.
Gerhardt, Volker, Selbstbestimmung. Das Prinzip der Individualität, Stuttgart 1999.
Geppert, Klaus, Anmerkung zu BGH, Urteil vom 9.7.1987 - 4 StR 223/87 -, JR 1988, 475.
--- Amtsaufklärungspflicht (§ 244 Abs. 2 StPO) und Aufklärungsrüge im Strafprozess, Jura 2003, 255.
--- Der Grundsatz der freien Beweiswürdigung (§ 261 StPO), Jura 2004, 105.

Giacometti, Zaccharia, Allgemeine Lehren des rechtsstaatlichen Verwaltungsrechts, 1. Band, Zürich 1960.

Gieg, Georg, Letzter Anlauf für eine gesetzliche Regelung von Verständigungen im Strafverfahren?, GA 2007, 469.

Gloy, Karen, Wahrheitstheorien. Eine Einführung, Tübingen 2004.

Göres, Ulrich, Rechtmäßigkeit des Zugriffs der Strafverfolgungsbehörden auf die Daten der Mauterfassung, NJW 2004, 195.

Görtz-Leible, Monika, die Beschlagnahmeverbote des § 97 Abs. 1 StPO im Lichte der Zeugnisverweigerungsrechte, Tübingen 2000.

Gössel, Karl Heinz, Die Beweisverbote im Strafverfahren, in: Festschrift für Paul Bockelmann, München 1979, S. 801.

--- Überlegungen zu einer neuen Beweisverbotslehre, NJW 1981, 2117.

--- Verfassungsrechtliche Verwertungsverbote im Strafverfahren, JZ 1984, 361.

--- Die Beweisverbote im Strafverfahrensrecht der Bundesrepublik Deutschland, GA 1991, 483.

--- Über das Verhältnis von Beweisermittlungsverbot und Beweisverwertungsverbot unter besonderer Berücksichtigung der Amtsaufklärungsmaxime der §§ 160, 244 II StPO. Zugleich eine Besprechung der Beschlüsse des Ermittlungsrichters und des BGH - 1 BGs 65/97 und 1 BGs 88/97 -, NStZ 1998, 126.

--- Die Unterscheidung zwischen absoluten und relativen Beweisverwertungsverboten als neuer Ausgangspunkt einer Lehre von den Beweisverboten im Strafprozess, in: Festschrift für Ernst-Walter Hanack, Berlin 1999, S. 277.

Götting, Susanne, Beweisverwertungsverbote in Fällen gesetzlich nicht geregelter Ermittlungstätigkeit durch V-Leute, Scheinaufkäufer und Privatleute, Frankfurt a.M. 2001.

Götz, Heinrich, Strafprozessuale und aktienrechtliche Anmerkungen zum Mannesmann-Prozess, NJW 2007, 419, 420.

Greco, Luís, Die Regeln hinter der Ausnahme. Gedanken zur Folter in sog. ticking bomb-Konstellationen, GA 2007, 628.

Gropp, Walter, Zur Verwertbarkeit eigenmächtig aufgezeichneter (Telefon-) Gespräche – Der Fall Schenk und die Lehre von den Beweisverboten, StV 1989, 216.

Grünbaum, Adolf, Die Grundlagen der Psychoanalyse. Eine philosophische Kritik, Stuttgart 1988 (1984).

Grüner, Gerhard, Revisibilität und Beweisverwertungsverbote im Strafprozess, Leipzig 1997.

Grünwald, Gerald, Beweisverbote und Verwertungsverbote im Strafverfahren, JZ 1966, 489.

--- Anmerkung zu BGH, Beschluss vom 30.4.1968 - 1 StR 625/67, JZ 1968, 752.

--- Das Beweisrecht der Strafprozessordnung, Baden-Baden 1993.

Güntge, Georg, Beweisverwertungsverbote zu Ungunsten eines (Mit-)Angeklagten?, StV 2005, 403.

Gusy, Christoph, Lauschangriff und Grundgesetz, JuS 2004, 457.

--- Möglichkeiten und Grenzen der Privatisierung des Jugendstrafvollzugs, JZ 2006, 651.

Haas, Günter, Vorermittlungen und Anfangsverdacht, Berlin 2003.

Habermas, Jürgen, Wahrheitstheorien, in: Festschrift für Walter Schulz, Pfullingen 1973, S. 211.

--- Moralbewusstsein und kommunikatives Handeln, 5. Auflage, Frankfurt 1992 (1983).

--- Vorstudien und Ergänzungen zur Theorie des kommunikativen Handelns, Frankfurt a.M. 1995 (1984).

--- Wahrheit und Rechtfertigung. Philosophische Aufsätze, Frankfurt a.M. 1999.

Haffke, Bernhard, Schweigepflicht, Verfahrensrevision und Beweisverbot, GA 1973, 65.

Hagen, Johann Josef, Elemente einer allgemeinen Prozesslehre. Ein Beitrag zur allgemeinen Verfahrenstheorie, Freiburg 1972.

Hamm, Rainer, Staatliche Hilfe bei der Suche nach Verteidigern – Verteidigerhilfe zur Begründung von Verwertungsverboten, NJW 1996, 2185.

--- Verwertung rechtswidriger Ermittlungen – nur zugunsten des Beschuldigten?, StraFo 1998, 361.

Hammerstein, Dominik, Das Geständnis und sein Wert – Lippenbekenntnisse in der Strafzumessung, StV 2007, 48.

Hanack, Ernst-Walter, Empfiehlt es sich, die Grenzen des Sexualstrafrechts neu zu bestimmen? Gutachten für den 47. Deutschen Juristentag, in: Verhandlungen des 47. Deutschen Juristentages, Band I (Gutachten), München 1968, S. 5.

Hannich, Rolf, Editorial, DRiZ 2004, A 97.

Hare, Richard Mervyn, Die Sprache der Moral, Frankfurt a.M. 1983 (1952).

Harms, Monika, Die konsensuale Verfahrensbeendigung, das Ende des herkömmlichen Strafprozesses?, in: Festschrift für Kay Nehm, Berlin 2006, S. 289.

Hasseln, Sigrun von, Was leistet das geltende Recht für Opfer von Straftaten?, DVJJ-Journal 2002, 5.

Hassemer, Winfried, Tatbestand und Typus. Untersuchungen zur strafrechtlichen Hermeneutik, Köln 1968.

--- Die „Funktionstüchtigkeit der Strafrechtspflege" – ein neuer Rechtsbegriff?, StV 1982, 275.

--- Unverfügbares im Strafprozess in: Festschrift für Werner Maihofer, Frankfurt a.M. 1988, S. 183.

--- Darf es Straftaten geben, die ein strafrechtliches Rechtsgut nicht in Mitleidenschaft ziehen?, in: Hefendehl/von Hirsch/Wohlers (Hrsg.), Die Rechtsgutstheorie. Legitimationsbasis des Strafrechts oder dogmatisches Glasperlenspiel?, Baden-Baden 2003, S. 57.

--- Rechtssystem und Kodifikation: Die Bindung des Richters an das Gesetz, in: Kaufmann/Hassemer/Neumann (Hrsg.), Einführung in Rechtsphilosophie und Rechtstheorie der Gegenwart, 7. Auflage, Heidelberg 2004, S. 251.

--- Fundamente und Grenzen des Strafens, in: Festschrift für Kay Nehm, Berlin 2006, S. 49.

--- Sicherheit durch Strafrecht, StV 2006, 321.

Hawking, Stephen, Eine kurze Geschichte der Zeit. Die Suche nach der Urkraft des Universums, Hamburg 1991.

Hauf, Claus-Jürgen, Ist die „Rechtskreistheorie" noch zu halten? – Eine neue Konzeption zur Frage von Verfahrensfehlern und Beweisverwertungsverboten, NStZ 1993, 457.

--- Der neue Streit um die Rechtskreistheorie, wistra 1995, 53.

Hecker, Wolfgang, Relativierung des Folterverbots in der BRD?, KJ 2003, 210.

Hefendehl, Roland, Wie steht es mit der Kriminalitätsfurcht und was hat der Staat damit zu tun? Zugleich ein Beitrag zur Tauglichkeit der Sicherheitswacht, KJ 2000, 174.

--- Kollektive Rechtsgüter im Strafrecht, Köln 2002.

--- Mit langem Atem: Der Begriff des Rechtsguts. Oder: Was seit dem Erscheinen des Sammelbandes über die Rechtsgutstheorie geschah, GA 2007, 1.

Hefendehl, Roland / von Hirsch, Andrew / Wohlers, Wolfgang (Hrsg.), Die Rechtsgutstheorie. Legitimationsbasis des Strafrechts oder dogmatisches Glasperlenspiel?, Baden-Baden 2003.

Heidegger, Martin, Sein und Zeit, 17. Auflage, Tübingen 1993 (1926).

--- Vom Wesen der Wahrheit, 8. Auflage, Frankfurt a.M. 1997 (1943).

--- Der Weg zur Sprache, in: Heidegger, Martin, Unterwegs zur Sprache, 11. Auflage, Stuttgart 1997, S. 239 (1959).

--- Wegmarken, 2. Auflage, Frankfurt a.M. 1978.

Heiden, Uwe an der, Chaos und Ordnung, Zufall und Notwendigkeit, in: Küppers, Günter (Hrsg.), Chaos und Ordnung. Formen der Selbstorganisation in Natur und Gesellschaft, Stuttgart 1997, S. 97.

Heinrich, Bernd, Rechtsstaatliche Mindestgarantien im Strafverfahren, Jura 2003, 167.

Heinz, Wolfgang, Kriminalpolitik an der Wende zum 21. Jahrhundert: Taugt die Kriminalpolitik des ausgehenden 20. Jahrhunderts für das 21. Jahrhundert?, BewHi 2000, 131.

--- Entwicklung der Kriminalität junger Menschen. Anlass für eine Verschärfung des Jugendstrafrechts?, DVJJ-Journal 2002, 277.

Held, Klaus, Einleitung zu: Edmund Husserl. Die phänomenologische Methode. Ausgewählte Texte I, Stuttgart 1985, S. 5.

Heldrich, Andreas / Schmidtchen, Gerhard, Gerechtigkeit als Beruf. Repräsentativumfrage unter jungen Juristen, München 1982.

Hempel, Carl Gustav, Zur Wahrheitstheorie des logischen Positivismus, in: Skirbekk, Gunnar, Wahrheitstheorien. Eine Auswahl aus den Diskussionen über Wahrheit im 20. Jahrhundert, Frankfurt a.M. 1977 (1934/1935).

Herdegen, Matthias, Bemerkungen zur Lehre von den Beweisverboten, in: Wahrheitsfindung und ihre Schranken. II. Strafverteidiger-Frühjahrssymposium 1988 der Arbeitsgemeinschaft Strafrecht des Deutschen Anwaltvereins, Essen 1989, S. 103.

--- Gewissensfreiheit und Normativität des positiven Rechts, Berlin 1989.

--- Die Menschenwürde im Fluss des bioethischen Diskurses, JZ 2001, 773.

Herrmann, Joachim, Aufgaben und Grenzen der Beweisverwertungsverbote, in: Festschrift für Hans-Heinrich Jescheck, Berlin 1985, S. 1291.

Heisenberg, Werner, Schritte über Grenzen. Gesammelte Reden und Aufsätze, 3. Auflage, München 1976.

Herberger, Maximilian / Simon, Dieter, Wissenschaftstheorie für Juristen. Logik – Semiotik – Erfahrungswissenschaften, Frankfurt a.M. 1980.

Hess, Henner, Broken Windows. Zur Diskussion um die Strategie des New York Police Department, ZStW 116 (2004), 66.

Hilbert, David, Über das Unendliche, in: Hilbertiana. Fünf Aufsätze, Darmstadt 1964, S. 79 (1925).

Hilgendorf, Eric, Folter im Rechtsstaat?, JZ 2004, 331.

Hilger, Hans, Gesetzgebungsbericht – §§ 100g, 100h StPO, die Nachfolgeregelungen zu § 12 FAG, in Kraft, GA 2002, 229.

--- Über den flankierenden Schutz von Zeugnisverweigerungsrechten – Zugleich Besprechung von BVerfG, Urteil vom 12.3.2003, GA 2003, 482.

Hillenkamp, Thomas, Strafrecht ohne Willensfreiheit? Eine Antwort auf die Hirnforschung, JZ 2005, 313.

Hirsch, Andrew von, Der Rechtsgutsbegriff und das „Harm Principle", in: Hefendehl/von Hirsch/Wohlers (Hrsg.), Die Rechtsgutstheorie. Legitimationsbasis des Strafrechts oder dogmatisches Glasperlenspiel?, Baden-Baden 2003, S. 13.

Hirsch, Günter, Auf dem Weg zum Richterstaat? Vom Verhältnis des Richters zum Gesetzgeber in unserer Zeit, JZ 2007, 853.

Hirtenlehner, Helmut, Kriminalitätsfurcht – Ergebnis unzureichender Coping-Ressourcen? Überprüfung eines interaktiven Erklärungsmodells, MschrKrim 2006, 1.

Hofmann, Manfred, Der „unwillige" Bereitschaftsrichter und Durchsuchungsanordnungen wegen Gefahr im Verzug, NStZ 2003, 230.

Hofmann, Rainer, Grundrechte und grenzüberschreitende Sachverhalte, Berlin 1994.

Holler, Manfred / Illing, Gerhard, Einführung in die Spieltheorie, 6. Auflage, Berlin 2006.

Honderich, Ted (Hrsg.), The Oxford Companion to Philosophy, Oxford 1995.

Hörnle, Tatjana, Grob anstößiges Verhalten. Strafrechtlicher Schutz von Moral, Gefühlen und Tabus, Frankfurt am Main 2005.

--- Der Schutz von Gefühlen im StGB, in: Hefendehl/von Hirsch/Wohlers (Hrsg.), Die Rechtsgutstheorie. Legitimationsbasis des Strafrechts oder dogmatisches Glasperlenspiel?, Baden-Baden 2003, S. 268.

--- Die Rolle des Opfers in der Straftheorie und im materiellen Strafrecht, JZ 2006, 950.

Horster, Detlef, Die aktuelle Duskussion über die Funktion von Rechtsprinzipien, ARSP 77 (1991), S. 257.

Hoyer, Andreas, Der Konflikt zwischen richterlicher Beweiswürdigungsfreiheit und dem Prinzip „in dubio pro reo", ZStW 105 (1993), 523.

Hufen, Friedhelm, Der Menschenwürdegehalt der Wohnungsfreiheit, in: Schaar, Peter (Hrsg.), Folgerungen aus dem Urteil des Bundesverfassungsgerichts zur akustischen Wohnraumüberwachung. Staatliche Eingriffsbefugnisse auf dem Prüfstand?, Meckenheim 2004, S. 29.

--- Erosion der Menschenwürde?, JZ 2004, 314.

Hume, David, A Treatise of Human Nature, Oxford 1978 (1739/1740).

Husserl, Edmund, Logische Untersuchungen. Erster Band. Prolegomena zur reinen Logik, 7. Auflage, Tübingen 1993 (1900).

--- Ideen zu einer reinen Phänomenologie und phänomenologischen Philosophie. Allgemeine Einführung in die reine Phänomenologie, 6. Auflage, Tübingen 2002 (1913).

--- Cartesianische Meditationen. Eine Einleitung in die Phänomenologie, 3. Auflage, Hamburg 1995 (1931).

--- Erfahrung und Urteil. Untersuchungen zur Genealogie der Logik, 3. Auflage, Hamburg 1964 (1938).

Ignor, Alexander, Plädoyer für die Widerspruchslösung, in: Festschrift für Peter Rieß, Berlin 2002, S. 185.

Isensee, Josef, Normalfall oder Grenzfall als Ausgangspunkt rechtsphilosophischer Konstruktionen, in: Brugger, Winfried / Haverkate, Görg (Hrsg.), Grenzen als Thema der Rechts- und Sozialphilosophie. Referate der Tagung der deutschen Sektion der Internationalen Vereinigung für Rechts- und Sozialphilosophie vom 22. bis 23. September 2000 in Heidelberg, Stuttgart 2002, S. 51.

Jäger, Christian, Beweisverwertung und Beweisverwertungsverbote im Strafprozess, München 2003.
Jahn, Matthias, Anmerkung zu BGH, Beschluss vom 13.10.1999 - 2 BJs 112/97-2 - StB 10 u. 11/99, NStZ 2000, 383.
--- Strafprozessrecht als geronnenes Verfassungsrecht – Hauptprobleme und Streitfragen des § 136a StPO, JuS 2005, 1057.
Jahn, Matthias / Dallmeyer, Jens, Zum heutigen Stand der beweisrechtlichen Berücksichtigung hypothetischer Ermittlungsverläufe im deutschen Strafverfahrensrecht, NStZ 2005, 297.
Jahn, Matthias / Kudlich, Hans, Die strafprozessuale Zulässigkeit der Online-Durchsuchung, JR 2007, 57.
Jahn, Matthias / Müller, Martin, Der Widerspenstigen Zähmung – Aktuelle Gesetzgebungsvorschläge zu den Urteilsabsprachen im Strafprozess, JA 2006, 681.
Jarass, Hans / Pieroth, Bodo, Grundgesetz für die Bundesrepublik Deutschland, 7. Auflage, München 2004 (zit. Jarass/Pieroth/Bearbeiter).
Jehle, Jörg-Martin / Heinz, Wolfgang / Sutterer, Peter, Legalbewährung nach strafrechtlichen Sanktionen. Eine kommentierte Rückfallstatistik, Berlin 2003.
Jerouschek, Günter, Straftat und Traumatisierung. Überlegungen zu Unrecht, Schuld und Rehabilitierung der Strafe aus viktimologischer Perspektive, JZ 2000, 185.
Jerouschek, Günter / Kölbel, Ralf, Folter von Staats wegen?, JZ 2003, 613.
Jesch, Dietrich, Gesetz und Verwaltung, 2. Auflage, Tübingen 1968.
Jescheck, Hans-Heinrich, Beweisverbote im Strafprozess. Rechtsvergleichendes Generalgutachten für den 46. Deustchen Juristentag, in: Verhandlungen des 46. Deutschen Juristentages, Band I, Teil 3 B, München 1966.
--- Der Strafprozess – Aktuelles und Zeitloses, JZ 1970, 201.

Kälin, Walter / Künzli, Jörg, Universeller Menschenrechtsschutz, Basel u.a. 2005 (zit. Menschenrechtsschutz).
Kamlah, Wilhelm / Lorenzen, Paul, Logische Propädeutik oder Vorschule des vernünftigen Redens, Mannheim 1967.
Kant, Immanuel, Kritik der reinen Vernunft. Zweite, hin und wieder verbesserte Auflage, Köln 1995 (1787), zit. nach der Akademie-Ausgabe von 1902/1910.
--- Kritik der praktischen Vernunft. Grundlegung zur Metaphysik der Sitten, Frankfurt a.M. 1974 (1785), zit. nach der Originalausgabe.
--- Die Metaphysik der Sitten, Köln 1995 (1797), zit. nach der Akademie-Ausgabe von 1902/1910.
Karlsruher Kommentar, Strafprozessordnung, 5. Auflage, München 2003 (zit. KK/Bearbeiter).
Kassing, Daniel, Die Verwertbarkeit von Beweisen bei Verstoß gegen § 105 I 1 StPO, JuS 2004, 675.
Kaufmann, Arthur, Das Schuldprinzip, 2. Auflage, Heidelberg 1976.
--- Prozedurale Theorien der Gerechtigkeit, München 1989.
--- Rechtsphilosophie, 2. Auflage, München 1997.

--- Problemgeschichte der Rechtsphilosophie, in: Kaufmann/Hassemer/Neumann (Hrsg.), Einführung in Rechtsphilosophie und Rechtstheorie der Gegenwart, 7. Auflage, Heidelberg 2004, S. 26.

Kaupen, Wolfgang / Rasehorn, Theo, Die Justiz zwischen Obrigkeitsstaat und Demokratie. Ein empirischer Beitrag zur Soziologie der deutschen Justizjuristen, Neuwied 1971.

Kelnhofer, Evelyn, Hypothetische Ermittlungsverläufe im System der Beweisverbote, Berlin 1994.

Kemper, Martin, Umsatzsteuerkarusselle (§ 370 VI AO und Art. 280 IV EGV) – Die Durchsetzung des strafrechtlichen Schutzes der Gemeinschaftsinteressen bei der grenzüberschreitenden Umsatzsteuerkriminalität, NStZ 2006, 593.

Kerner, Hans-Jürgen, Privatisierung der Sozialen Dienste der Justiz, BewHi 2006, 43.

Kersten, Jens, Die Tötung von Unbeteiligten – Zum verfassungsrechtlichen Grundkonflikt des § 14 III LuftSiG, NVwZ 2005, 661.

Kilb, Rainer, Jugendkriminalität und sozialer Raum. Wie lassen sich diverse Kriminalitätsentwicklungen von ihrem sozialräumlichen Kontext her erklären?, DVJJ-Journal 2002, 48.

Kilchling, Michael, Opferschutz und der Strafanspruch des Staates – Ein Widerspruch?, NStZ 2002, 57.

--- Opferinteressen und Strafverfolgung, Freiburg 1995.

Kinzig, Jörg, Die rechtliche Bewältigung von Erscheinungsformen organisierter Kriminalität, Berlin 2004.

Kirn, Michael, Das Fundament des Rechts im gesellschaftlichen Leben des Menschen, JZ 1989, 424.

Klein, Oliver, Das Untermaßverbot – Über die Justiziabilität grundrechtlicher Schutzpflichterfüllung, JuS 2006, 960.

Kleinknecht, Theodor, Die Beweisverbote im Strafprozess, NJW 1966, 1537.

Kluge, Friedrich, Etymologisches Wörterbuch der deutschen Sprache, 23. Auflage, Berlin 1999.

KMR, Kommentar zur Strafprozessordnung, Stand: April 2007, Neuwied 1998.

Kneale, William / Kneale, Martha, The development of logic, Oxford 1968.

Kneer, Georg / Nassehi, Armin, Niklas Luhmanns Theorie sozialer Systeme, 4. Auflage, München 2000.

Knoll, Dieter, Die Fernwirkung von Beweisverwertungsverboten, Augsburg 1992.

Koch, Frank, Kein Abschied von der Willensfreiheit, ARSP 2 (2006), 223.

Köhler, Heinz / Ratz, Günter, Bundesdisziplinargesetz und materielles Disziplinarrecht, 3. Auflage, Frankfurt a.M. 2003.

König, Stefan, Verfahrensbeendende Absprache als Motiv für ein falsches Geständnis, StraFo 2006, 170.

Kötter, Lena Barbara, Privatisierung der Bewährungshilfe?, BewHi 2004, 211.

Kokott, Juliane, Grund- und Menschenrechte als Inhalt eines internationalen ordre public, in: Die Wirkungskraft der Grundrechte bei Fällen mit Auslandsbezug. Berichte der Deutschen Gesellschaft für Völkerrecht. Band 38, Heidelberg 1998, S. 71.

Kramer, Bernhard, Heimliche Tonbandaufnahmen im Strafprozess, NJW 1990, 1760.

Krauß, Detlef, Der Schutz der Intimsphäre im Strafprozess, in: Festschrift für Wilhelm Gallas, Berlin 1973, S. 365.

--- Das Prinzip der materiellen Wahrheit im Strafprozess, in: Festschrift für Schaffstein 1975, S. 411.
Krauss, Manfred, Platon, in: Borsche, Tilman (Hrsg.), Klassiker der Sprachphilosophie. Von Platon bis Noam Chomsky, München 1996.
Krehl, Christoph / Eidam, Lutz, Der Große Lauschangriff im Spannungsfeld von verfassungsgerichtlicher Entscheidung und Umsetzung durch den Gesetzgeber, in: Institut für Kriminalwissenschaften und Rechtsphilosophie Frankfurt a.M. (Hrsg.), Jenseits des rechtsstaatlichen Strafens, 2007, S. 139.
Krekeler, Wilhelm, Beweisverwertungsverbote bei fehlerhaften Durchsuchungen, NStZ 1993, 263.
Krey, Studien zum Gesetzesvorbehalt im Strafrecht, 1977.
Krier, Stephan Alexander, Die heimliche Tonbandaufnahme und ihre prozessuale Verwertung im amerikanischen und deutschen Recht, Bonn 1973.
Kronke, Herbert, Die Wirkungskraft der Grundrechte bei Fällen mit Auslandsbezug, in: Die Wirkungskraft der Grundrechte bei Fällen mit Auslandsbezug. Berichte der Deutschen Gesellschaft für Völkerrecht. Band 38, Heidelberg 1998, S. 33.
Kuhn, Thomas Samuel, Die Struktur wissenschaftlicher Revolutionen, 2. Auflage, Frankfurt a.M. 1976 (1962/1969).
--- Objektivität, Werturteil und Theoriewahl, in: ders., Die Entstehung des Neuen. Studien zur Struktur der Wissenschaftsgeschichte, Frankfurt a.M. 1977, S. 421 (1974).
--- Bemerkungen zu meinen Kritikern, in: Lakatos, Imre / Musgrave, Alan (Hrsg.), Kritik und Erkenntnisfortschritt, Braunschweig 1974, S. 223.
Kühne, Hans-Heiner, Strafprozessuale Beweisverbote und Art. 1 I Grundgesetz. Zugleich ein Beitrag zur Auslegung des Rechtsbegriffs Menschenwürde, Köln 1970.
--- Anmerkung zu EGMR, Urteil vom 25.3.1998 - 13/1997/797/1000 -, StV 1998, 685.
--- Gegenstand und Reichweite von Päventionskonzepten, DRiZ 2002, 18.
Kühne, Hans-Heiner / Nash, Susan, Anmerkung zu EGMR, Urteil vom 12.5.2000 - 35394/97 -, JZ 2000, 996.
Kunig, Philip, Das Rechtsstaatsprinzip. Überlegungen zu seiner Bedeutung für das Verfassungsrecht der Bundesrepublik Deutschland, Tübingen 1986.
Küper, Wilfried, Historische Bemerkungen zur „freien Beweiswürdigung" im Strafprozess, in: Festschrift für Karl Peters, Heidelberg 1984, S. 23.
Küpper, Georg, Tagebücher, Tonbänder, Telefonate. Zur Lehre von den selbständigen Beweisverwertungsverboten im Strafverfahren, JZ 1990, 416.
--- Grenzen der normativierenden Strafrechtsdogmatik, Berlin 1990.
--- Richtiges Strafen. Fragestellungen zwischen Strafrechtsdogmatik und Rechtsphilosophie, Jahrbuch für Recht und Ethik 11 (2003), 55.
Küppers, Günter (Hrsg.), Chaos und Ordnung. Formen der Selbstorganisation in Natur und Gesellschaft, Stuttgart 1996.
Kutschera, Franz von, Sprachphilosophie, München 1971.
--- Wissenschaftstheorie I. Grundzüge der allgemeinen Methodologie der empirischen Wissenschaften, München 1972.
--- Wissenschaftstheorie II. Grundzüge der allgemeinen Methodologie der empirischen Wissenschaften, München 1972.

--- Das Humesche Gesetz, 1972, in: Franz von Kutschera, Ausgewählte Aufsätze, Paderborn 2004, S. 77.
--- Grundfragen der Erkenntnistheorie, Berlin 1981.
--- Gottlob Frege, Berlin 1989.
--- Die falsche Objektivität, Berlin 1993.
--- Moralischer Realismus, 1994, in: Franz von Kutschera, Ausgewählte Aufsätze, Paderborn 2004, S. 213.
--- Ästhetik, 2. Auflage, Berlin 1998.
--- Grundlagen der Ethik, 2. Auflage, Berlin 1999.
--- Jenseits des Materialismus, Paderborn 2003.

Lagodny, Otto, Strafrecht vor den Schranken der Grundrechte. Die Ermächtigung zum strafrechtlichen Vorwurf im Lichte der Grundrechtsdogmatik dargestellt am Beispiel der Vorfeldkriminalisierung, Tübingen 1996.
Lakatos, Imre, Falsifikation und die Methodologie wissenschaftlicher Forschungsprogramme, in: Lakatos, Imre / Musgrave, Alan (Hrsg.), Kritik und Erkenntnisfortschritt, Braunschweig 1974, S. 89.
--- Beweise und Widerlegungen. Die Logik mathematischer Entdeckungen, Braunschweig 1979 (1976).
--- Die Methodologie der wissenschaftlichen Forschungsprogramme. Philosophische Schriften. Band 1, Braunschweig 1982 (1978)..
Lakatos, Imre / Musgrave, Alan (Hrsg.), Kritik und Erkenntnisfortschritt. Abhandlungen des internationalen Kolloquiums über die Philosophie der Wissenschaft. London 1965. Band 4, Braunschweig 1974.
Lampe, Ernst-Joachim, Willensfreiheit und strafrechtliche Unrechtslehre, ZStW 118 (2006), 1.
Landau, Herbert, Die Pflicht des Staates zum Erhalt einer funktionstüchtigen Strafrechtspflege, NStZ 2007, 121.
Lembke, Sven, Folter und gerichtliches Geständnis. Über den Zusammenhang von Gewalt, Schmerz und Wahrheit im 14. und 15. Jahrhundert, in: Burschel, Peter / Distelrath, Götz / Lembke, Sven, Das Quälen des Körpers. Eine historische Anthropologie der Folter, Köln 2000, S. 171.
Leipziger Kommentar, Strafgesetzbuch, 11. Auflage, Berlin 1999-2007.
Leuschner, Jana, Vernichtung von Unterlagen unter Aufsicht der Staatsanwaltschaft. Zur Auslegung des § 100b Abs. 6 StPO, DuD 2005, 415.
Leutheusser-Schnarrenberger, Sabine, Rechtsstaat und großer Lauschangriff. Bedeutung der Entscheidung des Bundesverfassungsgerichts für den Schutz der Freiheitsrechte, in: Roggan, Fredrik (Hrsg.), Lauschen im Rechtsstaat. Zu den Konsequenzen des Urteils des Bundesverfassungsgerichts zum großen Lauschangriff. Gedächtnisschrift für Hans Lisken, Berlin 2004, S. 99.
--- Der Gesetzentwurf der Bundesregierung zum großen Lauschangriff. Anmerkungen zu § 100c StPO und dem Versuch, verfassungsgerichtlich angeordnete Überwachungsverbote zu umgehen, ZRP 2005, 1, 3.
Lewis, David, Anselm and Actuality, in: ders., Philosophical Papers. Volume 1, Oxford 1983, S. 10 (1970).

--- Attitudes *De Dicto* and *De Se*, in: ders., Philosophical Papers. Volume 1, Oxford 1983, S. 133 (1979).
--- Scorekeeping in a Language Game, in: ders., Philosophical Papers. Volume 1, Oxford 1983, S. 233 (1979).
Löffelmann, Markus, Das Gesetz des Unbewussten. Eine rechtsanthropologische und philosophische Auseinandersetzung mit der Analytischen Psychologie von Carl Gustav Jung, Berlin 1999.
--- Das Urteil. Grundlegung einer Philosophie des entgrenzten Denkens im Endlichen, Würzburg 2002.
--- Das Gesetz zur Umsetzung des Urteils des Bundesverfassungsgerichts vom 3. März 2004 (akustische Wohnraumüberwachung), ZIS 2006, 87.
--- Die Übertragbarkeit der Judikatur des Bundesverfassungsgerichts zur akustischen Wohnraumüberwachung auf die Telekommunikationsüberwachung und andere verdeckte Ermittlungsmaßnahmen, ZStW 2006, 358.
--- Das Opfer im Strafverfahren. Eine systematische Darstellung des Opferschutzes im deutschen Strafprozessrecht, BewHi 2006, 364.
Löffelmann, Markus / Walther, Alexander / Reitzenstein, Robert Frank, Das strafprozessuale Ermittlungsverfahren, Bonn 2007.
Löwe-Rosenberg, Strafprozessordnung und Gerichtsverfassungsgesetz, 25. Auflage, Berlin 1997-2005 (zit. LR/Bearbeiter).
Lorenz, Dieter, Der Rechtsschutz des Bürgers und die Rechtsweggarantie, München 1973.
Lorenz, Frank Lucien, Absoluter Schutz versus absolute Relativität. Die Verwertung von Tagebüchern zur Urteilsfindung im Strafprozess, GA 1992, 254.
--- Anmerkung zu BGH, Urteil vom 30.3.1994 - StB 2/94 -, JR 1994, 430.
Lüderssen, Klaus, Gadamers Wahrheit für Juristen, Rg 1 (2002), 208.
Luf, Gerhard, Der Begriff der Freiheit als Grundlage der Menschenrechte in ihrem christlich-theologischen Verständnis, in: Böckenförde, Ernst-Wolfgang / Spaemann, Robert (Hrsg.), Menschenrechte und Menschenwürde. Historische Voraussetzungen – säkulare Gestalt – christliches Verständnis, Stuttgart 1987, S. 119.
Luhmann, Niklas, Grundrechte als Institution. Ein Beitrag zur politischen Soziologie, 4. Auflage, Berlin 1999 (1965).
--- Legitimation durch Verfahren, 3. Auflage, Frankfurt a.M. 1993 (1969).
--- Die Autopoiesis des Bewusstseins, Soziale Welt 36 (1985), 402.
--- Die Wissenschaft der Gesellschaft, Frankfurt a.M. 1990.
--- Das Recht der Gesellschaft, Frankfurt a.M. 1995.
--- Was ist Kommunikation?, in: ders., Aufsätze und Reden, Stuttgart 2001, S. 94 (1995).

MacCormick, Neil / Panou, Stavros / *Vallauri, Luigi Lombardi* (Hrsg.), Conditions of Validity and Cognition in Modern Legal Thought. Geltungs- und Erkenntnisbedingungen im modernen Rechtsdenken, ARSP Beiheft 25, Stuttgart 1985.
Mandelbrot, Benoit, Die fraktale Geometrie der Natur, Basel 1991 (1977).
Maunz, Theodor / Dürig, Günter, Grundgesetz. Kommentar, Stand: März 2007, München 2007 (zit. MD/Bearbeiter).
Maurer, Hartmut, Allgemeines Verwaltungsrecht, 13. Auflage, München 2000.

Mayer, Franz, Das verfassungsrechtliche Gebot der gesetzlichen Ermächtigung, in: Festschrift für Hermann Nottarp, Karlsruhe 1961, S. 187.
Meyer, Anton, Wirksamer Schutz des Luftverkehrs durch ein Luftsicherheitsgesetz?, ZRP 2004, 203.
Meyer-Goßner, Strafprozessordnung, 50. Auflage, München 2007.
--- Rechtsprechung durch Staatsanwaltschaft und Angeklagten? Urteilsabsprachen im Rechtsstaat des Grundgesetzes, NStZ 2007, 425.
Meyer-Lohkamp, Jes, Anmerkung zu AG Hamburg, Urteil vom 2.10.2003 - 141b - 395/01 -, StV 2004, 13.
Meyer-Mews, Hans, Beweisverwertungsverbote im Strafverfahren, JuS 2004, 39, 126, 208.
Miehe, Olaf, Nochmals: Die Debatte über die Ausnahmen vom Folterverbot, NJW 2003, 1219.
Mitsch, Wolfgang, Luftsicherheitsgesetz – die Antwort des Rechts auf den 11. September 2001, JR 2005, 274.
Mittag, Matthias, Anmerkung zu BGH, Beschluss vom 13.1.2005 - 1 StR 531/04 -, JR 2005, 386.
Mosbacher, JR 2005, 61 f.
Mueller, Gerhard, Beweisverbote im amerkikanischen Strafprozess. Gutachten für den 46. Deutschen Juristentag, in: Verhandlungen des 46. Deutschen Juristentags, Band I, Teil 3 A, München 1966, S. 33.
Müller-Dietz, Heinz, Der Wahrheitsbegriff im Strafverfahren, Zeitschrift für Evangelische Ethik 15 (1971), 257.
--- Verfassungsrechtliche Schutz- und Pönalisierungspflichten, in: Gedächtnisschrift für Heinz Zipf, Heidelberg 1999, S. 123.
Münch, Ingo von / Kunig, Philip, Grundgesetz-Kommentar, 5. Auflage, München 2000 (zit. Münch/Kunig/Bearbeiter).
Münchener Kommentar, Strafgesetzbuch, München 2005 (zit. MüKo-StGB/Bearbeiter).
Müssig, Bernd, Schutz abstrakter Rechtsgüter und abstrakter Rechsgüterschutz. Zu den materiellen Konstitutionskriterien sog. Universalrechtsgüter und deren normentheoretischem Fundament – am Beispiel der Rechtsgutsbestimmung für die §§ 129, 129a und 324 StGB, Frankfurt a.M. 1994.
--- Beweisverbote im Legitimationszusammenhang von Strafrechtstheorie und Strafverfahren, GA 1999, 119.
--- Grenzen der Beweisverwertung beim Einsatz „Verdeckter Ermittler" gegen den Verdächtigen, GA 2004, 87.

Nack, Armin, Verwertung rechtswidriger Ermittlungen nur zugunsten des Beschuldigten?, StraFo 1998, 366.
Naucke, Wolfgang, Schwerpunktverlagerungen im Strafrecht, KritV 1993, 135.
--- Über die Zerbrechlichkeit des rechtsstaatlichen Strafrechts. Materialien zur neueren Strafrechtsgeschichte, Baden-Baden 2000.
Nelles, Ursula, Strafprozessuale Eingriffe in das Hausrecht von Angehörigen, StV 1991, 488.
Neuhaus, Ralf, Zur Fernwirkung von Beweisverwertungsverboten, NJW 1990, 1221.
--- Die Aussageerpressung zur Rettung des Entführten – strafbar!, GA 2004, 521.

Neumann, Ulfrid, Materiale und prozedurale Gerechtigkeit im Strafverfahren, ZStW 101 (1989), 52.

--- Juristische Logik, in: Kaufmann/Hassemer/Neumann (Hrsg.), Einführung in Rechtsphilosophie und Rechtstheorie der Gegenwart, 7. Auflage, Heidelberg 2004, S. 298.

--- Wissenschaftstheorie der Rechtswissenschaft, in: Kaufmann/Hassemer/Neumann (Hrsg.), Einführung in Rechtsphilosophie und Rechtstheorie der Gegenwart, 7. Auflage, Heidelberg 2004, S. 385.

--- Wissenschaftstheorie der Rechtswissenschaft bei Hans Kelsen und Gustav Radbruch. Zwei „neukantianische" Perspektiven, in: Paulson, Stanley / Stolleis, Michael, Hans Kelsen. Staatsrechtslehrer und Rechtstheoretiker des 20. Jahrhunderts, Tübingen 2005, S. 35.

Neumann, Ulfrid / Rahlf, Joachim / Savigny, Eike von, Juristische Dogmatik und Wissenschaftstheorie, München 1976.

Neurath, Otto, Empirische Soziologie. Der wissenschaftliche Gehalt der Geschichte und Nationalökonomie, Wien 1931.

Nipperdey, Hans Carl, Die Würde des Menschen, in: Neumann/Nipperdey/Scheuner, Die Grundrechte. Handbuch der Theorie und Praxis der Grundrechte. Zweiter Band, Berlin 1954, S. 1.

Nomos Kommentar, Strafgesetzbuch, 2. Auflage, Baden-Baden 2005 (zit. Nomos-StGB/Bearbeiter).

Nowell-Smith, Patrick, Ethics, Oxford 1957 (1954).

Nüse, Karl-Heinz, Zu den Beweisverboten im Strafprozess, JR 1966, 281.

Opp, Karl-Dieter / Peuckert, Rüdiger, Ideologie und Fakten in der Rechtsprechung. Eine soziologische Untersuchung über das Urteil im Strafprozess, München 1971.

Osmer, Jan-Dierk, Der Umfang des Beweisverwertungsverbots des § 136a StPO, Hamburg 1966.

Otten, Geelke, Zweckbindung im Autobahnmautgesetz. Zur Nutzung von Mautdaten für Zwecke der Strafverfolgung, DuD 2005, 657.

Otto, Harro, Grenzen und Tragweite der Beweisverbote im Strafverfahren, GA 1970, 290.

--- Die strafprozessuale Verwertbarkeit von Beweismitteln, die durch Eingriff in Rechte anderer von Privaten erlangt wurden, in: Festschrift für Theodor Kleinknecht, München 1985, S. 319.

Paeffgen, Hans-Ullrich, Zeugnisverweigerungsrechte und heimliche Informationserhebung, in: Festschrift für Peter Riess, Berlin 2002, S. 413.

Paslack, Rainer, Sagenhaftes Chaos: Der Ursprung der Welt im Mythos, in: Küppers, Günter (Hrsg.), Chaos und Ordnung. Formen der Selbstorganisation in Natur und Gesellschaft, Stuttgart 1996, S. 13 ff.

Pawlik, Michael, Person, Subjekt, Bürger. Zur Legitimation von Strafe, Berlin 2004.

Pelz, Christian, Beweisverwertungsverbote und hypothetische Ermittlungsverläufe, München 1993.

Perschke, die Zulässigkeit nicht spezialgesetzlich geregelter Ermittlungsmethoden im Strafverfahren, 1997.

Peters, Karl, Beweisverbote im deutschen Strafverfahren. Gutachten für den 46. Deutschen Juristentag, in: Verhandlungen des 46. Deutschen Juristentags, Band I, Teil 3 A, München 1966, S. 91.
--- Strafprozess, 4. Auflage, Heidelberg 1985.
Petersen, Niels, Auf dem Weg zur zweckrationalen Relativität des Menschenwürdeschutzes, KJ 2004, 316.
Petry, Horst, Beweisverbote im Strafprozess, Darmstadt 1971.
Pfeiffer, Gerd, s. Karlsruher Kommentar.
Pfeiffer, Christian, Täter-Opfer-Ausgleich – das Trojanische Pferd im Strafrecht? Kriminalpolitische Überlegungen und Vorschläge zur Integration des neuen Konzepts in das JGG und StGB, ZRP 1992, 338.
Pfeiffer, Christian / Windzio, Michael / Kleimann, Matthias, Die Medien, das Böse und wir. Zu den Auswirkungen der Mediennutzung auf Kriminalitätswahrnehmung, Strafbedürfnisse und Kriminalpolitik, MschrKrim 2004, 415.
Philipps, Lothar, Wann beruht ein Strafurteil auf einem Verfahrensmangel?, in: Festschrift für Paul Bockelmann, München 1979, S. 831.
Pieroth, Bodo / Schlink, Bernhard, Grundrechte Staatsrecht II, 8. Auflage, Heidelberg 1992.
Plagemann, Dirk, Anmerkung zu BGH, Urteil vom 9.7.1987 - 4 StR 223/87 -, NStZ 1987, 570.
Platon, Sämtliche Dialoge. In Verbindung mit Kurt Hildebrandt, Constantin Ritter und Gustav Schneider herausgegeben und mit Einleitungen, Literaturübersichten, Anmerkungen und Registern versehen von Otto Apelt, Hamburg 1993.
Popper, Logik der Forschung, 10. Auflage, Tübingen 1994 (1934).
--- Vermutungen und Widerlegungen. Das Wachstum der wissenschaftlichen Erkenntnis, Tübingen 2000 (1963).
--- Objektive Erkenntnis. Ein evolutionärer Entwurf, 4. Auflage, Hamburg 1998 (1972).
--- Die Normalwissenschaft und ihre Gefahren, in: Lakatos, Imre / Musgrave, Alan (Hrsg.), Kritik und Erkenntnisfortschritt, Braunschweig 1974, S. 51.
Poscher, Ralf, Wahrheit und Recht. Die Wahrheitsfragen des Rechts im Lichte deflationärer Wahrheitstheorie, ARSP 2003, 200.
Pospísil, Leopold, Anthropologie des Rechts. Recht und Gesellschaft in archaischen und modernen Kulturen, München 1982.

Quine, Willard van Orman, Von einem logischen Standpunkt. Neun logisch-philosophische Essays, Frankfurt a.M. 1979 (1953).
--- Wort und Gegenstand (word and object), Stuttgart 1980 (1960).
--- Grundzüge der Logik, Frankfurt a.M. 1974 (1964).
--- Philosophie der Logik, Bamberg 2005 (1970).

Radbruch, Gustav, Rechtsphilosophie. Studienausgabe, 2. Auflage, Heidelberg 2003 (1914/1932).
--- Einführung in die Rechtswissenschaft, 7. Auflage, Leipzig 1929.
--- Gesetzliches Recht und übergesetzliches Recht, in: ders., Gesamtausgabe. Band 3. Rechtsphilosophie III, Heidelberg 1990, S. 83 (1946).
Radtke, Henning, Beichtgeheimnis und Zeugnisverweigerung, ZevKR 1990, 385.

--- Das Strafverfahren als Diskurs?, in: Festschrift für Hans-Ludwig Schreiber, Heidelberg 2003, S. 375.

Ramsey, Frank Plumpton, Tatsachen und Propositionen, in: Skirbekk, Gunnar, Wahrheitstheorien. Eine Auswahl aus den Diskussionen über Wahrheit im 20. Jahrhundert, Frankfurt a.M. 1977, S. 224 (1927).

Ranft, Otfried, Bemerkungen zu den Beweisverboten im Strafprozess, in: Festschrift für Günter Spendel, Berlin 1992, S. 719.

Rassow, Reinhard, Zur Konkretisierung des Untermaßverbotes, ZG 2005, 262.

Rawls, John, Eine Theorie der Gerechtigkeit, Frankfurt a.M. 1979 (1971).

Reinecke, Jan, Die Fernwirkung von Beweisverwertungsverboten, München 1999.

Rengier, Rudolf, die Zeugnisverweigerungsrechte im geltenden und künftigen Strafverfahrensrecht. Grundlagen, Reformfragen und Stellung im System der Beweisverbote und im Revisionsrecht, 1979.

Renzikowski, Joachim, Fair trial und anonymer Zeuge. Die Drei-Stufen-Theorie des Zeugenschutzes im Lichte der Rechtsprechung des EuGHMR, JZ 1999, 605.

--- Normentheorie und Strafrechtsdogmatik, in: Alexy, Robert (Hrsg.), Juristische Grundlagenforschung, ARSP Beiheft 104, Stuttgart 2005, S. 115.

Riepl, Frank, Informationelle Selbstbestimmung im Strafverfahren, Paderborn 1998.

Rieß, Peter, Prolegomena zu einer Gesamtreform des Strafverfahrensrechts, in: Festschrift für Karl Schäfer, Berlin 1980, S. 155.

--- Der Strafprozess und der Verletzte – eine Zwischenbilanz, Jura 1987, 281.

--- Die „Straftat von erheblicher Bedeutung" als Eingriffsvoraussetzung. Versuch einer Inhaltsbestimmung, GA 2004, 623.

--- Über die Aufgaben des Strafverfahrens, JR 2006, 269.

Rixen, Stefan, Anmerkung zu BVerfG, Beschluss vom 15.9.1999, - 2 BvR 2360/95 -, NStZ 2000, 381.

Rödig, Jürgen, Die Theorie des gerichtlichen Erkenntnisverfahrens. Die Grundlinien des zivil-, straf- und verwaltungsgerichtlichen Prozesses, Berlin 1973.

Rogall, Klaus, Gegenwärtiger Stand und Entwicklungstendenzen in der Lehre von den strafprozessualen Beweisverboten, ZStW 91 (1979), 1.

--- Hypothetische Ermittlungsverläufe im Strafprozess – Ein Beitrag zur Lehre der Beweiserhebungs- und Beweisverwertungsverbote, NStZ 1988, 385.

--- Über die Folgen der rechtswidrigen Beschaffung des Zeugenbeweises im Strafprozess, JZ 1996, 944.

--- Zur Lehre von den Beweisverboten. Anmerkungen zum gegenwärtigen Diskussionsstand, in: Festschrift für Gerald Grünwald, Baden-Baden 1999, S. 523.

--- "Abwägungen" im Recht der Beweisverbote, in: Festschrift für Ernst-Walter Hanack, Berlin 1999, S. 293.

--- Die akustische Wohnraumüberwachung nach dem Urteil des Bundesverfassungsgerichts vom 3. März 2004, ZG 2005, 164.

Römer, Wilhelm, Das Schuldinterlokut, GA 1969, 333.

Rottleuthner, Hubert, Rechtswissenschaft als Sozialwissenschaft, Frankfurt a.M. 1973.

Rousseau, Jean-Jacques, Der Gesellschaftsvertrag oder Grundlagen des Staatsrechts, Berlin o.J. (1762).

Roxin, Claus, Anmerkung zu BGH, Urteil vom 15.2.1989, - 2 StR 402/88 -, NStZ 1989, 376.
--- Strafverfahrensrecht, 25. Auflage, München 1998.
--- Strafrecht Allgemeiner Teil, Band I, 4. Auflage, München 2006.
--- Rettungsfolter?, in: Festschrift für Kay Nehm, Berlin 2006, S. 205.
--- Zum Beweisverwertungsverbot bei bewusster Missachtung des Richtervorbehalts nach § 105 I 1 StPO, NStZ 2007, 616.
Roxin, Claus / Schäfer, Gerhard / Widmaier, Gunter, Die Mühlenteichtheorie. Überlegungen zur Ambivalenz von Verwertungsverboten, StV 2006, 655.
Rudolphi, Hans-Joachim, Die Revisibilität von Verfahrensmängeln im Strafprozess, MDR 1970, 93.
Rupp, Hans Heinrich, Beweisverbote im Strafprozess in verfassungsrechtlicher Sicht. Gutachten für den 46. Deutschen Juristentag, in: in: Verhandlungen des 46. Deutschen Juristentags, Band I, Teil 3 A, München 1966, S. 164.
--- Grundfragen der heutigen Verwaltungsrechtslehre. Verwaltungsnorm und Verwaltungsrechtsverhältnis, 2. Auflage, Tübingen 1991.
Russell, Bertrand, The Principles of Mathematics, London 1964 (1903).
--- Probleme der Philosophie, Frankfurt a.M. 1967 (1912).
--- Wahrheit und Falschheit, in: Skirbekk, Gunnar, Wahrheitstheorien. Eine Auswahl aus den Diskussionen über Wahrheit im 20. Jahrhundert, Frankfurt a.M. 1977, S. 63.
Rüthers, Bernd, Methodenrealismus in Jurisprudenz und Justiz, JZ 2006, 53.
Ruthig, Josef, Verfassungsrechtliche Grenzen der heimlichen Datenerhebung aus Wohnungen. Zugleich Besprechung von BVerfG, Urteil vom 3.3.2004, GA 2004, 587.
Ryffel, Hans, Rechtssoziologie: Eine systematische Orientierung, Neuwied 1974.

Sachs, Michael, Grundgesetz. Kommentar, 4. Auflage, München 2007 (zit. Sachs/Bearbeiter).
Sainsbury, Richard Mark, Paradoxien, Stuttgart 1993.
Saliger, Frank, Absolutes im Strafprozess? Über das Folterverbot, seine Verletzung und die Folgen seiner Verletzung, ZStW 116 (2004), 35.
Samuels, Andrew / Shorter, Bani / Plaut, Fred, Wörterbuch Jungscher Psychologie, München 1989.
Sarstedt, Werner, Referat, in: Verhandlungen des 46. Deutschen Juristentages, Band II, Essen 1966, Teil F, S. 8.
Sartre, Jean-Paul, Das Sein und Nichts. Versuch einer phänomenologischen Ontologie, Hamburg 1993 (1943), zit. nach der französischen Originalausgabe.
Satzger, Helmut, Chancen und Risiken einer Reform des Ermittlungsverfahrens, in: Verhandlungen des 65. Deutschen Juristentags Bonn 2004, Band I, München 2004, S. C 1.
Schädler, Wolfram, Nicht ohne das Opfer? Der Täter-Opfer-Ausgleich und die rechtsprechung des BGH, NStZ 2005, 366.
Schäfer, Gerhard, Die Abgrenzung der Verfahrensrüge von der Sachrüge, in: Festschrift für Peter Riess, Berlin 2002, S. 477.
Scharf, Wilfried / Mühlenfeld, Hanns-Ullrich / Stockmann, Ralf, Zur Kriminalitätsberichterstattung in der Presse. Oder – wird Kriminalitätsfurcht medial „gepflegt"?, Kriminalistik 1999, 87.
Scheler, Max, Der Formalismus in der Ethik und die materiale Wertethik. Neuer Versuch einer Grundlegung des ethischen Personalismus, 4. Auflage, Bern 1954 (1913/1916).

Scheller, Susanne, Ermächtigungsgrundlagen für die internationale Rechts- und Amtshilfe zur Verbrechensbekämpfung. Konkretisierung des Gesetzesvorbehalts, Freiburg 1997.

Schenke, Wolf-Rüdiger, Die Verfassungswidrigkeit des § 14 III LuftSiG, NJW 2006, 736.

Schilling, Hellen, Illegale Beweise. Eine Untersuchung zum Beweisverfahren im Strafprozess, Baden-Baden 2004.

Schlehofer, Horst, Die Menschenwürdegarantie des Grundgesetzes – absolute oder relative Begrenzung staatlicher Strafgewalt?, GA 1999, 357.

Schleiermacher, Friedrich, Hermeneutik, 2. Auflage, Heidelberg 1974 (1838).

Schlüchter, Ellen, Zur Auswirkung der Rechtswidrigkeit einer Telefonüberwachung im Strafprozess – Zu den Voraussetzungen der Verlesung nichterschienener ausländischer Zeugen – Zur Strafbarkeit des Inverkehrbringens gefälschter ausländischer Wertzeichen, JR 1984, 517.

Schmidt, Eberhard, Die Verletzung der Belehrungspflicht gemäß StPO § 55 II als Revisionsgrund, JZ 1958, 596.

Schmidt, Walter, Die bedrohte Entscheidungsfreiheit, JZ 1974, 241.

Schneider, Jochen, Theorie juristischen Entscheidens, in: Kaufmann/Hassemer/Neumann (Hrsg.), Einführung in Rechtsphilosophie und Rechtstheorie der Gegenwart, 7. Auflage, Heidelberg 2004, S. 348.

Schneider/Fimmers/Schneider/Brinkmann, Allgemeine Empfehlungen der Spurenkommission zur Bewertung von DANN-Mischspuren, NStZ 2007, 447.

Schönke-Schröder, Strafgesetzbuch Kommentar, 27. Auflage, München 2006.

Schröder, Regine, Dienstzeiten und Anwesenheitspflichten für Richterinnen und Richter, NJW 2005, 1160.

Schröder, Svenja, Beweisverwertungsverbote und die Hypothese rechtmäßiger Beweiserlangung im Strafprozess, Berlin 1992.

Schroeder, Friedrich-Christian, Strafprozessrecht, 2. Auflage, Beck 1997.

Schroth, Ulrich, Hermeneutik, Norminterpretation und richterliche Normanwendung, in: Kaufmann/Hassemer/Neumann (Hrsg.), Einführung in Rechtsphilosophie und Rechtstheorie der Gegenwart, 7. Auflage, Heidelberg 2004, S. 270.

Schuhr, Jan, Brechmitteleinsatz als unmenschliche und erniedrigende Behandlung, NJW 2006, 3538.

Schumann, Kay, Protokollberichtigung, freie Beweiswürdigung und formelle Wahrheit im Strafverfahren, JZ 2007, 927.

Schünemann, Bernd, Die Belehrungspflichten der §§ 243 IV, 136 n.F. StPO und der BGH, MDR 1969, 101.

--- Das Rechtsgüterschutzprinzip als Fluchtpunkt der verfassungsrechtlichen Grenzen der Straftatbestände und ihrer Interpretation, in: Hefendehl/von Hirsch/Wohlers (Hrsg.), Die Rechtsgutstheorie. Legitimationsbasis des Strafrechts oder dogmatisches Glasperlenspiel?, Baden-Baden 2003, S. 133 ff.

Schuster, Frank Peter, Verwertbarkeit im Ausland gewonnener Beweise im deutschen Strafprozess, Berlin 2006.

--- Telekommunikationsüberwachung in grenzüberschreitenden Strafverfahren nach Inkrafttreten des EU-Rechtshilfeübereinkommens, NStZ 2006, 657.

Schweer, Martin / Thies, Barbara, Kriminalität und Kriminalitätsfurcht. Eine empirische Untersuchung zum Kriminalitätserleben in der Bevölkerung, Kriminalistik 2000, 336.

Searle, John Roger, Sprechakte. Ein sprachphilosophischer Essay, Frankfurt a.M. 1990 (1969).
Seelmann, Kurt (Hrsg.), Menschenwürde als Rechtsbegriff, ARSP Beiheft 101, Stuttgart 2004.
Senn, Marcel / Puskás, Dániel (Hrsg.), Gehirnforschung und rechtliche Verantwortung, ARSP Beiheft 111, Stuttgart 2006.
Sidgwick, Henry, Die Methoden der Ethik, Leipzig 1909 (1874).
Sieß, Franz, Protokollierungspflicht und freie Beweiswürdigung im Strafprozess, NJW 1982, 1625.
Singer, Wolf, Ein neues Menschenbild? Gespräche über Hirnforschung, Baden-Baden 2003.
Sinn, Arndt, Tötung Unschuldiger aufgrund § 14 III Luftsicherheitsgesetz- rechtmäßig?, NStZ 2004, 585.
Skirbekk, Gunnar, Wahrheitstheorien. Eine Auswahl aus den Diskussionen über Wahrheit im 20. Jahrhundert, Frankfurt a.M. 1977.
Sloterdijk, Peter, Sphären I. Blasen, Frankfurt a.M. 1998.
Sommer, Ulrich, Anmerkung zu EGMR, Urteil vom 9.6.1998 - 44/1997/828/1034 -, NStZ 1999, 48.
--- Lebenserfahrung. Gedanken über ein Kriterium richterlicher Beweiswürdigung, in: Festschrift für Peter Riess, Berlin 2002, S. 585.
Spaemann, Robert, Über den Begriff der Menschenwürde, in: Böckenförde, Ernst-Wolfgang / Spaemann, Robert (Hrsg.), Menschenrechte und Menschenwürde. Historische Voraussetzungen – säkulare Gestalt – christliches Verständnis, Stuttgart 1987, S. 295.
Spanner, Hans, Empfiehlt es sich, den Allgemeinen Teil des Verwaltungsrechts zu kodifizieren?, in: Verhandlungen des 43. Deutschen Juristentags München 1960, Band I, 2. Teil, Tübingen 1960, S. A 12.
Spendel, Günter, Beweisverbote im Strafverfahren, JZ 1966, 489.
--- Beweisverbote im Strafprozess, NJW 1966, 1102.
Stegmüller, Wolfgang, Probleme und Resultate der Wissenschaftstheorie und Analytischen Philosophie, Studienausgabe, Band I, Erklärung. Begründung. Kausalität, Teile 2, 4 und 5, Berlin 1969 und 1974 und Teile A, C und D, 2. Auflage, Berlin 1983.
Stein, Ulrich, „Gewissheit" und „Wahrscheinlichkeit" im Strafverfahren, in: Wolter (Hrsg.), Zur Theorie und Systematik des Strafprozessrechts, Neuwied 1995, S. 233.
Steindorfner, Michael, Strukturen und Finanzierung der Bewährungs- und Straffälligenhilfe, BewHi 2006, 3.
Steiner, Dirk, Das Fairnessprinzip im Strafprozess, Frankfurt a.M. 1995.
Stevenson, Charles, Ethics and language, New Haven 1969 (1944).
Störmer, Rainer, Anmerkung zu BVerfG, Beschluss vom 14.9.1989 - 2 BvR 1062/87 -, NStZ 1990, 397.
Störmer, Rainer, Dogmatische Grundlagen der Verwertungsverbote. Eine Untersuchung über die Strukturen strafprozessualer Verwertungsverbote unter dem Einfluss der Verfassung und der Grundsätze des öffentlichen Rechts, Marburg 1992.
Strate, Gerhard, Rechtshistorische Fragen der Beweisverbote, JZ 1989, 176.
Stratenwerth, Günter, Zum Begriff des „Rechtsgutes", in: Festschrift für Theodor Lenckner, München 1998, S. 377.

--- Kriminalisierung bei Delikten gegen Kollektivrechtsgüter, in: Hefendehl/von Hirsch/Wohlers (Hrsg.), Die Rechtsgutstheorie. Legitimationsbasis des Strafrechts oder dogmatisches Glasperlenspiel?, Baden-Baden 2003, S. 255 ff.
Strawson, Peter Frederick, Wahrheit, in: Skirbekk, Gunnar, Wahrheitstheorien. Eine Auswahl aus den Diskussionen über Wahrheit im 20. Jahrhundert, Frankfurt a.M. 1977 (1950).
--- Einzelding und logisches Subjekt. Ein Beitrag zur deskriptiven Metaphysik, Stuttgart 1972 (1959).
Stuckenberg, Carl-Friedrich, Untersuchungen zur Unschuldsvermutung, Berlin 1998.
--- Die normative Aussage der Unschguldsvermutung, ZStW 111 (1999), 422.
Sydow, Fritz, Kritik der Lehre von den „Beweisverboten", Würzburg 1976.
Systematischer Kommentar zum Strafgesetzbuch, Stand: März 2007, München/Unterschleißheim 2007 (zit. SK-StGB/Bearbeiter).
Systematischer Kommentar zur Strafprozessordnung und zum Gerichtsverfassungsgesetz, Stand: März 2007, München/Unterschleißheim 2007 (zit. SK-StPO/Bearbeiter).

Tarski, Alfred, Der Wahrheitsbegriff in den formalisierten Sprachen, Studia Philosophica 1 (1936), 261 (1933).
Thibaut, Anton Friedrich Justus / Savigny, Friedrich Carl von, Über die Notwendigkeit eines allgemeinen Bürgerlichen Rechts für Deutschland und vom Beruf unserer Zeit für Gesetzgebung und Rechtswissenschaft, Darmstadt 1959 (1914).
Thielmann, Jochen, Die Grenze des Opferschutzes. Anmerkungen zur Tätigkeit der Opferschutzorganisation Solwodi, StV 2006, 41.
Tröndle, Herbert / Fischer, Thomas, Strafgesetzbuch und Nebengesetze, 54. Auflage, München 2007.

Ulsenheimer, Klaus, Die Verletzung der Protokollierungspflicht im Strafprozess und ihre revisionsrechtliche Bedeutung, NJW 1980, 2273.

Valerius, Brian, Stalking: Der neue Straftatbestand der Nachstellung in § 238 StGB, JuS 2007, 319.
Verhandungen des sechsundvierzigsten Deutschen Juristentags Essen 1966, Band II (Sitzungsberichte), München 1967.
Verrel, Torsten, Die Selbstbelastungsfreiheit im Strafverfahren. Ein Beitrag zur Konturierung eines überdehnten Verfahrensgrundsatzes, München 2001.
Vogel, Joachim, Europäischer Haftbefehl und deutsches Verfassungsrecht, JZ 2005, 801.
Volk, Klaus, Prozeßvoraussetzungen im Strafrecht. Zum Verhältnis von materiellem Recht und Prozeßrecht, Ebelsbach 1978.
Volkmann, Uwe, Grund und Grenzen der Toleranz, Der Staat 39 (2000), 325.

Waldenfels, Bernhard, Einführung in die Phänomenologie, München 1992.
Wall, Heinrich de, Der Schutz des Seelsorgegeheimnisses (nicht nur) im Strafverfahren, NJW 2007, 1856.
Walter, Michael, Kriminalpolitik im Wandel – Von der institutionalisierten Tatvergeltung zu einer gesamtgesellschaftlichen Kriminalprävention?, GA 2005, 489.

Weigend, Thomas, Deliktsopfer und Strafverfahren, Berlin 1989.
--- Unverzichtbares im Strafverfahrensrecht, ZStW 113 (2001), 271.
--- Anmerkung zu LG Frankfurt/M., Beschluss vom 9.4.2003 - 5/22 Ks 3490 Js 230118/02, StV 2003, 436.
Weiler, Edgar, Irreparable Verletzung des Rechts des Beschuldigten auf ein faires rechtsstaatliches Strafverfahren als Verfahrenshindernis, GA 1994, 561.
Welsch, Harald, Die Wiederkehr der Folter als das letzte Verteidigungsmittel des Rechtsstaats? BayVBl 2003, 481.
Welzel, Hans, Die Frage nach der Rechtsgeltung. An den Grenzen des Rechts, Köln 1966.
Werle, Gerhard, Schutz von Vertrauensverhältnissen bei der strafprozessualen Fernmeldeüberwachung?, JZ 1991, 482.
Wesel, Uwe, Frühformen des Rechts in vorstaatlichen Gesellschaften. Umrisse einer Frühgeschichte des Rechts bei Sammlern und Jägern und akephalen Ackerbauern und Hirten, Frankfurt a.M. 1985.
Weßlau, Edda, Das Urteil des Bundesverfassungsgerichts zur akustischen Wohnraumüberwachung – Auswirkungen auf den Strafprozess, in: Roggan, Fredrik (Hrsg.), Lauschen im Rechtsstaat. Zu den Konsequenzen des Urteils des Bundesverfassungsgerichts zum großen Lauschangriff. Gedächtnisschrift für Hans Lisken, Berlin 2004, S. 47.
--- Absprachen und Strafverteidigung, StV 2006, 357.
White, Alan, Truth, London 1971.
Whitehead, Alfred North / Russell, Bertrand, Principia Mathematica, Wien 1984 (1910-1913).
Willenbruch, Klaus / Bischoff, Kristina, Verfassungsrechtliche Zulässigkeit der Privatisierung des Maßregelvollzugs, NJW 2006, 1776.
Windelband, Wilhelm, Geschichte und Naturwissenschaft. Rede zum Antritt des Rectorats Kaiser-Wilhelm-Universität Strassburg, gehalten am 1. Mai 1894, Strassburg 1900 (1894).
Windzio, Michael / Kleimann, Matthias, Die kriminelle Gesellschaft als mediale Konstruktion? Mediennutzung, Kriminalitätswahrnehmung und Einstellung zum Strafen, SozWelt 2006, 193.
Wintrich, Josef, Zur Problematik der Grundrechte, Köln 1957.
Wittgenstein, Ludwig, Tractatus logico-philosophicus. Logisch-philosophische Abhandlung, Frankfurt a.M. 1963 (1918).
Wittreck, Fabian, Menschenwürde und Folterverbot. Zum Dogma der ausnahmslosen Unabwägbarkeit des Art. 1 Abs. 1 GG, DÖV 2003, 873.
Wohlers, Wolfgang, Verwertungsverbot bei Verstoß gegen § 168c Abs. 5 Satz 1 StPO: Einschränkungen der Prüfungskompetenz des Tat- und Revisionsgerichts? – Besprechung von BGH, Urteil vom 24.7.2003, GA 2003, 895.
--- Die Tagung aus der Perspektive eines Rechtsgutsskeptikers, in: Hefendehl/von Hirsch/Wohlers (Hrsg.), Die Rechtsgutstheorie. Legitimationsbasis des Strafrechts oder dogmatisches Glasperlenspiel?, Baden-Baden 2003, S. 281.
Wolter, Jürgen, Anmerkung zu BGH, Urteil vom 24.8.1983 - 3 StR 136/83 -, NStZ 1984, 276.
--- Strafverfahrensrecht und Strafprozessreform, GA 1985, 49.
--- Menschenwürde und Freiheit im Strafprozess, in: Gedächtnisschrift für Karlheinz Meyer, Berlin 1990, S. 493.
--- Repressive und Präventive Verwertung tagebuchartiger Aufzeichnungen, StV 1990, 175.

--- 35 Jahre Verfahrensrechtskultur und Strafprozessverfassungsrecht in Ansehung von Freiheitsentziehung, (DNA-)Identifizierung und Überwachung, GA 1999, 158.
--- Zeugnisverweigerungsrechte bei (verdeckten) Maßnahmen im Strafprozessrecht und Polizeirecht, in: Festschrift für Peter Riess, Berlin 2002, S. 633.
Wolter, Jürgen / Schenke, Wolf-Rüdiger (Hrsg.), Zeugnisverweigerungsrechte bei (verdeckten) Ermittlungsmaßnahmen, Berlin 2002.
Wolters, Gereon, Anmerkung zu BGH, Urteil vom 11.11.1998 - 3 StR 181/98 -, JR 1999, 524.
Wright, Georg Henrik von, Erklären und Verstehen, 4. Auflage, Berlin 2000 (1971).

Zieger, Matthias, Das Grundrecht auf ein faires Verfahren, AnwBl BE 1991, 340.
Zippelius, Reinhold, Legitimation durch Verfahren?, in: Festschrift für Karl Larenz, München 1973, S. 293.
Zöllner, Wolfgang, Informationsordnung und Recht. Vortrag gehalten vor der Juristischen Gesellschaft zu Berlin am 25. Oktober 1989, Berlin 1990.
Zuleeg, Manfred, Die Anwendungsbereiche des öffentlichen Rechts und des Privatrechts, VerwArch 1982, 384.

Sach- und Personenverzeichnis

A

B

C

D

E

F

G

H

I

J

K

L

M

N

O

P

Q

R

S

T

U

V

W

Z

FSC
www.fsc.org
MIX
Papier | Fördert gute Waldnutzung
FSC® C083411

Kolibri 360 GmbH
Ferdinand-Jühlke-Straße 7
99095 Erfurt, Deutschland
produktsicherheit@kolibri360.de